Fischer

Tabellen zum Familienrecht

Tabellen zum Familienrecht

Tabellen und Leitlinien zum Unterhaltsrecht, Rechengrößen zum Zugewinn- und Versorgungsausgleich

Herausgegeben von
Ansgar Fischer, Richter am Oberlandesgericht

43. Auflage

Luchterhand Verlag 2022

Bibliografische Information der Deutschen Nationalbibliothek

Die Deutsche Nationalbibliothek verzeichnet diese Publikation in der Deutschen Nationalbibliografie; detaillierte bibliografische Daten sind im Internet über http://dnb.d-nb.de abrufbar.

ISBN 978-3-472-09774-7

Zitierhinweis: Fischer TzFamR S

www.wolterskluwer.de

Umschlagkonzeption: Martina Busch, Grafikdesign, Homburg Kirrberg
Satz: Datagroup-Int SRL, Timisoara, Romania
Druck und Weiterverarbeitung: Wydawnictwo Diecezjalne i Drukarnia w Sandomierzu, Sandomierz, Polen

Gedruckt auf säurefreiem, alterungsbeständigem und chlorfreiem Papier

Vorwort zur 43. Auflage

Seit nunmehr 43 Jahren erscheinen die von Gerd Brudermüller und Roland Klattenhoff begründeten Tabellen zum Familienrecht als bewährtes Hilfsmittel für die familienrechtliche Praxis. 15 Jahre lag diese Aufgabe in den Händen von Heinrich Schürmann, der das Zepter zuletzt an mich übergeben hat.

Auch in diesem Jahr haben sich zahlreiche zur Beurteilung familienrechtlicher Sachverhalte wichtige Rechengrößen verändert. Die Düsseldorfer Tabelle hat die Vorgaben des BGH zur Bemessung des angemessenen Unterhalts bei höheren Einkommen umgesetzt und die Tabelle um einige Einkommensstufen erweitert. Die in der Tabelle angesetzten, seit 2019 geltenden Selbstbehalte sind unverändert geblieben. Die erheblichen Kostensteigerungen in 2022 waren im Herbst 2021 noch nicht vorhersehbar.

Wie in jeder Auflage lässt sich das aktuell zur Leistung des Mindestunterhalts erforderliche Einkommen der Tabelle B.6. entnehmen. Dies erleichtert der Praxis im Zusammenspiel mit der wie in jedem Jahr aktualisierten Brutto/Nettolohn-Tabelle (Tabelle E.3 und E.4.) den Zugang zu einer verfassungsrechtlich zwingend vorgegebenen realistischen Einschätzung der Leistungsfähigkeit eines Schuldners von Kindesunterhalt. Die Darstellung der Entwicklung der Lebenshaltungskosten (Tabelle E. 12) ebnet wie stets den Weg zur Indexierung des Anfangsvermögens im ehelichen Güterrecht.

Im Verfahrensrecht haben sich ebenfalls wenig Änderungen ergeben. Die vollständig ausgewiesenen Unterhaltsrechtlichen Leitlinien der Oberlandesgerichte haben indes einige wichtige Veränderungen erfahren. So wird der Erwerbstätigenbonus nun auch außerhalb des Geltungsbereichs der Süddeutschen Leitlinien allgemein nicht mehr wie bisher mit einem 1/7, sondern mit einem 1/10 bemessen (Ziffer 15.2 der LL). Die einheitliche Anhebung der unterhaltsrechtlich anzuerkennenden berufsbedingten Fahrtkosten (Ziffer 10.2.2 der LL) beruht in erster Linie auf der bereits zum 1.1.2021 eingetretenen Erhöhung der nach dem JVEG anzusetzenden Fahrkostensätze. Wie der explosionartigen Anhebung der Krafstoffpreise in 2022 Rechnung getragen werden kann, muss bis zum Inkrafttreten der Richtlinien für 2023 die Praxis allein entscheiden.

Auch diese neue Auflage soll wie bisher die bei Redaktionsschluss größtmögliche Aktualität gewährleisten. Besondere Aufmerksamkeit verdienen weiterhin die mit freundlicher Genehmigung des Deutschen Vereins abgedruckten Empfehlungen über die Heranziehung Unterhaltspflichtiger in der Sozialhilfe (Abschnitt G.3.), die wichtige Informationen für die Praxis der Sozialämter bieten.

Dem Titel entsprechend konzentriert sich der Inhalt auf die Zusammenstellung der für die alltägliche Praxis wichtigen Tabellen. Auf diese kann über das eingearbeitete Register schnell zugegriffen werden. Inhalt und Gestaltung sind so gewählt, dass das Buch nicht nur im Büro jederzeit griffbereit ist, sondern sich zugleich als ständiger Begleiter zu Gerichtsterminen und Besprechungen eignet. Daher wird vorerst weiterhin auf umfangreiche Erläuterungen verzichtet. Die systematische Erweiterung um die Zahlenwerte der letzten Jahre soll die Bearbeitung von Sachverhalten mit Bezug zur Vergangenheit – namentlich bei der Berechnung rückständigen Unterhalts und in Abänderungsfällen – erleichtern. Die nach dem neuesten Stand vollständig abgedruckten Unterhaltsrechtlichen Leitlinien gewährleisten eine umfassende Information zur aktuellen Rechtsprechung aller Oberlandesgerichte.

Damit enthält das Tabellenwerk auf dem aktuellen Stand unter anderem
- Tabellen zum Kindes- und Ehegattenunterhalt
- Bremer Tabelle zur Berechnung des Vorsorgeunterhalts
- Kindergeldtabellen
- Tabellen zum Versorgungsausgleich
- Tabellen zum Sozial- und Steuerrecht
- Tabellen zum aktuellen Kostenrecht und Pfändungstabellen
- Die Unterhaltsrechtlichen Leitlinien aller Oberlandesgerichte sowie die Empfehlungen zum Sozialrecht.

Ansgar Fischer

Juli 2022

Inhaltverzeichnis

A. Kalendarium

Kalender 2023

	Januar						Februar					März					April				
KW	52	01	02	03	04	05	05	06	07	08	09	09	10	11	12	13	13	14	15	16	17
Mo		2	9	16	23	30		6	13	20	27		6	13	20	27		3	10	17	24
Di		3	10	17	24	31		7	14	21	28		7	14	21	28		4	11	18	25
Mi		4	11	18	25		1	8	15	22		1	8	15	22	29		5	12	19	26
Do		5	12	19	26		2	9	16	23		2	9	16	23	30		6	13	20	27
Fr		6	13	20	27		3	10	17	24		3	10	17	24	31		7	14	21	28
Sa		7	14	21	28		4	11	18	25		4	11	18	25		1	8	15	22	29
So	1	8	15	22	29		5	12	19	26		5	12	19	26		2	9	16	23	30

	Mai					Juni					Juli						August				
KW	18	19	20	21	22	22	23	24	25	26	26	27	28	29	30	31	31	32	33	34	35
Mo	1	8	15	22	29		5	12	19	26		3	10	17	24	31		7	14	21	28
Di	2	9	16	23	30		6	13	20	27		4	11	18	25		1	8	15	22	29
Mi	3	10	17	24	31		7	14	21	28		5	12	19	26		2	9	16	23	30
Do	4	11	18	25		1	8	15	22	29		6	13	20	27		3	10	17	24	31
Fr	5	12	19	26		2	9	16	23	30		7	14	21	28		4	11	18	25	
Sa	6	13	20	27		3	10	17	24		1	8	15	22	29		5	12	19	26	
So	7	14	21	28		4	11	18	25		2	9	16	23	30		6	13	20	27	

	September					Oktober						November					Dezember				
KW	35	36	37	38	39	39	40	41	42	43	44	44	45	46	47	48	48	49	50	51	52
Mo		4	11	18	25		2	9	16	23	30		6	13	20	27		4	11	18	25
Di		5	12	19	26		3	10	17	24	31		7	14	21	28		5	12	19	26
Mi		6	13	20	27		4	11	18	25		1	8	15	22	29		6	13	20	27
Do		7	14	21	28		5	12	19	26		2	9	16	23	30		7	14	21	28
Fr	1	8	15	22	29		6	13	20	27		3	10	17	24		1	8	15	22	29
Sa	2	9	16	23	30		7	14	21	28		4	11	18	25		2	9	16	23	30
So	3	10	17	24		1	8	15	22	29		5	12	19	26		3	10	17	24	31

Neujahr 01.01.; Heilige Drei Könige 06.01.; Karfreitag 07.04.; Ostersonntag 09.04.; Ostermontag 10.04; Tag der Arbeit 01.05.; Christi Himmelfahrt 18.05.; Pfingstsonntag 28.05.; Pfingstmontag 29.05.; Fronleichnam 08.06.; Mariä Himmelfahrt 15.08.; Tag der Deutschen Einheit 03.10.; Reformationstag 31.10.; Allerheiligen 01.11.; Buß- und Bettag 22.11.; 1. Weihnachtstag 25.12.; 2. Weihnachtstag 26.12 (Alle Angaben ohne Gewähr)

Ferienkalender 2022/2023[1)]

Land*	Herbst 2022	Weihnachten 2022/2023	Winter 2023	Ostern/Frühjahr 2023	Himmelfahrt/ Pfingsten 2023	Sommer 2023
Baden-Württemberg (5)	31.10. 02.11.–4.11	21.12.–07.01.	–	*06.04.* 11.04.–15.04.	30.05.–09.06.	27.07.–09.09.
Bayern	*31.10.–04.11.*	24.12.–07.01.	–	20.02.–24.02. 03.04.–15.04.	30.05.–09.06.	31.07.–11.09.
Berlin	24.10.–05.11.	22.12.–02.01.	30.01–04.02.	03.04.–14.04.	*19.05.* 30.05.	13.07.–25.08.
Brandenburg (1)	24.10.–05.11.	22.12.–03.01.	30.01–03.02.	03.04.–14.04.	–	13.07.–26.08.
Bremen	17.10.–29.10.	23.12.–06.01.	30.01–31.01.	27.03.–11.04.	19.05./30.05.	06.07.–16.08.
Hamburg	10.10.–21.10.	23.12.–06.01.	27.01.	06.03.–17.03.	15.05.–19.05.	13.07.–23.08.
Hessen (4)	24.10.–29.10.	22.12.–07.01.	–	03.04.–12.04.	–	24.07.–01.09.
Mecklenburg-Vorpommern	10.10.–14.10. 01.11.–02.11.	22.12.–02.01.	06.02.–18.02.	27.03.–11.04.	19.05. 26.05.–30.05.	17.07.–26.08.
Niedersachsen	17.10.–28.10.	23.12.–06.01.	30.01.–31.01.	03.04.–15.04.	19.05./30.05.	06.07.–16.08.
Nordrhein-Westfalen (3)	04.10–28.10	23.12.–06.01.	–	03.04.–12.04.	30.05.	22.06.–04.08.
Rheinland-Pfalz (6)	04.10.–15.10.	23.12.–02.01.	–	03.04.–06.04.	30.05.–07.06.	24.07.–01.09.
Saarland (1)	24.10.–04.11.	22.12.–04.01.	20.02.–24.02.	03.04.–12.04.	30.05.–02.06.	24.07.–01.09.
Sachsen (1)	17.10.–29.10.	22.12.–02.01.	13.02,–24.02.	07.04.–15.04.	*19.05.*	10.07.–18.08.
Sachsen-Anhalt	24.10.–04.11.	21.12.–05.01.	06.02.–11.02.	03.04.–18.04.	15.05.–19.05.	06.07.–16.08.
Schleswig-Holstein (2)	10.10.–21.10.	23.12.–07.01.	–	06.04.–22.04.	19.05.–20.05.	17.07.–26.08.
Thüringen (2)	17.10.–29.10.	22.12.–03.01.	13.02.–17.02.	03.04.–15.04.	*19.05.*	10.07.–19.08.

*In Klammern ist die Zahl der beweglichen Ferientage angegeben.

1) Quelle: Kultusministerkonferenz www.kmk.org (Stand: 16.1.2020).

Kalender 2022

	Januar						Februar					März					April				
KW	52	01	02	03	04	05	05	06	07	08	09	09	10	11	12	13	13	14	15	16	17
Mo		3	10	17	24	31		7	14	21	28		7	14	21	28		4	11	18	25
Di		4	11	18	25		1	8	15	22		1	8	15	22	29		5	12	19	26
Mi		5	12	19	26		2	9	16	23		2	9	16	23	30		6	13	20	27
Do		6	13	20	27		3	10	17	24		3	10	17	24	31		7	14	21	28
Fr		7	14	21	28		4	11	18	25		4	11	18	25		1	8	15	22	29
Sa	1	8	15	22	29		5	12	19	26		5	12	19	26		2	9	16	23	30
So	2	9	16	23	30		6	13	20	27		6	13	20	27		3	10	17	24	

	Mai						Juni					Juli					August					
KW	17	18	19	20	21	22	22	23	24	25	26	26	27	28	29	30	30	31	32	33	34	35
Mo		2	9	16	23	30		6	13	20	27		4	11	18	25		1	8	15	22	29
Di		3	10	17	24	31		7	14	21	28		5	12	19	26		2	9	16	23	30
Mi		4	11	18	25		1	8	15	22	29		6	13	20	27		3	10	17	24	31
Do		5	12	19	26		2	9	16	23	30		7	14	21	28		4	11	18	25	
Fr		6	13	20	27		3	10	17	24		1	8	15	22	29		5	12	19	26	
Sa		7	14	21	28		4	11	18	25		2	9	16	23	30		6	13	20	27	
So	1	8	15	22	29		5	12	19	26		3	10	17	24	31		7	14	21	28	

	September					Oktober						November					Dezember				
KW	35	36	37	38	39	39	40	41	42	43	44	44	45	46	47	48	48	49	50	51	52
Mo		5	12	19	26		3	10	17	24	31		7	14	21	28		5	12	19	26
Di		6	13	20	27		4	11	18	25		1	8	15	22	29		6	13	20	27
Mi		7	14	21	28		5	12	19	26		2	9	16	23	30		7	14	21	28
Do	1	8	15	22	29		6	13	20	27		3	10	17	24		1	8	15	22	29
Fr	2	9	16	23	30		7	14	21	28		4	11	18	25		2	9	16	23	30
Sa	3	10	17	24		1	8	15	22	29		5	12	19	26		3	10	17	24	31
So	4	11	18	25		2	9	16	23	30		6	13	20	27		4	11	18	25	

Neujahr 01.01.; Heilige Drei Könige 06.01.; Karfreitag 15.04.; Ostersonntag 17.04.; Ostermontag 18.04; Tag der Arbeit 01.05.; Christi Himmelfahrt 26.05.; Pfingstsonntag 05.06.; Pfingstmontag 06.06.; Fronleichnam 16.06.; Mariä Himmelfahrt 15.08.; Tag der Deutschen Einheit 03.10.; Reformationstag 31.10.; Allerheiligen 01.11.; Buß- und Bettag 16.11.; 1. Weihnachtstag 25.12.; 2. Weihnachtstag 26.12. (Alle Angaben ohne Gewähr)

Ferienkalender 2021/2022[2)]

Land*	Herbst 2021	Weihnachten 2021/2022	Winter 2022	Ostern/Frühjahr 2022	Himmelfahrt/ Pfingsten 2022	Sommer 2022
Baden-Württemberg (4)	*31.10.* 02.11.–06.11.	23.12.–08.01.	–	*14.04.* 19.04.–23.04.	07.06.–18.06.	28.07.–10.09.
Bayern	*02.11.–05.11.*	24.12.–08.01.	–	28.02.–04.03. 11.04.–23.04.	07.06.–18.06.	01.08.–12.09.
Berlin	11.10.–23.10.	24.12.–31.12.	29.01.–05.02.	*07.03.* 11.04.–23.04.	*27.05.* 07.06.	07.07.–19.08.
Brandenburg (1)	11.10.–23.10.	23.12.–31.12.	31.01.–05.02.	11.04.–23.04.	–	07.07.–20.08.
Bremen	18.10.–30.10.	23.12.–08.01.	31.01.–01.02.	04.04.–19.04.	27.05./07.06.	14.07.–24.08.
Hamburg	04.10.–15.10.	23.12.–04.01.	28.01.	07.03.–18.03.	23.05.–27.05.	07.07.–17.08.
Hessen (5)	11.10.–23.10.	23.12.–08.01.	–	11.04.–23.04.	–	25.07.–02.09.
Mecklenburg-Vorpommern	02.10.–09.10. 01.11.–02.11.	22.12.–31.12.	05.02.–17.02. 18.02.	11.04.–20.04.	27.05. 03.06.–07.06.	04.07.–13.08.
Niedersachsen	18.10.–29.10.	23.12.–07.01.	31.01.–01.02.	04.04.–19.04.	27.05./07.06.	14.07.–24.08.
Nordrhein-Westfalen (3)	11.10.–23.10.	24.12.–08.01.	–	11.04.–23.04.	–	27.06.–09.08.
Rheinland-Pfalz (6)	11.10.–22.10.	23.12.–31.12.	21.02.–25.02.	13.04.–22.04.	–	25.07.–02.09.
Saarland (1)	18.10.–29.10.	23.12.–03.01.	21.02.–01.03.	14.04.–22.04.	07.06.–10.06.	25.07.–02.09.
Sachsen (1)	18.10.–30.10.	23.12.–01.01.	12.02.–26.02.	15.04.–23.04.	*27.05.*	18.07.–26.08.
Sachsen-Anhalt (3)	25.10.–30.10.	22.12.–08.01.	12.02.–19.02.	11.04.–16.04.	23.05.–28.05.	14.07.–24.08.
Schleswig-Holstein (3)	04.10.–16.10.	23.12.–08.01.	–	04.04.–16.04.	27.05.–28.05.	04.07.–13.08.
Thüringen (2)	25.10.–06.11.	23.12.–31.12.	12.02.–19.02.	11.04.–23.04.	*27.05.*	18.07.–27.08.

* In Klammern ist die Zahl der beweglichen Ferientage angegeben.

2) Quelle: Kultusministerkonferenz www.kmk.org (Stand: 16.1.2020).

Kalender 2021

	Januar					Februar					März					April				
KW	53	01	02	03	04	05	06	07	08	09	09	10	11	12	13	13	14	15	16	17
Mo		4	11	18	25	1	8	15	22		1	8	15	22	29		5	12	19	26
Di		5	12	19	26	2	9	16	23		2	9	16	23	30		6	13	20	27
Mi		6	13	20	27	3	10	17	24		3	10	17	24	31		7	14	21	28
Do		7	14	21	28	4	11	18	25		4	11	18	25		1	8	15	22	29
Fr	1	8	15	22	29	5	12	19	26		5	12	19	26		2	9	16	23	30
Sa	2	9	16	23	30	6	13	20	27		6	13	20	27		3	10	17	24	
So	3	10	17	24	31	7	14	21	28		7	14	21	28		4	11	18	25	

	Mai						Juni					Juli					August					
KW	17	18	19	20	21	22	22	23	24	25	26	26	27	28	29	30	30	31	32	33	34	35
Mo		3	10	17	24	31		7	14	21	28		5	12	19	26		2	9	16	23	30
Di		4	11	18	25		1	8	15	22	29		6	13	20	27		3	10	17	24	31
Mi		5	12	19	26		2	9	16	23	30		7	14	21	28		4	11	18	25	
Do		6	13	20	27		3	10	17	24		1	8	15	22	29		5	12	19	26	
Fr		7	14	21	28		4	11	18	25		2	9	16	23	30		6	13	20	27	
Sa	1	8	15	22	29		5	12	19	26		3	10	17	24	31		7	14	21	28	
So	2	9	16	23	30		6	13	20	27		4	11	18	25		1	8	15	22	29	

	September					Oktober					November					Dezember				
KW	35	36	37	38	39	39	40	41	42	43	44	45	46	47	48	49	50	51	52	01
Mo		6	13	20	27		4	11	18	25	1	8	15	22	29		6	13	20	27
Di		7	14	21	28		5	12	19	26	2	9	16	23	30		7	14	21	28
Mi	1	8	15	22	29		6	13	20	27	3	10	17	24		1	8	15	22	29
Do	2	9	16	23	30		7	14	21	28	4	11	18	25		2	9	16	23	30
Fr	3	10	17	24		1	8	15	22	29	5	12	19	26		3	10	17	24	31
Sa	4	11	18	25		2	9	16	23	30	6	13	20	27		4	11	18	25	
So	5	12	19	26		3	10	17	24	31	7	14	21	28		5	12	19	26	

Neujahr 01.01.; Heilige Drei Könige 06.01.; Karfreitag 02.04.; Ostersonntag 04.04.; Ostermontag 05.04; Tag der Arbeit 01.05.; Christi Himmelfahrt 13.05.; Pfingstsonntag 23.05.; Pfingstmontag 24.05.; Fronleichnam 03.06.; Mariä Himmelfahrt 15.08.; Tag der Deutschen Einheit 03.10.; Reformationstag 31.10.; Allerheiligen 01.11.; Buß- und Bettag 17.11.; 1. Weihnachtstag 25.12.; 2. Weihnachtstag 26.12. (Alle Angaben ohne Gewähr)

Ferienkalender 2020/2021[3)]

Land*	Herbst 2020	Weihnachten 2020/2021	Winter 2021	Ostern/Frühjahr 2021	Himmelfahrt/ Pfingsten 2021	Sommer 2021
Baden-Württemberg (4)	26.10. – 30.10. *31.10.*	23.12. – 09.01.	–	*01.04.* 06.04. – 10.04.	25.05. – 05.06.	29.07. – 11.09.
Bayern	*31.10. – 06.11.*	23.12. – 09.01.	–	15.02. – 19.02. 29.03. – 10.04.	25.05. – 04.06.	30.07. – 13.09.
Berlin	12.10. – 24.10.	21.12. – 02.01.	01.02. – 06.02.	29.03. – 10.04.	*14.05.*	24.06. – 06.08.
Brandenburg (1)	12.10. – 24.10.	21.12. – 02.01.	01.02. – 06.02.	29.03. – 09.04.	–	24.06. – 07.08.
Bremen	12.10. – 24.10.	23.12. – 08.01.	01.02. – 02.02.	27.03. – 10.04.	14.05./25.05.	22.07. – 01.09.
Hamburg	05.10. – 16.10.	21.12. – 04.01.	29.01.	01.03. – 12.03.	10.05. – 14.05.	24.06. – 04.08.
Hessen (3)	05.10. – 17.10.	21.12. – 09.01.	–	06.04. – 16.04.	–	19.07. – 27.08.
Mecklenburg-Vorpommern	05.10. – 10.10. 02.11. – 03.11.	21.12. – 02.01.	06.02. – 18.02. *19.02.*	29.03. – 07.04.	14.05. 21.05. – 25.05.	21.06. – 31.07.
Niedersachsen	12.10. – 23.10.	23.12. – 08.01.	01.02. – 02.02.	29.03. – 09.04.	14.05./25.05.	22.07. – 01.09.
Nordrhein-Westfalen (4)	12.10. – 24.10.	23.12. – 06.01.	–	29.03. – 10.04.	25.05.	05.07. – 17.08.
Rheinland-Pfalz (6)	12.10. – 23.10.	21.12. – 31.12.	–	29.03. – 06.04.	25.05. – 02.06.	19.07. – 27.08.
Saarland (1)	12.10. – 23.10.	21.12. – 31.12.	15.02. – 19.02.	29.03. – 07.04.	25.05. – 28.05.	19.07. – 27.08.
Sachsen (2)	19.10. – 31.10.	23.12. – 02.01.	08.02. – 20.02.	02.04. – 10.04.	*14.05.*	26.07. – 03.09.
Sachsen-Anhalt	19.10. – 24.10.	21.12. – 05.01.	08.02. – 13.02.	29.03. – 03.04.	10.05. – 22.05.	22.07. – 01.09.
Schleswig-Holstein (3)	05.10. – 17.10.	21.12. – 06.01.	–	01.04. – 16.04.	14.05. – 15.05.	21.06. – 31.07.
Thüringen (3)	17.10. – 30.10.	23.12. – 02.01.	08.02. – 13.02.	29.03. – 10.04.	*14.05.*	26.07. – 04.09

* In Klammern ist die Zahl der beweglichen Ferientage angegeben.

3) Quelle: Kultusministerkonferenz www.kmk.org (Stand: 16.1.2020).

Gesetzliche Feiertage 2020 – 2023

	2023	2022	2021	2020
Neujahr (1. Januar)	Sonntag	Samstag	Freitag	Mittwoch
Hl. Drei Könige (6. Januar)*	Freitag	Donnerstag	Mittwoch	Montag
Karfreitag	07. April	15. April	02. April	10. April
Ostern (Sonntag/Montag)	09./10. April	17./18. April	04./05. April	12/13. April
1. Mai	Montag	Sonntag	Samstag	Donnerstag
Christi Himmelfahrt (Donnerstag)	18. Mai	26. Mai	13. Mai	21. Mai
Pfingsten (Sonntag/Montag)	28./29. Mai	05./06. Juni	23./24. Mai	31. Mai/01. Juni
Fronleichnam (Donnerstag)*	08. Juni	16. Juni	03. Juni	11. Juni
Mariä Himmelfahrt (15. August)*	Dienstag	Montag	Sonntag	Samstag
Tag der dt. Einheit (03. Oktober)	Dienstag	Montag	Sonntag	Samstag
Reformationstag (31. Oktober)*	Dienstag	Montag	Sonntag	Samstag
Allerheiligen (01. November)*	Mittwoch	Dienstag	Montag	Sonntag
Buß- u. Bettag (Mittwoch)*	22. November	16. November	17. November	18. November
1.u. 2. Weihnachtstag (25./26.12.)	Montag/Dienstag	Sonntag/Montag	Samstag/Sonntag	Freitag/Samstag

* Nicht in allen Bundesländern gesetzlicher Feiertag.

B. Tabellen zum Unterhaltsrecht

1. Düsseldorfer Tabelle

a) Stand: 01. Januar 2022

Düsseldorfer Tabelle 2022								
Nettoeinkommen des/der Barunterhaltspflichtigen (Anm. 3, 4)			Altersstufen in Jahren (§ 1612 a Abs. 1 BGB)				Prozentsatz	Bedarfskontrollbetrag (Anm. 6)
			0 – 5	6 – 11	12 – 17	ab 18		
Alle Beträge in Euro								
1.	bis	1.900	396	455	533	569	100	960/1.160
2.	1.901	2.300	416	478	560	598	105	1.400
3.	2.301	2.700	436	501	587	626	110	1.500
4.	2,701	3.100	456	524	613	655	115	1.600
5.	3.101	3.500	476	546	640	683	120	1.700
6.	3.501	3.900	507	583	683	729	128	1.800
7.	3.901	4.300	539	619	725	774	136	1.900
8.	4.301	4.700	571	656	768	820	144	2.000
9.	4.701	5.100	602	692	811	865	152	2.100
10.	5.101	5.500	634	728	853	911	160	2.200
11.	5.501	6.200	666	765	896	956	168	2.500
12.	6.201	7.000	697	801	939	1002	176	2.900
13.	7.001	8.000	729	838	981	1047	184	3.400
14.	8.001	9.500	761	874	1024	1093	192	4.000
15.	9.501	11.000	792	910	1066	1138	200	4.700

Anmerkungen zur Düsseldorfer Tabelle (1. Januar 2022)

A. Kindesunterhalt

1. Die Tabelle hat keine Gesetzeskraft, sondern stellt eine Richtlinie dar. Sie weist den monatlichen Unterhaltsbedarf aus, bezogen auf zwei Unterhaltsberechtigte, ohne Rücksicht auf den Rang. Der Bedarf ist nicht identisch mit dem Zahlbetrag; dieser ergibt sich unter Berücksichtigung der nachfolgenden Anmerkungen.

   Bei einer größeren/geringeren Anzahl Unterhaltsberechtigter können Ab- oder Zuschläge durch Einstufung in niedrigere/höhere Gruppen angemessen sein. Anmerkung 6 ist zu beachten. Zur Deckung des Mindestbedarfs aller Beteiligten – einschließlich des Ehegatten – ist gegebenenfalls eine Herabstufung bis in die unterste Tabellengruppe vorzunehmen. Reicht das verfügbare Einkommen auch dann nicht aus, setzt sich der Vorrang der Kinder im Sinne von Anm. 5 Abs. 1 durch. Gegebenenfalls erfolgt zwischen den erstrangigen Unterhaltsberechtigten eine Mangelberechnung nach Abschnitt C.

2. Die Richtsätze der 1. Einkommensgruppe entsprechen dem Mindestbedarf gemäß der Vierten Verordnung zur Änderung der Mindestunterhaltsverordnung vom 30.11.2021 (BGBl. 2021 I 5066). Der Prozentsatz drückt die Steigerung des Richtsatzes der jeweiligen Einkommensgruppe gegenüber dem Mindestbedarf (= 1. Einkommensgruppe) aus. Die durch Multiplikation des gerundeten Mindestbedarfs mit dem Prozentsatz errechneten Beträge sind entsprechend § 1612a Absatz 2 Satz 2 BGB aufgerundet.

   Bei volljährigen Kindern, die noch im Haushalt der Eltern oder eines Elternteils wohnen, bemisst sich der Unterhalt nach der 4. Altersstufe der Tabelle.

3. Berufsbedingte Aufwendungen, die sich von den privaten Lebenshaltungskosten nach objektiven Merkmalen eindeutig abgrenzen lassen, sind vom Einkommen abzuziehen, wobei bei entsprechenden Anhaltspunkten eine Pauschale von 5 % des Nettoeinkommens – mindestens 50 EUR, bei geringfügiger Teilzeitarbeit auch weniger, und höchstens 150 EUR monatlich – geschätzt werden kann. Bei Geltendmachung die Pauschale übersteigender Aufwendungen sind diese insgesamt nachzuweisen.

4. Berücksichtigungsfähige Schulden sind in der Regel vom Einkommen abzuziehen.

5. Der notwendige Eigenbedarf (Selbstbehalt)
   - gegenüber minderjährigen unverheirateten Kindern,
   - gegenüber volljährigen unverheirateten Kindern bis zur Vollendung des 21. Lebensjahres, die im Haushalt der Eltern oder eines Elternteils leben und sich in der allgemeinen Schulausbildung befinden, beträgt beim nicht erwerbstätigen Unterhaltspflichtigen monatlich 960 EUR, beim erwerbstätigen Unterhaltspflichtigen monatlich 1.160 EUR. Hierin sind bis 430 EUR für Unterkunft einschließlich umlagefähiger Nebenkosten und Heizung (Warmmiete) enthalten.

   Der angemessene Eigenbedarf, insbesondere gegenüber anderen volljährigen Kindern, beträgt in der Regel mindestens monatlich 1.400 EUR. Darin ist eine Warmmiete bis 550 EUR enthalten.

   Der notwendige bzw. der angemessene Eigenbedarf sollen erhöht werden, wenn die Wohnkosten (Warmmiete) 430 EUR (notwendiger Eigenbedarf) bzw. 550 EUR (angemessener Eigenbedarf) übersteigen und nicht unangemessen sind.

6. Der Bedarfskontrollbetrag des Unterhaltspflichtigen ab Gruppe 2 ist nicht identisch mit dem Eigenbedarf. Er soll eine ausgewogene Verteilung des Einkommens zwischen dem Unterhaltspflichtigen und den unterhaltsberechtigten Kindern gewährleisten. Wird er unter Berücksichtigung auch anderer Unterhaltspflichten unterschritten, ist der Tabellenbetrag der nächst niedrigeren Gruppe, deren Bedarfskontrollbetrag nicht unterschritten wird, anzusetzen.

7. Der angemessene Gesamtunterhaltsbedarf eines studierenden Kindes, das nicht bei seinen Eltern oder einem Elternteil

wohnt, beträgt in der Regel monatlich 860 EUR. Hierin sind bis 375 EUR für Unterkunft einschließlich umlagefähiger Nebenkosten und Heizung (Warmmiete) enthalten. Dieser Bedarfssatz kann auch für ein Kind mit eigenem Haushalt angesetzt werden.

Von dem Betrag von 860 EUR kann bei erhöhtem Bedarf oder mit Rücksicht auf die Lebensstellung der Eltern nach oben abgewichen werden.

8. Die Ausbildungsvergütung eines in der Berufsausbildung stehenden Kindes, das im Haushalt der Eltern oder eines Elternteils wohnt, ist vor ihrer Anrechnung in der Regel um einen ausbildungsbedingten Mehrbedarf von monatlich 100 EUR zu kürzen.

9. In den Bedarfsbeträgen (Anmerkungen 1 und 7) sind keine Beiträge zur Kranken- und Pflegeversicherung und keine Studiengebühren enthalten.

10. Das auf das jeweilige Kind entfallende Kindergeld ist nach § 1612 b BGB auf den Tabellenunterhalt (Bedarf) anzurechnen.

B. Ehegattenunterhalt

I. Monatliche Unterhaltsrichtsätze des berechtigten Ehegatten ohne unterhaltsberechtigte Kinder (§§ 1361, 1569, 1578, 1581 BGB):

1. gegen einen erwerbstätigen Unterhaltspflichtigen:
   a) wenn der Berechtigte kein Einkommen hat: 45 % des anrechenbaren Erwerbseinkommens zuzüglich 50 % der anrechenbaren sonstigen Einkünfte des Pflichtigen, nach oben begrenzt durch den vollen Unterhalt, gemessen an den zu berücksichtigenden ehelichen Verhältnissen;
   b) wenn der Berechtigte ebenfalls Einkommen 45 % der Differenz zwischen hat: den anrechenbaren Erwerbseinkommen der Ehegatten, insgesamt begrenzt durch den vollen ehelichen Bedarf; für sonstige anrechenbare Einkünfte gilt der Halb- teilungsgrundsatz;
   c) wenn der Berechtigte erwerbstätig ist, obwohl ihn keine Erwerbsobliegenheit trifft: gemäß § 1577 Abs. 2 BGB;
2. gegen einen nicht erwerbstätigen Unterhaltspflichtigen (z.B. Rentner): wie zu 1 a, b oder c, jedoch 50 %.

II. Monatliche Unterhaltsrichtsätze des berechtigten Ehegatten, wenn die ehelichen Lebensverhältnisse durch Unterhaltspflichten gegenüber Kindern geprägt werden:

Wie zu I., jedoch wird der Kindesunterhalt (Zahlbetrag; vgl. Anm. C und Anhang) vorab vom Nettoeinkommen abgezogen.

III. Monatlicher Eigenbedarf (Selbstbehalt) gegenüber dem getrennt lebenden und dem geschiedenen Berechtigten:

a) falls erwerbstätig 1.280 EUR

b) falls nicht erwerbstätig 1.180 EUR

Hierin sind bis 490 EUR für Unterkunft einschließlich umlagefähiger Nebenkosten und Heizung (Warmmiete) enthalten. Der Eigenbedarf soll erhöht werden, wenn die Wohnkosten (Warmmiete) 490 EUR übersteigen und nicht unangemessen sind.

IV. Existenzminimum des unterhaltsberechtigten Ehegatten einschließlich des trennungsbedingten Mehrbedarfs in der Regel:

a) falls erwerbstätig: 1.160 EUR

b) falls nicht erwerbstätig: 960 EUR

V. 1. Monatlicher notwendiger Eigenbedarf des von dem Unterhalts-pflichtigen getrennt lebenden oder geschiedenen Ehegatten:

a) gegenüber einem nachrangigen geschiedenen Ehegatten
   aa) falls erwerbstätig 1.280 EUR
   bb) falls nicht erwerbstätig 1.180 EUR

b) gegenüber nicht privilegierten volljährigen Kindern 1.400 EUR

2. Monatlicher notwendiger Eigenbedarf des Ehegatten, der in einem ge-

meinsamen Haushalt mit dem Unterhaltspflichtigen lebt:

a) gegenüber einem nachrangigen geschiedenen Ehegatten

  aa) falls erwerbstätig 1.024 EUR

  bb) falls nicht erwerbstätig 944 EUR

b) gegenüber nicht privilegierten volljährigen Kindern 1.120 EUR

Anmerkung zu I. und II.:

Hinsichtlich berufsbedingter Aufwendungen und berücksichtigungsfähiger Schulden gelten Anmerkungen A. 3 und 4 – auch für den erwerbstätigen Unterhaltsberechtigten – entsprechend. Diejenigen berufsbedingten Aufwendungen, die sich nicht nach objektiven Merkmalen eindeutig von den privaten Lebenshaltungskosten abgrenzen lassen, sind pauschal im Erwerbstätigenbonus von 1/10 enthalten.

C. Mangelfälle

Reicht das Einkommen zur Deckung des Bedarfs des Unterhaltspflichtigen und der gleichrangigen Unterhaltsberechtigten nicht aus (sog. Mangelfälle), ist die nach Abzug des notwendigen Eigenbedarfs (Selbstbehalts) des Unterhaltspflichtigen verbleibende Verteilungsmasse auf die Unterhaltsberechtigten im Verhältnis ihrer jeweiligen Einsatzbeträge gleichmäßig zu verteilen.

Der Einsatzbetrag für den Kindesunterhalt entspricht dem Zahlbetrag des Unterhaltspflichtigen. Dies ist der nach Anrechnung des Kindergeldes oder von Einkünften auf den Unterhaltsbedarf verbleibende Restbedarf.

Beispiel: Bereinigtes Nettoeinkommen des Unterhaltspflichtigen (M): 1.350 EUR, Unterhalt für drei unterhaltsberechtigte Kinder im Alter von 18 Jahren (K1), 7 Jahren (K2) und 5 Jahren (K3), Schüler, die bei der nicht unterhaltsberechtigten, den Kindern nicht barunterhaltspflichtigen Ehefrau und Mutter (F) leben. F bezieht das Kindergeld.

Notwendiger Eigenbedarf des M: 1.160 EUR
Verteilungsmasse: 1.350 EUR – 1.160 EUR = 190 EUR

Summe der Einsatzbeträge der Unterhaltsberechtigten:

350 EUR (569 – 219) (K1)
+ 345,50 EUR (455 – 109,5) (K2)
+ 283,50 EUR (396 – 112,50) (K3) =
979 EUR

Unterhalt:

K1:	350,00 x 190 : 979 =	67,93 EUR
K2:	345,50 x 190 : 979 =	67,05 EUR
K3:	283,50 x 190 : 979 =	55,02 EUR

D. Verwandtenunterhalt und Unterhalt nach § 1615 I BGB

I. Angemessener Selbstbehalt gegenüber den Eltern:

Dem Unterhaltspflichtigen ist der angemessene Eigenbedarf zu belassen.

Bei dessen Bemessung sind Zweck und Rechtsgedanken des Gesetzes zur Entlastung unterhaltspflichtiger Angehöriger in der Sozialhilfe und in der Eingliederungshilfe (Angehörigenentlastungsgesetz) vom 10.Dezember 2019 (BGBl I S. 2135) zu beachten.

II. Bedarf der Mutter und des Vaters eines nichtehelichen Kindes (§ 1615 I BGB): nach der Lebensstellung des betreuenden Elternteils, in der Regel mindestens 960 EUR.

Angemessener Selbstbehalt gegenüber der Mutter und dem Vater eines nichtehelichen Kindes (§§ 1615 I, 1603 Abs. 1 BGB):

a) falls erwerbstätig 1.280 EUR

b) falls nicht erwerbstätig 1.180 EUR

Hierin sind bis 490 EUR für Unterkunft einschließlich umlagefähiger Nebenkosten und Heizung (Warmmiete) enthalten. Der Selbstbehalt soll erhöht werden, wenn die Wohnkosten (Warmmiete) 490 EUR übersteigen und nicht unangemessen sind.

E. Übergangsregelung

Umrechnung dynamischer Titel über Kindesunterhalt nach § 36 Nr. 3 EGZPO: Ist Kindesunterhalt als Prozentsatz des jeweiligen Regelbetrages zu leisten, bleibt der Titel bestehen. Eine Abänderung ist nicht erforderlich. An die Stelle des bisherigen Prozentsatzes vom Regelbetrag tritt ein neuer Prozentsatz vom Mindestunterhalt (Stand: 01.01.2008). Dieser ist für die jeweils maßgebliche Altersstufe gesondert zu bestimmen und auf eine Stelle nach dem Komma zu begrenzen (§ 36 Nr. 3 EGZPO). Der Prozentsatz wird auf der Grundlage der zum 01.01.2008 bestehenden Verhältnisse einmalig berechnet, und bleibt auch bei späterem Wechsel in eine andere Altersstufe unverändert (BGH Urteil vom 18.04.12 – XII ZR 66/10 – FamRZ 2012, 1048). Der Bedarf ergibt sich aus der Multiplikation des neuen Prozentsatzes mit dem Mindestunterhalt der jeweiligen Altersstufe und ist auf volle Euro aufzurunden (§ 1612a Abs. 2 S. 2 BGB). Der Zahlbetrag ergibt sich aus dem um das jeweils anteilige Kindergeld verminderten bzw. erhöhten Bedarf.

Wegen der sich nach § 36 Nr. 3 EGZPO ergebenden vier Fallgestaltungen wird auf die Beispielsberechnungen der Düsseldorfer Tabelle Stand 01.01.2017 verwiesen.

Anhang: Tabelle Zahlbeträge

Die folgenden Tabellen enthalten die sich nach Abzug des jeweiligen Kindergeldanteils (hälftiges Kindergeld bei Minderjährigen, volles Kindergeld bei Volljährigen) ergebenden Zahlbeträge. In **2022** beträgt das Kindergeld für das erste und zweite Kind jeweils 219 EUR, für das dritte Kind 225 EUR und das vierte und jedes weitere Kind jeweils 250 EUR.

1. und 2. Kind			0 – 5	6 – 11	12 – 17	ab 18	%
1.	bis	1.900	286,50	345,50	423,50	350	100
2.	1.901	2.300	306,50	368,50	450,50	379	105
3.	2.301	2.700	326,50	391,50	477,50	407	110
4.	2.701	3.100	346,50	414,50	503,50	436	115
5.	3.101	3.500	366,50	436,50	530,50	464	120
6.	3.501	3.900	397,50	473,50	573,50	510	128
7.	3.901	4.300	429,50	509,50	615,50	555	136
8.	4.301	4.700	461,50	546,50	658,50	601	144
9.	4.701	5.100	492,50	582,50	701,50	646	152
10.	5.101	5.500	524,50	618,50	743,50	692	160
11.	5.501	6.200	556,50	655,50	786,50	737	168
12.	6.201	7.000	587,50	691,50	829,50	783	176
13.	7.001	8.000	619,50	728,50	871,50	828	184
14.	8.001	9.500	651,50	764,50	914,50	874	192
15.	9.501	11.000	682,50	800,50	956,50	919	200

Ab 4. Kind			0 – 5	6 – 11	12 – 17	ab 18	%
1.	bis	1.900	271	330	408	319	100
2.	1.901	2.300	291	353	435	348	105
3.	2.301	2.700	311	376	462	376	110
4.	2.701	3.100	331	399	488	405	115
5.	3.101	3.500	351	421	515	433	120
6.	3.501	3.900	382	458	558	479	128
7.	3.901	4.300	414	494	600	524	136
8.	4.301	4.700	446	531	643	570	144
9.	4.701	5.100	477	567	686	615	152
10.	5.101	5.500	509	603	728	661	160
11.	5.501	6.200	541	640	771	706	168
12.	6.201	7.000	572	676	814	752	176
13.	7.001	8.000	604	713	856	797	184
14.	8.001	9.500	636	749	899	843	192
15.	9.501	11.000	667	785	941	888	200

b) Stand: 01. Januar 2021

Düsseldorfer Tabelle 2021								
Nettoeinkommen des/der Barunterhaltspflichtigen (Anm. 3, 4)			Altersstufen in Jahren (§ 1612 a Abs. 3 BGB)				Prozentsatz	Bedarfskontrollbetrag (Anm. 6)
			0 – 5	6 – 11	12 – 17	ab 18		
Alle Beträge in Euro								
1	bis	1.900	393	451	528	564	100	960/1.160
2	1.901	2.300	413	474	555	593	105	1.400
3	2.301	2.700	433	497	581	621	110	1.500
4	2,701	3.100	452	519	608	649	115	1.600
5	3.101	3.500	472	542	634	677	120	1.700
6	3.501	3.900	504	578	676	722	128	1.800
7	3.901	4.300	535	614	719	768	136	1.900
8	4.301	4.700	566	650	761	813	144	2.000
9	4.701	5.100	598	686	803	858	152	2.100
10	5.101	5.500	629	722	845	903	160	2.200
ab 5.501			Auf den Beschluss des Bundesgerichtshofs vom 16.09.2020 – XII ZB 499/19 – wird hingewiesen.					

Nettoeinkommen Euro			Altersstufen in Jahren (§ 1612 a Abs. 3 BGB)												Prozentsatz
			1 – 5			**6 – 11**			**12 – 17**			**ab 18**			
	Kind		1+2	3	ab 4	1+2	3	ab 4	1+2	3	ab 4	1+2	3	ab 4	
1	bis	1.900	284	280,50	268	342	338,50	326	419	415,50	403	345	339	314	100
2	1.901	2.300	304	300,50	288	365	361,50	349	446	442,50	430	374	368	343	105
3	2.301	2.700	324	320,50	308	388	384,50	372	472	468,50	456	402	396	371	110
4	2.701	3.100	343	339,50	327	410	406,50	394	499	495,50	483	430	424	399	115
5	3.101	3.500	363	359,50	347	433	429,50	417	525	521,50	509	458	452	427	120
6	3.501	3.900	395	391,50	379	469	465,50	453	567	563,50	551	503	497	472	128
7	3.901	4.300	426	422,50	410	505	501,50	489	610	606,50	594	549	543	518	136
8	4.301	4.700	457	453,50	441	541	537,50	525	652	648,50	636	594	588	563	144
9	4.701	5.100	489	485,50	473	577	573,50	561	694	690,50	678	639	633	608	152
10	5.101	5.500	520	516,50	504	613	609,50	597	736	732,50	720	684	678	653	160
ab 5.501			Auf den Beschluss des Bundesgerichtshofs vom 16.09.2020 – XII ZB 499/19 wird hingewiesen												

Anhang: Tabelle Zahlbeträge

Die folgenden Tabellen enthalten die sich nach Abzug des jeweiligen Kindergeldanteils (hälftiges Kindergeld bei Minderjährigen, volles Kindergeld bei Volljährigen) ergebenden Zahlbeträge. Ab dem 1. Januar 2021 beträgt das Kindergeld für das erste und zweite Kind jeweils 219 EUR, für das dritte Kind 225 EUR und das vierte und jedes weitere Kind jeweils 250 EUR.

1. und 2. Kind			0–5	6–11	12–17	ab 18	%
1.	bis	1.900	283,50	341,50	418,50	345	100
2.	1.901	2.300	303,50	364,50	445,50	374	105
3.	2.301	2.700	323,50	387,50	471,50	402	110
4.	2.701	3.100	342,50	409,50	498,50	430	115
5.	3.101	3.500	362,50	432,50	524,50	458	120
6.	3.501	3.900	394,50	468,50	566,50	503	128
7.	3.901	4.300	425,50	504,50	609,50	549	136
8.	4.301	4.700	456,50	540,50	651,50	594	144
9.	4.701	5.100	488,50	576,50	693,50	639	152
10.	5.101	5.500	519,50	612,50	735,50	684	160

3. Kind			0–5	6–11	12–17	ab 18	%
1.	bis	1.900	280,50	338,50	415,50	339	100
2.	1.901	2.300	300,50	361,50	442,50	368	105
3.	2.301	2.700	320,50	384,50	468,50	396	110
4.	2.701	3.100	339,50	406,50	495,50	424	115
5.	3.101	3.500	359,50	429,50	521,50	452	120
6.	3.501	3.900	391,50	465,50	563,50	497	128
7.	3.901	4.300	422,50	501,50	606,50	543	136
8.	4.301	4.700	453,50	537,50	648,50	588	144
9.	4.701	5.100	485,50	573,50	690,50	633	152
10.	5.101	5.500	516,50	609,50	732,50	678	160

Ab 4. Kind			0–5	6–11	12–17	ab 18	%
1.	bis	1.900	268	326	403	314	100
2.	1.901	2.300	288	349	430	343	105
3.	2.301	2.700	308	372	456	371	110
4.	2.701	3.100	327	394	483	399	115
5.	3.101	3.500	347	417	509	427	120
6.	3.501	3.900	379	453	551	472	128
7.	3.901	4.300	410	489	594	518	136
8.	4.301	4.700	441	525	636	563	144
9.	4.701	5.100	473	561	678	608	152
10.	5.101	5.500	504	597	720	653	160

c) Stand: 01. Januar 2020

Düsseldorfer Tabelle 2020								
Nettoeinkommen Euro			Altersstufen in Jahren (§ 1612a Abs. 3 BGB)				Prozentsatz	Bedarfskontrollbetrag
			0–5	6–11	12–17	ab 18		
1	bis	1.900	369	424	497	530	100	960/1.160
2	1.901	2.300	388	446	522	557	105	1.300
3	2.301	2.700	406	467	547	583	110	1.400
4	2.701	3.100	425	488	572	610	115	1.500
5	3.101	3.500	443	509	597	636	120	1.600
6	3.501	3.900	473	543	637	679	128	1.700
7	3.901	4.300	502	577	676	721	136	1.800
8	4.301	4.700	532	611	716	764	144	1.900
9	4.701	5.100	561	645	756	806	152	2.000
10	5.101	5.500	591	679	796	848	160	2.100
ab 5.501			nach den Umständen des Falles					

Zahlbeträge nach der Düsseldorfer Tabelle 2020																
Nettoeinkommen Euro			Altersstufen in Jahren (§ 1612a Abs. 3 BGB)													Prozentsatz
			1–5			6–11			12–17			ab 18				
	Kind		1+2	3	ab 4	1+2	3	ab 4	1+2	3	ab 4	1+2	3	ab 4		
1	bis	1.900	267	264	251,50	322	319	306,50	395	392	379,50	326	320	295	100
2	1.901	2.300	286	283	270,50	344	341	328,50	420	417	404,50	353	347	322	105
3	2.301	2.700	304	301	288,50	365	362	349,50	445	442	429,50	379	373	348	110
4	2.701	3.100	323	320	307,50	386	383	370,50	470	467	454,50	406	400	375	115
5	3.101	3.500	341	338	325,50	407	404	391,50	495	492	479,50	432	426	401	120
6	3.501	3.900	371	368	355,50	441	438	425,50	535	532	519,50	475	469	444	128
7	3.901	4.300	400	397	384,50	475	472	459,50	574	571	558,50	517	511	486	136
8	4.301	4.700	430	427	414,50	509	506	493,50	614	611	598,50	560	554	529	144
9	4.701	5.100	459	456	443,50	543	540	527,50	654	651	638,50	602	596	571	152
10	5.101	5.500	489	486	473,50	577	574	561,50	694	691	678,50	644	638	613	160

d) Stand: 01. Januar 2019

Düsseldorfer Tabelle 2019								
Nettoeinkommen Euro			Altersstufen in Jahren (§ 1612a Abs. 3 BGB)				Prozentsatz	Bedarfskontroll-betrag
			0–5	**6–11**	**12–17**	**ab 18**		
1	bis	1.900	354	406	476	527	100	880/1.080
2	1.901	2.300	372	427	500	554	105	1.300
3	2.301	2.700	390	447	524	580	110	1.400
4	2.701	3.100	408	467	548	607	115	1.500
5	3.101	3.500	425	488	572	633	120	1.600
6	3.501	3.900	454	520	610	675	128	1.700
7	3.901	4.300	482	553	648	717	136	1.800
8	4.301	4.700	510	585	686	759	144	1.900
9	4.701	5.100	539	618	724	802	152	2.000
10	5.101	5.500	567	650	762	844	160	2.100
ab 5.501			nach den Umständen des Falles					

Zahlbeträge nach der Düsseldorfer Tabelle bis Juni 2019															
Nettoeinkommen Euro			Altersstufen in Jahren (§ 1612a Abs. 3 BGB)												Prozentsatz
			1–5			**6–11**			**12–17**			**ab 18**			
	Kind		1+2	3	ab 4	1+2	3	ab 4	1+2	3	ab 4	1+2	3	ab 4	
1	bis	1.900	257	254	241,5	309	306	293,5	379	376	363,5	333	327	302	100
2	1.901	2.300	275	272	259,5	330	327	314,5	403	400	387,5	360	354	329	105
3	2.301	2.700	293	290	277,5	350	347	334,5	427	424	411,5	386	380	355	110
4	2.701	3.100	311	308	295,5	370	367	354,5	451	448	435,5	413	407	382	115
5	3.101	3.500	328	325	312,5	391	388	375,5	475	472	459,5	439	433	408	120
6	3.501	3.900	357	354	341,5	423	420	407,5	513	510	497,5	481	475	450	128
7	3.901	4.300	385	382	369,5	456	453	440,5	551	548	535,5	523	517	492	136
8	4.301	4.700	413	410	397,5	488	485	472,5	589	586	573,5	565	559	534	144
9	4.701	5.100	442	439	426,5	521	518	505,5	627	624	611,5	608	602	577	152
10	5.101	5.500	470	467	454,5	553	550	537,5	665	662	649,5	650	644	619	160

Zahlbeträge nach der Düsseldorfer Tabelle ab Juli 2019															
Nettoeinkommen Euro			Altersstufen in Jahren (§ 1612 a Abs. 3 BGB)												Prozentsatz
			1–5			**6–11**			**12–17**			**ab 18**			
	Kind		1+2	3	ab 4	1+2	3	ab 4	1+2	3	ab 4	1+2	3	ab 4	
1	bis	1.900	252	249	236,5	304	301	288,5	374	371	358,5	323	317	292	100
2	1.901	2.300	270	267	254,5	325	322	309,5	398	395	382,5	350	344	319	105
3	2.301	2.700	288	285	272,5	345	342	329,5	422	419	46,5	376	370	345	110
4	2.701	3.100	306	303	290,5	365	362	349,5	446	443	43,5	403	397	372	115
5	3.101	3.500	323	320	307,5	386	383	370,5	470	467	454,5	429	423	398	120
6	3.501	3.900	352	349	336,5	418	415	402,5	508	505	492,5	471	465	440	128
7	3.901	4.300	380	377	364,5	451	448	435,5	546	543	530,5	513	507	482	136
8	4.301	4.700	408	405	392,5	483	480	467,5	584	581	568,5	555	549	524	144
9	4.701	5.100	437	434	421,5	516	513	500,5	622	619	606,5	598	592	567	152
10	5.101	5.500	465	462	449,5	548	545	532,5	660	657	644,5	640	634	609	160

e) Stand: 01. Januar 2018

Düsseldorfer Tabelle 2018								
Nettoeinkommen Euro			Altersstufen in Jahren (§ 1612a Abs. 3 BGB)				Prozentsatz	Bedarfskontroll-betrag
			0–5	6–11	12–17	ab 18		
1	bis	1.900	348	399	467	527	100	880/1.080
2	1.901	2.300	366	419	491	554	105	1.300
3	2.301	2.700	383	439	514	580	110	1.400
4	2.701	3.100	401	459	538	607	115	1.500
5	3.101	3.500	418	479	561	633	120	1.600
6	3.501	3.900	446	511	598	675	128	1.700
7	3.901	4.300	474	543	636	717	136	1.800
8	4.301	4.700	502	575	673	759	144	1.900
9	4.701	5.100	529	607	710	802	152	2.000
10	5.101	5.500	557	639	748	844	160	2.100
ab 5.501			nach den Umständen des Falles					

Zahlbeträge nach der Düsseldorfer Tabelle															
Nettoeinkommen Euro			Altersstufen in Jahren (§ 1612a Abs. 3 BGB)												Prozentsatz
			1–5			6–11			12–17			ab 18			
	Kind		1+2	3	ab 4	1+2	3	ab 4	1+2	3	ab 4	1+2	3	ab 4	
1	bis	1.900	251	248	235,50	302	299	286,50	370	367	354,50	333	327	302	100
2	1.901	2.300	269	266	253,50	322	319	306,50	394	391	378,50	360	354	329	105
3	2.301	2.700	286	283	270,50	342	339	326,50	417	414	401,50	386	380	355	110
4	2.701	3.100	304	301	288,50	362	359	346,50	441	438	425,50	413	407	382	115
5	3.101	3.500	321	318	305,50	382	379	366,50	464	461	448,50	439	433	408	120
6	3.501	3.900	349	346	333,50	414	411	398,50	501	498	485,50	481	475	450	128
7	3.901	4.300	377	374	361,50	446	443	430,50	539	536	523,50	523	517	492	136
8	4.301	4.700	405	402	389,50	478	475	462,50	576	573	560,50	565	559	534	144
9	4.701	5.100	432	429	416,50	510	507	494,50	613	610	597,50	608	602	577	152
10	5.101	5.500	460	457	444,50	542	539	526,50	651	648	635,50	650	644	619	160

Selbstbehalt/Eigenbedarf nach Düsseldorfer Tabelle (Übersicht)

Selbstbehalte		**2020/2021/ 2022**[1]	**2016/2019**	**2015**	**2013/2014**	**2011**
A 5. Satz 1	notwendiger Selbstbehalt					
	1. erwerbstätig	1.160	1.080	1.080	1.000	950
	2. nicht erwerbstätig	960	880	880	800	770
A 5. Satz 2	angemessener Selbstbehalt (mj. und vollj. Kinder)	1.400	1.300	1.300	1.200	1.150
B IV.	Mindestselbstbehalt gegenüber getrennt lebendem und geschiedenem Ehegatten					
	1. erwerbstätig	1.280	1.200	1.200	1.100	1.050
	2. nicht erwerbstätig	1.180	1.200	1.200	1.100	1.050
D 2.	angemessener Selbstbehalt (§ 1615 l BGB)					
	1. erwerbstätig	1.280	1.200	1.200	1.100	1.050
	2. nicht erwerbstätig	1.180	1.200	1.200	1.100	1.050
D 1.	angemessener Selbstbehalt – Sockelbetrag (Eltern), zzgl. der Hälfte des darüber hinausgehenden Einkommens	2.000	1.800	1.800	1.600	1.500
	Eigenbedarf					
B V.	des berechtigten Ehegatten					
	1. erwerbstätig	1.160	1.080	1.080	1.000	950
	2. nicht erwerbstätig	960	880	880	800	770
D 2.	Mutter/Vater eines nichtehelichen Kindes nach der Lebensstellung des betreuenden Elternteils, in der Regel mindestens aber					
	1. erwerbstätig	960	880	880	800	770
	2. nicht erwerbstätig	960	880	880	800	770
B VI. 1	Monatlicher notwendiger Eigenbedarf des von dem Unterhaltspflichtigen getrennt lebenden oder geschiedenen Ehegatten unabhängig davon, ob erwerbstätig oder nicht erwerbstätig:					
	a) gegenüber nachrangig geschiedenen Ehegatten	1.280	1.200	1.200	1.100	1.050
	aa) erwerbstätig	1.280	1.200	1.200	1.100	1.050
	bb) nicht erwerbstätig	1.180	1.200	1.200	1.100	1.050
	b) gegenüber nicht privilegierten vollj. Kindern	1.400	1.300	1.300	1.200	1.150
	c) gegenüber Eltern des Unterhaltspflichtigen (zzgl. der Hälfte des darüber hinausgehenden Einkommens)	2.000[2]	1.800	1.800	1.600	1.500
B VI. 2	Monatlicher notwendiger Eigenbedarf des Ehegatten, der in einem gemeinsamen Haushalt mit dem Unterhaltspflichtigen lebt,					
	a) gegenüber nachrangig geschiedenen Ehegatten					
	aa) erwerbstätig	1.024	960	960	880	840
	bb) nicht erwerbstätig	944	960	960	880	840
	b) gegenüber nicht privilegierten vollj. Kindern	1.120	1.040	1.040	960	920
D 1.	des mit dem gegenüber seinen Eltern Unterhaltspflichtigen zusammenlebenden Ehegatten	1.600[3]	1.440	1.440	1.280	1.200
A 7	Studierende, Kinder mit eigenem Hausstand[4]	860	735	670	670	670

1) Zwischenzeitlich war erwogen worden, ob wegen der in 2022 stark gestiegenen Lebenshaltungskosten eine Erhöhung der – seit 2019 unveränderten – Selbstbehalte schon zum 1.7.2022 erfolgen soll.

2) Der für 2020 geltende Betrag berücksichtigte keine Änderungen durch das Angehörigen-Entlastungsgesetz. Für 2021 galt: Dem Unterhaltspflichtigen ist der angemessene Eigenbedarf zu belassen. Bei dessen Bemessung sind Zweck und Rechtsgedanken des Gesetzes zur Entlastung unterhaltspflichtiger Angehöriger in der Sozialhilfe und in der Eingliederungshilfe (Angehörigenentlastungsgesetz) vom 10. Dezember 2019 (BGBl I S. 2135) zu beachten.

3) In 2022 gilt das in Fn 3 Gesagte.

4) Ohne Beiträge zur Kranken- und Pflegeversicherung.

2. Berliner Tabelle als Vortabelle zur Düsseldorfer Tabelle

Seit dem 1. Januar 2008 gilt für das Bundesgebiet ein einheitlicher Mindestunterhalt. Die Berliner Tabelle war nur noch für die bis 31. Dezember 2007 fälligen Ansprüche anzuwenden, von einem weiteren Abdruck wird daher abgesehen.

3. Mindestunterhalt (§ 1612a BGB)[5]

Mindestunterhalt			
	1. Altersstufe – Vollendung 6. LJ.	2. Altersstufe 7. – Vollendung 12. LJ.	3. Altersstufe 13. – Vollendung 18. LJ.
01.01.2008	279 EUR	322 EUR	365 EUR
01.01.2009	281 EUR	322 EUR	377 EUR
01.01.2010	317 EUR	364 EUR	426 EUR
01.01.2011	317 EUR	364 EUR	426 EUR
01.08.2015	328 EUR	376 EUR	440 EUR
01.01.2016	335 EUR	384 EUR	450 EUR
01.01.2017	342 EUR	393 EUR	460 EUR
01.01.2018	348 EUR	399 EUR	467 EUR
01.01.2019	354 EUR	406 EUR	476 EUR
01.01.2020	369 EUR	424 EUR	497 EUR
01.01.2021	393 EUR	451 EUR	528 EUR
01.01.2022	396 EUR	455 EUR	533 EUR

4. Regelbeträge[6]

Regelbeträge nach der Regelbetragsverordnung						
	1. Altersstufe – Vollendung 6. LJ.		2. Altersstufe 7. – Vollendung 12. LJ.		3. Altersstufe 13. – Vollendung 18. LJ.	
	Alte Bundesländer	Neue Bundesländer	Alte Bundesländer	Neue Bundesländer	Alte Bundesländer	Neue Bundesländer
1.07.2001	366 DM	340 DM	444 DM	411 DM	525 DM	487 DM
1.01.2002	188 EUR	174 EUR	228 EUR	211 EUR	269 EUR	249 EUR
1.07.2003	199 EUR	183 EUR	241 EUR	222 EUR	284 EUR	262 EUR
1.07.2005	204 EUR	188 EUR	247 EUR	228 EUR	291 EUR	269 EUR
1.07.2007	202 EUR	186 EUR	245 EUR	226 EUR	288 EUR	267 EUR

5) Der Mindestunterhalt ersetzt seit dem 1. Januar 2008 die Regelbeträge. An die Stelle des steuerlichen Kinderfreibetrages ist zum 01. Januar 2016 der auf der Grundlage des Existenzminimumberichts durch Verordnung festgesetzte Mindestunterhalt getreten – und zwar in den einzelnen Altersstufen 87 %, 100 % und 117 %. Eine sachliche Änderung ergibt sich daraus nicht.

6) Die Regelbetragsverordnung ist ab dem 1. Januar 2008 aufgehoben. Sie ist nur noch für bis zum 31.12.2007 fällige Ansprüche anzuwenden.

5. Kindergeldtabelle[7]

Zeitraum	1. Kind	2. Kind	3. Kind	ab 4. Kind
1975–1977	50	70	120	120
1978	50	80	150	150
1/1979–6/1979	50	80	200	200
7/1979–1/1981	50	100	200	200
2/1981–12/1981	50	120	240	240
1982	50	100	220	240
1/1983–6/1990[8]	a) 50	100	220	240
	b) 50	70	140	140[9]
7/1990–12/1991	a) 50	130	220	240
	b) 50	70	140	140
1992–1995	a) 70	130	220	240
	b) 70	70	140	140
1996	200	200	300	350
1997–1998	220	220	300	350
1999	250	250	300	350
(DM) 2000–2001	270	270	300	350
(Euro) 2002–2008	154	154	154	179
ab 1/2009	164	164	170	195
ab 1/2010	184	184	190	215
ab 1/2015	188	188	194	219
Ab 1/2016	190	190	196	221
Ab 1/2017	192	192	198	223
Ab 1/2018	194	194	200	225
Ab 7/2019	204	204	210	235
Seit 1/2021	219	219	225	250

7) Beträge bis 2001 in DM, ab 2002 in EUR.

8) Das Kindergeld war einkommensabhängig, vgl. § 10 Abs. 2 BKGG i. d. bis zum 31.12.1995 geltenden Fassung der Bekanntmachung vom 31. Januar 1994, BGBl. I S. 168. Ab 1986 wurde zu dem Kindergeld gemäß § 11 a BKGG ein Kindergeldzuschlag zugunsten der Berechtigten gewährt, die den einkommensteuerrechtlichen Kinderfreibetrag in Höhe von 4.104 DM jährlich (§ 32 a Abs. 6 EStG a. F.) mangels hinreichenden steuerpflichtigen Einkommens nicht oder nicht voll in Anspruch nehmen konnten. Die Höhe des Zuschlags war von den individuellen Verhältnissen (d. h. den im Einzelfall maßgebenden Besteuerungsmerkmalen) abhängig, er betrug zuletzt höchstens 65 DM mtl.

9) Durch § 44 e Abs. 2 BKGG i. d. F. des Steueränderungsgesetzes 1992 v. 25.02.1992 (BGBl. I S. 297) erfolgte eine Nachbesserung des Kindergeldes für die Jahre 1983 bis 1985 durch Erhöhung der Sockelbeträge nach § 10 Abs. 2 BKGG a. F. für das 3. Kind (auf 200 DM), 4. Kind (auf 180 DM) und das 5. Kind (auf 155 DM) für die Fälle, in denen für das betreffende Jahr – über die Minderung des Kindergeldes nach nicht bindend entschieden worden war und – keine Nachbesserung bei der Besteuerung erfolgte.

6. Zur Leistung des Mindestunterhalts erforderliches Einkommen

Die Tabelle ermöglicht eine Schätzung des zur Leistung des Mindestunterhalts (§ 1610 a BGB) für bis zu drei minderjährige Kinder erforderlichen Einkommens.[10] Angegeben sind die Summe des nach Abzug des hälftigen Kindergeldes zu zahlenden Kindesunterhalts, das bereinigte Nettoeinkommen sowie das zugrunde liegende Bruttoeinkommen bei einer sozialversicherungspflichtigen Tätigkeit von vierzig Wochenstunden. Bruttoverdienst und Stundenlohn sind gerundete Werte.

a) 2022

Ab Januar 2022 beträgt der Mindestlohn 9,82 €/Stunde, ab Juli 10,45 €/Stunde. Bei vollschichtiger Tätigkeit (173 Std/Monat) wird ein Monatseinkommen von brutto 1.700 € = netto 1.255 € (ab Juli 1.810 € = netto 1.320 €) erreicht.

1. Bezogen auf den notwendigen Eigenbedarf (mind. 1.160 €)

Altersstufe	Anzahl Kinder				Einkommen		
	1 Kind			Summe	Bereinigt Netto[11]	Monat Brutto ca.[12]	Stundenlohn ca.
1	286,50			286,50	**1.446,50**	2.155,00	12,50
2	345,50			345,50	**1.505,50**	2.265,00	13,20
3	423,50			423,50	**1.583,50**	2.410,00	14,00
				2 Kinder			
1/1	286,50	286,50		573,00	**1.733,00**	2.680,00	15,60
1/2	286,50	345,50		632,00	**1.792,00**	2.795,00	16,30
1/3	286,50	423,50		710,00	**1.870,00**	2.945,00	17,10
2/2	345,50	345,50		691,00	**1.851,00**	2.910,00	16,90
2/3	345,50	423,50		769,00	**1.929,00**	3.065,00	17,80
3/3	423,50	423,50		847,00	**2.007,00**	3.220,00	18,70
				3 Kinder			
1/1/1	283,50	286,50	286,50	856,50	**2.016,50**	3.220,00	18,70
1/1/2	283,50	286,50	345,50	915,50	**2.075,50**	3.340,00	19,40
1/1/3	283,50	286,50	423,50	993,50	**2.153,50**	3.495,00	20,30
1/2/2	283,50	345,50	345,50	974,50	**2.134,50**	3.455,00	20,10
1/2/3	283,50	345,50	423,50	1.052,50	**2.212,50**	3.645,00	21,20
1/3/3	283,50	423,50	423,50	1.130,50	**2.290,50**	3.775,00	21,90
2/2/2	342,50	345,50	345,50	1.033,50	**2.193,50**	3.580,00	20,80
2/2/3	342,50	345,50	423,50	1.111,50	**2.271,50**	3.740,00	21,70
2/3/3	342,50	423,50	423,50	1.189,50	**2.349,50**	3.900,00	22,70
3/3/3	420,50	423,50	423,50	1.267,50	**2.427,50**	4.065,00	23,60

10) Vgl. BVerfG, Beschl. v. 20. Oktober 2009 – 1 BvR 443/09, FamRZ 2010, 183.

11) Monat netto./. 5 % berufsbedingte Aufwendungen, bezogen auf einen Eigenbedarf von 1.160 €.

12) Monatsbetrag brutto für Alleinstehende; auf folgenden Annahmen beruhende Berechnung: Lohnsteuerabzug StKl. I/anteilige Kinderfreibeträge; Kirchensteuer 9 %; Krankenversicherung 15,8 % (14,6 % + Zusatzbeitrag 1,3 %); Pflegeversicherung 3.05 %; Rentenversicherung 18,6 %; Arbeitslosenversicherung 2,4 %.

2. Bezogen auf den angemessenen Eigenbedarf (mind. 1.400 €)

Altersstufe	Anzahl Kinder				Einkommen		
	1 Kind			Summe	Bereinigt Netto[13]	Monat Brutto ca.[14]	Stundenlohn ca.
1	286,50			286,50	**1.686,50**	2.605,00	15,10
2	345,50			345,50	**1.745,50**	2.720,00	15,80
3	423,50			423,50	**1.823,50**	2.870,00	16,70
				2 Kinder			
1/1	286,50	286,50		573,00	**1.973,00**	3.150,00	18,30
1/2	286,50	345,50		632,00	**2.032,00**	3.270,00	19,00
1/3	286,50	423,50		710,00	**2.110,00**	3.425,00	19,90
2/2	345,50	345,50		691,00	**2.091,00**	3.385,00	19,70
2/3	345,50	423,50		769,00	**2.169,00**	3.545,00	20,60
3/3	423,50	423,50		847,00	**2.247,00**	3.705,00	21,50
				3 Kinder			
1/1/1	283,50	286,50	286,50	856,50	**2.256,50**	3.705,00	21,50
1/1/2	283,50	286,50	345,50	915,50	**2.315,50**	3.825,00	22,20
1/1/3	283,50	286,50	423,50	993,50	**2.393,50**	3.990,00	23,20
1/2/2	283,50	345,50	345,50	974,50	**2.374,50**	3.950,00	23,00
1/2/3	283,50	345,50	423,50	1.052,50	**2.452,50**	4.115,00	23,90
1/3/3	283,50	423,50	423,50	1.130,50	**2.530,50**	4.280,00	24,90
2/2/2	342,50	345,50	345,50	1.033,50	**2.433,50**	4.075,00	23,70
2/2/3	342,50	345,50	423,50	1.111,50	**2.511,50**	4.245,00	24,70
2/3/3	342,50	423,50	423,50	1.189,50	**2.589,50**	4.410,00	25,60
3/3/3	420,50	423,50	423,50	1.267,50	**2.667,50**	4.580,00	26,60

13) Monat netto./. 5 % berufsbedingte Aufwendungen, bezogen auf einen Eigenbedarf von 1.400 €.

14) Monatsbetrag brutto für Alleinstehende; auf folgenden Annahmen beruhende Berechnung: Lohnsteuerabzug StKl. I/anteilige Kinderfreibeträge; Kirchensteuer 9 %; Krankenversicherung 15,8 % (14,6 % + Zusatzbeitrag 1,3 %); Pflegeversicherung 3.05 %; Rentenversicherung 18,6 %; Arbeitslosenversicherung 2,4 %.

b) 2021

Ab Januar 2021 beträgt der **Mindestlohn** 9,50 Euro/Stunde, ab Juni 9,60 Euro/Stunde. Bei vollschichtiger Tätigkeit (173 Std/Monat) wird ein Monatseinkommen von brutto 1.645 Euro = netto 1.220 Euro (ab Juni 1.660 Euro = netto 1.230 Euro) erreicht.

1. Bezogen auf den notwendigen Eigenbedarf (mind. 1.160 Euro)

Altersstufe	Anzahl Kinder				Einkommen		
	1 Kind			Summe	Bereinigt Netto[15]	Monat Brutto ca.[16]	Stundenlohn ca.
1	283,50			283,50	**1.443,50**	2.160,00	12,60
2	341,50			341,50	**1.501,50**	2.270,00	13,20
3	418,50			418,50	**1.578,50**	2.415,00	14,00
			2 Kinder				
1/1	283,50	283,50		567,00	**1.727,00**	2.685,00	15,60
1/2	283,50	341,50		625,00	**1.785,00**	2.800,00	16,30
1/3	283,50	418,50		702,00	**1.862,00**	2.945,00	17,10
2/2	341,50	341,50		683,00	**1.843,00**	2.910,00	16,90
2/3	341,50	418,50		760,00	**1.920,00**	3.065,00	17,80
3/3	418,50	418,50		837,00	**1.997,00**	3.215,00	18,70
			3 Kinder				
1/1/1	280,50	283,50	283,50	847,50	**2.007,50**	3.220,00	18,70
1/1/2	280,50	283,50	341,50	905,50	**2.065,50**	3.335,00	19,40
1/1/3	280,50	283,50	418,50	982,50	**2.142,50**	3.495,00	20,30
1/2/2	280,50	341,50	341,50	963,50	**2.123,50**	3.455,00	20,10
1/2/3	280,50	341,50	418,50	1.040,50	**2.200,50**	3.610,00	21,00
1/3/3	280,50	418,50	418,50	1.117,50	**2.277,50**	3.770,00	21,90
2/2/2	338,50	341,50	341,50	1.021,50	**2.181,50**	3.575,00	20,80
2/2/3	338,50	341,50	418,50	1.098,50	**2.258,50**	3.730,00	21,70
2/3/3	338,50	418,50	418,50	1.175,50	**2.335,50**	3.890,00	22,60
3/3/3	415,50	418,50	418,50	1.252,50	**2.412,50**	4.055,00	23,60

15) Monat netto./. 5 % berufsbedingte Aufwendungen, bezogen auf einen Eigenbedarf von 1.160 Euro.

16) Monatsbetrag brutto für Alleinstehende; auf folgenden Annahmen beruhende Berechnung: Lohnsteuerabzug StKl. I/anteilige Kinderfreibeträge; Kirchensteuer 9 %; Krankenversicherung 15,8 % (14,6 % + Zusatzbeitrag 1,2 %); Pflegeversicherung 3.05 %; Rentenversicherung 18,6 %; Arbeitslosenversicherung 2,4 %.

2. Bezogen auf den angemessenen Eigenbedarf (mind. 1.400 Euro)

Altersstufe	Anzahl Kinder				Einkommen		
	1 Kind			Summe	Bereinigt Netto[17]	Monat Brutto ca.[18]	Stundenlohn ca.
1	283,50			283,50	**1.683,50**	2.615,00	15,20
2	341,50			341,50	**1.741,50**	2.725,00	15,80
3	418,50			418,50	**1.818,50**	2.880,00	16,70
	2 Kinder						
1/1	283,50	283,50		567,00	**1.967,00**	3.155,00	18,30
1/2	283,50	341,50		625,00	**2.025,00**	3.270,00	19,00
1/3	283,50	418,50		702,00	**2.102,00**	3.430,00	19,90
2/2	341,50	341,50		683,00	**2.083,00**	3.390,00	19,70
2/3	341,50	418,50		760,00	**2.160,00**	3.545,00	20,60
3/3	418,50	418,50		837,00	**2.237,00**	3.705,00	21,50
	3 Kinder						
1/1/1	280,50	283,50	283,50	847,50	**2.247,50**	3.710,00	21,60
1/1/2	280,50	283,50	341,50	905,50	**2.305,50**	3.830,00	22,30
1/1/3	280,50	283,50	418,50	982,50	**2.382,50**	3.990,00	23,20
1/2/2	280,50	341,50	341,50	963,50	**2.363,50**	3.950,00	23,00
1/2/3	280,50	341,50	418,50	1.040,50	**2.440,50**	4.115,00	23,90
1/3/3	280,50	418,50	418,50	1.117,50	**2.517,50**	4.280,00	24,90
2/2/2	338,50	341,50	341,50	1.021,50	**2.421,50**	4.075,00	23,70
2/2/3	338,50	341,50	418,50	1.098,50	**2.498,50**	4.240,00	24,70
2/3/3	338,50	418,50	418,50	1.175,50	**2.575,50**	4.405,00	25,60
3/3/3	415,50	418,50	418,50	1.252,50	**2.652,50**	4.580,00	26,60

17) Monat netto./. 5 % berufsbedingte Aufwendungen, bezogen auf einen Eigenbedarf von 1.400 Euro.

18) Monatsbetrag brutto für Alleinstehende; auf folgenden Annahmen beruhende Berechnung: Lohnsteuerabzug StKl. I/anteilige Kinderfreibeträge; Kirchensteuer 9 %; Krankenversicherung 15,8 % (14,6 % + Zusatzbeitrag 1,2 %); Pflegeversicherung 3.05 %; Rentenversicherung 18,6 %; Arbeitslosenversicherung 2,4 %.

c) 2020

Ab Januar 2020 beträgt der **Mindestlohn** 9,35 Euro/Stunde. Bei vollschichtiger Tätigkeit (173 Std/Monat) wird ein Monatseinkommen von brutto 1.620 Euro = netto 1.195 Euro erreicht.

1. Bezogen auf den notwendigen Eigenbedarf (mind. 1.160 Euro)

Altersstufe	Anzahl Kinder				Einkommen		
	1 Kind			Summe	Bereinigt Netto[19]	Monat Brutto ca.[20]	Stundenlohn ca.
1	267			267	**1.427**	2.157	12,50
2	322			322	**1.482**	2.263	13,20
3	395			395	**1.555**	2.404	14,00
2 Kinder							
1/1	267	267		534	**1.694**	2.655	15,40
1/2	267	322		589	**1.749**	2.764	16,10
1/3	267	395		662	**1.822**	2.911	16,90
2/2	322	322		644	**1.804**	2.875	16,70
2/3	322	395		717	**1.877**	3.023	17,60
3/3	395	395		790	**1.950**	3.172	18,40
3 Kinder							
1/1/1	264	267	267	798	**1.958**	3.164	18,40
1/1/2	264	267	322	853	**2.013**	3.277	19,10
1/1/3	264	267	395	926	**2.086**	3.430	19,90
1/2/2	264	322	322	908	**2.068**	3.392	19,70
1/2/3	264	322	395	981	**2.141**	3.546	20,60
1/3/3	264	395	395	1.054	**2.214**	3.702	21,50
2/2/2	319	322	322	963	**2.123**	3.508	20,40
2/2/3	319	322	395	1.036	**2.196**	3.663	21,30
2/3/3	319	395	395	1.109	**2.269**	3.818	22,20
3/3/3	392	395	395	1.182	**2.342**	3.978	23,10

19) Monat netto./. 5 % berufsbedingte Aufwendungen, bezogen auf einen Eigenbedarf von 1.160 Euro.

20) Monatsbetrag brutto für Alleinstehende; auf folgenden Annahmen beruhende Berechnung: Lohnsteuerabzug StKl. I/anteilige Kinderfreibeträge; Solidarzuschlag 5,5 %; Kirchensteuer 9 %; Krankenversicherung 15,7 % (14,6 % + Zusatzbeitrag 1,1 %); Pflegeversicherung 3.05 %; Rentenversicherung 18,6 %; Arbeitslosenversicherung 2,4 %.

2. Bezogen auf den angemessenen Eigenbedarf (mind. 1.400 Euro)

Altersstufe	Anzahl Kinder				Einkommen		
	1 Kind			Summe	Bereinigt Netto[21]	Monat Brutto ca.[22]	Stundenlohn ca.
1	267			267	**1.667**	2.625	15,30
2	322			322	**1.722**	2.735	15,90
3	395			395	**1.795**	2.880	16,70
				2 Kinder			
1/1	267	267		534	**1.934**	3.140	18,30
1/2	267	322		589	**1.989**	3.254	18,80
1/3	267	395		662	**2.062**	3.406	19,80
2/2	322	322		644	**2.044**	3.376	19,60
2/3	322	395		717	**2.117**	3.520	20,50
3/3	395	395		790	**2.190**	3.677	21,40
				3 Kinder			
1/1/1	264	267	267	798	**2.198**	3.668	21,30
1/1/2	264	267	322	853	**2.253**	3.785	22,00
1/1/3	264	267	395	926	**2.326**	3.943	22,90
1/2/2	264	322	322	908	**2.308**	3.904	22,70
1/2/3	264	322	395	981	**2.381**	4.064	23,60
1/3/3	264	395	395	1.054	**2.454**	4.227	24,60
2/2/2	319	322	322	963	**2.363**	4.025	23,40
2/2/3	319	322	395	1.036	**2.436**	4.186	24,30
2/3/3	319	395	395	1.109	**2.509**	4.350	25,30
3/3/3	392	395	395	1.182	**2.582**	4.518	26,30

21) Monat netto./. 5 % berufsbedingte Aufwendungen, bezogen auf einen Eigenbedarf von 1.400 Euro.

22) Monatsbetrag brutto für Alleinstehende; auf folgenden Annahmen beruhende Berechnung: Lohnsteuerabzug StKl. I/anteilige Kinderfreibeträge; Solidarzuschlag 5,5 %; Kirchensteuer 9 %; Krankenversicherung 15,7 % (14,6 % + Zusatzbeitrag 1,1 %); Pflegeversicherung 3.05 %; Rentenversicherung 18,6 %; Arbeitslosenversicherung 2,4 %.

7. Altersvorsorgeunterhalt (Stand: 01. Januar 2022)[23]

Da nach den Leitlinien der Oberlandesgerichts bei der quotalen Bemessung des Ehegattenunterhalts mittlerweile einheitlich eine Erwerbstätigenbonus von 10 % angesetzt wird, wurde von der Fortschreibung der Tabellen abgesehen, welche bislang zusätzlich auf der Grundlage eines Bonus von 1/7 geführt worden sind.

a) Bremer Tabelle zur Berechnung des Altersvorsorgeunterhalts (Stand: 01. Januar 2022)[24]

Nettobemessungsgrundlage in Euro	Zuschlag in Prozent zur Berechnung der Bruttobemessungsgrundlage	Nettobemessungsgrundlage in Euro	Zuschlag in Prozent zur Berechnung der Bruttobemessungsgrundlage
1 – 1.195	13 %	3.806 – 3.885	45 %
1.196 – 1.245	14 %	3.886 – 3.970	46 %
1.246 – 1.300	15 %	3.971 – 4.050	47 %
1.301 – 1.345	16 %	4.051 – 4.135	48 %
1.346 – 1.395	17 %	4.136 – 4.220	49 %
1.396 – 1.440	18 %	4.221 – 4.285	50 %
1.441 – 1.495	19 %	4.286 – 4.350	51 %
1.496 – 1.555	20 %	4.351 – 4.420	52 %
1.556 – 1.620	21 %	4.421 – 4.490	53 %[25]
1.621 – 1.690	22 %	4.491 – 4.565	54 %[26]
1.691 – 1.760	23 %	4.566 – 4.700	55 %
1.761 – 1.835	24 %	4.701 – 4.845	56 %
1.836 – 1.915	25 %	4.846 – 5.005	57 %
1.916 – 2.000	26 %	5.006 – 5.170	58 %
2.001 – 2.085	27 %	5.171 – 5.345	59 %
2.086 – 2.175	28 %	5.346 – 5.535	60 %
2.176 – 2.270	29 %	5.536 – 5.750	61 %
2.271 – 2.365	30 %	5.751 – 6.085	62 %
2.366 – 2.465	31 %	6.086 – 6.465	63 %
2.466 – 2.570	32 %	6.466 – 6.895	64 %
2.571 – 2.675	33 %	6.896 – 7.385	65 %
2.676 – 2.785	34 %	7.386 – 7.950	66 %
2.786 – 2.895	35 %	7.951 – 8.605	67 %
2.896 – 3.010	36 %	8.606 – 9.385	68 %
3.011 – 3.120	37 %	9.386 – 10.315	69 %
3.121 – 3.235	38 %	10.316 – 11.455	70 %
3.236 – 3.350	39 %	11.456 – 12.875	71 %
3.351 – 3.465	40 %	12.876 – 14.335	72 %
3.466 – 3.550	41 %	14.336 – 15.180	73 %
3.551 – 3.635	42 %	15.181 – 16.135	74 %
3.636 – 3.720	43 %	ab 16.136	75 %
3.721 – 3.805	44 %		

23) Fortgeführt von Richter am OLG a. D. *Werner Gutdeutsch*, München.
Berechnet unter Berücksichtigung von Beitragssätzen von 18,6 % für die Rentenversicherung und 2,5 % für die Arbeitslosenversicherung, und Lohnsteuer der Klasse 1 nach dem amtlichen Programmablaufplan 2022 ohne Kinderfreibeträge und ohne Vorsorgepauschale für den Kinderlosenzuschlag zur Pflegeversicherung und mit Solidaritätszuschlag; zur Anwendung vgl. BGH v. 25.2.1981 – IVb ZR 543/80, FamRZ 1981, 442, 444 f.; BGH v. 1.6.1983 – IVb ZR 388/81, FamRZ 1983, 888, 889 f.; s.a. BGH v. 30.1.1985 – IVb ZR 70/83, FamRZ 1985, 471, 472.

24) Berechnet unter Berücksichtigung von Beitragssätzen von 18,6 % für die Rentenversicherung und 2,4 % für die Arbeitslosenversicherung, und Lohnsteuer der Klasse 1 nach dem amtlichen Programmablaufplan 2022 ohne Kinderfreibeträge und ohne Vorsorgepauschale für den Kinderlosenzuschlag zur Pflegeversicherung und mit Solidaritätszuschlag, soweit er nach Art. 4 des 2. FamEntlastG v. 1.12.2020 (BGBl I 2616) von Bedeutung ist; zur Anwendung vgl. BGH FamRZ 1981, 442, 444 f. = NJW 1981, 1556, 1558 f., FamRZ 1983, 888, 889 f. = NJW 1983, 2937, 2938 f., s.a. BGH FamRZ 1985, 471, 472 f. = NJW 1985, 1347 [LS.].
Die Tabelle musste für das Jahr 2022 neu berechnet werden, weil der Gesetzgeber rückwirkend zum 1.1.2022 den Grundfreibetrag erhöht hat (G v. 23.5.2022 (BGBl. I S. 749)).

25) In den neuen Bundesländern wird bei einer Beitragsbemessungsgrenze von 6.750 € mit einer Nettobemessungsgrundlage von 4.424,42 € und einem Zuschlag von 52,56 % der höchstmögliche Einzahlungsbetrag in die gesetzliche Rentenversicherung von 1.255 € erreicht.

26) In den alten Bundesländern wird bei einer Beitragsbemessungsgrenze von 7.050 € mit einer Nettobemessungsgrundlage von 4.563,39 € und einem Zuschlag von 54,49 % der höchstmögliche Einzahlungsbetrag in die gesetzliche Rentenversicherung von 1.311 € erreicht.
Nach BGH FamRZ 2007, 117 ist aber auch ein Vorsorgeunterhalt jenseits der Beitragsbemessungsgrenze nach den Grundsätzen der Bremer Tabelle zu berechnen.

b) Altersvorsorgeunterhalt (45 %-Quote, Beitragssatz 18,6 %) – Tabellarische Übersicht auf der Grundlage der Bremer Tabelle (Stand: 01. Januar 2022)[27]

1	2	3	4
Einkommen bzw. Eink.-differenz	45 %-Quote (Basisbetrag)	AVU	endgültiger Elementar-unterhalt
100	45	9	41
200	90	19	81
300	135	28	122
400	180	38	163
500	225	47	204
600	270	57	244
700	315	66	285
800	360	76	326
900	405	85	367
1.000	450	94	408
1.100	495	104	448
1.200	540	113	489
1.300	585	123	530
1.400	630	132	571
1.500	675	142	611
1.600	720	151	652
1.700	765	161	693
1.800	810	170	734
1.900	855	180	774
2.000	900	189	815
2.100	945	199	855
2.200	990	208	896
2.300	1.035	218	937
2.400	1.080	227	978
2.500	1.125	236	1.019
2.600	1.170	246	1.059
2.700	1.215	258	1.099
2.800	1.260	270	1.139
2.900	1.305	282	1.178
3.000	1.350	294	1.218
3.100	1.395	304	1.258
3.200	1.440	316	1.298
3.300	1.485	329	1.337
3.400	1.530	341	1.377
3.500	1.575	355	1.415
3.600	1.620	365	1.456
3.700	1.665	378	1.495
3.800	1.710	391	1.534
3.900	1.755	402	1.574
4.000	1.800	415	1.613
4.100	1.845	429	1.652
4.200	1.890	440	1.692
4.300	1.935	453	1.731
4.400	1.980	464	1.771
4.500	2.025	478	1.810
4.600	2.070	489	1.850
4.700	2.115	504	1.888
4.800	2.160	514	1.929
4.900	2.205	529	1.967
5.000	2.250	540	2.007

1	2	3	4
Einkommen bzw. Eink.-differenz	45 %-Quote (Basisbetrag)	AVU	endgültiger Elementar-unterhalt
5.100	2.295	555	2.045
5.200	2.340	566	2.085
5.300	2.385	581	2.124
5.400	2.430	592	2.164
5.500	2.475	608	2.201
5.600	2.520	619	2.241
5.700	2.565	630	2.282
5.800	2.610	646	2.319
5.900	2.655	657	2.359
6.000	2.700	673	2.397
6.100	2.745	684	2.437
6.200	2.790	701	2.475
6.300	2.835	712	2.515
6.400	2.880	723	2.555
6.500	2.925	740	2.592
6.600	2.970	751	2.632
6.700	3.015	768	2.669
6.800	3.060	780	2.709
6.900	3.105	791	2.749
7.000	3.150	809	2.786
7.100	3.195	820	2.826
7.200	3.240	838	2.863
7.300	3.285	849	2.903
7.400	3.330	861	2.943
7.500	3.375	879	2.979
7.600	3.420	891	3.019
7.700	3.465	902	3.059
7.800	3.510	921	3.096
7.900	3.555	939	3.132
8.000	3.600	951	3.172
8.100	3.645	969	3.209
8.200	3.690	982	3.248
8.300	3.735	1.000	3.285
8.400	3.780	1.012	3.325
8.500	3.825	1.032	3.361
8.600	3.870	1.044	3.400
8.700	3.915	1.063	3.437
8.800	3.960	1.075	3.476
8.900	4.005	1.095	3.512
9.000	4.050	1.107	3.552
9.100	4.095	1.127	3.588
9.200	4.140	1.147	3.624
9.300	4.185	1.160	3.663
9.400	4.230	1.180	3.699
9.500	4.275	1.193	3.738
9.600	4.320	1.213	3.774
9.700	4.365	1.234	3.810
9.800	4.410	1.247	3.849
9.900	4.455	1.268	3.884

27) Von Richter am OLG a. D. *Werner Gutdeutsch*, München.
Zur Erläuterung:
Spalte 1: Das für die Quotenberechnung maßgebende anrechenbare Einkommen – bei beiderseitigem Einkommen die Einkommensdifferenz – ggf. nach Abzug von Kindesunterhalt und Krankenvorsorgeunterhalt.
Spalte 2: 45 %-Quote entspricht dem Unterhaltsbetrag ohne Berücksichtigung von Altersvorsorgeunterhalt – bei der üblichen zweistufigen Berechnung handelt es sich um die Nettobemessungsgrundlage für den Altersvorsorgeunterhalt nach Spalte 3.
Spalte 3: Auf der Grundlage von Spalte 2 berechneter Altersvorsorgeunterhalt (AVU).
Spalte 4: Endgültig maßgebender Elementarunterhalt bei zweistufiger Berechnung.
Zur Verwendung vgl. *Gutdeutsch/Hampel* FamRZ 1992, 1028 = NJW 1992, 2684 = DAVorm 1992, 779 = FuR 1992, 216.

c) Altersvorsorgeunterhalt (45 %-Quote, 18,6 % + 4 %) – Tabellarische Übersicht auf der Grundlage der Bremer Tabelle (Stand: 01. Januar 2022)[28]

1	2	3	4
Einkommen bzw. Eink.-differenz	45 %-Quote (Basisbetrag)	AVU	endgültiger Elementar-unterhalt
100	45	12	40
200	90	23	80
300	135	35	119
400	180	46	159
500	225	57	199
600	270	69	239
700	315	80	279
800	360	92	319
900	405	104	358
1.000	450	115	398
1.100	495	126	438
1.200	540	138	478
1.300	585	149	518
1.400	630	161	558
1.500	675	172	598
1.600	720	184	637
1.700	765	195	677
1.800	810	207	717
1.900	855	218	757
2.000	900	230	797
2.100	945	241	837
2.200	990	253	876
2.300	1.035	264	916
2.400	1.080	276	956
2.500	1.125	287	996
2.600	1.170	301	1.035
2.700	1.215	316	1.073
2.800	1.260	330	1.112
2.900	1.305	345	1.150
3.000	1.350	360	1.188
3.100	1.395	375	1.226
3.200	1.440	387	1.266
3.300	1.485	403	1.304
3.400	1.530	418	1.342
3.500	1.575	434	1.380
3.600	1.620	447	1.419
3.700	1.665	463	1.457
3.800	1.710	479	1.494
3.900	1.755	492	1.534
4.000	1.800	509	1.571
4.100	1.845	521	1.611
4.200	1.890	538	1.648
4.300	1.935	555	1.685
4.400	1.980	568	1.724
4.500	2.025	586	1.761
4.600	2.070	599	1.800
4.700	2.115	617	1.837
4.800	2.160	630	1.877
4.900	2.205	648	1.913
5.000	2.250	661	1.953

1	2	3	4
Einkommen bzw. Eink.-differenz	45 %-Quote (Basisbetrag)	AVU	endgültiger Elementar-unterhalt
5.100	2.295	674	1.992
5.200	2.340	693	2.028
5.300	2.385	706	2.067
5.400	2.430	725	2.104
5.500	2.475	738	2.143
5.600	2.520	758	2.179
5.700	2.565	771	2.218
5.800	2.610	790	2.255
5.900	2.655	804	2.293
6.000	2.700	818	2.332
6.100	2.745	838	2.368
6.200	2.790	851	2.407
6.300	2.835	871	2.443
6.400	2.880	885	2.482
6.500	2.925	899	2.520
6.600	2.970	920	2.556
6.700	3.015	934	2.595
6.800	3.060	954	2.631
6.900	3.105	968	2.669
7.000	3.150	982	2.708
7.100	3.195	1.004	2.743
7.200	3.240	1.018	2.782
7.300	3.285	1.032	2.821
7.400	3.330	1.054	2.856
7.500	3.375	1.068	2.894
7.600	3.420	1.090	2.930
7.700	3.465	1.104	2.968
7.800	3.510	1.126	3.003
7.900	3.555	1.141	3.042
8.000	3.600	1.163	3.077
8.100	3.645	1.178	3.115
8.200	3.690	1.201	3.150
8.300	3.735	1.215	3.188
8.400	3.780	1.239	3.222
8.500	3.825	1.253	3.261
8.600	3.870	1.277	3.295
8.700	3.915	1.292	3.334
8.800	3.960	1.316	3.368
8.900	4.005	1.340	3.402
9.000	4.050	1.355	3.440
9.100	4.095	1.379	3.474
9.200	4.140	1.394	3.513
9.300	4.185	1.419	3.546
9.400	4.230	1.434	3.585
9.500	4.275	1.459	3.618
9.600	4.320	1.484	3.652
9.700	4.365	1.500	3.690
9.800	4.410	1.525	3.724
9.900	4.455	1.551	3.757

28) Von Richter am OLG a. D. *Werner Gutdeutsch*, München.
Zur Erläuterung:
Spalte 1: Das für die Quotenberechnung maßgebende anrechenbare Einkommen – bei beiderseitigem Einkommen die Einkommensdifferenz – ggf. nach Abzug von Kindesunterhalt und Krankenvorsorgeunterhalt.
Spalte 2: 45 %-Quote entspricht dem Unterhaltsbetrag ohne Berücksichtigung von Altersvorsorgeunterhalt – bei der üblichen zweistufigen Berechnung handelt es sich um die Nettobemessungsgrundlage für den Altersvorsorgeunterhalt nach Spalte 3.
Spalte 3: Auf der Grundlage von Spalte 2 berechneter Altersvorsorgeunterhalt (AVU).
Spalte 4: Endgültig maßgebender Elementarunterhalt bei zweistufiger Berechnung.
Zur Verwendung vgl. *Gutdeutsch/Hampel*, FamRZ 1992, 1028 = NJW 1992, 2684 = DAVorm 1992, 779 = FuR 1992, 216.

8. Altersvorsorgeunterhalt (Stand: 01. Januar 2021)[29]

Da nach den Leitlinien der Oberlandesgerichts bei der quotalen Bemessung des Ehegattenunterhalts mittlerweile einheitlich eine Erwerbstätigenbonus von 10 % angesetzt wird, wurde von dem Abdruck der Tabellen abgesehen, welche zusätzlich auf der Grundlage eines Bonus von 1/7 geführt worden sind.

a) Bremer Tabelle zur Berechnung des Altersvorsorgeunterhalts (Stand: 01. Januar 2021)

Nettobemessungsgrundlage in EUR	Zuschlag in Prozent zur Berechnung der Bruttobemessungsgrundlage
1 – 1.110	13 %
1.111 – 1.170	14 %
1.171 – 1.220	15 %
1.221 – 1.270	16 %
1.271 – 1.315	17 %
1.316 – 1.360	18 %
1.361 – 1.410	19 %
1.411 – 1.460	20 %
1.461 – 1.520	21 %
1.521 – 1.585	22 %
1.586 – 1.655	23 %
1.656 – 1.725	24 %
1.726 – 1.805	25 %
1.806 – 1.885	26 %
1.886 – 1.965	27 %
1.966 – 2.055	28 %
2.056 – 2.145	29 %
2.146 – 2.240	30 %
2.241 – 2.335	31 %
2.336 – 2.435	32 %
2.436 – 2.540	33 %
2.541 – 2.645	34 %
2.646 – 2.750	35 %
2.751 – 2.860	36 %
2.861 – 2.975	37 %
2.976 – 3.085	38 %
3.086 – 3.200	39 %
3.201 – 3.315	40 %
3.316 – 3.425	41 %
3.426 – 3.510	42 %
3.511 – 3.595	43 %
3.596 – 3.675	44 %
3.676 – 3.760	45 %
3.761 – 3.840	46 %
3.841 – 3.920	47 %
3.921 – 4.000	48 %
4.001 – 4.085	49 %
4.086 – 4.160	50 %
4.161 – 4.225	51 %
4.226 – 4.290	52 %
4.291 – 4.360	53 %
4.361 – 4.430	54 %[30]
4.431 – 4.500	55 %
4.501 – 4.600	56 %[31]
4.601 – 4.745	57 %
4.746 – 4.905	58 %
4.906 – 5.075	59 %
5.076 – 5.255	60 %
5.256 – 5.445	61 %
5.446 – 5.665	62 %
5.666 – 6.015	63 %
6.016 – 6.415	64 %
6.416 – 6.870	65 %
6.871 – 7.395	66 %
7.396 – 8.010	67 %
8.011 – 8.735	68 %
8.736 – 9.600	69 %
9.601 – 10.660	70 %
10.661 – 11.980	71 %
11.981 – 13.675	72 %
13.676 – 14.620	73 %
14.621 – 15.540	74 %
ab 15.541	75 %

29) Fortgeführt von Richter am OLG a. D. *Werner Gutdeutsch*, München.
Berechnet unter Berücksichtigung von Beitragssätzen von 18,6 % für die Rentenversicherung und 2,5 % für die Arbeitslosenversicherung, und Lohnsteuer der Klasse 1 nach dem amtlichen Programmablaufplan 2021 ohne Kinderfreibeträge und ohne Vorsorgepauschale für den Kinderlosenzuschlag zur Pflegeversicherung und mit Solidaritätszuschlag; zur Anwendung vgl. BGH v. 25.2.1981 – IVb ZR 543/80, FamRZ 1981, 442, 444 f.; BGH v. 1.6.1983 – IVb ZR 388/81, FamRZ 1983, 888, 889 f.; s.a. BGH v. 30.1.1985 – IVb ZR 70/83, FamRZ 1985, 471, 472.

30) In den neuen Bundesländern wird bei einer Beitragsbemessungsgrenze von 6.700 € mit einer Nettobemessungsgrundlage von 4.362,97 € und einem Zuschlag von 53,57 % der höchstmögliche Einzahlungsbetrag in die gesetzliche Rentenversicherung von 1.246 € erreicht.

31) In den alten Bundesländern wird bei einer Beitragsbemessungsgrenze von 7.100 € mit einer Nettobemessungsgrundlage von 4.547,72 € und einem Zuschlag von 56,12 % der höchstmögliche Einzahlungsbetrag in die gesetzliche Rentenversicherung von 1.320 € erreicht. Nach BGH, FamRZ 2007, 117 ist aber auch ein Vorsorgeunterhalt jenseits der Beitragsbemessungsgrenze nach den Grundsätzen der Bremer Tabelle zu berechnen.

b) Altersvorsorgeunterhalt (45 %-Quote) – Tabellarische Übersicht auf der Grundlage der Bremer Tabelle (Stand: 01. Januar 2021)[32]

1	2	3	4
Einkommen bzw. Einkommensdifferenz	45 %-Quote (Basisbetrag)	AVU	endgültiger Elementarunterhalt
100	45	9	41
200	90	19	81
300	135	28	122
400	180	38	163
500	225	47	204
600	270	57	244
700	315	66	285
800	360	76	326
900	405	85	367
1.000	450	94	408
1.100	495	104	448
1.200	540	113	489
1.300	585	123	530
1.400	630	132	571
1.500	675	142	611
1.600	720	151	652
1.700	765	161	693
1.800	810	170	734
1.900	855	180	774
2.000	900	189	815
2.100	945	199	855
2.200	990	208	896
2.300	1.035	218	937
2.400	1.080	227	978
2.500	1.125	239	1.017
2.600	1.170	248	1.058
2.700	1.215	260	1.098
2.800	1.260	272	1.138
2.900	1.305	284	1.177
3.000	1.350	296	1.217
3.100	1.395	309	1.256
3.200	1.440	321	1.296
3.300	1.485	334	1.335
3.400	1.530	347	1.374
3.500	1.575	357	1.414
3.600	1.620	371	1.453
3.700	1.665	384	1.492
3.800	1.710	394	1.533
3.900	1.755	408	1.571
4.000	1.800	419	1.611
4.100	1.845	432	1.651
4.200	1.890	446	1.689
4.300	1.935	457	1.729
4.400	1.980	471	1.768
4.500	2.025	482	1.808
4.600	2.070	497	1.846
4.700	2.115	507	1.887
4.800	2.160	522	1.925
4.900	2.205	533	1.965
5.000	2.250	548	2.003

1	2	3	4
Einkommen bzw. Einkommensdifferenz	45 %-Quote (Basisbetrag)	AVU	endgültiger Elementarunterhalt
5.100	2.295	559	2.043
5.200	2.340	575	2.081
5.300	2.385	586	2.121
5.400	2.430	597	2.161
5.500	2.475	612	2.200
5.600	2.520	623	2.240
5.700	2.565	639	2.277
5.800	2.610	650	2.318
5.900	2.655	667	2.355
6.000	2.700	678	2.395
6.100	2.745	689	2.435
6.200	2.790	706	2.472
6.300	2.835	717	2.512
6.400	2.880	734	2.550
6.500	2.925	745	2.590
6.600	2.970	757	2.629
6.700	3.015	774	2.667
6.800	3.060	785	2.707
6.900	3.105	803	2.744
7.000	3.150	814	2.784
7.100	3.195	826	2.823
7.200	3.240	844	2.860
7.300	3.285	855	2.900
7.400	3.330	873	2.937
7.500	3.375	885	2.977
7.600	3.420	897	3.016
7.700	3.465	915	3.053
7.800	3.510	927	3.093
7.900	3.555	946	3.129
8.000	3.600	964	3.166
8.100	3.645	976	3.206
8.200	3.690	995	3.242
8.300	3.735	1.007	3.282
8.400	3.780	1.027	3.318
8.500	3.825	1.039	3.357
8.600	3.870	1.058	3.394
8.700	3.915	1.070	3.434
8.800	3.960	1.090	3.470
8.900	4.005	1.110	3.506
9.000	4.050	1.123	3.545
9.100	4.095	1.143	3.581
9.200	4.140	1.155	3.620
9.300	4.185	1.175	3.656
9.400	4.230	1.196	3.692
9.500	4.275	1.209	3.731
9.600	4.320	1.229	3.767
9.700	4.365	1.250	3.803
9.800	4.410	1.263	3.842
9.900	4.455	1.284	3.877

32) Von Richter am OLG a. D. *Werner Gutdeutsch*, München.
Zur Erläuterung:
Spalte 1: Das für die Quotenberechnung maßgebende anrechenbare Einkommen – bei beiderseitigem Einkommen die Einkommensdifferenz – ggf. nach Abzug von Kindesunterhalt und Krankenvorsorgeunterhalt.
Spalte 2: 45 %-Quote entspricht dem Unterhaltsbetrag ohne Berücksichtigung von Altersvorsorgeunterhalt – bei der üblichen zweistufigen Berechnung handelt es sich um die Nettobemessungsgrundlage für den Altersvorsorgeunterhalt nach Spalte 3.
Spalte 3: Auf der Grundlage von Spalte 2 berechneter Altersvorsorgeunterhalt (AVU).
Spalte 4: Endgültig maßgebender Elementarunterhalt bei zweistufiger Berechnung.
Zur Anwendung s. im Einzelnen *Gutdeutsch/Hampel*, FamRZ 1992, 1028.

c) Altersvorsorgeunterhalt (45 %-Quote, 18,6 % + 4 %) – Tabellarische Übersicht auf der Grundlage der Bremer Tabelle (Stand: 01. Januar 2021)[33)]

1	2	3	4	1	2	3	4
Einkommen bzw. Einkommensdifferenz	45 %-Quote (Basisbetrag)	AVU	endgültiger Elementarunterhalt	Einkommen bzw. Einkommensdifferenz	45 %-Quote (Basisbetrag)	AVU	endgültiger Elementarunterhalt
100	45	12	40	5.100	2.295	679	1.989
200	90	23	80	5.200	2.340	698	2.026
300	135	35	119	5.300	2.385	711	2.065
400	180	46	159	5.400	2.430	725	2.104
500	225	57	199	5.500	2.475	744	2.140
600	270	69	239	5.600	2.520	758	2.179
700	315	80	279	5.700	2.565	777	2.215
800	360	92	319	5.800	2.610	790	2.255
900	405	104	358	5.900	2.655	810	2.291
1.000	450	115	398	6.000	2.700	824	2.329
1.100	495	126	438	6.100	2.745	838	2.368
1.200	540	138	478	6.200	2.790	857	2.404
1.300	585	149	518	6.300	2.835	871	2.443
1.400	630	161	558	6.400	2.880	892	2.479
1.500	675	172	598	6.500	2.925	906	2.517
1.600	720	184	637	6.600	2.970	920	2.556
1.700	765	195	677	6.700	3.015	940	2.592
1.800	810	207	717	6.800	3.060	954	2.631
1.900	855	218	757	6.900	3.105	975	2.666
2.000	900	230	797	7.000	3.150	990	2.705
2.100	945	241	837	7.100	3.195	1.004	2.743
2.200	990	253	876	7.200	3.240	1.025	2.779
2.300	1.035	264	916	7.300	3.285	1.039	2.817
2.400	1.080	276	956	7.400	3.330	1.061	2.853
2.500	1.125	290	995	7.500	3.375	1.076	2.891
2.600	1.170	301	1.035	7.600	3.420	1.090	2.930
2.700	1.215	316	1.073	7.700	3.465	1.112	2.965
2.800	1.260	330	1.112	7.800	3.510	1.126	3.003
2.900	1.305	345	1.150	7.900	3.555	1.149	3.038
3.000	1.350	360	1.188	8.000	3.600	1.172	3.073
3.100	1.395	375	1.226	8.100	3.645	1.186	3.111
3.200	1.440	391	1.264	8.200	3.690	1.209	3.146
3.300	1.485	406	1.302	8.300	3.735	1.224	3.184
3.400	1.530	422	1.340	8.400	3.780	1.247	3.219
3.500	1.575	434	1.380	8.500	3.825	1.262	3.257
3.600	1.620	450	1.418	8.600	3.870	1.286	3.291
3.700	1.665	467	1.455	8.700	3.915	1.301	3.330
3.800	1.710	479	1.494	8.800	3.960	1.325	3.364
3.900	1.755	496	1.532	8.900	4.005	1.349	3.398
4.000	1.800	509	1.571	9.000	4.050	1.364	3.436
4.100	1.845	525	1.609	9.100	4.095	1.388	3.470
4.200	1.890	542	1.646	9.200	4.140	1.403	3.509
4.300	1.935	555	1.685	9.300	4.185	1.428	3.542
4.400	1.980	573	1.722	9.400	4.230	1.453	3.576
4.500	2.025	586	1.761	9.500	4.275	1.469	3.614
4.600	2.070	603	1.799	9.600	4.320	1.494	3.648
4.700	2.115	617	1.837	9.700	4.365	1.519	3.681
4.800	2.160	635	1.874	9.800	4.410	1.535	3.719
4.900	2.205	648	1.913	9.900	4.455	1.561	3.753
5.000	2.250	666	1.950				

33) Von Richter am OLG a. D. *Werner Gutdeutsch*, München.
Zur Erläuterung:
Spalte 1: Das für die Quotenberechnung maßgebende anrechenbare Einkommen – bei beiderseitigem Einkommen die Einkommensdifferenz – ggf. nach Abzug von Kindesunterhalt und Krankenvorsorgeunterhalt.
Spalte 2: 45 %-Quote entspricht dem Unterhaltsbetrag ohne Berücksichtigung von Altersvorsorgeunterhalt – bei der üblichen zweistufigen Berechnung handelt es sich um die Nettobemessungsgrundlage für den Altersvorsorgeunterhalt nach Spalte 3.
Spalte 3: Auf der Grundlage von Spalte 2 berechneter Altersvorsorgeunterhalt (AVU).
Spalte 4: Endgültig maßgebender Elementarunterhalt bei zweistufiger Berechnung.
Zur Anwendung s. im Einzelnen *Gutdeutsch/Hampel*, FamRZ 1992, 1028.

C. Tabellen zum Versorgungsausgleich

1. Umrechnung einer Rentenanwartschaft in Entgeltpunkte[1), 2)]

a) Werte der Rentenversicherung der Arbeiter und der Angestellten

Ehezeitende	Aktueller Rentenwert	Aktueller Rentenwert (Ost)
1977 **(DM)**	25,20	
1/1978 – 6/1978	27,01	
7/1978 – 12/1979	26,34	
1980	27,39	
1981	28,48	
7/1982 – 6/1983	30,12	
7/1983 – 6/1984	31,81	
7/1984 – 6/1985	32,89	
7/1985 – 6/1986	33,87	
7/1986 – 6/1987	34,86	
7/1987 – 6/1988	36,18	
7/1988 – 6/1989	37,27	
7/1989 – 6/1990	38,39	
7/1990 – 12/1990	39,58	15,95
1/1991 – 6/1991	39,58	18,35
7/1991 – 12/1991	41,44	21,11
1/1992 – 6/1992	41,44	23,57
7/1992 – 12/1992	42,63	26,57
1/1993 – 6/1993	42,63	28,19
7/1993 – 12/1993	44,49	32,17
1/1994 – 6/1994	44,49	33,34
7/1994 – 12/1994	46,00	34,49
1/1995 – 6/1995	46,00	35,45
7/1995 – 12/1995	46,23	36,33
1/1996 – 6/1996	46,23	37,92
7/1996 – 6/1997	46,67	38,38
7/1997 – 6/1998	47,44	40,51
7/1998 – 6/1999	47,65	40,87
7/1999 – 6/2000	48,29	42,01
7/2000 – 6/2001	48,58	42,26
7/2001 – 12/2001	49,51	43,15
1/2002 – 6/2002 **(€)**	25,31406	22,06224
7/2002 – 6/2003	25,86	22,70
7/2003 – 6/2007	26,13	22,97
7/2007 – 6/2008	26,27	23,09
7/2008 – 6/2009	26,56	23,34
7/2009 – 6/2011	27,20	24,13
7/2011 – 6/2012	27,47	24,37
7/2012 – 6/2013	28,07	24,92
7/2013 – 6/2014	28,14	25,74
7/2014 – 6/2015	28,61	26,39
7/2015 – 6/2016	29,21	27,05
7/2016 – 6/2017	30,45	28,66
7/2017 – 6/2018	31,03	29,69
7/2018 – 6/2019	32,03	30,69
7/2019 – 6/2020	33,05	31,89
7/2020 – 6/2021	34,19	33,23
7/2021 – 6/2022	34,19	33,47
Ab 7/2022	36,02	35,52

b) Werte der knappschaftlichen Rentenversicherung

Ehezeitende	Aktueller Rentenwert	Aktueller Rentenwert (Ost)
1977 **(DM)**	33,60	
1/1978 – 6/1978	36,01	
7/1978 – 12/1979	35,12	
1980	36,52	
1981	37,97	
7/1982 – 6/1983	40,16	
7/1983 – 6/1984	42,41	
7/1984 – 6/1985	43,85	
7/1985 – 6/1986	45,16	
7/1986 – 6/1987	46,48	
7/1987 – 6/1988	48,23	
7/1988 – 6/1989	49,69	
7/1989 – 6/1990	51,19	
7/1990 – 12/1990	52,77	21,27
1/1991 – 6/1991	52,77	24,47
7/1991 – 12/1991	55,25	28,15
1/1992 – 6/1992	55,25	31,43
7/1992 – 12/1992	56,84	35,43
1/1993 – 6/1993	56,84	37,59
7/1993 – 12/1993	59,32	42,89
1/1994 – 6/1994	59,32	44,45
7/1994 – 12/1994	61,33	45,99
1/1995 – 6/1995	61,33	47,27
7/1995 – 12/1995	61,44	48,44
1/1996 – 6/1996	61,44	50,56
7/1996 – 6/1997	62,23	51,17
7/1997 – 6/1998	63,25	54,01
7/1998 – 6/1999	63,53	54,49
7/1999 – 6/2000	64,39	56,01
7/2000 – 6/2001	64,77	56,35
7/2001 – 12/2001	66,01	57,53
1/2002 – 6/2002 **(€)**	33,75124	29,41558
7/2002 – 6/2003	34,48	30,27
7/2003 – 6/2007	34,84	30,63
7/2007 – 6/2008	35,03	30,79
7/2008 – 6/2009	35,41	31,12
7/2009 – 6/2011	36,27	32,17
7/2011 – 6/2012	36,63	32,49
7/2012 – 6/2013	37,43	33,23
7/2013 – 6/2014	37,52	34,32
7/2014 – 6/2015	38,15	35,19
7/2015 – 6/2016	38,95	36,07
7/2016 – 6/2017	40,60	38,21
7/2017 – 6/2018	41,37	39,59
7/2018 – 6/2019	42,71	40,92
7/2019 – 6/2020	44,07	42,51
7/2020 – 6/2021	45,59	44,31
7/2021 – 6/2022	45,59	44,63
Ab 7/2022	48,01	47,36

1) §§ 76 IV, 264 a Abs. 2 S. 1 SGB VI.
2) Entgeltpunkte werden in eine Rentenanwartschaft (DM/Monat bzw. EUR/Monat) umgerechnet, indem sie mit dem zum Zeitpunkt des Endes der Ehezeit maßgeblichen Rentenwert vervielfältigt werden. Die Berechnung erfolgt auf zwei Dezimalstellen; die zweite Ziffer ist um 1 zu erhöhen, wenn in der dritten Stelle eine der Ziffern 5 bis 9 erscheinen würde (§§ 121 Abs. 2, 123 Abs. 1 SGB VI).

2. Umrechnung von Entgeltpunkten in Beiträge[3)]

a) Werte der Rentenversicherung der Arbeiter und der Angestellten ab 1992

Beitragszahlung	Umrechnungsfaktor	Umrechnungsfaktor (Ost)
1992 **(DM)**	8.122,3530	5.543,5115
1993	8.691,0250	6.325,8061
1994	9.960,3840	7.713,4547
1995	9.480,7920	7.706,7079
1996	9.812,7360	8.344,1633
1997	10.922,6180	9.385,3050
1998	10.910,2350	9.091,1049
1/1999 – 3/1999	10.775,6460	9.088,0037
4/1999 – 12/1999	10.350,9900	8.729,8558
2000	10.521,0090	8.652,1456
2001	10.444,6440	8.749,8065
2002 **(€)**	5.446,9380	4.545,5545
2003	5.699,8500	4.770,1481
2004	5.738,4600	4.817,3774
2005	5.765,9550	4.851,4556
2006	5.714,2800	4.797,4813
2007	5.868,1120	5.049,1413
2008	5.986,7160	5.061,9058
2009	6.144,9210	5.177,7224
2010	6.368,5970	5.356,7138
2011	6.023,3320	5.270,2179
2012	6.359,4160	5.410,4271
2013	6.439,4190	5.472,4390
2014	6.587,9730	5.548,7013
2015	6.544,8130	5.585,7412
2016	6.781,9290	5.908,1183
2017	6.938,2610	6.198,7501
2018	7.044,3780	6.262,7827
2019	7.235,5860	6.674,8948
2020	7.542,4860	7.049,0523
2021	7.726,6260	7.316,8807
2022	7.235,5860	6.943,9405

b) Werte der knappschaftlichen Rentenversicherung ab 1992

Beitragszahlung	Umrechnungsfaktor	Umrechnungsfaktor (Ost)
1992 **(DM)**	10.760,9705	7.344,3697
1993	11.546,6475	8.404,2852
1994	13.228,6350	10.244,4320
1995	12.590,0840	10.234,1766
1996	13.032,5400	11.082,0918
1997	14.473,8140	12.436,6850
1998	14.457,4050	12.046,8336
1/1999 – 3/1999	14.279,0580	12.042,7241
4/1999 – 12/1999	13.748,2380	11.595,0392
2000	13.955,3280	11.476,4211
2001	13.889,7360	11.635,8683
2002 **(€)**	7.243,5720	6.044,8736
2003	7.570,5700	6.335,7352
2004	7.621,8520	6.398,4654
2005	7.658,3710	6.443,7282
2006	7.589,7360	6.372,0393
2007	7.784,8320	6.698,3583
2008	7.942,1760	6.715,2921
2009	8.152,0560	6.868,9383
2010	8.448,7920	7.106,3941
2011	7.990,7520	6.991,6458
2012	8.435,9600	7.177,0972
2013	8.551,8210	7.267,6307
2014	8.749,1070	7.368,9101
2015	8.679,7520	7.407,8279
2016	8.994,2160	7.835,3654
2017	9.201,5440	8.220,8023
2018	9.354,6310	8.316,7061
2019	9.608,5470	8.863,9732
2020	10.016,0970	9.360,8383
2021	10.260,6270	9.716,5028
2022	9.608,5470	9.221,2543

3) Beitragszahlung § 187 SGB VI.

3. Umrechnung von Beiträgen in Entgeltpunkte

a) Werte der Rentenversicherung der Arbeiter und der Angestellten ab 1992

Beitragszahlung	Umrechnungsfaktor	Umrechnungsfaktor (Ost)
1992	0,0001231170	0,0001803911
1993	0,0001150612	0,0001580826
1994	0,0001003977	0,0001296436
1995	0,0001054764	0,0001297571
1996	0,0001019084	0,0001198443
1997	0,0000915531	0,0001065495
1998	0,0000916571	0,0001099976
1/1999 – 3/1999	0,0000928019	0,0001100352
4/1999 – 12/1999	0,0000966091	0,0001145494
2000	0,0000950479	0,0001155783
2001	0,0000957429	0,0001142882
2002	0,0001835894	0,0002199952
2003	0,0001754432	0,0002096371
2004	0,0001742628	0,0002075818
2005	0,0001734318	0,0002061237
2006	0,0001750002	0,0002084427
2007	0,0001704126	0,0001980535
2008	0,0001670365	0,0001975541
2009	0,0001627360	0,0001931351
2010	0,0001570205	0,0001866816
2011	0,0001660211	0,0001897455
2012	0,0001572471	0,0001848283
2013	0,0001552935	0,0001827339
2014	0,0001517918	0,0001802224
2015	0,0001527928	0,0001790273
2016	0,0001474507	0,0001692586
2017	0,0001441283	0,0001613228
2018	0,0001419572	0,0001596734
2019	0,0001382058	0,0001498151
2020	0,0001325823	0,0001418630
2021	0,0001294226	0,0001366703
2022	0,0001382058	0,0001440105

b) Werte der knappschaftlichen Rentenversicherung ab 1992

Beitragszahlung	Umrechnungsfaktor	Umrechnungsfaktor (Ost)
1992	0,0000929284	0,0001361587
1993	0,0000866052	0,0001189869
1994	0,0000755936	0,0000976140
1995	0,0000794276	0,0000977118
1996	0,0000767310	0,0000902357
1997	0,0000690903	0,0000804073
1998	0,0000691687	0,0000830094
1/1999 – 3/1999	0,0000700326	0,0000830377
4/1999 – 12/1999	0,0000727366	0,0000862438
2000	0,0000716572	0,0000871352
2001	0,0000719956	0,0000859412
2002	0,0001380534	0,0001654294
2003	0,0001320905	0,0001578349
2004	0,0001312017	0,0001562875
2005	0,0001305761	0,0001551897
2006	0,0001317569	0,0001569356
2007	0,0001284549	0,0001492903
2008	0,0001259101	0,0001489138
2009	0,0001226684	0,0001455829
2010	0,0001183601	0,0001407183
2011	0,0001251447	0,0001430278
2012	0,0001185402	0,0001393321
2013	0,0001169342	0,0001375964
2014	0,0001142974	0,0001357053
2015	0,0001152107	0,0001349923
2016	0,0001111826	0,0001276265
2017	0,0001086774	0,0001216426
2018	0,0001068989	0,0001202399
2019	0,0001040740	0,0001128162
2020	0,0000998393	0,0001068280
2021	0,0000974599	0,0001029177
2022	0,0001040740	0,0001084451

4. Unmittelbare Umwertung von Kapitalwerten in regeldynamische Rentenanwartschaften (ab 1992)[4]

Ehezeitende	Umrechnungsfaktor
1/1992 – 6/1992	0,0051019685
7/1992 – 12/1992	0,0052484777
1/1993 – 6/1993	0,0049050590
7/1993 – 12/1993	0,0051190728
1/1994 – 6/1994	0,0044666937
7/1994 – 12/1994	0,0046182942
1/1995 – 6/1995	0,0048519144
7/1995 – 12/1995	0,0048761740
1/1996 – 6/1996	0,0047112253
7/1996 – 12/1996	0,0047560650
1/1997 – 6/1997	0,0042727832
7/1997 – 12/1997	0,0043431791
1/1998 – 6/1998	0,0043482128
7/1998 – 12/1998	0,0043674608
1/1999 – 3/1999	0,0044220105
4/1999 – 6/1999	0,0046 034236
7/1999 – 12/1999	0,0046652534
1/2000 – 6/2000	0,0045898631

Ehezeitende	Umrechnungsfaktor
7/2000 – 12/2000	0,0046174270
1/2001 – 6/2001	0,0046511901
7/2001 – 12/2001	0,0047402310
1/2002 – 6/2002	0,0046473931
7/2002 – 12/2002	0,0047476219
1/2003 – 6/2003	0,0045369612
7/2003 – 12/2003	0,0045843308
2004	0,0045534870
2005	0,0045317729
2006	0,0045727552
1/2007 – 6/2007	0,0044528812
7/2007 – 12/2007	0,0044767390
1/2008 – 6/2008	0,0043880489
7/2008 – 12/2008	0,0044364894
1/2009 – 6/2009	0,0043222682
7/2009 – 12/2009	0,0044264129
2010	0,0042709576

5. Allgemeiner Rentenwert und allgemeiner Rentenwert (Ost) in der Alterssicherung der Landwirte

	Allgemeiner Rentenwert	Allgemeiner Rentenwert (Ost)
1/1995 – 6/1995 **(DM)**	21,24	16,37
7/1995 – 12/1995	21,35	16,78
1/1996 – 6/1996	21,35	17,51
7/1996 – 12/1996	21,55	17,72
1/1997 – 6/1997	21,55	17,72
7/1997 – 12/1997	21,91	18,70
1/1998 – 6/1998	21,91	18,70
7/1998 – 12/1998	22,01	18,87
1/1999 – 6/1999	22,01	18,87
7/1999 – 12/1999	22,30	19,40
1/2000 – 6/2000	22,30	19,40
7/2000 – 12/2000	22,43	19,52
1/2001 – 6/2001	22,43	19,52
7/2001 – 12/2001	22,86	19,93
1/2002 – 6/2002 **(€)**	11,68813	10,19005
7/2002 – 12/2002	11,94	10,48
1/2003 – 6/2003	11,94	10,48
7/2003 – 12/2003	12,06	10,60
1/2004 – 6/2004	12,06	10,60
7/2004 – 12/2004	12,06	10,60
1/2005 – 6/2005	12,06	10,60
7/2005 – 12/2005	12,06	10,60
7/2007 – 6/2008	12,13	10,66
7/2008 – 6/2009	12,26	10,78
7/2009 – 6/2011	12,56	11,14
7/2011 – 6/2012	12,68	11,25
7/2012 – 6/2013	12,96	11,50
7/2013 – 6/2014	12,99	11,88
7/2014 – 6/2015	13,21	12,18
7/2015 – 6/2016	13,49	12,48
7/2016 – 6/2017	14,06	13,22
7/2017 – 6/2018	14,33	13,69
7/2018 – 6/2019	14,79	14,15
7/2019 – 6/2020	15,26	14,70
7/2020 – 6/2021	15,79	15,32
7/2021 – 6/2022	15,79	15,43
Ab 7/2022	16,63	16,37

4) Der Kapitalwert ist mit dem für das Ende der Ehezeit maßgeblichen Umrechnungsfaktor zu vervielfältigen.

6. Bezugsgröße und Bezugsgröße (Ost)

a) Bezugsgröße

Ehezeitende	monatliche Bezugsgröße gemäß § 18 I SGB IV	Rentenbetrag nach § 18 III VerAusGlG; § 225 FamFG	§ 3 b I Nr. 1 VAHRG; §§ 14, 33, 51 VersAusglG	§ 18 III VersAusglG; § 225 FamFG (Kapitalwert)	§ 18 VersAusglG; § 225 FamFG (Rentenbetrag ab 2009)	§§ 14, 33 VersAusglG
		1 %	**2 %**	**120 %**		**240 %**
– 1977 **(DM)**	1.850	18,50	37,00	2.220		4.440
1978	1.950	19,50	39,00	2.340		4.680
1979	2.100	21,00	42,00	2.520		5.040
1980	2.200	22,00	44,00	2.640		5.280
1981	2.340	23,40	46,80	2.808		5.616
1982	2.460	24,60	49,20	2.952		5.904
1983	2.580	25,80	51,60	3.096		6.192
1984	2.730	27,30	54,60	3.276		6.552
1985	2.800	28,00	56,00	3.360		6.720
1986	2.870	28,70	57,40	3.444		6.888
1987	3.010	30,10	60,20	3.612		7.224
1988	3.080	30,80	61,60	3.696		7.392
1989	3.150	31,50	63,00	3.780		7.560
1990	3.290	32,90	65,80	3.948		7.896
1991	3.360	33,60	67,20	4.032		8.064
1992	3.500	35,00	70,00	4.200		8.400
1993	3.710	37,10	74,20	4.452		8.904
1994	3.920	39,20	78,40	4.704		9.408
1995	4.060	40,60	81,20	4.872		9.744
1996	4.130	41,30	82,60	4.956		9.912
1997	4.270	42,70	85,40	5.124		10.248
1998	4.340	43,40	86,80	5.208		10.416
1999	4.410	44,10	88,20	5.292		10.584
2000	4.480	44,80	89,60	5.376		10.752
2001	4.480	44,80	89,60	5.376		10.752
2002 **(€)**	2.345	23,45	46,90	2.814		5.628
2003	2.380	23,80	47,60	2.856		5.712
2004	2.415	24,15	48,30	2.898		5.796
2005	2.415	24,15	48,30	2.898		5.796
2006	2.450	24,50	49,00	2.940		5.880
2007	2.450	24,50	49,00	2.940		5.880
2008	2.485	24,85	49,70	2.982		5.964
2009	2.520	25,20	50,40	3.024	25,20	6.048
2010	2.555	25,55	51,10	3.066	25,55	6.132
2011	2.555	25,55	51,10	3.066	25,55	6.132
2012	2.625	26,25	52,50	3.150	26,25	6.300
2013	2.695	26,95	53,90	3.234	26,95	6.468
2014	2.765	27,65	55,30	3.318	27,65	6.636
2015	2.835	28,35	56,70	3.402	28,35	6.804
2016	2.905	29,05	58,10	3.486	29,05	6.972
2017	2.975	29,75	59,50	3.570	29,75	7.140
2018	3.045	30,45	60,90	3.654	30,45	7.308
2019	3.115	31,15	62,30	3.738	31,15	7.476
2020	3.185	31,85	63,70	3.822	31,85	7.644
2021	3.290	32,90	65,80	3.948	32,90	7.896
2022	3.290	32,90	65,80	3.948	32,90	7.896

b) Bezugsgröße (Ost)

Ehezeitende	Bezugsgröße Ost	§ 10 a II VAHRG	§ 3 b I Nr. 1 VAHRG §§ 14, 33, 51 VersAusglG
		0,5 %	**2 %**
– 1990 **(DM)**	1.400	7,00	–
1/1991 – 6/1991	1.540	7,70	–
7/1991 – 12/1991	1.750	18,75	–
1992	2.100	10,50	42,00
1993	2.730	13,65	54,60
1994	3.080	15,40	61,60
1995	3.290	16,45	65,80
1996	3.500	17,50	70,00
1997	3.640	18,20	72,80
1998	3.640	18,20	72,80
1999	3.710	18,55	74,20
2000	3.640	18,20	72,80
2001	3.780	18,90	75,60
2002 **(€)**	1.960	9,80	39,20
2003	1.995	9,98	39,90
2004	2.030	10,15	40,60
2005	2.030	10,15	40,60
2006	2.065	10,33	41,30
2007	2.100	10,50	42,00
2008	2.100	10,50	42,00
2009	2.135	10,68	42,70

7. Grenzwert nach § 17 VersAusglG

Jahr	Grenzwert § 17 VersAusglG bezogen auf die Beitragsbemessungsgrenze (§ 159 SGB VI)
2002	54.000
2003	61.200
2004	61.800
2005	62.400
2006	63.000
2007	63.000
2008	63.600
2009	64.800
2010	66.000
2011	66.000
2012	67.200
2013	69.600
2014	71.400
2015	72.600
2016	74.400
2017	76.200
2018	78.000
2019	80.400
2020	82.800
2021	85.200
2022	84.600

8. Tabelle zur Schätzung von Renten in der gesetzlichen Rentenversicherung (2022)[5]

a) Verdienst und Rentenhöhe alte Bundesländer

Vorläufiges jährliches Durchschnittsentgelt 38.901 Euro, Rentenwert 36,02 Euro

		Die bei einem aktuell erzielten Durchschnittsverdienst zu erwartende Rente beträgt bei einer Beschäftigungszeit von:								
Brutto mtl.	**entspr. EP/J**	**5 J.**	**10 J.**	**15 J.**	**20 J.**	**25 J.**	**30 J.**	**35 J.**	**40 J.**	**45 J**
648	0,2	36	72	103	139	180	216	252	288	324
973	0,3	54	108	154	208	270	324	378	432	486
1.297	0,4	72	144	205	277	360	432	504	576	648
1.621	0,5	90	180	256	347	450	540	630	720	810
1.945	0,6	108	216	308	416	540	648	756	864	973
2.269	0,7	126	252	359	486	630	756	882	1.009	1.135
2.593	0,8	144	288	410	555	720	864	1.009	1.153	1.297
2.918	0,9	162	324	461	624	810	973	1.135	1.297	1.459
3.242	1	180	360	513	694	901	1.081	1.261	1.441	1.621
3.566	1,1	198	396	564	763	991	1.189	1.387	1.585	1.783
3.890	1,2	216	432	615	832	1.081	1.297	1.513	1.729	1.945
4.214	1,3	234	468	667	902	1.171	1.405	1.639	1.873	2.107
4.538	1,4	252	504	718	971	1.261	1.513	1.765	2.017	2.269
4.863	1,5	270	540	769	1.040	1.351	1.621	1.891	2.161	2.431
5.187	1,6	288	576	820	1.110	1.441	1.729	2.017	2.305	2.593
5.511	1,7	306	612	872	1.179	1.531	1.837	2.143	2.449	2.756
5.835	1,8	324	648	923	1.248	1.621	1.945	2.082	2.593	2.918

b) Verdienst und Rentenhöhe im Beitrittsgebiet

Vorläufiges jährliches Durchschnittsentgelt 37.333 Euro,[6] Rentenwert Ost 35,02 Euro

		Die bei einem aktuell erzielten Durchschnittsverdienst zu erwartende Rente beträgt bei einer Beschäftigungszeit von:								
Brutto mtl.	**entspr. EP/J**	**5 J.**	**10 J.**	**15 J.**	**20 J.**	**25 J.**	**30 J.**	**35 J.**	**40 J.**	**45 J**
656	0,2	33	67	100	134	167	201	234	268	301
985	0,3	50	100	151	201	251	301	351	402	452
1.313	0,4	67	134	201	268	335	402	469	536	602
1.641	0,5	84	167	251	335	418	502	586	669	753
1.969	0,6	100	201	301	402	502	602	703	803	904
2.298	0,7	117	234	351	469	586	703	820	937	1.054
2.626	0,8	134	268	402	536	669	803	937	1.071	1.205
2.954	0,9	151	301	452	602	753	904	1.054	1.205	1.356
3.282	**1**	**167**	**335**	**502**	**669**	**837**	**1.004**	**1.171**	**1.339**	**1.506**
3.611	1,1	184	368	552	736	920	1.105	1.289	1.473	1.657
3.790	1,2	201	402	602	803	1.004	1.205	1.406	1.607	1.807
4.267	1,3	218	435	653	870	1.088	1.305	1.523	1.740	1.958
4.595	1,4	234	469	703	937	1.171	1.406	1.640	1.874	2.109
4.924	1,5	251	502	753	1.004	1.255	1.506	1.757	2.008	2.259
5.252	1,6	268	536	803	1.071	1.339	1.607	1.874	2.142	2.410
5.580	1,7	284	569	853	1.138	1.422	1.707	1.991	2.276	2.560
5.908	1,8	301	602	904	1.205	1.506	1.807	2.082	2.410	2.711

5) Die Tabelle ermöglicht eine Schätzung der zu erwartenden Rente in der gesetzlichen Rentenversicherung, wenn über eine Beschäftigungszeit von … Jahren ein entsprechendes Durchschnittseinkommen und das Renteneintrittsalter erreicht worden ist. Alle Beträge sind gerundet.

6) Umrechnungsfaktor Anlage 10 SGB VI – Werte zur Umrechnung der Beitragsbemessungsgrundlagen des Beitrittsgebiets.

9. Tabellen zum bis 2009 geltenden Recht

a) Unmittelbare Umwertung von Kapitalwerten in regeldynamische Rentenanwartschaften (ab 1992)[7)]

Ehezeitende	Umrechnungsfaktor
1/1992 – 6/1992	0,0051019685
7/1992 – 12/1992	0,0052484777
1/1993 – 6/1993	0,0049050590
7/1993 – 12/1993	0,0051190728
1/1994 – 6/1994	0,0044666937
7/1994 – 12/1994	0,0046182942
1/1995 – 6/1995	0,0048519144
7/1995 – 12/1995	0,0048761740
1/1996 – 6/1996	0,0047112253
7/1996 – 12/1996	0,0047560650
1/1997 – 6/1997	0,0042727832
7/1997 – 12/1997	0,0043431791
1/1998 – 6/1998	0,0043482128
7/1998 – 12/1998	0,0043674608
1/1999 – 3/1999	0,0044220105
4/1999 – 6/1999	0,0046034236
7/1999 – 12/1999	0,0046652534
1/2000 – 6/2000	0,0045898631

Ehezeitende	Umrechnungsfaktor
7/2000 – 12/2000	0,0046174270
1/2001 – 6/2001	0,0046511901
7/2001 – 12/2001	0,0047402310
1/2002 – 6/2002	0,0046473931
7/2002 – 12/2002	0,0047476219
1/2003 – 6/2003	0,0045369612
7/2003 – 12/2003	0,0045843308
2004	0,0045534870
2005	0,0045317729
2006	0,0045727552
1/2007 – 6/2007	0,0044528812
7/2007 – 12/2007	0,0044767390
1/2008 – 6/2008	0,0043880489
7/2008 – 12/2008	0,0044364894
1/2009 – 6/2009	0,0043222682
7/2009 – 12/2009	0,0044264129
1/2010 – 6/2010	0,0042709576

7) Der Kapitalwert ist mit dem für das Ende der Ehezeit maßgeblichen Umrechnungsfaktor zu vervielfältigen.

b) Tabellen der BarwertVO

Tabelle 1 Barwert einer zumindest bis zum Leistungsbeginn nicht volldynamischen Anwartschaft auf eine lebenslange Versorgung wegen Alters und verminderter Erwerbsfähigkeit (§ 2 Abs. 2)

Lebensalter zum Ende der Ehezeit	Vervielfacher	Lebensalter zum Ende der Ehezeit	Vervielfacher
bis 25	2,0	45	4,8
26	2,1	46	5,0
27	2,2	47	5,2
28	2,3	48	5,4
29	2,4	49	5,7
30	2,5	50	5,9
31	2,6	51	6,2
32	2,7	52	6,5
33	2,8	53	6,8
34	3,0	54	7,1
35	3,1	55	7,4
36	3,2	56	7,7
37	3,4	57	8,0
38	3,5	58	8,3
39	3,7	59	8,7
40	3,8	60	9,0
41	4,0	61	9,4
42	4,2	62	9,8
43	4,4	63	10,2
44	4,6	64	10,7
		ab 65	11,0

Anmerkungen:

1. Für jedes Jahr, um das der Beginn der Altersrente vor der Vollendung des 65. Lebensjahres liegt, sind die Werte dieser Tabelle um 7,5 vom Hundert, mindestens jedoch auf die sich nach Tabelle 2 und der Anmerkung 1 hierzu ergebenden Werte, zu erhöhen; für jedes Jahr, um das der Beginn der Altersrente nach der Vollendung des 65. Lebensjahres liegt, sind die Werte dieser Tabelle um 5 vom Hundert, höchstens aber um 35 vom Hundert, zu kürzen.
2. Steigt der Wert der Versorgung ab Leistungsbeginn in gleicher Weise wie der Wert einer volldynamischen Versorgung, so sind die Werte dieser Tabelle um 50 vom Hundert zu erhöhen.

Tabelle 2 Barwert einer zumindest bis zum Leistungsbeginn nicht volldynamischen Anwartschaft auf eine lebenslange Versorgung wegen Alters (§ 2 Abs. 3)

Lebensalter zum Ende der Ehezeit	Vervielfacher	Lebensalter zum Ende der Ehezeit	Vervielfacher
bis 25	1,6	45	4,0
26	1,7	46	4,2
27	1,8	47	4,5
28	1,9	48	4,7
29	1,9	49	4,9
30	2,0	50	5,1
31	2,1	51	5,4
32	2,2	52	5,7
33	2,3	53	6,0
34	2,4	54	6,3
35	2,5	55	6,6
36	2,7	56	7,0
37	2,8	57	7,3
38	2,9	58	7,7
39	3,1	59	8,1
40	3,2	60	8,6
41	3,4	61	9,1
42	3,5	62	9,6
43	3,7	63	10,1
44	3,9	64	10,7
		ab 65	11,0

Anmerkungen:

1. Für jedes Jahr, um das der Beginn der Altersrente vor der Vollendung des 65. Lebensjahres liegt, sind die Werte dieser Tabelle um 10,5 vom Hundert zu erhöhen; für jedes Jahr, um das der Beginn der Altersrente nach der Vollendung des 65. Lebensjahres liegt, sind die Werte dieser Tabelle um 8,5 vom Hundert, höchstens aber um 65 vom Hundert, zu kürzen.
2. Steigt der Wert der Versorgung ab Leistungsbeginn in gleicher Weise wie der Wert einer volldynamischen Versorgung, so sind die Werte dieser Tabelle um 65 vom Hundert zu erhöhen.

Tabelle 3 Barwert einer zumindest bis zum Leistungsbeginn nicht volldynamischen Anwartschaft auf eine lebenslange Versorgung wegen verminderter Erwerbsfähigkeit (§ 2 Abs. 4)

Lebensalter zum Ende der Ehezeit	Vervielfacher
bis 29	1,2
30–39	1,7
40–45	2,4
46–51	3,0
52–60	3,5
61–62	2,6
63	1,6
64	0,6
ab 65	0,3

Anmerkungen:

1. Für jedes Jahr, um das das Höchstalter für den Beginn der Rente wegen verminderter Erwerbsfähigkeit vor der Vollendung des 65. Lebensjahres liegt, sind die Werte dieser Tabelle um 8,5 vom Hundert zu kürzen; für jedes Jahr, um das das Höchstalter nach der Vollendung des 65. Lebensjahres liegt, sind die Werte dieser Tabelle um 7 vom Hundert, höchstens aber um 25 vom Hundert, zu erhöhen.
2. Steigt der Wert der Versorgung ab Leistungsbeginn in gleicher Weise wie der Wert einer volldynamischen Versorgung, so sind die Werte dieser Tabelle um 55 vom Hundert zu erhöhen.
3. Der erhöhte Wert darf bei dieser Tabelle nicht den Vervielfacher übersteigen, der sich bei Anwendung der Tabelle 1 ergäbe.

Tabelle 4 Barwert einer nur bis zum Leistungsbeginn volldynamischen Anwartschaft auf eine lebenslange Versorgung wegen Alters und verminderter Erwerbsfähigkeit (§ 3 Abs. 2)

Lebensalter zum Ende der Ehezeit	Vervielfacher	Lebensalter zum Ende der Ehezeit	Vervielfacher
bis 25	9,7	45	10,1
26	9,7	46	10,1
27	9,7	47	10,1
28	9,8	48	10,1
29	9,8	49	10,2
30	9,8	50	10,2
31	9,8	51	10,3
32	9,8	52	10,3
33	9,8	53	10,3
34	9,8	54	10,4
35	9,8	55	10,4
36	9,9	56	10,5
37	9,9	57	10,5
38	9,9	58	10,6
39	9,9	59	10,7
40	9,9	60	10,7
41	10,0	61	10,8
42	10,0	62	10,8
43	10,0	63	10,9
44	10,0	64	11,0
		ab 65	11,0

Anmerkung:

Für jedes Jahr, um das der Beginn der Altersrente vor der Vollendung des 65. Lebensjahres liegt, sind die Werte dieser Tabelle um 4 vom Hundert, mindestens jedoch auf die sich nach der Tabelle 5 und der Anmerkung hierzu ergebenden Werte, zu erhöhen; für jedes Jahr, um das der Beginn der Altersrente nach der Vollendung des 65. Lebensjahres liegt, sind die Werte dieser Tabelle um 3,5 vom Hundert, höchstens aber um 25 vom Hundert, zu kürzen.

Tabelle 5 Barwert einer nur bis zum Leistungsbeginn volldynamischen Anwartschaft auf eine lebenslange Versorgung wegen Alters (§ 3 Abs. 3)

Lebensalter zum Ende der Ehezeit	Vervielfacher	Lebensalter zum Ende der Ehezeit	Vervielfacher
bis 25	8,4	45	8,8
26	8,5	46	8,9
27	8,5	47	8,9
28	8,5	48	9,0
29	8,5	49	9,0
30	8,5	50	9,1
31	8,5	51	9,2
32	8,5	52	9,2
33	8,5	53	9,3
34	8,5	54	9,4
35	8,6	55	9,5
36	8,6	56	9,6
37	8,6	57	9,8
38	8,6	58	9,9
39	8,6	59	10,1
40	8,7	60	10,3
41	8,7	61	10,4
42	8,7	62	10,6
43	8,8	63	10,8
44	8,8	64	10,9
		ab 65	11,0

Anmerkung:

Für jedes Jahr, um das der Beginn der Altersrente vor der Vollendung des 65. Lebensjahres liegt, sind die Werte dieser Tabelle um 6 vom Hundert zu erhöhen; für jedes Jahr, um das der Beginn der Altersrente nach der Vollendung des 65. Lebensjahres liegt, sind die Werte dieser Tabelle um 6,5 vom Hundert, höchstens aber um 60 vom Hundert, zu kürzen.

Tabelle 6 Barwert einer nur bis zum Leistungsbeginn volldynamischen Anwartschaft auf eine lebenslange Versorgung wegen verminderter Erwerbsfähigkeit (§ 3 Abs. 4)

Lebensalter zum Ende der Ehezeit	Vervielfacher
bis 29	4,7
30 – 39	4,8
40 – 45	4,8
46 – 51	4,8
52 – 60	4,6
61 – 62	2,8
63	1,6
64	0,6
ab 65	0,3

Anmerkungen:

1. Für jedes Jahr, um das das Höchstalter für den Beginn der Rente wegen verminderter Erwerbsfähigkeit vor der Vollendung des 65. Lebensjahres liegt, sind die Werte dieser Tabelle um 10,5 vom Hundert zu kürzen; für jedes Jahr, um das das Höchstalter nach der Vollendung des 65. Lebensjahres liegt, sind die Werte dieser Tabelle um 10 vom Hundert, höchstens aber um 50 vom Hundert, zu erhöhen.
2. Der erhöhte Wert darf bei dieser Tabelle jedoch nicht den Vervielfacher übersteigen, der sich bei Anwendung der Tabelle 4 ergäbe.

Tabelle 7 Barwert einer bereits laufenden lebenslangen und zumindest ab Leistungsbeginn nicht volldynamischen Versorgung (§ 5)

Lebensalter zum Ende der Ehezeit	Vervielfacher	Lebensalter zum Ende der Ehezeit	Vervielfacher
bis 25	11,5	55	12,3
26	11,6	56	12,3
27	11,6	57	12,3
28	11,7	58	12,2
29	11,7	59	12,1
30	11,8	60	12,0
31	11,8	61	11,8
32	11,8	62	11,6
33	11,9	63	11,4
34	11,9	64	11,1
35	11,9	65	10,8
36	11,9	66	10,5
37	11,9	67	10,2
38	11,9	68	9,8
39	12,0	69	9,5
40	12,0	70	9,2
41	12,0	71	8,9
42	12,0	72	8,5
43	12,0	73	8,2
44	12,1	74	7,9
45	12,1	75	7,5
46	12,1	76	7,2
47	12,1	77	6,9
48	12,2	78	6,6
49	12,2	79	6,3
50	12,2	80	6,0
51	12,3	81	5,7
52	12,3	82	5,5
53	12,3	83	5,2
54	12,3	84	4,9
		Ab 85	4,7

D. Sozialrecht

1. Existenzminimum lt. Existenzminimumbericht

		2022[1)]		2021[2)]		2020		2019	
		Jahr	Monat	Jahr	Monat	Jahr	Monat	Jahr	Monat
Allein-stehende	Regelsatz	5.400	450	5.352	446	5.196	433	5.088	424
	Kosten der Unterkunft	3.684	307	3.612	301	3.552	296	3.468	289
	Heizkosten	804	67	780	65	660	55	612	51
	Sächl. Existenz-minimum	**9.888**	**824**	**9.744**	**812**	**9.408**	**784**	**9.168**	**764**
	Steuerl. Frei-betrag	9.984	832	9.744	812	9.408	784	9.168	764
Ehepaare	Regelsatz	9.720	810			9.360	780	9.168	764
	Kosten der Unterkunft[3)]	5.520	460			5.328	444	–	–
	Heizkosten	1.080	90			852	71	–	–
	Sächl. Existenz-minimum	**16.320**	**1.360**			**15.540**	**1.295**	–	–
	Steuerl. Frei-betrag	19.968	1.644	19.488	1.624	18.817	1.568	18.337	1.528
Kinder	Regelsatz[4)]	3.816	318	3.780	315	3.528	294	3.456	288
	Bildung und Teilhabe[5)]	324	27	324	27	228	19	228	19
	Kosten der Unterkunft	1.104	92	1.092	91	1.068	89	1.044	87
	Heizkosten	216	18	216	18	180	15	168	14
	Sächl. Existenz-minimum	**5.460**	**455**	**5.412**	**451**	**5.004**	**417**	**4.896**	**408**
	Kinderfrei-betrag[6)]		5.460	455	5.172	431	4.980	415	4.788

1) 13. Existenzminimumbericht BT-Drucks. 19/22800.
2) 12. Existenzminimumbericht BT-Drucks. 19/5400.
3) Werden für Ehepaare nur für das jeweilige Berichtsjahr ausgewiesen.
4) Gewichteter Durchschnitt für Kinder bis zum vollendeten 18. Lebensjahr.
5) Gewichteter Durchschnitt einschließlich Schulbedarf und Ausflüge; aufgrund der ab dem Schuljahr 2019/2020 angehobenen Leistungen werden die Werte nach oben zu korrigieren sein.
6) Verdoppelter Wert (ohne Freibetrag für Betreuung, Erziehung und Ausbildung).

2. Einkommens- und Bemessungsgrenzen

		2022		2021		2020		2019	
		aBL	nBL	aBL	nBL	aBL	nBL	aBL	nBL
Bezugsgröße § 18 SGB IV									
	Jahr	39.480	37.380	39.480	37.380	38.220	36.120	37.380	34.440
	Monat	3.290	3.115	3.290	3.115	3.185	3.010	3.115	2.870
Vorläuf. Durchschnittsentgelt/Jahr				41.541		40.551		39.301	
Jahresarbeitsentgeltgrenze									
Versicherungspflicht in der Kranken- und Pflegeversicherung § 6 Abs. 6 SGB V	Jahr	64.350		64.350		62.550		60.750	
	Monat	5.362,50		5.362,50		5.208,50		5.062,50	
Am 31.12. des Vorjahres wegen Überschreitens der Jahresarbeitsentgeltgrenze versicherungsfreie Personen § 6 Abs. 7 SGB V	Jahr	58.050		58.050		56.250		54.450	
	Monat	4.837,50		4.837,50		4.687,50		4.537,50	
Beitragsbemessungsgrenze									
Kranken- und Pflegeversicherung	Jahr	58.050		58.050		56.250		54.450	
	Monat	4.837,50		4.837,50		4.687,50		4.537,50	
Renten- und Arbeitslosenversicherung	Jahr	84.600	81–000	85.200	80.400	82.800	77.400	80.400	73.800
	Monat	7.050	6.750	7.100	6.700	6.900	6.450	6.700	6.150
Knappschaftliche Rentenversicherung	Jahr	103.800	100.200	104.400	99.000	101.400	94.800	98.400	91.200
	Monat	8.650	8.350	8.700	8.250	8.450	7.900	8.200	7.600
Einkommensgrenze zur Familienversicherung (§ 10 Abs. 1 Nr. 5 SGBV)		470[7]		470		455		445	
Geringfügigkeitsgrenze § 8 SGB IV[8]		450/520[9]		450		450		450	
Geringverdienergrenze für alleinige Beitragspflicht des Arbeitgebers									
Auszubildende § 20 Abs. 3 SGB IV	Monat	325		325		325		325	
Behinderte § 346 Abs. 2 SGB III	Monat	658		658		637		623	
(Mindest-) Beitragsbemessungsgrundlage in der Kranken- und Pflegeversicherung § 240 Abs. 4 SGB V									
Freiwillige Mitglieder	Monat[10]	1.096,67		1.096,67		1.061,67		1.038,33	
Freiwillig versicherte Selbstständige[11]	Monat	4.837,50		4.837,50		4.687,50		4.537,50	
Freiwillig versicherte Selbstständige[12]	Monat	1.096,67		1.096,67		1.061,67		1.038,33	
Existenzgründer	Monat	1.096,67		1.096,67		1.061,67		1.038,33	
Rentenantragsteller § 239 SGBV	Monat	1.096,67		1.096,67		1.061,67		1.038,33	

3. Mindest- und Höchstbeiträge in der gesetzlichen Rentenversicherung für pflichtversicherte Selbstständige und freiwillig Versicherte[13]

	2022		2019/2020/2021		2018	
	aBl	nBl	aBl	nBl	aBl	nBl
Mindestbeitrag	83,70	83,70	83,70	83,70	83,70	83,70
Regelbeitrag	611,94	585,90	579,39	533,82	556,37	501,27
Halber Regelbeitrag	305,97	292,95	289,70	266,91	283,19	250,64
Höchstbeitrag	1.311,30	1.255,50	1.246,20	1.143,90	1.209,00	1.078,80

7) Ohne Werbungskosten (mit Pauschale: 553,33 Euro).
8) Ab 01.01.2013; BGBl. I 2012, 2474.
9) Geplant ab 1.10.2022 gemäß Gesetzesentwurf der BReg v. 13.4.2022 – BT-Drucks. 20/1408.
10) Woche = Monat/4, 286; Tag = Monat/30.
11) Höchstbeitrag als Regelfall; § 240 Abs. 1 S. 1 SGB V.
12) Bei Nachweis niedrigerer Einnahmen als der allgemeinen Beitragsbemessungsgrenze (§ 240 Abs. 4a SGB V).
13) Der Beitrag gilt einheitlich für alle Bundesländer.

4. Beitragssätze in der Renten-, Kranken- und Pflegeversicherung

	Rentenversicherung		Krankenversicherung[14]		Pflegeversicherung	
	Allgemeine	Knappschaft		ermäßigt[15]		Zuschlag[16]
2000	19,3 %	25,6 %			1,70 %	
2001	19,1 %	25,4 %			1,70 %	
2002	19,1 %	25,4 %			1,70 %	
2003	19,5 %	25,9 %			1,70 %	
2004	19,5 %	25,9 %			1,70 %	
2005	19,5 %	25,9 %			1,70 %	0,25 %
2006	19,5 %	25,9 %			1,70 %	0,25 %
2007	19,9 %	26,4 %			1,70 %	0,25 %
2008	19,9 %	26,4 %			1,70 %	0,25 %
2009	19,9 %	26,4 %	15,5 %	14,9 %	1,95 %	0,25 %
ab Juli 2009	19,9 %	26,4 %	14,9 %	14,3 %	1,95 %	0,25 %
2010	19,9 %	26,4 %	14,9 %	14,3 %	1,95 %	0,25 %
2011	19,9 %	26,4 %	15,5 %	14,9 %	1,95 %	0,25 %
2012	19,6 %	26,0 %	15,5 %	14,9 %	1,95 %	0,25 %
2013	18,9 %	25,1 %	15,5 %	14,9 %	2,05 %	0,25 %
2014	18,9 %	25,1 %	15,5 %	14,9 %	2,05 %	0,25 %
2015	18,7 %	24,8 %	14,6 % x	14,0 %+x	2,35 %	0,25 %
2016	18,7 %	24,8 %	14,6 %+x	14,0 %+x	2,35 %	0,25 %
2017	18,7 %	24,8 %	14,6 %+x	14,0 %+x	2,55 %	0,25 %
2018	18,6 %	24,7 %	14,6 %+x	14,0 %+x	2,55 %	0,25 %
2019	18,6 %	24,7 %	14,6 %+x	14,0 %+x	3,05 %	0,25 %
2020	18,6 %	24,7 %	14,6 %+x	14,0 %+x	3,05 %	0,25 %
2021	18,6 %	24,7 %	14,6 %+x	14,0 %+x	3,05 %	0,25 %
2022	18,6 %	24,7 %	14,6 %+x	14,0 %+x	3,05 %	0,25 %
			x = Kassenindividueller Zusatzbeitrag			

5. Anpassung der Regelaltersgrenze[17]

§ 235 Abs. 2 SGB VI

Versicherte, die vor dem 1. Januar 1947 geboren sind, erreichen die Regelaltersgrenze mit Vollendung des 65. Lebensjahres. Für Versicherte, die nach dem 31. Dezember 1946 geboren sind, wird die Regelaltersgrenze wie folgt angehoben:

Versicherte Geburtsjahr	Anhebung um Monate	auf Alter	
		Jahr	Monat
1947	1	65	1
1948	2	65	2
1949	3	65	3
1950	4	65	4
1951	5	65	5
1952	6	65	6
1953	7	65	7
1954	8	65	8
1955	9	65	9
1956	10	65	10
1957	11	65	11
1958	12	66	0
1959	14	66	2
1960	16	66	4
1961	18	66	6
1962	20	66	8
1963	22	66	10

14) Ein einheitlicher Beitragssatz (§ 241 SGB VI) gilt erst ab Januar 2009; der kassenindividuelle Zusatzbeitrag ist ab 2019 von Arbeitnehmern und Arbeitgebern ebenfalls zur Hälfte zu tragen. Der durchschnittliche Zusatzbeitragssatz beträgt 2019 0,9 % (2018: 1,0 %).

15) Für Mitglieder ohne Anspruch auf Krankengeld (§ 243 SGB VI).

16) Zuschlag für Kinderlose ab Vollendung 23. Lebensjahr, ausgenommen sind Geburtsjahrgänge bis 1939, § 55 Abs. 3 SGB XI; ab 2005 aufgrund BVerfG Urteil vom 3. April 2001 – 1 BvR 1629/94 – BVerfGE 103, 242.

17) Die Regelaltersgrenze wird mit Vollendung des 67. Lebensjahres erreicht (§ 35 SGB VI), für die Geburtsjahrgänge 1947–1963 gibt es eine allmähliche Anpassung. Die Anhebung betrifft alle Vorschriften, die an die Regelaltersgrenze anknüpfen, § 51 Abs. 2 BBeamtG, § 7a SGB II, § 41 Abs. 2 SGB XII, § 93a ALG.

6. Hinzuverdienstgrenzen in der Rentenversicherung

	2022	2021	2020[18]	2019[19]
Altersrente (§ 34 Abs. 3 SGBVI)				
Regelaltersrente ab Regelaltersgrenze	unbeschränkt			
bis zur Lebensaltersgrenze				
a) Vollrente b) Teilrente 2/3 der Vollrente: mindestens c) Teilrente 1/2 der Vollrente: mindestens d) Teilrente 1/3 der Vollrente: mindestens	46.060 p.a	46.060 p.a.	44.590 p.a.	6.300 p.a.
Renten wegen verminderter Erwerbsfähigkeit (Rentenbeginn ab 2001)				
Renten wegen teilweiser Erwerbsminderung (§§ 43 Abs. 1, 96a Abs. 2 Nr. 1 SGB VI)				
a) Vollrente: mindestens b) Teilrente 1/2 der Vollrente: mindestens		15.989,40 p.a.	15.1479,10 p.a.	15.138,90 p.a.
Renten wegen voller Erwerbsminderung (§§ 43 Abs. 2, 96a Abs. 2 Nr. 2, 3 SGB VI)				
a) Vollrente b) Teilrente 3/4 der Vollrente: mindestens c) Teilrente 1/2 der Vollrente: mindestens d) Teilrente 1/4 der Vollrente: mindestens	6.300 p.a.	6.300 p.a.	6.300 p.a.	6.300 p.a.
Renten wegen verminderter Erwerbsfähigkeit bei Bergleuten (§§ 43 Abs. 2, 96a Abs. 2 Nr. 4 SGB VI)				
a) Vollrente: mindestens	6.300 p.a.	6.300 p.a.	6.300 p.a.	6.300 p.a.
b) Teilrente 2/3 der Vollrente: mindestens c) Teilrente 1/3 der Vollrente: mindestens	15.989,40 p.a.	17.568,60 p.a.	17.007,90 p.a.	16.634,10 p.a.

7. Bezugsdauer beim Arbeitslosengeld, § 127 SGB III[20]

nach Versicherungspflichtverhältnissen mit einer Dauer von insgesamt mindestens … Monaten	und nach Vollendung des … Lebensjahres	Dauer des Anspruchs auf Arbeitslosengeld in Monaten
12	–	6
16	–	8
20	–	10
24	–	12
30	50.	15
36	55.	18
48	58.	24

18) Für 2020 wurden die allgemeine Hinzuverdienstgrenzen für Rentner angehoben, um Personalengpässen in Zeiten der Corona-Pandemie entgegenzuwirken. Die Erhöhung gilt nicht für Erwerbsminderungsrenten.

19) Ab Juli 2017 ist das System des Hinzuverdienstes zur Rente grundlegend verändert worden (zum Bestandsschutz bei Altrenten s. § 313 Abs. 1 SGB VI).

20) Neuregelung rückwirkend zum 1. Januar 2008 durch Gesetz v. 8. April 2008, BGBl. I, S. 681.

8. Freibeträge § 11b Abs. 4 SGB II

Bruttolohn	Grundfreibetrag nach § 11b Abs. 2 Satz 2[1]	Freibetrag nach § 11b Abs. 3	Gesamtfreibetrag
100	100	–	100
200	100	20	120
300	100	40	140
400	100	60	160
500	100	80	180
600	100	100	200
700	100	120	220
800	100	140	240
900	100	160	260
1.000	100	180	280
1.100	100	190	290
1.200	100	200	300
1.300[2]	100	210[2]	310
1.400[2]	100	220[2]	320
1.500[2]	100	230[2]	330

1 Der Freibetrag umfasst bei Einkommen bis zu 400 € pauschal die Aufwendungen für Werbungskosten, private Vorsorgeaufwendungen und Versicherungen; bei höheren Einkommen sind höhere Aufwendungen auf Nachweis zu berücksichtigen. Für Bezieher von nach § 3 Nummer 12, 26, 26a oder 26b EStG steuerfreien Einnahmen tritt an die Stelle der Beträge von 100 € und 400 € jeweils der Betrag von 175 €.

2 Nur bei erwerbsfähigen Hilfebedürftigen, die mindestens ein minderjähriges Kind haben oder mit mindestens einem (nicht notwendig eigenen) minderjährigen Kind in Bedarfsgemeinschaft leben.

9. Regelbedarf in der Grundsicherung für Erwerbsfähige (SGB II)

Empfänger	**2022**	**2021**	**2020**	**2019**
Alleinstehende (§ 20 Abs. 2 SGB II)	449	446 €	432 €	424 €
Volljährige Partner in Bedarfsgemeinschaft (§ 20 Abs. 4 SGB II)	404	401 €	389 €	382 €
Volljährige Erwerbsfähige Angehörige in Bedarfsgemeinschaft (§ 20 Abs. 2 SGB II)	360	357 €	345 €	339 €
Erwerbsfähige Jugendliche 15–17 J (§ 23 Nr. 1 SGB II i.V.m. § 77 SGB II)	376	373 €	328 €	322 €
Kinder 7–14 Jahre (§ 23 Nr. 1 SGB II)	311	309 €	308 €	302 €
Kinder 0–6 Jahre (§ 23 Nr. 1 SGB II)	285	283 €	250 €	245 €

10. Mehrbedarfe nach SGB II

Empfänger		**2022**	**2021**	**2020**	**2019**	**2018**
Schwangere ab 13. Woche § 21 Abs. 2 SGB II						
bei Regelleistung 100 %	17 %	76,33	75,82	73,44	72,08	70,72
bei Regelleistung 90 %	17 %	68,70	68,24	66,12	64,94	63,58
Alleinerziehende						
1. Kind über 7 Jahre	12 %	53,88	53,52	51,84	50,88	49,92
1. Kind unter 7 J., 2 oder 3 Kinder unter 16 J. § 21 Abs. 3 Nr. 1 SGB II	36 %	161,64	160,56	155,52	152,64	149,76
4 Kinder § 21 Abs. 3 Nr. 2 SGB II	48 %	215,52	214,08	207,36	203,52	199,68
5 und mehr Kinder § 21 Abs. 3 Nr. 2 SGB II	60 %	269,40	267,60	259,20	254,40	249,60
Erwerbsfähige Behinderte, die Hilfen nach § 33 SGB IX erhalten (Behinderte) § 21 Abs. 4 SGB II	35 %	157,15	156,10	151,20	148,40	145,60
Bei notwendiger kostenaufwändiger Ernährung § 21 Abs. 5 SGB II	In angemessener Höhe (s. Ziff. 11)					
Unabweisbarer Mehrbedarf § 21 Abs. 6 SGB II	In voller Höhe, soweit angemessen					
Die Summe der Mehrbedarfe darf – mit Ausnahme der Mehrbedarfe nach § 21 Abs. 6 SGB II – die Höhe der jeweils maßgebenden Regelleistung nicht übersteigen 21 Abs 8 SGB II.						

11. Mehrbedarfe für aufwändige Ernährung (§ 21 Abs. 5 SGB II)[21]

Art der Erkrankung	Krankenkost/Kostform	Krankenkostzulage	
		% RL	Ab 01.01.2022
Niereninsuffizienz (Nierenversagen)	Eiweißdefinierte Kost	10 %	44,90 €
Niereninsuffizienz mit Hämodialysebehandlung	Dialysediät	5 %	22,45 €
Zöliakie/Sprue (Durchfallerkrankung bedingt durch Überempfindlichkeit gegenüber Klebereiweiß)	Glutenfreie Kost	20 %	89,80 €
Der Höhe nach sind Abweichungen in besonders gelagerten Einzelfällen möglich.			
Ein krankheitsbedingter Mehrbedarf für kostenaufwändige Ernährung ist bei folgenden Krankheiten in der Regel nur bei schweren Verläufen oder dem Vorliegen besondere Umstände zu bejahen.			
Krebs (bösartiger Tumor)	Mehrbedarf aufgrund einer verzehrenden Krankheit	10 %	44,90 €
HIV-Infektion/AIDS		10 %	44,90 €
Multiple Sklerose (degenerative Erkrankung des Zentralnervensystems, häufig schubweise verlaufend)		10 %	44,90 €
Colitis ulcerosa (mit Geschwürsbildungen einhergehende Erkrankung der Dickdarmschleimhaut)		10 %	44,90 €
Morbus Crohn (Erkrankung des Magen-Darmtrakts mit Neigung zur Bildung von Fisteln und Verengungen)		10 %	44,90 €

* DV 21.24: Eine von den Empfehlungen des Deutschen Vereins abweichende Entscheidung ist nur im Einzelfall unter Einbeziehung des Ärztlichen Dienstes bzw. des zuständigen Gesundheitsamtes möglich. Dies gilt ebenfalls, sofern ein Mehrbedarf für Krankheiten geltend gemacht wird, die nicht in den Empfehlungen des DV aufgeführt sind, z. B. bei Lebensmittelunverträglichkeiten.

Bei folgenden Erkrankungen ist in der Regel ein krankheitsbedingter Mehrbedarf zu verneinen, da Vollkost angezeigt ist und davon ausgegangen werden kann, dass der im Regelbedarf enthaltene Anteil für Ernährung den notwendigen Aufwand für Vollkost deckt:

- Hyperlipidämie (Erhöhung der Blutfette)
- Hyperurikämie (Erhöhung der Harnsäure im Blut)
- Gicht (Erkrankung durch Harnsäureablagerungen)
- Hypertonie (Bluthochdruck)
- Kardinale und renale Ödeme (Gewebswasseransammlungen bei Herz- oder Nierenerkrankungen)
- Diabetes mellitus (Zuckerkrankheit – Typ II und Typ I, konventionell und intensiviert konventionell behandelt)
- Ulcus duodeni (Geschwür am Zwölffingerdarm)
- Ulcus ventriculi (Magengeschwür)
- Neurodermitis (Überempfindlichkeit von Haut und Schleimhäuten auf genetischer Basis)
- Leberinsuffizienz

21) Hinweise der Bundesagentur für Arbeit zu § 21 SGB II, zu den Mehrbedarfen s. im Übrigen Empfehlungen des Deutschen Vereins Gewährung von Krankenkostzulagen in der Sozialhilfe vom 1. Oktober 2008; www.deutscher-verein.de.

12. Zuschlag zum Kindergeld nach § 6a BKGG

Aufteilung der Wohnkosten § 6a IV S. 2 BKGG[22)]

	Alleinstehend		Ehepaar	
	Anteil Kind	Anteil Eltern	Anteil Kind	Anteil Eltern
1 Kind	22,3 %	77,7 %	16,4 %	83,6 %
2 Kinder	36,5 %	63,5 %	28,2 %	71,8 %
3 Kinder	46,3 %	53,7 %	37,0 %	63,0 %
4 Kinder	53,5 %	46,5 %	44,0 %	56,0 %
5 Kinder	59,0 %	41,0 %	49,5 %	50,5 %

13. Regelbedarfe in der Sozialhilfe § 8 RBEG

Stand: 01. Januar 2022[23)]

Regelbedarfsstufe		Bundeseinheitlicher Satz
1	alleinstehende oder alleinerziehende Leistungsberechtigte, auch beim Zusammenleben mit Erwachsenen, die der Regelbedarfsstufe 3 angehören	449 €
2	Ehegatten und Lebenspartner sowie andere erwachsene Leistungsberechtigte, die in einem gemeinsamen Haushalt leben und gemeinsam wirtschaften	404 €
3	erwachsene Leistungsberechtigte, deren notwendiger Lebensunterhalt sich nach § 27b SGB XII bestimmt (stationäre Einrichtungen)	360 €
4	Jugendliche vom Beginn des 15. bis zur VE des 18. Lebensjahres	376 €
5	Kinder vom Beginn des siebten bis zur VE des 14. Lebensjahres	311 €
6	Kinder bis zur VE des sechsten Lebensjahres	285 €

22) Kosten für Unterkunft und Heizung aufgeteilt nach dem Verhältnis der im Existenzminimumbericht für Erwachsene und Kinder ausgewiesenen Wohnkosten; Grundlage 13. Existenzminimumbericht (2022) BT-Drucks. 19/22800.

23) § 8 Regelbedarfsermittlungsgesetz (RBEG) idF Gesetz vom 09. Dezember 2020 (BGBl. I S. 2855). Die Stadt München hat aufgrund der Ermächtigung nach § 29 Abs. 3 SGB XII die Regelsätze für die Hilfe zum Lebensunterhalt abweichend festgesetzt.

14. Anlage zur Kostenbeitragsverordnung 2013[24)]

Maßgebliches Einkommen nach § 93 des Achten Buches Sozialgesetzbuch		Beitragsstufe 1 Vollstationär erste Person	Beitragsstufe 2 Vollstationär zweite Person	Beitragsstufe 3 Vollstationär dritte Person	Beitragsstufe 4 Teilstationär
Einkommensgruppe		Euro	Euro	Euro	Euro
1	– 1.100,00	–	–	–	–
2	1.101,00 – 1.200,99	50	–	–	40
3	1.201,00 – 1.300,99	130	–	–	50
4	1.301,00 – 1.450,99	210	30	–	60
5	1.451,00 – 1.600,99	259	60	30	70
6	1.601,00 – 1.800,99	289	85	40	85
7	1.801,00 – 2.000,99	342	105	50	95
8	2.001,00 – 2.200,99	378	140	60	105
9	2.201,00 – 2.400,99	437	175	80	115
10	2.401,00 – 2.700,99	510	220	120	130
11	2.701,00 – 3.000,99	570	275	165	145
12	3.001,00 – 3.300,99	630	335	210	160
13	3.301,00 – 3.600,99	725	410	260	175
14	3.601,00 – 3.900,99	825	485	320	190
15	3.901,00 – 4.200,99	932	560	380	205
16	4.201,00 – 4.600,99	1.056	635	440	220
17	4.601,00 – 5.000,99	1.152	715	500	240
18	5.001,00 – 5.500,99	1.313	790	555	265
19	5.501,00 – 6.000,99	1.438	865	605	290
20	6.001,00 – 6.500,99	1.563	940	658	315
21	6.501,00 – 7.000,99	1.688	1.015	710	340
22	7.001,00 – 7.500,99	1.813	1.090	763	365
23	7.501,00 – 8.000,99	1.938	1.165	815	390
24	8.001,00 – 8.500,99	2.063	1.240	868	415
25	8.501,00 – 9.000,99	2.188	1.315	920	440
26	9.001,00 – 9.500,99	2.313	1.390	973	465
27	9.501,00 – 10.000,99	2.438	1.465	1.025	490

Die Kostenbeitragsverordnung vom 1. Oktober 2005[25)] ist nicht mehr anzuwenden. Vom Abdruck wurde abgesehen.

24) 1. VO zur Änderung der Kostenbeitragsverordnung vom 05. Dezember 2013; BGBl. I 2013, 4041, gültig ab 04. Dezember 2013.

25) BGBl. I S. 2907; zur Anwendung s. BVerwG, Urteil vom 19. August 2010 – 5 C 10.09, NJW 2011, 97; DIJuF JAmt 2010, 555; Pütz, ZKJ 2011, 94.

15. Wohngeld – Höchstbeträge ab 2022, § 12 WoGG[26]

Bei der Leistung des Wohngeldes wird die Miete oder Belastung insoweit nicht berücksichtigt, als sie monatlich folgende Höchstbeträge übersteigt (gerundet, inkl. Heizkostenzuschlag):

Anzahl der zu berücksichtigenden Haushaltsmitglieder	Mietenstufe						
	I	II	III	IV	V	VI	VII
1	361	406	452	505	554	605	665
2	439	493	549	614	673	735	807
3	523	586	653	730	800	875	959
4	610	685	762	851	935	1.021	1.121
5	696	781	870	973	1.067	1.166	1.280
Mehrbetrag für jedes weitere anzurechnende Haushaltsmitglied	83	94	106	118	128	147	161

16. Sozialversicherungsentgeltverordnung (SvEV)[27]

	2022[28]	2021	2020	2019	2018
Freie Verpflegung und Unterkunft					
monatlich	511	500,00	493,00	482,00	
täglich	17,03	16,66	16,43	16,07	15,73
Freie Unterkunft[29]					
monatlich	241	237,00	235,00	231,00	226,00
täglich	8,03	7,90	7,83	7,70	7,53
Freie Verpflegung monatlich	270	263,00	258,00	251,00	246,00
Frühstück	56	55,00	54,00	53,00	52,00
Mittagessen	107	104,00	102,00	99,00	97,00
Abendessen	107	104,00	102,00	99,00	97,00
Freie Verpflegung täglich	9,00			8,37	8,20
Frühstück	1,87	1,83	1,80	1,77	1,73
Mittagessen	3,57	3,47	3,40	3,30	3,23
Abendessen	3,57	3,47	3,40	3,30	3,23

26) Gesetz v. 20. Oktober 2015, BGBl. I, 1722 idF. des Artikels 1 Wohngeld-CO2-Bepreisungsentlastungsgesetz (WoGCO2BeprEntlG) G. v. 15. Mai 2020 BGBl. I S. 1015 m.W.v. 1. Januar 2021.

27) VO v. 21. Dezember 2006, BGBl. I, 3385 in der jeweils gütligen Fassung.

28) Zwölfte Verordnung zur Änderung der Sozialversicherungsentgeltverordnung vom 06.12.2021, BGBl. I 2021, 5187.

29) Bundeseinheitlich seit 2008; Abschläge von 15 %–60 % sind vorzunehmen bei Jugendlichen und Auszubildenden, Gemeinschaftsunterkunft und Belegung mit mehreren Beschäftigten (§ 2 Abs. 3 SvEV).

E. Steuern und statistische Daten

1. Tarifstruktur[1)]

		2022	2021	2020	2019	2018
Grundfreibetrag	Grundtabelle	10.347[2)]	9.744	9.408	9.168	9.000
	Splittingtabelle	20.694	19.488	18.817	18.337	18.001
Progressionszone	steigender Grenzsteuersatz	14 – 42 %	14 – 42 %	14 – 42 %	14 – 42 %	14 – 42 %
Obere Proportionalzone	Grenzsteuersatz konstant	42 %	42 %	42 %	42 %	42 %
ab einem zu versteuernden Einkommen von	Grundtabelle	58.597	57.919	57.052	55.961	54.950
	Splittingtabelle	117.194	115.838	114.105	111.923	109.901
Spitzensteuersatz	Grenzsteuersatz konstant	45 %	45 %	45 %	45 %	45 %
ab einem zu versteuernden Einkommen von	Grundtabelle	277.826	274.613	270.500	265.326	260.532
	Splittingtabelle	555.652	549.227	541.001	530.653	521.065
Kirchensteuer						
Bemessungsgrundlage ist eine unter Berücksichtigung der Kinderfreibeträge fiktiv ermittelte Einkommensteuer (§ 51 II EStG)	Baden-Württemberg, Bayern	8 %				
	Übrige Bundesländer	9 %				

2. Struktur der Steuerabzugsmerkmale Tarif 2022

Lohnsteuerklasse	I	II	III	IV[3)]	V
Grundfreibetrag	10.347[4)]	10.347	20.694	10.347	0
Arbeitnehmer-Pauschbetrag	1.200[5)]	1.200	1.200	1.200	1.200
Sonderausgabenpauschbetrag	36	36	72	36	0
Vorsorgeaufwendungen[6)]	ja	ja	ja	ja	Nein
Entlastungsbetrag f. Alleinerziehende[7)]	4.008	4.008	0	0	0
Jedes weitere Kind zzgl.	240	240			

1) § 32a Abs. 1 EStG i.V.m. § 52 Abs. 41.

2) Mit Rückwirkung zum 1.1.2022 gemäß Steuerentlastungsgesetz 2022, Gesetzesentwurf BT-Drucks. 20/1333, im Bundestag beschlossen am 12.5.2022.

3) Ehegatten können die Lohnsteuerklasse IV in Verbindung mit einem Faktor wählen, um einen der individuellen Steuerschuld angenäherten Lohnsteuerabzug zu erreichen (§ 39f EStG).

4) Siehe Fn. 2.

5) Siehe Fn. 2.

6) Ab VZ 2010 sind Beiträge zur Krankenversicherung zur Erlangung eines sozialhilfegleichen Versorgungsniveaus – dies sind die Beiträge zur gesetzlichen Krankenversicherung bzw. in der privaten Krankenversicherung die dafür erforderlichen Beitragsanteile – als Sonderausgaben abzugsfähig (§ 10 Abs. 2 EStG).

7) § 24b EstG; für 2020 und 2021 erhöht sich der Entlastungsbetrag um jeweils 2.100 €.

3. Brutto-/Nettolohntabelle – Monat 2022

Nettolohn	Bruttolohn StKl. I/IV		Bruttolohn StKl. III		Bruttolohn StKl. V	
	aBL	nBL	aBL	nBL	aBL	nBL
500	577		577		669	
600	710		710		829	
700	844		844		988	
800	978		978		1.148	
900	1.112		1.112		1.307	
1.000	1.266		1.246		1.569	
1.100	1.428		1.375		1.821	
1.200	1.600		1.500		2.060	
1.300	1.777		1.625		2.280	
1.400	1.950		1.750		2.489	
1.500	2.127		1.875		2.709	
1.600	2.305		2.000		2.937	
1.700	2.485		2.125		3.172	
1.800	2.667		2.265		3.410	
1.900	2.852		2.421		3.647	
2.000	3.038		2.581		3.883	
2.100	3.227		2.745		4.120	
2.200	3.420		2.909		4.358	
2.300	3.613		3.077		4.595	
2.400	3.811		3.249		4.831	
2.500	4.011		3.421		5.046	
2.600	4.215		3.594		5.280	
2.700	4.421		3.768		5.513	
2.800	4.630		3.943		5.746	
2.900	4.844		4.120		5.980	
3.000	5.037		4.296		6.212	
3.100	5.233		4.475		6.446	
3.200	5.432		4.655		6.679	
3.300	5.636		4.835		6.911	6.891
3.400	5.833		4.997		7.133	7.094
3.500	6.055		5.160		7.336	7.298
3.600	6.268		5.323		7.539	7.500
3.700	6.500		5.488		7.742	7.704
3.800	6.733		5.654		7.946	7.907
3.900	6.955	6.928	5.821		8.145	8.107
4.000	7.180	7.142	5.989		8.337	8.300

Auf folgenden Annahmen beruhende Berechnung:

Solidarzuschlag bis zu 5,5 % (soweit noch anzuwenden); Kirchensteuer 9 %; Krankenversicherung 15,8 % (14,6 % + Zusatzbeitrag 1,3 %); Pflegeversicherung 3.05 %; Rentenversicherung 18,6 %; Arbeitslosenversicherung 2,4 %; keine Freibeträge.

4. Brutto-/Nettolohntabelle – Jahr 2022

Nettolohn	Bruttolohn StKl. I/IV		Bruttolohn StKl. III		Bruttolohn StKl. V	
	aBL	nBL	aBL	nBL	aBL	nBL
6.000	6.927		6.927		8.022	
7.000	8.265		8.265		9.619	
8.000	9.602		9.602		11.218	
9.000	10.940		10.940		12.815	
10.000	12.278		12.278		14.413	
11.000	13.615		13.615		16.190	
12.000	15.196		14.953		18.821	
13.000	16.810		16.245		21.378	
14.000	18.495		17.495		23.750	
15.000	20.265		18.745		26.197	
16.000	22.012		19.994		28.175	
17.000	23.756		21.243		30.320	
18.000	25.517		22.493		32.515	
19.000	27.295		23.743		34.780	
20.000	29.090		24.992		37.128	
21.000	30.902		26.261		39.495	
22.000	32.735		27.794		41.870	
23.000	34.587		29.362		44.238	
24.000	36.458		30.969		46.605	
25.000	38.349		32.613		48.973	
26.000	40.260		34.245		51.338	
27.000	42.195		35.908		53.709	
28.000	44.152		37.604		56.077	
29.000	46.133		39.322		58.405	
30.000	48.136		41.046		60.555	
32.500	53.260		45.390		66.385	
35.000	58.503		49.787		72.215	
37.500	63.388		54.237		78.047	
40.000	68.459		58.667		83.878	83.507
45.000	79.404		66.850		94.130	93.663
50.000	90.231	89.767	75.252		103.900	103.444
55.000	100.390	99.925	83.888	83.548	113.530	113.075
60.000	110.541	110.084	91.808	91.382	123.163	122.708

5. Freibeträge

	2022	2021	2020	2019	2018
Kinderfreibetrag je Elternteil (§ 32 VI S. 1 EStG)[8]	2.730	2.730	2.586	2.490	2.394
Erziehungsfreibetrag je Elternteil (§ 32 VI S. 1 EStG)	1.464	1.464	1.320	1.320	1.320
Entlastungsbetrag f. Alleinerziehende (§ 24b EStG)	4.008 je weiteres Kind zzgl. 240	4.008 je weiteres Kind zzgl. 240	4.008 je weiteres Kind zzgl. 240	1.908 je weiteres Kind zzgl. 240	1.908 je weiteres Kind zzgl. 240
Altersentlastungsbetrag § 24a EStG)[9] Höchstbetrag	684	722	760	836	912
Versorgungsfreibetrag (§ 19 II EStG)[10] Höchstbetrag	1.080	1.140	1.200	1.320	1.440
Zuschlag zum Versorgungsfreibetrag (§ 19 II EStG)	342	342	360	396	432
Ausbildungsfreibetrag (§ 33a II EStG)	924	1924	924	924	924

8) Der Freibetrag entfällt bei volljährigen Kindern, wenn das Kind nach Abschluss einer Erstausbildung mit mehr als 20 Wochenstunden erwerbstätig ist (§ 32 IV EStG).

9) Der prozentuale Anteil an den Einkünften und der Höchstbetrag sinken kontinuierlich ab VZ 2005–VZ 2040.

10) Bis VZ 2004 40 % der Versorgungsbezüge begrenzt durch Höchstbetrag; ab VZ 2005 weiterer Zuschlag zum Versorgungsfreibetrag; prozentualer Anteil, Höchstbetrag und Zuschlag sinken kontinuierlich ab VZ 2005–2040.

6. Pauschbeträge

		2022	2020/2021	2019	2018
Werbungskosten					
Einnahmen aus nichtselbstständiger Arbeit (§ 9a I Nr. 1 EStG)[11]		1.200[12]	1.000	1.000	1.000
Pauschale je Entfernungskilometer zw. Whg. und Arbeitsstätte[13] (§ 9 II 2 EStG)		0,30	0,30	0,30	0,30
Ab dem 21. Kilometer		0,38[14]	0,35	–	–
Einnahmen aus Kapitalvermögen[15]	Einzelveranlagung	801	801	801	801
	Zusammenveranlagung	1.602	1.602	1.602	1.602
Einnahmen aus Unterhalt/Vorsorgeverträgen (§ 9a I Nr. 3 EStG)		102	102	102	102
Verpflegungsmehraufwendungen					
Abwesenheit 24 Std.		28	24	24	
Abwesenheit mehr als 8 Std.		14	12	12	
Sonderausgaben					
Sonderausgabenpauschbetrag (§ 10c I, IV EStG)	Einzelveranlagung	36	36	36	36
	Zusammenveranlagung	72	72	72	72
Höchstbetrag für Altersvorsorgeaufwendungen (§ 10 III i.V.m. I Nr. 2 EStG)[16]	Einzelveranlagung	25.639	25.406 (2020) 25.787 (2021)	24.305	23.712
	Zusammenveranlagung	51.278	50.812 (2020) 51.574 (2021)	48.610	47.424
	Davon abziehbar	94 %	90 % (2020) 92 % (2021)	88 %	86 %
Höchstbetrag für Krankenvorsorgeaufwendungen (§ 10 IV i.V.m. I Nr. 3 EStG)[17] Bei Zusammenveranlagung Summe der Höchstbeträge für jeden Ehegatten Die Basisabsicherung ist auch dann abziehbar, wenn sie den Höchstbetrag übersteigt.	Steuerpfl., die 100 % der Aufwendungen zu tragen haben	2.800	2.800	2.800	2.800
	Bei Erstattungsanspruch ohne eigene Beiträge (Beihilfe)	1.900	1.900	1.900	1.900
Kinderbetreuung bis zum 14. LJ. § 10 I Nr. 5 EStG	2/3 der Aufwendungen – Höchstbetrag je Kind	4.000	4.000	4.000	4.000
Unterhaltszahlungen an den getrennt lebenden oder, geschiedenen Ehegatten, § 10 Ia Nr. 1 EStG	Der Betrag erhöht sich um den absetzbaren Vorsorgeunterhalt.	13.805	13.805	13.805	13.805

11) Ab 2021 wird für die Arbeit im Homeoffice eine Pauschale von 600 € p.a. gewährt.

12) Siehe oben Fn. 2.

13) Die Entfernungspauschale wird wieder uneingeschränkt gewährt (rückwirkend ab VZ 2007; Gesetz vom 20. April 2009, BGBl. I 774).

14) Siehe Fn. 2.

15) § 9a I Nr. 2 EStG entfällt ab VZ 2008; jetzt Sparerpauschbetrag § 20 Abs. 9 EStG.

16) Geändert durch Art. 5 Nr. 8 des G. v. 22. Dezember 2014, BGBl. I S. 2417, Höchstbetrag abhängig von der Beitragsbemessungsgrenze in der knappschaftlichen Versicherung.

17) § 10 Abs. 4 EStG geändert durch Gesetz v. 16.07.2009, BGBl. I, 1959 mit Wirkung vom 23.07.2009.

7. Außergewöhnliche Belastung

Außergewöhnliche Belastung
Kosten aufgrund zwangsläufiger größerer Aufwendungen können abgezogen werden, soweit sie die zumutbare Belastung übersteigen (§ 33 EStG). Die zumutbare Belastung beträgt

Gesamtbetrag der Einkünfte	bis 15.340	über 15.340 bis 51.130	über 51.130
Veranlagung nach Grundtabelle, keine Kinder	5 %	6 %	7 %
Zusammenveranlage Eheleute (Splittingtarif), keine Kinder	4 %	5 %	6 %
Steuerpflichtige, bis zu 2 Kindern	2 %	3 %	4 %
Steuerpflichtige, mehr als 2 Kinder	1 %	1 %	2 %
	des Gesamtbetrags der Einkünfte		

Außergewöhnliche Belastung in besonderen Fällen

		2022	2021	2020	2019	2018
Freibetrag für Unterhalt/Ausbildung, wenn kein Anspruch auf Kinderfreibetrag oder Kindergeld besteht, ab VZ 2010 ggf. zzgl. Vorsorgeaufwendungen[18] (§ 33a I EStG)	Der Betrag vermindert sich um die 624 übersteigenden Einkünfte und Bezüge der unterhaltenen Person	9.984	9.744	9.408	9.168	9.000
Ausbildungsfreibetrag für vollj. Kind bei auswärtiger Unterbringung (§ 33a II EStG)		924	924	924	924	924
Pauschbeträge für Behinderte § 33b II EStG	Grad der Behinderung					
	20	384	384	310	310	310
	25 und 30	620	620			
	35 und 40	860	860	430	430	430
	45 und 50	1.140	1.140	570	570	570
	55 und 60	1.440	1.440	720	729	729
	65 und 70	1.780	1.780	890	890	890
	75 und 80	2.160	2.160	1.060	1.060	1.060
	85 und 90	2.460	2.460	1.230	1.230	1.230
	95 und 100	2.840	2.840	1.420	1.420	1.420
	Hilflose und Blinde	7.400	7.400	3.700	3.700	3.700
Hinterbliebenen-Pauschbetrag § 33b IV EStG	370	370	370	370	370	370
Pflege-Pauschbetrag § 33b VI EStG ab Pflegegrad 4/Merkzeichen H			924	924	924	924
Pflegegrad 2	600	600				
Pflegegrad 3	1.100	1.100				
Pflegegrad 4 und 5	1.800	1.800				

8. Steuerfreie Pauschalen bei Dienstreisen[19]

	2020/2021/2022	2019	2018
Dienstreisen Pauschale Kilometersätze je gefahrenen Kilometer (§ 3 Nr. 13 EStG; LStR H 9.5)			
PKW	0,30 € (2021: 0,35 € ab dem 21.Km)	0,30 €	0,30 €
Motorrad/Motorroller	0,13 €	0,13 €	0,13 €
Moped/Mofa	0,08 €	0,08 €	0,08 €
Fahrrad	0,05 €	0,05 €	0,05 €
Verpflegungsmehraufwand (§§ 3 Nr. 13, 4 V S. 1 Nr. 5 EStG) bei Abwesenheit von der Wohnung von			
mehr als 24 Stunden	28,00 €	24,00 €	24,00 €
ab 8 bis zu 24 Stunden/An- und Abreisetag	14,00 €	12,00 €	12,00 €

18) Gesetz vom 16. Juli 2009, BGBl. I 1959.

19) Erstattung von Fahrtkosten und Verpflegungsmehraufwand ist bis zur Höhe der Pauschalen steuerfreies Einkommen (§ 3 Nr. 13 EStG); der die Pauschalen übersteigende Spesenanteil ist steuerpflichtig.

9. Pauschbeträge für unentgeltliche Wertabgaben (2022)[20)]

Vorbemerkungen

1. Die Pauschbeträge für unentgeltliche Wertabgaben werden durch die zuständigen Finanzbehörden festgesetzt.
2. Sie beruhen auf Erfahrungswerten und bieten dem Steuerpflichtigen die Möglichkeit, die Warenentnahmen monatlich pauschal zu verbuchen. Sie entbinden ihn damit von der Aufzeichnung einer Vielzahl von Einzelentnahmen.
3. Diese Regelung dient der Vereinfachung und lässt keine Zu- und Abschläge wegen individueller persönlicher Ess- oder Trinkgewohnheiten zu. Auch Krankheit und Urlaub rechtfertigen keine Änderung der Pauschbeträge.
4. Die Pauschbeträge sind Jahreswerte für eine Person. Für Kinder bis zum vollendeten 2. Lebensjahr entfällt der Ansatz eines Pauschbetrages. Bis zum vollendeten 12. Lebensjahr ist die Hälfte des jeweiligen Wertes anzusetzen. Tabakwaren sind in den Pauschbeträgen nicht enthalten. Soweit diese entnommen werden, sind die Pauschbeträge entsprechend zu erhöhen (Schätzung).
5. Die pauschalen Werte berücksichtigen im jeweiligen Gewerbezweig das allgemein übliche Warensortiment.
6. Bei gemischten Betrieben (Metzgerei oder Bäckerei mit Lebensmittelangebot oder Gastwirtschaft) ist nur der jeweils höhere Pauschbetrag der entsprechenden Gewerbeklasse anzusetzen.

Gewerbezweig	Jahreswert für eine Person ohne Umsatzsteuer **1. Januar bis 31. Dezember 2022**		
	ermäßigter Steuersatz	voller Steuersatz	insgesamt
	EUR	EUR	EUR
Bäckerei	1.394	268	1.662
Fleischerei/Metzgerei	1.240	537	1.777
Gaststätten aller Art			
a) mit Abgabe von kalten Speisen	1.521	588	2.109
b) mit Abgabe von kalten und warmen Speisen	2.646	755	3.401
Getränkeeinzelhandel	103	294	397
Café und Konditorei	1.342	550	1.892
Milch, Milcherzeugnisse, Fettwaren und Eier (Eh.)	601	90	691
Nahrungs- und Genussmittel (Eh.)	1.163	588	1.751
Obst, Gemüse, Südfrüchte und Kartoffeln (Eh.)	320	218	538

20) BMF, Schreiben v. 20.1.2022 – IV A 8 – S 1547/19/10001:003.

10. Erbschafts-/Schenkungssteuer[21)]

Steuerklasse, § 15 ErbStG

I	1. der Ehegatte und der eingetragene Lebenspartner 2. die Kinder und Stiefkinder 3. die Abkömmlinge der in Nummer 2 genannten Kinder und Stiefkinder 4. die Eltern und Voreltern bei Erwerben von Todes wegen
II	1. die Eltern und Voreltern, soweit sie nicht zur Steuerklasse I gehören, 2. die Geschwister 3. die Abkömmlinge ersten Grades von Geschwistern 4. die Stiefeltern 5. die Schwiegerkinder 6. die Schwiegereltern 7. der geschiedene Ehegatte
III	alle übrigen Erwerber und die Zweckzuwendungen

Freibeträge, § 16 ErbStG

I	1. des Ehegatten und des eingetragenen Lebenspartners	500.000 €
	2. der Kinder und Kinder verstorbener Kinder i.S. der Steuerklasse I Nr. 2	400.000 €
	3. der Kinder der Kinder im Sinne der Steuerklasse I Nr. 2	200.000 €
	4. der übrigen Personen der Steuerklasse I	100.000 €
II	5. der Personen der Steuerklasse II	20.000 €
III	6. weggefallen	
	7. der übrigen Personen der Steuerklasse III	20.000 €

Besondere Versorgungs-Freibeträge beim Erwerb von Todes wegen, § 17 ErbStG

Ehegatte und eingetragener Lebenspartner	256.000 €
Kinder i.S. der Steuerklasse I Nr. 2 bei einem Alter	
1. bis zu 5 Jahren	52.000 €
2. mehr als 5 bis zu 10 Jahren	41.000 €
3. mehr als 10 bis zu 15 Jahren	30.700 €
4. mehr als 15 bis zu 20 Jahren	20.500 €
5. mehr als 20 Jahren bis zur Vollendung des 27.Lebensjahres	10.300 €
Sofern der Ehegatte oder die Kinder aus Anlass des Todesfalls steuerfreie Versorgungsbezüge erhalten, vermindert sich der Freibetrag um den Kapitalwert dieser Bezüge.	

Sonstige persönliche Freibeträge im Todesfall, § 13 ErbStG[22)]

a) Hausrat, Kleidung, Wäsche für Personen der Steuerklasse I und Lebenspartner	41.000 €
b) Sonstige körperliche Gegenstände für Personen der Steuerklasse I	12.000 €
c) Hausrat, Kleidung, sonstige Gegenstände für Personen der Steuerklasse II/III	12.000 €
Bei a–c gilt die Befreiung nicht für Gegenstände, die zum land- und forstwirtschaftlichen Vermögen, zum Grundvermögen oder zum Betriebsvermögen gehören, für Zahlungsmittel, Wertpapiere, Münzen, Edelmetalle, Edelsteine und Perlen	
Erwerb nach § 1969 BGB (Dreißigster) (§ 13 I Nr. 4 ErbStG)	100 %
Erwerb durch Eltern, Adoptiveltern, Stiefeltern oder Großeltern des Erblassers bei Erwerbsunfähigkeit (§ 13 I Nr. 6 ErbStG)	41.000 €
Erwerb durch Personen, die den Erblasser unentgeltlich oder nur gegen geringes Entgelt gepflegt oder unterhalten haben (§ 13 I Nr. 9 ErbStG)	20.000 €

21) Gesetz vom 24. Dezember 2008, BGBl. I, 3018.

22) Daneben regelt § 13 ErbStG weitere Freibeträge aus sachlichen und sozialen Gründen; zu den Freibeträgen bei **Betriebsvermögen** s. §§ 13a, 13b, 19a ErbStG.

Steuersätze, § 19 ErbStG

Wert des steuerpflichtigen Erwerbs (§ 10) bis einschließlich ... Euro[23]	Vomhundertsatz in der Steuerklasse		
	I	II	III
75.000	7	15	30
300.000	11	20	30
600.000	15	25	30
6.000.000	19	30	30
13.000.000	23	35	50
26.000.000	27	40	50
über 26.000.000	30	43	50

11. Basis- und Verzugszinssatz

Gültig ab	Basiszinssatz § 247 BGB	Verzugszinssatz	
		Verbrauchergeschäfte § 288 I 1 BGB (+ 5 %)	Handelsgeschäfte § 352 I 1 HGB (+ 8 %)
1. Juli 2022	-0,88 %	4,12 %	7,12 %
1. Juli 2021	-0,88 %	4,12 %	7,12 %
1. Januar 2021	-0,88 %	4,12 %	7,12 %
1. Juli 2020	-0,88 %	4,12 %	7,12 %
1. Januar 2020	-0,88 %	4,12 %	7,12 %
1. Juli 2019	-0,88 %	4,12 %	7,12 %
1. Januar 2019	-0,88 %	4,12 %	7,12 %
1. Juli 2018	-0,88 %	4,12 %	7,12 %
1. Januar 2018	-0,88 %	4,12 %	7,12 %
1. Juli 2017	-0,88 %	4,12 %	7,12 %
1. Januar 2017	-0,88 %	4,12 %	7,12 %
1. Juli 2016	-0,88 %	4,12 %	7,12 %
1. Januar 2016	-0,83 %	4,17 %	7,17 %
1. Juli 2015	-0,83 %	4,17 %	7,17 %
1. Januar 2015	-0,83 %	4,17 %	7,17 %
1. Juli 2014	-0,73 %	4,27 %	7,27 %
1. Januar 2014	-0,63 %	4,37 %	7,37 %
1. Juli 2013	-0,38 %	4,62 %	7,62 %
1. Januar 2013	- 0,13 %	4,87 %	7,87 %
1. Juli 2012	0,12 %	5,12 %	8,12 %
1. Januar 2012	0,12 %	5,12 %	8,12 %
1. Juli 2011	0,37 %	5,37 %	8,37 %
1. Januar 2011	0,12 %	5,12 %	8,12 %
1. Juli 2010	0,12 %	5,12 %	8,12 %
1. Januar 2010	0,12 %	5,12 %	8,12 %
1. Juli 2009	0,12 %	5,12 %	8,12 %
1. Januar 2009	1,62 %	6,62 %	9,62 %
1. Juli 2008	3,19 %	8,19 %	11,19 %
1. Januar 2008	3,32 %	8,32 %	11,32 %
1. Juli 2007	3,19 %	8,19 %	11,19 %
1. Januar 2007	2,70 %	7,70 %	10,70 %
1. Juli 2006	1,95 %	6,95 %	9,95 %
1. Januar 2006	1,37 %	6,37 %	9,37 %
1. Juli 2005	1,17 %	6,17 %	9,17 %
1. Januar 2005	1,21 %	6,21 %	9,21 %
1. Juli 2004	1,13 %	6,13 %	9,13 %
1. Januar 2004	1,14 %	6,14 %	9,14 %
1. Juli 2003	1,22 %	6,22 %	9,22 %
1. Januar 2003	1,97 %	6,97 %	9,97 %
1. Juli 2002	2,47 %	7,47 %	10,47 %
1. Januar 2002	2,57 %	7,57 %	10,57 %

23) Der Unterschied zwischen der sich nach dieser Tabelle ergebenden Steuer und der Steuer, die sich berechnen würde, wenn der Erwerb die letztvorhergehende Wertgrenze nicht überstiegen hätte, wird nur insoweit erhoben, als er bei einem Steuersatz bis zu 30 % aus der Hälfte und bei einem Steuersatz über 30 % aus 3/4 des die Wertgrenze übersteigenden Betrags gedeckt werden kann (§ 19 Abs. 3 ErbStG).

12. Lebenshaltungskosten

a) Verbraucherpreisindex (2015 = 100)[24]

1991	**Jahresmittel**	**65,5**
	Januar	64,0
	Februar	64,3
	März	64,3
	April	64,5
	Mai	64,7
	Juni	65,1
	Juli	65,8
	August	65,8
	September	65,8
	Oktober	66,9
	November	67,1
	Dezember	67,2
1992	**Jahresmittel**	**68,8**
	Januar	67,6
	Februar	68,0
	März	68,3
	April	68,5
	Mai	68,7
	Juni	68,9
	Juli	69,1
	August	69,1
	September	69,1
	Oktober	69,1
	November	69,4
	Dezember	69,5
1993	**Jahresmittel**	**71,9**
	Januar	70,7
	Februar	71,2
	März	71,4
	April	71,6
	Mai	71,7
	Juni	71,9
	Juli	72,3
	August	72,3
	September	72,2
	Oktober	72,2
	November	72,3
	Dezember	72,5
1994	**Jahresmittel**	**73,8**
	Januar	72,8
	Februar	73,4
	März	73,5
	April	73,6
	Mai	73,8
	Juni	73,9
	Juli	74,0
	August	74,2
	September	74,0
	Oktober	73,9
	November	74,0
	Dezember	74,2

1995	**Jahresmittel**	**75,1**
	Januar	74,5
	Februar	74,9
	März	74,9
	April	75,0
	Mai	75,0
	Juni	75,1
	Juli	75,3
	August	75,3
	September	75,3
	Oktober	75,1
	November	75,1
	Dezember	75,3
1996	**Jahresmittel**	**76,1**
	Januar	75,5
	Februar	76,0
	März	76,0
	April	76,0
	Mai	76,1
	Juni	76,2
	Juli	76,3
	August	76,3
	September	76,3
	Oktober	76,3
	November	76,2
	Dezember	76,5
1997	**Jahresmittel**	**77,6**
	Januar	77,1
	Februar	77,2
	März	77,2
	April	77,1
	Mai	77,3
	Juni	77,4
	Juli	78,1
	August	78,1
	September	78,0
	Oktober	77,9
	November	77,9
	Dezember	78,1
1998	**Jahresmittel**	**78,3**
	Januar	78,1
	Februar	78,2
	März	78,1
	April	78,2
	Mai	78,3
	Juni	78,4
	Juli	78,7
	August	78,5
	September	78,3
	Oktober	78,2
	November	78,2
	Dezember	78,3

1999	**Jahresmittel**	**78,8**
	Januar	78,2
	Februar	78,3
	März	78,3
	April	78,7
	Mai	78,7
	Juni	78,8
	Juli	79,2
	August	79,1
	September	78,9
	Oktober	78,8
	November	79,0
	Dezember	79,3
2000	**Jahresmittel**	**79,9**
	Januar	79,5
	Februar	79,5
	März	79,5
	April	79,5
	Mai	79,5
	Juni	79,8
	Juli	80,2
	August	80,0
	September	80,2
	Oktober	80,1
	November	80,2
	Dezember	80,8
2001	**Jahresmittel**	**81,5**
	Januar	80,6
	Februar	81,0
	März	81,0
	April	81,4
	Mai	81,7
	Juni	81,8
	Juli	81,9
	August	81,7
	September	81,7
	Oktober	81,6
	November	81,4
	Dezember	82,2
2002	**Jahresmittel**	**82,6**
	Januar	82,2
	Februar	82,5
	März	82,7
	April	82,6
	Mai	82,7
	Juni	82,7
	Juli	82,8
	August	82,7
	September	82,7
	Oktober	82,6
	November	82,3
	Dezember	83,1

24) Das Statistische Bundesamt hat zum 1. Januar 2019 den Verbraucherpreisindex auf das Basisjahr 2015 umgestellt; s. Gutdeutsch/Hauß FamRB 2019, S. 166.

2003	**Jahresmittel**	**84,9**
	Januar	84,0
	Februar	84,2
	März	84,5
	April	84,8
	Mai	85,0
	Juni	85,0
	Juli	85,1
	August	85,2
	September	85,0
	Oktober	85,1
	November	85,0
	Dezember	85,9
2004	**Jahresmittel**	**84,9**
	Januar	84,0
	Februar	84,2
	März	84,5
	April	84,8
	Mai	85,0
	Juni	85,0
	Juli	85,1
	August	85,2
	September	85,0
	Oktober	85,1
	November	85,0
	Dezember	85,9
2005	**Jahresmittel**	**86,2**
	Januar	85,3
	Februar	85,6
	März	86,0
	April	85,8
	Mai	85,9
	Juni	86,1
	Juli	86,4
	August	86,5
	September	86,6
	Oktober	86,7
	November	86,4
	Dezember	87,1
2006	**Jahresmittel**	**87,6**
	Januar	86,8
	Februar	87,2
	März	87,2
	April	87,5
	Mai	87,5
	Juni	87,7
	Juli	88,0
	August	87,9
	September	87,6
	Oktober	87,6
	November	87,6
	Dezember	88,3
2007	**Jahresmittel**	**89,6**
	Januar	88,3
	Februar	88,7
	März	88,9
	April	89,3
	Mai	89,3
	Juni	89,4
	Juli	89,8
	August	89,7
	September	89,9
	Oktober	90,1
	November	90,6
	Dezember	91,1

2008	**Jahresmittel**	**91,9**
	Januar	90,8
	Februar	91,2
	März	91,7
	April	91,5
	Mai	92,0
	Juni	92,3
	Juli	92,8
	August	92,5
	September	92,4
	Oktober	92,2
	November	91,8
	Dezember	92,1
2009	**Jahresmittel**	**92,2**
	Januar	91,7
	Februar	92,2
	März	92,0
	April	92,1
	Mai	92,0
	Juni	92,3
	Juli	92,3
	August	92,5
	September	92,2
	Oktober	92,3
	November	92,1
	Dezember	92,9
2010	**Jahresmittel**	**93,2**
	Januar	92,3
	Februar	92,7
	März	93,2
	April	93,2
	Mai	93,2
	Juni	93,2
	Juli	93,3
	August	93,4
	September	93,3
	Oktober	93,4
	November	93,6
	Dezember	94,1
2011	**Jahresmittel**	**95,2**
	Januar	93,9
	Februar	94,5
	März	95,0
	April	95,1
	Mai	95,0
	Juni	95,1
	Juli	95,3
	August	95,4
	September	95,6
	Oktober	95,6
	November	95,7
	Dezember	96,0
2012	**Jahresmittel**	**97,1**
	Januar	95,8
	Februar	96,5
	März	97,1
	April	96,9
	Mai	96,8
	Juni	96,7
	Juli	97,1
	August	97,4
	September	97,5
	Oktober	97,5
	November	97,6
	Dezember	97,9

2013	**Jahresmittel**	**98,5**
	Januar	97,4
	Februar	98,0
	März	98,4
	April	98,0
	Mai	98,4
	Juni	98,5
	Juli	98,9
	August	98,9
	September	98,9
	Oktober	98,7
	November	98,9
	Dezember	99,3
2014	**Jahresmittel**	**99,5**
	Januar	98,8
	Februar	99,2
	März	99,5
	April	99,4
	Mai	99,2
	Juni	99,5
	Juli	99,7
	August	99,8
	September	99,8
	Oktober	99,5
	November	99,5
	Dezember	99,5
2015	**Jahresmittel**	**100,0**
	Januar	98,5
	Februar	99,2
	März	99,7
	April	100,2
	Mai	100,4
	Juni	100,4
	Juli	100,6
	August	100,6
	September	100,4
	Oktober	100,4
	November	99,7
	Dezember	99,7
2016	**Jahresmittel**	**100,5**
	Januar	99,0
	Februar	99,3
	März	100,0
	April	100,1
	Mai	100,6
	Juni	100,7
	Juli	101,1
	August	101,0
	September	101,0
	Oktober	101,2
	November	100,5
	Dezember	101,2
2017	**Jahresmittel**	**102,0**
	Januar	100,6
	Februar	101,2
	März	101,4
	April	101,8
	Mai	101,8
	Juni	102,1
	Juli	102,5
	August	102,6
	September	102,7
	Oktober	102,5
	November	102,1
	Dezember	102,6

2018	**Jahresmittel**	**103,8**
	Januar	102,0
	Februar	102,3
	März	102,9
	April	103,1
	Mai	103,9
	Juni	104,0
	Juli	104,4
	August	104,5
	September	104,7
	Oktober	104,9
	November	104,2
	Dezember	104,2
2019	**Jahresmittel**	**105,3**
	Januar	103,4
	Februar	103,8
	März	104,2
	April	105,2
	Mai	105,4
	Juni	105,7
	Juli	106,2
	August	106,0
	September	106,0
	Oktober	106,1
	November	105.3
	Dezember	105,2

2020	Jahresmittel	105,8
	Januar	105,2
	Februar	105,6
	März	105,7
	April	105,9
	Mai	105,9
	Juni	106,6
	Juli	106,1
	August	106,0
	September	105,8
	Oktober	105,9
	November	105,0
	Dezember	105,5
2021	**Jahresmittel**	**109,1**
	Januar	106,3
	Februar	107,0
	März	107,5
	April	108,2
	Mai	108,7
	Juni	109,1
	Juli	110,1
	August	110,1
	September	110,1
	Oktober	110,7
	November	110,5
	Dezember	111,1

2022	**Jahresmittel**	
	Januar	111,2
	Februar	112,5
	März	115,3
	April	116,2

b) Verketteter Verbraucherpreisindex (2015 = 100)[25]

1958	22,33	1989	61,32
1959	22,65	1990	62,98
1960	22,98	1991	65,46
1961	23,52	1992	68,78
1962	24,20	1993	71,86
1963	24,92	1994	73,78
1964	25,49	1995	75,07
1965	26,31	1996	76,14
1966	27,26	1997	77,62
1967	27,71	1998	78,29
1968	28,16	1999	78,78
1969	28,70	2000	79,90
1970	29,67	2001	81,50
1971	31,23	2002	82,63
1972	32,95	2003	83,52
1973	35,24	2004	84,90
1974	37,72	2005	86,20
1975	39,94	2006	87,58
1976	41,66	2007	89,59
1977	43,22	2008	91,94
1978	44,36	2009	92,22
1979	46,18	2010	93,24
1980	48,67	2011	95,18
1981	51,78	2012	97,07
1982	54,48	2013	98,53
1983	56,27	2014	99,45
1984	57,63	2015	100,00
1985	58,84	2016	100,48
1986	58,76	2017	101,99
1987	58,91	2018	103,76
1988	59,66	2019	105,30
		2020	105,80
		2021	109,10

25) Jahresdurchschnittswerte (2015 = 100), s. Gutdeutsch/Hauß FamRB 2019, S. 166.

c) Entwicklung der Indizes der Tarifgehälter und der Lebenshaltungskosten Basis 1950

Datum	Gehaltserhöhung in %	Gehaltsindex	Lebenshaltungsindex[26]
01.01.51	10,0	110,0	101,8
01.01.52	10,0	121,0	111,7
01.01.53	7,5	130,1	109,4
01.01.54	6,0	137,9	107,5
01.01.55	7,5	148,2	109,4
01.01.56	7,0	158,6	110,9
01.01.57	6,0	168,1	113,9
01.01.58	6,0	178,2	117,3
01.07.59	4,5	186,2	119,2
01.07.60	7,0	199,2	120,8
01.10.61	10,8	220,7	123,8
01.10.62	7,0	236,1	126,9
01.10.63	5,0	247,9	130,6
01.10.64	3,0	255,3	134,0
01.02.65	5,0	268,1	136,3
01.01.66	4,0	278,8	141,6
01.07.66	7,1	298,6	143,8
01.07.67	2,75	306,8	145,7
01.07.68	5,0	322,1	146,9
01.04.69	6,8	344,0	149,5
01.12.69	6,2	365,3	151,4
01.04.70	10,1	402,2	154,4
01.04.71	7,7	433,2	161,2
01.04.72	7,5	465,7	169,6
01.11.72	1,5	472,7	175,6
01.04.73	11,6	527,5	181,3
01.04.74	11,4	587,6	193,8
01.07.74	1,3	595,2	196,4
01.10.74	0,9	600,6	198,0
01.04.75	6,5	639,6	205,5
01.04.76	6,0	678,0	216,5
01.04.77	8,1	732,9	223,7
01.04.78	5,5	773,2	229,8
01.04.79	5,1	812,6	236,6
01.04.80	7,5	873,5	249,4
01.04.81	5,2	918,9	264,6
01.04.82	4,2	957,5	277,1

Datum	Gehaltserhöhung in %	Gehaltsindex	Lebenshaltungsindex[26]
01.04.83	3,2	988,1	288,4
01.04.84	3,5	1.022,7	296,4
01.04.85	3,6	1.059,5	303,2
01.04.86	3,2	1.093,4	303,2
01.04.87	3,0	1.126,2	302,8
01.04.88	3,5	1.165,6	305,5
01.04.89	3,9	1.211,1	314,9
01.10.90	6,0	1.283,8	327,0
01.10.91	6,7	1.369,8	339,5
01.11.92	4,2	1.427,3	352,8
01.02.94	2,0	1.455,8	369,8
01.05.95	3,8	1.511,1	378,5
01.05.96	1,9	1.539,8	383,0
01.12.97	2,0	1.570,6	391,7
01.04.99	3,2	1.620,9	395,9
01.05.00	2,5	1.661,4	399,9
01.06.01	2,8	1.707,9	411,6
01.07.02	3,5	1.767,7	416,8
01.01.04	1,8	1.799,5	422,8
01.01.05	1,3	1.822,9	429,6
01.04.06	2,0	1.859,4	441,6
01.04.07	1,0	1.878,0	450,0
01.01.08	3,0	1.934,3	453,0
01.01.09	1,6	1.965,2	457,1
01.04.10	2,5	2.014,3	464,0
01.09.11	3,0	2.074,7	475,6
01.10.12	2,2	2.120,3	485,3
01.08.13	3,2	2.188,1	492,3
01.10.14	2,2	2.236,2	499,6
01.09.15	2,4	2.289,9	501,0
01.10.16	2,1	2.338,0	505,2
01.11.17	2,0	2.384,8	511,9
01.12.18	1,7	2.425,3	522,4
01.04.20	2,8	2.493,2	531,9
01.06.21	2,0	2.531,10	546,9
01.09.22	3,0	2.619,4	–

26) Stichtagsindex der Tarifgehälter; Basis: 1950 = 100.
Bis Ende 1999 wird der Preisindex für die Lebenshaltung von 4-Personen-Arbeitnehmer-Haushalten mit mittlerem Einkommen jeweils im Monat der Tarifgehaltserhöhung verwendet; berechnet nach der Verbraucherstruktur von 1995. Danach wird der Verbraucherpreisindex für Deutschland (VPI) verwendet.
Quelle: www.agv-vers.de.

d) Entwicklung des Tarifgehaltsindex seit 1980 (Jahresbasis)[27]

Jahr	Gehaltsindex	Erhöhung gegenüber Vorjahr	Lebenshaltungsindex	Erhöhung gegenüber Vorjahr
1980	100,0	–	100,0	–
1981	105,8	5,8	106,3	6,3
1982	110,6	4,5	111,8	5,2
1983	114,4	3,5	115,4	3,2
1984	118,3	3,4	118,3	2,5
1985	122,6	3,6	120,7	2,0
1986	126,6	3,3	120,6	-0,1
1987	130,6	3,1	120,8	0,2
1988	135,0	3,4	122,2	1,2
1989	140,1	3,8	125,6	2,8
1990	143,6	2,5	128,9	2,6
1991	152,5	6,2	133,7	3,7
1992	161,2	5,7	140,5	5,1
1993	166,9	3,5	146,8	4,5
1994	169,9	1,8	150,6	2,6
1995	174,5	2,7	153,3	1,8
1996	178,8	2,5	155,4	1,4
1997	180,2	0,8	158,5	2,0
1998	183,5	1,8	160,1	1,0
1999	187,9	2,4	161,1	0,6
2000	192,6	2,5	163,4	1,4
2001	197,4	2,5	166,7	2,0
2002	203,1	2,9	169,0	1,4
2003	206,8	1,8	170,9	1,1
2004	210,5	1,8	173,6	1,6
2005	213,2	1,3	176,4	1,6
2006	216,4	1,5	179,0	1,5
2007	219,3	1,3	183,1	2,3
2008	225,8	3,0	187,9	2,6
2009	229,5	1,6	188,5	0,3
2010	233,8	1,9	190,6	1,1
2011	237,5	1,6	194,6	2,1
2012	243,7	2,6	198,5	2,0
2013	250,0	2,6	201,5	1,5
2014	256,0	2,4	203,3	0,9
2015	261,9	2,3	203,9	0,3
2016	267,4	2,1	204,9	0,5
2017	274,8	1,9	208,0	1,5
2018	279,7	1,8	211,7	1,8
2019	284,2	1,6	214,7	1,4
2020	290,2	2,1	215,8	0,5
2021	295,70	1,9	222,5	3,1
2022[28]	301,0	1,8	–	–
2023[29]	309,1	2,7	–	–

27) Quelle: agv-vers.de; ermittelt vom Arbeitgeberverband, auf Jahresbasis gerechnet.

28) Prognostisch.

29) Prognostisch.

13. a) Abgekürzte Sterbetafel 2014/2016[30]

Vollendetes Alter	Durchschnittliche Lebenserwartung in Jahren	
	männlich	weiblich
0	78,31	83,20
1	77,59	82,46
2	76,61	81,48
3	75,62	80,49
4	74,63	79,50
5	73,64	78,50
6	72,65	77,51
7	71,65	76,51
8	70,66	75,52
9	69,66	74,52
10	68,67	73,53
11	67,68	72,53
12	66,68	71,54
13	65,69	70,54
14	64,69	69,55
15	63,70	68,56
16	62,71	67,56
17	61,73	66,57
18	60,74	65,58
19	59,77	64,60
20	58,79	63,61
21	57,82	62,62
22	56,84	61,63
23	55,87	60,64
24	54,89	59,65
25	53,92	58,66
26	52,95	57,68
27	51,97	56,69
28	51,00	55,70
29	50,02	54,71
30	49,05	53,73
31	48,08	52,74
32	47,11	51,76
33	46,15	50,78
34	45,18	49,80
35	44,21	48,81
36	43,25	47,83
37	42,29	46,86
38	41,33	45,88
39	40,37	44,90
40	39,42	43,93
41	38,47	42,96
42	37,52	41,99
43	36,57	41,03
44	35,63	40,06
45	34,69	39,10
46	33,76	38,15
47	32,84	37,19
48	31,92	36,25
49	31,01	35,30
50	30,10	34,37
51	29,21	33,43
52	28,32	32,51
53	27,44	31,59
54	26,58	30,67
55	25,72	29,76
56	24,88	28,86
57	24,05	27,96
58	23,22	27,07
59	22,42	26,19
60	21,62	25,32
61	20,84	24,45
62	20,06	23,58
63	19,30	22,73
64	18,55	21,87
65	17,81	21,03
66	17,08	20,20
67	16,36	19,37
68	15,65	18,55
69	14,94	17,74
70	14,24	16,94
71	13,56	16,14
72	12,88	15,35
73	12,22	14,57
74	11,56	13,79
75	10,91	13,02
76	10,28	12,26
77	9,66	11,53
78	9,05	10,80
79	8,47	10,10
80	7,91	9,43
81	7,37	8,78
82	6,86	8,16
83	6,37	7,57
84	5,92	7,01
85	5,49	6,48
86	5,09	5,98
87	4,71	5,51
88	4,36	5,07
89	4,03	4,67
90	3,71	4,30
91	3,42	3,96
92	3,15	3,65
93	2,92	3,38
94	2,70	3,14
95	2,53	2,95

30) www.destatis.de.

b) Abgekürzte Sterbetafel 2017/2019[31)]

Vollendetes Alter	Durchschnittliche Lebenserwartung in Jahren	
	männlich	weiblich
0	78,63	83,36
1	77,90	82,60
2	76,92	81,62
3	75,93	80,63
4	74,94	79,64
5	73,95	78,65
6	72,96	77,65
7	71,96	76,66
8	70,97	75,67
9	69,97	74,67
10	68,98	73,67
11	67,99	72,68
12	66,99	71,68
13	66,00	70,69
14	65,00	69,70
15	64,01	68,70
16	63,02	67,71
17	62,03	66,72
18	61,05	65,73
19	60,07	64,74
20	59,10	63,75
21	58,12	62,76
22	57,15	61,77
23	56,17	60,78
24	55,19	59,79
25	54,22	58,80
26	53,24	57,82
27	52,26	56,83
28	51,29	55,84
29	50,31	54,85
30	49,34	53,86
31	48,36	52,88

Vollendetes Alter	Durchschnittliche Lebenserwartung in Jahren	
	männlich	weiblich
32	47,39	51,90
33	46,42	50,91
34	45,46	49,93
35	44,49	48,95
36	43,52	47,97
37	42,56	47,00
38	41,60	46,02
39	40,64	45,05
40	39,69	44,07
41	38,73	43,10
42	37,79	42,13
43	36,84	41,16
44	35,90	40,20
45	34,96	39,24
46	34,02	38,28
47	33,09	37,33
48	32,17	36,38
49	31,25	35,43
50	30,34	34,49
51	29,44	33,55
52	28,54	32,62
53	27,66	31,70
54	26,78	30,78
55	25,92	29,86
56	25,06	28,95
57	24,22	28,05
58	23,39	27,16
59	22,57	26,27
60	21,77	25,39
61	20,98	24,52
62	20,20	23,66
63	19,43	22,80

Vollendetes Alter	Durchschnittliche Lebenserwartung in Jahren	
	männlich	weiblich
64	18,68	21,95
65	17,94	21,11
66	17,21	20,28
67	16,49	19,45
68	15,78	18,63
69	15,09	17,82
70	14,40	17,02
71	13,72	16,24
72	13,05	15,45
73	12,39	14,68
74	11,73	13,92
75	11,10	13,17
76	10,47	12,42
77	9,85	11,69
78	9,24	10,96
79	8,65	10,25
80	8,08	9,56
81	7,52	8,89
82	6,99	8,26
83	6,49	7,65
84	6,00	7,07
85	5,55	6,52
86	5,13	6,01
87	4,73	5,53
88	4,36	5,08
89	4,03	4,67
90	3,72	4,28
91	3,44	3,93
92	3,17	3,62
93	2,93	3,34
94	2,72	3,09
95	2,52	2,86

31) www.destatis.de.

14. Leibrententafel, Kapitalwert »1«

a) Lebenslange Leibrente Männer jährlich vorschüssige Zahlung basierend auf Sterbetafel 2014/2016[32]

Lebensalter bei Rentenbeginn	Zinssatz							
	2,00 %	2,50 %	3,00 %	3,50 %	4,00 %	4,50 %	5,00 %	5,50 %
20	34,650	30,948	27,851	25,239	23,022	21,125	19,493	18,078
21	34,339	30,711	27,669	25,099	22,913	21,041	19,426	18,025
22	34,021	30,467	27,481	24,953	22,800	20,952	19,356	17,970
23	33,696	30,218	27,288	24,803	22,682	20,859	19,283	17,911
24	33,366	29,962	27,089	24,647	22,559	20,762	19,206	17,850
25	33,029	29,700	26,884	24,487	22,433	20,661	19,125	17,785
26	32,685	29,432	26,674	24,321	22,301	20,556	19,041	17,717
27	32,334	29,156	26,456	24,148	22,163	20,446	18,952	17,644
28	31,978	28,876	26,234	23,971	22,021	20,332	18,859	17,569
29	31,614	28,587	26,004	23,787	21,873	20,212	18,762	17,489
30	31,244	28,293	25,769	23,598	21,721	20,088	18,660	17,406
31	30,866	27,991	25,527	23,403	21,562	19,958	18,554	17,318
32	30,485	27,685	25,280	23,203	21,399	19,825	18,445	17,228
33	30,096	27,372	25,026	22,996	21,230	19,686	18,330	17,132
34	29,699	27,050	24,765	22,782	21,054	19,541	18,209	17,032
35	29,296	26,723	24,497	22,563	20,873	19,391	18,084	16,927
36	28,888	26,389	24,224	22,337	20,687	19,235	17,954	16,818
37	28,471	26,047	23,942	22,104	20,492	19,073	17,818	16,703
38	28,046	25,698	23,652	21,863	20,291	18,904	17,675	16,582
39	27,616	25,342	23,356	21,616	20,084	18,729	17,527	16,456
40	27,178	24,977	23,052	21,361	19,869	18,547	17,373	16,324
41	26,735	24,608	22,742	21,100	19,648	18,360	17,213	16,187
42	26,285	24,230	22,424	20,831	19,420	18,165	17,046	16,044
43	25,829	23,846	22,100	20,556	19,185	17,965	16,874	15,895
44	25,367	23,456	21,768	20,273	18,944	17,757	16,695	15,740
45	24,899	23,059	21,430	19,984	18,695	17,543	16,509	15,579
46	24,427	22,656	21,086	19,688	18,440	17,322	16,318	15,412
47	23,948	22,246	20,734	19,385	18,178	17,094	16,119	15,238
48	23,465	21,832	20,376	19,076	17,909	16,860	15,914	15,059
49	22,979	20,693	20,013	18,761	17,635	16,620	15,704	14,873
50	22,489	20,989	19,646	18,440	17,355	16,375	15,488	14,683
51	21,996	20,561	19,273	18,114	17,069	16,124	15,266	14,486
52	21,499	20,127	18,894	17,782	16,777	15,865	15,037	14,283
53	21,002	19,693	18,513	17,447	16,481	15,603	14,805	14,076
54	20,504	19,256	18,129	17,107	16,180	15,337	14,568	13,864
55	20,006	18,817	17,741	16,765	15,876	15,066	14,326	13,648
56	19,506	18,376	17,350	16,417	15,567	14,790	14,079	13,426
57	19,006	17,933	16,957	16,067	15,254	14,510	13,827	13,199
58	18,506	17,488	16,560	15,713	14,937	14,225	13,571	12,968
59	18,008	17,044	16,163	15,357	14,617	13,938	13,312	12,734
60	17,510	16,599	15,764	14,998	14,294	13,646	13,048	12,495
61	17,011	16,151	15,361	14,635	13,966	13,349	12,779	12,250
62	16,513	15,702	14,956	14,269	13,635	13,048	12,505	12,001
63	16,017	15,255	14,552	13,902	13,302	12,745	12,228	11,748
64	15,520	14,804	14,143	13,531	12,963	12,436	11,946	11,490
65	15,025	14,354	13,733	13,157	12,622	12,124	11,660	11,227
66	14,529	13,902	13,320	12,779	12,275	11,806	11,367	10,958
67	14,029	13,444	12,900	12,394	11,921	11,480	11,067	10,680
68	13,532	12,989	12,482	12,008	11,566	11,151	10,763	10,399

32) Der Kapitalwert einer lebenslangen Rente ergibt sich aus der Multiplikation des Jahresbetrages mit dem Tabellenwert für die zugrunde gelegte Verzinsung.
Bei lebenslangen Renten ist das bei Beginn der Rentenzahlung erreichte Lebensjahr maßgeblich. Ein noch nicht vollendetes Lebensjahr wird mitgezählt, wenn mehr als 6 Monate verstrichen sind.

Lebensalter bei Rentenbeginn	Zinssatz							
	2,00 %	2,50 %	3,00 %	3,50 %	4,00 %	4,50 %	5,00 %	5,50 %
69	13,027	12,522	12,051	11,611	11,198	10,810	10,447	10,105
70	12,526	12,059	11,623	11,213	10,829	10,468	10,128	9,808
71	12,025	11,596	11,192	10,813	10,456	10,121	9,804	9,505
72	11,527	11,132	10,760	10,410	10,081	9,769	9,475	9,198
73	11,026	10,664	10,323	10,001	9,697	9,410	9,138	8,881
74	10,524	10,194	9,882	9,588	9,309	9,044	8,794	8,556
75	10,025	9,725	9,441	9,172	8,917	8,675	8,445	8,226
76	9,530	9,258	9,000	8,756	8,524	8,303	8,092	7,892
77	9,040	8,796	8,563	8,341	8,130	7,930	7,738	7,556
78	8,554	8,334	8,125	7,925	7,735	7,553	7,380	7,214
79	8,079	7,882	7,694	7,515	7,344	7,180	7,023	6,873
80	7,619	7,443	7,276	7,115	6,961	6,814	6,673	6,538
81	7,171	7,015	6,866	6,723	6,586	6,454	6,328	6,206
82	6,743	6,605	6,473	6,345	6,223	6,106	5,993	5,884
83	6,332	6,210	6,092	5,980	5,871	5,767	5,666	5,569
84	5,942	5,835	5,731	5,631	5,535	5,443	5,353	5,267
85	5,572	5,478	5,387	5,299	5,214	5,132	5,053	4,976
86	5,225	5,142	5,062	4,985	4,910	4,838	4,768	4,700
87	4,898	4,825	4,755	4,687	4,621	4,558	4,496	4,436
88	4,585	4,522	4,461	4,402	4,344	4,288	4,234	4,181
89	4,290	4,235	4,182	4,130	4,080	4,031	3,983	3,937
90	4,007	3,959	3,913	3,868	3,824	3,781	3,740	3,700

b) Lebenslange Leibrente Männer monatlich vorschüssige Zahlung basierend auf Sterbetafel 2014/2016[33)]

Lebensalter bei Rentenbeginn	Zinssatz							
	2,00 %	2,50 %	3,00 %	3,50 %	4,00 %	4,50 %	5,00 %	5,50 %
20	34,189	30,486	27,387	24,775	22,557	20,660	19,026	17,611
21	33,877	30,248	27,205	24,635	22,448	20,575	18,960	17,558
22	33,559	30,005	27,018	24,489	22,335	20,486	18,890	17,503
23	33,235	29,755	26,824	24,339	22,217	20,393	18,816	17,444
24	32,904	29,499	26,625	24,183	22,095	20,297	18,739	17,382
25	32,567	29,238	26,421	24,023	21,968	20,196	18,659	17,318
26	32,224	28,969	26,210	23,857	21,836	20,090	18,574	17,249
27	31,873	28,694	25,993	23,684	21,698	19,980	18,485	17,177
28	31,516	28,413	25,771	23,507	21,557	19,866	18,393	17,102
29	31,152	28,125	25,541	23,323	21,409	19,746	18,295	17,022
30	30,782	27,831	25,306	23,134	21,256	19,622	18,194	16,939
31	30,405	27,529	25,064	22,939	21,097	19,493	18,088	16,851
32	30,023	27,223	24,817	22,739	20,934	19,360	17,978	16,761
33	29,634	26,909	24,563	22,532	20,765	19,221	17,863	16,665
34	29,237	26,588	24,301	22,318	20,589	19,075	17,743	16,565
35	28,835	26,260	24,034	22,099	20,408	18,925	17,618	16,460
36	28,426	25,927	23,760	21,873	20,222	18,770	17,488	16,351
37	28,009	25,585	23,478	21,640	20,027	18,607	17,351	16,236
38	27,585	25,235	23,189	21,399	19,826	18,438	17,209	16,115
39	27,155	24,879	22,893	21,152	19,619	18,264	17,061	15,989
40	26,717	24,515	22,589	20,897	19,404	18,082	16,906	15,857
41	26,274	24,145	22,279	20,636	19,183	17,894	16,747	15,720
42	25,823	23,768	21,961	20,367	18,955	17,700	16,580	15,577
43	25,368	23,384	21,637	20,092	18,720	17,499	16,407	15,428
44	24,906	22,993	21,305	19,809	18,479	17,291	16,228	15,273
45	24,438	22,596	20,967	19,520	18,230	17,077	16,043	15,112

33) Der Kapitalwert einer lebenslangen Rente ergibt sich aus der Multiplikation des Jahresbetrages mit dem Tabellenwert für die zugrunde gelegte Verzinsung.
Bei lebenslangen Renten ist das bei Beginn der Rentenzahlung erreichte Lebensjahr maßgeblich. Ein noch nicht vollendetes Lebensjahr wird mitgezählt, wenn mehr als 6 Monate verstrichen sind.

Lebensalter bei Rentenbeginn	Zinssatz							
	2,00 %	**2,50 %**	**3,00 %**	**3,50 %**	**4,00 %**	**4,50 %**	**5,00 %**	**5,50 %**
46	23,966	22,194	20,623	19,224	17,976	16,857	15,851	14,945
47	23,487	21,784	20,271	18,921	17,713	16,629	15,653	14,771
48	23,004	21,369	19,913	18,612	17,445	16,395	15,448	14,591
49	22,517	20,231	19,550	18,296	17,170	16,155	15,237	14,406
50	22,027	20,526	19,182	17,976	16,890	15,909	15,021	14,215
51	21,535	20,098	18,810	17,650	16,604	15,658	14,800	14,019
52	21,038	19,665	18,431	17,318	16,312	15,400	14,571	13,816
53	20,540	19,230	18,050	16,982	16,016	15,138	14,338	13,609
54	20,043	18,794	17,665	16,643	15,716	14,871	14,101	13,397
55	19,544	18,355	17,278	16,301	15,411	14,600	13,859	13,181
56	19,044	17,913	16,887	15,953	15,102	14,324	13,612	12,959
57	18,544	17,470	16,493	15,603	14,789	14,044	13,361	12,732
58	18,044	17,025	16,097	15,248	14,472	13,759	13,104	12,501
59	17,546	16,582	15,700	14,893	14,153	13,472	12,845	12,267
60	17,048	16,136	15,301	14,534	13,830	13,180	12,581	12,028
61	16,549	15,688	14,898	14,171	13,502	12,884	12,312	11,783
62	16,051	15,240	14,493	13,805	13,170	12,583	12,038	11,534
63	15,555	14,792	14,088	13,438	12,837	12,279	11,762	11,281
64	15,059	14,342	13,680	13,067	12,498	11,970	11,480	11,022
65	14,563	13,892	13,270	12,693	12,157	11,658	11,193	10,760
66	14,067	13,439	12,857	12,315	11,810	11,340	10,901	10,490
67	13,567	12,982	12,437	11,930	11,456	11,014	10,600	10,213
68	13,071	12,526	12,018	11,544	11,101	10,686	10,297	9,932
69	12,565	12,060	11,588	11,147	10,733	10,345	9,980	9,638
70	12,064	11,597	11,160	10,749	10,364	10,002	9,662	9,341
71	11,564	11,133	10,729	10,349	9,992	9,655	9,338	9,038
72	11,066	10,670	10,297	9,946	9,616	9,304	9,009	8,730
73	10,564	10,202	9,860	9,537	9,233	8,944	8,672	8,413
74	10,063	9,732	9,419	9,124	8,844	8,579	8,327	8,089
75	9,563	9,262	8,978	8,708	8,452	8,209	7,978	7,759
76	9,068	8,796	8,537	8,292	8,059	7,837	7,626	7,425
77	8,579	8,333	8,099	7,877	7,666	7,464	7,272	7,088
78	8,093	7,872	7,662	7,461	7,270	7,088	6,913	6,747
79	7,617	7,420	7,231	7,051	6,879	6,714	6,557	6,406
80	7,157	6,981	6,812	6,651	6,497	6,349	6,207	6,071
81	6,710	6,553	6,403	6,259	6,121	5,989	5,861	5,739
82	6,282	6,143	6,009	5,881	5,758	5,640	5,526	5,417
83	5,870	5,747	5,629	5,516	5,406	5,301	5,200	5,102
84	5,480	5,372	5,268	5,167	5,071	4,977	4,887	4,800
85	5,110	5,015	4,923	4,835	4,749	4,666	4,586	4,509
86	4,764	4,680	4,599	4,521	4,446	4,372	4,302	4,233
87	4,436	4,363	4,292	4,223	4,157	4,092	4,030	3,969
88	4,124	4,060	3,998	3,938	3,879	3,823	3,768	3,714
89	3,828	3,773	3,718	3,666	3,615	3,565	3,517	3,470
90	3,545	3,497	3,450	3,404	3,359	3,316	3,274	3,233

c) Lebenslange Leibrente Frauen jährlich vorschüssige Zahlung basierend auf Sterbetafel 2014/2016[34)]

Lebensalter bei Rentenbeginn	Zinssatz							
	2,00 %	2,50 %	3,00 %	3,50 %	4,00 %	4,50 %	5,00 %	5,50 %
20	36,233	32,165	28,791	25,972	23,596	21,579	19,854	18,367
21	35,944	31,950	28,630	25,851	23,504	21,509	19,800	18,326
22	35,649	31,729	28,464	25,725	23,408	21,435	19,743	18,282
23	35,348	31,502	28,293	25,594	23,309	21,359	19,684	18,235
24	35,043	31,272	28,118	25,461	23,206	21,279	19,622	18,187
25	34,730	31,034	27,936	25,321	23,098	21,196	19,557	18,136
26	34,411	30,790	27,749	25,177	22,986	21,108	19,488	18,081
27	34,086	30,541	27,557	25,028	22,870	21,017	19,416	18,024
28	33,755	30,286	27,360	24,875	22,750	20,923	19,341	17,965
29	33,418	30,026	27,157	24,716	22,626	20,824	19,263	17,902
30	33,075	29,759	26,949	24,553	22,497	20,722	19,181	17,836
31	32,726	29,487	26,736	24,384	22,363	20,615	19,096	17,768
32	32,371	29,208	26,516	24,210	22,225	20,505	19,007	17,696
33	32,010	28,924	26,291	24,031	22,081	20,390	18,914	17,620
34	31,641	28,632	26,059	23,846	21,932	20,269	18,816	17,540
35	31,266	28,334	25,821	23,655	21,778	20,144	18,714	17,457
36	30,884	28,029	25,575	23,457	21,618	20,014	18,608	17,369
37	30,496	27,717	25,325	23,254	21,453	19,879	18,497	17,277
38	30,100	27,398	25,066	23,043	21,281	19,737	18,380	17,180
39	29,699	27,074	24,802	22,828	21,104	19,592	18,260	17,080
40	29,290	26,741	24,531	22,606	20,921	19,440	18,133	16,975
41	28,876	26,403	24,253	22,377	20,732	19,283	18,002	16,865
42	28,455	26,058	23,969	22,142	20,537	19,120	17,866	16,750
43	28,027	25,706	23,678	21,900	20,335	18,952	17,724	16,630
44	27,593	25,346	23,379	21,651	20,127	18,776	17,576	16,505
45	27,152	24,980	23,074	21,396	19,912	18,595	17,423	16,374
46	26,705	24,607	22,762	21,133	19,690	18,408	17,263	16,238
47	26,253	24,228	22,443	20,864	19,463	18,214	17,098	16,097
48	25,795	23,843	22,118	20,589	19,229	18,014	16,927	15,950
49	25,331	22,594	21,787	20,307	18,988	17,809	16,750	15,797
50	24,863	23,054	21,449	20,019	18,742	17,597	16,567	15,639
51	24,388	22,650	21,104	19,724	18,488	17,378	16,378	15,475
52	23,908	22,241	20,753	19,422	18,228	17,153	16,183	15,305
53	23,424	21,825	20,396	19,114	17,961	16,921	15,981	15,129
54	22,935	21,405	20,032	18,799	17,688	16,683	15,773	14,947
55	22,442	20,978	19,663	18,478	17,408	16,439	15,559	14,758
56	21,943	20,545	19,286	18,150	17,121	16,187	15,338	14,563
57	21,440	20,107	18,903	17,814	16,826	15,928	15,109	14,361
58	20,932	19,663	18,514	17,473	16,525	15,662	14,874	14,153
59	20,421	19,214	18,120	17,125	16,218	15,390	14,632	13,937
60	19,905	18,760	17,719	16,770	15,903	15,110	14,383	13,715
61	19,388	18,303	17,314	16,410	15,584	14,825	14,129	13,487
62	18,861	17,835	16,898	16,040	15,252	14,529	13,863	13,248
63	18,330	17,362	16,475	15,661	14,913	14,224	13,588	13,001
64	17,793	16,882	16,045	15,275	14,565	13,911	13,305	12,745
65	17,255	16,398	15,610	14,883	14,212	13,591	13,015	12,482
66	16,714	15,911	15,170	14,485	13,851	13,264	12,718	12,211
67	16,170	15,418	14,723	14,080	13,483	12,928	12,412	11,932
68	15,624	14,923	14,273	13,670	13,109	12,587	12,100	11,646
69	15,071	14,419	13,813	13,249	12,724	12,234	11,776	11,348

34) Der Kapitalwert einer lebenslangen Rente ergibt sich aus der Multiplikation des Jahresbetrages mit dem Tabellenwert für die zugrunde gelegte Verzinsung.
Bei lebenslangen Renten ist das bei Beginn der Rentenzahlung erreichte Lebensjahr maßgeblich. Ein noch nicht vollendetes Lebensjahr wird mitgezählt, wenn mehr als 6 Monate verstrichen sind.

Lebensalter bei Rentenbeginn	Zinssatz							
	2,00 %	2,50 %	3,00 %	3,50 %	4,00 %	4,50 %	5,00 %	5,50 %
70	14,514	13,910	13,346	12,821	12,330	11,872	11,442	11,040
71	13,955	13,396	12,873	12,385	11,929	11,501	11,100	10,723
72	13,393	12,878	12,396	11,944	11,520	11,122	10,749	10,397
73	12,826	12,353	11,909	11,493	11,101	10,733	10,386	10,059
74	12,252	11,820	11,413	11,031	10,670	10,331	10,010	9,707
75	11,677	11,283	10,912	10,562	10,232	9,920	9,625	9,346
76	11,102	10,745	10,408	10,089	9,788	9,503	9,232	8,976
77	10,534	10,212	9,906	9,617	9,344	9,084	8,837	8,602
78	9,969	9,679	9,404	9,143	8,895	8,659	8,435	8,222
79	9,412	9,153	8,906	8,671	8,448	8,235	8,032	7,839
80	8,873	8,641	8,420	8,210	8,010	7,818	7,635	7,461
81	8,351	8,145	7,948	7,760	7,581	7,410	7,246	7,089
82	7,844	7,661	7,487	7,320	7,160	7,007	6,860	6,719
83	7,351	7,190	7,035	6,888	6,746	6,610	6,479	6,354
84	6,877	6,735	6,600	6,469	6,344	6,224	6,108	5,997
85	6,427	6,303	6,183	6,069	5,958	5,852	5,750	5,651
86	5,998	5,890	5,786	5,685	5,588	5,495	5,405	5,318
87	5,596	5,501	5,410	5,322	5,237	5,156	5,076	5,000
88	5,215	5,133	5,054	4,977	4,903	4,831	4,762	4,695
89	4,857	4,786	4,717	4,650	4,586	4,523	4,463	4,404
90	4,527	4,465	4,405	4,347	4,291	4,236	4,183	4,132

d) Lebenslange Leibrente Frauen monatlich vorschüssige Zahlung basierend auf Sterbetafel 2014/2016[35)]

Lebensalter bei Rentenbeginn	Zinssatz							
	2,00 %	2,50 %	3,00 %	3,50 %	4,00 %	4,50 %	5,00 %	5,50 %
20	35,772	31,702	28,328	25,508	23,131	21,113	19,387	17,900
21	35,483	31,487	28,167	25,387	23,039	21,043	19,334	17,859
22	35,188	31,266	28,001	25,261	22,943	20,970	19,277	17,814
23	34,887	31,040	27,830	25,130	22,844	20,893	19,217	17,768
24	34,581	30,809	27,655	24,997	22,741	20,814	19,156	17,720
25	34,268	30,571	27,473	24,857	22,633	20,730	19,090	17,668
26	33,949	30,328	27,286	24,713	22,522	20,643	19,022	17,614
27	33,624	30,079	27,094	24,564	22,405	20,552	18,950	17,557
28	33,293	29,824	26,897	24,410	22,285	20,457	18,875	17,497
29	32,956	29,563	26,694	24,252	22,161	20,359	18,797	17,435
30	32,613	29,297	26,486	24,089	22,032	20,256	18,715	17,369
31	32,265	29,025	26,272	23,920	21,898	20,150	18,630	17,300
32	31,909	28,746	26,053	23,746	21,760	20,039	18,540	17,228
33	31,548	28,461	25,827	23,567	21,617	19,924	18,447	17,153
34	31,179	28,170	25,595	23,382	21,468	19,804	18,350	17,073
35	30,804	27,871	25,357	23,191	21,313	19,679	18,248	16,990
36	30,422	27,566	25,112	22,993	21,153	19,548	18,141	16,902
37	30,034	27,255	24,861	22,790	20,988	19,413	18,030	16,810
38	29,638	26,935	24,603	22,579	20,816	19,272	17,913	16,713
39	29,237	26,611	24,339	22,364	20,639	19,126	17,793	16,613
40	28,829	26,279	24,068	22,142	20,456	18,975	17,667	16,508
41	28,414	25,940	23,790	21,913	20,267	18,818	17,536	16,398
42	27,993	25,595	23,506	21,678	20,072	18,655	17,400	16,283
43	27,566	25,243	23,215	21,436	19,870	18,486	17,258	16,163
44	27,131	24,884	22,916	21,187	19,662	18,311	17,110	16,038
45	26,691	24,518	22,611	20,932	19,447	18,130	16,956	15,907
46	26,243	24,145	22,299	20,669	19,226	17,942	16,796	15,771

35) Der Kapitalwert einer lebenslangen Rente ergibt sich aus der Multiplikation des Jahresbetrages mit dem Tabellenwert für die zugrunde gelegte Verzinsung.
Bei lebenslangen Renten ist das bei Beginn der Rentenzahlung erreichte Lebensjahr maßgeblich. Ein noch nicht vollendetes Lebensjahr wird mitgezählt, wenn mehr als 6 Monate verstrichen sind.

Lebensalter bei Rentenbeginn	Zinssatz							
	2,00 %	**2,50 %**	**3,00 %**	**3,50 %**	**4,00 %**	**4,50 %**	**5,00 %**	**5,50 %**
47	25,791	23,766	21,980	20,400	18,998	17,748	16,631	15,629
48	25,333	23,380	21,655	20,125	18,764	17,549	16,460	15,482
49	24,869	22,131	21,323	19,843	18,524	17,343	16,284	15,330
50	24,401	22,592	20,986	19,555	18,277	17,131	16,101	15,172
51	23,926	22,188	20,641	19,260	18,023	16,912	15,912	15,008
52	23,447	21,778	20,290	18,958	17,763	16,687	15,716	14,838
53	22,963	21,363	19,933	18,650	17,496	16,456	15,515	14,662
54	22,474	20,942	19,569	18,335	17,223	16,218	15,307	14,480
55	21,980	20,515	19,199	18,014	16,943	15,973	15,092	14,291
56	21,482	20,083	18,823	17,686	16,656	15,721	14,871	14,096
57	20,978	19,644	18,440	17,350	16,362	15,462	14,643	13,894
58	20,470	19,200	18,051	17,009	16,061	15,197	14,408	13,685
59	19,959	18,752	17,657	16,661	15,753	14,924	14,166	13,470
60	19,444	18,298	17,256	16,306	15,439	14,645	13,917	13,248
61	18,926	17,840	16,851	15,946	15,119	14,360	13,662	13,020
62	18,399	17,373	16,435	15,576	14,787	14,063	13,396	12,781
63	17,868	16,899	16,012	15,197	14,448	13,758	13,122	12,534
64	17,332	16,419	15,582	14,811	14,101	13,445	12,839	12,278
65	16,793	15,936	15,147	14,419	13,747	13,125	12,549	12,015
66	16,252	15,448	14,706	14,021	13,386	12,798	12,252	11,744
67	15,708	14,956	14,260	13,616	13,018	12,463	11,946	11,465
68	15,163	14,461	13,810	13,206	12,644	12,122	11,634	11,179
69	14,609	13,956	13,350	12,785	12,259	11,768	11,309	10,880
70	14,053	13,447	12,883	12,357	11,865	11,406	10,976	10,573
71	13,493	12,933	12,410	11,921	11,464	11,035	10,633	10,256
72	12,932	12,415	11,932	11,480	11,055	10,657	10,282	9,930
73	12,364	11,890	11,446	11,029	10,636	10,267	9,919	9,591
74	11,791	11,357	10,950	10,567	10,205	9,865	9,544	9,240
75	11,215	10,821	10,449	10,098	9,767	9,455	9,159	8,879
76	10,641	10,283	9,945	9,625	9,323	9,037	8,766	8,509
77	10,073	9,749	9,443	9,153	8,879	8,618	8,371	8,135
78	9,507	9,216	8,940	8,679	8,430	8,194	7,969	7,754
79	8,951	8,690	8,443	8,207	7,983	7,770	7,566	7,372
80	8,411	8,179	7,957	7,746	7,545	7,353	7,169	6,994
81	7,889	7,682	7,485	7,296	7,116	6,944	6,779	6,621
82	7,382	7,199	7,023	6,856	6,695	6,541	6,394	6,252
83	6,889	6,727	6,572	6,424	6,281	6,144	6,013	5,887
84	6,415	6,273	6,136	6,005	5,879	5,758	5,642	5,529
85	5,965	5,840	5,720	5,605	5,494	5,387	5,284	5,184
86	5,537	5,428	5,322	5,221	5,123	5,029	4,938	4,851
87	5,134	5,039	4,947	4,858	4,773	4,690	4,610	4,533
88	4,754	4,671	4,591	4,513	4,438	4,366	4,296	4,228
89	4,396	4,324	4,254	4,186	4,121	4,058	3,996	3,937
90	4,066	4,003	3,942	3,883	3,826	3,771	3,717	3,665

15. Kapitalwerte von Leibrenten von 12.000 EUR/jährlich bei monatlich vorschüssiger Zahlung[36)]

a) Befristete Rente Zinssatz 2,0 % 3,0 %, 4,0 % und 5,5 %

Laufzeit in Jahren	Zinssatz 2,0 %	3,0 %	4,0 %	5,5 %
1	11.892	11.839	11.788	11.712
2	23.551	23.334	23.123	22.815
3	34.981	34.495	34.022	33.339
4	46.188	45.330	44.502	43.314
5	57.174	55.849	54.579	52.769
6	67.945	66.062	64.268	61.731
7	78.505	75.978	73.585	70.226
8	88.858	85.605	82.543	78.279
9	99.008	94.951	91.157	85.911
10	108.959	104.026	99.439	93.145
11	118.714	112.835	107.403	100.003
12	128.279	121.389	115.061	106.503
13	137.656	129.693	122.424	112.663
14	146.849	137.755	129.503	118.503
15	155.861	145.583	136.311	124.039
16	164.697	153.182	142.857	129.286
17	173.360	160.561	149.151	134.259
18	181.853	167.724	155.203	138.973
19	190.180	174.679	161.022	143.441
20	198.343	181.431	166.617	147.676
21	206.346	187.986	171.997	151.691
22	214.192	194.350	177.170	155.496
23	221.884	200.530	182.145	159.103
24	229.426	206.529	186.927	162.522
25	236.819	212.353	191.526	165.762

Laufzeit in Jahren	Zinssatz 2,0 %	3,0 %	4,0 %	5,5 %
26	244.068	218.008	195.948	168.834
27	251.175	223.498	200.200	171.745
28	258.142	228.828	204.289	174.505
29	264.972	234.003	208.220	177.121
30	271.669	239.027	212.000	179.600
31	278.234	243.905	215.635	181.951
32	284.671	248.641	219.130	184.178
33	290.981	253.239	222.490	186.290
34	297.168	257.703	225.721	188.291
35	303.233	262.037	228.828	190.189
36	309.180	266.244	231.815	191.987
37	315.009	270.329	234.688	193.691
38	320.725	274.295	237.450	195.307
39	326.328	278.146	240.106	196.838
40	331.822	281.885	242.659	198.290
41	337.208	285.514	245.115	199.666
42	342.488	289.038	247.476	200.970
43	347.665	292.459	249.746	202.206
44	352.740	295.781	251.929	203.378
45	357.716	299.006	254.028	204.488
46	362.594	302.137	256.046	205.541
47	367.376	305.176	257.986	206.539
48	372.065	308.127	259.852	207.485
49	376.662	310.993	261.646	208.381
50	381.168	313.774	263.371	209.231

b) Lebenslange Leibrente Männer basierend auf Sterbetafel 2014/2016[37)]

Laufzeit in Jahren	Zinssatz 2,0 %	3,0 %	4,0 %	5,5 %
30	369.384	303.672	255.072	203.268
31	364.860	300.768	253.164	202.212
32	360.276	297.804	251.208	201.132
33	355.608	294.756	249.180	199.980
34	350.844	291.612	247.068	198.780
35	346.020	288.408	244.896	197.520
36	341.112	285.120	242.664	196.212
37	336.108	281.736	240.324	194.832
38	331.020	278.268	237.912	193.380
39	325.860	274.716	235.428	191.868
40	320.604	271.068	232.848	190.284
41	315.288	267.348	230.196	188.640
42	309.876	263.532	227.460	186.924
43	304.416	259.644	224.640	185.136

Laufzeit in Jahren	Zinssatz 2,0 %	3,0 %	4,0 %	5,5 %
44	298.872	255.660	221.748	183.276
45	293.256	251.604	218.760	181.344
46	287.592	247.476	215.712	179.340
47	281.844	243.252	212.556	177.252
48	276.048	238.956	209.340	175.092
49	270.204	234.600	206.040	172.872
50	264.324	230.184	202.680	170.580
51	258.420	225.720	199.248	168.228
52	252.456	221.172	195.744	165.792
53	246.480	216.600	192.192	163.308
54	240.516	211.980	188.592	160.764
55	234.528	207.336	184.932	158.172
56	228.528	202.644	181.224	155.508
57	222.528	197.916	177.468	152.784

36) Die nachfolgenden Tabellen ermöglichen die Kapitalisierung zeitlich befristeter oder lebenslanger Renten bei einem angenommenen Zinssatz von 3 %, 4 % sowie dem in § 15 Abs. 1 BewG normierten Zinssatz von 5,5 %. Ihnen liegt jeweils eine Jahresrente von 12.000 EUR, vorschüssig zahlbar in Raten von 1.000 EUR/Monat, zugrunde. Der Kapitalwert abweichender Rentenbeträge berechnet sich nach folgender Formel:
Tabellenbetrag × Jahresrente/12.000.

37) Bei lebenslangen Renten ist das bei Beginn der Rentenzahlung erreichte Lebensjahr maßgeblich. Ein noch nicht vollendetes Lebensjahr wird mitgezählt, wenn mehr als 6 Monate verstrichen sind.
Der Kapitalwert abweichender Rentenbeträge berechnet sich nach folgender Formel:
Tabellenbetrag × Jahresrente/12.000 f.

Laufzeit in Jahren	Zinssatz			
	2,0 %	3,0 %	4,0 %	5,5 %
58	216.528	193.164	173.664	150.012
59	210.552	188.400	169.836	147.204
60	204.576	183.612	165.960	144.336
61	198.588	178.776	162.024	141.396
62	192.612	173.916	158.040	138.408
63	186.660	169.056	154.044	135.372
64	180.708	164.160	149.976	132.264
65	174.756	159.240	145.884	129.120
66	168.804	154.284	141.720	125.880
67	162.804	149.244	137.472	122.556
68	156.852	144.216	133.212	119.184
69	150.780	139.056	128.796	115.656
70	144.768	133.920	124.368	112.092
71	138.768	128.748	119.904	108.456

Laufzeit in Jahren	Zinssatz			
	2,0 %	3,0 %	4,0 %	5,5 %
72	132.792	123.564	115.392	104.760
73	126.768	118.320	110.796	100.956
74	120.756	113.028	106.128	97.068
75	114.756	107.736	101.424	93.108
76	108.816	102.444	96.708	89.100
77	102.948	97.188	91.992	85.056
78	97.116	91.944	87.240	80.964
79	91.404	86.772	82.548	76.872
80	85.884	81.744	77.964	72.852
81	80.520	76.836	73.452	68.868
82	75.384	72.108	69.096	65.004
83	70.440	67.548	64.872	61.224
84	65.760	63.216	60.852	57.600
85	61.320	59.076	56.988	54.108

c) Lebenslange Leibrente Frauen basierend auf Sterbetafel 2014/2016[38)]

Laufzeit in Jahren	Zinssatz			
	2,0 %	3,0 %	4,0 %	5,5 %
30	391.356	317.832	264.384	208.428
31	387.180	315.264	262.776	207.600
32	382.908	312.636	261.120	206.736
33	378.576	309.924	259.404	205.836
34	374.148	307.140	257.616	204.876
35	369.648	304.284	255.756	203.880
36	365.064	301.344	253.836	202.824
37	360.408	298.332	251.856	201.720
38	355.656	295.236	249.792	200.556
39	350.844	292.068	247.668	199.356
40	345.948	288.816	245.472	198.096
41	340.968	285.480	243.204	196.776
42	335.916	282.072	240.864	195.396
43	330.792	278.580	238.440	193.956
44	325.572	274.992	235.944	192.456
45	320.292	271.332	233.364	190.884
46	314.916	267.588	230.712	189.252
47	309.492	263.760	227.976	187.548
48	303.996	259.860	225.168	185.784
49	298.428	255.876	222.288	183.960
50	292.812	251.832	219.324	182.064
51	287.112	247.692	216.276	180.096
52	281.364	243.480	213.156	178.056
53	275.556	239.196	209.952	175.944
54	269.688	234.828	206.676	173.760
55	263.760	230.388	203.316	171.492
56	257.784	225.876	199.872	169.152
57	251.736	221.280	196.344	166.728

Laufzeit in Jahren	Zinssatz			
	2,0 %	3,0 %	4,0 %	5,5 %
58	245.640	216.612	192.732	164.220
59	239.508	211.884	189.036	161.640
60	233.328	207.072	185.268	158.976
61	227.112	202.212	181.428	156.240
62	220.788	197.220	177.444	153.372
63	214.416	192.144	173.376	150.408
64	207.984	186.984	169.212	147.336
65	201.516	181.764	164.964	144.180
66	195.024	176.472	160.632	140.928
67	188.496	171.120	156.216	137.580
68	181.956	165.720	151.728	134.148
69	175.308	160.200	147.108	130.560
70	168.636	154.596	142.380	126.876
71	161.916	148.920	137.568	123.072
72	155.184	143.184	132.660	119.160
73	148.368	137.352	127.632	115.092
74	141.492	131.400	122.460	110.880
75	134.580	125.388	117.204	106.548
76	127.692	119.340	111.876	102.108
77	120.876	113.316	106.548	97.620
78	114.084	107.280	101.160	93.048
79	107.412	101.316	95.796	88.464
80	100.932	95.484	90.540	83.928
81	94.668	89.820	85.392	79.452
82	88.584	84.276	80.340	75.024
83	82.668	78.864	75.372	70.644
84	76.980	73.632	70.548	66.348
85	71.580	68.640	65.928	62.208

38) Bei lebenslangen Renten ist das bei Beginn der Rentenzahlung erreichte Lebensjahr maßgeblich. Ein noch nicht vollendetes Lebensjahr wird mitgezählt, wenn mehr als 6 Monate verstrichen sind.
Der Kapitalwert abweichender Rentenbeträge berechnet sich nach folgender Formel:
Tabellenbetrag × Jahresrente/12.000.

16. Jahresrente bei einem Kapital von 100.000 EUR[39]

a) Befristete Rente (gleicher Jahresbetrag, mtl. vorschüssige Zahlung), Zinssatz 2,0 %, 3,0 %, 4,0 % und 5,5 %[40]

Laufzeit in	Zinssatz				Laufzeit in	Zinssatz			
Jahren	2,0 %	3,0 %	4,0 %	5,5 %	Jahren	2,0 %	3,0 %	4,0 %	5,5 %
1	100.908	101.352	101.796	102.444	26	4.920	5.508	6.120	7.104
2	50.952	51.420	51.900	52.596	27	4.776	5.364	5.988	6.984
3	34.296	34.788	35.268	35.988	28	4.644	5.244	5.868	6.876
4	25.980	26.472	26.964	27.708	29	4.529	5.124	5.760	6.780
5	20.988	21.492	21.984	22.740	30	4.416	5.016	5.664	6.684
6	17.664	18.168	18.672	19.440	31	4.308	4.920	5.568	6.600
7	15.288	15.792	16.308	17.088	32	4.212	4.824	5.472	6.516
8	13.500	14.016	14.532	15.324	33	4.124	4.740	5.388	6.444
9	12.120	12.636	13.164	13.968	34	4.038	4.656	5.316	6.372
10	11.016	11.535	12.072	12.888	35	3.960	4.584	5.244	6.312
11	10.104	10.632	11.172	12.000	36	3.881	4.512	5.172	6.252
12	9.360	9.888	10.428	11.268	37	3.810	4.440	5.112	6.192
13	8.712	9.252	9.804	10.656	38	3.744	4.380	5.052	6.144
14	8.172	8.712	9.264	10.128	39	3.677	4.320	4.992	6.096
15	7.698	8.244	8.784	9.672	40	3.616	4.260	4.944	6.048
16	7.284	7.836	8.400	9.276	41	3.559	4.200	4.896	6.012
17	6.924	7.476	8.040	8.928	42	3.504	4.140	4.848	5.976
18	6.600	7.152	7.728	8.640	43	3.451	4.104	4.800	5.940
19	6.312	6.864	7.452	8.364	44	3.402	4.056	4.764	5.904
20	6.048	6.612	7.200	8.124	45	3.354	4.008	4.728	5.868
21	7.020	6.384	6.972	7.908	46	3.312	3.972	4.692	5.844
22	5.604	6.180	6.768	7.716	47	3.266	3.936	4.656	5.808
23	5.407	5.988	6.588	7.548	48	3.225	3.900	4.620	5.784
24	5.232	5.808	6.420	7.380	49	3.186	3.864	4.584	5.760
25	5.064	5.652	6.264	7.236	50	3.148	3.828	4.560	5.736

b) Befristete Rente (Steigerung 1 % jährlich, Anfangswert), Zinssatz 3,0 %, 4,0 % und 5,5 %[41]

Laufzeit in	Zinssatz				Laufzeit in	Zinssatz			
Jahren	2,0 %	3,0 %	4,0 %	5,5 %	Jahren	2,0 %	3,0 %	4,0 %	5,5 %
1	100.908	101.352	101.796	102.228	14	7.678	8.196	8.724	9.288
2	50.702	51.168	51.648	52.104	15	7.201	7.728	8.268	8.820
3	33.968	34.452	34.932	35.412	16	6.783	7.308	7.848	8.412
4	25.601	26.088	26.580	27.060	17	6.415	6.948	7.488	8.064
5	20.581	21.072	21.564	22.068	18	6.088	6.612	7.164	7.740
6	17.235	17.736	18.228	18.732	19	5.795	6.324	6.888	7.464
7	14.845	15.348	15.852	16.356	20	5.531	6.072	6.624	7.212
8	13.053	13.560	14.064	14.580	21	5.293	5.832	6.396	6.984
9	11.659	12.168	12.684	13.200	22	5.077	5.616	6.180	6.780
10	10.544	11.052	11.568	12.096	23	4.879	5.424	5.988	6.588
11	9.632	10.140	10.668	11.196	24	4.698	5.244	5.868	6.420
12	8.872	9.384	9.912	10.452	25	4.531	5.076	5.664	6.264
13	8.229	8.748	9.276	9.828	26	4.378	4.920	5.508	6.120

39) Die nachfolgenden Tabellen ermöglichen die Umrechnung eines Barkapitals in eine zeitlich befristete oder lebenslange Rente bei einem angenommenen Zinssatz von 3 %, 4 % sowie dem in § 15 I BewG normierten Zinssatz von 5,5 %. Ihnen liegt jeweils ein Kapitalbetrag von 100.000 EUR und eine monatlich vorschüssig zu zahlende Rente zugrunde. Der Rentenwert abweichender Kapitalbeträge berechnet sich nach folgender Formel:
Tabellenbetrag x Kapitalbetrag/100.000.

40) Auf folgenden Annahmen beruhende Berechnung: Angegeben ist der Jahresbetrag bei monatlich vorschüssiger Zahlung, über die ganze Laufzeit gleichbleibende Raten, Steuern sind nicht berücksichtigt.

41) Auf folgenden Annahmen beruhende Berechnung: Angegeben ist der 1. Jahresbetrag bei monatlich vorschüssiger Zahlung und einer jährlichen Steigerung der Rente um 1 %, Steuern sind nicht berücksichtigt. Der Rentenwert abweichender Kapitalbeträge berechnet sich nach folgender Formel:
Tabellenbetrag x Kapitalbetrag/100.000.

Laufzeit in Jahren	Zinssatz			
	2,0 %	3,0 %	4,0 %	5,5 %
27	4.236	4.788	5.376	6.000
28	4.104	4.656	5.244	5.880
29	3.981	4.536	5.136	5.760
30	3.866	4.428	5.028	5.664
31	3.759	4.320	4.920	5.568
32	3.658	4.224	4.824	5.472
33	3.564	4.128	4.740	5.388
34	3.475	4.044	4.656	5.316
35	3.392	3.960	4.572	5.244
36	3.313	3.888	4.512	5.172
37	3.238	3.816	4.440	5.112
38	3.168	3.744	4.380	5.052
39	3.101	3.684	4.320	4.992
40	3.037	3.624	4.260	4.944
41	2.977	3.564	4.200	4.884
42	2.919	3.504	4.152	4.836
43	2.865	3.456	4.104	4.800
44	2.812	3.408	4.056	4.752
45	2.762	3.360	4.008	4.716
46	2.715	3.312	3.972	4.680
47	2.669	3.264	3.924	4.644
48	2.625	3.228	3.888	4.608
49	2.583	3.192	3.852	4.572
50	2.543	3.144	3.816	4.548

c) Lebenslange Rente Männer, monatlich vorschüssige Zahlung, basierend auf Sterbetafel 2014/2016[42)]

Laufzeit in Jahren	Zinssatz			
	2,0 %	3,0 %	4,0 %	5,5 %
30	3.249	3.952	4.705	5.904
31	3.289	3.990	4.740	5.934
32	3.331	4.029	4.777	5.966
33	3.375	4.071	4.816	6.001
34	3.420	4.115	4.857	6.037
35	3.468	4.161	4.900	6.075
36	3.518	4.209	4.945	6.116
37	3.570	4.259	4.993	6.159
38	3.625	4.312	5.044	6.205
39	3.683	4.368	5.097	6.254
40	3.743	4.427	5.154	6.306
41	3.806	4.489	5.213	6.361
42	3.873	4.554	5.276	6.420
43	3.942	4.622	5.342	6.482
44	4.015	4.694	5.412	6.548
45	4.092	4.769	5.485	6.617
46	4.173	4.849	5.563	6.691
47	4.258	4.933	5.646	6.770
48	4.347	5.022	5.732	6.854
49	4.441	5.115	5.824	6.942
50	4.540	5.213	5.921	7.035
51	4.644	5.316	6.023	7.133
52	4.753	5.426	6.130	7.238
53	4.869	5.540	6.244	7.348
54	4.989	5.661	6.363	7.464
55	5.117	5.788	6.489	7.587
56	5.251	5.922	6.622	7.717
57	5.393	6.063	6.762	7.854
58	5.542	6.212	6.910	7.999
59	5.699	6.369	7.066	8.152
60	5.866	6.536	7.231	8.314
61	6.043	6.712	7.406	8.487
62	6.230	6.900	7.593	8.670
63	6.429	7.098	7.790	8.864
64	6.641	7.310	8.001	9.073
65	6.867	7.536	8.226	9.294
66	7.109	7.778	8.467	9.533
67	7.371	8.041	8.729	9.791
68	7.651	8.321	9.008	10.068
69	7.959	8.630	9.317	10.376
70	8.289	8.961	9.649	10.705
71	8.648	9.321	10.008	11.064
72	9.037	9.712	10.399	11.455
73	9.466	10.142	10.831	11.886
74	9.937	10.617	11.307	12.362
75	10.457	11.138	11.832	12.888
76	11.028	11.714	12.408	13.468
77	11.656	12.347	13.045	14.108
78	12.356	13.051	13.755	14.821
79	13.129	13.829	14.537	15.610
80	13.972	14.680	15.392	16.472
81	14.903	15.618	16.337	17.425
82	15.918	16.642	17.367	18.460
83	17.036	17.765	18.498	19.600
84	18.248	18.983	19.720	20.833
85	19.569	20.313	21.057	22.178

42) Lebenslange Jahresrente aus einem Kapital von 100.000 EUR; bei lebenslangen Renten ist das bei Beginn der Rentenzahlung erreichte Lebensjahr maßgeblich. Ein noch nicht vollendetes Lebensjahr wird mitgezählt, wenn mehr als 6 Monate verstrichen sind.
Der Rentenwert abweichender Kapitalbeträge berechnet sich nach folgender Formel:
Tabellenbetrag x Kapitalbetrag/100.000.

d) Lebenslange Rente Frauen, monatlich vorschüssige Zahlung, basierend auf Sterbetafel 2014/2016[43)]

Laufzeit in Jahren	Zinssatz			
	2,0 %	**3,0 %**	**4,0 %**	**5,5 %**
30	3.066	3.776	4.539	5.757
31	3.099	3.806	4.567	5.780
32	3.134	3.838	4.596	5.805
33	3.170	3.872	4.626	5.830
34	3.207	3.907	4.658	5.857
35	3.246	3.944	4.692	5.886
36	3.287	3.982	4.727	5.916
37	3.330	4.022	4.765	5.949
38	3.374	4.065	4.804	5.983
39	3.420	4.109	4.845	6.019
40	3.469	4.155	4.889	6.058
41	3.519	4.203	4.934	6.098
42	3.572	4.254	4.982	6.141
43	3.628	4.308	5.033	6.187
44	3.686	4.364	5.086	6.235
45	3.747	4.423	5.142	6.287
46	3.811	4.485	5.201	6.341
47	3.877	4.550	5.264	6.398
48	3.947	4.618	5.329	6.459
49	4.021	4.690	5.398	6.523
50	4.098	4.765	5.471	6.591
51	4.180	4.845	5.548	6.663
52	4.265	4.929	5.630	6.739
53	4.355	5.017	5.716	6.820
54	4.450	5.110	5.806	6.906
55	4.550	5.209	5.902	6.997
56	4.655	5.313	6.004	7.094
57	4.767	5.423	6.112	7.197

Laufzeit in Jahren	Zinssatz			
	2,0 %	**3,0 %**	**4,0 %**	**5,5 %**
58	4.885	5.540	6.226	7.307
59	5.010	5.663	6.348	7.424
60	5.143	5.795	6.477	7.548
61	5.284	5.934	6.614	7.680
62	5.435	6.085	6.763	7.824
63	5.597	6.245	6.921	7.978
64	5.770	6.418	7.092	8.145
65	5.955	6.602	7.274	8.323
66	6.153	6.800	7.470	8.515
67	6.366	7.013	7.682	8.722
68	6.595	7.241	7.909	8.945
69	6.845	7.491	8.157	9.191
70	7.116	7.762	8.428	9.588
71	7.411	8.058	8.723	9.750
72	7.733	8.381	9.046	10.070
73	8.088	8.737	9.402	10.426
74	8.481	9.132	9.799	10.823
75	8.917	9.570	10.239	11.263
76	9.398	10.055	10.726	11.752
77	9.928	10.590	11.263	12.293
78	10.519	11.186	11.862	12.897
79	11.172	11.844	12.527	13.565
80	11.889	12.568	13.254	14.298
81	12.676	13.360	14.053	15.103
82	13.546	14.239	14.937	15.995
83	14.516	15.216	15.921	16.987
84	15.588	16.297	17.010	18.086
85	16.764	17.483	18.202	19.290

43) Lebenslange Jahresrente aus einem Kapital von 100.000 EUR; bei lebenslangen Renten ist das bei Beginn der Rentenzahlung erreichte Lebensjahr maßgeblich. Ein noch nicht vollendetes Lebensjahr wird mitgezählt, wenn mehr als 6 Monate verstrichen sind.
Der Rentenwert abweichender Kapitalbeträge berechnet sich nach folgender Formel:
Tabellenbetrag x Kapitalbetrag/100.000.

F. Verfahrensrecht

1. Prozesskostenhilfe-Tabelle (§ 115 Abs. 1 S. 4 ZPO)[1)]

Bei einem einzusetzenden Einkommen bis zu	eine Monatsrate von	Bei einem einzusetzenden Einkommen bis zu	eine Monatsrate von
10	**0**	400	**200**
50	**25**	450	**225**
100	**50**	500	**250**
150	**75**	550	**275**
200	**100**	600	**300**
250	**125**		
300	**150**		
350	**175**		
über 600		300 zzgl. des 600 übersteigenden Teils des einzusetzenden Einkommens	

2. Absetzbeträge vom Einkommen (§ 115 Abs. 1 S. 3 ZPO)[2)]

Übersicht über die vom Einkommen abzusetzenden Beträge		
auf das Einkommen entrichtete Steuer	§ 82 II Nr. 1 SGB XII	tatsächliche Höhe
Pflichtbeiträge zur Sozialversicherung	§ 82 II Nr. 2 SGB XII	tatsächliche Höhe
Beiträge zu öffentlichen und privaten Versicherungen	§ 82 II Nr. 3 SGB XII	tatsächliche Höhe
a) Soweit gesetzlich vorgeschrieben		tatsächliche Höhe
b) Soweit nach Grund und Höhe angemessen		tatsächliche Höhe
c) Gesetzlich geförderte Altersvorsorgebeiträge bis zur Höhe des Mindesteigenbeitrags	§§ 82, 86, 10a EStG	pro Jahr max. 2.100 €
mit der Erzielung des Einkommens verbundene notwendige Ausgaben, nur auf Nachweis	§ 82 II Nr. 4 SGB XII	tatsächliche Höhe
a) Arbeitsmittel ggf. pauschal	§ 3 VO zu § 82 SGB XII	mtl. 5,20 €
b) Fahrten zwischen Wohnung und Arbeitsplatz (Pkw)[3)]		Entfernungskilometer mtl. 5,20 €
c) Fahrten zwischen Wohnung und Arbeitsplatz (Motorrad)		Entfernungskilometer mtl. 2,30 €
Arbeitsförderungsgeld und Erhöhungsbeträge des Arbeitsentgelts i.S.v. § 43 Satz 4 SGB IX	§ 82 II Nr. 5 SGB XII	mtl. max. 26 €
Freibetrag für Erwerbstätige	§ 115 I Nr. 1b ZPO	225 €
Grundfreibetrag für Partei, Ehegatte/Lebenspartner*	§ 115 I Nr. 2a ZPO	494 €
Unterhalt für andere gesetzl. Unterhaltsberechtigte im Haushalt*	§ 115 I Nr. 2b ZPO	
a) Erwachsene		396 €
b) ab 15. bis Vollendung 18. Lebensjahr		414 €
c) ab 7. bis Vollendung 14. Lebensjahr		342 €
d) bis Vollendung 6. Lebensjahr		314 €
** ggf. vermindert um eigenes Einkommen*		
Mehrbedarf für**		
a) Schwangere ab 12. Woche 17 % des maßgeblichen Regelbedarfs	§ 30 Abs. 2 SGB XII	68,70/76,33 €
b) Alleinerziehende – 60 % der Regelbedarfsstufe 1	§ 30 Abs. 3 SGB XII	53,52 – 267,60 €
c) kostenaufwändige Ernährung in angemessener Höhe (10/20 % des Regelsatzes)	§ 30 Abs. 5 SGB XII	44,60/89,20 €
d) für behinderte Menschen ab Vollendung 15. Lebensjahr 35 % der maßgeblichen Regelbedarfsstufe	§ 30 Abs. 4 SGB XII	130,55 – 156,10 €
** a) – d) *in der Summe begrenzt durch den jeweiligen Regelsatz*		
e) Warmwasser bei dezentraler Versorgung 0,8 – 2,3 % der jeweilig maßgebenden Regelbedarfsstufe	§ 30 Abs. 7 SGB XII	2,26 – 10,26 €
f) besondere Mehrbedarfe soweit angemessen	§ 21 Abs. 6 SGB II	tatsächliche Höhe
Unterhalt durch Zahlung einer Geldrente soweit angemessen	§ 115 I S. 7 ZPO	tatsächliche Höhe

---

1) Die jeweilige Rate beläuft sich konkret auf 50 % des einzusetzenden Einkommens von bis zu 600 Euro (auf volle Euro abgerundet), § 115 Abs. 2 ZPO (Geltung für Anträge ab dem 1.1.2014).

2) Bekanntmachung zu § 115 der Zivilprozessordnung (Prozesskostenhilfebekanntmachung 2022 – (PKHB2022), v. 17.12.2021, BGBl 2021 I 5239. Maßgeblich sind seit dem 1.1.2021 nicht mehr die höchsten bundesweit gültigen SGB-Regelsätze, sondern der »Regelsatz Bund«. Die PKHB weist seit 2021 deshalb – hier nicht abgedruckte – abweichende (bundesweit höchste) Freibeträge für die Landkreise Fürstenfeldbruck, Starnberg und München sowie die Landeshauptstadt München aus.

3) BGH, Beschluss vom 13.06.2012 – XII ZB 658/11, FamRZ 2012, 1374.

3. Pfändungstabelle zu § 850c ZPO[4)]

Nettolohn monatlich	Pfändbarer Betrag bei Unterhaltspflicht für … Personen in Euro					
	0	1	2	3	4	5 und mehr
bis 1 259,99	–	–	–	–	–	–
1 260,00 bis 1 269,99	5,15	–	–	–	–	–
1 270,00 bis 1 279,99	12,15	–	–	–	–	–
1 280,00 bis 1 289,99	19,15	–	–	–	–	–
1 290,00 bis 1 299,99	26,15	–	–	–	–	–
1 300,00 bis 1 309,99	33,15	–	–	–	–	–
1 310,00 bis 1 319,99	40,15	–	–	–	–	–
1 320,00 bis 1 329,99	47,15	–	–	–	–	–
1 330,00 bis 1 339,99	54,15	–	–	–	–	–
1 340,00 bis 1 349,99	61,15	–	–	–	–	–
1 350,00 bis 1 359,99	68,15	–	–	–	–	–
1 360,00 bis 1 369,99	75,15	–	–	–	–	–
1 370,00 bis 1 379,99	82,15	–	–	–	–	–
1 380,00 bis 1 389,99	89,15	–	–	–	–	–
1 390,00 bis 1 399,99	96,15	–	–	–	–	–
1 400,00 bis 1 409,99	103,15	–	–	–	–	–
1 410,00 bis 1 419,99	110,15	–	–	–	–	–
1 420,00 bis 1 429,99	117,15	–	–	–	–	–
1 430,00 bis 1 439,99	124,15	–	–	–	–	–
1 440,00 bis 1 449,99	131,15	–	–	–	–	–
1 450,00 bis 1 459,99	138,15	–	–	–	–	–
1 460,00 bis 1 469,99	145,15	–	–	–	–	–
1 470,00 bis 1 479,99	152,15	–	–	–	–	–
1 480,00 bis 1 489,99	159,15	–	–	–	–	–
1 490,00 bis 1 499,99	166,15	–	–	–	–	–
1 500,00 bis 1 509,99	173,15	–	–	–	–	–
1 510,00 bis 1 519,99	180,15	–	–	–	–	–
1 520,00 bis 1 529,99	187,15	–	–	–	–	–
1 530,00 bis 1 539,99	194,15	–	–	–	–	–
1 540,00 bis 1 549,99	201,15	–	–	–	–	–
1 550,00 bis 1 559,99	208,15	–	–	–	–	–
1 560,00 bis 1 569,99	215,15	–	–	–	–	–
1 570,00 bis 1 579,99	222,15	–	–	–	–	–
1 580,00 bis 1 589,99	229,15	–	–	–	–	–
1 590,00 bis 1 599,99	236,15	–	–	–	–	–
1 600,00 bis 1 609,99	243,15	–	–	–	–	–
1 610,00 bis 1 619,99	250,15	–	–	–	–	–
1 620,00 bis 1 629,99	257,15	–	–	–	–	–
1 630,00 bis 1 639,99	264,15	–	–	–	–	–
1 640,00 bis 1 649,99	271,15	–	–	–	–	–
1 650,00 bis 1 659,99	278,15	–	–	–	–	–
1 660,00 bis 1 669,99	285,15	–	–	–	–	–
1 670,00 bis 1 679,99	292,15	–	–	–	–	–
1 680,00 bis 1 689,99	299,15	–	–	–	–	–
1 690,00 bis 1 699,99	306,15	–	–	–	–	–
1 700,00 bis 1 709,99	313,15	–	–	–	–	–
1 710,00 bis 1 719,99	320,15	–	–	–	–	–
1 720,00 bis 1 729,99	327,15	–	–	–	–	–
1 730,00 bis 1 739,99	334,15	2,96	–	–	–	–
1 740,00 bis 1 749,99	341,15	7,96	–	–	–	–
1 750,00 bis 1 759,99	348,15	12,96	–	–	–	–
1 760,00 bis 1 769,99	355,15	17,96	–	–	–	–
1 770,00 bis 1 779,99	362,15	22,96	–	–	–	–
1 780,00 bis 1 789,99	369,15	27,96	–	–	–	–
1 790,00 bis 1 799,99	376,15	32,96	–	–	–	–
1 800,00 bis 1 809,99	383,15	37,96	–	–	–	–
1 810,00 bis 1 819,99	390,15	42,96	–	–	–	–
1 820,00 bis 1 829,99	397,15	47,96	–	–	–	–
1 830,00 bis 1 839,99	404,15	52,96	–	–	–	–
1 840,00 bis 1 849,99	411,15	57,96	–	–	–	–
1 850,00 bis 1 859,99	418,15	62,96	–	–	–	–
1 860,00 bis 1 869,99	425,15	67,96	–	–	–	–

4) Gültig ab 01. Juli 2021, Bekanntmachung zur § 850c der Zivilprozessordnung vom 10. Mai 2021, BGBl. I, 1099 ff.

Nettolohn monatlich	Pfändbarer Betrag bei Unterhaltspflicht für … Personen in Euro					
	0	1	2	3	4	5 und mehr
1 870,00 bis 1 879,99	432,15	72,96	–	–	–	–
1 880,00 bis 1 889,99	439,15	77,96	–	–	–	–
1 890,00 bis 1 899,99	446,15	82,96	–	–	–	–
1 900,00 bis 1 909,99	453,15	87,96	–	–	–	–
1 910,00 bis 1 919,99	460,15	92,96	–	–	–	–
1 920,00 bis 1 929,99	467,15	97,96	–	–	–	–
1 930,00 bis 1 939,99	474,15	102,96	–	–	–	–
1 940,00 bis 1 949,99	481,15	107,96	–	–	–	–
1 950,00 bis 1 959,99	488,15	112,96	–	–	–	–
1 960,00 bis 1 969,99	495,15	117,96	–	–	–	–
1 970,00 bis 1 979,99	502,15	122,96	–	–	–	–
1 980,00 bis 1 989,99	509,15	127,96	–	–	–	–
1 990,00 bis 1 999,99	516,15	132,96	1,31	–	–	–
2 000,00 bis 2 009,99	523,15	137,96	5,31	–	–	–
2 010,00 bis 2 019,99	530,15	142,96	9,31	–	–	–
2 020,00 bis 2 029,99	537,15	147,96	13,31	–	–	–
2 030,00 bis 2 039,99	544,15	152,96	17,31	–	–	–
2 040,00 bis 2 049,99	551,15	157,96	21,31	–	–	–
2 050,00 bis 2 059,99	558,15	162,96	25,31	–	–	–
2 060,00 bis 2 069,99	565,15	167,96	29,31	–	–	–
2 070,00 bis 2 079,99	572,15	172,96	33,31	–	–	–
2 080,00 bis 2 089,99	579,15	177,96	37,31	–	–	–
2 090,00 bis 2 099,99	586,15	182,96	41,31	–	–	–
2 100,00 bis 2 109,99	593,15	187,96	45,31	–	–	–
2 110,00 bis 2 119,99	600,15	192,96	49,31	–	–	–
2 120,00 bis 2 129,99	607,15	197,96	53,31	–	–	–
2 130,00 bis 2 139,99	614,15	202,96	57,31	–	–	–
2 140,00 bis 2 149,99	621,15	207,96	61,31	–	–	–
2 150,00 bis 2 159,99	628,15	212,96	65,31	–	–	–
2 160,00 bis 2 169,99	635,15	217,96	69,31	–	–	–
2 170,00 bis 2 179,99	642,15	222,96	73,31	–	–	–
2 180,00 bis 2 189,99	649,15	227,96	77,31	–	–	–
2 190,00 bis 2 199,99	656,15	232,96	81,31	–	–	–
2 200,00 bis 2 209,99	663,15	237,96	85,31	–	–	–
2 210,00 bis 2 219,99	670,15	242,96	89,31	–	–	–
2 220,00 bis 2 229,99	677,15	247,96	93,31	–	–	–
2 230,00 bis 2 239,99	684,15	252,96	97,31	–	–	–
2 240,00 bis 2 249,99	691,15	257,96	101,31	–	–	–
2 250,00 bis 2 259,99	698,15	262,96	105,31	0,19	–	–
2 260,00 bis 2 269,99	705,15	267,96	109,31	3,19	–	–
2 270,00 bis 2 279,99	712,15	272,96	113,31	6,19	–	–
2 280,00 bis 2 289,99	719,15	277,96	117,31	9,19	–	–
2 290,00 bis 2 299,99	726,15	282,96	121,31	12,19	–	–
2 300,00 bis 2 309,99	733,15	287,96	125,31	15,19	–	–
2 310,00 bis 2 319,99	740,15	292,96	129,31	18,19	–	–
2 320,00 bis 2 329,99	747,15	297,96	133,31	21,19	–	–
2 330,00 bis 2 339,99	754,15	302,96	137,31	24,19	–	–
2 340,00 bis 2 349,99	761,15	307,96	141,31	27,19	–	–
2 350,00 bis 2 359,99	768,15	312,96	145,31	30,19	–	–
2 360,00 bis 2 369,99	775,15	317,96	149,31	33,19	–	–
2 370,00 bis 2 379,99	782,15	322,96	153,31	36,19	–	–
2 380,00 bis 2 389,99	789,15	327,96	157,31	39,19	–	–
2 390,00 bis 2 399,99	796,15	332,96	161,31	42,19	–	–
2 400,00 bis 2 409,99	803,15	337,96	165,31	45,19	–	–
2 410,00 bis 2 419,99	810,15	342,96	169,31	48,19	–	–
2 420,00 bis 2 429,99	817,15	347,96	173,31	51,19	–	–
2 430,00 bis 2 439,99	824,15	352,96	177,31	54,19	–	–
2 440,00 bis 2 449,99	831,15	357,96	181,31	57,19	–	–
2 450,00 bis 2 459,99	838,15	362,96	185,31	60,19	–	–
2 460,00 bis 2 469,99	845,15	367,96	189,31	63,19	–	–
2 470,00 bis 2 479,99	852,15	372,96	193,31	66,19	–	–
2 480,00 bis 2 489,99	859,15	377,96	197,31	69,19	–	–
2 490,00 bis 2 499,99	866,15	382,96	201,31	72,19	–	–
2 500,00 bis 2 509,99	873,15	387,96	205,31	75,19	–	–
2 510,00 bis 2 519,99	880,15	392,96	209,31	78,19	–	–
2 520,00 bis 2 529,99	887,15	397,96	213,31	81,19	1,59	–
2 530,00 bis 2 539,99	894,15	402,96	217,31	84,19	3,59	–

Nettolohn monatlich	Pfändbarer Betrag bei Unterhaltspflicht für … Personen in Euro					
	0	1	2	3	4	5 und mehr
2 540,00 bis 2 549,99	901,15	407,96	221,31	87,19	5,59	–
2 550,00 bis 2 559,99	908,15	412,96	225,31	90,19	7,59	–
2 560,00 bis 2 569,99	915,15	417,96	229,31	93,19	9,59	–
2 570,00 bis 2 579,99	922,15	422,96	233,31	96,19	11,59	–
2 580,00 bis 2 589,99	929,15	427,96	237,31	99,19	13,59	–
2 590,00 bis 2 599,99	936,15	432,96	241,31	102,19	15,59	–
2 600,00 bis 2 609,99	943,15	437,96	245,31	105,19	17,59	–
2 610,00 bis 2 619,99	950,15	442,96	249,31	108,19	19,59	–
2 620,00 bis 2 629,99	957,15	447,96	253,31	111,19	21,59	–
2 630,00 bis 2 639,99	964,15	452,96	257,31	114,19	23,59	–
2 640,00 bis 2 649,99	971,15	457,96	261,31	117,19	25,59	–
2 650,00 bis 2 659,99	978,15	462,96	265,31	120,19	27,59	–
2 660,00 bis 2 669,99	985,15	467,96	269,31	123,19	29,59	–
2 670,00 bis 2 679,99	992,15	472,96	273,31	126,19	31,59	–
2 680,00 bis 2 689,99	999,15	477,96	277,31	129,19	33,59	–
2 690,00 bis 2 699,99	1 006,15	482,96	281,31	132,19	35,59	–
2 700,00 bis 2 709,99	1 013,15	487,96	285,31	135,19	37,59	–
2 710,00 bis 2 719,99	1 020,15	492,96	289,31	138,19	39,59	–
2 720,00 bis 2 729,99	1 027,15	497,96	293,31	141,19	41,59	–
2 730,00 bis 2 739,99	1 034,15	502,96	297,31	144,19	43,59	–
2 740,00 bis 2 749,99	1 041,15	507,96	301,31	147,19	45,59	–
2 750,00 bis 2 759,99	1 048,15	512,96	305,31	150,19	47,59	–
2 760,00 bis 2 769,99	1 055,15	517,96	309,31	153,19	49,59	–
2 770,00 bis 2 779,99	1 062,15	522,96	313,31	156,19	51,59	–
2 780,00 bis 2 789,99	1 069,15	527,96	317,31	159,19	53,59	0,53
2 790,00 bis 2 799,99	1 076,15	532,96	321,31	162,19	55,59	1,53
2 800,00 bis 2 809,99	1 083,15	537,96	325,31	165,19	57,59	2,53
2 810,00 bis 2 819,99	1 090,15	542,96	329,31	168,19	59,59	3,53
2 820,00 bis 2 829,99	1 097,15	547,96	333,31	171,19	61,59	4,53
2 830,00 bis 2 839,99	1 104,15	552,96	337,31	174,19	63,59	5,53
2 840,00 bis 2 849,99	1 111,15	557,96	341,31	177,19	65,59	6,53
2 850,00 bis 2 859,99	1 118,15	562,96	345,31	180,19	67,59	7,53
2 860,00 bis 2 869,99	1 125,15	567,96	349,31	183,19	69,59	8,53
2 870,00 bis 2 879,99	1 132,15	572,96	353,31	186,19	71,59	9,53
2 880,00 bis 2 889,99	1 139,15	577,96	357,31	189,19	73,59	10,53
2 890,00 bis 2 899,99	1 146,15	582,96	361,31	192,19	75,59	11,53
2 900,00 bis 2 909,99	1 153,15	587,96	365,31	195,19	77,59	12,53
2 910,00 bis 2 919,99	1 160,15	592,96	369,31	198,19	79,59	13,53
2 920,00 bis 2 929,99	1 167,15	597,96	373,31	201,19	81,59	14,53
2 930,00 bis 2 939,99	1 174,15	602,96	377,31	204,19	83,59	15,53
2 940,00 bis 2 949,99	1 181,15	607,96	381,31	207,19	85,59	16,53
2 950,00 bis 2 959,99	1 188,15	612,96	385,31	210,19	87,59	17,53
2 960,00 bis 2 969,99	1 195,15	617,96	389,31	213,19	89,59	18,53
2 970,00 bis 2 979,99	1 202,15	622,96	393,31	216,19	91,59	19,53
2 980,00 bis 2 989,99	1 209,15	627,96	397,31	219,19	93,59	20,53
2 990,00 bis 2 999,99	1 216,15	632,96	401,31	222,19	95,59	21,53
3 000,00 bis 3 009,99	1 223,15	637,96	405,31	225,19	97,59	22,53
3 010,00 bis 3 019,99	1 230,15	642,96	409,31	228,19	99,59	23,53
3 020,00 bis 3 029,99	1 237,15	647,96	413,31	231,19	101,59	24,53
3 030,00 bis 3 039,99	1 244,15	652,96	417,31	234,19	103,59	25,53
3 040,00 bis 3 049,99	1 251,15	657,96	421,31	237,19	105,59	26,53
3 050,00 bis 3 059,99	1 258,15	662,96	425,31	240,19	107,59	27,53
3 060,00 bis 3 069,99	1 265,15	667,96	429,31	243,19	109,59	28,53
3 070,00 bis 3 079,99	1 272,15	672,96	433,31	246,19	111,59	29,53
3 080,00 bis 3 089,99	1 279,15	677,96	437,31	249,19	113,59	30,53
3 090,00 bis 3 099,99	1 286,15	682,96	441,31	252,19	115,59	31,53
3 100,00 bis 3 109,99	1 293,15	687,96	445,31	255,19	117,59	32,53
3 110,00 bis 3 119,99	1 300,15	692,96	449,31	258,19	119,59	33,53
3 120,00 bis 3 129,99	1 307,15	697,96	453,31	261,19	121,59	34,53
3 130,00 bis 3 139,99	1 314,15	702,96	457,31	264,19	123,59	35,53
3 140,00 bis 3 149,99	1 321,15	707,96	461,31	267,19	125,59	36,53
3 150,00 bis 3 159,99	1 328,15	712,96	465,31	270,19	127,59	37,53
3 160,00 bis 3 169,99	1 335,15	717,96	469,31	273,19	129,59	38,53
3 170,00 bis 3 179,99	1 342,15	722,96	473,31	276,19	131,59	39,53
3 180,00 bis 3 189,99	1 349,15	727,96	477,31	279,19	133,59	40,53
3 190,00 bis 3 199,99	1 356,15	732,96	481,31	282,19	135,59	41,53
3 200,00 bis 3 209,99	1 363,15	737,96	485,31	285,19	137,59	42,53

Nettolohn monatlich	Pfändbarer Betrag bei Unterhaltspflicht für … Personen in Euro					
	0	1	2	3	4	5 und mehr
3 210,00 bis 3 219,99	1 370,15	742,96	489,31	288,19	139,59	43,53
3 220,00 bis 3 229,99	1 377,15	747,96	493,31	291,19	141,59	44,53
3 230,00 bis 3 239,99	1 384,15	752,96	497,31	294,19	143,59	45,53
3 240,00 bis 3 249,99	1 391,15	757,96	501,31	297,19	145,59	46,53
3 250,00 bis 3 259,99	1 398,15	762,96	505,31	300,19	147,59	47,53
3 260,00 bis 3 269,99	1 405,15	767,96	509,31	303,19	149,59	48,53
3 270,00 bis 3 279,99	1 412,15	772,96	513,31	306,19	151,59	49,53
3 280,00 bis 3 289,99	1 419,15	777,96	517,31	309,19	153,59	50,53
3 290,00 bis 3 299,99	1 426,15	782,96	521,31	312,19	155,59	51,53
3 300,00 bis 3 309,99	1 433,15	787,96	525,31	315,19	157,59	52,53
3 310,00 bis 3 319,99	1 440,15	792,96	529,31	318,19	159,59	53,53
3 320,00 bis 3 329,99	1 447,15	797,96	533,31	321,19	161,59	54,53
3 330,00 bis 3 339,99	1 454,15	802,96	537,31	324,19	163,59	55,53
3 340,00 bis 3 349,99	1 461,15	807,96	541,31	327,19	165,59	56,53
3 350,00 bis 3 359,99	1 468,15	812,96	545,31	330,19	167,59	57,53
3 360,00 bis 3 369,99	1 475,15	817,96	549,31	333,19	169,59	58,53
3 370,00 bis 3 379,99	1 482,15	822,96	553,31	336,19	171,59	59,53
3 380,00 bis 3 389,99	1 489,15	827,96	557,31	339,19	173,59	60,53
3 390,00 bis 3 399,99	1 496,15	832,96	561,31	342,19	175,59	61,53
3 400,00 bis 3 409,99	1 503,15	837,96	565,31	345,19	177,59	62,53
3 410,00 bis 3 419,99	1 510,15	842,96	569,31	348,19	179,59	63,53
3 420,00 bis 3 429,99	1 517,15	847,96	573,31	351,19	181,59	64,53
3 430,00 bis 3 439,99	1 524,15	852,96	577,31	354,19	183,59	65,53
3 440,00 bis 3 449,99	1 531,15	857,96	581,31	357,19	185,59	66,53
3 450,00 bis 3 459,99	1 538,15	862,96	585,31	360,19	187,59	67,53
3 460,00 bis 3 469,99	1 545,15	867,96	589,31	363,19	189,59	68,53
3 470,00 bis 3 479,99	1 552,15	872,96	593,31	366,19	191,59	69,53
3 480,00 bis 3 489,99	1 559,15	877,96	597,31	369,19	193,59	70,53
3 490,00 bis 3 499,99	1 566,15	882,96	601,31	372,19	195,59	71,53
3 500,00 bis 3 509,99	1 573,15	887,96	605,31	375,19	197,59	72,53
3 510,00 bis 3 519,99	1 580,15	892,96	609,31	378,19	199,59	73,53
3 520,00 bis 3 529,99	1 587,15	897,96	613,31	381,19	201,59	74,53
3 530,00 bis 3 539,99	1 594,15	902,96	617,31	384,19	203,59	75,53
3 540,00 bis 3 549,99	1 601,15	907,96	621,31	387,19	205,59	76,53
3 550,00 bis 3 559,99	1 608,15	912,96	625,31	390,19	207,59	77,53
3 560,00 bis 3 569,99	1 615,15	917,96	629,31	393,19	209,59	78,53
3 570,00 bis 3 579,99	1 622,15	922,96	633,31	396,19	211,59	79,53
3 580,00 bis 3 589,99	1 629,15	927,96	637,31	399,19	213,59	80,53
3 590,00 bis 3 599,99	1 636,15	932,96	641,31	402,19	215,59	81,53
3 600,00 bis 3 609,99	1 643,15	937,96	645,31	405,19	217,59	82,53
3 610,00 bis 3 619,99	1 650,15	942,96	649,31	408,19	219,59	83,53
3 620,00 bis 3 629,99	1 657,15	947,96	653,31	411,19	221,59	84,53
3 630,00 bis 3 639,99	1 664,15	952,96	657,31	414,19	223,59	85,53
3 640,00 bis 3 649,99	1 671,15	957,96	661,31	417,19	225,59	86,53
3 650,00 bis 3 659,99	1 678,15	962,96	665,31	420,19	227,59	87,53
3 660,00 bis 3 669,99	1 685,15	967,96	669,31	423,19	229,59	88,53
3 670,00 bis 3 679,99	1 692,15	972,96	673,31	426,19	231,59	89,53
3 680,00 bis 3 689,99	1 699,15	977,96	677,31	429,19	233,59	90,53
3 690,00 bis 3 699,99	1 706,15	982,96	681,31	432,19	235,59	91,53
3 700,00 bis 3 709,99	1 713,15	987,96	685,31	435,19	237,59	92,53
3 710,00 bis 3 719,99	1 720,15	992,96	689,31	438,19	239,59	93,53
3 720,00 bis 3 729,99	1 727,15	997,96	693,31	441,19	241,59	94,53
3 730,00 bis 3 739,99	1 734,15	1 002,96	697,31	444,19	243,59	95,53
3 740,00 bis 3 749,99	1 741,15	1 007,96	701,31	447,19	245,59	96,53
3 750,00 bis 3 759,99	1 748,15	1 012,96	705,31	450,19	247,59	97,53
3 760,00 bis 3 769,99	1 755,15	1 017,96	709,31	453,19	249,59	98,53
3 770,00 bis 3 779,99	1 762,15	1 022,96	713,31	456,19	251,59	99,53
3 780,00 bis 3 789,99	1 769,15	1 027,96	717,31	459,19	253,59	100,53
3 790,00 bis 3 799,99	1 776,15	1 032,96	721,31	462,19	255,59	101,53
3 800,00 bis 3 809,99	1 783,15	1 037,96	725,31	465,19	257,59	102,53
3 810,00 bis 3 819,99	1 790,15	1 042,96	729,31	468,19	259,59	103,53
3 820,00 bis 3 829,99	1 797,15	1 047,96	733,31	471,19	261,59	104,53
3 830,00 bis 3 839,99	1 804,15	1 052,96	737,31	474,19	263,59	105,53
3 840,00 bis 3 840,08	1 811,15	1 057,96	741,31	477,19	265,59	106,53
Der Mehrbetrag über 3 840,08 Euro ist voll pfändbar.						

Auszahlung für Wochen

Nettolohn wöchentlich	Pfändbarer Betrag bei Unterhaltspflicht für … Personen in Euro					
	0	1	2	3	4	5 und mehr
bis 289,99	–	–	–	–	–	–
290,00 bis 292,49	1,20	–	–	–	–	–
292,50 bis 294,99	2,95	–	–	–	–	–
295,00 bis 297,49	4,70	–	–	–	–	–
297,50 bis 299,99	6,45	–	–	–	–	–
300,00 bis 302,49	8,20	–	–	–	–	–
302,50 bis 304,99	9,95	–	–	–	–	–
305,00 bis 307,49	11,70	–	–	–	–	–
307,50 bis 309,99	13,45	–	–	–	–	–
310,00 bis 312,49	15,20	–	–	–	–	–
312,50 bis 314,99	16,95	–	–	–	–	–
315,00 bis 317,49	18,70	–	–	–	–	–
317,50 bis 319,99	20,45	–	–	–	–	–
320,00 bis 322,49	22,20	–	–	–	–	–
322,50 bis 324,99	23,95	–	–	–	–	–
325,00 bis 327,49	25,70	–	–	–	–	–
327,50 bis 329,99	27,45	–	–	–	–	–
330,00 bis 332,49	29,20	–	–	–	–	–
332,50 bis 334,99	30,95	–	–	–	–	–
335,00 bis 337,49	32,70	–	–	–	–	–
337,50 bis 339,99	34,45	–	–	–	–	–
340,00 bis 342,49	36,20	–	–	–	–	–
342,50 bis 344,99	37,95	–	–	–	–	–
345,00 bis 347,49	39,70	–	–	–	–	–
347,50 bis 349,99	41,45	–	–	–	–	–
350,00 bis 352,49	43,20	–	–	–	–	–
352,50 bis 354,99	44,95	–	–	–	–	–
355,00 bis 357,49	46,70	–	–	–	–	–
357,50 bis 359,99	48,45	–	–	–	–	–
360,00 bis 362,49	50,20	–	–	–	–	–
362,50 bis 364,99	51,95	–	–	–	–	–
365,00 bis 367,49	53,70	–	–	–	–	–
367,50 bis 369,99	55,45	–	–	–	–	–
370,00 bis 372,49	57,20	–	–	–	–	–
372,50 bis 374,99	58,95	–	–	–	–	–
375,00 bis 377,49	60,70	–	–	–	–	–
377,50 bis 379,99	62,45	–	–	–	–	–
380,00 bis 382,49	64,20	–	–	–	–	–
382,50 bis 384,99	65,95	–	–	–	–	–
385,00 bis 387,49	67,70	–	–	–	–	–
387,50 bis 389,99	69,45	–	–	–	–	–
390,00 bis 392,49	71,20	–	–	–	–	–
392,50 bis 394,99	72,95	–	–	–	–	–
395,00 bis 397,49	74,70	–	–	–	–	–
397,50 bis 399,99	76,45	0,36	–	–	–	–
400,00 bis 402,49	78,20	1,61	–	–	–	–
402,50 bis 404,99	79,95	2,86	–	–	–	–
405,00 bis 407,49	81,70	4,11	–	–	–	–
407,50 bis 409,99	83,45	5.36	–	–	–	–
410,00 bis 412,49	85,20	6,61	–	–	–	–
412,50 bis 414,99	86,95	7,86	–	–	–	–
415,00 bis 417,49	88,70	9,11	–	–	–	–
417,50 bis 419,99	90,45	10,36	–	–	–	–
420,00 bis 422,49	92,20	11,61	–	–	–	–
422,50 bis 424,99	93,95	12,86	–	–	–	–
425,00 bis 427,49	95,70	14,11	–	–	–	–
427,50 bis 429,99	97,45	15,36	–	–	–	–
430,00 bis 432,49	99,20	16,61	–	–	–	–
432,50 bis 434,99	100,95	17,86	–	–	–	–
435,00 bis 437,49	102,70	19,11	–	–	–	–

Nettolohn wöchentlich	Pfändbarer Betrag bei Unterhaltspflicht für … Personen in Euro					
	0	1	2	3	4	5 und mehr
437,50 bis 439,99	104,45	20,36	–	–	–	–
440,00 bis 442,49	106,20	21,61	–	–	–	–
442,50 bis 444,99	107,95	22,86	–	–	–	–
445,00 bis 447,49	109,70	24,11	–	–	–	–
447,50 bis 449,99	111,45	25,36	–	–	–	–
450,00 bis 452,49	113,20	26,61	–	–	–	–
452,50 bis 454,99	114,95	27,86	–	–	–	–
455,00 bis 457,49	116,70	29,11	–	–	–	–
457,50 bis 459,99	118,45	30,36	0,11	–	–	–
460,00 bis 462,49	120,20	31,61	1,11	–	–	–
462,50 bis 464,99	121,95	32,86	2,11	–	–	–
465,00 bis 467,49	123,70	34,11	3,11	–	–	–
467,50 bis 469,99	125,45	35,36	4,11	–	–	–
470,00 bis 472,49	127,20	36,61	5,11	–	–	–
472,50 bis 474,99	128,95	37,86	6,11	–	–	–
475,00 bis 477,49	130,70	39,11	7,11	–	–	–
477,50 bis 479,99	132,45	40,36	8,11	–	–	–
480,00 bis 482,49	134,20	41,61	9,11	–	–	–
482,50 bis 484,99	135,95	42,86	10,11	–	–	–
485,00 bis 487,49	137,70	44,11	11,11	–	–	–
487,50 bis 489,99	139,45	45,36	12,11	–	–	–
490,00 bis 492,49	141,20	46,61	13,11	–	–	–
492,50 bis 494,99	142,95	47,86	14,11	–	–	–
495,00 bis 497,49	144,70	49,11	15,11	–	–	–
497,50 bis 499,99	146,45	50,36	16,11	–	–	–
500,00 bis 502,49	148,20	51,61	17,11	–	–	–
502,50 bis 504,99	149,95	52,86	18,11	–	–	–
505,00 bis 507,49	151,70	54,11	19,11	–	–	–
507,50 bis 509,99	153,45	55,36	20,11	–	–	–
510,00 bis 512,49	155,20	56,61	21,11	–	–	–
512,50 bis 514,99	156,95	57,86	22,11	–	–	–
515,00 bis 517,49	158,70	59,11	23,11	–	–	–
517,50 bis 519,99	160,45	60,36	24,11	–	–	–
520,00 bis 522,49	162,20	61,61	25,11	0,70	–	–
522,50 bis 524,99	163,95	62,86	26,11	1,45	–	–
525,00 bis 527,49	165,70	64,11	27,11	2,20	–	–
527,50 bis 529,99	167,45	65,36	28,11	2,95	–	–
530,00 bis 532,49	169,20	66,61	29,11	3,70	–	–
532,50 bis 534,99	170,95	67,86	30,11	4,45	–	–
535,00 bis 537,49	172,70	69,11	31,11	5,20	–	–
537,50 bis 539,99	174,45	70,36	32,11	5,95	–	–
540,00 bis 542,49	176,20	71,61	33,11	6,70	–	–
542,50 bis 544,99	177,95	72,86	34,11	7,45	–	–
545,00 bis 547,49	179,70	74,11	35,11	8,20	–	–
547,50 bis 549,99	181,45	75,36	36,11	8,95	–	–
550,00 bis 552,49	183,20	76,61	37,11	9,70	–	–
552,50 bis 554,99	184,95	77,86	38,11	10,45	–	–
555,00 bis 557,49	186,70	79,11	39,11	11,20	–	–
557,50 bis 559,99	188,45	80,36	40,11	11,95	–	–
560,00 bis 562,49	190,20	81,61	41,11	12,70	–	–
562,50 bis 564,99	191,95	82,86	42,11	13,45	–	–
565,00 bis 567,49	193,70	84,11	43,11	14,20	–	–
567,50 bis 569,99	195,45	85,36	44,11	14,95	–	–
570,00 bis 572,49	197,20	86,61	45,11	15,70	–	–
572,50 bis 574,99	198,95	87,86	46,11	16,45	–	–
575,00 bis 577,49	200,70	89,11	47,11	17,20	–	–
577,50 bis 579,99	202,45	90,36	48,11	17,95	–	–
580,00 bis 582,49	204,20	91,61	49,11	18,70	0,37	–
582,50 bis 584,99	205,95	92,86	50,11	19,45	0,87	–
585,00 bis 587,49	207,70	94,11	51,11	20,20	1,37	–
587,50 bis 589,99	209,45	95,36	52,11	20,95	1,87	–
590,00 bis 592,49	211,20	96,61	53,11	21,70	2,37	–

Nettolohn wöchentlich	Pfändbarer Betrag bei Unterhaltspflicht für … Personen in Euro					
	0	1	2	3	4	5 und mehr
592,50 bis 594,99	212,95	97,86	54,11	22,45	2,87	–
595,00 bis 597,49	214,70	99,11	55,11	23,20	3,37	–
597,50 bis 599,99	216,45	100,36	56,11	23,95	3,87	–
600,00 bis 602,49	218,20	101,61	57,11	24,70	4,37	–
602,50 bis 604,99	219,95	102,86	58,11	25,45	4,87	–
605,00 bis 607,49	221,70	104,11	59,11	26,20	5,37	–
607,50 bis 609,99	223,45	105,36	60,11	26,95	5,87	–
610,00 bis 612,49	225,20	106,61	61,11	27,70	6,37	–
612,50 bis 614,99	226,95	107,86	62,11	28,45	6,87	–
615,00 bis 617,49	228,70	109,11	63,11	29,20	7,37	–
617,50 bis 619,99	230,45	110,36	64,11	29,95	7,87	–
620,00 bis 622,49	232,20	111,61	65,11	30,70	8,37	–
622,50 bis 624,99	233,95	112,86	66,11	31,45	8,87	–
625,00 bis 627,49	235,70	114,11	67,11	32,20	9,37	–
627,50 bis 629,99	237,45	115,36	68,11	32,95	9,87	–
630,00 bis 632,49	239,20	116,61	69,11	33,70	10,37	–
632,50 bis 634,99	240,95	117,86	70,11	34,45	10,87	–
635,00 bis 637,49	242,70	119,11	71,11	35,20	11,37	–
637,50 bis 639,99	244,45	120,36	72,11	35,95	11,87	–
640,00 bis 642,49	246,20	121,61	73,11	36,70	12,37	0,14
642,50 bis 644,99	247,95	122,86	74,11	37,45	12,87	0,39
645,00 bis 647,49	249,70	124,11	75,11	38,20	13,37	0,64
647,50 bis 649,99	251,45	125,36	76,11	38,95	13,87	0,89
650,00 bis 652,49	253,20	126,61	77,11	39,70	14,37	1,14
652,50 bis 654,99	254,95	127,86	78,11	40,45	14,87	1,39
655,00 bis 657,49	256,70	129,11	79,11	41,20	15,37	1,64
657,50 bis 659,99	258,45	130,36	80,11	41,95	15,87	1,89
660,00 bis 662,49	260,20	131,61	81,11	42,70	16,37	2,14
662,50 bis 664,99	261,95	132,86	82,11	43,45	16,87	2,39
665,00 bis 667,49	263,70	134,11	83,11	44,20	17,37	2,64
667,50 bis 669,99	265,45	135,36	84,11	44,95	17,87	2,89
670,00 bis 672,49	267,20	136,61	85,11	45,70	18,37	3,14
672,50 bis 674,99	268,95	137,86	86,11	46,45	18,87	3,39
675,00 bis 677,49	270,70	139,11	87,11	47,20	19,37	3,64
677,50 bis 679,99	272,45	140,36	88,11	47,95	19,87	3,89
680,00 bis 682,49	274,20	141,61	89,11	48,70	20,37	4,14
682,50 bis 684,99	275,95	142,86	90,11	49,45	20,87	4,39
685,00 bis 687,49	277,70	144,11	91,11	50,20	21,37	4,64
687,50 bis 689,99	279,45	145,36	92,11	50,95	21,87	4,89
690,00 bis 692,49	281,20	146,61	93,11	51,70	22,37	5,14
692,50 bis 694,99	282,95	147,86	94,11	52,45	22,87	5,39
695,00 bis 697,49	284,70	149,11	95,11	53,20	23,37	5,64
697,50 bis 699,99	286,45	150,36	96,11	53,95	23,87	5,89
700,00 bis 702,49	288,20	151,61	97,11	54,70	24,37	6,14
702,50 bis 704,99	289,95	152,86	98,11	55,45	24,87	6,39
705,00 bis 707,49	291,70	154,11	99,11	56,20	25,37	6,64
707,50 bis 709,99	293,45	155,36	100,11	56,95	25,87	6,89
710,00 bis 712,49	295,20	156,61	101,11	57,70	26,37	7,14
712,50 bis 714,99	296,95	157,86	102,11	58,45	26,87	7,39
715,00 bis 717,49	298,70	159,11	103,11	59,20	27,37	7,64
717,50 bis 719,99	300,45	160,36	104,11	59,95	27,87	7,89
720,00 bis 722,49	302,20	161,61	105,11	60,70	28,37	8,14
722,50 bis 724,99	303,95	162,86	106,11	61,45	28,87	8,39
725,00 bis 727,49	305,70	164,11	107,11	62,20	29,37	8,64
727,50 bis 729,99	307,45	165,36	108,11	62,95	29,87	8,89
730,00 bis 732,49	309,20	166,61	109,11	63,70	30,37	9,14
732,50 bis 734,99	310,95	167,86	110,11	64,45	30,87	9,39
735,00 bis 737,49	312,70	169,11	111,11	65,20	31,37	9,64
737,50 bis 739,99	314,45	170,36	112,11	65,95	31,87	9,89
740,00 bis 742,49	316,20	171,61	113,11	66,70	32,37	10,14
742,50 bis 744,99	317,95	172,86	114,11	67,45	32,87	10,39
745,00 bis 747,49	319,70	174,11	115,11	68,20	33,37	10,64

Nettolohn wöchentlich	Pfändbarer Betrag bei Unterhaltspflicht für … Personen in Euro					
	0	1	2	3	4	5 und mehr
747,50 bis 749,99	321,45	175,36	116,11	68,95	33,87	10,89
750,00 bis 752,49	323,20	176,61	117,11	69,70	34,37	11,14
752,50 bis 754,99	324,95	177,86	118,11	70,45	34,87	11,39
755,00 bis 757,49	326,70	179,11	119,11	71,20	35,37	11,64
757,50 bis 759,99	328,45	180,36	120,11	71,95	35,87	11,89
760,00 bis 762,49	330,20	181,61	121,11	72,70	36,37	12,14
762,50 bis 764,99	331,95	182,86	122,11	73,45	36,87	12,39
765,00 bis 767,49	333,70	184,11	123,11	74,20	37,37	12,64
767,50 bis 769,99	335,45	185,36	124,11	74,95	37,87	12,89
770,00 bis 772,49	337,20	186,61	125,11	75,70	38,37	13,14
772,50 bis 774,99	338,95	187,86	126,11	76,45	38,87	13,39
775,00 bis 777,49	340,70	189,11	127,11	77,20	39,37	13,64
777,50 bis 779,99	342,45	190,36	128,11	77,95	39,87	13,89
780,00 bis 782,49	344,20	191,61	129,11	78,70	40,37	14,14
782,50 bis 784,99	345,95	192,86	130,11	79,45	40,87	14,39
785,00 bis 787,49	347,70	194,11	131,11	80,20	41,37	14,64
787,50 bis 789,99	349,45	195,36	132,11	80,95	41,87	14,89
790,00 bis 792,49	351,20	196,61	133,11	81,70	42,37	15,14
792,50 bis 794,99	352,95	197,86	134,11	82,45	42,87	15,39
795,00 bis 797,49	354,70	199,11	135,11	83,20	43,37	15,64
797,50 bis 799,99	356,45	200,36	136,11	83,95	43,87	15,89
800,00 bis 802,49	358,20	201,61	137,11	84,70	44,37	16,14
802,50 bis 804,99	359,95	202,86	138,11	85,45	44,87	16,39
805,00 bis 807,49	361,70	204,11	139,11	86,20	45,37	16,64
807,50 bis 809,99	363,45	205,36	140,11	86,95	45,87	16,89
810,00 bis 812,49	365,20	206,61	141,11	87,70	46,37	17,14
812,50 bis 814,99	366,95	207,86	142,11	88,45	46,87	17,39
815,00 bis 817,49	368,70	209,11	143,11	89,20	47,37	17,64
817,50 bis 819,99	370,45	210,36	144,11	89,95	47,87	17,89
820,00 bis 822,49	372,20	211,61	145,11	90,70	48,37	18,14
822,50 bis 824,99	373,95	212,86	146,11	91,45	48,87	18,39
825,00 bis 827,49	375,70	214,11	147,11	92,20	49,37	18,64
827,50 bis 829,99	377,45	215,36	148,11	92,95	49,87	18,89
830,00 bis 832,49	379,20	216,61	149,11	93,70	50,37	19,14
832,50 bis 834,99	380,95	217,86	150,11	94,45	50,87	19,39
835,00 bis 837,49	382,70	219,11	151,11	95,20	51,37	19,64
837,50 bis 839,99	384,45	220,36	152,11	95,95	51,87	19,89
840,00 bis 842,49	386,20	221,61	153,11	96,70	52,37	20,14
842,50 bis 844,99	387,95	222,86	154,11	97,45	52,87	20,39
845,00 bis 847,49	389,70	224,11	155,11	98,20	53,37	20,64
847,50 bis 849,99	391,45	225,36	156,11	98,95	53,87	20,89
850,00 bis 852,49	393,20	226,61	157,11	99,70	54,37	21,14
852,50 bis 854,99	394,95	227,86	158,11	100,45	54,87	21,39
855,00 bis 857,49	396,70	229,11	159,11	101,20	55,37	21,64
857,50 bis 859,99	398,45	230,36	160,11	101,95	55,87	21,89
860,00 bis 862,49	400,20	231,61	161,11	102,70	56,37	22,14
862,50 bis 864,99	401,95	232,86	162,11	103,45	56,87	22,39
865,00 bis 867,49	403,70	234,11	163,11	104,20	57,37	22,64
867,50 bis 869,99	405,45	235,36	164,11	104,95	57,87	22,89
870,00 bis 872,49	407,20	236,61	165,11	105,70	58,37	23,14
872,50 bis 874,99	408,95	237,86	166,11	106,45	58,87	23,39
875,00 bis 877,49	410,70	239,11	167,11	107,20	59,37	23,64
877,50 bis 879,99	412,45	240,36	168,11	107,95	59,87	23,89
880,00 bis 882,49	414,20	241,61	169,11	108,70	60,37	24,14
882,50 bis 883,74	415,95	242,86	170,11	109,45	60,87	24,39
Der Mehrbetrag über 883,74 Euro ist voll pfändbar.						

Auszahlung für Tage

Nettolohn täglich	Pfändbarer Betrag bei Unterhaltspflicht für ... Personen in Euro					
	0	1	2	3	4	5 und mehr
bis 57,99	–	–	–	–	–	–
58,00 bis 58,49	0,24	–	–	–	–	–
58,50 bis 58,99	0,59	–	–	–	–	–
59,00 bis 59,49	0,94	–	–	–	–	–
59,50 bis 59,99	1,29	–	–	–	–	–
60,00 bis 60,49	1,64	–	–	–	–	–
60,50 bis 60,99	1,99	–	–	–	–	–
61,00 bis 61,49	2,34	–	–	–	–	–
61,50 bis 61,99	2,69	–	–	–	–	–
62,00 bis 62,49	3,04	–	–	–	–	–
62,50 bis 62,99	3,39	–	–	–	–	–
63,00 bis 63,49	3,74	–	–	–	–	–
63,50 bis 63,99	4,09	–	–	–	–	–
64,00 bis 64,49	4,44	–	–	–	–	–
64,50 bis 64,99	4,79	–	–	–	–	–
65,00 bis 65,49	5,14	–	–	–	–	–
65,50 bis 65,99	5,49	–	–	–	–	–
66,00 bis 66,49	5,84	–	–	–	–	–
66,50 bis 66,99	6,19	–	–	–	–	–
67,00 bis 67,49	6,54	–	–	–	–	–
67,50 bis 67,99	6,89	–	–	–	–	–
68,00 bis 68,49	7,24	–	–	–	–	–
68,50 bis 68,99	7,59	–	–	–	–	–
69,00 bis 69,49	7,94	–	–	–	–	–
69,50 bis 69,99	8,29	–	–	–	–	–
70,00 bis 70,49	8,64	–	–	–	–	–
70,50 bis 70,99	8,99	–	–	–	–	–
71,00 bis 71,49	9,34	–	–	–	–	–
71,50 bis 71,99	9,69	–	–	–	–	–
72,00 bis 72,49	10,04	–	–	–	–	–
72,50 bis 72,99	10,39	–	–	–	–	–
73,00 bis 73,49	10,74	–	–	–	–	–
73,50 bis 73,99	11,09	–	–	–	–	–
74,00 bis 74,49	11,44	–	–	–	–	–
74,50 bis 74,99	11,79	–	–	–	–	–
75,00 bis 75,49	12,14	–	–	–	–	–
75,50 bis 75,99	12,49	–	–	–	–	–
76,00 bis 76,49	12,84	–	–	–	–	–
76,50 bis 76,99	13,19	–	–	–	–	–
77,00 bis 77,49	13,54	–	–	–	–	–
77,50 bis 77,99	13,89	–	–	–	–	–
78,00 bis 78,49	14,24	–	–	–	–	–
78,50 bis 78,99	14,59	–	–	–	–	–
79,00 bis 79,49	14,94	–	–	–	–	–
79,50 bis 79,99	15,29	0,07	–	–	–	–
80,00 bis 80,49	15,64	0,32	–	–	–	–
80,50 bis 80,99	15,99	0,57	–	–	–	–
81,00 bis 81,49	16,34	0,82	–	–	–	–
81,50 bis 81,99	16,69	1,07	–	–	–	–
82,00 bis 82,49	17,04	1,32	–	–	–	–
82,50 bis 82,99	17,39	1,57	–	–	–	–
83,00 bis 83,49	17,74	1,82	–	–	–	–
83,50 bis 83,99	18,09	2,07	–	–	–	–
84,00 bis 84,49	18,44	2,32	–	–	–	–
84,50 bis 84,99	18,79	2,57	–	–	–	–
85,00 bis 85,49	19,14	2,82	–	–	–	–
85,50 bis 85,99	19,49	3,07	–	–	–	–
86,00 bis 86,49	19,84	3,32	–	–	–	–
86,50 bis 86,99	20,19	3,57	–	–	–	–
87,00 bis 87,49	20,54	3,82	–	–	–	–

Nettolohn täglich	Pfändbarer Betrag bei Unterhaltspflicht für … Personen in Euro					
	0	1	2	3	4	5 und mehr
87,50 bis 87,99	20,89	4,07	–	–	–	–
88,00 bis 88,49	21,24	4,32	–	–	–	–
88,50 bis 88,99	21,59	4,57	–	–	–	–
89,00 bis 89,49	21,94	4,82	–	–	–	–
89,50 bis 89,99	22,29	5,07	–	–	–	–
90,00 bis 90,49	22,64	5,32	–	–	–	–
90,50 bis 90,99	22,99	5,57	–	–	–	–
91,00 bis 91,49	23,34	5,82	–	–	–	–
91,50 bis 91,99	23,69	6,07	0,02	–	–	–
92,00 bis 92,49	24,04	6,32	0,22	–	–	–
92,50 bis 92,99	24,39	6,57	0,42	–	–	–
93,00 bis 93,49	24,74	6,82	0,62	–	–	–
93,50 bis 93,99	25,09	7,07	0,82	–	–	–
94,00 bis 94,49	25,44	7,32	1,02	–	–	–
94,50 bis 94,99	25,79	7,57	1,22	–	–	–
95,00 bis 95,49	26,14	7,82	1,42	–	–	–
95,50 bis 95,99	26,49	8,07	1,62	–	–	–
96,00 bis 96,49	26,84	8,32	1,82	–	–	–
96,50 bis 96,99	27,19	8,57	2,02	–	–	–
97,00 bis 97,49	27,54	8,82	2,22	–	–	–
97,50 bis 97,99	27,89	9,07	2,42	–	–	–
98,00 bis 98,49	28,24	9,32	2,62	–	–	–
98,50 bis 98,99	28,59	9,57	2,82	–	–	–
99,00 bis 99,49	28,94	9,82	3,02	–	–	–
99,50 bis 99,99	29,29	10,07	3,22	–	–	–
100,00 bis 100,49	29,64	10,32	3,42	–	–	–
100,50 bis 100,99	29,99	10,57	3,62	–	–	–
101,00 bis 101,49	30,34	10,82	3,82	–	–	–
101,50 bis 101,99	30,69	11,07	4,02	–	–	–
102,00 bis 102,49	31,04	11,32	4,22	–	–	–
102,50 bis 102,99	31,39	11,57	4,42	–	–	–
103,00 bis 103,49	31,74	11,82	4,62	–	–	–
103,50 bis 103,99	32,09	12,07	4,82	–	–	–
104,00 bis 104,49	32,44	12,32	5,02	0,14	–	–
104,50 bis 104,99	32,79	12,57	5,22	0,29	–	–
105,00 bis 105,49	33,14	12,82	5,42	0,44	–	–
105,50 bis 105,99	33,49	13,07	5,62	0,59	–	–
106,00 bis 106,49	33,84	13,32	5,82	0,74	–	–
106,50 bis 106,99	34,19	13,57	6,02	0,89	–	–
107,00 bis 107,49	34,54	13,82	6,22	1,04	–	–
107,50 bis 107,99	34,89	14,07	6,42	1,19	–	–
108,00 bis 108,49	35,24	14,32	6,62	1,34	–	–
108,50 bis 108,99	35,59	14,57	6,82	1,49	–	–
109,00 bis 109,49	35,94	14,82	7,02	1,64	–	–
109,50 bis 109,99	36,29	15,07	7,22	1,79	–	–
110,00 bis 110,49	36,64	15,32	7,42	1,94	–	–
110,50 bis 110,99	36,99	15,57	7,62	2,09	–	–
111,00 bis 111,49	37,34	15,82	7,82	2,24	–	–
111,50 bis 111,99	37,69	16,07	8,02	2,39	–	–
112,00 bis 112,49	38,04	16,32	8,22	2,54	–	–
112,50 bis 112,99	38,39	16,57	8,42	2,69	–	–
113,00 bis 113,49	38,74	16,82	8,62	2,84	–	–
113,50 bis 113,99	39,09	17,07	8,82	2,99	–	–
114,00 bis 114,49	39,44	17,32	9,02	3,14	–	–
114,50 bis 114,99	39,79	17,57	9,22	3,29	–	–
115,00 bis 115,49	40,14	17,82	9,42	3,44	–	–
115,50 bis 115,99	40,49	18,07	9,62	3,59	–	–
116,00 bis 116,49	40,84	18,32	9,82	3,74	0,07	–
116,50 bis 116,99	41,19	18,57	10,02	3,89	0,17	–
117,00 bis 117,49	41,54	18,82	10,22	4,04	0,27	–
117,50 bis 117,99	41,89	19,07	10,42	4,19	0,37	–
118,00 bis 118,49	42,24	19,32	10,62	4,34	0,47	–

Nettolohn täglich	Pfändbarer Betrag bei Unterhaltspflicht für … Personen in Euro					
	0	1	2	3	4	5 und mehr
118,50 bis 118,99	42,59	19,57	10,82	4,49	0,57	–
119,00 bis 119,49	42,94	19,82	11,02	4,64	0,67	–
119,50 bis 119,99	43,29	20,07	11,22	4,79	0,77	–
120,00 bis 120,49	43,64	20,32	11,42	4,94	0,87	–
120,50 bis 120,99	43,99	20,57	11,62	5,09	0,97	–
121,00 bis 121,49	44,34	20,82	11,82	5,24	1,07	–
121,50 bis 121,99	44,69	21,07	12,02	5,39	1,17	–
122,00 bis 122,49	45,04	21,32	12,22	5,54	1,27	–
122,50 bis 122,99	45,39	21,57	12,42	5,69	1,37	–
123,00 bis 123,49	45,74	21,82	12,62	5,84	1,47	–
123,50 bis 123,99	46,09	22,07	12,82	5,99	1,57	–
124,00 bis 124,49	46,44	22,32	13,02	6,14	1,67	–
124,50 bis 124,99	46,79	22,57	13,22	6,29	1,77	–
125,00 bis 125,49	47,14	22,82	13,42	6,44	1,87	–
125,50 bis 125,99	47,49	23,07	13,62	6,59	1,97	–
126,00 bis 126,49	47,84	23,32	13,82	6,74	2,07	–
126,50 bis 126,99	48,19	23,57	14,02	6,89	2,17	–
127,00 bis 127,49	48,54	23,82	14,22	7,04	2,27	–
127,50 bis 127,99	48,89	24,07	14,42	7,19	2,37	–
128,00 bis 128,49	49,24	24,32	14,62	7,34	2,47	0,03
128,50 bis 128,99	49,59	24,57	14,82	7,49	2,57	0,08
129,00 bis 129,49	49,94	24,82	15,02	7,64	2,67	0,13
129,50 bis 129,99	50,29	25,07	15,22	7,79	2,77	0,18
130,00 bis 130,49	50,64	25,32	15,42	7,94	2,87	0,23
130,50 bis 130,99	50,99	25,57	15,62	8,09	2,97	0,28
131,00 bis 131,49	51,34	25,82	15,82	8,24	3,07	0,33
131,50 bis 131,99	51,69	26,07	16,02	8,39	3,17	0,38
132,00 bis 132,49	52,04	26,32	16,22	8,54	3,27	0,43
132,50 bis 132,99	52,39	26,57	16,42	8,69	3,37	0,48
133,00 bis 133,49	52,74	26,82	16,62	8,84	3,47	0,53
133,50 bis 133,99	53,09	27,07	16,82	8,99	3,57	0,58
134,00 bis 134,49	53,44	27,32	17,02	9,14	3,67	0,63
134,50 bis 134,99	53,79	27,57	17,22	9,29	3,77	0,68
135,00 bis 135,49	54,14	27,82	17,42	9,44	3,87	0,73
135,50 bis 135,99	54,49	28,07	17,62	9,59	3,97	0,78
136,00 bis 136,49	54,84	28,32	17,82	9,74	4,07	0,83
136,50 bis 136,99	55,19	28,57	18,02	9,89	4,17	0,88
137,00 bis 137,49	55,54	28,82	18,22	10,04	4,27	0,93
137,50 bis 137,99	55,89	29,07	18,42	10,19	4,37	0,98
138,00 bis 138,49	56,24	29,32	18,62	10,34	4,47	1,03
138,50 bis 138,99	56,59	29,57	18,82	10,49	4,57	1,08
139,00 bis 139,49	56,94	29,82	19,02	10,64	4,67	1,13
139,50 bis 139,99	57,29	30,07	19,22	10,79	4,77	1,18
140,00 bis 140,49	57,64	30,32	19,42	10,94	4,87	1,23
140,50 bis 140,99	57,99	30,57	19,62	11,09	4,97	1,28
141,00 bis 141,49	58,34	30,82	19,82	11,24	5,07	1,33
141,50 bis 141,99	58,69	31,07	20,02	11,39	5,17	1,38
142,00 bis 142,49	59,04	31,32	20,22	11,54	5,27	1,43
142,50 bis 142,99	59,39	31,57	20,42	11,69	5,37	1,48
143,00 bis 143,49	59,74	31,82	20,62	11,84	5,47	1,53
143,50 bis 143,99	60,09	32,07	20,82	11,99	5,57	1,58
144,00 bis 144,49	60,44	32,32	21,02	12,14	5,67	1,63
144,50 bis 144,99	60,79	32,57	21,22	12,29	5,77	1,68
145,00 bis 145,49	61,14	32,82	21,42	12,44	5,87	1,73
145,50 bis 145,99	61,49	33,07	21,62	12,59	5,97	1,78
146,00 bis 146,49	61,84	33,32	21,82	12,74	6,07	1,83
146,50 bis 146,99	62,19	33,57	22,02	12,89	6,17	1,88
147,00 bis 147,49	62,54	33,82	22,22	13,04	6,27	1,93
147,50 bis 147,99	62,89	34,07	22,42	13,19	6,37	1,98
148,00 bis 148,49	63,24	34,32	22,62	13,34	6,47	2,03
148,50 bis 148,99	63,59	34,57	22,82	13,49	6,57	2,08
149,00 bis 149,49	63,94	34,82	23,02	13,64	6,67	2,13

Nettolohn täglich	Pfändbarer Betrag bei Unterhaltspflicht für … Personen in Euro					
	0	1	2	3	4	5 und mehr
149,50 bis 149,99	64,29	35,07	23,22	13,79	6,77	2,18
150,00 bis 150,49	64,64	35,32	23,42	13,94	6,87	2,23
150,50 bis 150,99	64,99	35,57	23,62	14,09	6,97	2,28
151,00 bis 151,49	65,34	35,82	23,82	14,24	7,07	2,33
151,50 bis 151,99	65,69	36,07	24,02	14,39	7,17	2,38
152,00 bis 152,49	66,04	36,32	24,22	14,54	7,27	2,43
152,50 bis 152,99	66,39	36,57	24,42	14,69	7,37	2,48
153,00 bis 153,49	66,74	36,82	24,62	14,84	7,47	2,53
153,50 bis 153,99	67,09	37,07	24,82	14,99	7,57	2,58
154,00 bis 154,49	67,44	37,32	25,02	15,14	7,67	2,63
154,50 bis 154,99	67,79	37,57	25,22	15,29	7,77	2,68
155,00 bis 155,49	68,14	37,82	25,42	15,44	7,87	2,73
155,50 bis 155,99	68,49	38,07	25,62	15,59	7,97	2,78
156,00 bis 156,49	68,84	38,32	25,82	15,74	8,07	2,83
156,50 bis 156,99	69,19	38,57	26,02	15,89	8,17	2,88
157,00 bis 157,49	69,54	38,82	26,22	16,04	8,27	2,93
157,50 bis 157,99	69,89	39,07	26,42	16,19	8,37	2,98
158,00 bis 158,49	70,24	39,32	26,62	16,34	8,47	3,03
158,50 bis 158,99	70,59	39,57	26,82	16,49	8,57	3,08
159,00 bis 159,49	70,94	39,82	27,02	16,64	8,67	3,13
159,50 bis 159,99	71,29	40,07	27,22	16,79	8,77	3,18
160,00 bis 160,49	71,64	40,32	27,42	16,94	8,87	3,23
160,50 bis 160,99	71,99	40,57	27,62	17,09	8,97	3,28
161,00 bis 161,49	72,34	40,82	27,82	17,24	9,07	3,33
161,50 bis 161,99	72,69	41,07	28,02	17,39	9,17	3,38
162,00 bis 162,49	73,04	41,32	28,22	17,54	9,27	3,43
162,50 bis 162,99	73,39	41,57	28,42	17,69	9,37	3,48
163,00 bis 163,49	73,74	41,82	28,62	17,84	9,47	3,53
163,50 bis 163,99	74,09	42,07	28,82	17,99	9,57	3,58
164,00 bis 164,49	74,44	42,32	29,02	18,14	9,67	3,63
164,50 bis 164,99	74,79	42,57	29,22	18,29	9,77	3,68
165,00 bis 165,49	75,14	42,82	29,42	18,44	9,87	3,73
165,50 bis 165,99	75,49	43,07	29,62	18,59	9,97	3,78
166,00 bis 166,49	75,84	43,32	29,82	18,74	10,07	3,83
166,50 bis 166,99	76,19	43,57	30,02	18,89	10,17	3,88
167,00 bis 167,49	76,54	43,82	30,22	19,04	10,27	3,93
167,50 bis 167,99	76,89	44,07	30,42	19,19	10,37	3,98
168,00 bis 168,49	77,24	44,32	30,62	19,34	10,47	4,03
168,50 bis 168,99	77,59	44,57	30,82	19,49	10,57	4,08
169,00 bis 169,49	77,94	44,82	31,02	19,64	10,67	4,13
169,50 bis 169,99	78,29	45,07	31,22	19,79	10,77	4,18
170,00 bis 170,49	78,64	45,32	31,42	19,94	10,87	4,23
170,50 bis 170,99	78,99	45,57	31,62	20,09	10,97	4,28
171,00 bis 171,49	79,34	45,82	31,82	20,24	11,07	4,33
171,50 bis 171,99	79,69	46,07	32,02	20,39	11,17	4,38
172,00 bis 172,49	80,04	46,32	32,22	20,54	11,27	4,43
172,50 bis 172,99	80,39	46,57	32,42	20,69	11,37	4,48
173,00 bis 173,49	80,74	46,82	32,62	20,84	11,47	4,53
173,50 bis 173,99	81,09	47,07	32,82	20,99	11,57	4,58
174,00 bis 174,49	81,44	47,32	33,02	21,14	11,67	4,63
174,50 bis 174,99	81,79	47,57	33,22	21,29	11,77	4,68
175,00 bis 175,49	82,14	47,82	33,42	21,44	11,87	4,73
175,50 bis 175,99	82,49	48,07	33,62	21,59	11,97	4,78
176,00 bis 176,49	82,84	48,32	33,82	21,74	12,07	4,83
176,50 bis 176,75	83,19	48,57	34,02	21,89	12,17	4,88
Der Mehrbetrag über 176,75 Euro ist voll pfändbar.						

4. JVEG

Sachverständigenhonorar § 9 JVEG[5]					
Honorargruppe	Stundensatz[6]	Honorargruppe	Stundensatz	Honorargruppe	Stundensatz
1	65 €	7	95 €	13	125 €
2	70 €	8	100 €		
3	75 €	9	105 €		
4	80 €	10	110 €	M 1[7]	65 €/80 €
5	85 €	11	115 €	M 2	75 €/90 €
6	90 €	12	120 €	M 3	100 €

Übersetzungshonorar § 11 JVEG		
	Auftrag nach dem 1.1.2021[8]	Auftrag vor dem 1.1.2021
Mindesthonorar	20,00 €	15,00 €
Je angefangene 55 Anschläge (Grundhonorar)	1,80 €	1,55 €
nicht elektronisch zur Verfügung gestellte editierbare Texte (erhöhtes Honorar)	1,95 €	1,75 €
Bei erheblicher Erschwerung (Grundhonorar)	1,95 €	1,85 €
Bei erheblicher Erschwerung (erhöhtes Honorar)	2,10 €	2,05 €
Bei außergewöhnlich schweren Texten je angefangene 55 Anschläge		–

Sonstige Aufwendungen §§ 7[9], 12 JVEG			
Ablichtungen[10]	bis Format DIN A 3 die ersten 50 Seiten je Seite		0,50 €
	jede weitere Seite		0,15 €
	Format > DIN A 3		3,00 €
	Farbkopien/-ausdrucke die ersten 50 Seiten je Seite		1,00 €
	Jede weitere Seite		0,30 €
	Format > DIN A 3		6,00 €
	Überlassung elektronischer Dateien je Datei[11]		1,50 €
Lichtbilder	Zur Gutachtenerstattung erforderliche Fotos je		2,00 €
	Abzüge/Ausdrucke, soweit nicht Teil des Gutachtens je		0,50 €
Schriftliche Gutachten je 1.000 Anschläge			0,90 €

Entschädigung für Zeitversäumnis und Verdienstausfall			
		Ab 1.2.2021[12]	Bis 31.12.2020
Zeugen §§ 20, 21, 22 JVEG	Entschädigung für Zeitversäumnis[13]	4,00 €	3,50 €
	Entschädigung für Nachteile bei der Haushaltsführung je Stunde	17,00 €	14,00 €
	Entschädigung für Verdienstausfall: Bruttoverdienst, je Stunde bis zu	25,00 €	21,00 €
Ehrenamtliche Richter §§ 16, 17, 18 JVEG	Entschädigung für Zeitversäumnis[14]	7,00 €	6,00 €
	Entschädigung für Nachteile bei der Haushaltsführung	17,00 €	14,00 €
	Entschädigung für Verdienstausfall je Stunde:		
	Bruttoverdienst, bis zu	29,00 €	24,00 €
	Heranziehung in einem Verfahren an mehr als 20 Tagen bis zu	55,00 €	46,00 €
	Heranziehung in einem Verfahren an mehr als 50 Tagen bis zu	73,00 €	61,00 €

5) Bei Beauftragung vor dem 1.1.2021; bei Beauftragung danach richtet sich die Vergütung gemäß – hier nicht abgedruckter – Anlage 1 zu § 9 JVEG i.d.F. des Kostenrechtsänderungsgesetz 2021 v. 21.12.2020, BGBl I S. 3229 nach der Zuordnung der Leistung zu dem jeweiligen Sachgebiet.
6) 2. Kostenrechtsmodernisierungsgesetz vom 23. Juli 2013, BGBl. I, 2586.
7) Bei Beauftragung vor dem 1.1.2021/Bei Beauftragung nach dem 1.1.2021.
8) Kostenrechtsänderungsgesetz 2021 v. 21.12.2020, BGBl I S. 3229.
9) Gilt auch für Zeugen und Dritte.
10) Bei Anfertigung durch Dritte kann Ersatz der Auslagen verlangt werden.
11) Für in einem Arbeitsgang überlassene oder auf denselben Datenträger übertragene Dokumente werden höchstens 5 Euro ersetzt.
12) Kostenrechtsänderungsgesetz 2021 v. 21.12.2020, BGBl I S. 3229.
13) Nur, wenn keine Entschädigung für Nachteile bei der Haushaltsführung oder Verdienstausfall beansprucht werden kann.
14) Wird zusätzlich zur Entschädigung für Nachteile bei der Haushaltsführung oder Verdienstausfall gezahlt.

Fahrtkosten § 5 JVEG		ab 1.1.2021[15]	bis 31.12.2020
öffentliche Verkehrsmittel 1. Wagenklass			tats. Höhe
Kraftfahrzeug je gefahrener km	Zeugen	0,35 €	0,25 €
	Sachverständige, ehrenamtl. Richter (§ 1 I Nr. 1, 2 JVEG)	0,42 €	0,30 €

Tagegeld bei Abwesenheit vom Wohnort § 6 JVEG, § 4 V EStG	
24 Stunden	24,00 €
Mindestens 14 Stunden und weniger als 24 Stunden	12,00 €
Mindestens 8 Stunden und weniger als 14 Stunden	6,00 €

5. Gebührentabelle nach GKG, RVG, KostO

Fassung ab 1. August 2013[16]

Streit-/Geschäfts-/ Gegenstandswert bis ... EUR	FamGKG/GKG Gebühr ... EUR	RVG Gebühr ... EUR		GNotKG Gebühr ... EUR	
		§ 13 RVG	§ 49 RVG	Tabelle A	Tabelle B
500	35	45	45	35	15
1.000	53	80	80	53	19
1.500	71	115	115	71	23
2.000	89	150	150	89	27
3.000	108	201	201	108	33
4.000	127	252	252	127	39
5.000	146	303	257	146	45
6.000	165	354	267	165	51
7.000	184	405	277	184	57
8.000	203	456	287	203	63
9.000	222	507	297	222	69
10.000	241	558	307	241	75
13.000	267	604	321	267	83
16.000	293	650	335	293	91
19.000	319	696	349	319	99
22.000	345	742	363	345	107
25.000	371	788	377	371	115
30.000	406	863	412	406	125
35.000	441	938	447	441	135
40.000	476	1 013	447	476	145
45.000	511	1 088	447	511	155
50.000	546	1 163	447	546	165
65.000	666	1 248	447	666	192
80.000	786	1 333	447	786	219
95.000	906	1 418	447	906	246
110.000	1.026	1 503	447	1.026	273
125.000	1.146	1 588	447	1.146	300
140.000	1.266	1 673	447	1.266	327
155.000	1.386	1 758	447	1.386	354
170.000	1.506	1 843	447	1.506	381
185.000	1.626	1 928	447	1.626	408
200.000	1.746	2 013	447	1.746	435
230.000	1.925	2 133	447	1.925	485
260.000	2.104	2 253	447	2.104	535
290.000	2.283	2 373	447	2.283	585
320.000	2.462	2 493	447	2.462	635
350.000	2.641	2 613	447	2.641	685
380.000	2.820	2 733	447	2.820	735
410.000	2.999	2 853	447	2.999	785
440.000	3.178	2 973	447	3.178	835
470.000	3.357	3 093	447	3.357	885
500.000	3.536	3 213	447	3.536	935

15) Kostenrechtsänderungsgesetz 2021 v. 21.12.2020, BGBl I S. 3229.
16) 2. Kostenrechtsmodernisierungsgesetz vom 23. Juli 2013, BGBl.I., 2586.

Fassung ab 1.1.2021[17)]

Streit-/Geschäfts-/ Gegenstandswert bis ... EUR	FamGKG/GKG Gebühr ... EUR	RVG Gebühr ... EUR		GNotKG Gebühr ... EUR	
		§ 13 RVG	§ 49 RVG	Tabelle A	Tabelle B
500	38,00 €	49,00	49,00 €	38,00 €	15,00 €
1.000	58,00 €	88,00	88,00 €	58,00 €	19,00 €
1.500	78,00 €	127,00	127,00 €	78,00 €	23,00 €
2.000	98,00 €	166,00	166,00 €	98,00 €	27,00 €
3.000	119,00 €	222,00	222,00 €	119,00 €	33,00 €
4.000	140,00 €	278,00	278,00 €	140,00 €	39,00 €
5.000	161,00 €	334,00	284,00 €	161,00 €	45,00 €
6.000	182,00 €	390,00	295,00 €	182,00 €	51,00 €
7.000	203,00 €	446,00	306,00 €	203,00 €	57,00 €
8.000	224,00 €	502,00	317,00 €	224,00 €	63,00 €
9.000	245,00 €	558,00	328,00 €	245,00 €	69,00 €
10.000	266,00 €	614,00	339,00 €	266,00 €	75,00 €
13.000	295,00 €	666,00	354,00 €	295,00 €	83,00 €
16.000	324,00 €	718,00	369,00 €	324,00 €	91,00 €
19.000	353,00 €	770,00	384,00 €	353,00 €	99,00 €
22.000	382,00 €	822,00	399,00 €	382,00 €	107,00 €
25.000	411,00 €	874,00	414,00 €	411,00 €	115,00 €
30.000	449,00 €	955,00	453,00 €	449,00 €	125,00 €
35.000	487,00 €	1.036,00	492,00 €	487,00 €	135,00 €
40.000	525,00 €	1.117,00	531,00 €	525,00 €	145,00 €
45.000	563,00 €	1.198,00	570,00 €	563,00 €	155,00 €
50.000	601,00 €	1.279,00	609,00 €	601,00 €	165,00 €
65.000	733,00 €	1.373,00	659,00 €	733,00 €	192,00 €
80.000	865,00 €	1.467,00	659,00 €	865,00 €	219,00 €
95.000	997,00 €	1.561,00	659,00 €	997,00 €	246,00 €
110.000	1.129,00 €	1.655,00	659,00 €	1.129,00 €	273,00 €
125.000	1.261,00 €	1.749,00	659,00 €	1.261,00 €	300,00 €
140.000	1.393,00 €	1.843,00	659,00 €	1.393,00 €	327,00 €
155.000	1.525,00 €	1.937,00	659,00 €	1.525,00 €	354,00 €
170.000	1.657,00 €	2.031,00	659,00 €	1.657,00 €	381,00 €
185.000	1.789,00 €	2.125,00	659,00 €	1.789,00 €	408,00 €
200.000	1.921,00 €	2.219,00	659,00 €	1.921,00 €	435,00 €
230.000	2.119,00 €	2.351,00	659,00 €	2.119,00 €	485,00 €
260.000	2.317,00 €	2.483,00	659,00 €	2.317,00 €	535,00 €
290.000	2.515,00 €	2.615,00	659,00 €	2.515,00 €	585,00 €
320.000	2.713,00 €	2.747,00	659,00 €	2.713,00 €	635,00 €
350.000	2.911,00 €	2.879,00	659,00 €	2.911,00 €	685,00 €
380.000	3.109,00 €	3.011,00	659,00 €	3.109,00 €	735,00 €
410.000	3.307,00 €	3.143,00	659,00 €	3.307,00 €	785,00 €
440.000	3.505,00 €	3.275,00	659,00 €	3.505,00 €	835,00 €
470.000	3.703,00 €	3.407,00	659,00 €	3.703,00 €	885,00 €
500.000	3.901,00 €	3.539,00	659,00 €	3.901,00 €	935,00 €

17) Kostenrechtsänderungsgesetz 2021 v. 21.12.2020, BGBl I S. 3229.

G. Leitlinien

1. Bundeseinheitliche Struktur der Leitlinien

Bundeseinheitliche Leitlinienstruktur

Vorbemerkung

Unterhaltsrechtlich maßgebendes Einkommen

1. Geldeinnahmen

1.1 Regelmäßiges Bruttoeinkommen einschl. Renten und Pensionen
1.2 Unregelmäßiges Einkommen
1.3 Überstunden
1.4 Spesen und Auslösungen
1.5 Einkommen aus selbstständiger Tätigkeit
1.6 Einkommen aus Vermietung und Verpachtung sowie Kapitalvermögen
1.7 Steuererstattungen
1.8 Sonstige Einnahmen

2. Sozialleistungen

2.1 Arbeitslosengeld und Krankengeld
2.2 Leistungen nach dem SGB II
2.3 Wohngeld
2.4 BAföG
2.5 Erziehungs- und Elterngeld
2.6 Unfall- und Versorgungsrenten
2.7 Leistungen aus der Pflegeversicherung u.ä.
2.8 Pflegegeld
2.9 Grundsicherung beim Verwandtenunterhalt
2.10 Sozialhilfe
2.11 Unterhaltsvorschuss

3. Kindergeld

4. Geldwerte Zuwendungen des Arbeitgebers

5. Wohnwert

6. Haushaltsführung

7. Einkommen aus unzumutbarer Erwerbstätigkeit

8. Freiwillige Zuwendungen Dritter

9. Erwerbsobliegenheit und Einkommensfiktion

10. Bereinigung des Einkommens

10.1 Steuern und Vorsorgeaufwendungen
10.1.1 Steuern/Splittingvorteil
10.1.2 Vorsorgeaufwendungen
10.2 Berufungsbedingte Aufwendungen
10.2.1 Pauschale/Konkrete Aufwendungen
10.2.2 Fahrtkosten
10.2.3 Ausbildungsaufwand
10.3 Kinderbetreuung
10.4 Schulden
10.5 Unterhaltsleistungen
10.6 Vermögensbildung
10.7 Umgangskosten

Kindesunterhalt

11. Bemessungsgrundlage (Tabellenunterhalt)

11.1 Kranken- und Pflegeversicherungsbeiträge, Studiengebühren
11.2 Eingruppierung

12. Minderjährige Kinder

12.1 Betreuungs-/Barunterhalt
12.2 Einkommen des Kindes
12.3 Beiderseitige Barunterhaltspflicht/Haftungsanteil
12.4 Zusatzbedarf

13. Volljährige Kinder

13.1 Bedarf
13.2 Einkommen des Kindes
13.3 Beiderseitige Barunterhaltspflicht

14. Verrechnung des Kindergeldes

Ehegattenunterhalt

15. Unterhaltsbedarf

15.1 Bedarf nach den ehelichen Lebensverhältnissen
15.2 Halbteilung und Erwerbstätigenbonus
15.3 Konkrete Bedarfsbemessung
15.4 Vorsorgebedarf/Zusatz- und Sonderbedarf
15.5 Bedarf bei Zusammentreffen von Unterhaltsansprüchen mehrerer Ehegatten und/oder Berechtigter nach § 1615l BGB
15.6 Trennungsbedingter Mehrbedarf
15.7 Begrenzung und Befristung nach § 1578b BGB

16. Bedürftigkeit

17. Erwerbsobliegenheit

17.1 Bei Kindesbetreuung
17.2 Bei Trennungsunterhalt

2. Leitlinien

a) OLG Bamberg

s. Süddeutsche Leitlinien

b) Unterhaltsrechtliche Leitlinien der Familiensenate des Kammergerichts

Stand: Januar 2022

Das Kammergericht verwendet diese Leitlinien als Orientierungshilfe für den Regelfall unter Beachtung der Rechtsprechung des Bundesgerichtshofs, wobei die Angemessenheit des Ergebnisses in jedem Fall zu überprüfen ist. Sie entsprechen im Aufbau den Leitlinien anderer Oberlandesgerichte, inhaltlich ergibt sich nicht in allen Punkten eine Übereinstimmung.

Unterhaltsrechtlich maßgebendes Einkommen

Bei der Ermittlung und Zurechnung von Einkommen ist stets zu unterscheiden, ob es um Verwandten- oder Ehegattenunterhalt sowie ob es um Bedarfsbemessung einerseits oder Feststellung der Bedürftigkeit/Leistungsfähigkeit andererseits geht. Das unterhaltsrechtliche Einkommen ist nicht immer identisch mit dem steuerrechtlichen Einkommen.

1. Geldeinnahmen

1.1 Regelmäßiges Bruttoeinkommen einschließlich Renten und Pensionen

Auszugehen ist vom Bruttoeinkommen als Summe aller Einkünfte.

1.2 Unregelmäßige Einkommen

1.2.1 Nicht monatlich anfallende Leistungen

Soweit Leistungen nicht monatlich anfallen (z.B. Weihnachts- und Urlaubsgeld, Tantiemen, Jubiläumszuwendungen), werden sie auf ein Jahr umgelegt.

1.2.2 Abfindungen

Abfindungen dienen dem Ersatz des fortgefallenen Arbeitsverdienstes. Sie sind deshalb in angemessenem Umfang, in der Regel mit dem Differenzbetrag zwischen dem bisherigen Arbeitsverdienst und den tatsächlichen Einkünften (Arbeitslosengeld, neue Erwerbseinkünfte) in Ansatz zu bringen, bis sie verbraucht sind.

1.3 Überstunden

Überstundenvergütungen werden dem Einkommen voll zugerechnet, soweit sie berufstypisch sind und das in diesem Beruf übliche Maß nicht überschreiten.

1.4 Spesen und Auslösungen

Ersatz für Spesen und Reisekosten sowie Auslösungen gelten in der Regel als Einkommen. Damit zusammenhängende Aufwendungen, vermindert um häusliche Ersparnis, sind jedoch abzuziehen. Bei Aufwendungspauschalen (außer Kilometergeld) kann 1/3 als Einkommen angesetzt werden.

1.5 Einkommen aus selbständiger Tätigkeit

Bei Ermittlung des Einkommens eines Selbständigen ist in der Regel der Gewinn der letzten drei Jahre zugrunde zu legen. Für die Vergangenheit sind im Regelfall die in dem jeweiligen Kalenderjahr erzielten Einkünfte maßgebend.

1.6 Einkommen aus Vermietung und Verpachtung sowie Kapitalvermögen

Einkommen aus Vermietung und Verpachtung sowie aus Kapitalvermögen ist der Überschuss der Bruttoeinkünfte über die Werbungskosten. Für Gebäude ist keine AfA anzusetzen.

1.7 Steuererstattungen

Steuerrückzahlungen werden in der Regel auf das Jahr der Leistung umgelegt und mit den Nettobeträgen angerechnet. Eine Fortschreibung für die Zukunft setzt voraus, dass mit ihnen weiter zu rechnen ist.

1.8 Sonstige Einnahmen

Zu den Erwerbseinkünften gehören auch in vollem Umfang Trinkgelder, deren Höhe gegebenenfalls nach den Umständen zu schätzen ist.

2. Sozialleistungen

2.1. Einkommensersatzleistungen

Sozialleistungen mit Einkommensersatzfunktion (z.B. Entgeltersatzleistungen im Sinne von §§ 115-118 SGB III, Krankengeld, Krankenhaustagegeld, Mutterschaftsgeld) sowie Arbeitslosengeld (§§ 136ff. SGB III) sind Einkommen.

2.2. Leistungen nach dem SGB II

Beim Verpflichteten sind Leistungen nach §§ 19-32 SGB II Einkommen.

Beim Berechtigten sind Leistungen nach § 24 SGB II als Einkommen zu berücksichtigen sowie grundsätzlich Leistungen nach § 16 Abs. 3 und § 29 SGB II, soweit diese Zahlungen nicht durch einen tatsächlich vorhandenen Mehraufwand verbraucht werden. Die übrigen Leistungen nach dem SGB II sind grundsätzlich kein Einkommen, es sei denn, der Anspruch kann nach § 33 Abs. 2 SGB II nicht übergehen oder die Nichtberücksichtigung der Leistung ist treuwidrig. Letzteres kommt in Betracht, wenn zum Zeitpunkt der letzten mündlichen Verhandlung der übergegangene Anspruch nicht mehr geltend gemacht werden kann (§ 33 Abs. 3 SGB II).

2.3. Wohngeld

Wohngeld gleicht in der Regel erhöhten Wohnbedarf aus und ist deshalb nicht als Einkommen zu behandeln.

2.4. BAföG

BAföG-Leistungen sind, soweit nicht ihretwegen der Unterhaltsanspruch übergegangen ist, als Einkommen anzusehen; Darlehen jedoch nur, wenn sie unverzinslich gewährt werden.

2.5. Erziehungsgeld/Elterngeld

Elterngeld ist Einkommen, soweit es über den Sockelbetrag von 300 € bzw.150 € bei verlängertem Bezug hinausgeht. Der Sockelbetrag sowie Erziehungsgeld sind nur dann Einkommen, wenn ein Ausnahmefall nach § 11 BEEG vorliegt.

2.6/2.7 Unfall- und Versorgungsrenten, Leistungen aus der Pflegeversicherung, Blindengeld u.ä.

Unfall- und Versorgungsrenten, Leistungen aus der Pflegeversicherung, Blindengeld, Schwerbeschädigten- und Pflegezulagen stellen nach Abzug eines Betrags für tatsächliche Mehraufwendungen Einkommen dar. §§ 1578a, 1610a BGB sind zu beachten.

2.8 Pflegegeld

Der Anteil des Pflegegelds bei der Pflegeperson, durch den ihre Bemühungen abgegolten werden, stellt Einkommen dar. Bei Pflegegeld aus der Pflegeversicherung gilt dies nach Maßgabe des § 13 Abs. 6 SGB XI.

2.9 Leistungen der Grundsicherung

Leistungen der Grundsicherung im Alter und bei Erwerbsminderung nach §§ 41ff. SGB XII sind im Unterhaltsrechtsverhältnis zwischen Verwandten Einkommen, nicht aber im Unterhaltsrechtsverhältnis zwischen Ehegatten.

2.10/2.11 Sozialhilfe und Unterhaltsvorschuss

Kein Einkommen sind sonstige Sozialhilfe nach SGB XII und Leistungen nach dem UVG. Die Unterhaltsforderung eines Empfängers dieser Leistungen kann in Ausnahmefällen treuwidrig sein (BGH FamRZ 1999, 843; BGH FamRZ 2001, 619).

3. Kindergeld

Kindergeld wird nicht zum Einkommen gerechnet (vgl. Nr. 14).

4. Geldwerte Zuwendungen des Arbeitgebers

Geldwerte Zuwendungen aller Art des Arbeitgebers, z.B. Firmenwagen oder freie Kost und Logis, sind Einkommen, soweit sie entsprechende Eigenaufwendungen ersparen.

5. Wohnwert

Der Wohnvorteil durch mietfreies Wohnen im eigenen Heim ist als wirtschaftliche Nutzung des Vermögens unterhaltsrechtlich wie Einkommen zu behandeln. Neben dem Wohnwert sind auch Zahlungen nach dem Eigenheimzulagengesetz anzusetzen.

Während der Trennungszeit bis zur endgültigen Vermögensauseinandersetzung oder bis zum endgültigen Scheitern der Ehe – also in der Regel bis zur Rechtshängigkeit des Scheidungsantrages – ist der Vorteil mietfreien Wohnens nur in dem Umfang zu berücksichtigen, wie er sich als angemessene Wohnungsnutzung durch den in der Ehewohnung verbliebenen Ehegatten darstellt. Dabei ist auf den Mietzins abzustellen, den er auf dem örtlichen Wohnungsmarkt für eine dem ehelichen Lebensstandard entsprechende kleinere Wohnung zahlen müsste. Ein Wohnvorteil liegt vor, soweit dieser Wohnwert die Belastungen übersteigt, die durch allgemeine Grundstückskosten und -lasten, Zins- und Tilgungsleistungen und die verbrauchsunabhängigen Kosten, mit denen ein Mieter üblicherweise nicht belastet wird, entstehen.

Nach diesem Zeitpunkt ist der objektive Mietwert maßgeblich. Bei einem selbstgenutzten Eigenheim ist auf die unterhaltsrechtlich angemessene Miete abzustellen; es besteht aber eine Obliegenheit zur wirtschaftlichen Nutzung des Eigentums. Bei den gegenzurechnenden Kosten sind neben den Zinsen die Tilgungsleistungen bis zur Höhe des Wohnvorteils zu berücksichtigen, ohne dass dadurch die Befugnis geschmälert würde, Vorsorgeaufwendungen nach Nr. 10.1.2 geltend zu machen (BGH FamRZ 2018, 1506 Rz. 31; BGH FamRZ 2017, 519 Rz. 33f.).

6. Haushaltsführung

Führt jemand einem leistungsfähigen Dritten den Haushalt, so ist hierfür ein Einkommen anzusetzen; bei Haushaltsführung durch einen Nichterwerbstätigen geschieht das in der Regel mit einem Betrag von 200 – 550 €.

7. Einkommen aus unzumutbarer Erwerbstätigkeit

Einkommen aus unzumutbarer Erwerbstätigkeit kann nach Billigkeit ganz oder teilweise unberücksichtigt bleiben.

8. Freiwillige Zuwendungen Dritter

Freiwillige Zuwendungen (z.B. Geldleistungen, kostenloses Wohnen) Dritter sind als Einkommen anzusehen, wenn dies ihrer Zielrichtung entspricht.

9. Erwerbsobliegenheit und Einkommensfiktion

Inwieweit aufgrund einer Erwerbsobliegenheit erzielbare Einkünfte als Einkommen gelten, richtet sich nach den Umständen des Einzelfalles. Dies gilt auch für erzielbare Einkünfte aus Nutzung von Vermögen.

10. Bereinigung des Einkommens

10.1 Steuern und Vorsorgeaufwendungen

10.1.1 Steuern

Vom Bruttoeinkommen sind die tatsächlichen Steuern abzuziehen. Den Unterhaltsschuldner trifft eine Obliegenheit zur Geltendmachung des Realsplittings; dies jedoch nur insoweit, als er den Unterhaltsanspruch anerkannt hat, dieser rechtskräftig feststeht oder soweit er den Unterhaltsanspruch freiwillig erfüllt.

Der Splittingvorteil des Unterhaltsschuldners ist beim Verwandtenunterhalt stets zu berücksichtigen, beim Ehegattenunterhalt nur dann, wenn der Vorteil aus der Ehe mit dem Unterhaltsberechtigten resultiert oder der Unterhaltsanspruch des Unterhaltsberechtigten unter Berücksichtigung eines weiteren unterhaltsberechtigten Ehegatten zu berechnen ist.

10.1.2 Vorsorgeaufwendungen

Zu den abzuziehenden Vorsorgeaufwendungen zählen die Aufwendungen für die gesetzliche Kranken- und Pflegeversicherung, Rentenversicherung und Arbeitslosenversicherung und/oder die entsprechende private Kranken- und Altersvorsorge. Soweit tatsächlich darüber hinaus Aufwendungen zur Altersvorsorge erbracht werden, sind diese in Höhe eines Betrages von 4 % (bei Unterhaltspflicht gegenüber Eltern von 5 %) des Gesamtbruttoeinkommens des Vorjahres als angemessene zusätzliche Altersversorgung auch bei einer Versicherungspflicht in der gesetzlichen Rentenversicherung zu berücksichtigen.

10.2 Berufsbedingte Aufwendungen

Berufsbedingte Kosten (Werbungskosten) sind abzusetzen.

10.2.1 Pauschale/konkrete Aufwendungen

Bei Einkünften aus nichtselbständiger Tätigkeit sind berufsbedingte Aufwendungen vom Einkommen abzuziehen, wobei ohne Nachweis eine Pauschale von 5 % – mindestens 50 €, bei geringfügiger Teilzeitarbeit auch weniger, und höchstens 150 € monatlich – des Nettoeinkommens geschätzt werden kann.

Übersteigen die berufsbedingten Aufwendungen diese Pauschale, so sind sie im Einzelnen darzulegen. Bei beschränkter Leistungsfähigkeit kann im Einzelfall mit konkreten Kosten gerechnet werden.

10.2.2 Fahrtkosten

Bei Unzumutbarkeit der Nutzung öffentlicher Verkehrsmittel können notwendige Kosten der berufsbedingten Nutzung eines Kraftfahrzeuges mit 0,42 € für jeden gefahrenen Kilometer (§ 5 Abs. 2 Nr. 2 JVEG) angesetzt werden. Damit sind in der Regel Anschaffungskosten erfasst. Bei langen Fahrtstrecken (ab ca. 30 km einfach) kann nach unten abgewichen werden. Es ist auf ein angemessenes Verhältnis zwischen Unterhaltszahlbetrag und Fahrtkostenansatz zu achten.

10.2.3 Ausbildungsaufwand

Minderjährigen Kindern entstehender Ausbildungsaufwand ist auf Nachweis zu berücksichtigen.

10.3 *(nicht besetzt)*

10.4 Schulden

Berücksichtigungswürdige Schulden (Zins und Tilgung) sind im Rahmen eines vernünftigen Tilgungsplanes in angemessenen Raten abzuziehen.

Bei der Bedarfsermittlung für den Ehegattenunterhalt sind grundsätzlich nur eheprägende Verbindlichkeiten abzusetzen.

Beim Verwandtenunterhalt sowie bei Leistungsfähigkeit/Bedürftigkeit für den Ehegattenunterhalt erfolgt eine Abwägung nach den Umständen des Einzelfalls. Bei der Zumutbarkeitsabwägung sind Interessen des Unterhaltsschuldners, des Drittgläubigers und des Unterhaltsgläubigers, vor allem minderjähriger Kinder, mit zu berücksichtigen. Bei eingeschränkter Leistungsfähigkeit gegenüber minderjährigen und diesen gleichgestellten Kindern kommt die Obliegenheit, ein Verbraucherinsolvenzverfahren einzuleiten in Betracht.

10.5 *(nicht besetzt)*

10.6 Vermögensbildung

Vermögensbildende Aufwendungen sind im angemessenen Rahmen abzugsfähig.

10.7 Umgangskosten

(nicht besetzt)

10.8 Krankheitsbedingte Mehraufwendungen

Krankheitsbedingte Mehraufwendungen sind abzusetzen. Als Schätzungsmaßstab für Mehraufwendungen medizinisch indizierter Diäten können die Mehrbedarfsbeträge nach § 30 Abs. 5 SGB XII herangezogen werden.

Kindesunterhalt

11. Bemessungsgrundlage

Der Barunterhalt minderjähriger und noch im elterlichen Haushalt lebender volljähriger unverheirateter Kinder bestimmt sich nach den Sätzen der Düsseldorfer Tabelle (vgl. Anhang I).

11.1 Kranken- und Pflegeversicherungsbeiträge

Die Bedarfssätze der Düsseldorfer Tabelle gehen davon aus, dass das Kind ohne zusätzliche Aufwendungen krankenversichert ist. Besteht für das Kind eine freiwillige Krankenversicherung, so sind die hierfür erforderlichen Beträge vom Unterhaltsverpflichteten zusätzlich zu zahlen, zur Ermittlung des Tabellenunterhalts jedoch vom Einkommen des Pflichtigen abzusetzen.

Die Teilnahme an Sport- und Bildungsprogrammen in einem Umfang, wie er auch für Kinder vorgesehen ist, die Leistungen nach dem SGB II beziehen, ist ebenso wie die schulische Ausstattung in den Bedarfssätzen enthalten.

11.2 Eingruppierung

Die Sätze der Düsseldorfer Tabelle sind auf den Fall zugeschnitten, dass der Unterhaltspflichtige zwei Unterhaltsberechtigten Unterhalt zu gewähren hat. Bei einer größeren/geringeren Anzahl Unterhaltsberechtigter können Ab- oder Zuschläge durch Einstufung in niedrigere/höhere Gruppen angemessen sein.

12. Minderjährige Kinder

12.1 Betreuungs-/Barunterhalt

Der Elternteil, der in seinem Haushalt ein minderjähriges Kind versorgt, braucht für dieses neben dem anderen Elternteil in der Regel keinen Barunterhalt zu leisten, weil der Betreuungsunterhalt im Sinne von § 1606 Abs. 3 Satz 2 BGB wertmäßig dem vollen Barunterhalt entspricht. Etwas anderes kann sich ergeben, wenn sein Einkommen bedeutend höher als das des anderen Elternteils ist. In diesem Fall kann der Barunterhalt des anderen Elternteils angemessen gekürzt werden.

12.2 Einkommen des Kindes

Eigenes Einkommen des Kindes mindert grundsätzlich seinen Anspruch und wird bei beiden Eltern hälftig angerechnet. Hiervon ausgenommen ist der Kinderzuschlag nach § 6a BKGG; dieser ist in voller Höhe auf den Barunterhaltsanspruch des Kindes anzurechnen (BGH FamRZ 2021, 181).

12.3 Beiderseitige Barunterhaltspflicht/ Haftungsanteil

Sind bei auswärtiger Unterbringung beide Eltern zum Barunterhalt verpflichtet, haften sie anteilig nach § 1606 Abs. 3 Satz 1 BGB für den Gesamtbedarf (vgl. Nr. 13.3). Der Verteilungsschlüssel kann unter Berücksichtigung des Betreuungsaufwandes wertend verändert werden.

12.4 Zusatzbedarf

Bei Zusatzbedarf (Prozess-/Verfahrenskostenvorschuss, Mehrbedarf, Sonderbedarf) gilt die beiderseitige Barunterhaltspflicht nach § 1606 Abs. 3 Satz 1 BGB. Vom jeweiligen Einkommen der Eltern ist vorab der angemessene Selbstbehalt abzusetzen (vgl. Nr. 21.3.1 und BGH FamRZ 2009, 962).

13. Volljährige Kinder

13.1 Bedarf

13.1.1 Kinder im Haushalt eines Elternteils

Der Bedarf volljähriger unverheirateter Kinder ist, solange sie im Haushalt der Eltern oder eines Elternteils leben, der 4. Altersstufe der Düsseldorfer Tabelle zu entnehmen. Die maßgebende Einkommensgruppe ergibt sich, wenn beide Eltern leistungsfähig sind, aus den zusammengerechneten Einkünften der Eltern ohne Erhöhung nach Nr. 11.2. Die Haftungsquote bemisst sich grundsätzlich nach Nr. 13.3. Ein Elternteil hat jedoch höchstens den Unterhalt zu leisten, der sich allein – ggf. unter Berücksichtigung von Nr. 11.2 – nach seinem Einkommen ergibt.

13.1.2 Andere volljährige Kinder

Der Regelbedarf – einschließlich des Wohnbedarfs und üblicher berufs- bzw. ausbildungsbedingter Aufwendungen – eines nicht unter Nr. 13.1.1 fallenden Kindes beträgt 860 € monatlich. In diesem Betrag sind Beiträge zur Kranken- und Pflegeversicherung sowie Studiengebühren nicht enthalten.

Dieser Regelbedarf kann in geeigneten Fällen, insbesondere bei guten Einkommensverhältnissen der Eltern, angemessen erhöht werden. Eine solche Erhöhung kommt unter besonderer Berücksichtigung des Einzelfalles in Betracht, wenn das gemeinsame Nettoeinkommen der Eltern 5.500 € monatlich übersteigt.

13.2 Einkommen des Kindes

Einkünfte des Kindes sind auf seinen Bedarf anzurechnen. Die Ausbildungsvergütung eines volljährigen Kindes ist auf den Bedarf voll anzurechnen, weil der Bedarf nach Nr. 13.1.2 die ausbildungsbedingten Aufwendungen umfasst.

13.3 Beiderseitige Barunterhaltspflicht/ Haftungsanteil

Die Haftungsquote von Eltern, die beide für ein Kind barunterhaltspflichtig sind, bemisst sich nach dem Verhältnis ihrer anrechenbaren Einkünfte abzüglich des angemessenen Selbstbehalts (vgl. Nr. 21.3.1) und abzüglich der Unterhaltsleistungen und tatsächlichen Aufwendungen für vorrangig Berechtigte. Bei Eingreifen der gesteigerten Unterhaltspflicht nach § 1603 Abs. 2 BGB ist lediglich der notwendige Selbstbehalt (vgl. Nr. 21.2) abzuziehen (BGH FamRZ 2017, 437).

14. Verrechnung des Kindergeldes

Kindergeld wird nach § 1612b BGB auf den Bedarf des Kindes angerechnet.

Ehegattenunterhalt

15. Unterhaltsbedarf

15.1 Bedarf nach den ehelichen Lebensverhältnissen

Der Bedarf der Ehegatten richtet sich nach ihren Einkommens- und Vermögensverhältnissen im Unterhaltszeitraum, soweit diese als die ehelichen Lebensverhältnisse prägend anzusehen sind.

Nacheheliche Entwicklungen wirken sich auf die Bedarfsbemessung nach den ehelichen Lebensverhältnissen aus, wenn sie auch bei fortbestehender Ehe eingetreten wären oder in anderer Weise in der Ehe angelegt und mit hoher Wahrscheinlichkeit zu erwarten waren.

Eine Einkommensreduzierung ist dann unbeachtlich, wenn sie auf einem unterhaltsrechtlich vorwerfbaren Verhalten beruht. Unerwartete, nicht in der Ehe angelegte Steigerungen des Einkommens des Verpflichteten (insbesondere aufgrund eines Karrieresprungs) oder auf Wiederverheiratung beruhende Steuervorteile bleiben unberücksichtigt, es sei denn, sie dienen zum Ausgleich des hinzugetretenen Bedarfs weiterer Unterhaltsberechtigter.

Es ist von einem Mindestbedarf auszugehen, der 960 € beträgt.

15.2 Halbteilung und Erwerbstätigenbonus

Für den Bedarf ist maßgebend, dass Ehegatten während des Zusammenlebens gleichen Anteil an dem Lebensstandard haben. Diesem Grundsatz widerspricht es nicht, zugunsten des erwerbstätigen Ehegatten von einer strikt hälftigen Teilung in maßvoller Weise abzuweichen, um einen Anreiz zur Erwerbstätigkeit zu erhalten.

Der Bedarf beträgt daher grundsätzlich die Hälfte der den ehelichen Lebensverhältnissen zuzurechnenden Einkünfte und geldwerten Vorteile. Soweit die Einkünfte aus Erwerbseinkommen herrühren, ist dem erwerbstätigen Ehegatten ein pauschalierter Betrag dieses Einkommens als Anreiz zu belassen. Dieser beträgt 1/10 seines bereinigten Erwerbseinkommens. Leistet ein Ehegatte auch Unterhalt für ein Kind, so wird sein Erwerbseinkommen vor Ermittlung des Erwerbstätigenbonus um den diesem entsprechenden Unterhalt (Zahlbetrag) bereinigt.

15.3 Konkrete Bedarfsbemessung

Entsprechend der Rechtsprechung des Bundesgerichtshofs kann der eheangemessene Unterhaltsbedarf, der sich aus dem höchsten, in der Düsseldorfer Tabelle ausgewiesenem Einkommensbetrag ableitet, als Quotenunterhalt geltend gemacht werden (BGH FamRZ 2021, 1965 Rz. 20; BGH FamRZ 2021, 28 Rz. 19; BGH FamRZ 2020, 21 Rz. 26ff.). Im Übrigen kommt eine konkrete Bedarfsberechnung in Betracht (BGH FamRZ 2021, 1965 Rz. 21).

15.4 Vorsorgebedarf/Zusatz- und Sonderbedarf

Werden Altervorsorge-, Kranken- und Pflegeversicherungskosten vom Berechtigten gesondert geltend gemacht oder vom Verpflichteten bezahlt, sind diese von dem Einkommen des Pflichtigen vorweg abzuziehen.

15.5 Bedarf bei mehreren Ehegatten und Berechtigten nach § 1615l BGB

(nicht besetzt)

15.6 Trennungsbedingter Mehrbedarf

(nicht besetzt)

15.7 Begrenzung nach § 1578b BGB

(nicht besetzt)

16. Bedürftigkeit

Eigene Einkünfte des Berechtigten sind auf den Bedarf anzurechnen, wobei das bereinigte Nettoerwerbseinkommen um den Erwerbstätigenbonus zu vermindern ist.

Inwieweit der Vermögensstamm zur Deckung des laufenden Unterhalts einzusetzen ist, hängt von den Umständen des Einzelfalles ab.

17. Erwerbsobliegenheit

17.1 Bei Kinderbetreuung

Betreut ein Ehegatte ein minderjähriges Kind, so kann von ihm bis zur Vollendung des dritten Lebensjahres des Kindes eine Erwerbstätigkeit nicht erwartet werden.

Inwieweit den betreuenden Elternteil ab der Vollendung des dritten Lebensjahrs des Kindes eine Erwerbsobliegenheit trifft, bestimmt sich nach den Umständen des Einzelfalles. Hierbei können beispielsweise eine Rolle spielen:

Kindbezogene Gründe:
- Anzahl und Alter des bzw. der zu betreuenden Kinder;
- individuelle Besonderheiten oder Veranlagungen des Kindes;
- konkrete örtliche Betreuungssituation: Kapazität, Verfügbarkeit, Qualität und Verlässlichkeit der Betreuungseinrichtung; Zumutbarkeit der Betreuungseinrichtung für das Kind;
- bislang praktiziertes Betreuungsmodell;
- Gewährung angemessener, mit dem Kindeswohl im Einklang stehender Übergangsfristen bzw. abgestufter Übergänge bei Veränderungen in der Betreuungssituation.
- Elternbezogene Gründe:bislang praktizierte Rollen- und Aufgabenverteilung in Bezug auf die Kinderbetreuung unter Berücksichtigung auch der Dauer der Ehe bzw. Partnerschaft der Eltern;
- einvernehmlich getroffene Absprachen und gemeinsame Vorstellungen hinsichtlich der Kinderbetreuung unter Berücksichtigung der infolge der Trennung notwendig gewordenen Veränderungen;
- Vermeidung überobligatorischer Belastungen durch eine Erwerbstätigkeit neben der Kinderbetreuung;

- finanzielle Zumutbarkeit der Betreuungseinrichtung;
- Gewährung angemessener Übergangsphasen bei einem Wechsel des Betreuungsmodells unter Berücksichtigung des Vertrauens in dessen Fortbestand.

Die Darlegungs- und Beweislast für die Umstände, die einer vollen oder teilweisen Erwerbsobliegenheit ab Vollendung des dritten Lebensjahres des Kindes entgegenstehen, trifft den betreuenden Ehegatten. Dies gilt auch, wenn ein Titel über den Basisunterhalt nach § 1570 Abs. 1 Satz 1 BGB abgeändert werden soll. Der Betreuungsunterhalt nach § 1570 BGB ist nicht nach § 1578b BGB zu befristen.

17.2 Bei Trennungsunterhalt

Inwieweit in der Trennungszeit eine Erwerbsobliegenheit besteht, richtet sich nach allen Umständen des Einzelfalles.

Weitere Unterhaltsansprüche

18. Ansprüche nach § 1615l BGB

Der Bedarf nach § 1615l BGB bemisst sich nach der Lebensstellung des betreuenden Elternteils. Er beträgt mindestens 960 €. Ist die Mutter verheiratet oder geschieden, ergibt sich ihr Bedarf aus den ehelichen Lebensverhältnissen.

Bezüglich der Erwerbsobliegenheit und der Dauer des Anspruchs gilt Nr. 17.1. entsprechend.

19. Elternunterhalt

Beim Bedarf der Eltern sind Leistungen zur Grundsicherung im Alter und bei Erwerbsminderung nach §§ 41ff. SGB XII zu berücksichtigen (vgl. Nr. 2.9).

20. Lebenspartnerschaft

Unterhaltsansprüche nach dem Lebenspartnerschaftsgesetz sind nicht Gegenstand der Leitlinien.

Leistungsfähigkeit und Mangelfall

21. Selbstbehalt

21.1 Grundsatz

Der Eigenbedarf (Selbstbehalt) ist dem Unterhaltspflichtigen zu belassen. Es ist zu unterscheiden zwischen dem notwendigen (§ 1603 Abs. 2 BGB), dem angemessenen (§ 1603 Abs. 1 BGB) und dem eheangemessenen Selbstbehalt (§§ 1361 Abs. 1, 1578 Abs. 1 BGB).

21.2 Notwendiger Selbstbehalt

Der notwendige Selbstbehalt gilt in allen Fällen der Inanspruchnahme als unterste Grenze. Für Eltern gegenüber minderjährigen Kindern und volljährigen, unverheirateten Kindern bis zur Vollendung des 21. Lebensjahres, die im Haushalt der Eltern oder eines Elternteils leben und sich in der allgemeinen Schulausbildung befinden, gilt im Allgemeinen der notwendige Selbstbehalt. Er beträgt

- beim Erwerbstätigen 1.160 €,
- beim Nichterwerbstätigen 960 €.

21.3 Angemessener Selbstbehalt

Im Übrigen gilt der angemessene Selbstbehalt.

21.3.1 gegenüber volljährigen Kindern

Er beträgt gegenüber volljährigen, nicht nach § 1603 Abs. 2 BGB privilegierten Kindern 1.400 €.

21.3.2 gegenüber Ansprüchen nach § 1615l BGB

Gegenüber Anspruchsberechtigten nach § 1615l BGB ist der Selbstbehalt in der Regel mit einem Betrag zu bemessen, der zwischen dem angemessenen Selbstbehalt des Volljährigen nach § 1603 Abs. 1 BGB und dem notwendigen Selbstbehalt nach § 1603 Abs. 2 BGB liegt. Er beträgt in der Regel

- beim Erwerbstätigen 1.280 €,
- beim Nichterwerbstätigen 1.180 €.

21.3.3 Elternunterhalt

Dem Unterhaltspflichtigen ist der angemessene Eigenbedarf zu belassen. Dessen Bemessung orientiert sich am Zweck und dem Rechtsgedanken des Angehörigen-Entlastungsgesetzes vom 10. Dezember 2019 (BGBl. I, 2135).

21.4 Eheangemessener Selbstbehalt

Gegenüber getrenntlebenden und geschiedenen Ehegatten beträgt der angemessene Eigenbedarf im Regelfall

- beim Erwerbstätigen 1.280 €,
- beim Nichterwerbstätigen 1.180 €.

21.5 Anpassung des Selbstbehalts

Lebt der Unterhaltspflichtige mit einem leistungsfähigen Partner in Haushaltsgemeinschaft, kommt eine Haushaltsersparnis von in der Regel 10 % in Betracht.

22. Bedarf des mit dem Pflichtigen zusammenlebenden Ehegatten

22.1 Gegenüber nachrangigen (geschiedenen) Ehegatten

Ist bei Unterhaltsansprüchen nachrangiger (geschiedener) Ehegatten der Unterhaltspflichtige verheiratet, werden für den mit ihm zusammenlebenden Ehegatten 1.024 € angesetzt.

22.2 Mindestbedarf bei Ansprüchen volljähriger Kinder

Ist bei Unterhaltsansprüchen volljähriger nicht privilegierter Kinder der Unterhaltspflichtige verheiratet, werden für den mit ihm zusammenlebenden Ehegatten 1.120 € angesetzt.

22.3 Mindestbedarf bei Ansprüchen von Eltern

Vgl. Nr. 21.3.3.

23. Bedarf des vom Pflichtigen getrennt lebenden oder geschiedenen Ehegatten

23.1. Gegenüber nachrangigen (geschiedenen) Ehegatten

Lebt der Unterhaltspflichtige von seinem Ehegatten getrennt oder ist geschieden, werden für diesen gegenüber Unterhaltsansprüchen nachrangiger (geschiedener) Ehegatten des Unterhaltspflichtigen als notwendiger Eigenbedarf 1.280 € angesetzt.

23.2. Bedarf bei Ansprüchen volljähriger Kinder

Lebt der Unterhaltspflichtige von seinem Ehegatten getrennt oder ist geschieden, werden für diesen gegenüber Unterhaltsansprüchen nicht privilegierter volljähriger Kinder des Unterhaltspflichtigen als notwendiger Eigenbedarf 1.400 € angesetzt.

23.3. Bedarf bei Ansprüchen von Eltern

Vgl. Nr. 21.3.3.

24. Mangelfall

24.1. Grundsatz

Reicht der Betrag, der zur Erfüllung mehrerer Unterhaltsansprüche zur Verfügung steht (Verteilungsmasse), nicht aus, um den Unterhaltsbedarf aller Unterhaltsberechtigten zu decken, so ist der den entsprechenden Selbstbehalt nach Nr. 21 übersteigende Betrag auf die Berechtigten unter Beachtung der Rangverhältnisse zu verteilen.

24.2. Einsatzbeträge

Hierbei sind als Einsatzbeträge die Unterhaltsansprüche einzustellen, die sich ohne Berücksichtigung des Selbstbehaltes ergäben.

24.2.1. Minderjährige und ihnen gleichgestellte Kinder

Für minderjährige und ihnen gleichgestellte Kinder ist der sich aus der Unterhaltstabelle abzüglich des zu berücksichtigenden Kindergeldes ergebende Betrag (Zahlbetrag) einzustellen.

24.2.2. *(nicht besetzt)*

Sonstiges

25. Rundung

Der Unterhaltsbetrag ist auf volle Euro aufzurunden.

I. Düsseldorfer Tabelle (Stand 1. Januar 2022)

s. S. 5

II. Tabelle Zahlbeträge

Die folgenden Tabellen enthalten die sich nach Abzug des jeweiligen Kindergeldanteils (hälftiges Kindergeld bei Minderjährigen, volles Kindergeld bei Volljährigen) ergebenden Zahlbeträge. Im Jahr 2022 beträgt das Kindergeld für das erste und zweite Kind jeweils 219 €, für das dritte Kind 225 € und das vierte und jedes weitere Kind jeweils 250 €.

s. S. 10

III. Tabellarische Zusammenstellung der Bedarfssätze und der Selbstbehalte

Bedarfssätze		
I.	Regelbedarf eines volljährigen Kindes, das nicht im Haushalt eines Elternteils lebt (Nr. 13.1.2)	860 €
II.	Mindestbedarf eines nach § 1615l BGB Berechtigten und anderer Unterhaltsbedürftiger, die nicht Kinder oder (geschiedene) Ehegatten sind (Nr. 18)	960 €
Selbstbehaltssätze		
III.	Monatlicher Selbstbehalt gegenüber minderjährigen und ihnen gleichgestellten (§ 1603 Abs. 2 BGB) Kindern (Nr. 21.2)	
	a) des erwerbstätigen Unterhaltsverpflichteten	1.160 €
	b) des nichterwerbstätigen Unterhaltsverpflichteten	960 €
IV.	Monatlicher Selbstbehalt gegenüber anderen Kindern (Nr. 21.3.1)	1.400 €

V.	Monatlicher Selbstbehalt gegenüber Ansprüchen nach § 1615l BGB (Nr. 21.3.2.) a) des erwerbstätigen Unterhaltsverpflichteten	1.280 €
	b) des nicht erwerbstätigen Unterhaltsverpflichteten	1.180 €
VI.	Monatlicher Selbstbehalt gegenüber dem getrenntlebenden und dem geschiedenen Ehegatten (Nr. 21.4) a) des erwerbstätigen Unterhaltsverpflichteten	1.280 €
	b) des nicht erwerbstätigen Unterhaltsverpflichteten	1.180 €
VII.	Bedarf des mit dem Pflichtigen zusammenlebenden Ehegatten (Nr. 22) 1. gegenüber nachrangigen (geschiedenen) Ehegatten mindestens	1.024 €
	2. gegenüber nicht unter § 1603 Abs. 2 BGB fallenden Kindern	1.120 €

c) OLG Brandenburg

Unterhaltsleitlinien des Brandenburgischen Oberlandesgerichts Stand: Januar 2022

Vorbemerkung

Die Leitlinien sind von Richterinnen und Richtern der Familiensenate des Brandenburgischen Oberlandesgerichts erarbeitet worden. Die Unterhaltsleitlinien sind keine verbindlichen Rechts- oder Rechtsanwendungssätze, dienen aber dem Ziel, die Rechtsprechung möglichst zu vereinheitlichen. Sie gelten ***ab 1. Januar 2022***. Gegenüber den ab 1. Januar 2021 geltenden Leitlinien ergeben sich inhaltliche Änderungen nur in Nrn. 13.1, 15.2 und in den Anlagen I und II.

Unterhaltsrechtlich maßgebendes Einkommen

1. Geldeinnahmen

1.1 Regelmäßiges Bruttoeinkommen einschl. Renten und Pensionen

Zum Bruttoeinkommen gehören alle Einkünfte und geldwerten Vorteile, zum Beispiel Arbeitsverdienst (inklusive anteiligen Urlaubs- und Weihnachtsgeldes sowie sonstiger Einmalleistungen, anteilig auf den Monat umgelegt), Renten und Pensionen.

1.2 Unregelmäßiges Einkommen

Höhere einmalige Zahlungen (z.B. Jubiläumszuwendungen) können auf einen längeren Zeitraum als ein Jahr verteilt werden. Abfindungen sind zur Wahrung der bisherigen Lebensverhältnisse in der Regel auf einen angemessenen Zeitraum umzulegen.

1.3 Überstunden

Überstundenvergütungen werden dem Einkommen zugerechnet, soweit sie in geringem Umfang anfallen oder berufsüblich sind.

In Mangelfällen erfolgt die Zurechnung unabhängig von Umfang und Berufsüblichkeit. Im Übrigen ist die Zurechnung unter Berücksichtigung des Einzelfalles nach Treu und Glauben zu beurteilen.

Diese Grundsätze gelten auch für Einkünfte aus einer Nebentätigkeit.

1.4 Spesen und Auslösungen

Spesen und Auslösungen werden dem Einkommen zugerechnet, soweit dadurch eine Ersparnis eintritt oder Überschüsse verbleiben. Im Zweifel kann davon ausgegangen werden, dass eine Ersparnis eintritt oder Überschüsse verbleiben, die mit einem Drittel der Nettobeträge zu bewerten und insoweit dem Einkommen zuzurechnen sind.

1.5 Einkommen aus selbstständiger Tätigkeit

Bei Ermittlung des Einkommens eines Selbstständigen ist in der Regel von dem Gewinn dreier aufeinander folgender Geschäftsjahre auszugehen. Für zurückliegende Zeiträume können die in dem jeweiligen Kalenderjahr erzielten Einkünfte maßgebend sein (vgl. BGH, FamRZ 2007, 1532 ff. Rn. 23).

1.6 Einkommen aus Vermietung und Verpachtung sowie Kapitalvermögen

Einnahmen aus Vermietung und Verpachtung sowie Kapitalvermögen sind nach Abzug der zur Erzielung dieser Einnahmen notwendigen Ausgaben als Einkommen zu berücksichtigen. Bei schwankenden Einnahmen ist auf den Durchschnitt mehrerer Jahre abzustellen. Für zurückliegende Zeiträume können die in dem jeweiligen Kalenderjahr erzielten Einkünfte maßgebend sein (vgl. BGH, FamRZ 2007, 1532 ff. Rn. 23).

1.7 Steuererstattungen

Steuererstattungen finden in der Regel in dem Jahr, in dem sie anfallen, Berücksichtigung, ebenso Steuernachzahlungen. Sie können für die nachfolgenden Jahre fortgeschrieben werden, wenn die Bemessungsgrundlagen im Wesentlichen unverändert geblieben sind.

Nach Auffassung des 3. Familiensenats sind Steuererstattungen oder -nachzahlungen stets in dem

Jahr zu berücksichtigen, das dem Steuerjahr folgt. Bei Selbstständigen setzt der 3. Familiensenat in der Regel die für die Geschäftsjahre geschuldeten Steuern an, die der Unterhaltsberechnung zu Grunde gelegt werden.

2. Sozialleistungen

2.1 Arbeitslosengeld und Krankengeld

Arbeitslosengeld gemäß § 136 SGB III ist ebenso Einkommen wie Krankengeld.

2.2 Leistungen nach dem SGB II

Arbeitslosengeld II nach dem SGB II ist auf Seiten des Unterhaltspflichtigen Einkommen. Beim Unterhaltsberechtigten sind subsidiäre Leistungen zur Sicherung des Lebensunterhalts nach §§ 19 ff. SGB II kein Einkommen. Jedoch kann seine Unterhaltsforderung bei Nichtberücksichtigung solcher Leistungen in Ausnahmefällen treuwidrig sein (BGH, FamRZ 1999, 843; FamRZ 2001, 619). Nicht subsidiäre Leistungen nach dem SGB II sind Einkommen.

2.3 Wohngeld

Wohngeld ist Einkommen, soweit es nicht erhöhte Wohnkosten deckt (vgl. BGH, FamRZ 2012, 1201 Rn. 15; FamRZ 1982, 587).

2.4 BAföG

BAföG-Leistungen sind mit Ausnahme von Vorausleistungen nach §§ 36, 37 BAföG als Einkommen anzusehen, auch soweit sie als Darlehen gewährt werden.

2.5 Elterngeld

Elterngeld ist nach Maßgabe des § 11 BEEG Einkommen.

2.6 Unfall- und Versorgungsrenten

Unfall- und Versorgungsrenten sind nach Abzug eines Betrages für tatsächliche Mehraufwendungen unterhaltsrechtlich als Einkommen heranzuziehen. § 1610a BGB ist zu beachten.

2.7 Leistungen aus der Pflegeversicherung, Blindengeld u.Ä.

Leistungen aus der Pflegeversicherung, Blindengeld, Schwerbeschädigten- und Pflegezulagen sind nach Abzug eines Betrages für tatsächliche Mehraufwendungen unterhaltsrechtlich als Einkommen heranzuziehen. § 1610a BGB ist zu beachten.

2.8 Pflegegeld

Der Anteil des Pflegegeldes, durch den ihre Bemühungen abgegolten werden, ist Einkommen der Pflegeperson. Bei Pflegegeld aus der Pflegeversicherung gilt dies nach Maßgabe von § 13 Abs. 6 SGB XI (vgl. BGH, FamRZ 2006, 846).

2.9 Grundsicherung beim Verwandtenunterhalt

Leistungen der Grundsicherung im Alter und bei Erwerbsminderung, §§ 41 bis 43 SGB XII, sind auf Seiten des Unterhaltsberechtigten nur gegenüber Eltern und Kindern Einkommen.

2.10 Sozialhilfe

Sozialhilfe nach dem SGB XII ist kein Einkommen. Bezieht der Unterhaltsberechtigte eine solche Sozialhilfe, kann seine Unterhaltsforderung in Ausnahmefällen treuwidrig sein (vgl. BGH, FamRZ 1999, 843; FamRZ 2001, 619).

2.11 Unterhaltsvorschuss

Leistungen nach dem UVG sind kein Einkommen. Bezieht der Unterhaltsberechtigte Unterhaltsvorschuss, kann seine Unterhaltsforderung in Ausnahmefällen treuwidrig sein (vgl. BGH, FamRZ 1999, 843; FamRZ 2001, 619).

3. Kindergeld

Kindergeld ist kein Einkommen der Eltern (vgl. auch Nr. 14).

4. Geldwerte Zuwendungen des Arbeitgebers

Geldwerte Zuwendungen des Arbeitgebers, z.B. Firmenwagen, freie Kost, kostenlose oder verbilligte Wohnung, sind Einkommen, soweit dadurch entsprechende Eigenaufwendungen erspart werden.

5. Wohnvorteil

Wohnt der Unterhaltsberechtigte oder der Unterhaltspflichtige im eigenen Haus oder in der ihm gehörenden Eigentumswohnung, so stellt der Vorteil des mietfreien Wohnens Einkommen dar. Neben dem Wohnvorteil sind auch Zahlungen nach dem Eigenheimzulagengesetz anzusetzen. Der Wohnwert errechnet sich regelmäßig unter Zugrundelegung des üblichen Entgelts für ein vergleichbares Objekt. Er kann im Einzelfall auch darunter liegen (vgl. BGH, FamRZ 1998, 899; FamRZ 2000, 950). Insbesondere beim Trennungsunterhalt kommt der volle Wohnwert regelmäßig erst dann zum Tragen, wenn nicht mehr mit einer Wiederherstellung der ehelichen Lebensgemeinschaft zu rechnen ist und auch dem in der Wohnung verbliebenen Ehegatten eine Verwertung zugemutet werden kann. Das ist meist ab Zustellung des Scheidungsantrags anzunehmen (vgl. BGH, FamRZ 2008, 963). Kosten, mit denen ein Mieter üblicherweise nicht belastet wird, sind abzusetzen (vgl. BGH, FamRZ 2009, 1300). Ist die Immobilie durch Kredite finanziert, sind neben den Zinsen die Tilgungsleistungen bis zur Höhe des

Wohnwertes abzuziehen, ohne dass dies die Befugnis zur Bildung eines zusätzlichen Altersvorsorgevermögens schmälert (vgl. BGH, FamRZ 2017, 519; FamRZ 2018, 1506 Rn. 31).

6. Haushaltsführung

Führt jemand einem leistungsfähigen Dritten den Haushalt, so ist hierfür ein Einkommen anzusetzen.

7. Einkommen aus unzumutbarer Erwerbstätigkeit

Einkommen aus unzumutbarer Erwerbstätigkeit kann nach Billigkeit ganz oder teilweise unberücksichtigt bleiben.

8. Freiwillige Zuwendungen Dritter

Freiwillige Zuwendungen Dritter sind nur Einkommen, wenn dies dem Willen des Dritten entspricht.

9. Erwerbsobliegenheit und Einkommensfiktion

Wird die Erwerbsobliegenheit verletzt, sind fiktive Einkünfte anzurechnen, die nach Alter, Vorbildung und beruflichem Werdegang erzielt werden können.

10. Bereinigung des Einkommens

10.1 Steuern und Vorsorgeaufwendungen

Vom Bruttoeinkommen sind Steuern und Vorsorgeaufwendungen abzuziehen. Zu diesen zählen Aufwendungen für die gesetzliche Kranken-, Pflege-, Renten- und Arbeitslosenversicherung oder die angemessene private Kranken- und Altersvorsorge sowie die Vorsorge für den Fall der Pflegebedürftigkeit.

Grundsätzlich darf eine zusätzliche Altersversorgung betrieben werden, die unterhaltsrechtlich beim Elternunterhalt bis zu 5 % des Bruttoeinkommens (BGH, FamRZ 2006, 1511) und im Übrigen bis zu 4 % des Bruttoeinkommens (BGH, FamRZ 2005, 1817) betragen kann. Voraussetzung ist stets, dass solche Aufwendungen für die eigene Altersvorsorge tatsächlich geleistet werden (BGH, FamRZ 2007, 793). Aufwendungen des gesteigert unterhaltspflichtigen Elternteils für eine zusätzliche Altersversorgung aber sind unterhaltsrechtlich nicht berücksichtigungsfähig, soweit der Mindestunterhalt für ein minderjähriges Kind nicht aufgebracht werden kann (BGH, FamRZ 2013, 616).

10.2 Berufsbedingte Aufwendungen

10.2.1 Pauschale/Konkrete Aufwendungen

Berufsbedingte Aufwendungen sind im Rahmen des Angemessenen vom Arbeitseinkommen abzuziehen. Sie können in der Regel mit einem Anteil von 5 % des Nettoeinkommens angesetzt werden, wenn hinreichende Anhaltspunkte für eine Schätzung bestehen. Werden höhere Aufwendungen geltend gemacht oder liegt ein Mangelfall vor, so sind sämtliche Aufwendungen im Einzelnen konkret darzulegen und nachzuweisen.

10.2.2 Fahrtkosten

Im Falle der konkreten Darlegung im Sinne der Nr. 10.2.1 werden für berufsbedingte Fahrten, insbesondere für Fahrten zum Arbeitsplatz (Hin- und Rückfahrt), die Kosten einer anzuerkennenden Pkw-Benutzung grundsätzlich mit einer Kilometerpauschale von *0,30* EUR berücksichtigt.

10.2.3 Ausbildungsaufwand

Ausbildungsvergütungen sind vorbehaltlich Nr. 13.1 Abs. 3 um ausbildungsbedingte Kosten zu kürzen. Die Höhe der ausbildungsbedingten Kosten bestimmt sich nach den Verhältnissen des Einzelfalles. Sie kann, wenn hinreichende Anhaltspunkte für eine Schätzung bestehen, mit *100 EUR* monatlich angenommen werden.

10.3 Kinderbetreuung

Leben im Haushalt des Unterhaltspflichtigen oder des Unterhaltsberechtigten minderjährige Kinder, so kann sich das Einkommen um Betreuungskosten (vor allem Kosten für eine notwendige Fremdbetreuung) mindern. In Betracht kommen kann auch, dass auf überobligationsmäßiger Tätigkeit beruhendes Mehreinkommen ganz oder teilweise anrechnungsfrei bleibt, wenn keine konkreten Betreuungskosten anfallen (vgl. BGH, FamRZ 2005, 1154).

10.4 Schulden

Zinsen und Tilgungsraten auf Schulden, die aus der Zeit vor Eheschließung herrühren oder während des ehelichen Zusammenlebens begründet worden sind, können, soweit angemessen, einkommensmindernd berücksichtigt werden. Den Interessen minderjähriger Kinder und volljähriger unverheirateter Kinder bis zur Vollendung des 21. Lebensjahres, die im Haushalt der Eltern oder eines Elternteils leben und sich in der allgemeinen Schulausbildung befinden, ist stets besonders Rechnung zu tragen.

10.5 Unterhaltsleistungen

Bei der Prüfung, ob Unterhaltsleistungen vorweg vom Einkommen abzuziehen sind, ist zwischen Bedarfsermittlung und Leistungsfähigkeit zu unterscheiden.

10.6 Vermögensbildung

Anlagen nach den Vermögensbildungsgesetzen sind – vorbehaltlich Nr. 10.1 – nicht vom Einkommen abzuziehen. Auf der anderen Seite erhöhen vermögenswirksame Leistungen des Arbeitgebers und Sparzulagen das Einkommen nicht.

Kindesunterhalt

11. Bemessungsgrundlage (Tabellenunterhalt)

Der Barunterhalt minderjähriger unverheirateter Kinder bestimmt sich nach den Altersstufen 1 bis 3 der Tabelle in Anlage I, die mit denjenigen nach § 1612a Abs. 1 Satz 3 BGB übereinstimmen. Die Tabellensätze sind identisch mit den ab 1. Januar 2022 geltenden Tabellensätzen der Düsseldorfer Tabelle. Wegen des Bedarfs volljähriger Kinder vgl. Nr. 13.1.

11.1 Kranken- und Pflegeversicherungsbeiträge

In den Unterhaltsbeträgen (Tabellensätzen) sind keine Kranken- und Pflegeversicherungsbeiträge enthalten. Soweit das Kind nicht in einer Familienversicherung mitversichert ist, hat es zusätzlich Anspruch auf Zahlung der Versicherungsbeiträge. Das Nettoeinkommen des Unterhaltspflichtigen ist in diesen Fällen vor Einstufung in die entsprechende Einkommensgruppe vorweg um diese Beiträge zu bereinigen.

11.2 Eingruppierung

Die Tabellensätze erfassen die Fälle, in denen eine Unterhaltspflicht gegenüber zwei Unterhaltsberechtigten besteht. Bei einer geringeren Anzahl von Unterhaltsberechtigten kann eine Höhergruppierung auch um mehr als eine Einkommensgruppe in Betracht kommen.

Bei einer größeren Anzahl von Unterhaltsberechtigten kann eine Korrektur an Hand des Bedarfskontrollbetrags erfolgen. Der Bedarfskontrollbetrag ist nicht identisch mit dem Selbstbehalt des Unterhaltspflichtigen. Er soll eine ausgewogene Verteilung des Einkommens zwischen dem Unterhaltspflichtigen und dem Unterhaltsberechtigten gewährleisten. Erreicht das dem Unterhaltspflichtigen nach Abzug aller Unterhaltslasten verbleibende bereinigte Einkommen nicht den für die Einkommensgruppe ausgewiesenen Bedarfskontrollbetrag, ist ggf. soweit herabzustufen, bis dem Unterhaltspflichtigen der entsprechende Kontrollbetrag verbleibt.

12. Minderjährige Kinder

12.1 Betreuungs-/Barunterhalt

Der Betreuungsunterhalt für ein minderjähriges Kind entspricht in der Regel dem Barunterhalt, sodass der betreuende Elternteil regelmäßig keinen Barunterhalt zu leisten braucht.

12.2 Einkommen des Kindes

Einkommen des minderjährigen Kindes, das nach Abzug ausbildungsbedingter Kosten (vgl. Nr. 10.2.3) verbleibt, ist zur Hälfte auf den Barunterhalt anzurechnen. Die andere Hälfte kommt dem betreuenden Elternteil zugute.

12.3 Beiderseitige Barunterhaltspflicht/ Haftungsanteil

Sind ausnahmsweise beide Elternteile gegenüber dem minderjährigen Kind barunterhaltspflichtig, bestimmt sich ihr Haftungsanteil nach dem Verhältnis ihrer den jeweiligen Selbstbehalt übersteigenden Einkommen.

12.4 Zusatzbedarf

Mehrbedarf und Sonderbedarf sind in den Unterhaltsbeträgen nicht enthalten. Insoweit sind grundsätzlich beide Elternteile barunterhaltspflichtig. Nr. 12.3 gilt entsprechend.

13. Volljährige Kinder

13.1 Bedarf

Der Barunterhalt volljähriger Schüler, Studenten und Auszubildender, die noch im Haushalt eines Elternteils leben, bestimmt sich nach Altersstufe 4 der Tabelle in *Anlage I*. Der Tabellenbetrag richtet sich nach dem zusammengerechneten Einkommen beider Elternteile. Ein Elternteil hat jedoch höchstens den Unterhalt zu leisten, der sich allein nach seinem Einkommen ergibt.

Dem 3. Familiensenat dient die Altersstufe 4 der Tabelle lediglich als Orientierung.

Der Bedarf nicht im Haushalt eines Elternteils lebender Kinder beträgt regelmäßig *860 EUR* monatlich. Kosten für eine Ausbildung im üblichen Rahmen sind darin ebenso enthalten wie ein Mietanteil (Warmmiete) von bis zu *375 EUR*. Bei guten wirtschaftlichen Verhältnissen kann eine Erhöhung des regelmäßigen Bedarfs gerechtfertigt sein, im Allgemeinen aber nicht über den doppelten Betrag hinaus.

In den Unterhaltsbeträgen sind Kranken- und Pflegeversicherungsbeiträge sowie Studiengebühren nicht enthalten.

13.2 Einkommen des Kindes

Einkommen des volljährigen unterhaltsberechtigten Kindes, das nach Abzug ausbildungsbedingter Kosten (vgl. Nr. 10.2.3) verbleibt, ist auf seinen Bedarf voll anzurechnen.

13.3 Beiderseitige Barunterhaltspflicht/ Haftungsanteil

Gegenüber volljährigen Kindern sind beide Elternteile barunterhaltspflichtig. Ihr Haftungsanteil bestimmt sich nach dem Verhältnis ihrer den jeweiligen Selbstbehalt übersteigenden Einkommen.

14. Verrechnung des Kindergeldes

Das Kindergeld ist nach Maßgabe des § 1612b BGB zur Deckung des Barbedarfs des Kindes zu verwenden (vgl. auch Nr. 3).

Ehegattenunterhalt

15. Unterhaltsbedarf

15.1 Bedarf nach den ehelichen Lebensverhältnissen

Der Unterhaltsanspruch des Ehegatten wird bestimmt und begrenzt durch den Bedarf nach den ehelichen Lebensverhältnissen, in den Fällen nachehelichen Unterhalts nach denjenigen bei der Scheidung. Leistet ein Ehegatte Unterhalt für ein Kind und hat dies bereits die ehelichen Lebensverhältnisse geprägt (vgl. BGH, FamRZ 2012, 281 Rn. 27), wird das Einkommen vorab um den Kindesunterhalt, das ist der Zahlbetrag, also der Tabellenunterhalt nach Abzug von Kindergeld, gemindert, soweit sich daraus nicht ein Missverhältnis zum wechselseitigen Lebensbedarf der Beteiligten ergibt (vgl. BGH, FamRZ 1999, 367; FamRZ 2003, 363).

Wegen der Behandlung von Erwerbseinkünften des unterhaltsberechtigten Ehegatten aus einer nach Trennung oder Scheidung aufgenommenen oder ausgeweiteten Tätigkeit wird auf das Urteil des BGH vom 13.6.2001 (FamRZ 2001, 986) verwiesen.

15.2 Halbteilung und Erwerbstätigenbonus

Der Unterhaltsbedarf des getrennt lebenden und geschiedenen Ehegatten beläuft sich grundsätzlich auf die Hälfte des zusammengerechneten eheprägenden bereinigten Einkommens beider Ehegatten.

Erwerbseinkünfte sind als Anreiz um einen Erwerbstätigenbonus von 1/10 vor Verminderung der Einkünfte um Kindesunterhalt und berücksichtigungsfähige Verbindlichkeiten zu kürzen.

15.3 Konkrete Bedarfsbemessung

Haben außergewöhnlich hohe Einkommen die ehelichen Lebensverhältnisse geprägt, kann eine konkrete Bedarfsbemessung in Betracht kommen.

15.4 Vorsorgebedarf

Werden Altersvorsorge-, Kranken- und Pflegeversicherungskosten vom Unterhaltsberechtigten gesondert geltend gemacht oder vom Unterhaltspflichtigen gezahlt, sind diese von dem Einkommen des Pflichtigen vorweg abzuziehen.

15.5 (*nicht belegt*)

15.6 Trennungsbedingter Mehrbedarf

Trennungsbedingter Mehrbedarf kann zusätzlich berücksichtigt werden.

16. Bedürftigkeit

Bedürftigkeit besteht nur, soweit der Bedarf nicht durch eigene Einkünfte des Unterhaltsberechtigten, ggf. vermindert um den Erwerbstätigenbonus (vgl. Nr. 15.2), gedeckt ist.

17. Erwerbsobliegenheit

17.1 bei Kindesbetreuung

Die Zumutbarkeit von Erwerbstätigkeit neben Betreuung von Kindern nach Vollendung des 3. Lebensjahres (vgl. §§ 1570 Abs. 1 Satz 1, 1615l Abs. 2 Satz 3 BGB) richtet sich nach den Umständen des Einzelfalles.

17.2 bei Trennungsunterhalt

Inwieweit in der Trennungszeit eine Erwerbsobliegenheit besteht, richtet sich nach den Umständen des Einzelfalles.

Weitere Unterhaltsansprüche

18. Ansprüche aus § 1615l BGB

Der Bedarf nach § 1615l BGB bemisst sich nach der Lebensstellung des betreuenden Elternteils.

19. Elternunterhalt

Haben Eltern Unterhaltsansprüche gegen ihre Kinder, so sind auch Pflegebedarf und Heimkosten Teile des Unterhaltsbedarfs.

20. Lebenspartnerschaft

Der Bedarf gemäß §§ 5, 12, 16 LPartG bemisst sich nach den partnerschaftlichen Lebensverhältnissen.

Leistungsfähigkeit und Mangelfall

21. Selbstbehalt

21.1 Grundsatz

Leistungsfähigkeit ist in dem Umfang gegeben, in welchem das bereinigte Einkommen, hier ohne Abzug eines Erwerbstätigenbonus, den Selbstbe-

LL-Strkt
KG
Brdbg
Brschw
Brem
Celle
Dresd
Düss
Ffm
Hbg
Hamm
Jena
Kblz
Köln
Naumbg
Oldbg
Rstk
Schlesw
SüdL
Empf Sozhi

halt, der dem Unterhaltspflichtigen zur Bestreitung seines eigenen Unterhalts bleiben muss, übersteigt.

21.2 Notwendiger Selbstbehalt

Der notwendige Selbstbehalt des Unterhaltspflichtigen beträgt gegenüber minderjährigen Kindern sowie gegenüber volljährigen unverheirateten Kindern bis zur Vollendung des 21. Lebensjahres, die im Haushalt der Eltern oder eines Elternteils leben und sich in der allgemeinen Schulausbildung befinden, *1.160* EUR. Darin ist ein Mietanteil (Warmmiete) von etwa *430* EUR enthalten. Sind die Einkünfte des Unterhaltspflichtigen insgesamt oder im Wesentlichen keine Erwerbseinkünfte, beträgt der Selbstbehalt *960* EUR.

21.3 Angemessener Selbstbehalt

21.3.1 Kindesunterhalt

Gegenüber minderjährigen und volljährigen Kindern gilt, soweit dem Unterhaltspflichtigen mehr als der notwendige Selbstbehalt (vgl. Nr. 21.2) zu belassen ist, ein angemessener Selbstbehalt i.H.v. 1.400 €. Darin ist ein Mietanteil (Warmmiete) von etwa 550 € enthalten.

21.3.2 Elternunterhalt

Dem Unterhaltspflichtigen ist der angemessene Eigenbedarf zu belassen. Bei dessen Bemessung sind Zweck und Rechtsgedanken des Gesetzes zur Entlastung unterhaltspflichtiger Angehöriger in der Sozialhilfe und in der Eingliederungshilfe (Angehörigenentlastungsgesetz) vom 10. Dezember 2019 (BGBl. I S. 2135) zu beachten.

21.4 Eheangemessener Selbstbehalt und Ansprüche aus § 1615l BGB

Der Selbstbehalt gegenüber dem getrennt lebenden und geschiedenen Ehegatten (vgl. dazu BGH, FamRZ 2006, 683) beträgt in der Regel *1.280* EUR (billiger Selbstbehalt). Darin ist ein Mietanteil (Warmmiete) von etwa *490* EUR enthalten. Diese Beträge gelten auch in den Fällen des § 1615l BGB (BGH, FamRZ 2005, 354).

21.5 Anpassung des Selbstbehalts

Der Selbstbehalt kann unterschritten werden, wenn der eigene Unterhalt des Pflichtigen ganz oder teilweise durch den Ehegatten gedeckt ist.

Der Selbstbehalt eines Unterhaltspflichtigen kann überdies um die durch eine gemeinsame Haushaltsführung eintretende Ersparnis, höchstens jedoch bis auf sein Existenzminimum nach sozialhilferechtlichen Grundsätzen herabgesetzt werden (vgl. BGH, FamRZ 2008, 594). Die Ersparnis kann regelmäßig mit 10 % für jeden volljährigen Partner der Haushaltsgemeinschaft in Ansatz gebracht werden (vgl. BGH, FamRZ 2012, 281 Rn. 46).

22. Bedarf des mit dem Unterhaltspflichtigen zusammenlebenden Ehegatten

Ist der Unterhaltspflichtige verheiratet, so richtet sich der Bedarf des mit ihm zusammen lebenden Ehegatten nach den ehelichen Lebensverhältnissen. Der Bedarf kann mit Rücksicht auf das Zusammenleben niedriger anzusetzen sein.

23. nicht belegt

24. Mangelfall

24.1 Grundsatz

Reicht der Betrag, der zur Erfüllung mehrerer Unterhaltsansprüche zur Verfügung steht (Verteilungsmasse), nicht aus, um den Unterhaltsbedarf aller Unterhaltsberechtigten zu decken, so ist der den Selbstbehalt übersteigende Betrag auf die Berechtigten unter Beachtung der Rangverhältnisse zu verteilen.

24.2 Einsatzbeträge

Die Einsatzbeträge für minderjährige unverheiratete und ihnen gleichgestellte volljährige Kinder entsprechen den Tabellenbeträgen der ersten Einkommensgruppe der Tabelle in Anlage I abzüglich des nach § 1612b Abs. 1 BGB zur Bedarfsdeckung zu verwendenden Kindergeldes.

24.3 Berechnung

Bei der Mangelverteilung errechnet sich der gekürzte Unterhaltsanspruch aller gleichrangigen Unterhaltsberechtigten aus dem Quotienten von Verteilungsmasse und Summe der Einsatzbeträge, multipliziert mit dem jeweiligen Einsatzbetrag.

Sonstiges

25. Rundung

Der Unterhaltsbetrag kann auf volle Euro gerundet werden.

Anlagen

I. Unterhaltstabelle Stand 01.01.2022 in Euro

s. S. 5

II. Zahlbetragstabelle Stand 01.01.2022 in Euro

s. S. 10

III. Umrechnung dynamisierter Titel alten Rechts gemäß § 36 Nr. 3 EGZPO

s. S. 9

d) OLG Braunschweig

Unterhaltsrechtliche Leitlinien der Familiensenate des Oberlandesgerichts Braunschweig Stand: Januar 2022

Die Familiensenate des Oberlandesgerichts Braunschweig verwenden die unterhaltsrechtlichen Leitlinien als Orientierungshilfe für den Regelfall. Die Leitlinien dienen dem Zweck, die Rechtsprechung der Senate zu vereinheitlichen. Sie haben jedoch keine bindende Wirkung und können insbesondere die Prüfung des Einzelfalles nicht ersetzen. Das Tabellenwerk der Düsseldorfer Tabelle ist angefügt. Die Erläuterungen werden durch nachfolgende Leitlinien ersetzt.

Unterhaltsrechtliches Einkommen:

Bei der Ermittlung und Zurechnung von Einkommen ist stets zu unterscheiden, ob es um Verwandten- oder Ehegattenunterhalt und ob es um die Bemessung des Bedarfs oder die Feststellung der Bedürftigkeit bzw. Leistungsfähigkeit geht. Das unterhaltsrechtliche Einkommen ist nicht in jedem Fall identisch mit den steuerrechtlichen Einkünften.

1. Geldeinnahmen:

1.1 Auszugehen ist vom Bruttoeinkommen als Summe aller Einkünfte.

1.2 Soweit Leistungen nicht monatlich anfallen (z. B. Weihnachtsgratifikation und Urlaubsgeld), werden sie auf ein Jahr umgelegt. Einmalige Zahlungen (z. B. Abfindungen) sind auf einen angemessenen Zeitraum zu verteilen.

1.3 Überstundenvergütungen werden dem Einkommen zugerechnet, soweit sie berufstypisch sind und das im jeweiligen Beruf übliche Maß nicht überschreiten.

Darüber hinausgehende Einnahmen aus Überstunden oder Zusatzarbeit sind auf Grund der Umstände des Einzelfalls (z. B. hohe Schuldenbelastung, Sicherung des Mindestbedarfs) nach Billigkeit zuzurechnen.

1.4 Auslösungen und Spesen werden pauschal zu 1/3-Anteil als Einkommen behandelt, soweit nicht der Nachweis geführt wird, dass derartige Leistungen notwendigerweise im weitergehenden Umfang verbraucht werden und deshalb keine entsprechende häusliche Ersparnis eintritt. Bei steuerfrei gewährten Auslösungen pp. wird grundsätzlich davon ausgegangen, dass sie als Aufwandsentschädigung auf Nachweis gezahlt worden sind.

1.5 Bei der Ermittlung des Einkommens aus selbstständiger Tätigkeit wird in der Regel an den Gewinn aus einem zeitnahen Drei-Jahres-Zeitraum angeknüpft.

Privatentnahmen können im Ausnahmefall Indizcharakter für die Feststellung der für den Lebensunterhalt tatsächlich verfügbaren Mittel haben, wenn keine oder keine ordnungsgemäße Gewinnermittlung vorhanden ist oder diese offensichtlich kein zutreffendes Bild ergibt.

1.6 Einkünfte aus Vermietung und Verpachtung sowie aus Kapitalvermögen ergeben sich aus der Differenz zwischen Einnahmen und anerkennenswürdigen Werbungskosten. Für Gebäude ist in der Regel keine Abschreibung für Abnutzung (AfA) anzusetzen.

1.7 Steuererstattungen und Steuernachzahlungen sind in der Regel in dem Kalenderjahr, in dem sie anfallen, zu berücksichtigen (»In-Prinzip«) und auf die Monate dieses Kalenderjahres umzulegen. Eine Fortschreibung für Folgejahre setzt voraus, dass die Bemessungsgrundlagen im Wesentlichen unverändert bleiben. Soweit Erstattungen auf Aufwendungen beruhen, die unterhaltsrechtlich nicht zu berücksichtigen sind, bleiben auch die Steuererstattungen außer Betracht.

1.8 Sonstige Einnahmen sind z. B. Sachbezüge oder Trinkgelder.

2. Sozialleistungen

2.1 Einkommen sind Arbeitslosengeld (§ 136 SGB III) und sonstige Lohnersatzleistungen nach dem Sozialgesetzbuch III (Übergangs-, Ausbildungs-, Kurzarbeiter- und Insolvenzgeld) sowie Krankengeld.

2.2 Arbeitslosengeld II (nach §§ 19-32 SGB II) ist Einkommen beim Unterhaltsverpflichteten; beim Unterhaltsberechtigten sind Leistungen zur Sicherung des Lebensunterhalts kein Einkommen, es sei denn, die Nichtberücksichtigung der Leistungen ist in Ausnahmefällen treuwidrig; nicht subsidiäre

Leistungen nach dem SGB II sind in jedem Fall Einkommen.

2.3 Wohngeld ist Einkommen, soweit es nicht erhöhte Wohnkosten deckt.

2.4 BAföG-Leistungen sind, auch soweit sie als Darlehen gewährt werden, Einkommen mit Ausnahme von Vorausleistungen nach §§ 36, 37 BAföG.

2.5 Elterngeld (§ 1 BEEG – Elterngeldgesetz), Betreuungsgeld (§ 4a BEEG) und Erziehungsgeld (§ 1 BErzGG) sind Einkommen nach Maßgabe der §§ 11, 6 BEEG; 9 BErzGG.

2.6 Renten wegen Minderung oder Verlust der Erwerbsfähigkeit (§§ 43 SGB VI, 56 SGB VII) sind Einkommen.

2.7 Leistungen aus der Pflegeversicherung, Blindengeld, Versorgungsrenten, Schwerbeschädigten- und Pflegezulagen sind Einkommen nach Abzug eines Betrages für tatsächliche Mehraufwendungen; §§ 1610a, 1578a BGB sind zu beachten.

2.8 Bei der Pflegeperson ist der Anteil des an sie weitergeleiteten Pflegegeldes Einkommen, durch den ihre Bemühungen abgegolten werden; bei Pflegegeld aus der Pflegeversicherung gilt dies nur in den Ausnahmefällen des § 13 Abs. 6 SGB XI.

2.9 In der Regel sind Bezüge nach §§ 41-43 SGB XII (Grundsicherung) beim Verwandtenunterhalt Einkommen (nicht aber beim Ehegattenunterhalt).

2.10 Kein Einkommen ist die sonstige Sozialhilfe nach dem SGB XII; die Unterhaltsforderung eines Empfängers dieser Leistungen kann in Ausnahmefällen treuwidrig sein (vgl. Nr. 2.2).

2.11 Kein Einkommen sind Leistungen aus dem Unterhaltsvorschussgesetz.

3. Kindergeld

Kindergeld wird nicht zum Einkommen gerechnet (vgl. Nr. 14).

4. Geldwerte Zuwendungen

Geldwerte Zuwendungen aller Art des Arbeitgebers (z.B. Firmenwagen, kostenlose oder verbilligte Wohnung, unentgeltliche Verpflegung) sind Einkommen, soweit sie – ggf. nach § 287 ZPO zu schätzende – entsprechende Eigenaufwendungen ersparen.

Die für Firmenwagen steuerlich in Ansatz gebrachten Beträge (»1 %-Regelung«) können einen Anhaltspunkt für die Bewertung des geldwerten Vorteils bieten.

5. Wohnwert

Der Wohnvorteil durch mietfreies Wohnen im eigenen Heim ist als wirtschaftliche Nutzung des Vermögens unterhaltsrechtlich wie Einkommen zu behandeln. Neben dem Wohnwert sind auch Zahlungen nach dem Eigenheimzulagengesetz anzusetzen.

Ein Wohnvorteil liegt nur vor, soweit der Wohnwert den berücksichtigungsfähigen Schuldendienst, notwendige Instandhaltungskosten und die verbrauchsunabhängigen Kosten, mit denen ein Mieter üblicherweise nicht belastet wird, übersteigt.

Auszugehen ist vom vollen Mietwert. Wenn es nicht möglich oder nicht zumutbar ist, die Wohnung aufzugeben und das Objekt zu vermieten oder zu veräußern, kann stattdessen die ersparte Miete angesetzt werden, die angesichts der wirtschaftlichen Verhältnisse angemessen wäre. Dies kommt insbesondere für die Zeit bis zur Scheidung in Betracht, wenn ein Ehegatte das Familienheim allein bewohnt.

Finanzierungslasten mindern den Wohnwert, soweit sie tatsächlich durch Ratenzahlungen bedient werden.

Tilgungsleistungen sind in der Regel bis zur Höhe des in Ansatz zu bringenden Wohnwertes abzuziehen (vgl. BGH, FamRZ 2017, 519; FamRZ 2018, 1506).

Bei der Berechnung des Ehegattenunterhalts sind darüber hinausgehende Tilgungen zu berücksichtigen, solange der berechtigte Ehegatte am Vermögenszuwachs teilhat. Nach diesem Zeitpunkt sind neben den Zinszahlungen die den Wohnwert übersteigenden Tilgungsleistungen nur dann im Rahmen des Wohnwertes zu berücksichtigen, wenn weder eine Veräußerung der Immobilie noch eine Tilgungsaussetzung oder Tilgungsstreckung möglich sind.

Wegen des Abzuges weiterer Tilgungsleistungen als sekundäre Altersvorsorge wird auf Ziffer 10.1 verwiesen.

Beim Kindesunterhalt gilt im Rahmen des § 1603 Abs. 1 BGB ein großzügigerer, bei gesteigerter Unterhaltspflicht nach § 1603 Abs. 2 BGB hingegen ein strengerer Maßstab für die Berücksichtigung von Tilgungsleistungen und zusätzlicher Altervorsorge. Im absoluten Mangelfall sind die Tilgung und zusätzliche Altersvorsorge in der Regel nicht zu berücksichtigen.

6. Haushaltsführung

Führt ein nicht voll Erwerbstätiger einem unterhaltsrechtlich leistungsfähigen Dritten den Haushalt, so kann hierfür ein Einkommen anzusetzen sein.

Das Zusammenleben in einer häuslichen Gemeinschaft kann unter dem Gesichtspunkt ersparter Wohn- und Haushaltskosten nach den Umständen des Einzelfalls – bei Leistungsfähigkeit des Partners – die Bedürftigkeit mindern bzw. die Leistungsfähigkeit steigern. In der Regel kann dieser geldwerte Vorteil dem jeweiligen Partner der Gemeinschaft mit 10,00 Prozent des Eigenbedarfs zugerechnet werden.

7. Einkommen aus unzumutbarer Erwerbstätigkeit

Einkommen aus unzumutbarer Erwerbstätigkeit kann nach Billigkeit ganz oder teilweise unberücksichtigt bleiben.

8. Freiwillige Zuwendungen Dritter

Freiwillige Zuwendungen Dritter (z. B. Geldleistungen, kostenloses Wohnen) sind in der Regel nur dann als Einkommen zu berücksichtigen, wenn dies dem Willen des Dritten entspricht. Eine Anrechnung kommt ebenfalls in Betracht, wenn der Mindestunterhalt minderjähriger oder privilegiert volljähriger Kinder (§ 1603 Abs. 2 S. 2 BGB) oder das Existenzminimum des Ehegatten nicht gedeckt ist.

9. Erwerbsobliegenheit und fiktives Einkommen

9.1 Einkommen sind auch auf Grund einer unterhaltsrechtlichen Obliegenheit erzielbare Einkünfte. Gegenüber minderjährigen und diesen gleich gestellten volljährigen (privilegierten) Kindern ist die Obliegenheit nach Maßgabe des § 1603 Abs. 2 BGB gesteigert, wenn kein anderer unterhaltspflichtiger Verwandter vorhanden ist.

9.2 Bei Arbeitslosigkeit sind über eine Meldung bei der Agentur für Arbeit hinausgehende Erwerbsbemühungen im Einzelnen darzulegen und zu belegen. Der Hinweis auf die Arbeitsmarktlage macht den Nachweis von Bemühungen nur im Ausnahmefall entbehrlich. Bei unzureichenden Bemühungen um einen Arbeitsplatz können bei einer nicht auszuschließenden realen Beschäftigungschance fiktive Einkünfte nach den Umständen des Einzelfalles unter Berücksichtigung von Beruf, Alter, Gesundheitszustand, Fähigkeiten und dem zuletzt erzielten Verdienst zu Grunde gelegt werden.

10. Bereinigung des Einkommens

10.1 Vom Bruttoeinkommen sind Steuern, Sozialabgaben und/oder angemessene Vorsorgeaufwendungen abzusetzen (Nettoeinkommen).

Es besteht die Obliegenheit, Steuervorteile in Anspruch zu nehmen (z. B. Eintragung eines Freibetrages bei erheblichen Werbungskosten; für titulierten oder unstreitig gezahlten Ehegattenunterhalt). Bei der Ermittlung der Steuervorteile sind damit verbundene Nachteile sowie Pauschbeträge gegenzurechnen.

Im Rahmen der Altersvorsorge können über die Aufwendungen für die Grundversorgung und Betriebsrente (primäre Altersvorsorge) hinaus in angemessenem Umfang tatsächlich geleistete Zahlungen für eine zusätzliche private Altersvorsorge (sekundäre Altersvorsorge) anerkannt werden.

Beim Kindesunterhalt und Ehegattenunterhalt ist für die sekundäre Altersvorsorge in der Regel ein Betrag von bis zu 4,00 Prozent des Gesamtbruttoeinkommens des Vorjahres angemessen, bei gesteigerter Unterhaltspflicht gegenüber Kindern aber nur, soweit der Mindestunterhalt gedeckt ist; beim Elternunterhalt in Höhe von bis zu 5,00 Prozent des Vorjahresbruttoeinkommens.

Einem abhängig Beschäftigten, dessen Einkommen über der Beitragsbemessungsgrenze liegt, können für den darüber hinausgehenden Einkommensteil ebenso wie beim selbständig berufstätigen Unterhaltsschuldner Aufwendungen bis zu insgesamt 24,00 Prozent dieses Bruttoeinkommens als Altersvorsorge zugebilligt werden.

Tilgungsleistungen im Rahmen des Schuldendienstes für mietfreies Wohnen sind in der Regel bis zur Höhe des Wohnvorteils vom Einkommen des Unterhaltspflichtigen abzuziehen, ohne dass dies seine Befugnis zur Bildung eines zusätzlichen Altersvorsorgevermögens schmälert. Der den Wohnvorteil dann noch übersteigende Tilgungsanteil ist als Vermögensbildung zu Lasten des Unterhaltsberechtigten im Rahmen der sekundären Altersvorsorge auf die Altersvorsorgequote des Unterhaltspflichtigen anzurechnen (vgl. BGH, FamRZ 2017, 519; FamRZ 2018, 1506).

10.2 Berufsbedingte Aufwendungen, die sich von den privaten Lebenshaltungskosten nach objektiven Merkmalen eindeutig abgrenzen lassen, sind im Rahmen des Angemessenen vom Nettoeinkommen aus unselbständiger Arbeit abzuziehen.

10.2.1 Bei Vorliegen entsprechender Anhaltspunkte kann von Einkünften aus nicht selbständiger Erwerbstätigkeit eine Pauschale von 5,00 Prozent des Nettoeinkommens (Ziffer 10.1) angesetzt werden, höchstens jedoch monatlich 150,00 € und mindestens monatlich 50,00 € (25,00 € bei geringerem Monatseinkommen als 500,00 €); übersteigen die berufsbedingten Aufwendungen diese Pauschale oder werden sie substantiiert bestritten, so sind die Aufwendungen im Einzelnen darzulegen.

10.2.2 Bei Unzumutbarkeit der Nutzung öffentlicher Verkehrsmittel kann für die notwendigen Kosten der berufsbedingten Nutzung eines Kraftfahrzeugs der nach den Sätzen des § 5 Abs. 2 Satz 1

LL-Strkt
KG
Brdbg
Brschw
Brem
Celle
Dresd
Düss
Ffm
Hbg
Hamm
Jena
Kblz
Köln
Naumbg
Oldbg
Rstk
Schlesw
SüdL
Empf Sozhi

Nr. 2 JVEG anzuwendende Betrag 0,48 € pro gefahrenen Kilometer angesetzt werden; damit sind in der Regel die Anschaffungskosten für das Kraftfahrzeug erfasst. Werden die Raten für einen zur Anschaffung aufgenommenen Kredit berücksichtigt, so verringern sich die anrechnungsfähigen Fahrtkosten; bei langen Fahrstrecken (ab ca. 30 km einfach) kann der Kilometersatz für die Mehrkilometer im angemessenen Rahmen nach unten korrigiert werden (in der Regel auf 0,28 €).

Bei unverhältnismäßig hohen Fahrtkosten wegen einer weiten Entfernung zum Arbeitsplatz kommt im Rahmen der Zumutbarkeit auch die Obliegenheit zu einem Wohnortwechsel in Betracht.

10.2.3 Bei einem Auszubildenden sind in der Regel 100,00 € als pauschaler ausbildungsbedingter Aufwand abzuziehen.

10.3 Das Einkommen aus einer neben der Kinderbetreuung ausgeübten Erwerbstätigkeit kann um den notwendigen, konkret dargelegten Aufwand für die Betreuung des Kindes vermindert werden. Wird die Betreuung eines Kindes durch Dritte allein infolge der Berufstätigkeit des betreuenden Elternteils erforderlich, gehören die Betreuungskosten zur allgemeinen Betreuung, die vom betreuenden Elternteil im Gegenzug zur Barunterhaltspflicht des anderen allein zu leisten ist. Dafür entstehende Betreuungskosten können mithin als berufsbedingte Aufwendungen des betreuenden Elternteils Berücksichtigung finden (vgl. BGH, FamRZ 2018, 23). Fallen keine konkreten Betreuungskosten an, kann ein Teil des Einkommens nach Billigkeitsgrundsätzen entsprechend § 1577 Abs. 2 S. 2 BGB anrechnungsfrei bleiben, sofern besondere Erschwernisse dargelegt werden. Zum Aufwand für die Betreuung des Kindes zählen nicht die Kosten einer Kindertagesstätte (Kinderkrippe, Kindergarten, Schülerhort); diese sind Mehrbedarf des Kindes und nach dem Verhältnis der beiderseitigen Einkünfte zwischen den Eltern aufzuteilen (siehe Nr. 12.4).

10.4 Schulden können je nach den Umständen des Einzelfalles (Art, Grund und Zeitpunkt des Entstehens) das anrechenbare Einkommen – auch beim Kindesunterhalt – vermindern.

Sie sind im Rahmen eines angemessenen Tilgungsplanes absetzbar, wenn nach einer umfassenden Gesamtabwägung ihre Berücksichtigung der Billigkeit entspricht. Dabei sind die Belange von Unterhaltsberechtigten – insbesondere von minderjährigen Kindern -, Unterhaltsschuldnern und Drittgläubigern zu würdigen. Regelmäßig abgezogen werden Schulden, die die Lebensverhältnisse der Familie geprägt haben, ihr Verwendungszweck ist in der Regel ohne Bedeutung.

Den Unterhaltsschuldner kann eine Obliegenheit zur Einleitung der Verbraucherinsolvenz treffen, wenn dieses Verfahren zulässig und geeignet ist, den laufenden Unterhalt seiner minderjährigen Kinder dadurch sicherzustellen, dass ihm Vorrang vor sonstigen Verbindlichkeiten eingeräumt wird. Das gilt nur dann nicht, wenn der Unterhaltsverpflichtete Umstände vorträgt und ggf. nachweist, die eine solche Obliegenheit im Einzelfall als unzumutbar erscheinen lassen.

10.5 Unterhaltsleistungen (Zahlbeträge) an vorrangig Berechtigte sind grundsätzlich im Wege des Vorwegabzuges zu berücksichtigen.

10.6 Bei vermögenswirksamen Leistungen ist die Arbeitgeberleistung abzugsfähig, im Rahmen angemessener Vermögensbildung ist auch die Arbeitnehmerleistung abzugsfähig.

10.7 Außergewöhnlich hohe Umgangskosten können das unterhaltsrelevante Einkommen mindern oder durch eine Erhöhung des Selbstbehalts berücksichtigt werden.

Kindesunterhalt

11. Bemessungsgrundlage (Tabellenunterhalt)

Der Barunterhaltsbedarf minderjähriger und noch im elterlichen Haushalt lebender volljähriger unverheirateter Kinder bestimmt sich nach den Sätzen der Düsseldorfer Tabelle (vgl. Anhang 1). Bei minderjährigen Kindern kann er als Festbetrag oder als Prozentsatz des jeweiligen Mindestunterhalts (Einkommensgruppe 1 der Düsseldorfer Tabelle) geltend gemacht werden.

11.1 Die Tabellensätze enthalten keine Beiträge zur Kranken- und Pflegeversicherung des Kindes, wenn es nicht in der gesetzlichen Familienversicherung mitversichert ist. Solche zusätzlich aufzubringenden Beiträge sind vorweg vom Einkommen des Unterhaltspflichtigen abzuziehen.

11.2 Die Tabellensätze erfassen den Fall, dass der Unterhaltspflichtige zwei Berechtigten ohne Rücksicht auf deren Rang Unterhalt zu gewähren hat; sind mehr oder weniger Unterhaltsberechtigte vorhanden, kann dies unter Umständen die »Höher- oder Herabstufung« der Einkommensgruppe rechtfertigen.

Die Bedarfskontrollbeträge der Düsseldorfer Tabelle werden nicht übernommen; das mit Hilfe der Tabelle gewonnene Ergebnis ist aber stets auf seine Angemessenheit für den zu entscheidenden Einzelfall zu prüfen.

12. Minderjährige Kinder

12.1 Bei minderjährigen Kindern, die bei einem Elternteil leben, richtet sich der Tabellenunterhalt nach dem Einkommen des anderen Elternteils.

Wenn nicht ein anderer leistungsfähiger Verwandter (§ 1603 Abs. 2 Satz 3 BGB) vorhanden ist, haben die Eltern gegenüber ihren minderjährigen Kindern eine gesteigerte Unterhaltspflicht (§ 1603 Abs. 2 Satz 1 BGB), die zu einer verstärkten Erwerbsobliegenheit der Eltern führt und erst beim sog. notwendigen Selbstbehalt (vgl. Ziffer 21.2) ihre Grenze findet.

Der Elternteil, der ein minderjähriges Kind betreut, leistet regelmäßig hierdurch seinen Beitrag zum Kindesunterhalt (§ 1606 Abs. 3 Satz 2 BGB) und ist auch bei eigenem Einkommen grundsätzlich nicht barunterhaltspflichtig (»Gleichwertigkeit von Betreuungs- und Barunterhalt«).

Verfügt der betreuende Elternteil etwa über das Dreifache der unterhaltsrelevanten Nettoeinkünfte des an sich barunterhaltspflichtigen Elternteils, nähert sich die Einkommensdifferenz einer Grenze, an der es unter gewöhnlichen Umständen der Billigkeit entsprechen kann, den betreuenden Elternteil auch den Barunterhalt für das Kind in voller Höhe aufbringen zu lassen (BGH, FamRZ 2013, 1558).

12.2 Eigenes Einkommen des Kindes mindert grundsätzlich seinen Unterhaltsanspruch (§ 1602 BGB); es wird nicht nur auf den Barbedarf angerechnet, sondern kommt auch dem betreuenden Elternteil zu Gute, so dass es in der Regel zur Hälfte vom Tabellenunterhalt abzuziehen ist.

12.3 Sind bei einer auswärtigen Unterbringung des Kindes oder bei einem im Vergleich zum Barunterhaltspflichtigen wesentlich höheren Einkommen des betreuenden Elternteils ausnahmsweise beide Eltern zum Barunterhalt verpflichtet, haften sie wie beim Kindesunterhalt privilegiert Volljähriger – vgl. Ziff. 13.3 – anteilig für den Gesamtbedarf (§ 1606 Abs. 3 Satz 1 BGB). Der Verteilungsschlüssel kann unter Berücksichtigung einer verbleibenden Kinderbetreuung wertend verändert werden.

Im Fall des Wechselmodells haben grundsätzlich beide Elternteile für den Barunterhalt des Kindes einzustehen. Der Unterhaltsbedarf bemisst sich nach dem beiderseitigen Einkommen der Eltern und umfasst außerdem die infolge des Wechselmodells entstehenden Mehrkosten. Der dem Kind von einem Elternteil während der Betreuungszeit im Wechselmodell geleistete Naturalunterhalt führt nicht dazu, dass ein Barunterhaltsanspruch nicht geltend gemacht werden kann. Der geleistete Naturalunterhalt ist vielmehr als (teilweise) Erfüllung des Unterhaltsanspruchs zu berücksichtigen (vgl. BGH, FamRZ 2017, 437).

Wegen der Aufteilung des gesetzlichen Kindergeldes zwischen den Eltern beim Vorliegen eines Wechselmodells siehe BGH, FamRZ 2016, 1053.

12.4 Bei Zusatzbedarf (Prozesskostenvorschuss, Mehrbedarf, Sonderbedarf) gilt § 1606 Abs. 3 Satz 1 BGB (vgl. Ziff. 13.3).

Kosten für Kindergärten, Kinderkrippen, Schülerhort und vergleichbare Betreuungsformen (ohne Verpflegungskosten) sind Mehrbedarf des Kindes.

13. Volljährige Kinder

13.1 Beim Bedarf volljähriger Kinder ist zwischen Kindern mit eigenem Haushalt und im Haushalt der Eltern oder eines Elternteils lebenden Kindern zu unterscheiden:

13.1.1 Für im Haushalt der Eltern oder eines Elternteils wohnende volljährige, unverheiratete Kinder gilt die Altersstufe 4 der Düsseldorfer Tabelle. Sind beide Eltern leistungsfähig (vgl. Ziff. 21.3.1), ist der Bedarf des Kindes in der Regel nach dem zusammengerechneten Einkommen (ohne Zu- und Abschläge nach Nr. 11.2) zu bemessen, jedoch regelmäßig auf 860,00 € zu begrenzen, hierin sind Kosten der Unterkunft (Warmmiete) in Höhe von 375,00 € enthalten; für die Haftungsquote gilt Ziff. 13.3. Ein Elternteil hat aber höchstens den Unterhalt zu leisten, der sich aus seinem Einkommen nach der Düsseldorfer Tabelle ergibt.

13.1.2 Der angemessene Bedarf eines volljährigen Kindes mit eigenem Hausstand beträgt mindestens monatlich 860,00 € ohne Beiträge zur Kranken- und Pflegeversicherung sowie Studiengebühren, die Mehrbedarf sind. Enthalten sind hierin wiederum die Kosten der Unterkunft (Warmmiete) in Höhe von 375,00 € und Semesterbeiträge (Finanzierung von Fahrtickets, AStA- und Sozialbeitrag), die dem laufenden Lebensbedarf zuzurechnen sind.

Von diesem Bedarfsbetrag kann bei erhöhtem Bedarf oder mit Rücksicht auf die Lebensstellung der Eltern abgewichen werden.

13.2 Auf den Unterhaltsbedarf werden Einkünfte des Kindes, auch Kindergeld (siehe Nr. 14), BAföG-Darlehen und Ausbildungsbeihilfen (letztere gekürzt um ausbildungsbedingte Aufwendungen, vgl. 10.2.3) angerechnet; Einkünfte aus unzumutbarer Erwerbstätigkeit können nach Billigkeit ganz oder teilweise unberücksichtigt bleiben.

13.3 Mit Eintritt der Volljährigkeit besteht – auch für privilegierte volljährige Kinder (§ 1603 Abs. 2 Satz 2 BGB) – grundsätzlich eine Barunterhaltspflicht beider Elternteile.

Zur Ermittlung des Haftungsanteils bei anteiliger Barunterhaltspflicht ist das bereinigte Nettoeinkommen jedes leistungsfähigen Elternteils gemäß Ziff. 10 zu ermitteln und vom unterhaltsrelevanten Resteinkommen ein Sockelbetrag in Höhe des angemessenen Selbstbehalts von 1.400,00 € abzuziehen. Das gilt grundsätzlich auch für privilegiert volljährige Kinder, es sei denn der Mindestunterhalt dieser Kinder ist bei der Zugrundelegung des angemessenen Selbstbehalts nicht gewahrt; in diesem Fall ist der Sockelbetrag in Höhe des notwendigen Selbstbehalts (siehe Nr. 21.2) abzuziehen.

Der so ermittelte Haftungsanteil ist auf seine Angemessenheit zu überprüfen und kann bei Vorliegen besonderer Umstände (z. B. behindertes Kind) wertend verändert werden.

14. Verrechnung des Kindergeldes

Das Kindergeld wird nach § 1612b BGB bedarfsdeckend angerechnet; zur Anrechnung des Kindergeldes siehe Verrechnungstabelle (Anhang).

Ehegattenunterhalt

15. Unterhaltsbedarf

15.1 Der Unterhaltsbedarf des Ehegatten wird durch die ehelichen Lebensverhältnisse, d.h. regelmäßig durch die Einkommens- und Vermögensverhältnisse der Ehegatten im Unterhaltszeitraum, bestimmt (§§ 1361, 1578 BGB).

Veränderungen des Einkommens sind grundsätzlich zu berücksichtigen. Ausnahmen gelten für Einkommenssteigerungen, die auf einer unerwarteten, vom Normalverlauf erheblich abweichenden Entwicklung beruhen, oder für unterhaltsrechtlich vorwerfbar herbeigeführte Verringerungen.

Erwerbseinkommen des Ehegatten, der während der Ehe den Haushalt geführt oder Kinder betreut hat, ist als eheprägendes Surrogationseinkommen anzusehen.

Das gilt auch für den Wert von Versorgungsleistungen, die der Ehegatte in der häuslichen Gemeinschaft mit einem neuen Partner erbringt oder für eine aus dem Versorgungsausgleich bezogene Rente.

Auch ein fiktiv anzusetzendes Erwerbseinkommen, zu dessen Erzielung der unterhaltsberechtigte Ehegatte in der Lage ist, ist als Surrogation des wirtschaftlichen Wertes seiner bisherigen Leistungen durch Haushaltsführung anzusehen.

15.2 Der Bedarf jedes Ehegatten ist grundsätzlich mit der Hälfte sämtlicher eheprägenden Einkünfte anzusetzen (Halbteilungsgrundsatz); er beträgt mindestens 960,00 € – falls erwerbstätig: 1.160,00 € (vgl. BGH, FamRZ 2010, 357, Rn 24 ff).

Von dem anrechnungspflichtigen Einkommen des zum Kindesunterhalt verpflichteten Ehegatten ist vorweg der Zahlbetrag des Kindesunterhalts (Tabellenbetrag abzüglich – hälftigen – Kindergeldes) abzuziehen, es sei denn, der Kindesunterhalt ist in anderer Höhe unveränderlich tituliert oder gezahlt; in diesen Fällen ist der Titel- bzw. Zahlbetrag abzusetzen.

Außerdem ist ein Erwerbstätigenbonus von 1/10-Anteil als Arbeitsanreiz und zum Ausgleich derjenigen berufsbedingten Aufwendungen, die sich nicht eindeutig von privaten Lebenshaltungskosten abgrenzen lassen, einkommensmindernd zu berücksichtigen (vgl. BGH, FamRZ 2020, 171). Der Bonus ist nach Vorwegabzug berufsbedingter Aufwendungen, des Kindesunterhalts und sonstiger berücksichtigungsfähiger Schulden zu berechnen.

Die Unterhaltspflichten für einen späteren Ehegatten oder gegenüber einem betreuenden Elternteil eines nach rechtskräftiger Scheidung der Eheleute geborenen Kindes (§ 1615l BGB) sind ebenso wie der Unterhalt eines nachehelich geborenen Kindes bei der Bemessung des Unterhaltsbedarfs des früheren Ehegatten nicht zu berücksichtigen.

Bei konkurrierenden gleichrangigen Unterhaltsansprüchen mehrerer Ehegatten oder nach § 1615l BGB berechtigter Elternteile kann im Rahmen der Leistungsfähigkeit und Mangelverteilung die sog. »Dreiteilungsmethode« zur Anwendung kommen (BGH, FamRZ 2012, 281).

15.3 Bei sehr guten Einkommensverhältnissen der Ehegatten ist eine konkrete Bedarfsberechnung zu erwägen. Die dem Quotenunterhalt zugrundliegende Annahme, dass das vorhandene Einkommen in voller Höhe für den Lebensunterhalt der Ehegatten verwendet wurde, ist bei besonders günstigen Einkommensverhältnissen nicht mehr ohne weiteres gerechtfertigt, weil es naheliegt, dass in diesem Fall ein Teil des Einkommens der Vermögensbildung zufließt. Insoweit hat das Einkommen für die Unterhaltsbemessung grundsätzlich außer Betracht zu bleiben (vgl. BGH, FamRZ 2012, 947). Solche besonders günstigen Verhältnisse kommen in Betracht, wenn das Familieneinkommen oberhalb des höchsten in der nunmehr fortgeschriebenen Düsseldorfer Tabelle ausgewiesenen Einkommensbetrages liegt (vgl. BGH, FamRZ 2018, 260).

Soweit das Einkommen darüber hinausgeht, hat der Unterhaltsberechtigte den konkreten Bedarf darzulegen, der von den individuellen Verhältnissen und dem tatsächlichen Konsumverhalten der Ehegatten unter Zugrundelegung eines objektiven Maßstabes abhängt (BGH, FamRZ 2007, 1532).

Wenn der Unterhaltsberechtigte in diesem Fall dennoch Unterhalt nach der Quotenmethode begehrt, hat er die vollständige Verwendung des Einkommens für den Lebensbedarf darzulegen und ggfs. zu beweisen.

15.4 Werden Altersvorsorgeunterhalt (zu berechnen nach der »Bremer Tabelle«) und/oder

Kranken- und Pflegeversicherungskosten vom Berechtigten gesondert geltend gemacht oder vom Verpflichteten bezahlt, sind diese in der Regel vom Einkommen des Pflichtigen vorweg abzuziehen.

Vorsorgeunterhalt kann nur beansprucht werden, wenn der Elementarunterhalt sichergestellt ist.

15.5 Trennungsbedingter Mehrbedarf kann in der Regel nicht berücksichtigt werden.

15.6 Eine Herabsetzung und/oder Befristung des Ehegattenunterhalts nach § 1578b BGB kommt bei entsprechendem Vortrag des Pflichtigen in Betracht und ist von Amts wegen zu prüfen.

Die dem Pflichtigen obliegende Darlegungs- und Beweislast wird im Hinblick auf das Fehlen ehebedingter Nachteile dadurch erleichtert, dass der Berechtigte vereinzelt zu den Umständen vorzutragen hat, die in seiner Sphäre liegen. Bei der Beurteilung der mutmaßlichen beruflichen Entwicklung des Berechtigten können nur solche Entwicklungen berücksichtigt werden, deren Eintreten hinreichend wahrscheinlich war und plausibel dargelegt worden ist (Vorbildung, Weiterbildung, berufliche Aktivitäten etc.).

Im Rahmen der umfassenden Billigkeitsabwägung sind neben ehebedingten Nachteilen sämtliche Umstände (z.B. Ehedauer, Kinderbetreuung, beiderseitige Einkommens- und Vermögensverhältnisse, Vermögenserwerb während der Ehe) zu berücksichtigen.

Der angemessene Lebensbedarf nach § 1578b Abs. 1 Satz 1 BGB kann in der Regel nicht unterhalb des pauschalen eheangemessenen Selbstbehalts (Nr. 21.4) angesetzt werden.

Der Betreuungsunterhalt (§ 1570 BGB) ist nicht nach § 1578b BGB zu befristen.

16. Bedürftigkeit

Eigene Einkünfte des Unterhaltsberechtigten, die er erzielt oder durch zumutbare Erwerbstätigkeit erzielen könnte, sind grundsätzlich nach der Differenzmethode auf den Bedarf anzurechnen (§ 1577 Abs. 1 BGB); die unterhaltsrechtlich maßgeblichen Erwerbseinkünfte sind um den Erwerbstätigenbonus (1/10-Anteil) zu vermindern.

Soweit der unterhaltsberechtigte Ehegatte Einkünfte bezieht, welche die ehelichen Lebensverhältnisse nicht geprägt haben (z.B. aus Erbschaft), sind diese Einkünfte nach der Anrechnungsmethode auf den Bedarf anzurechnen, Erwerbseinkünfte zu einem 9/10-Anteil.

17. Erwerbsobliegenheit

Beim nachehelichen Unterhalt besteht nur dann keine Verpflichtung zu einer eigenen Erwerbstätigkeit, wenn der geschiedene Ehegatte insbesondere durch Kindesbetreuung, Krankheit oder Alter an der Aufnahme einer Erwerbstätigkeit gehindert ist (§§ 1570 bis 1576 BGB).

17.1 Bei Betreuung eines Kindes kann bis zur Vollendung des dritten Lebensjahres eine Erwerbstätigkeit nicht erwartet werden; in der Zeit danach richtet sich die Erwerbsobliegenheit des Ehegatten, der minderjährige Kinder betreut, nach den Umständen des Einzelfalles (Zahl und Alter der Kinder, Betreuungsbedürftigkeit, zumutbare Betreuungsmöglichkeit, Gestaltung der Ehe).

17.2. Im ersten Jahr nach der Trennung besteht für den Berechtigten in der Regel keine Obliegenheit zur Aufnahme oder Ausweitung einer Erwerbstätigkeit.

Weitere Unterhaltsansprüche

18. Ansprüche aus § 1615l BGB

Der Bedarf nach § 1615l BGB bemisst sich nach der Lebensstellung des betreuenden Elternteils und beträgt mindestens 960,00 € – falls erwerbstätig: 1.160,00 €; er ist jedoch nicht höher als der fiktive Bedarf eines Ehegatten in gleicher Situation.

19. Elternunterhalt

Der Unterhaltsbedarf der Eltern ist konkret darzulegen. Leistungen nach §§ 41-43 SGB XII (Grundsicherung) sind anzurechnen (vgl. Nr. 2.9).

20. Lebenspartnerschaft

Bei Getrenntleben oder Aufhebung der Lebenspartnerschaft gelten §§ 12, 16 LPartG.

Leistungsfähigkeit und Mangelfall

21. Selbstbehalt des Verpflichteten

21.1 Dem Unterhaltspflichtigen muss nach Abzug der Unterhaltsansprüche von seinem Einkommen der Selbstbehalt (Eigenbedarf) verbleiben.

21.2 Notwendiger Selbstbehalt

Für Eltern gilt gegenüber minderjährigen Kindern und privilegiert volljährigen Kindern (§ 1603 Abs. 2 Satz 2 BGB) im Allgemeinen der notwendige Selbstbehalt als unterste Grenze der Inanspruchnahme.

Er beträgt:	– beim erwerbstätigen Unterhaltspflichtigen	1.160,00 €,
	– beim nicht erwerbstätigen Pflichtigen	960,00 €.

Hierin sind Kosten des Wohnbedarfs (Warmmiete, d.h. Miete einschließlich umlagefähiger Nebenkosten und Heizung) in Höhe von 430,00 € enthalten.

Unter den Voraussetzungen des § 1603 Abs. 2 Satz 3 BGB verbleibt dem Unterhaltspflichtigen der angemessene Selbstbehalt.

21.3 Angemessener Selbstbehalt

21.3.1 Der Selbstbehalt beträgt gegenüber (nicht privilegierten) volljährigen Kindern in der Regel 1.400,00 €.

Hierin sind Kosten der Unterkunft (Miete einschließlich umlagefähiger Nebenkosten und Heizung) in Höhe von 550,00 € enthalten.

21.3.2 Bei Ansprüchen aus § 1615l BGB ist der Selbstbehalt in der Regel mit einem Betrag zu bemessen, der zwischen dem angemessenen Selbstbehalt nach § 1603 Abs. 1 BGB und dem notwendigen Selbstbehalt nach § 1603 Abs. 2 BGB liegt. Er entspricht damit dem eheangemessenen Selbstbehalt (vgl. Nr. 21.4.) und beträgt in der Regel 1.280,00 €, beim nicht Erwerbstätigen 1.180,00 €.

Hierin sind Kosten der Unterkunft (Miete einschließlich umlagefähiger Nebenkosten und Heizung) in Höhe von 490,00 € enthalten.

21.3.3 Der Selbstbehalt gegenüber Eltern richtet sich nach den Umständen des Einzelfalles unter Berücksichtigung des angemessenen Unterhalts vorrangig Berechtigter; er beträgt mindestens 2.000,00 € (einschließlich Warmmiete von 700,00 €), wobei die Hälfte des diesen Mindestbetrag übersteigenden Einkommens zusätzlich anrechnungsfrei bleibt, bei Vorteilen des Zusammenlebens in der Regel 45 % des darüber hinausgehenden Einkommens. Der angemessene Unterhalt des mit dem Unterhaltspflichtigen zusammenlebenden Ehegatten bemisst sich nach den ehelichen Lebensverhältnissen (Halbteilungsgrundsatz), beträgt jedoch mindestens 1.600,00 € (einschließlich Warmmiete von 600,00 €).

Auf die Entscheidung des Bundesgerichtshofs zur Ermittlung der Leistungsfähigkeit zur Zahlung von Elternunterhalt (BGH, FamRZ 2010, 1535) wird hingewiesen.

21.4 Eheangemessener Selbstbehalt

Gegenüber Ehegatten gilt grundsätzlich der eheangemessene Selbstbehalt. Er ist sowohl beim Trennungsunterhalt als auch beim Scheidungsunterhalt in der Regel mit einem Betrag zu bemessen, der zwischen dem angemessenen und notwendigen Selbstbehalt liegt; er beträgt regelmäßig 1.280,00 €, beim nicht Erwerbstätigen 1.180,00 € (vgl. BGH, FamRZ 2020, 97).

Hierin sind Kosten der Unterkunft (Miete einschließlich umlagefähiger Nebenkosten und Heizung) in Höhe von 490,00 € enthalten.

21.5 Der Selbstbehalt kann im Einzelfall angemessen abgesenkt oder erhöht werden.

22. Bedarf des mit dem Unterhaltspflichtigen zusammenlebenden Ehegatten

Ist der Unterhaltspflichtige verheiratet, wird für den mit ihm zusammenlebenden Ehegatten der (fiktive) eheangemessene Unterhaltsbedarf angesetzt, allerdings unter Beachtung der folgenden im Regelfall geltenden Mindestsätze:

22.1	bei Unterhaltsansprüchen von nachrangigen geschiedenen Ehegatten oder Elternteilen nach § 1615 l BGB:	1.024,00 €
	– falls nicht erwerbstätig:	944,00 €
22.2	bei Unterhaltsansprüchen volljähriger, nicht privilegierter Kinder:	1.120,00 €
22.3	bei Unterhaltsansprüchen von Eltern (s. o. Ziffer 21.3.3) oder Enkeln: mindestens	1.600,00 €.

23. Bedarf des vorrangigen getrennt lebenden oder geschiedenen Ehegatten

Der Mindestbedarf des vom Unterhaltspflichtigen getrennt lebenden oder geschiedenen Ehegatten beträgt unabhängig davon, ob erwerbstätig oder nicht erwerbstätig:

23.1	gegenüber anderen nachrangigen geschiedenen Ehegatten:	1.280,00 €
23.2	gegenüber nicht privilegierten volljährigen Kindern:	1.400,00 €
23.3	gegenüber Ansprüchen von Eltern und Enkeln:	2.000,00 €

24. Mangelfall

24.1 Reicht das Einkommen des Unterhaltspflichtigen zur Deckung seines eigenen notwendigen/angemessenen Eigenbedarfs und zur Erfüllung der Unterhaltsansprüche mehrerer gleichrangiger Unterhaltsberechtigter nicht aus, ist die nach Abzug des Eigenbedarfs des Pflichtigen verbleibende Verteilungsmasse anteilig auf alle gleichrangigen Unterhaltsberechtigten im Verhältnis ihrer jeweiligen Unterhaltsansprüche (Einsatzbeträge) zu verteilen.

24.2. Einsatzbeträge im Mangelfall

24.2.1 Der für minderjährige und privilegiert volljährige Kinder (§ 1603 Abs. 2 Satz 2 BGB) einzusetzende Bedarf entspricht dem Zahlbetrag nach der jeweiligen Einkommensgruppe der Düsseldorfer Tabelle.

24.2.2 Bei getrenntlebenden / geschiedenen Ehegatten und bei dem mit dem Pflichtigen im gemeinsamen Haushalt lebenden Ehegatten sowie für den Berechtigten nach § 1615 l BGB sind die jeweiligen (ungedeckten) Bedarfsbeträge anzusetzen.

24.2.3 Anrechenbares Einkommen des Berechtigten ist von seinem Einsatzbetrag abzuziehen.

24.3 Die Ansprüche aller gleichrangigen Unterhaltsberechtigten sind im Verhältnis zur Verteilungsmasse prozentual zu kürzen (Verteilungsmasse : Gesamtbedarf x 100).

24.4 Das im Rahmen der Mangelfallberechnung gewonnene Ergebnis ist auf seine Angemessenheit zu überprüfen.

Sonstiges

25. Rundung

Der Unterhaltsbetrag ist auf volle Euro aufzurunden.

1. Düsseldorfer Tabelle

(Stand: 01.01.2022)

s. S. 5

2. Tabelle Zahlbeträge

Die folgenden Tabellen enthalten die sich nach Abzug des jeweiligen Kindergeldanteils (hälftiges Kindergeld bei Minderjährigen, volles Kindergeld bei Volljährigen) ergebenden Zahlbeträge. In 2022 beträgt das Kindergeld für das erste und zweite Kind jeweils 219 EUR, für das dritte Kind 225 EUR und das vierte und jedes weitere Kind jeweils 250 EUR.

s. S. 10

e) OLG Bremen

Unterhaltsrechtliche Leitlinien der Familiensenate des Hanseatischen Oberlandesgerichts in Bremen Stand: Januar 2022

Die Familiensenate des Hanseatischen Oberlandesgerichts in Bremen verwenden die Unterhaltsrechtlichen Leitlinien als Orientierungshilfe für den Regelfall unter Beachtung der Rechtsprechung des BGH. Sie beruhen auf für typische Sachverhalte geltenden Erfahrungswerten und sollen zu einer möglichst einheitlichen Rechtsprechung beitragen. Sie haben jedoch keine bindende Wirkung, können insbesondere die Prüfung des Einzelfalles nicht ersetzen.

Das Tabellenwerk der Düsseldorfer Tabelle ist angefügt. Die Erläuterungen werden durch die nachfolgenden Leitlinien ersetzt.

Unterhaltsrechtlich maßgebliches Einkommen

Bei der Ermittlung und Zurechnung von Einkommen ist stets zu unterscheiden, ob es um Verwandten- oder Ehegattenunterhalt sowie ob es um Bedarfsbemessung einerseits oder Feststellung der Bedürftigkeit/Leistungsfähigkeit andererseits geht. Das unterhaltsrechtliche Einkommen ist nicht immer identisch mit dem steuerrechtlichen Einkommen.

1. Geldeinnahmen

1.1. Auszugehen ist vom Bruttoeinkommen als Summe aller Einkünfte einschließlich Renten, Pensionen, Zulagen, Weihnachts- und Urlaubsgeld, Prämien und Tantiemen.

1.2. Soweit Leistungen nicht monatlich anfallen (z.B. Weihnachts- und Urlaubsgeld), werden sie auf ein Jahr umgelegt. Einmalige Zahlungen (z.B. Abfindungen) sind auf einen angemessenen Zeitraum umzulegen.

1.3. Überstundenvergütungen werden dem Einkommen voll zugerechnet, soweit sie berufstypisch sind und das im jeweiligen Beruf übliche Maß nicht überschreiten. Darüber hinausgehende Einnahmen aus Überstunden oder Zusatzarbeit sind aufgrund der Umstände des Einzelfalles (z.B. hohe Schuldenbelastung, Sicherung des Mindestbedarfs) nach Billigkeit anzurechnen.

1.4. Ersatz für Spesen und Reisekosten sowie Auslösungen gelten in der Regel als Einnahmen. Damit zusammenhängende Aufwendungen, vermindert um häusliche Ersparnisse, sind jedoch abzuziehen. Bei Aufwendungspauschalen kann in der Regel 1/3 als Einkommen angesetzt werden.

1.5. Bei der Ermittlung des laufenden und künftigen Einkommens eines Selbständigen ist in der Regel der Gewinn von drei Jahren zugrunde zu legen. Für die Vergangenheit ist von den in den jeweiligen Jahren erzielten Einkünften auszugehen, wobei auch eine Durchschnittsberechnung für mehrere Jahre möglich ist. Privatentnahmen haben Indizcharakter für die Feststellung der für den Lebensunterhalt tatsächlich verfügbaren Mittel.

1.6. Bei Einkommen aus Vermietung und Verpachtung sowie aus Kapitalvermögen ist der Überschuss der Bruttoeinkünfte über die anerkennungswürdigen Werbungskosten maßgebend. Für Gebäude ist keine AfA anzusetzen.

1.7. Steuererstattungen und -zahlungen sind in der Regel im Kalenderjahr der tatsächlichen Leistung zu berücksichtigen. Eine Fortschreibung für Folgejahre setzt voraus, dass die Bemessungsgrundlagen im Wesentlichen unverändert bleiben.

1.8. Sonstige Einnahmen, z.B. Trinkgelder.

2. Sozialleistungen

2.1. Arbeitslosengeld (§ 136 SGB III) und Krankengeld.

2.2. Arbeitslosengeld II (nach dem SGB II) beim Verpflichteten. Beim Berechtigten sind Leistungen zur Sicherung des Lebensunterhalts nach §§ 19 ff. SGB II kein Einkommen, es sei denn die Nichtberücksichtigung der Leistungen ist in Ausnahmefällen treuwidrig (vgl. BGH, FamRZ 1999, 843; 2001, 619); nicht subsidiäre Leistungen nach dem SGB II sind Einkommen.

2.3. Wohngeld, soweit es nicht erhöhte Wohnkosten deckt.

2.4. BAföG-Leistungen, auch soweit sie als Darlehen gewährt werden, mit Ausnahme von Vorausleistungen nach §§ 36 f. BAföG.

2.5. Der den Sockelbetrag von 300 €/Kind (bei verlängertem Bezug 150 €/Kind) übersteigende Betrag des Elterngeldes; der Sockelbetrag selbst nur in den Ausnahmefällen des § 11 S. 4 BEEG.

2.6. Renten wegen Minderung oder Verlust der Erwerbsfähigkeit (§§ 43 SGB VI, 56 SGB VII).

2.7. Leistungen aus der Pflegeversicherung, Blindengeld, Versorgungsrenten, Schwerbeschädigten- und Pflegezulagen, jeweils nach Abzug des Betrages für tatsächliche Mehraufwendungen; § 1610 a BGB ist zu beachten.

2.8. Der Anteil des an die Pflegeperson weitergeleiteten Pflegegeldes, durch den ihre Bemühungen abgegolten werden; bei Pflegegeld aus der Pflegeversicherung gilt dies nur in den Ausnahmefällen des § 13 Abs. 6 S. 2 SGB XI.

2.9. Leistungen nach §§ 41 – 43 SGB XII (Grundsicherung) in der Regel beim Verwandtenunterhalt (anders beim Ehegattenunterhalt).

2.10. Kein Einkommen ist sonstige Sozialhilfe nach SGB XII. Die Unterhaltsforderung eines Empfängers dieser Leistungen kann in Ausnahmefällen treuwidrig sein (BGH, FamRZ 1999, 843; 2001, 619).

2.11. Kein Einkommen sind Leistungen nach dem Unterhaltsvorschussgesetz. Siehe 2.10.

3. Kindergeld

Kindergeld ist kein Einkommen der Eltern. Zur Berücksichtigung beim Kind vgl. Nr. 14.

4. Geldwerte Zuwendungen

Geldwerte Zuwendungen aller Art des Arbeitgebers, z.B. Firmenwagen, kostenlose oder verbilligte Wohnung, unentgeltliche Verpflegung, sind Einkommen, soweit sie – ggf. nach § 287 ZPO zu schätzende – entsprechende Eigenaufwendungen ersparen.

5. Wohnwert

Der Wohnvorteil durch mietfreies Wohnen im eigenen Heim ist als wirtschaftliche Nutzung des Vermögens wie Einkommen zu behandeln. Neben dem Wohnwert sind auch Zahlungen nach dem Eigenheimzulagengesetz anzusetzen.

Ein Wohnvorteil liegt nur vor, soweit der Wohnwert den berücksichtigungsfähigen Schuldendienst und die verbrauchsunabhängigen Kosten, die gem. § 556 I BGB i.V.m. § 1 II BetrKV nicht auf einen Mieter umgelegt werden können (insbesondere Kosten der Verwaltung und erforderliche Instandhaltungskosten), übersteigt (vgl. BGH, FamRZ 2009, 1300).

Auszugehen ist von der vollen Marktmiete (objektiver Mietwert). Ist eine Fremdvermietung oder Veräußerung nicht möglich oder nicht zumutbar, ist stattdessen die Miete anzusetzen, die für eine dem ehelichen Lebensstandard entsprechende kleinere Wohnung zu zahlen wäre (ersparte Miete). Dies kommt insbesondere für die Zeit bis zum endgültigen Scheitern der Ehe (in der Regel Ablauf des Trennungsjahres, ggf. Zustellung des Scheidungsantrags) in Betracht, wenn ein Ehegatte das Eigenheim allein bewohnt (vgl. BGH, FamRZ 2008, 963).

Bei der Inanspruchnahme auf Elternunterhalt ist der Wohnvorteil auf der Grundlage der unter den gegebenen Verhältnissen ersparten Miete zu berechnen (BGH, FamRZ 2017, 519, 520).

6. Haushaltsführung

Führt ein nicht voll Erwerbstätiger den Haushalt eines leistungsfähigen Dritten, kann hierfür ein Entgelt (von je nach den Umständen zwischen 200 € und 550 €) anzusetzen sein.

7. Einkommen aus unzumutbarer Erwerbstätigkeit

Einkommen aus unzumutbarer Erwerbstätigkeit kann nach Billigkeit ganz oder teilweise unberücksichtigt bleiben.

8. Freiwillige Zuwendungen Dritter

Freiwillige Zuwendungen Dritter (z.B. Geldleistungen, kostenloses Wohnen) sind in der Regel nur dann als Einkommen zu berücksichtigen, wenn dies dem Willen des Dritten entspricht.

9. Erwerbsobliegenheit und Einkommensfiktion

9.1. Einkommen sind auch aufgrund einer unterhaltsrechtlichen Obliegenheit erzielbare Einkünfte. Gegenüber minderjährigen und diesen gleichgestellten volljährigen Kindern ist die Obliegenheit nach Maßgabe des § 1603 Abs. 2 BGB gesteigert.

9.2. Bei Arbeitslosigkeit sind über eine Meldung bei der Agentur für Arbeit hinausgehende Erwerbsbemühungen im Einzelnen darzulegen und zu belegen. Der Hinweis auf die Arbeitsmarktlage macht den Nachweis von Bemühungen nur im Ausnahmefall entbehrlich. Bei unzureichenden Bemühungen können fiktive Einkünfte nach den Umständen des Einzelfalles unter Berücksichtigung von Beruf, Alter und des zuletzt erzielten Verdienstes zugrunde gelegt werden.

9.3. Neben dem Bezug von Leistungen der Agentur für Arbeit kann die Aufnahme einer geringfügigen Beschäftigung (§ 155 SGB III) in Betracht kommen.

9.4. Dem wiederverheirateten Elternteil obliegt es ungeachtet seiner Pflichten aus der neuen Ehe, im Rahmen des Zumutbaren zum Unterhalt seiner barunterhaltsberechtigten Kinder aus früherer Ehe beizutragen, ggf. durch Aufnahme einer Teilzeitarbeit.

10. Bereinigung des Einkommens

10.1. Vom Bruttoeinkommen sind Steuern und Vorsorgeaufwendungen abzuziehen (Nettoeinkommen). Zu letzteren zählen Aufwendungen für die gesetzliche Kranken- und Pflegeversicherung, Renten- und Arbeitslosenversicherung bzw. die entsprechende private Kranken- und Altersvorsorge sowie Kammerbeiträge. Zur Absicherung einer angemessenen Altersvorsorge kann insbesondere der nichtselbständig Erwerbstätige eine zusätzliche Altersvorsorge von bis zu 4 % seines jeweiligen Gesamtbruttoeinkommens des Vorjahres, gegenüber Ansprüchen auf Elternunterhalt von bis zu 5 % seines Bruttoeinkommens betreiben. Andere Personen können Aufwendungen für eine angemessene Altersversorgung von bis zu 24 % des Gesamtbruttoeinkommens, beim Elternunterhalt von bis zu 25 % einkommensmindernd geltend machen.

Es besteht die Obliegenheit, Steuervorteile in Anspruch zu nehmen.

10.2. Berufsbedingte Aufwendungen sind im Rahmen der Angemessenheit vom Einkommen abzuziehen.

10.2.1. Die Berücksichtigung berufsbedingter Aufwendungen setzt eine konkrete Darlegung des Aufwandes voraus.

10.2.2. Für notwendige Kosten der berufsbedingten Nutzung eines Kraftfahrzeugs kann pro gefahrenen Kilometer ein Pauschalbetrag von 0,42 € (in Anlehnung an § 5 Abs. 2 S. 1 Nr. 2 JVEG) angesetzt werden. Damit sind in der Regel Anschaffungskosten einschließlich Finanzierungskosten erfasst. Bei langen Fahrtstrecken (ab ca. 60 km hin und zurück) kann nach unten abgewichen werden (für jeden Mehrkilometer in der Regel Ansatz von 0,28 €).

10.2.3. Bei Auszubildenden sind in der Regel 100 € als ausbildungsbedingter Aufwand abzuziehen.

10.3. Kinderbetreuungskosten sind abzugsfähig, soweit die Betreuung durch Dritte infolge der Berufstätigkeit erforderlich ist. Außerdem kann ein Betreuungsbonus zu berücksichtigen sein. Zu den abzugsfähigen Kinderbetreuungskosten zählen nicht die Kosten des Kindergartenbesuchs und andere Kosten, bei denen es sich um betreuungsbedingten Mehrbedarf des Kindes handelt; vgl. dazu Nr. 12.4.

10.4. Schulden (Zins und ggf. Tilgung) können bei tatsächlicher Zahlung im Rahmen eines vernünftigen Tilgungsplanes mit angemessenen Raten zu berücksichtigen sein. Es ist zu differenzieren:

10.4.1. Beim Ehegattenunterhalt sind für die Bedarfsbemessung grundsätzlich nur Schulden berücksichtigungsfähig, die die ehelichen Lebensverhältnisse geprägt haben.

Bei der Prüfung der Leistungsfähigkeit des Unterhaltspflichtigen können zusätzlich solche Schulden berücksichtigt werden, deren Eingehung notwendig und unabweisbar war. Das Gleiche gilt für die Bedürftigkeit des Unterhaltsberechtigten mit eigenem Einkommen.

10.4.2. Beim Unterhalt minderjähriger und gleichgestellter volljähriger privilegierter Kinder (§ 1603 Abs. 2 S. 2 BGB) können für die Einordnung in die Einkommensgruppen der Düsseldorfer Tabelle berücksichtigungswürdige Schulden vom Einkommen abgesetzt werden. Hierzu ist eine Interessenabwägung vorzunehmen (z.B. Zweck der Verbindlichkeit, Zeitpunkt und Art der Entstehung, Dringlichkeit des Bedürfnisses, Möglichkeit der Schuldenreduzierung). Geht es nur um Mindestunterhalt, ist ein besonders strenger Maßstab anzuwenden.

10.4.3. Bei sonstigem Verwandtenunterhalt, insbesondere dem nicht privilegierter volljähriger Kinder, sind Schulden nach einer Interessenabwägung ggf. abzusetzen.

10.5. (nicht belegt)

10.6. (nicht belegt)

10.7. (nicht belegt)

Kindesunterhalt

11. Bemessungsgrundlage (Tabellenunterhalt)

Der Barunterhalt minderjähriger und noch im elterlichen Haushalt lebender volljähriger unverheirateter Kinder bestimmt sich nach den Sätzen der Düsseldorfer Tabelle (Anhang 1).

Bei minderjährigen Kindern kann er als Festbetrag oder als Vomhundertsatz des Mindestunterhalts i.S. von § 1612a BGB (= 1. Gruppe der Düsseldorfer Tabelle) geltend gemacht werden.

11.1. Die Tabellensätze enthalten keine Beiträge zur Kranken- und Pflegeversicherung des Kindes, das nicht in einer gesetzlichen Familienversicherung mitversichert ist. Solche zusätzlich aufzubringenden Beiträge sind vorweg vom Einkommen des Unterhaltspflichtigen abzuziehen.

11.2. Die Unterhaltssätze sind auf den Fall zugeschnitten, dass der Unterhaltspflichtige zwei Unterhaltsberechtigten Unterhalt zu gewähren hat. Bei einer größeren oder geringeren Anzahl Unterhaltsberechtigter können Ab- oder Zuschläge durch Einstufung in eine niedrigere oder höhere Einkommensgruppe vorzunehmen sein. Dabei sind auch nachrangig Unterhaltsberechtigte zu berücksichtigen.

Bei der Eingruppierung sind die Bedarfskontrollbeträge zu beachten. Sie sollen eine ausgewogene Verteilung des Einkommens zwischen Unterhaltspflichtigem und unterhaltsberechtigten Kindern gewährleisten. Wird der Bedarfskontrollbetrag unter Berücksichtigung anderer – auch nachrangiger – Unterhaltspflichten unterschritten, ist der Tabellenbetrag der nächst niedrigeren Gruppe, deren Bedarfskontrollbetrag nicht unterschritten ist, heranzuziehen.

12. Minderjährige Kinder

12.1. Die Höhe des Barbedarfs bemisst sich im Regelfall allein nach dem Einkommen des das Kind nicht betreuenden Elternteils. Der Betreuungsunterhalt im Sinne des § 1606 Abs. 3 S. 2 BGB entspricht wertmäßig in der Regel dem vollen Barunterhalt.

12.2. Eigenes Einkommen des Kindes ist anteilig auf den Barunterhalt und den Betreuungsunterhalt zu verrechnen. Zum Kindergeld vgl. Nr. 14.

12.3. Der betreuende Elternteil braucht neben dem anderen Elternteil in der Regel keinen Barunterhalt zu leisten (§ 1606 Abs. 3 S. 2 BGB). Etwas anderes kann gelten, wenn das Einkommen des betreuenden Elternteils das des anderen erheblich übersteigt oder wenn der eigene angemessene Selbstbehalt des an sich allein barunterhaltspflichtigen Elternteils gefährdet ist, der des betreuenden Elternteils dagegen nicht und ohne dessen Beteiligung am Barunterhalt ein erhebliches finanzielles Ungleichgewicht zwischen den Eltern entstünde (§ 1603 Abs. 2 S. 3 BGB; BGH, FamRZ 2013, 1558).

Sind bei auswärtiger Unterbringung beide Elternteile zum Barunterhalt verpflichtet, haften sie für den Gesamtbedarf anteilig (§ 1606 Abs. 3 S. 1 BGB). Für die Ermittlung der Haftungsanteile gilt Nr. 13.3 Abs. 2 und 3.

12.4. Kosten für Kindergärten und vergleichbare Betreuungseinrichtungen (ohne Verpflegungskosten) sind Mehrbedarf des Kindes. Zur Qualifizierung von Betreuungskosten als Mehrbedarf des Kindes vgl. BGH, FamRZ 2018, 23.

Die Tabellensätze berücksichtigen keinen Mehrbedarf oder Sonderbedarf; dafür gilt § 1606 Abs. 3 S. 1 BGB.

13. Volljährige Kinder

13.1. Beim Bedarf volljähriger Kinder ist zwischen Kindern mit einem eigenen Haushalt und im Haushalt der Eltern oder eines Elternteils lebenden Kindern zu unterscheiden.

13.1.1. Für im Haushalt der Eltern oder eines Elternteils wohnende volljährige Kinder gilt die Altersstufe 4 der Düsseldorfer Tabelle. Sind beide Elternteile leistungsfähig (vgl. Nr. 21.3.1.), ist der Bedarf des Kindes in der Regel nach dem zusammengerechneten Einkommen (ohne Zu- und Abschläge nach Nr. 11.2.) zu bemessen. Für die Haftungsquote gilt Nr. 13.3. Ein Elternteil hat jedoch höchstens den Unterhalt zu leisten, der sich aus seinem Einkommen nach der Düsseldorfer Tabelle ergibt.

13.1.2. Der angemessene Bedarf eines volljährigen Kindes mit eigenem Hausstand beträgt in der Regel monatlich 860 €. Darin sind Kosten für Unterkunft einschließlich umlagefähiger Nebenkosten und Heizung (Warmmiete) von bis zu 375 € enthalten. Nicht enthalten sind Beiträge zur Kranken- und Pflegeversicherung sowie Studiengebühren. Bei besonders guten Einkommensverhältnissen der Eltern oder bei erhöhtem Bedarf kann hiervon abgewichen werden.

13.2. Auf den Unterhaltsbedarf werden das volle Kindergeld (vgl. Nr. 14) und Einkünfte des Kindes, auch BAföG-Darlehen und Ausbildungsbeihilfen – vermindert um ausbildungsbedingte Aufwendungen, vgl. 10.2.3. – angerechnet. Einkünfte aus nicht geschuldeter Erwerbstätigkeit können nach Billigkeit ganz oder teilweise unberücksichtigt bleiben.

13.3. Ab Volljährigkeit besteht – auch für privilegierte volljährige Kinder – grundsätzlich eine Barunterhaltspflicht beider Elternteile.

Zur Ermittlung des Haftungsanteils bei anteiliger Barunterhaltspflicht ist das bereinigte Nettoeinkommen jedes Elternteils gemäß Nr. 10 zu ermitteln und vom Restbetrag ein Sockelbetrag in Höhe des angemessenen Selbstbehalts von 1.400 € abzuziehen. Der so ermittelte Haftungsanteil ist auf seine Angemessenheit zu überprüfen und kann bei Vorliegen besonderer Umstände (z. B. behindertes Kind) wertend verändert werden. Nr. 13.1.1. S. 4 gilt entsprechend.

Bei volljährigen privilegierten Kindern wird der Sockelbetrag bis zum notwendigen Selbstbehalt (960 € / 1.160 €) herabgesetzt, wenn der Bedarf des Kindes andernfalls nicht gedeckt werden kann; § 1603 Abs. 2 S. 3 BGB ist zu beachten.

14. Kindergeld

Das Kindergeld ist nach Maßgabe des § 1612b BGB zur Deckung des Bedarfs des Kindes heranzuziehen.

Ehegattenunterhalt

15. Unterhaltsbedarf

15.1. Der Unterhaltsbedarf wird bestimmt und begrenzt durch die ehelichen Lebensverhältnisse. Diese werden in erster Linie durch das für den gesamten Lebensunterhalt – ggf. nach Abzug des Unterhalts (Zahlbetrag) für minderjährige oder volljährige Kinder – verfügbare Einkommen geprägt. Während der Ehe zur Vermögensbildung verwendete Teile des Einkommens bleiben bei der Bedarfsbemessung in der Regel unberücksichtigt. Der Bedarf ist mindestens in Höhe des notwendigen Selbstbehalts eines nicht erwerbstätigen Unterhaltspflichtigen anzusetzen – Mindestbedarf – (Nr. 21.2, zur Zeit 960 €). Bei Aufnahme oder Erweiterung einer Erwerbstätigkeit des Unterhaltsberechtigten nach Trennung/Scheidung gilt das (Mehr-) Einkommen in der Regel als eheprägend (BGH, FamRZ 2001, 986).

15.2. Es gilt der Halbteilungsgrundsatz, Erwerbseinkünfte werden jedoch nur zu 9/10 berücksichtigt (Abzug von 1/10 Erwerbstätigenbonus vom bereinigten Nettoeinkommen). Leistet ein Ehegatte auch Unterhalt für ein Kind, so wird sein Einkommen vor Ermittlung des Erwerbstätigenbonus um diesen Unterhalt (Zahlbetrag) bereinigt. Erbringt der Verpflichtete sowohl Bar- als auch Betreuungsunterhalt, so gilt Nr. 10.3. (BGH, FamRZ 2001, 350).

15.3. Bei sehr guten Einkommensverhältnissen des Verpflichteten ist der Bedarf konkret zu berechnen.

15.4. Werden Altersvorsorgeunterhalt (zu berechnen nach der »Bremer Tabelle«), Kranken- und Pflegeversicherungskosten vom Berechtigten gesondert geltend gemacht oder vom Verpflichteten bezahlt, sind diese vom Einkommen des Pflichtigen vorweg abzuziehen. Der Vorwegabzug unterbleibt, sofern nicht verteilte Mittel zur Verfügung stehen, z.B. in Folge der Anrechnung nicht prägenden Einkommens des Berechtigten.

Vorsorgeunterhalt kann nur beansprucht werden, wenn der Elementarunterhalt in Höhe des notwendigen Selbstbehalts für Nichterwerbstätige sichergestellt ist.

15.5. (nicht belegt)

15.6. (nicht belegt)

15.7. (nicht belegt)

16. Bedürftigkeit

Nicht eheprägendes Einkommen des Berechtigten ist – ggf. vermindert um den Erwerbstätigenbonus – auf den Unterhaltsanspruch anzurechnen.

17. Erwerbsobliegenheit

Bei nachehelichem Unterhalt besteht keine Verpflichtung zu einer Erwerbstätigkeit, wenn und soweit der geschiedene Ehegatte durch Kindesbetreuung, Krankheit oder Alter an der Aufnahme einer Erwerbstätigkeit gehindert ist.

17.1. Für den Fall der Kindesbetreuung gilt:

Hat das – ggf. jüngste – betreute Kind das 3. Lebensjahr noch nicht vollendet, besteht keine Erwerbsobliegenheit (zeitlich begrenzter Basisunterhalt).

Ab Vollendung des 3. Lebensjahres des – ggf. jüngsten – betreuten Kindes besteht grundsätzlich eine Erwerbsobliegenheit. Ob und in welchem Umfang eine Erwerbstätigkeit erwartet werden kann, ist jedoch unter Berücksichtigung aller Umstände des Einzelfalls, insbesondere der bisher ausgeübten Tätigkeit und der Möglichkeiten der Kinderbetreuung, zu beurteilen.

17.2. Im ersten Jahr nach der Trennung besteht für den Berechtigten in der Regel keine Obliegenheit zur Aufnahme oder Ausweitung einer Tätigkeit.

Weitere Unterhaltsansprüche

18. Ansprüche nach § 1615l BGB

Der Bedarf nach § 1615l BGB bemisst sich nach der Lebensstellung des betreuenden Elternteils. Er beträgt in der Regel mindestens 960 €. Die Inanspruchnahme des Unterhaltspflichtigen ist durch den Halbteilungsgrundsatz begrenzt. Wegen des Selbstbehalts vgl. 21.3.2.

19. Elternunterhalt

Der Bedarf ist konkret darzulegen. Leistungen nach §§ 41 – 43 SGB XII (Grundsicherung) sind anzurechnen (vgl. Nr. 2.9.). Wegen des Selbstbehalts vgl. 21.3.3.

20. Lebenspartnerschaft

Bei Getrenntleben oder Aufhebung der Lebenspartnerschaft gelten §§ 12, 16 LPartG.

Leistungsfähigkeit und Mangelfall

21. Selbstbehalt des Verpflichteten

21.1. Dem Unterhaltspflichtigen muss nach Abzug der Unterhaltsansprüche von seinem Einkommen der sog. Selbstbehalt verbleiben.

21.2. Für Eltern gegenüber minderjährigen und privilegierten volljährigen Kindern gilt im Allgemeinen der notwendige Selbstbehalt als unterste Grenze.

Er beträgt bei nicht Erwerbstätigen 960 €, bei Erwerbstätigen 1.160 €. Hierin sind Kosten des Wohnbedarfs (Warmmiete, d.h. Miete einschließlich umlagefähiger Nebenkosten und Heizung) in Höhe von 430 € enthalten.

21.3. Beim Verwandtenunterhalt gilt im Übrigen der angemessene Selbstbehalt.

21.3.1. Der Selbstbehalt gegenüber volljährigen Kindern beträgt 1.400 €. Darin sind Kosten des Wohnbedarfs in Höhe von 550 € enthalten. Für den Selbstbehalt gegenüber bereits wirtschaftlich selbständigen Kindern gilt 21.3.3 entsprechend (BGH, FamRZ 2012, 1553).

21.3.2. Gegenüber der Mutter / dem Vater nichtehelicher Kinder entspricht der Selbstbehalt dem nach Nr. 21.4.; er beträgt somit in der Regel 1.280 €.

21.3.3. Gegenüber Eltern ist der angemessene Selbstbehalt des Unterhaltspflichtigen unter Beachtung von Zweck und Rechtsgedanken des Gesetzes zur Entlastung unterhaltspflichtiger Angehöriger in der Sozialhilfe und in der Eingliederungshilfe (Angehörigenentlastungsgesetz) vom 10.12.2019 (BGBl I S. 2135) zu bemessen. Der angemessene Unterhalt eines mit dem Unterhaltspflichtigen zusammenlebenden Ehegatten bemisst sich nach den ehelichen Lebensverhältnissen (Halbteilungsgrundsatz), beträgt jedoch mindestens 1.600 €; darin sind Kosten des Wohnbedarfs in Höhe von 600 € enthalten (Warmmiete). Vgl. dazu BGH, FamRZ 2010,1535.

21.3.4. Für den Selbstbehalt gegenüber Enkeln gilt 21.3.3 entsprechend (BGH, FamRZ 2007, 375).

21.4. Der Selbstbehalt gegenüber getrennt lebenden und geschiedenen Ehegatten ist sowohl bei Erwerbstätigkeit als auch bei mangelnder Erwerbstätigkeit des Unterhaltspflichtigen mit einem Betrag zu bemessen, der zwischen dem notwendigen Selbstbehalt nach § 1603 II BGB (960 / 1.160 €) und dem angemessenen Selbstbehalt nach § 1603 I BGB (1.400 €) liegt, in der Regel mit 1.280 €. Darin enthalten sind Kosten des Wohnbedarfs von 490 € (Warmmiete).

21.5. Der Selbstbehalt kann im Einzelfall angemessen abgesenkt oder erhöht werden. Er soll erhöht werden, wenn die Wohnkosten (Warmmiete) den ausgewiesenen Betrag überschreiten und nicht unangemessen sind.

22. Bedarf des mit dem Pflichtigen zusammenlebenden Ehegatten

22.1. Der Mindestbedarf des mit dem Unterhaltspflichtigen zusammenlebenden Ehegatten bei Ansprüchen des nachrangigen geschiedenen Ehegatten beträgt 1.024 €.

22.2. Der Mindestbedarf des mit dem Unterhaltspflichtigen zusammenlebenden Ehegatten bei Ansprüchen nicht privilegierter volljähriger Kinder beträgt 1.120 €.

22.3. Zum Mindestbedarf des mit dem Unterhaltspflichtigen zusammenlebenden Ehegatten bei Ansprüchen von Eltern oder Enkeln vgl. 21.3.3 bzw. 21.3.4.

23. Bedarf des vom Pflichtigen getrennt lebenden oder geschiedenen Ehegatten

23.1. Der Mindestbedarf des vom Unterhaltspflichtigen getrenntlebenden oder geschiedenen Ehegatten bei Ansprüchen des nachrangigen geschiedenen Ehegatten beträgt 1.280 €.

23.2. Der Mindestbedarf des vom Unterhaltspflichtigen getrennt lebenden oder geschiedenen Ehegatten bei Ansprüchen nicht privilegierter volljähriger Kinder beträgt 1.400 €.

23.3. Der Mindestbedarf des vom Unterhaltspflichtigen getrennt lebenden oder geschiedenen Ehegatten bei Ansprüchen von Eltern oder Enkeln beträgt 2.000 €.

24. Mangelfall

24.1. Reicht das Einkommen zur Deckung des Bedarfs der im ersten Rang unterhaltsberechtigten Kinder (§ 1609 Nr. 1 BGB) und zur Deckung des notwendigen Selbstbehalts des Unterhaltsverpflichteten nicht aus, ist der nach Abzug des Selbstbehalts verbleibende Betrag auf die unterhaltsberechtigten Kinder im Verhältnis ihrer jeweiligen Einsatzbeträge zu verteilen. Einsatzbeträge sind der jeweilige Mindestunterhalt (1. Gruppe der Düsseldorfer Tabelle) abzüglich des zu berücksichtigenden Kindergeldanteils (Zahlbetrag).

Berechnungsformel: K = V : S x 100

K = prozentuale Kürzung

V = Verteilungsmasse (Einkommen des Verpflichteten abzüglich Selbstbehalt)

S = Summe der Einsatzbeträge aller Berechtigten

24.2. Entsprechendes gilt, wenn das unter Berücksichtigung des maßgebenden Selbstbehalts zur Verfügung stehende Einkommen des Unterhaltspflichtigen für die Deckung des Bedarfs von im zweiten (§ 1609 Nr. 2 BGB) oder einem späteren Rang (§ 1609 Nr. 3 ff. BGB) Berechtigten nicht ausreicht.

24.3. Sind neben erstrangigen auch nachrangige Unterhaltsberechtigte vorhanden und reicht das unter Berücksichtigung des Selbstbehalts zur Verfügung stehende Einkommen des Unterhaltspflichtigen nicht zur Deckung des Bedarfs aller Berechtigen aus, so ist zunächst der Bedarf der erstrangigen Unterhaltsberechtigten zu befriedigen; dabei ist jedoch Nr. 11.2 (Bedarfskontrollbetrag) zu beachten.

24.4. Das im Rahmen der Mangelfallberechnung gewonnene Ergebnis ist auf seine Angemessenheit zu überprüfen.

Sonstiges

25. Rundung

Der Unterhaltsbetrag ist auf volle € aufzurunden.

Anhang

1. Düsseldorfer Tabelle

s. S. 5

2. Zahlbeträge Kindesunterhalt

(nach Abzug des jeweiligen Kindergeldanteils – hälftiges Kindergeld bei Minderjährigen, volles Kindergeld bei Volljährigen – sich ergebende Zahlbeträge; ab dem 01.01.2022 beträgt das Kindergeld derzeit für das erste und zweite Kind jeweils 219 €, für das dritte Kind 225 €, ab dem vierten Kind 250 €)

s. S. 10

3. Selbstbehaltsätze im Überblick (in €)

		bei mangelnder Erwerbstätigkeit	bei Erwerbstätigkeit
1.	notwendiger Selbstbehalt gegenüber unverheirateten minderjährigen und privilegierten volljährigen Kindern	960	1.160
2.	angemessener Selbstbehalt: gegenüber sonstigen volljährigen Kindern	1.400	1.400
3.	Selbstbehalt gegenüber getrenntlebenden und geschiedenen Ehegatten sowie gegenüber Mutter/Vater eines nichtehelichen Kindes in der Regel	1.280	1.280
4.	Selbstbehalt gegenüber Eltern, wirtschaftlich selbständigen Kindern und Enkeln	vgl. Leitlinien Nr. 21.3.3.	vgl. Leitlinien Nr. 21.3.3.

4. Umrechnung nach früherem Recht erstellter dynamischer Unterhaltstitel über Kindesunterhalt nach § 36 Nr. 3 EGZPO

Vgl. Rechenformel mit Beispielen in Düsseldorfer Tabelle, Anmerkungen E.

f) OLG Celle

Unterhaltsrechtliche Leitlinien der Familiensenate des Oberlandesgerichts Celle Stand: Januar 2022

Die von den Familiensenaten zusammengestellten Leitlinien dienen dem Ziel, die Rechtsprechung der Senate möglichst weitgehend zu vereinheitlichen. Sie werden der Entwicklung des Unterhaltsrechts angepasst und lassen bewusst Raum für weitere Überlegungen und Konkretisierungen. Eine bindende Wirkung kommt ihnen nicht zu.

Das Tabellenwerk der Düsseldorfer Tabelle ist eingearbeitet. Die Erläuterungen werden durch nachfolgende Leitlinien ersetzt.

Unterhaltsrechtliches Einkommen

Bei der Ermittlung und Zurechnung von Einkommen ist stets zu unterscheiden, ob es um Verwandten- oder Ehegattenunterhalt sowie ob es um Bedarfsbemessung einerseits oder Feststellung der Bedürftigkeit/Leistungsfähigkeit andererseits geht.

Das unterhaltsrechtliche Einkommen ist nicht immer identisch mit dem steuerrechtlichen Einkommen.

1. Geldeinnahmen

1.1 Auszugehen ist vom Bruttoeinkommen als Summe aller Einkünfte.

1.2 Soweit Leistungen nicht monatlich anfallen (z.B. Weihnachts- und Urlaubsgeld), werden sie auf ein Jahr umgelegt. Einmalige Zahlungen (z.B. Abfindungen) sind auf einen angemessenen Zeitraum zu verteilen. In der Regel ist die Verteilung so vorzunehmen, dass der bisherige Lebensstandard aufrechterhalten werden kann.

1.3 Überstundenvergütungen werden dem Einkommen voll zugerechnet, soweit sie berufstypisch sind und das in diesem Beruf übliche Maß nicht überschreiten.

1.4 Spesen und Auslösungen werden pauschal zu 1/3 dem Einkommen hinzugerechnet, soweit nicht nachgewiesen wird, dass die Zulagen notwendigerweise in weitergehendem Umfang verbraucht werden und keine häusliche Ersparnis eintritt.

1.5 Bei Ermittlung des zukünftigen Einkommens eines Selbständigen ist in der Regel der durchschnittliche Gewinn der letzten drei Jahre zugrunde zu legen.

1.6 Einkünfte aus Vermietung und Verpachtung sowie aus Kapitalvermögen ergeben sich aus der Differenz zwischen Einnahmen und Werbungskosten. Für Gebäude ist in der Regel keine AfA anzusetzen.

1.7 Steuererstattungen und Steuernachzahlungen sind in der Regel in dem Kalenderjahr, in dem sie anfallen, zu berücksichtigen und auf die einzelnen Monate umzulegen. Soweit Erstattungen auf Aufwendungen beruhen, die unterhaltsrechtlich nicht zu berücksichtigen sind, bleiben auch die Steuererstattungen außer Betracht.

1.8 Sonstige Einnahmen, z.B. Trinkgelder.

2. Sozialleistungen

2.1 Arbeitslosengeld (§ 117 SGB III) und Krankengeld.

2.2 Arbeitslosengeld II und andere Leistungen nach dem SGB II beim Verpflichteten. Beim Berechtigten sind Leistungen zur Sicherung des Lebensunterhalts nach §§ 19 ff. SGB II kein Einkommen, es sei denn, die Nichtberücksichtigung der Leistungen ist in Ausnahmefällen treuwidrig (vgl. BGH FamRZ 1999, 843; 2001, 619; 2009, 307); nicht subsidiäre Leistungen nach dem SGB II sind Einkommen.

2.3 Wohngeld, soweit es nicht erhöhte Wohnkosten deckt.

2.4 BAföG-Leistungen, auch soweit sie als Darlehen gewährt werden, mit Ausnahme der subsidiären Vorausleistungen nach §§ 36, 37 BAföG.

2.5 Elterngeld, soweit es über den Sockelbetrag hinausgeht, nur unter den Voraussetzungen von § 11 S. 4 BEEG.

2.6 Arbeitsunfallrenten.

2.7 Leistungen aus der Pflegeversicherung, Blindengeld, Versorgungsrenten, Schwerbeschädigten- und Pflegezulagen nach Abzug eines Betrags für tatsächliche Mehraufwendungen; §§ 1610a, 1578a BGB ist zu beachten.

2.8 Der Anteil des an die Pflegeperson weitergeleiteten Pflegegeldes, durch den ihre Bemühungen abgegolten werden; bei Pflegegeld aus der Pflegeversicherung gilt dies nur in den Ausnahmefällen des § 13 VI SGB XI.

2.9 In der Regel Bezüge nach §§ 41 – 43 SGB XII (Grundsicherung) beim Verwandtenunterhalt (anders beim Ehegattenunterhalt).

2.10 und 2.11 Kein Einkommen sind sonstige Sozialhilfe nach SGB XII und Leistungen nach dem UVG. Die Unterhaltsforderung eines Empfängers dieser Leistungen kann in Ausnahmefällen treuwidrig sein (vgl. Ziff. 2.2).

3. Kindergeld

Kindergeld wird nicht zum Einkommen der Eltern gerechnet (vgl. Ziff. 14).

4. Geldwerte Zuwendungen des Arbeitgebers

Geldwerte Zuwendungen aller Art des Arbeitgebers, z.B. Überlassung eines Firmenwagens auch zur privaten Nutzung, Zuschüsse im Rahmen der car allowance (BGH FamRZ 2021, 186) oder freie Kost und Logis sind Einkommen, soweit sie entsprechende Eigenaufwendungen ersparen.

In der Regel wird die Überlassung eines Firmenwagens zur privaten Nutzung durch die steuerliche Bewertung mit 1 % des Listenpreises des Fahrzeugs zuzüglich 0,03 % für jeden Kilometer für Fahrten zwischen Wohnung und Arbeitsstätte zutreffend im Gesamtbruttoeinkommen erfasst, so dass der Sachbezug ausreichend durch die damit verbundene Erhöhung des Nettoeinkommens berücksichtigt ist.

5. Wohnwert

Der Wohnvorteil durch mietfreies Wohnen im eigenen Heim ist als wirtschaftliche Nutzung des Vermögens unterhaltsrechtlich wie Einkommen zu behandeln. Neben dem Wohnwert sind auch Zahlungen nach dem Eigenheimzulagengesetz anzusetzen.

Ein Wohnvorteil liegt nur vor, soweit der Wohnwert den berücksichtigungsfähigen Schuldendienst, notwendige Instandhaltungskosten (BGH FamRZ 2000, 351; 2017, 519) und die verbrauchsunabhängigen Kosten, mit denen ein Mieter üblicherweise nicht belastet wird, übersteigt. In diesem Rahmen sind die über den Zinsanteil hinausgehenden Tilgungsleistungen bis zur Höhe des Wohnwerts anzurechnen (BGH FamRZ 2017, 519; 2018, 1506).

Auszugehen ist von der erzielbaren Miete (objektiver oder voller Wohnwert). Wenn es nicht möglich oder zumutbar ist, die Wohnung aufzugeben und das Objekt zu vermieten oder zu veräußern, kann stattdessen die ersparte Miete angesetzt werden, die angesichts der persönlichen und wirtschaftlichen Verhältnisse angemessen wäre (subjektiver oder angemessener Wohnwert). Dies kommt insbesondere für die Zeit bis zur endgültigen Vermögensauseinandersetzung oder bis zum endgültigen Scheitern der Ehe, etwa bei Zustellung des Scheidungsantrags, in Betracht, wenn ein Ehegatte das Eigenheim allein bewohnt (BGH FamRZ 2008, 963).

6. Haushaltsführung

Führt jemand einem leistungsfähigen Dritten den Haushalt, so kann hierfür ein Einkommen angesetzt werden (BGH FamRZ 2001, 1693; 2004, 1170).

7. Einkommen aus unzumutbarer Erwerbstätigkeit

Einkommen aus unzumutbarer Erwerbstätigkeit kann nach Billigkeit ganz oder teilweise unberücksichtigt bleiben (BGH FamRZ 2005, 1154; 2014, 1987; 2017, 711).

8. Freiwillige Zuwendungen Dritter

Freiwillige Zuwendungen Dritter (z.B. Geldleistungen, kostenloses Wohnen) sind nur dann als Einkommen zu berücksichtigen, wenn dies dem Willen des Dritten entspricht. Soweit jedoch einzelne gleichrangige Kinder mit einer Nichtgeltendmachung oder einer Titulierung ihres Unterhalts in geringerer Höhe -vergleichbar mit freiwilligen Leistungen Dritter- die Zweckrichtung verfolgen, allein dem Unterhaltspflichtigen weitere Einkünfte zu belassen, findet dieses am Anspruch auf Mindestunterhalt weiterer minderjähriger Kinder seine Grenze (BGH FamRZ 2019, 1415).

9. Erwerbsobliegenheit und Einkommensfiktion

Einkommen können auch aufgrund einer unterhaltsrechtlichen Obliegenheit erzielbare Einkünfte sein (BGH FamRZ 2014, 637; 2014, 1992; 2017, 109).

10. Bereinigung des Einkommens

10.1 Vom Bruttoeinkommen sind Steuern, Sozialabgaben und/oder angemessene Vorsorgeaufwendungen abzusetzen (Nettoeinkommen).

10.1.1 Es besteht die Obliegenheit, Steuervorteile in Anspruch zu nehmen (z.B. Eintragung eines Freibetrags bei Fahrtkosten, für unstreitigen oder rechtskräftig titulierten Unterhalt (BGH FamRZ 2007, 793; 2010, 1318).

10.1.2 Zur Absicherung einer angemessenen Altersvorsorge kann der nichtselbstständig Erwerbstätige eine zusätzliche Altersvorsorge von bis zu 4 % seines jeweiligen Gesamtbruttoeinkommens (BGH FamRZ 2005, 1817; 2008, 963; 2009, 1207), gegenüber Ansprüchen auf Elternunterhalt von bis zu 5 % seines Bruttoeinkommens betreiben (vgl. BGH FamRZ 2004, 792; 2006, 1511). Liegt dessen Einkommen über der Beitragsbemessungsgrenze, können für den darüber hinausgehenden Einkommensanteil ebenso wie beim selbständig Erwerbstätigen Aufwendungen für eine angemessene Altersversorgung in Höhe der Beiträge zur gesetzlichen Rentenversicherung (seit 1.1.2018: 18,6 %) zuzüglich einer zusätzlichen Altersvorsorge von 4 bzw. 5 % nach dem Gesamtbruttoeinkommen geltend gemacht werden (BGH FamRZ 2020, 21).

Andere Personen können Aufwendungen für eine angemessene Altersversorgung in Höhe der Beiträge zur gesetzlichen Rentenversicherung (seit 1.1.2018: 18,6 %) zuzüglich einer zusätzlichen Altersvorsorge von 4 bzw. 5 % nach ihrem Gesamtbruttoeinkommen geltend machen.

Dabei kann insbesondere ein den Wohnvorteil (Ziffer 5.) übersteigender Tilgungsanteil als Vermögensbildung Berücksichtigung finden (BGH FamRZ 2017, 519; 2018, 1506).

10.2 Berufsbedingte Aufwendungen, die sich von den privaten Lebenshaltungskosten nach objektiven Merkmalen eindeutig abgrenzen lassen, sind im Rahmen des Angemessenen vom Nettoeinkommen aus nichtselbstständiger Arbeit abzuziehen.

10.2.1 Bei Vorliegen entsprechender Anhaltspunkte kann von Einkünften aus nichtselbstständiger Erwerbstätigkeit eine Pauschale von 5 % des Nettoeinkommens (Ziff. 10.1) angesetzt werden. Übersteigen die berufsbedingten Aufwendungen diese Pauschale, so sind sie insgesamt im Einzelnen darzulegen.

10.2.2 Für die notwendigen Kosten der berufsbedingten Nutzung eines Kraftfahrzeugs können 0,42 € pro gefahrenem Kilometer angesetzt werden. Bei Fahrtstrecken von mehr als 30 km einfacher Entfernung kann die Kilometerpauschale ab dem 31. Kilometer auf 0,28 € pro gefahrenem Kilometer reduziert werden. Mit der Pauschale sind i.d.R. auch Anschaffungskosten erfasst. Werden die Raten für einen zur Anschaffung aufgenommenen Kredit berücksichtigt, so verringern sich die anrechnungsfähigen km-Kosten.

10.2.3 (nicht belegt)

10.3 Kinderbetreuungskosten sind abzugsfähig, soweit die Betreuung durch Dritte infolge der Berufstätigkeit erforderlich ist. Aufwendungen für die Betreuung eines Kindes in Kindergärten oder vergleichbaren Einrichtungen mindern das Einkommen nicht; es handelt sich um Mehrbedarf (vgl. Ziff. 11.1 und 12.4) des Kindes (BGH FamRZ 2009, 962; 2017, 711).

10.4 Schulden können je nach den Umständen des Einzelfalls (Art, Grund und Zeitpunkt des Entstehens) das anrechenbare Einkommen vermindern. Die Abzahlung soll im Rahmen eines Tilgungsplans in angemessenen Raten erfolgen. Dabei sind die Belange von Unterhaltsgläubiger, Unterhaltsschuldner und Drittgläubiger gegeneinander abzuwägen (BGH FamRZ 2017, 109; 2019, 1415). Unter Umständen besteht im Rahmen gesteigerter Unterhaltspflicht nach § 1603 II BGB die Obliegenheit zur Einleitung eines Insolvenzverfahrens und Geltendmachung der gesetzlichen Pfändungsfreigrenzen (BGH FamRZ 2005, 608; FamRZ 2019, 1415).

10.5 (nicht belegt)

10.6 Vermögenswirksame Sparleistungen des Arbeitnehmers, die nicht unter Ziff. 10.1.2 fallen, vermindern das Einkommen nicht. Jedoch sind im Bruttoeinkommen enthaltene Leistungen des Arbeitgebers für die vermögenswirksame Anlage zu belassen.

10.7 Aufwendungen für die Ausübung des Umgangsrechts können sich, soweit sie notwendigerweise anfallen, einkommensmindernd auswirken. Nimmt der barunterhaltspflichtige Elternteil ein weit über das übliche Maß hinausgehendes Umgangsrecht wahr, können in diesem Zusammenhang getätigte außergewöhnlich hohe Aufwendungen (vor allem Fahrt- und Unterbringungskosten) Anlass geben, den Barunterhaltsbedarf des Kindes unter Herabstufung um eine oder mehrere Einkommensgruppen der Düsseldorfer Tabelle zu bestimmen (BGH FamRZ 2014, 917).

Kindesunterhalt

11. Bemessungsgrundlage (Tabellenunterhalt)

Der Barunterhaltsbedarf minderjähriger und noch im elterlichen Haushalt lebender volljähriger unverheirateter Kinder bestimmt sich nach den Sätzen der Düsseldorfer Tabelle (vgl. Anhang I). Bei minderjährigen Kindern kann er als Festbetrag oder als Prozentsatz des Mindestunterhalts nach § 1612a I BGB geltend gemacht werden.

11.1 Die Tabellensätze der Düsseldorfer Tabelle enthalten keine Kranken- und Pflegeversicherungsbeiträge für das Kind, wenn dieses nicht in einer gesetzlichen Familienversicherung mitversichert ist. Das Nettoeinkommen des Pflichtigen ist um solche zusätzlich zu zahlenden Versicherungskosten zu bereinigen. Kosten für den Besuch eines Kindergartens oder vergleichbare Betreuungsformen werden mit Ausnahme der Verpflegungskosten durch die Tabellensätze nicht erfasst. Sie sind Mehrbedarf des Kindes (BGH FamRZ 2009, 962).

11.2 Die Tabellensätze sind auf den Fall zugeschnitten, dass der Unterhaltspflichtige zwei Unterhaltsberechtigten Unterhalt zu gewähren hat. Bei einer größeren oder geringeren Anzahl Unterhaltsberechtigter können Ab- oder Zuschläge durch Einstufung in niedrigere oder höhere Einkommensgruppen vorzunehmen sein.

Zur Eingruppierung können auch die Bedarfskontrollbeträge herangezogen werden. Der Bedarfskontrollbetrag des Unterhaltspflichtigen ab Gruppe 2 ist nicht identisch mit dem Eigenbedarf. Er soll eine ausgewogene Verteilung des Einkommens zwischen dem Unterhaltspflichtigen und den unterhaltsberechtigten Kindern gewährleisten. Wird er unter Berücksichtigung anderer Unterhaltspflichten unterschritten, ist der Tabellenbetrag der nächst niedrigeren Gruppe, deren Bedarfskontrollbetrag nicht unterschritten wird, anzusetzen.

12. Minderjährige Kinder

12.1 Der betreuende Elternteil braucht neben dem anderen Elternteil in der Regel keinen Barunterhalt zu leisten (§ 1606 III 2 BGB), es sei denn, sein Einkommen ist bedeutend höher als das des anderen Elternteils oder der eigene angemessene Unterhalt des sonst allein barunterhaltspflichtigen Elternteils ist gefährdet (§ 1603 II 3 BGB).

12.2 Unterhaltsrechtlich zu berücksichtigendes Einkommen des Kindes wird -unter Abzug ausbildungs- oder berufsbedingter Aufwendungen- je hälftig auf den Bar- und Betreuungsunterhalt angerechnet. Zum Kindergeld vgl. Ziff. 14. Unterhaltspflichten werden durch den Kinderzuschlag nicht berührt (§ 6c BKGG).

12.3 Sind, z.B. bei auswärtiger Unterbringung des Kindes, beide Eltern zum Barunterhalt verpflichtet, haften sie anteilig nach § 1606 III 1 BGB für den Gesamtbedarf (vgl. Ziff. 13.3). Der Verteilungsschlüssel kann unter Berücksichtigung des Betreuungsaufwandes wertend verändert werden.

12.4 Bei Zusatzbedarf (Verfahrenskostenvorschuss, Mehrbedarf, Sonderbedarf) gilt § 1606 III 1 BGB (vgl. Ziff. 13.3). Die Kosten für den Kindergarten (ohne Verpflegungskosten) oder vergleichbare Betreuungseinrichtungen sind Mehrbedarf des Kindes (BGH FamRZ 2009, 962).

13. Volljährige Kinder

13.1 Beim Bedarf volljähriger Kinder ist zu unterscheiden, ob sie noch im Haushalt der Eltern/eines Elternteils leben oder einen eigenen Hausstand haben.

13.1.1 Für volljährige Kinder, die noch im Haushalt der Eltern oder eines Elternteils wohnen, ergibt sich der Bedarf aus der Altersstufe 4 der Düsseldorfer Tabelle. Das gilt bis zur Vollendung des 21. Lebensjahres auch für unverheiratete volljährige Kinder, die sich in der allgemeinen Schulausbildung befinden.

Dieser vom Einkommen der Eltern abgeleitete Unterhaltsbedarf bemisst sich grundsätzlich nach den zusammengerechneten Einkommen beider Elternteile ohne Höhergruppierung nach Ziff. 11.2. Ein Elternteil hat jedoch höchstens den Unterhalt zu leisten, der sich allein aus seinem Einkommen nach der Düsseldorfer Tabelle ergibt (vgl. BGH FamRZ 2006, 99).

13.1.2 Der angemessene Bedarf eines volljährigen Kindes mit eigenem Hausstand beträgt in der Regel monatlich **860 €** ohne Beiträge zur Kranken- und Pflegeversicherung.

Von diesem Betrag kann bei erhöhtem Bedarf oder mit Rücksicht auf die Lebensstellung der Eltern nach oben abgewichen werden.

13.2 Auf den Bedarf wird unterhaltsrechtlich zu berücksichtigendes Einkommen des Kindes, auch BAföG-Leistungen (vgl. Ziff. 2.4) und Ausbildungsbeihilfen (gekürzt um ausbildungsbedingte Aufwendungen) sowie das staatliche Kindergeld in voller Höhe (vgl. Ziff. 14) angerechnet.

13.3 Bei anteiliger Barunterhaltspflicht ist vor Berechnung des Haftungsanteils nach § 1606 III 1 BGB das bereinigte Nettoeinkommen jedes Elternteils gemäß Ziff. 10 zu ermitteln und davon ein Sockelbetrag in Höhe des angemessenen Selbstbehalts (vgl. Ziff. 21.3.1) abzuziehen.

Der Haftungsanteil nach § 1606 III 1 BGB errechnet sich nach der Formel:

Bereinigtes Nettoeinkommen eines Elternteils (N1 oder N2) abzüglich 1.400 € mal (Rest-)Bedarf (R), geteilt durch die Summe der bereinigten Nettoeinkommen beider Eltern (N1 + N2) abzüglich 2.800 (= 1.400 + 1.400) €.

Haftungsanteil 1 = (N1 – 1.400) x R : (N1 + N2 – 2.800).

Der so ermittelte Haftungsanteil ist auf seine Angemessenheit zu überprüfen und kann bei Vorliegen besonderer Umstände (z.B. behindertes Kind) wertend verändert werden.

Bei volljährigen Schülern, die in § 1603 II 2 BGB minderjährigen Kindern gleichgestellt sind, wird der Sockelbetrag bis zum notwendigen Selbstbehalt (vgl. Ziff. 21.2) herabgesetzt, wenn der Mindestbedarf der Kinder andernfalls nicht gedeckt werden kann.

14. Verrechnung des Kindergeldes

Das Kindergeld wird gemäß § 1612b BGB zur Deckung des Barbedarfs verwendet, bei minderjährigen Kindern, die von einem Elternteil betreut werden, zur Hälfte, ansonsten in voller Höhe.

Ehegattenunterhalt

15. Unterhaltsbedarf

15.1 Der Bedarf der Ehegatten richtet sich nach ihren Einkommens- und Vermögensverhältnissen im Unterhaltszeitraum, soweit sich diese aus den ehelichen Lebensverhältnissen fortschreiben lassen.

Änderungen des verfügbaren Einkommens der Ehegatten sind grundsätzlich zu berücksichtigen, unabhängig davon wann sie eingetreten sind und ob es sich um Minderungen oder Erhöhungen handelt. Eine Einkommensreduzierung ist unbeachtlich, wenn sie auf einem unterhaltsrechtlich vorwerfbaren Verhalten beruht. Unerwartete, nicht in der Ehe angelegte Steigerungen des Einkommens des Unterhaltspflichtigen (insbesondere aufgrund eines Karrieresprungs) bleiben unberücksichtigt.

Der nacheheliche Unterhaltsbedarf wird bestimmt durch die Umstände, die bis zur Rechtskraft der Ehescheidung eingetreten sind. Nachfolgende Entwicklungen wirken sich auf die Bedarfsbemessung aus, wenn sie auch bei fortbestehender Ehe angelegt und mit hoher Wahrscheinlichkeit zu erwarten waren (BGH FamRZ 2012, 281). Für Unterhaltspflichten infolge eines nachehelich geborenen Kindes kann dies nicht angenommen werden (BGH FamRZ 2012, 281).

Es ist von einem Mindestbedarf auszugehen, der das Existenzminimum für nicht Erwerbstätige (vgl. Ziff. 21.2) nicht unterschreiten darf.

15.2 Es gilt der Halbteilungsgrundsatz. Vom bereinigten Erwerbseinkommen kann ein Bonus von 1/10 abgezogen werden.

Leistet ein Ehegatte Unterhalt für ein unterhaltsberechtigtes Kind, wird sein Einkommen vor Ermittlung des Erwerbstätigenbonus um diesen Unterhalt (Zahlbetrag) bereinigt.

Kommt der betreuende Elternteil für einen ungedeckten Restbedarf auf, ist dieser ebenso von seinen Einkünften abzusetzen (BGH NZFam 2021, 1008).

15.3 Bei einem Familieneinkommen bis zur Höhe des Doppelten des höchsten in der Düsseldorfer Tabelle ausgewiesenen Einkommensbetrags (derzeit 11.000 €) kann vermutet werden, dass dieses vollständig für den Lebensbedarf der Familie verwendet worden ist. Der Unterhaltsbedarf kann in diesem Fall ohne Darlegung der konkreten Einkommensverwendung nach der Einkommensquote bemessen werden. Soweit das Einkommen darüber hinausgeht, hat der Unterhaltsberechtigte, wenn er dennoch Unterhalt nach der Quotenmethode begehrt, die entsprechende Verwendung des Einkommens für den Lebensbedarf darzulegen und zu beweisen. Als Familieneinkommen in diesem Sinn ist dabei das Einkommen anzusehen, das für den ehelichen Lebensbedarf der beiden Ehegatten zur Verfügung steht (BGH FamRZ 2020, 21). Dem Unterhaltsberechtigten bleibt es unbenommen, eine zunächst konkrete Bedarfsbemessung auf einen Quotenunterhalt umzustellen (BGH NZFam 2021, 1008).

15.4 Werden Altersvorsorge-, Kranken- und Pflegeversicherungskosten vom Berechtigten gesondert geltend gemacht oder vom Pflichtigen gezahlt, sind diese von seinem Einkommen vorweg abzuziehen. Jedenfalls dann, wenn der Unterhaltspflichtige eine zusätzliche Altersvorsorge (10.1.2) betreibt, ist es geboten, dies auch dem Unterhaltsberechtigten durch eine entsprechende Erhöhung des Altersvorsorgeunterhalts zu ermöglichen (BGH FamRZ 2020, 21). Der Vorwegabzug unterbleibt, soweit nicht verteilte Mittel zur Verfügung stehen, namentlich bei einer konkreten Bedarfsberechnung (vgl. Ziff. 15.3). Altersvorsorgeunterhalt wird nicht geschuldet, wenn das Existenzminimum des Berechtigten (vgl. Ziff. 15.1) nicht gesichert ist.

15.5 Schuldet der Unterhaltspflichtige sowohl einem geschiedenen als auch einem neuen Ehegatten Unterhalt, hat dies keinen Einfluss auf die Bemessung des Unterhaltsbedarfs der Unterhaltsberechtigten. Allerdings kann dies bei der Beurteilung der Leistungsfähigkeit (§ 1581 BGB) zu einem relativen Mangelfall und bei Gleichrang zu einer Begrenzung des geschuldeten Unterhalts (Gleichteilung) führen (BGH FamRZ 2012, 281).

15.6 (nicht belegt)

15.7 Der Betreuungsunterhalt nach § 1570 BGB ist nicht nach § 1578b BGB zu befristen.

16. Bedürftigkeit

Eigene Einkünfte des Berechtigten sind auf den Bedarf anzurechnen, wobei das bereinigte Erwerbseinkommen um einen Erwerbstätigenbonus vermindert werden kann. Auf einen konkret festgestellten Bedarf – bei guten Einkommensverhältnissen sowie einer eheunabhängigen Lebensstellung – ist eigenes Einkommen ohne Berücksichtigung eines Erwerbstätigenbonus bedarfsmindernd anzurechnen (BGH FamRZ 2012, 192).

17. Erwerbsobliegenheit

17.1 Bei Kindesbetreuung besteht bis zur Vollendung des dritten Lebensjahres eines gemeinschaftlichen Kindes keine Erwerbsobliegenheit. Gleichwohl erzieltes Erwerbseinkommen ist überobligatorisch und nach den Umständen des Einzelfalls zu berücksichtigen (BGH FamRZ 2009, 770; 2009, 1124; 2009, 1391).

Nach Vollendung des dritten Lebensjahres des Kindes kommt es bei Beurteilung der Frage, ob und inwieweit der betreuende Ehegatte bei einer bestehenden Betreuungsmöglichkeit auf eine Erwerbstätigkeit verwiesen werden kann, auf die Verhältnisse des Einzelfalls an. Bei besonderer Betreuungsbedürftigkeit des Kindes und bei nicht oder nur unzureichender Fremdbetreuung (kindbezogene Gründe, § 1570 I 2 BGB) kommt ein Unterhaltsanspruch auch nach Vollendung des dritten Lebensjahres des Kindes in Betracht.

Eine Erwerbstätigkeit des betreuenden Ehegatten kann auch aus Gründen der nachehelichen Solidarität ganz oder teilweise unbillig erscheinen. Hierbei sind das in der Ehe gewachsene Vertrauen in die vereinbarte und praktizierte Rollenverteilung und die gemeinsame Ausgestaltung der Kinderbetreuung sowie der Dauer der Ehe zu berücksichtigen (elternbezogene Gründe, § 1570 II BGB).

Die Erwerbsobliegenheit beurteilt sich auch danach, ob eine Erwerbstätigkeit neben der Betreuung des Kindes zu einer überobligationsmäßigen Belastung führen würde.

Die Darlegungs- und Beweislast für die Umstände, die einer vollen oder teilweisen Erwerbsobliegenheit ab Vollendung des dritten Lebensjahres des Kindes entgegenstehen, trifft den betreuenden Ehegatten. Dies gilt auch, wenn ein Titel über den Basisunterhalt nach § 1570 I 1 BGB abgeändert werden soll.

17.2 In der Regel besteht für den Berechtigten im ersten Jahr nach der Trennung keine Obliegenheit zur Aufnahme oder Ausweitung einer Erwerbstätigkeit.

Weitere Unterhaltsansprüche

18. Ansprüche aus § 1615l BGB

Der Bedarf nach § 1615l BGB bemisst sich nach der Lebensstellung des betreuenden Elternteils. Er ist auch dann nicht nach dem Einkommen des Pflichtigen zu bemessen, wenn dieser mit dem betreuenden Elternteil zusammengelebt hat (BGH

FamRZ 2008, 1739; 2010, 357). Der Bedarf, der sich auch aus einem Unterhaltsanspruch gegen einen früheren Ehegatten ergeben kann, darf das Existenzminimum für nicht Erwerbstätige (Ziff. 21.2) nicht unterschreiten (BGH FamRZ 2010, 357; 2010, 444).

Zur Frage der Berücksichtigung eigener Einkünfte, zu Abzügen und zur Erwerbsobliegenheit gelten die Ausführungen für den Ehegatten entsprechend.

19. Elternunterhalt

19.1 Der Bedarf der Eltern bemisst sich in erster Linie nach deren Einkommens- und Vermögensverhältnissen. Mindestens muss jedoch das Existenzminimum eines Nichterwerbstätigen (Ziff. 21.2) sichergestellt werden. Darin sind Kosten der Kranken- und Pflegeversicherung nicht enthalten. Etwaiger Mehrbedarf ist zusätzlich auszugleichen.

19.2 Bei Versorgung eines Elternteils in einer Senioreneinrichtung umfasst der Unterhaltsbedarf neben den anderweitig nicht gedeckten Heimkosten auch einen Barbedarf in Höhe des sozialrechtlich nach § 35 II 1 SGB XII gewährten Barbetrags sowie des nach § 133a SGB XII gewährten Zusatzbarbetrags (BGH FamRZ 2013, 203).

Im Falle eines Heimaufenthalts genügt die Darlegung der für den Aufenthalt anfallenden Kosten, wenn nicht Anhaltspunkte dafür vorliegen, dass diese nicht der angemessenen Lebensstellung des Unterhaltsberechtigten entsprechen. Stellt der Unterhaltspflichtige in Abrede, dass das von dem Unterhaltsberechtigten bewohnte Heim seiner angemessenen Lebensstellung entspricht, ist von ihm regelmäßig ein substantiiertes Bestreiten zu verlangen (BGH FamRZ 2015, 2138).

19.3 Verfügt ein verheiratetes unterhaltspflichtiges Kind nicht über eigenes Erwerbseinkommen, hat es sein Taschengeld für den Elternunterhalt einzusetzen, soweit dieses nicht geschützt ist (BGH FamRZ 2013, 363). Bei Bezug eigener Einkünfte ist unter Ermittlung des individuellen Familienbedarfs sicherzustellen, dass der Elternunterhalt nur aus dem Einkommen des Unterhaltspflichtigen gespeist wird (BGH FamRZ 2014, 538; 2014, 1543; 2019; 885).

19.4 Ein Wohnwert ist bei der Inanspruchnahme auf Elternunterhalt nicht mit der bei einer Fremdvermietung erzielbaren objektiven Marktmiete, sondern auf der Grundlage der unter den gegebenen Verhältnissen ersparten Miete zu bemessen (BGH FamRZ 2013, 1554).

20. Lebenspartnerschaft

Bei Getrenntleben oder Aufhebung der Lebenspartnerschaft gelten §§ 12, 16 LPartG.

Leistungsfähigkeit und Mangelfall

21. Selbstbehalt

21.1 Der Unterhaltspflichtige ist leistungsfähig, wenn ihm der Selbstbehalt verbleibt (BGH MDR 2019, 1451). Es ist zu unterscheiden zwischen dem notwendigen (§ 1603 II BGB) und dem angemessenen (§ 1603 I BGB) Verwandtenselbstbehalt sowie dem Selbstbehalt gegenüber Ehegatten (§§ 1361 I, 1581 BGB; BGH FamRZ 2006, 683).

21.2 Für Eltern gegenüber minderjährigen Kindern und diesen nach § 1603 II 2 BGB gleichgestellten volljährigen Kindern gilt der notwendige Selbstbehalt als unterste Grenze der Inanspruchnahme.

Er beträgt beim Erwerbstätigen **1.160 €** und kann bei einem nichterwerbstätigen Unterhaltspflichtigen bis auf **960 €** herabgesetzt werden.

21.3 Im Übrigen gilt beim Verwandtenunterhalt der angemessene Selbstbehalt.

21.3.1 Er beträgt gegenüber volljährigen Kindern **1.400 €.**

21.3.2 Gegenüber Anspruchsberechtigten nach § 1615 l BGB entspricht der Selbstbehalt dem eheangemessenen Selbstbehalt (Nr. 21.4).

21.3.3 Dem Unterhaltspflichtigen ist gegenüber einem Elternteil der angemessene Eigenbedarf zu belassen. Bei dessen Bemessung sind Zweck und Rechtsgedanken des Gesetzes zur Entlastung unterhaltspflichtiger Angehöriger in der Sozialhilfe und in der Eingliederungshilfe (Angehörigenentlastungsgesetz) vom 10. Dezember 2019 (BGBl I S. 2135) zu beachten.

21.3.4 Gegenüber Enkeln beträgt der Selbstbehalt mindestens **2.000 €** (vgl. BGH FamRZ 2007, 375).

21.4 Gegenüber Ehegatten ist der Selbstbehalt in der Regel mit einem Betrag zu bemessen, der zwischen dem angemessenen Selbstbehalt des Volljährigen nach § 1603 I BGB und dem notwendigen Selbstbehalt nach § 1603 II BGB liegt (BGH FamRZ 2006, 683), in der Regel mit **1.280** bei Erwerbstätigkeit und **1.180 €** bei Nichterwerbstätigkeit (BGH FamRZ 2009, 307; 2009, 311; 2010, 802; 2020, 97).

21.5 Führt der Unterhaltspflichtige einen gemeinsamen Haushalt mit einem Ehegatten oder Partner, kann der Selbstbehalt noch weiter herabgesetzt werden (BGH FamRZ 2008, 594; 2010, 802).

22. Bedarf des mit dem Pflichtigen zusammenlebenden Ehegatten

22.1 und 22.2 Lebt der Unterhaltspflichtige mit einem Ehegatten zusammen, ist für diesen gegenüber einem nachrangigen volljährigen Kind ein Mindestbedarf in Höhe von **1.120 €**, gegenüber einem nachrangigen geschiedenen Ehegatten ein solcher in Höhe von **1.024 €** anzunehmen.

22.3 Bei Zusammenleben des Unterhaltspflichtigen mit einem Ehegatten ist gegenüber Unterhaltsansprüchen von Eltern und Enkeln von einem Familienselbstbehalt in Höhe von **3.600 €** (Unterhaltspflichtiger: 2.000 €; Ehegatte: 1.600 € auszugehen (BGH FamRZ 2010, 1535).

23. Bedarf des vom Pflichtigen getrennt lebenden oder geschiedenen Ehegatten

23.1 bis 23.3 (nicht belegt)

24. Mangelfall

24.1 Ein Mangelfall liegt vor, wenn das Einkommen des Unterhaltsverpflichteten zur Deckung seines Selbstbehalts und der gleichrangigen Unterhaltsansprüche der Berechtigten nicht ausreicht. Für diesen Fall ist die nach Abzug des Eigenbedarfs (Selbstbehalts) des Unterhaltspflichtigen verbleibende Verteilungsmasse auf die gleichrangigen Unterhaltsberechtigten im Verhältnis ihrer jeweiligen Einsatzbeträge gleichmäßig zu verteilen. Müssen von konkurrierenden gleichrangigen Kindesunterhaltsverpflichtungen einzelne gemäß § 1613 Abs. 1 BGB nicht mehr erfüllt werden, steht dieses Geld im Sinne des § 1603 Abs. 2 Satz 1 BGB für anderweitigen Mindestkindesunterhalt zur Verfügung. Dies gilt auch, soweit sich auf der Grundlage konkreter Umstände für die Zukunft prognostizieren lässt, dass einzelne gleichrangige Kindesunterhaltsansprüche nicht geltend gemacht werden (BGH FamRZ 2019, 1415).

24.2 Die Einsatzbeträge im Mangelfall belaufen sich bei minderjährigen und diesen nach § 1603 II 2 BGB gleichgestellten Kindern auf den Mindestunterhalt der jeweiligen Altersstufe nach der Düsseldorfer Tabelle (Anhang I) nach den jeweiligen Zahlbeträgen.

24.3 Der für die Kürzung maßgebende Prozentsatz berechnet sich nach der Formel:

$$\text{Prozentsatz} = \frac{\text{Verteilungsmasse}}{\text{Summe aller Einsatzbeträge}} \times 100$$

Entsprechend ist zu verfahren, wenn das unter Berücksichtigung des jeweils maßgebenden Selbstbehalts zur Verfügung stehende Einkommen des Unterhaltspflichtigen für die Deckung des Bedarfs von im zweiten (§ 1609 Nr. 2 BGB) oder einem nachfolgenden Rang stehenden Berechtigten nicht ausreicht.

24.4 Das im Rahmen der Mangelfallberechnung gewonnene Ergebnis ist auf seine Angemessenheit zu überprüfen.

Sonstiges

25. Rundung

Der Unterhaltsbetrag ist auf volle Euro zu runden (beim Kindesunterhalt: § 1612a II 2 BGB).

I. Düsseldorfer Tabelle (Stand ab 1.1.2022)

s. S. 5

II. Tabelle Zahlbeträge (Stand ab 1.1.2022)

Die folgenden Tabellen enthalten die sich nach Abzug des jeweiligen Kindergeldanteils (hälftiges Kindergeld bei Minderjährigen, volles Kindergeld bei Volljährigen) ergebenden Zahlbeträge. Seit dem 1. Januar 2021 beträgt das Kindergeld für das erste und zweite Kind 219 EUR, für das dritte Kind 225 EUR und das vierte und jedes weitere Kind 250 EUR.

s. S. 10

III. Umrechnung dynamischer Titel und Mangelfall

Wegen der Umrechnung dynamischer Titel über Kindesunterhalt in Mindestunterhalt (§ 36 Nr. 3 a – d EGZPO) und der Rechenbeispiele zum Mangelfall wird auf die Anmerkungen zu C. und E. der Düsseldorfer Tabelle Stand 1.1.2017 verwiesen.

s. S. 9

g) OLG Dresden

Unterhaltsleitlinien des Oberlandesgerichts Dresden, Stand: Januar 2022

Die von den Familiensenaten des Oberlandesgerichts Dresden erarbeiteten Unterhaltsleitlinien dienen dem Ziel, die Rechtsanwendung möglichst zu vereinheitlichen, stellen aber keine verbindlichen Regelungen dar, sondern verstehen sich als Orientierungshilfe, von der je nach Lage des Einzelfalls abgewichen werden kann und muss. In ihrem Aufbau folgen sie der bundeseinheitlichen Leitlinienstruktur.

Unterhaltsrechtliches Einkommen

Bei der Ermittlung und Zurechnung von Einkommen ist stets zu unterscheiden, ob es um Verwandten- oder Ehegattenunterhalt sowie ob es um Bedarfsbemessung einerseits oder Feststellung der Bedürftigkeit/Leistungsfähigkeit andererseits geht.

Das unterhaltsrechtliche Einkommen ist nicht immer identisch mit dem steuerrechtlichen Einkommen.

1. Geldeinnahmen

1.1. Auszugehen ist vom Bruttoeinkommen als Summe aller Einkünfte.

1.2. Soweit Leistungen nicht monatlich anfallen (z.B. Weihnachts- und Urlaubsgeld), werden sie auf ein Jahr umgelegt. Einmalige Zahlungen (z.B. Abfindungen) sind auf einen angemessenen Zeitraum (in der Regel mehrere Jahre) zu verteilen.

1.3. Überstundenvergütungen werden dem Einkommen regelmäßig zugerechnet, soweit sie in geringem Umfang anfallen oder berufsüblich sind, darüber hinaus im Mangelfall (vgl. Nr. 24). Entsprechendes gilt für Einkünfte aus Nebentätigkeiten.

1.4. Ersatz für Spesen und Reisekosten sowie Auslösungen gelten in der Regel als Einkommen. Damit zusammenhängende Aufwendungen, vermindert um häusliche Ersparnis, sind jedoch abzuziehen. Bei Aufwendungspauschalen (außer Kilometergeld) kann 1/3 als Einkommen angesetzt werden.

1.5. Bei Ermittlung des zukünftigen Einkommens eines Selbstständigen ist in der Regel der Gewinn der letzten drei Geschäftsjahre zugrunde zu legen. Für die Vergangenheit ist von den in den jeweiligen Jahren tatsächlich erzielten Einkünften auszugehen, wobei auch eine Durchschnittsberechnung für mehrere Jahre möglich ist.

1.6. Einkommen aus Vermietung und Verpachtung (ohne Gebäudeabschreibung) sowie aus Kapitalvermögen ist der Überschuss der Bruttoeinkünfte über die Werbungskosten.

1.7. Steuerzahlungen oder Erstattungen sind in der Regel im Kalenderjahr der tatsächlichen Leistung zu berücksichtigen.

1.8. Sonstige Einnahmen, z.B. Trinkgelder

2. Auch folgende Sozialleistungen sind Einkommen:

2.1. Arbeitslosengeld gemäß § 136 SGB III und Krankengeld

2.2. Arbeitslosengeld II (§§ 19 bis 32 SGB II) ist Einkommen beim Verpflichteten, beim Berechtigten dagegen nicht. Allerdings kann die Geltendmachung rückständigen Unterhalts neben bereits gewährtem Arbeitslosengeld II ausnahmsweise treuwidrig sein, wenn dies wegen eines gesetzlichen Ausschlusses des Anspruchsübergangs auf den Leistungsträger (§ 33 Abs. 2 SGB II) zu einer doppelten Befriedigung des Berechtigten führen würde.

2.3. Wohngeld, soweit es nicht überhöhte Wohnkosten deckt.

2.4. BaföG-Leistungen, auch soweit sie als Darlehen gewährt werden, mit Ausnahme von Vorausleistungen nach §§ 36, 37 BaföG.

2.5. Elterngeld ist Einkommen, soweit es über den Sockelbetrag nach § 11 Satz 1-3 BEEG hinausgeht. Der Sockelbetrag und Bundeserziehungsgeld sind kein Einkommen, es sei denn, es liegt einer der Ausnahmefälle der § 9 Satz 2 BErzGG, § 11 Satz 4 BEEG vor.

2.6. Unfallrenten

2.7. Leistungen aus der Pflegeversicherung, Blindengeld, Versorgungsrenten, Schwerbeschädigten- und Pflegezulagen nach Abzug eines Betrages für tatsächliche Mehraufwendungen; §§ 1610a, 1578a BGB sind zu beachten.

2.8. Der Anteil des Pflegegeldes bei der Pflegeperson, durch den ihre Bemühungen abgegolten werden; bei Pflegegeld aus der Pflegeversicherung gilt dies nach Maßgabe des § 13 Abs. 6 SGB XI.

2.9. In der Regel Leistungen nach §§ 41-43 SGB XII (Grundsicherung) beim Verwandtenunterhalt, nicht aber beim Ehegattenunterhalt.

2.10. Kein Einkommen ist sonstige Sozialhilfe nach SGB XII. Die Unterhaltsforderung eines Empfängers dieser Leistungen kann in Ausnahmefällen treuwidrig sein (vgl. Nr. 2.2.)

2.11. Leistungen nach dem Unterhaltsvorschussgesetz sind im Verhältnis zu den Eltern des Kindes kein Einkommen.

3. Kindergeld

Kindergeld wird nicht zum Einkommen der Eltern gerechnet (vgl. Nr. 14). Der Kinderzuschlag gem. § 6a BKGG ist bedarfsdeckendes Einkommen des Kindes, für das er gezahlt wird (vgl. BGH, Beschl. v. 28.10.2020, XII ZB 512/19).

4. Geldwerte Zuwendungen

Geldwerte Zuwendungen aller Art des Arbeitgebers, z.B. Firmenwagen oder freie Kost und Logis, sind Einkommen, soweit durch sie entsprechende Eigenaufwendungen erspart werden.

5. Wohnwert

Der Wohnvorteil durch mietfreies Wohnen im eigenen Heim ist als wirtschaftliche Nutzung des Vermögens unterhaltsrechtlich wie Einkommen zu behandeln. Neben dem Wohnwert sind auch Zahlungen nach dem Eigenheimzulagengesetz anzusetzen.

Ein Wohnvorteil liegt nur vor, soweit der Wohnwert den berücksichtigungsfähigen Schuldendienst einschließlich Tilgungsleistungen, erforderliche Instandhaltungskosten und die verbrauchsunabhängigen Kosten, mit denen ein Mieter üblicherweise nicht belastet wird, übersteigt.

Auszugehen ist vom vollen Mietwert. Wenn es nicht möglich oder nicht zumutbar ist, die Wohnung aufzugeben und das Objekt zu vermieten oder zu veräußern, kann stattdessen die ersparte Miete angesetzt werden, die angesichts der wirtschaftlichen Verhältnisse angemessen wäre. Dies kommt insbesondere für die Zeit bis zur Rechtshängigkeit des Scheidungsantrags in Betracht, wenn ein Ehegatte das Eigenheim allein bewohnt.

6. Haushaltsführung

Führt jemand einem leistungsfähigen Dritten den Haushalt, so ist hierfür ein Einkommen anzusetzen; bei Haushaltsführung durch einen Nichterwerbstätigen geschieht das in der Regel mit einem Betrag von 200,00 EUR bis 550,00 EUR.

7. Einkommen aus unzumutbarer Erwerbstätigkeit

Einkommen aus unzumutbarer Erwerbstätigkeit kann nach Billigkeit ganz oder teilweise unberücksichtigt bleiben.

8. Freiwillige Zuwendungen Dritter

Freiwillige Zuwendungen Dritter (z.B. Geldleistungen, kostenloses Wohnen) sind als Einkommen zu berücksichtigen, soweit dies dem Willen des Dritten nicht widerspricht.

9. Fiktives Einkommen

Einkommen können auch aufgrund einer unterhaltsrechtlichen Obliegenheit erzielbare Einkünfte sein. Fiktiv zugerechnete Einkünfte sind regelmäßig um (fiktive) berufsbedingte Aufwendungen von pauschal 5 % zu kürzen.

10. Bereinigung des Einkommens

10.1. Vom Bruttoeinkommen sind Steuern, Sozialabgaben und/oder angemessene Vorsorgeaufwendungen abzusetzen (Nettoeinkommen).

Es besteht die Obliegenheit, Steuervorteile in Anspruch zu nehmen (z.B. Eintragung eines Freibetrages bei Fahrtkosten oder für unstreitigen oder titulierten Ehegattenunterhalt).

10.2. Berufsbedingte Aufwendungen, die sich von den privaten Lebenshaltungskosten nach objektiven Merkmalen eindeutig abgrenzen lassen, sind im Rahmen des Angemessenen vom Nettoeinkommen aus unselbstständiger Arbeit abzuziehen.

10.2.1. Bei Vorliegen entsprechender Anhaltspunkte kann eine Pauschale von 5 % des Nettoeinkommens, höchstens aber 150,00 EUR angesetzt werden. Übersteigen die berufsbedingten Aufwendungen die Pauschale, so sind sie im Einzelnen darzulegen. Bei beschränkter Leistungsfähigkeit ist mit konkreten Kosten zu rechnen.

10.2.2. Für die notwendigen Kosten der berufsbedingten Nutzung eines Kraftfahrzeuges kann ein Betrag von 0,42 EUR pro gefahrenem Kilometer angesetzt werden. Hierin sind Anschaffungs-, Reparatur- und sonstige Betriebskosten enthalten. Bei langen Fahrtstrecken (ab ca. 30 km einfach) kann nach unten abgewichen werden (für die Mehrkilometer in der Regel auf 0,28 EUR). Nr. 10.1 Satz 2 gilt auch hier.

10.2.3. Bei einem Auszubildenden gelten 10.2.1. und 10.2.2. entsprechend.

10.3. Kinderbetreuungskosten sind abzugsfähig, soweit die Betreuung durch Dritte allein infolge der Berufstätigkeit erforderlich ist. Zum Aufwand für die Betreuung des Kindes zählen nicht die Kosten des Kindergartens oder einer vergleichbaren Betreuungseinrichtung; diese sind Mehrbedarf des Kindes (vgl. Nr. 12.4.).

10.4. Zins- und Tilgungsraten für berücksichtigungsfähige Schulden können (ggf. unter Berücksichtigung einer möglichen Tilgungsstreckung) je nach den Umständen des Einzelfalles das anrechenbare Einkommen vermindern. Im Mangelfall (vgl. Nr. 24) sind sie in der Regel nur bis zur Höhe des pfändbaren Betrages (§ 850c Abs. 1 Satz 2 ZPO) zu berücksichtigen.

Bei der Bedarfsermittlung für den Trennungsunterhalt sind eheprägende Verbindlichkeiten grundsätzlich voll abzusetzen; beim nachehelichen Unterhalt bleiben Tilgungsraten, die der Vermögensbildung zugute kommen, in der Regel unberücksichtigt, soweit sie nicht einer zusätzlich gebotenen Altersvorsorge dienen.

Beim Kindesunterhalt kann die Obliegenheit zur Einleitung eines Verbraucherinsolvenzverfahrens bestehen.

10.5. nicht belegt

10.6. Vermögensbildende Aufwendungen sind im angemessenen Rahmen abzugsfähig.

Kindesunterhalt

11. Bemessungsgrundlage (Tabellenunterhalt)

Der Barunterhalt minderjähriger und noch im elterlichen Haushalt lebender volljähriger unverheirateter Kinder bestimmt sich nach den Sätzen der Tabelle im Anhang (identisch mit der Düsseldorfer

Tabelle). Bei minderjährigen Kindern kann er als Festbetrag oder als Prozentsatz des jeweiligen Mindestunterhalts geltend gemacht werden.

11.1. Die Tabellensätze enthalten keine Kranken- und Pflegeversicherungsbeiträge für das Kind, wenn dieses nicht in einer gesetzlichen Familienversicherung mitversichert ist. Das Nettoeinkommen des Verpflichteten ist um solche zusätzlich zu zahlenden Versicherungskosten zu bereinigen.

11.2. Die Tabellensätze sind auf den Fall zugeschnitten, dass der Unterhaltspflichtige zwei Berechtigten Unterhalt zu gewähren hat. Bei einer größeren oder geringeren Anzahl Unterhaltsberechtigter können Ab- oder Zuschläge durch Einstufung in niedrigere oder höhere Einkommensgruppen angemessen sein.

12. Minderjährige Kinder

12.1. Die Höhe des Barbedarfes bestimmt sich in der Regel allein nach dem Einkommen des nichtbetreuenden Elternteils.

12.2. Einkommen des Kindes wird regelmäßig hälftig auf Barunterhalt und Betreuungsunterhalt angerechnet. Ein höherer Anteil kann zugunsten des Barunterhaltspflichtigen berücksichtigt werden, wenn der Betreuungsaufwand des anderen Elternteils nur noch gering ist.

12.3. Der betreuende Elternteil braucht neben dem anderen Elternteil in der Regel keinen Barunterhalt zu leisten, es sei denn, sein Einkommen ist bedeutend höher als das des anderen Elternteils und der eigene angemessene Unterhalt des sonst allein barunterhaltspflichtigen Elternteils ist gefährdet (§ 1603 Abs. 2 Satz 3 BGB). Ausnahmsweise kommt auch dann, wenn der angemessene Selbstbehalt des nicht betreuenden Elternteils nicht gefährdet ist, eine Beteiligung des anderen Elternteils am Barunterhalt (bis hin zur alleinigen Haftung) in Betracht, wenn dessen Einkommen sich der Grenze des Dreifachen des Einkommens des nicht betreuenden Elternteils nähert oder darüber liegt.

Sind bei auswärtiger Unterbringung beide Eltern zum Barunterhalt verpflichtet, haften sie anteilig nach § 1606 Abs. 3 Satz 1 BGB für den Gesamtbedarf (vgl. Nr. 13.3.). Gleiches gilt bei Betreuung des Kindes im paritätischen Wechselmodell.

12.4. Kosten für Kindergärten und vergleichbare Betreuungseinrichtungen (ohne Verpflegungskosten) sind Mehrbedarf des Kindes, der, wie auch Zusatzbedarf im Übrigen (Prozesskostenvorschuss, Sonderbedarf) gem. § 1606 Abs. 3 Satz 1 BGB nach dem Verhältnis der beiderseitigen Einkünfte zwischen den Eltern aufzuteilen ist (vgl. Nr. 13.3.).

13. Volljährige Kinder

13.1. Beim Bedarf volljähriger Kinder ist zu unterscheiden, ob sie noch im Haushalt der Eltern/eines Elternteils leben oder einen eigenen Hausstand haben.

13.1.1. Für volljährige Kinder, die noch im Haushalt der Eltern oder eines Elternteils wohnen, gilt die Altersstufe 4 der Tabelle.

Der Bedarf des Kindes ist in der Regel nach dem zusammengerechneten Einkommen (ohne Anwendung von Nr. 11.2.) zu bemessen. Für die Haftungsquote gilt Nr. 13.3. Ein Elternteil hat jedoch höchstens den Unterhalt zu leisten, der sich allein aus seinem Einkommen nach der Tabelle ergibt.

13.1.2. Der angemessene Bedarf eines volljährigen Kindes mit eigenem Hausstand beträgt in der Regel monatlich 860 EUR. Darin sind enthalten Kosten für Unterkunft (einschließlich umlagefähiger Nebenkosten) und Heizung bis zu 375,00 EUR, jedoch keine Beiträge zu Kranken- und Pflegeversicherung und keine Studiengebühren. Von diesem Betrag kann bei erhöhtem Bedarf oder mit Rücksicht auf die Lebensstellung der Eltern abgewichen werden.

13.2. Auf den Unterhaltsbedarf werden Einkünfte des Kindes, auch das Kindergeld, BaföG-Darlehen und Ausbildungsbeihilfen (gekürzt um ausbildungsbedingte Aufwendungen, vgl. Nr. 10.2.3.) angerechnet. Bei Einkünften aus unzumutbarer Erwerbstätigkeit gilt § 1577 Abs. 2 BGB entsprechend.

13.3. Bei anteiliger Barunterhaltspflicht ist vor Berechnung des Haftungsanteils nach § 1606 Abs. 3 Satz 1 BGB das bereinigte Nettoeinkommen jedes Elternteils gem. Nr. 10 zu ermitteln. Außerdem ist vom Restbetrag ein Sockelbetrag in Höhe des angemessenen Selbstbehaltes (1.400 EUR) abzuziehen.

Der Haftungsanteil nach § 1606 Abs. 3 Satz 1 BGB errechnet sich nach der Formel:

Bereinigtes Nettoeinkommen eines Elternteils (N1 oder N2) abzüglich 1.400,00 EUR mal (Rest-)Bedarf (R), geteilt durch die Summe der bereinigten Nettoeinkommen beider Eltern (N1 + N2) abzüglich 2.800,00 EUR (= 1.400,00 + 1.400,00 EUR).

Haftungsanteil 1 = (N1 – 1.400,00 EUR) x R: (N1 + N2 – 2.800,00 EUR).

Der so ermittelte Haftungsanteil ist auf seine Angemessenheit zu überprüfen und kann bei Vorliegen besonderer Umstände (z.B. behindertes Kind) wertend verändert werden.

Bei volljährigen Schülern, die in § 1603 Abs. 2 Satz 2 BGB minderjährigen Kindern gleichgestellt sind, wird der Sockelbetrag bis zum notwendigen

Selbstbehalt (960,00 EUR/1160,00 EUR) herabgesetzt, wenn der Bedarf der Kinder andernfalls nicht gedeckt werden kann.

14. Verrechnung des Kindergeldes

Es wird nach § 1612 b BGB angerechnet.

Ehegattenunterhalt

15. Unterhaltsbedarf

15.1. Bei der Bedarfsbemessung darf nur eheprägendes Einkommen berücksichtigt werden. Bei Aufnahme oder Erweiterung einer Erwerbstätigkeit nach Trennung/Scheidung gilt das (Mehr-)Einkommen als prägend.

15.2. Es gilt der Halbteilungsgrundsatz, wobei jedoch Erwerbseinkünfte nur zu 9/10 zu berücksichtigen sind (Abzug von 1/10 Erwerbstätigenbonus vom bereinigten Nettoeinkommen).

Leistet ein Ehegatte auch Unterhalt für ein Kind, wird sein Einkommen vor der Ermittlung des Erwerbstätigenbonus (vgl. Nr. 15.2.) um den Kindesunterhalt (Zahlbetrag nach Abzug des anzurechnenden Kindergeldes) bereinigt. Erbringt der Verpflichtete sowohl Bar- als auch Betreuungsunterhalt, so gilt Nr. 10.3.

15.3. Bei einem Familieneinkommen bis zur Höhe des Doppelten des höchsten in der Düsseldorfer Tabelle ausgewiesenen Einkommens kann der Unterhalt regelmäßig als Quotenunterhalt geltend gemacht werden. Bei einem darüber hinausgehenden Einkommen ist der Bedarf grundsätzlich konkret darzulegen. Er kann auch dann nach der Quotenmethode geltend gemacht werden, wenn der Berechtigte gleichzeitig darlegt, dass das gesamte Einkommen für den Lebensbedarf verwendet wurde.

15.4. Werden Altersvorsorge-, Kranken- und Pflegeversicherungskosten vom Berechtigten gesondert geltend gemacht oder vom Verpflichteten bezahlt, sind diese von dem Einkommen des Pflichtigen vorweg abzuziehen. Der Vorwegabzug unterbleibt, soweit nicht verteilte Mittel zur Verfügung stehen, z.B. durch Anrechnung nicht prägenden Einkommens des Berechtigten auf seinen Bedarf.

16. Bedürftigkeit

Eigene Einkünfte des Berechtigten sind auf den Bedarf anzurechnen, wobei das bereinigte Nettoerwerbseinkommen um den Erwerbstätigenbonus zu vermindern ist.

17. Erwerbsobliegenheit

17.1. Bei Betreuung eines Kindes kann bis zur Vollendung des dritten Lebensjahres eine Erwerbstätigkeit nicht erwartet werden. Danach besteht eine Erwerbsobliegenheit nach Maßgabe der Betreuungsbedürftigkeit und der zumutbaren Betreuungsmöglichkeit. Zu berücksichtigen ist dabei auch die Belastung durch die neben der Erwerbstätigkeit verbleibende Kinderbetreuung, für die das Alter und die Anzahl der Kinder von wesentlicher Bedeutung sind.

17.2. In der Regel besteht für den Berechtigten im ersten Jahr nach der Trennung keine Obliegenheit zur Aufnahme oder Ausweitung einer Erwerbstätigkeit.

Weitere Unterhaltsansprüche

18. Ansprüche nach § 1615l BGB

Der Bedarf nach § 1615l BGB bemisst sich nach der Lebensstellung des betreuenden Elternteils. Er beträgt mindestens 960,00 EUR.

19. Elternunterhalt

Beim Bedarf der Eltern sind Leistungen nach den §§ 41-43 SGB XII (Grundsicherung) zu berücksichtigen (vgl. Nr. 2.9.).

20. Lebenspartnerschaft

Bei Getrenntleben oder Aufhebung der Lebenspartnerschaft gelten §§ 12, 16 LPartG.

Leistungsfähigkeit und Mangelfall

21. Selbstbehalt des Verpflichteten

21.1. Es ist zu unterscheiden zwischen dem notwendigen (§ 1603 Abs. 2 BGB), dem angemessenen (§ 1603 Abs. 1 BGB) und dem eheangemessenen (§ 1361 Abs. 1, § 1578 Abs. 1 BGB) Selbstbehalt.

21.2.

Für Eltern gegenüber minderjährigen Kindern und diesen nach § 1603 Abs. 2 Satz 2 BGB gleichgestellten Kindern gilt im Allgemeinen der notwendige Selbstbehalt als unterste Grenze der Inanspruchnahme.

Er beträgt

– beim Nichterwerbstätigen	960,00 EUR
– beim Erwerbstätigen	1.160,00 EUR.

Hierin sind Kosten für Unterkunft (einschließlich umlagefähiger Nebenkosten) und Heizung in Höhe von 430,00 EUR enthalten (vgl. auch 21.5.2.).

21.3. Im Übrigen gilt beim Verwandtenunterhalt der angemessene Selbstbehalt.

21.3.1. Er beträgt gegenüber nicht privilegierten volljährigen Kindern 1.400,00 EUR und gegenüber der Mutter/dem Vater eines nichtehelichen Kindes in der Regel 1.280,00 EUR. Hierin sind Kosten für Unterkunft (einschließlich umlagefähiger Nebenkosten) und Heizung in Höhe von 490,00 EUR enthalten (vgl. auch 21.5.2.).

21.3.2. Gegenüber Eltern und Enkeln beträgt er mindestens 2.000,00 EUR, wobei gegenüber Eltern die Hälfte des diesen Mindestbetrag übersteigenden Einkommens zusätzlich anrechnungsfrei bleibt. Hierin sind Kosten für Unterkunft (einschließlich umlagefähiger Nebenkosten) und Heizung in Höhe von 550,00 EUR enthalten (vgl. auch 21.5.2.). Die Regelungen des Angehörigenentlastungsgesetzes bleiben unberührt.

21.3.3. Der Selbstbehalt gegenüber einem Anspruch auf Trennungsunterhalt oder nachehelichen Unterhalt (Ehegattenselbstbehalt) ist in der Regel mit einem Betrag zu bemessen, der zwischen dem angemessenen Selbstbehalt und dem notwendigen Selbstbehalt liegt, derzeit also regelmäßig mit 1.280,00 EUR; darin sind Kosten für Unterkunft (einschließlich umlagefähiger Nebenkosten) und Heizung in Höhe von 490,00 EUR enthalten (vgl. auch 21.5.2).

21.3.4. Anpassung des Selbstbehaltes

21.5.1. Der jeweilige Selbstbehalt kann unterschritten werden, wenn der eigene Unterhalt des Pflichtigen ganz oder teilweise durch seinen Ehegatten gedeckt ist (vgl. Nr. 22).

Bei gemeinschaftlicher Haushaltsführung kommt eine Kürzung des Selbstbehaltes auch dann in Betracht, wenn der Unterhaltspflichtige mit einem Dritten zusammenlebt, soweit dadurch für den Pflichtigen Kostenersparnisse entstehen.

21.5.2. Überschreiten die tatsächlichen Wohnkosten (ggf. nach Abzug von Wohngeld) den in dem Selbstbehalt berücksichtigten Wohnkostenanteil erheblich und sind sie den Umständen nach dennoch angemessen, so soll der Selbstbehalt erhöht werden. Wird die Wohnung von mehreren Personen genutzt, ist der Wohnkostenanteil des Pflichtigen festzustellen. Bei Erwachsenen geschieht die Aufteilung in der Regel nach Köpfen. Kinder sind vorab mit einem Anteil von 20 % ihres Anspruchs auf Barunterhalt (Zahlbetrag) zu berücksichtigen.

22. Bedarf des mit dem Pflichtigen zusammenlebenden Ehegatten

22.1. Ist bei Unterhaltsansprüchen des nachrangigen geschiedenen Ehegatten der Unterhaltspflichtige verheiratet, werden für den mit ihm zusammenlebenden Ehegatten mindestens 1.040,00 EUR angesetzt.

22.2. Ist bei Unterhaltsansprüchen nicht privilegierter volljähriger Kinder oder der Enkel der Unterhaltspflichtige verheiratet, werden für den mit ihm zusammenlebenden Ehegatten mindestens 1.120,00 EUR angesetzt.

22.3. Ist bei Unterhaltsansprüchen der Eltern/Großeltern der Unterhaltspflichtige verheiratet, werden für den mit ihm zusammenlebenden Ehegatten mindestens 1.600,00 EUR angesetzt. Im Familienbedarf von 3.600,00 EUR (2.000,00 EUR + 1.600,00 EUR) sind Kosten für Unterkunft (einschließlich umlagefähiger Nebenkosten) und Heizung in Höhe von 980,00 EUR enthalten.

23. Bedarf des vom Pflichtigen getrennt lebenden oder geschiedenen Ehegatten

23.1. Bei Unterhaltsansprüchen des nachrangigen geschiedenen Ehegatten werden für den vom Unterhaltspflichtigen getrennt lebenden oder geschiedenen Ehegatten mindestens 1.280,00 EUR angesetzt.

23.2. Bei Unterhaltsansprüchen nicht privilegierter volljähriger Kinder oder der Enkel werden für den vom Unterhaltspflichtigen getrennt lebenden oder geschiedenen Ehegatten mindestens 1.400,00 EUR angesetzt.

23.3. Bei Unterhaltsansprüchen der Eltern/Großeltern werden für den vom Unterhaltspflichtigen getrennt lebenden oder geschiedenen Ehegatten mindestens 2.000,00 EUR angesetzt.

24. Mangelfall

24.1. Ein Mangelfall liegt vor, wenn das Einkommen des Verpflichteten zur Deckung seines notwendigen Selbstbehaltes und der gleichrangigen Unterhaltsansprüche nicht ausreicht.

24.2. Zur Feststellung des Mangelfalls entspricht der einzusetzende Bedarf für minderjährige und diesen nach § 1603 Abs. 2 Satz 2 BGB gleichgestellte Kinder dem Zahlbetrag, der aus der ersten Einkommensgruppe entnommen werden kann.

24.3. Die nach Abzug des notwendigen Selbstbehaltes des Unterhaltspflichtigen verbleibende Verteilungsmasse ist anteilig auf alle gleichrangigen Unterhaltsberechtigten im Verhältnis der (ggf. um eigene Einkünfte gekürzten) Einsatzbeträge zu verteilen.

24.4. Das im Rahmen der Mangelfallberechnung gewonnene Ergebnis ist auf seine Angemessenheit zu überprüfen.

25. Rundung

Der Unterhaltsbetrag ist auf volle EURO aufzurunden.

26. Anmerkungen

Nummer 8. der Leitlinien hebt den Mangelfall nicht mehr ausdrücklich hervor, um zu verdeutlichen, dass in allen Fällen zu prüfen ist, inwieweit der Unterhaltspflichtige, der seine Lebensstellung (auch) aus freiwilligen Zuwendungen Dritter bestreitet, den Unterhaltsberechtigten, der seine Lebensstellung von der des Pflichtigen ableitet, darauf verweisen kann, dass die Zuwendung kein Einkommen sei.

Die geänderte Fassung von Nummer 12.3. nimmt Bezug auf neue Rechtsprechung des Bundesgerichtshofs (Beschluss vom 10.07.2013, Az. XII ZB 297/12, FamRZ 2013, 1558). Das Gleiche gilt für die Neufassung von Nummer 15.3. (BGH, Beschluss vom 25.09.2019, XII ZB 25/19).

Anhang

Unterhaltstabelle

Stand 1. Januar 2022

s. S. 5

h) OLG Düsseldorf

Leitlinien zum Unterhalt
Stand: Januar 2022

Zur Ergänzung der Düsseldorfer Tabelle herausgegeben von den Senaten für Familiensachen des Oberlandesgerichts Düsseldorf.

Unterhaltsrechtliches Einkommen

1. Geldeinnahmen

1.1. Auszugehen ist vom Jahresbruttoeinkommen einschließlich Weihnachts- und Urlaubsgeld sowie sonstiger Zuwendungen, wie z.B. Tantiemen und Gewinnbeteiligungen.

1.2. Einmalige höhere Zahlungen, wie z.B. Abfindungen oder Jubiläumszuwendungen, sind auf einen angemessenen Zeitraum zu verteilen (in der Regel mehrere Jahre).

Abfindungen aus Anlass der Beendigung eines Arbeitsverhältnisses sind grundsätzlich auch bei Aufnahme einer neuen Arbeitsstelle mit dauerhaft geringerem Einkommen bis zur Höchstgrenze des Bedarfs nach dem früheren Einkommen zu verwenden; ob eine Aufstockung bis zum bisherigen Einkommen zur vollständigen Aufrechterhaltung des bisherigen Lebensstandards geboten ist, beurteilt sich nach den Umständen des Einzelfalls, insbesondere der zu erwartenden weiteren Einkommensentwicklung.

Beim Ehegattenunterhalt bleibt eine Abfindung unberücksichtigt, soweit sie bereits güterrechtlich Berücksichtigung gefunden hat oder soweit sie zur Aufstockung nicht benötigt wird, weil ein Einkommen in gleicher Höhe bezogen wird.

1.3. Überstundenvergütungen werden in der Regel dem Einkommen voll zugerechnet, soweit sie berufsüblich sind oder nur in geringem Umfang anfallen oder wenn der Mindestunterhalt minderjähriger Kinder oder der entsprechende Unterhalt ihnen nach § 1603 Abs. 2 S. 2 BGB gleichgestellter Volljähriger nicht gedeckt ist. Sonst ist die Anrechnung unter Berücksichtigung des Einzelfalls nach Treu und Glauben zu beurteilen.

Dies gilt gleichermaßen für Einkünfte aus einer Nebentätigkeit, die neben einer vollschichtigen Erwerbstätigkeit ausgeübt wird. Zur Sicherstellung des Mindestunterhalts minderjähriger Kinder oder ihnen nach § 1603 Abs. 2 S. 2 BGB gleichgestellter volljähriger Kinder kann es dem Pflichtigen obliegen, Überstunden zu leisten und/oder eine Nebentätigkeit auszuüben, soweit dies – in den Grenzen der §§ 3 und 6 ArbZG – zumutbar ist.

1.4. Auslösungen und Spesen sind nach den Umständen des Einzelfalls anzurechnen. Soweit solche Zuwendungen geeignet sind, laufende Lebenshaltungskosten zu ersparen, ist diese Ersparnis in der Regel mit 1/3 des Nettobetrags zu bewerten.

1.5. Bei Selbständigen ist für den laufenden und zukünftigen Unterhalt grundsätzlich vom durchschnittlichen Gewinn während eines längeren Zeitraums von in der Regel mindestens drei aufeinander folgenden Jahren, möglichst den letzten drei Jahren, auszugehen.

Für die Vergangenheit sind die in dem jeweiligen Kalenderjahr erzielten Einkünfte maßgebend. Durchschnittsberechnungen für einen längeren Zeitraum sind möglich.

Anstatt auf den Gewinn kann ausnahmsweise auf die Entnahmen abzüglich der Einlagen abgestellt werden, wenn eine zuverlässige Gewinnermittlung nicht möglich oder der Betriebsinhaber unterhaltsrechtlich zur Verwertung seines Vermögens verpflichtet ist.

Abschreibungen (Absetzung für Abnutzung: AfA) können insoweit anerkannt werden, als dem steuerlich zulässigen Abzug ein tatsächlicher Wertverlust entspricht. Wegen des Umfangs der Abschreibung kann auf die von der Finanzverwaltung herausgegebenen AfA-Tabellen abgestellt werden. Dies gilt in der Regel jedoch nicht für Gebäude. Zinsen für Kredite, mit denen die absetzbaren Wirtschaftsgüter finanziert werden, mindern den Gewinn. Wenn und soweit die Abschreibung unterhaltsrechtlich anerkannt wird, sind Tilgungsleistungen nicht zu berücksichtigen.

Steuer und Vorsorgeaufwendungen sind nach Nr. 10.1 zu berücksichtigen. Der Gewinn ist nicht um berufsbedingte Aufwendungen (Nr. 10.2.1) zu kürzen.

1.6. Einkünfte aus Vermietung und Verpachtung werden durch eine Überschussrechnung ermittelt. Dabei kann zur Ermittlung der durchschnittlichen Einkünfte auf einen Mehrjahreszeitraum abgestellt werden. AfA-Beträge für Gebäude sind in der Regel nicht abzusetzen. Für die Berücksichtigung von Tilgungsleistungen gilt Nr. 5. Absatz 3 entsprechend.

Kapitaleinkünfte sind unterhaltsrechtliches Einkommen.

1.7. Steuererstattungen und Steuernachzahlungen sind in der Regel in dem Jahr, in dem sie anfallen, zu berücksichtigen (In-Prinzip); bei Selbständigen kann zur Ermittlung eines repräsentativen Einkommens auf den Zeitraum der Veranlagung abgestellt werden (Für-Prinzip). Steuervorteile, die auf unterhaltsrechtlich nicht zu berücksichtigenden Aufwendungen beruhen, bleiben außer Betracht. Steuervorteile sind wahrzunehmen (vgl. Nr. 10.1.1).

1.8. Sonstige Einnahmen wie z. B. berufstypische Trinkgelder, Krankentagegeld sind Einkommen.

2. Sozialleistungen

2.1. Arbeitslosengeld (§ 136 SGB III) und sonstige Lohnersatzleistungen nach dem SGB III (Übergangs-, Ausbildungs-, Kurzarbeiter- und Insolvenzgeld) sowie Krankengeld sind Einkommen.

2.2. Arbeitslosengeld II und andere Leistungen nach dem SGB II sind Einkommen beim Verpflichteten. Beim Berechtigten sind Arbeitslosengeld II und Sozialgeld kein Einkommen, nicht subsidiäre Leistungen nach dem SGB II sind Einkommen, etwa Einstiegsgeld nach § 16b SGB II, Entschädigung für Mehraufwendungen nach § 16d SGB II.

Die Geltendmachung von Unterhalt durch den Hilfeempfänger kann treuwidrig sein, wenn er infolge des Ausschlusses des Anspruchsübergangs (vgl. § 33 Abs. 2 SGB II) insbesondere für die Vergangenheit durch das Arbeitslosengeld II oder das Sozialgeld und den Unterhalt mehr als seinen Bedarf erhalten würde.

2.3. Wohngeld ist Einkommen, soweit es nicht erhöhte Wohnkosten abdeckt.

2.4. BAföG-Leistungen (außer Vorausleistungen) sind Einkommen, auch soweit sie als Darlehen gewährt werden.

2.5. Elterngeld nach § 1 BEEG ist Einkommen, soweit es über den Sockelbetrag von 300 EUR bzw. 150 EUR bei verlängertem Bezug hinausgeht. Der Sockelbetrag des Elterngeldes ist Einkommen, wenn einer der Ausnahmefälle des § 11 BEEG vorliegt.

2.6. Unfall- und Versorgungsrenten sowie Übergangsgelder aus der Unfall- bzw. Rentenversicherung sind Einkommen.

2.7. Leistungen aus der Pflegeversicherung, Blindengeld, Schwerbeschädigten- und Pflegezulagen nach Abzug eines Betrages für tatsächliche Mehraufwendungen sind Einkommen; bei Sozialleistungen nach § 1610a BGB wird widerlegbar vermutet, dass sie durch Aufwendungen aufgezehrt werden.

2.8. Der Anteil des an die Pflegeperson weitergeleiteten Pflegegeldes, durch den ihre Bemühungen abgegolten werden, ist Einkommen. Bei Pflegegeld aus der Pflegeversicherung gilt dies nur nach Maßgabe des § 13 Abs. 6 SGB XI.

Pflegegeld nach § 64a SGB XII für eigene pflegebedürftige Kinder und nach § 39 SGB VIII für die Aufnahme fremder Kinder ist mit seinem im Einzelfall zu bemessenden Vergütungsanteil Einkommen der Pflegeperson.

2.9. Leistungen zur Grundsicherung nach den §§ 41 ff. SGB XII sind anders als beim Ehegattenunterhalt beim Verwandtenunterhalt als Einkommen des Beziehers zu berücksichtigen.

2.10. Sozialhilfeleistungen nach dem SGB XII sind kein Einkommen.

Hinsichtlich der Geltendmachung von Unterhalt durch den Hilfeempfänger gilt Nr. 2.2 Absatz 2 entsprechend.

2.11. Leistungen nach dem Unterhaltsvorschussgesetz sind kein Einkommen.

3. Kindergeld

Kindergeld ist kein Einkommen der Eltern.

4. Geldwerte Zuwendungen des Arbeitgebers

Geldwerte Zuwendungen des Arbeitgebers aller Art, z.B. Firmenwagen, freie Kost und Logis, mietgünstige Wohnung, sind dem Einkommen hinzuzurechnen, soweit sie entsprechende Eigenaufwendungen ersparen. Die hierfür steuerlich in Ansatz gebrachten Beträge bieten einen Anhaltspunkt für die Bewertung des geldwerten Vorteils.

LL-Strkt
KG
Brdbg
Brschw
Brem
Celle
Dresd
Düss
Ffm
Hbg
Hamm
Jena
Kblz
Köln
Naumbg
Oldbg
Rstk
Schlesw
SüdL
Empf Sozhi

5. Wohnwert

Der Wohnvorteil durch mietfreies Wohnen im eigenen Heim ist als wirtschaftliche Nutzung des Vermögens wie Einkommen zu behandeln, wenn sein Wert die Belastungen übersteigt, die unter Berücksichtigung der staatlichen Eigenheimförderung, durch die allgemeinen Grundstückskosten und -lasten, durch Annuitäten und durch sonstige nicht nach § 556 BGB in Verbindung mit der BetrKV umlagefähige Kosten entstehen.

Auszugehen ist von der erzielbaren Miete (objektiver oder voller Wohnwert). Wenn es nicht möglich oder zumutbar ist, die Wohnung aufzugeben und das Objekt zu vermieten oder zu veräußern, kann stattdessen die ersparte Miete angesetzt werden, die angesichts der persönlichen und wirtschaftlichen Verhältnisse angemessen wäre (subjektiver oder angemessener Wohnwert). Dies kommt insbesondere für die Zeit bis zur endgültigen Vermögensauseinandersetzung oder bis zum endgültigen Scheitern der Ehe, etwa bei Zustellung des Scheidungsantrags, in Betracht, wenn ein Ehegatte das Eigenheim allein bewohnt. Bei der Inanspruchnahme auf Elternunterhalt ist stets auf den subjektiven oder angemessenen Wohnwert abzustellen.

Neben Zinsleistungen sind auch Tilgungsleistungen bis zur Höhe des Wohnwerts jedenfalls dann abzuziehen, wenn sie nicht der einseitigen Vermögensbildung dienen. Im Übrigen kommt eine Berücksichtigung der Tilgungsleistungen nach den Umständen des Einzelfalls in Betracht, soweit sie über die Höhe des Wohnwerts hinausgehen, insbesondere unter dem Gesichtspunkt der ergänzenden Altersvorsorge (vgl. Nr. 10.1.2).

6. Haushaltsführung

Für die Führung des Haushalts eines leistungsfähigen Dritten ist ein Einkommen anzusetzen. Bei der Haushaltsführung durch einen Nichterwerbstätigen kann in der Regel ein Betrag von 300 EUR bis 500 EUR monatlich angesetzt werden.

7. Einkommen aus unzumutbarer Erwerbstätigkeit

Einkünfte aus Nebentätigkeit und unzumutbarer Erwerbstätigkeit sind im Rahmen der Billigkeit (vgl. §§ 242, 1577 Abs. 2 BGB) als Einkommen zu berücksichtigen.

8. Freiwillige Zuwendungen Dritter

Freiwillige Leistungen Dritter (z.B. Geldleistungen, mietfreies Wohnen) sind kein Einkommen, es sei denn, dass die Anrechnung dem Willen des Dritten entspricht. Wenn der Mindestunterhalt minderjähriger Kinder oder ihnen nach § 1603 Abs. 2 S. 2 BGB gleichgestellter volljähriger Kinder sowie das Existenzminimum des Ehegatten nicht gedeckt sind, kommt eine Anrechnung ebenfalls in Betracht.

9. Erwerbsobliegenheit und Einkommensfiktion

Einkommen sind auch aufgrund einer unterhaltsrechtlichen Obliegenheit unter Beachtung einer realen Beschäftigungschance erzielbare Einkünfte, die sich bei gesteigerter Unterhaltspflicht gemäß § 1603 Abs. 2 BGB im Rahmen der Zumutbarkeit auch aus einer Nebentätigkeit ergeben können (vgl. Nr. 1.3 Abs. 2).

10. Bereinigung des Einkommens

10.1. Steuern und Vorsorgeaufwendungen

Vom Bruttoeinkommen sind Steuern, Sozialabgaben und/oder angemessene Vorsorgeaufwendungen abzusetzen (Nettoeinkommen).

10.1.1. Steuerzahlungen und -nachzahlungen sind in der Regel in dem Jahr, in dem sie anfallen, zu berücksichtigen (In-Prinzip). Bei Selbständigen kann auf den Zeitraum der Veranlagung abgestellt werden (Für-Prinzip). Grundsätzlich sind Steuervorteile in Anspruch zu nehmen; hierzu gehört bei unstreitigem, freiwillig geleistetem oder tituliertem Unterhalt auch das Realsplitting. Ob im laufenden Jahr von der Möglichkeit der Eintragung eines Freibetrages Gebrauch zu machen ist, richtet sich nach den Umständen des Einzelfalls (vgl. Nr. 1.7).

10.1.2. Als Vorsorgeaufwendungen sind Aufwendungen zur Kranken-, Pflege-, Renten- und Arbeitslosenversicherung abzuziehen. Zu den angemessenen Vorsorgeaufwendungen kann auch eine zusätzliche Altersvorsorge zählen.

Personen, die der gesetzlichen Rentenversicherung nicht unterliegen, können für ihre Altersvorsorge regelmäßig einen Prozentsatz ihres Bruttoeinkommens aufwenden, der dem jeweiligen Beitragssatz zur gesetzlichen Rentenversicherung entspricht. Für eine zusätzliche Altersvorsorge können sie ebenso wie gesetzlich Rentenversicherte weitere 4 % (bei Elternunterhalt 5 %) ihres Bruttoeinkommens einsetzen. Personen, die der gesetzlichen Rentenversicherung unterliegen, können für das die Beitragsbemessungsgrenze der gesetzlichen Rentenversicherung übersteigende Einkommen zusätzliche Aufwendungen zur Altersvorsorge bis zur Höhe eines Prozentsatzes des die Beitragsbemessungsgrenze übersteigenden Einkommens tätigen, der dem jeweiligen Beitragssatz zur gesetzlichen Rentenversicherung entspricht. Wenn der Mindestunterhalt minderjähriger Kinder oder ihnen nach § 1603 Abs. 2 S. 2 BGB gleichgestellter Volljähriger nicht gedeckt ist, sind Aufwendungen für die zusätzliche Altersvorsorge nicht zu berücksichtigen.

10.2. Berufsbedingte Aufwendungen

10.2.1. Für berufsbedingte Aufwendungen gilt Anm. A. 3 der Düsseldorfer Tabelle.

10.2.2. Als notwendige Kosten der berufsbedingten Nutzung eines Kraftfahrzeugs können 0,42 EUR pro gefahrenem Kilometer (§ 5 Abs. 2 Nr. 2 JVEG) angesetzt werden. Ab dem 31. Entfernungskilometer kommt in der Regel eine Kürzung der Kilometerpauschale für die Mehrkilometer auf 0,28 EUR in Betracht.

10.2.3. Für die Ausbildungsvergütung eines Kindes, das im Haushalt der Eltern oder eines Elternteils wohnt, gilt Anm. A. 8 der Düsseldorfer Tabelle. Lebt das Kind im eigenen Haushalt, ist Anm. A. 3 der Düsseldorfer Tabelle anzuwenden.

10.3. Kinderbetreuung

Das Einkommen aus einer neben der Kinderbetreuung ausgeübten Erwerbstätigkeit kann um den notwendigen, konkret dargelegten Aufwand für die Betreuung des Kindes vermindert werden. Zum Aufwand für die Betreuung des Kindes zählen nicht die Kosten des Kindergartenbesuchs, diese sind Mehrbedarf des Kindes.

10.4. Schulden

Schulden können nach den Umständen des Einzelfalls (Art, Grund und Zeitpunkt des Entstehens) das anrechenbare Einkommen vermindern. Die Abzahlung soll im Rahmen eines Tilgungsplans in angemessenen Raten erfolgen. Dabei sind die Belange von Unterhaltsgläubiger, Unterhaltsschuldner und Drittgläubiger gegeneinander abzuwägen. Unter Umständen besteht im Rahmen gesteigerter Unterhaltspflicht nach § 1603 Abs. 2 BGB die Obliegenheit zur Einleitung eines Insolvenzverfahrens und Geltendmachung der gesetzlichen Pfändungsfreigrenzen.

10.5. nicht besetzt

10.6. Vermögensbildung

Vermögenswirksame Leistungen, die nicht unter Nr. 10.1.2 fallen, vermindern das Einkommen nicht. Zusatzleistungen des Arbeitgebers für die vermögenswirksame Anlage sind dem Bezieher zu belassen.

10.7. Umgangskosten

Umgangskosten können durch einen – teilweisen – Abzug vom Einkommen oder eine Erhöhung des Selbstbehalts berücksichtigt werden.

Bei einem über das übliche Maß hinausgehenden Umgang können dadurch bedingte hohe Mehraufwendungen (z.B. Fahrt- und Unterbringungskosten) zu einer Herabstufung um eine oder mehrere Einkommensgruppen der Düsseldorfer Tabelle oder zum Absehen von einer erforderlichen Höherstufung führen.

Ferner kann der Unterhaltsbedarf des Kindes dadurch gemindert sein, dass der umgangsberechtigte Elternteil dem Kind im Zuge seines erweiterten Umgangsrechts Leistungen erbringt, mit denen er den Unterhaltsbedarf des Kindes auf andere Weise als durch Zahlung einer Geldrente teilweise deckt.

Kindesunterhalt

11. Bemessungsgrundlage (Tabellenunterhalt)

Der Barunterhaltsbedarf minderjähriger Kinder und im Haushalt der Eltern oder eines Elternteils lebender volljähriger Kinder ist der Düsseldorfer Tabelle zu entnehmen. Bei minderjährigen Kindern kann der Kindesunterhalt als Festbetrag oder als Prozentsatz des Mindestunterhalts gemäß § 1612a Abs. 1 BGB geltend gemacht werden.

11.1. In den Tabellensätzen sind Beiträge zur Kranken- und Pflegeversicherung nicht enthalten. Wenn das Kind nicht in der gesetzlichen Familienversicherung mitversichert ist, gehören die Kosten der Krankenversicherung des Kindes zu seinem Grundbedarf und sind zusätzlich vom barunterhaltspflichtigen Elternteil zu tragen. Dessen Einkommen ist um diese Versicherungskosten zu bereinigen. Studiengebühren sind von den Tabellensätzen nicht erfasst, wohl aber Semesterbeiträge.

11.2. Bei minderjährigen Kindern, die bei einem Elternteil leben, richtet sich zur Bemessung des Barunterhalts die Eingruppierung in die Düsseldorfer Tabelle nach dem anrechenbaren Einkommen des anderen Elternteils. Der Bedarfskontrollbetrag (Anm. A. 6 der Düsseldorfer Tabelle) und Ab- oder Zuschläge (Anm. A. 1 der Düsseldorfer Tabelle) sind zu beachten.

12. Minderjährige Kinder

12.1. Der betreuende Elternteil braucht in der Regel keinen Barunterhalt für das minderjährige Kind zu leisten.

Zum einen kann jedoch die Barunterhaltspflicht des nicht betreuenden Elternteils entfallen oder sich ermäßigen, wenn er zu Unterhaltszahlungen nur unter Beeinträchtigung seines angemessenen Unterhalts in der Lage wäre, während der andere Elternteil neben der Betreuung des Kindes auch den Barunterhalt leisten könnte, ohne dass dadurch sein eigener angemessener Unterhalt gefährdet würde, und ohne die Beteiligung des betreuenden Elternteils am Barunterhalt ein erhebliches finanzielles Ungleichgewicht zwischen den Eltern entste-

LL-Strkt
KG
Brdbg
Brschw
Brem
Celle
Dresd
Düss
Ffm
Hbg
Hamm
Jena
Kblz
Köln
Naumbg
Oldbg
Rstk
Schlesw
SüdL
Empf Sozhi

hen würde. In solchen Fällen entfällt die gesteigerte Unterhaltspflicht nach § 1603 Abs. 2 Satz 1 und 2 BGB, also insbesondere die Beschränkung auf den notwendigen Selbstbehalt. Die Unterhaltspflicht mit dem Einkommen, das den angemessenen Selbstbehalt übersteigt, wird davon nicht berührt.

Zum anderen kann es der Billigkeit entsprechen, den betreuenden Elternteil den Barunterhalt gemäß § 1606 Abs. 3 BGB in voller Höhe aufbringen zu lassen, wenn dieser mindestens das Dreifache der Nettoeinkünfte des an sich barunterhaltspflichtigen Elternteils erzielt. Unterhalb dieser Schwelle kann bei einer erheblichen Einkommensdifferenz eine beiderseitige Barunterhaltspflicht der Eltern nach Nr. 13.3 der Leitlinien in Betracht kommen, wobei zugunsten des betreuenden Elternteils eine wertende Veränderung des Verteilungsmaßstabs vorzunehmen ist.

12.2. Das bereinigte Einkommen des Kindes, das von einem Elternteil betreut wird, wird nur teilweise, in der Regel zur Hälfte auf den Barunterhalt angerechnet; im Übrigen kommt es dem betreuenden Elternteil zugute.

12.3. Sind, z. B. bei auswärtiger Unterbringung des Kindes, beide Eltern zum Barunterhalt verpflichtet, bemisst sich der Bedarf des Kindes in der Regel nach dem zusammengerechneten Einkommen beider Eltern ohne Höhergruppierung nach Anm. A. 1 der Düsseldorfer Tabelle. Für den Gesamtbedarf haften die Eltern anteilig (Berechnung nach Nr. 13.3).

Gleiches gilt bei einem Wechselmodell. In diesem Fall umfasst der Bedarf des Kindes auch die durch das Wechselmodell bedingten Mehrkosten. Der Unterhaltsanspruch ist auf den hälftigen Ausgleich der nach Abzug der von den Eltern erbrachten Leistungen verbleibenden Unterhaltsspitze durch den besser verdienenden Elternteil gerichtet (BGH, FamRZ 2017, 437).

12.4. Für Zusatzbedarf (Prozess-/Verfahrenskostenvorschuss, Mehrbedarf, Sonderbedarf) haften beide Eltern gemäß § 1606 Abs. 3 Satz 1 BGB anteilig (Berechnung nach Nr. 13.3). Zum Mehrbedarf des Kindes zählen insbesondere Kindergartenkosten (ohne Verpflegungsanteile).

13. Volljährige Kinder

13.1. Der Bedarf volljähriger Kinder, die noch im Haushalt der Eltern oder eines Elternteils wohnen, richtet sich nach der 4. Altersstufe der Düsseldorfer Tabelle. Dies gilt bis zur Vollendung des 21. Lebensjahres auch für unverheiratete volljährige Kinder, die sich in der allgemeinen Schulausbildung befinden. Der Bedarf bemisst sich, falls beide Eltern leistungsfähig sind, in der Regel nach dem zusammengerechneten Einkommen ohne Höhergruppierung nach Anm. A. 1 der Düsseldorfer Tabelle. Für die Haftungsquote gilt Nr. 13.3.

Für ein volljähriges Kind mit eigenem Hausstand gilt Anm. A. 7 Abs. 2 der Düsseldorfer Tabelle. Der Bedarfssatz kann bei entsprechender Lebensstellung der Eltern erhöht werden.

13.2. Das bereinigte Einkommen des volljährigen Kindes wird in der Regel in vollem Umfange auf den Bedarf angerechnet. Bei Einkünften aus unzumutbarer Erwerbstätigkeit gilt § 1577 Abs. 2 BGB entsprechend. Zu den Einkünften des Kindes gehören auch BAföG-Darlehen und Ausbildungsbeihilfen.

13.3. Sind beide Eltern barunterhaltspflichtig, bemisst sich die Haftungsquote nach dem Verhältnis ihrer anrechenbaren Einkünfte. Diese sind vorab jeweils um den Sockelbetrag zu kürzen. Der Sockelbetrag entspricht dem angemessenen Selbstbehalt gemäß Anm. A 5 Abs. 2 der Düsseldorfer Tabelle, bei minderjährigen unverheirateten und ihnen gleichgestellten volljährigen Kindern (§ 1603 Abs. 2 S. 2 BGB) jedoch dann dem notwendigen Selbstbehalt gemäß Anm. A 5 Abs. 1 der Düsseldorfer Tabelle, wenn bei einem Sockelbetrag in Höhe des angemessenen Selbstbehalts der Bedarf dieser Kinder nach der ersten Einkommensgruppe nicht sichergestellt ist. Ein Elternteil hat höchstens den Unterhalt zu leisten, der sich allein – unter Berücksichtigung von Anm. A. 1 der Düsseldorfer Tabelle – nach seinem Einkommen ergibt.

Die anrechenbaren Einkommen der Eltern sind um Unterhaltsleistungen an vorrangig Berechtigte zu kürzen.

Der Verteilungsschlüssel kann bei Vorliegen besonderer Umstände (z. B. Betreuung eines behinderten Volljährigen) wertend verändert werden.

14. Verrechnung des Kindergeldes

Kindergeld wird nach § 1612b BGB zur Deckung des Barbedarfs verwandt, und zwar bei minderjährigen Kindern, die von einem Elternteil oder im Rahmen des Wechselmodells von beiden Eltern betreut werden, zur Hälfte, ansonsten in voller Höhe. Beim Wechselmodell kommt somit die auf den Barunterhalt entfallende Hälfte des Kindergeldes den Eltern entsprechend ihrer sich aus den beiderseitigen Einkommen ergebenden Beteiligungsquote zugute; der auf den Betreuungsunterhalt entfallende Kindergeldanteil ist zwischen den Eltern hälftig aufzuteilen.

Ehegattenunterhalt

15. Unterhaltsbedarf

15.1. Der Bedarf der Ehegatten richtet sich nach ihren Einkommens- und Vermögensverhältnissen im Unterhaltszeitraum, soweit diese als die ehelichen Lebensverhältnisse nachhaltig prägend anzusehen sind. Die ehelichen Lebensverhältnisse im Sinne von § 1578 Abs. 1 Satz 1 BGB werden dabei grundsätzlich durch die Umstände bestimmt, die bis zur Rechtskraft der Ehescheidung eingetreten sind. Nachträgliche Entwicklungen wirken sich auf die Bedarfsbemessung nach den ehelichen Lebensverhältnissen aus, wenn sie auch bei fortbestehender Ehe eingetreten wären oder in anderer Weise in der Ehe angelegt und mit hoher Wahrscheinlichkeit zu erwarten waren. Andere nacheheliche Entwicklungen bleiben außer Betracht (siehe Nr. 15.5).

Es ist von einem Mindestbedarf auszugehen, der nicht unter dem Existenzminimum für Nichterwerbstätige liegen darf (Anm. B IV Nr. 2 der Düsseldorfer Tabelle).

Bei Berechnung des Bedarfs ist von dem anrechenbaren Einkommen (Nr. 10) vorab der prägende Kindesunterhalt – Zahlbetrag – abzuziehen.

Unterhalt für nachrangige volljährige Kinder ist vorab abzusetzen, wenn der Kindesunterhalt die ehelichen Lebensverhältnisse geprägt hat und den Eheleuten ein angemessener Unterhalt verbleibt.

15.2. Der Bedarf eines jeden Ehegatten ist grundsätzlich mit der Hälfte des unterhaltsrechtlich relevanten Einkommens beider Ehegatten anzusetzen (Halbteilungsgrundsatz).

Dem erwerbstätigen Ehegatten steht vorab ein Bonus von 1/10 seiner Erwerbseinkünfte zu. Der Erwerbstätigenbonus ist von dem gemäß Nr. 10 bereinigten Erwerbseinkommen, das zusätzlich – bei Mischeinkünften anteilig – um den Kindesunterhalt in Höhe des Zahlbetrages zu mindern ist, zu bilden.

Der Bedarf des berechtigten Ehegatten beträgt danach 45 % der Erwerbseinkünfte des anderen Ehegatten zuzüglich 55 % der eigenen Erwerbseinkünfte sowie 50 % der sonstigen Einkünfte beider Eheleute. Der Bedarf des Verpflichteten beträgt 55 % der eigenen Erwerbseinkünfte zuzüglich 45 % der Erwerbseinkünfte des anderen Ehegatten sowie 50 % des sonstigen Einkommens beider Eheleute (Quotenbedarf).

15.3. Bei sehr guten Einkommensverhältnissen der Eheleute muss der Unterhaltsberechtigte auf geeignete Weise vortragen, in welchem Umfang das Familieneinkommen für den Konsum verbraucht worden ist. Dies kann erfolgen durch einen konkreten Vortrag zu den ehelichen Lebensverhältnissen (konkrete Bedarfsbemessung) oder durch den Vortrag, welcher Anteil der hohen Einkünfte nicht zur Deckung des ehelichen Lebensbedarfs verwendet wurde (Sparquote). Wenn der Unterhaltspflichtige substantiiert – beispielsweise durch die Darlegung des konkreten Bedarfs oder der Sparquote – widerspricht, bleibt es hinsichtlich der Höhe des zu Konsumzwecken eingesetzten Einkommensanteils bei der vollen Darlegungslast und Beweislast des Unterhaltsberechtigten.

Ab welcher Einkommenshöhe eine tatsächliche Vermutung für den vollständigen Verbrauch der Einkünfte zur Deckung des laufenden Lebensbedarfs entfällt, bleibt der tatrichterlichen Würdigung im Einzelfall vorbehalten. Jedenfalls ab einem bereinigten Einkommen der Ehegatten von mehr als dem Betrag der höchsten Einkommensgruppe der Düsseldorfer Tabelle (derzeit 11.000 €) gilt diese Vermutung in der Regel nicht.

Auf einen konkret festgestellten Bedarf ist Einkommen des Berechtigten ohne Berücksichtigung eines Erwerbstätigenbonus anzurechnen.

Bei sehr guten Einkommensverhältnissen hat der Unterhaltsberechtigte ein Wahlrecht, nach welcher Methode er seinen Unterhalt berechnen will. Der Quotenunterhalt stellt unter Berücksichtigung eines objektiven Maßstabs im Hinblick auf die Halbteilung die Obergrenze auch bei der konkreten Bedarfsbemessung dar.

15.4. Verlangt der Berechtigte neben dem Elementarunterhalt Vorsorgeunterhalt für Alter, Krankheit und Pflegebedürftigkeit, den er aus seinen eigenen Einkünften nicht decken kann, sind die vom Pflichtigen hierfür geschuldeten Beträge wie eigene Vorsorgeaufwendungen (Ziffer 10.1) von seinem Einkommen abzuziehen.

Die zweistufige Berechnung und der Vorwegabzug des Vorsorgeunterhalts für Alter, Krankheit oder Pflegebedürftigkeit können unterbleiben, soweit nicht prägendes Einkommen in einer den ungedeckten Vorsorgebedarf übersteigenden Höhe zur Verfügung steht, also entweder der Verpflichtete über nicht prägendes Einkommen verfügt oder nicht prägendes Einkommen des Berechtigten bedarfsdeckend angerechnet wird. Dies kann insbesondere bei einer Berechnung nach Nr. 15.3 der Fall sein.

Altersvorsorgeunterhalt wird wegen Vorrangs des Elementarunterhalts nicht geschuldet, wenn bzw. soweit das Existenzminimum des Berechtigten nicht gesichert ist.

Bei der zweistufigen Ermittlung des Altersvorsorgeunterhalts wird zunächst ein vorläufiger Elementarunterhalt nach Nrn. 15.2, 21.4 bestimmt. Einkünfte des Berechtigten, die zu keiner Altersvorsorge führen, bleiben unberücksichtigt. Hinzu kommt ein Zuschlag entsprechend der jeweils gültigen Bremer Tabelle. Von dieser Bruttobemessungsgrundlage wird mit Hilfe des jeweiligen Beitragssatzes in der gesetzlichen Rentenversicherung (Arbeitgeber- und Arbeitnehmerbeitrag) der Vorsorgeunterhalt errechnet. Dieser wird vom bereinigten Nettoeinkommen des Verpflichteten abgezogen; auf dieser Basis wird der endgültige Elementarunterhalt errechnet.

15.5. Ohne Auswirkung auf den Unterhaltsbedarf sind nacheheliche Entwicklungen, die keinen Anknüpfungspunkt in der Ehe haben, wie die Unterhaltspflicht gegenüber einem neuen Ehegatten, der Splittingvorteil aus der neuen Ehe, sonstige von der neuen Ehe abhängige Einkommenszuschläge, der Vorteil des Zusammenlebens in der neuen Ehe, Unterhaltspflichten für nachehelich geborene Kinder und hierdurch bedingte Ansprüche nach § 1615l BGB. Allerdings können diese Veränderungen bei Gleichrang zu einer Einschränkung der Leistungsfähigkeit (§ 1581 BGB, relativer Mangelfall) und zu einer Begrenzung des geschuldeten Unterhalts führen (siehe Nrn. 21.3.2 Abs. 2 bis 4).

15.6. Trennungsbedingter Mehrbedarf kann berücksichtigt werden, wenn der Berechtigte oder der Verpflichtete über zusätzliches nicht prägendes Einkommen verfügt, das die Zahlung des nach dem prägenden Einkommen berechneten Unterhalts sowie des trennungsbedingten Mehrbedarfs erlaubt.

15.7. Nach Scheidung der Ehe ist in der Regel zunächst Unterhalt nach dem eheangemessenen Bedarf zu zahlen. Vor einer Herabsetzung und/oder Begrenzung des Unterhaltsanspruchs ist dem berechtigten Ehegatten regelmäßig eine auch unter Berücksichtigung der Ehedauer angemessene Übergangsfrist einzuräumen.

Bei der Billigkeitsprüfung nach § 1578b BGB ist vorrangig zu berücksichtigen, ob ehebedingte Nachteile eingetreten sind. Im Rahmen der Billigkeitsabwägung sind daneben insbesondere die beiderseitigen Einkommens- und Vermögensverhältnisse, der Vermögenserwerb während der Ehe, Beiträge zur beruflichen Entwicklung des anderen Ehegatten sowie die Dauer und Umfang des gezahlten Trennungsunterhalts zu berücksichtigen. Der Dauer der Ehe kommt in diesem Rahmen eine besondere Bedeutung zu. Fortwirkende ehebedingte Nachteile des Unterhaltsberechtigten stehen in der Regel einer Unterhaltsbefristung und einer Herabsetzung unter den angemessenen Bedarf entgegen. Etwas anderes kann gelten, wenn beide Ehegatten fortwirkende ehebedingte Nachteile erlitten haben. Bei Fehlen oder nach dem Wegfall ehebedingter Nachteile kann eine fortwirkende nacheheliche Solidarität einer Begrenzung des Anspruchs auf nachehelichen Unterhalt entgegenstehen oder eine Verlängerung der Unterhaltsdauer geboten erscheinen lassen.

Der bereits zweckbefristete Anspruch auf Betreuungsunterhalt nach § 1570 BGB ist nicht nach § 1578b Abs. 2 BGB zeitlich zu befristen, kann aber gem. § 1578b Abs. 1 BGB bis zum angemessenen Bedarf des Berechtigten herabgesetzt werden. Ein nicht auf § 1570 BGB beruhender Unterhaltsanteil kann nach § 1578b BGB zeitlich begrenzt werden.

16. Bedürftigkeit

Eigenes Einkommen des Berechtigten ist auf den Bedarf (Ziffer 15) anzurechnen.

17. Erwerbsobliegenheit

17.1. Bei Kindesbetreuung besteht bis zur Vollendung des dritten Lebensjahres eines gemeinsamen Kindes keine Erwerbsobliegenheit. Eine gleichwohl ausgeübte Erwerbstätigkeit ist überobligatorisch, hieraus erzieltes Einkommen ist entsprechend § 1577 Abs. 2 BGB nach Billigkeit zu berücksichtigen.

Nachdem das jüngste Kind sein drittes Lebensjahr vollendet hat, kommt es bei Beurteilung der Frage, ob und inwieweit der betreuende Ehegatte auf eine Erwerbstätigkeit verwiesen werden kann, auf die Verhältnisse des Einzelfalls an, wobei in der Regel ein abrupter Wechsel durch einen stufenweisen Übergang zu einer vollschichtigen Erwerbstätigkeit vermieden werden soll. Bei der Entscheidung über die Verlängerung des Unterhaltsanspruchs sind kindbezogene Gründe (§ 1570 Abs. 1 Satz 3 BGB) und elternbezogene Gründe (§ 1570 Abs. 2 BGB) zu berücksichtigen.

Maßgeblich sind insbesondere die konkrete Betreuungssituation (Anzahl und Alter des bzw. der zu betreuenden gemeinsamen Kinder, die individuelle Betreuungsbedürftigkeit des bzw. der gemeinsamen Kinder, Verfügbarkeit und Qualität der Betreuungseinrichtungen und die verlässliche Bereitschaft des unterhaltspflichtigen Elternteils, sich an der Betreuung zu beteiligen), die gemeinsame Ausgestaltung der Kinderbetreuung während des ehelichen Zusammenlebens und das hierdurch gewachsene Vertrauen in die vereinbarte und praktizierte Rollenverteilung.

Der Umfang der Erwerbsobliegenheit beurteilt sich nach der Gesamtbelastung durch die Erwerbstätigkeit und die Kinderbetreuung. Eine tatsächlich ausgeübte Tätigkeit indiziert im Regelfall deren Vereinbarkeit mit der Kinderbetreuung, kann aber überobligatorisch sein, wenn kind- oder elternbezogene Gründe einen Anspruch auf Betreuungsunterhalt rechtfertigen würden.

Die vorstehenden Kriterien gelten in gleicher Weise, wenn der betreuende Elternteil auf Ehegattenunterhalt in Anspruch genommen wird.

Umstände, die einer vollen oder teilweisen Erwerbsobliegenheit ab Vollendung des dritten Lebensjahres des Kindes entgegenstehen, hat der betreuende Elternteil darzulegen und zu beweisen. Dies gilt auch, wenn ein Titel über den Betreuungsunterhalt abgeändert werden soll.

17.2. Beim Trennungsunterhalt besteht für den Berechtigten im ersten Jahr nach der Trennung in der Regel keine Obliegenheit zur Aufnahme oder Ausweitung einer Erwerbstätigkeit.

18. Ansprüche nach § 1615l BGB

Der Bedarf des nach § 1615l BGB unterhaltsberechtigten betreuenden Elternteils bemisst sich allein nach dessen Lebensstellung. Maßgeblich ist, welche Einkünfte der unterhaltsberechtigte Elternteil ohne die Geburt und die Betreuung des gemeinsamen Kindes erreicht hätte. Der so ermittelte Betrag ist nicht auf den Zeitpunkt der Geburt des Kindes festgeschrieben, so dass sich etwa infolge der allgemein üblichen Gehaltssteigerungen ein höherer Bedarf ergeben kann. Der Bedarf ist auch dann nicht nach dem Einkommen des Pflichtigen zu bemessen, wenn dieser mit dem betreuenden Elternteil zusammengelebt hat. Er kann sich auch aus einem Unterhaltsanspruch gegen einen früheren Ehegatten ergeben, darf aber das Existenzminimum für Nichterwerbstätige (Anm. B IV Nr. 2 der Düsseldorfer Tabelle) nicht unterschreiten.

Eine Begrenzung des Unterhaltsanspruchs des nach § 1615l BGB berechtigten Elternteils erfolgt durch den Halbteilungsgrundsatz sowie durch den dem Unterhaltspflichtigen zu belassenden Selbstbehalt (vgl. Anm. D II der Düsseldorfer Tabelle). Der Anspruch nach § 1615l BGB ist begrenzt auf den Betrag, der einem Ehegatten in gleicher Lage zustünde.

Zur Frage der Berücksichtigung eigener Einkünfte, zu Abzügen und zur Erwerbsobliegenheit gelten die Ausführungen für den Ehegatten entsprechend.

Die Unterhaltspflicht des nichtbetreuenden Elternteils besteht für mindestens drei Jahre nach der Geburt des Kindes. Sie verlängert sich, solange und soweit dies der Billigkeit entspricht. Dabei sind insbesondere die Belange des Kindes und die bestehenden Möglichkeiten der Kinderbetreuung zu berücksichtigen. Die Ausführungen unter Nr. 17.1 zum Ehegattenunterhalt gelten entsprechend.

19. Elternunterhalt

Der Bedarf der Eltern bemisst sich in erster Linie nach deren Einkommens- und Vermögensverhältnissen. Er ist konkret darzulegen. Mindestens muss jedoch das Existenzminimum eines Nichterwerbstätigen (Anm. B IV Nr. 2 der Düsseldorfer Tabelle) sichergestellt werden. Darin sind Kosten der Kranken- und Pflegeversicherung nicht enthalten. Etwaiger Mehrbedarf ist zusätzlich auszugleichen. Bei einem Heimaufenthalt des Berechtigten wird der Bedarf durch die dadurch anfallenden notwendigen Kosten zuzüglich eines Barbetrags für die persönlichen Bedürfnisse entsprechend § 27b SGB XII bestimmt. Leistungen zur Grundsicherung nach §§ 41 ff SGB XII sind zu berücksichtigen. Die Regelungen des Gesetzes zur Entlastung unterhaltspflichtiger Angehöriger in der Sozialhilfe und in der Eingliederungshilfe (Angehörigenentlastungsgesetz) sind bei Bemessung des Unterhalts zu berücksichtigen.

20. Nicht belegt.

Leistungsfähigkeit und Mangelfall

21. Selbstbehalt des Verpflichteten

21.1. Der Unterhaltsverpflichtete ist leistungsfähig, soweit ihm der Selbstbehalt verbleibt. Es ist zu unterscheiden zwischen dem notwendigen (§ 1603 Abs. 2 BGB) und dem angemessenen Selbstbehalt.

21.2. Der notwendige Selbstbehalt gilt gegenüber minderjährigen unverheirateten und ihnen gleichgestellten volljährigen Kindern (§ 1603 Abs. 2 Satz 2 BGB). Er beträgt nach Anm. A. 5 Abs. 1 der Düsseldorfer Tabelle derzeit für Nichterwerbstätige 960 € und für Erwerbstätige 1.160 €.

Bei Deckung des Mindestunterhalts gilt auch gegenüber Ansprüchen minderjähriger Kinder und ihnen gleichgestellter volljähriger Kinder der angemessene Selbstbehalt nach Nr. 21.3.1.

21.3. Der angemessene Selbstbehalt gilt gegenüber volljährigen Kindern, die minderjährigen Kindern nicht gleichgestellt sind, dem Ehegatten, der Mutter oder dem Vater eines nicht ehelich geborenen Kindes gemäß § 1615l BGB sowie den Eltern des Unterhaltsverpflichteten.

21.3.1 Der angemessene Selbstbehalt gegenüber volljährigen Kindern (§ 1603 Abs. 1) beträgt nach Anm. A. 5 Abs. 2 der Düsseldorfer Tabelle derzeit 1.400 €.

21.3.2 Der angemessene Selbstbehalt gegenüber dem Ehegatten sowohl beim Trennungs- als auch beim nachehelichen Unterhalt und gegenüber Ansprüchen nach § 1615l BGB beträgt gemäß Anm. B. III. und D. II. der Düsseldorfer Tabelle bei Erwerbstätigkeit des Unterhaltspflichtigen 1.280 € und sonst 1.180 €.

Im Rahmen der Leistungsfähigkeit des Unterhaltspflichtigen nach § 1581 BGB ist ferner ein individueller Selbstbehalt zu berücksichtigen, bei dem der Halbteilungsgrundsatz zu beachten ist, was zu einem relativen Mangelfall führen kann, wenn dem Unterhaltspflichtigen für den eigenen Unterhalt weniger verbleibt, als der Unterhaltsberechtigte mit dem Unterhalt zur Verfügung hat. Sonstige Verpflichtungen gegenüber anderen Unterhaltsberechtigten, die nicht bereits den Bedarf des Unterhaltsberechtigten beeinflusst haben, sind entsprechend ihrem Rang zu berücksichtigen. Der Rang bestimmt sich auch dann nach § 1609 Nr. 2

BGB, wenn der Anspruch auf Ehegattenunterhalt nur teilweise auf § 1570 BGB beruht.

Sind ein geschiedener und ein neuer Ehegatte nach § 1609 BGB gleichrangig, ist im Rahmen der Leistungsfähigkeit des Unterhaltspflichtigen eine Billigkeitsabwägung in Form einer Dreiteilung des gesamten unterhaltsrelevanten Einkommens zulässig. Weitere individuelle Billigkeitserwägungen können berücksichtigt werden.

Die Erwerbsobliegenheit des neuen, mit dem Unterhaltspflichtigen zusammenlebenden Ehegatten bestimmt sich nach Maßgabe der §§ 1569 ff BGB, wobei ein Anspruch nach § 1570 Abs. 2 BGB wegen elternbezogener Gründe, die auf der Rollenverteilung in der neuen Ehe beruhen, in der Regel außer Betracht bleibt.

21.3.3. Der Selbstbehalt gegenüber Eltern beträgt gemäß D.1 der Düsseldorfer Tabelle derzeit mindestens 2.000 €. Eine Erhöhung kommt insbesondere mit Rücksicht auf die Regelungen des Gesetzes zur Entlastung unterhaltspflichtiger Angehöriger in der Sozialhilfe und in der Eingliederungshilfe in Betracht.

21.4. Bei Zusammenleben mit einem Ehegatten oder Partner, der sich in angemessener Weise an den Kosten der Haushaltsführung beteiligen kann, kommt eine Herabsetzung des Selbstbehalts in Betracht. Die Ersparnis kann im Regelfall mit 10 % des jeweiligen Selbstbehalts angesetzt werden.

22. Bedarf des mit dem Pflichtigen zusammenlebenden Ehegatten

Insoweit wird auf Anm. B. V der Düsseldorfer Tabelle verwiesen.

23. Mangelfall

23.1. Ein absoluter Mangelfall liegt vor, wenn das Einkommen des Unterhaltsverpflichteten zur Deckung seines Selbstbehalts und der gleichrangigen Unterhaltsansprüche der Berechtigten nicht ausreicht. Für diesen Fall ist die nach Abzug des Eigenbedarfs (Selbstbehalts) des Unterhaltspflichtigen verbleibende Verteilungsmasse auf die gleichrangigen Unterhaltsberechtigten im Verhältnis ihrer jeweiligen Einsatzbeträge gleichmäßig zu verteilen.

23.2. Die Einsatzbeträge im Mangelfall belaufen sich bei minderjährigen und diesen nach § 1603 Abs. 3 Satz 2 BGB gleichgestellten volljährigen Kindern auf den Unterhalt nach der 1. Einkommensgruppe der jeweiligen Altersstufe der Düsseldorfer Tabelle (Zahlbetrag).

24. Rundung

Der Unterhalt ist auf volle Euro zu runden.

Anhang

Rechenbeispiel zu Nr. 15.2

a)

Nur ein Ehegatte hat Einkommen:

Erwerbseinkommen V:	2.800 €
B (ohne Einkommen) ist wegen Krankheit erwerbsunfähig	
Ehegattenunterhalt: 2.800 € x 45 % =	1.260 €

b)

Beide Ehegatten haben prägendes Einkommen:

Erwerbseinkommen V:	2.800 €
Erwerbseinkommen B:	2.100 €
Unterhaltsberechnung nach der Quotenbedarfsmethode (vgl. Ziff. 15.2):	
Der Bedarf beträgt	2.415 €
nämlich 2.800 € x 45 % + 2.100 € x 55 %.	
Auf den Bedarf ist das Erwerbseinkommen B von	2.100 €
mit 100 % anzurechnen.	
Es bleibt ein ungedeckter Bedarf (Anspruch) von	315 €.
Verkürzte Unterhaltsberechnung in diesem Fall nach der Differenzmethode:	
(2.800 € – 2.100 €) x 45 % =	315 €

c)

Beide Ehegatten haben prägendes Einkommen, B hat zusätzlich nicht prägende Einkünfte (z. B. Lottogewinn, Erbschaft, nach unvorhersehbarem Karrieresprung, unzumutbares Einkommen):

prägendes Erwerbseinkommen V:	2.800 €
prägendes Erwerbseinkommen B:	1.050 €
zusätzliches nicht prägendes Zinseinkommen B:	350 €
Unterhaltsberechnung nach der Quotenbedarfsmethode (vgl. Nr. 15.2):	
Bedarf B: 2.800 € x 45 % + 1.050 € x 55 % =	1.837,50 €
anzurechnen:	
das prägende Erwerbseinkommen von B (1.050 € x 100 %)	1.050 €
das nicht prägende Einkommen von B	350 €
Restbedarf (= Anspruch):	437,50 €
Unterhaltsberechnung nach der Additionsmethode:	
Bedarf B: 1/2 (2.800 € x 90 % + 1.050 € x 90 %) =	1.732,50 €
anzurechnen:	
Gesamteinkommen B: 1.050 € x 90 % + 350 € =	1.295 €
Restbedarf (Anspruch)	437,50 €

d)

V hat prägendes, B hat nicht prägendes Einkommen (Zinsen aus nach Scheidung angefallener Erbschaft). Bei B, nicht bei V, ist trennungsbedingter Mehrbedarf von 150 € zu berücksichtigen:

Prägendes Erwerbseinkommen V:	2.800 €
nicht prägendes Zinseinkommen B:	300 €
Unterhaltsberechnung nach der Anrechnungsmethode:	
Bedarf B: 45 % x 2.800 € =	1.260 €
trennungsbedingter Mehrbedarf B:	150 €
Gesamtbedarf B:	1.410 €
anzurechnen: 100 % x 300 € =	300 €
Restbedarf:	1.110 €.

V ist leistungsfähig, weil ihm mit 1.690 € mehr als sein Bedarf von (2.800 € x 55 % =) 1.540 € verbleibt.

Zu Nr. 23 Mangelfall

Wegen der Unterhaltsberechnung im Mangelfall wird auf das Rechenbeispiel in der Düsseldorfer Tabelle unter Anm. C. Bezug genommen.

i) OLG Frankfurt/Main

Unterhaltsgrundsätze des OLG Frankfurt Stand: Januar 2022

Präambel

Die von den Richtern der Familiensenate des für ganz Hessen zuständigen OLG Frankfurt am Main erarbeiteten Grundsätze beruhen auf der Rechtsprechung des Bundesgerichtshofs und sollen im Interesse der Einheitlichkeit und Überschaubarkeit Orientierungslinien für die Praxis geben. Sie orientieren sich an der bundeseinheitlichen Leitlinienstruktur.

Sie binden den Richter nicht; dieser wird in eigener Verantwortung die angemessenen Lösungen des Einzelfalls finden müssen.

Das Tabellenwerk der Düsseldorfer Tabelle ist eingearbeitet. Die Erläuterungen werden durch nachfolgende Grundsätze ersetzt.

Unterhaltsrechtlich maßgebendes Einkommen

1. Geldeinnahmen

1.1 Regelmäßiges Bruttoeinkommen einschließlich Renten und Pensionen

Auszugehen ist vom Bruttoeinkommen als Summe aller Einkünfte, regelmäßig bezogen auf das Kalenderjahr.

Der Splittingvorteil aus einer zweiten Ehe ist beim Kindesunterhalt zu berücksichtigen, soweit er auf dem Einkommen des Pflichtigen beruht (BGH FamRZ 2008, 2189, Rn. 16, 33), beim Ehegattenunterhalt für einen ersten Ehegatten jedoch nur, wenn auf der Leistungsebene die Berücksichtigung aller Ansprüche erfolgt, etwa im Wege der Dreiteilung (BGH FamRZ 2012, 281, Rn. 26, 47, 52), während er bei Vorrang des ersten Ehegatten der neuen Ehe verbleibt.

1.2 Unregelmäßige Einkommen (z.B. Abfindungen etc.)

Soweit Leistungen nicht monatlich anfallen (z.B. Weihnachts- und Urlaubsgeld), werden sie auf ein Jahr umgelegt. Einmalige Zahlungen (z.B. Abfindungen) sind auf einen angemessenen Zeitraum (in der Regel mehrere Jahre) zu verteilen. In der Regel sind Abfindungen bei der Aufnahme einer neuen Arbeitsstelle mit dauerhaft geringerem Einkommen bis zur Höchstgrenze des Bedarfs aufgrund des früheren Einkommens sowohl beim Kindes- als auch beim Ehegattenunterhalt für den Unterhalt zu verwenden; ob eine Aufstockung bis zum bisherigen Einkommen unter vollständiger Aufrechterhaltung des bisherigen Lebensstandards geboten ist, beurteilt sich nach den Umständen des Einzelfalls, insbesondere der beim Pflichtigen zu erwartenden weiteren Einkommensentwicklung. Eine Doppelberücksichtigung der Abfindung beim Ehegattenunterhalt und im Güterrecht ist zu vermeiden.

1.3 Überstunden

Überstundenvergütungen werden voll angerechnet, soweit sie berufstypisch sind oder in geringem Umfang anfallen oder der Mindestbedarf der Kinder nicht gedeckt ist. Im Übrigen ist der Anrechnungsteil nach Zumutbarkeit zu ermitteln. Die Weiterführung überobligationsmäßiger Überstundenleistungen kann regelmäßig nicht verlangt werden. Dies gilt entsprechend auch für Nebentätigkeiten. Zur Obliegenheit einer Nebentätigkeit zur Deckung des Mindestbedarfs minderjähriger Kinder vgl. BVerfG FamRZ 2003, 661.

1.4 Spesen und Auslösungen

Über die Anrechenbarkeit von Spesen und Auslösungen ist nach Maßgabe des Einzelfalls zu entscheiden. Als Anhaltspunkt kann eine anzurechnende häusliche Ersparnis (also nicht für reine Übernachtungskosten oder Fahrtkosten bis zu der in Nr. 10.2.2 definierten Höhe) von einem Drittel in Betracht kommen.

1.5 Einkommen aus selbständiger Tätigkeit

Bei Einkünften aus selbständiger Tätigkeit oder aus Gewerbebetrieb wird regelmäßig an den Gewinn (§ 4 Abs. 1, Abs. 3 EStG) aus einem zeitnahen Dreijahreszeitraum angeknüpft. Mit der Vorlage der ESt-Bescheide und der entsprechenden Bilanzen mit G+V-Rechnung oder den Einnahme/ Überschuss-Rechnungen wird der besonderen Darlegungslast (BGH FamRZ 93, 789, 792) in der Regel genügt. Auf substantiierten Einwand sind gegebenenfalls weitere Erläuterungen vorzunehmen oder Belege vorzulegen. Zu Ansparabschreibungen / Investitionsabzugsbeträgen und zur Beachtung von Besonderheiten der Einkommensentwicklung siehe BGH FamRZ 2004, 1177 – 1179. Zur Berechnung des Einkommens für vergangene Zeiträume vgl. BGH FamRZ 2007, 1532 ff. (1534, Rn. 23).

1.6 Einkommen aus Vermietung und Verpachtung sowie Kapitalvermögen

Einkommen aus Vermietung und Verpachtung sowie Kapitalvermögen ist der Überschuss der Bruttoeinkünfte über die Werbungskosten und notwendige Instandhaltungsrücklagen. Für Wohngebäude ist keine AfA anzusetzen; im Einzelfall kommt stattdessen die Berücksichtigung angemessener Tilgungsleistungen in Betracht.

1.7 Steuererstattungen

Steuererstattungen sind grundsätzlich im Kalenderjahr der tatsächlichen Leistung zu berücksichtigen. Steuervorteile, die auf unterhaltsrechtlich nicht zu berücksichtigenden Aufwendungen beruhen, bleiben in der Regel außer Betracht. Vgl. BGH FamRZ 2005, 1159 ff. und 1817 ff.

1.8 Sonstige Einnahmen

Sonstige Einnahmen sind z.B. Trinkgelder.

2. Sozialleistungen

2.1 Arbeitslosengeld (§§ 136 ff. SGB III) und Krankengeld

Arbeitslosengeld (§§ 136 ff. SGB III) und Krankengeld sind Einkommen.

2.2 Leistungen nach dem SGB II

Leistungen nach dem SGB II sind auf Seiten des Verpflichteten wie Einkommen zu behandeln, weshalb anrechnungsfrei belassener Hinzuverdienst zu einer teilweisen Leistungsfähigkeit des Verpflichteten führen kann. Durch die Titulierung von Unterhalt und den dadurch ermöglichten Abzug nach § 11b Abs. 1 S. 1 Nr. 7 SGB II kann die unterhaltsrechtliche Leistungsfähigkeit aber nicht erhöht werden (vgl. BGH v. 19.6.2013, XII ZB 39/11, FamRZ 2013, 1378).

Auf Seiten des Berechtigten sind Leistungen zur Sicherung des Lebensbedarfes nach §§ 19 ff. SGB II kein Einkommen, es sei denn die Nichtberücksichtigung der Leistungen ist in Ausnahmefällen treuwidrig (vgl. BGH FamRZ 1999, 843; 2001, 619); nicht subsidiäre Leistungen nach dem SGB II sind Einkommen, insbesondere Einstiegsgeld (§ 16 b SGB II) und Entschädigung für Mehraufwendungen »1 Eurojob« (§ 16 d SGB II).

2.3 Wohngeld

Wohngeld gleicht in der Regel erhöhten Wohnbedarf aus und ist deshalb grundsätzlich nicht als Einkommen zu behandeln. Nur mit einem dafür nicht verbrauchten Teilbetrag, zu dem substantiiert vorzutragen hat, wer sich darauf beruft, ist das Wohngeld als Einkommen zu berücksichtigen (vgl. BGH FamRZ 2012, 1201, Rn. 15).

2.4 BAföG-Leistungen

BAföG-Leistungen sind Einkommen, auch soweit sie als Darlehen gewährt werden, mit Ausnahme von Vorausleistungen nach §§ 36, 37 BAföG.

2.5 Elterngeld

Elterngeld ist, soweit es je Kind über den Sockelbetrag i. H. v. 300 €, bei verlängertem Bezug über 150 €, hinausgeht, Einkommen. Der Sockelbetrag des Elterngeldes und Betreuungsgeld nach § 4a BEEG, soweit es trotz Nichtigkeit des Gesetzes aus Gründen des Vertrauensschutzes übergangsweise weitergewährt wird (vgl. BVerfG, Urteil vom 21.7.2015, 1 BvF 2/13, Rn. 73), sind kein Einkommen, es sei denn, es liegt einer der Ausnahmefälle des § 11 Satz 4 BEEG vor.

2.6 Unfall- und Versorgungsrenten

Unfall- und Versorgungsrenten, z.B. nach dem Bundesversorgungsgesetz, sind nach Abzug des Betrages für tatsächliche Mehraufwendungen zu berücksichtigen (§§ 1610a, 1578a BGB).

2.7 Leistungen aus der Pflegeversicherung, Blindengeld und Ähnliches

Leistungen aus der Pflegeversicherung an den Pflegling, Blindengeld, Schwerbeschädigten- und Pflegezulagen sind jeweils nach Abzug des Betrages für tatsächliche Mehraufwendungen zu berücksichtigen (§§ 1610a, 1578a BGB).

2.8 Pflegegeld

Der Anteil des Pflegegeldes bei der Pflegeperson, durch den ihre Bemühungen abgegolten werden, ist als Einkommen zu betrachten; bei Pflegegeld aus der Pflegeversicherung gilt dies nach Maßgabe des § 13 Abs. 6 SGB XI.

2.9 Grundsicherungsleistungen

Die Leistungen gemäß §§ 41 – 43 SGB XII sind beim Berechtigten im Rahmen von Verwandtenunterhaltsansprüchen in der Regel als Einkommen zu berücksichtigen.

Im Rahmen von Ehegattenunterhaltsansprüchen sind sie im Regelfall nicht als Einkommen zu bewerten.

2.10 Sonstige Leistungen nach dem SGB XII

Leistungen nach dem SGB XII zur Sicherung des Lebensunterhalts sind auf Seiten des Verpflichteten wie Einkommen zu behandeln, weshalb anrechnungsfrei belassener Hinzuverdienst zu einer teilweisen Leistungsfähigkeit des Verpflichteten führen kann. Sonstige Leistungen nach dem SGB XII sind auf Seiten des Berechtigten nicht als Einkommen zu bewerten; siehe aber Nr. 2.11 für treuwidrige Unterhaltsforderungen.

2.11 Leistungen nach dem Unterhaltsvorschussgesetz

Diese Leistungen sind nicht als Einkommen zu bewerten. Die Unterhaltsforderung eines Empfängers dieser Leistungen kann aber in Ausnahmefällen treuwidrig sein, vgl. BGH FamRZ 1999, 843 (847); 2001, 619 (620).

Dies gilt vor allem bei der Geltendmachung von Kindesunterhalt gegen Großeltern sowie in den Fällen des § 7a UVG.

2.12 Leistungen nach den Vermögensbildungsgesetzen

Leistungen nach den Vermögensbildungsgesetzen beeinflussen das Einkommen nicht, d.h. der vermögenswirksame Anlagebetrag mindert das Einkommen nicht; andererseits erhöhen vermögenswirksame Beiträge des Arbeitgebers und die Sparzulage nicht das Einkommen.

3. Kindergeld

Kindergeld wird nicht zum Einkommen der Eltern gerechnet (vgl. Nr. 14).

4. Geldwerte Zuwendungen des Arbeitgebers

Geldwerte Zuwendungen aller Art des Arbeitgebers, z.B. Firmenwagen oder freie Kost und Logis, sind Einkommen, soweit sie entsprechende Eigenaufwendungen ersparen.

5. Wohnwert

Der Wohnvorteil durch mietfreies Wohnen im eigenen Heim ist als wirtschaftliche Nutzung des Vermögens unterhaltsrechtlich wie Einkommen zu behandeln. Neben dem Wohnwert sind auch Zahlungen nach dem Eigenheimzulagengesetz anzusetzen.

Ein Wohnvorteil liegt nur vor, soweit der Wohnwert die berücksichtigungsfähigen Finanzierungslasten (Zins und Tilgung), erforderliche Instandhaltungskosten und die verbrauchsunabhängigen Kosten, mit denen ein Mieter gem. § 556 Abs. 1 BGB iVm § 1 Abs. 2 BetrKV nicht belastet werden kann (vgl. dazu BGH, FamRZ 2009, 1300 ff., 1303), übersteigt. Auszugehen ist vom vollen Mietwert (objektiver Wohnwert). Wenn es nicht möglich oder nicht zumutbar ist, die Wohnung aufzugeben und das Objekt zu vermieten oder zu veräußern, kann stattdessen die ersparte Miete angesetzt werden, die angesichts der wirtschaftlichen Verhältnisse angemessen wäre (subjektiver Wohnwert). Dies kommt insbesondere für die Zeit bis zum endgültigen Scheitern der Ehe in Betracht, wenn ein Ehegatte das Eigenheim allein bewohnt. Als Untergrenze für den subjektiven Wohnwert ist der Kaltmietanteil im notwendigen Selbstbehalt anzusetzen. Bei höherem Einkommen ist der Wohnwert angemessen zu erhöhen.

Finanzierungslasten mindern den Wohnwert, soweit sie tatsächlich durch Ratenzahlungen bedient werden. Tilgungsleistungen sind in der Regel bis zur Höhe des in Ansatz zu bringenden Wohnwerts abzuziehen (BGH vom 18.01.2017, XII ZB 118/17, FamRZ 2017, 519, Rn 33f; BGH, Beschluss vom 04. Juli 2018 – XII ZB 448/17 -, Rn. 31, FamRZ 2018, 1506). Darüber hinausgehende Tilgungen sind bei der Berechnung des Ehegattenunterhalts solange zu berücksichtigen, wie der berechtigte Ehegatte am Vermögenszuwachs teilhat. Nach diesem Zeitpunkt sind neben den Zinszahlungen die den Wohnwert übersteigenden Tilgungsleistungen nur dann zu berücksichtigen, wenn weder Veräußerung noch Tilgungsaussetzung oder Tilgungsstreckung möglich sind.

Wegen des Abzugs weiterer Tilgungsleistungen als sekundäre Altersvorsorge wird auf Nummer 10.1 verwiesen.

Beim Kindesunterhalt gilt im Rahmen des § 1603 Abs. 1 BGB ein großzügigerer, im Anwendungsbereich des § 1603 Abs. 2 BGB hingegen ein strengerer Maßstab für die Berücksichtigung von Tilgungsleistungen und zusätzlicher Altersvorsorge. Im absoluten Mangelfall sind Tilgungsleistungen und zusätzliche Altersvorsorge in der Regel nicht zu berücksichtigen.

6. Haushaltsführung

Führt jemand einem leistungsfähigen Dritten den Haushalt, so ist hierfür ein Einkommen anzusetzen, vgl. BGH FamRZ 1995, 343 f. (344); bei Haushaltsführung durch einen nicht Erwerbstätigen geschieht das in der Regel mit einem Betrag von 450 €.

7. Einkommen aus unzumutbarer Erwerbstätigkeit

Einkommen aus unzumutbarer Erwerbstätigkeit kann nach Billigkeit ganz oder teilweise unberücksichtigt bleiben.

8. Freiwillige Zuwendungen Dritter

Freiwillige Zuwendungen Dritter (z.B. Geldleistungen, kostenloses Wohnen) sind als Einkommen zu berücksichtigen, wenn dies dem Willen des Dritten entspricht.

Keine freiwilligen Zuwendungen Dritter sind Leistungen, die einem Ehegatten im Rahmen des Familienunterhalts zufließen.

Zum Wohnen im Haus seines Ehegatten, mit dem die Lebensgemeinschaft besteht, vgl. BGH FamRZ 2008, 968 ff. (974, Tz. 57).

9. Erwerbsobliegenheit und Einkommensfiktion

Einkommen können im Fall einer eingeschränkten oder fehlenden Leistungsfähigkeit auch aufgrund einer unterhaltsrechtlichen Obliegenheit erzielbare Einkünfte sein (fiktives Einkommen), wenn der Unterhaltsverpflichtete eine ihm mögliche und zumutbare Erwerbstätigkeit unterlässt.

Im Rahmen dieser nach den Umständen des Einzelfalls zu bestimmenden Erwerbsobliegenheit, die gegenüber minderjährigen oder ihnen gleichgestellten Kindern nach Maßgabe des § 1603 Abs. 2 S. 1 BGB gesteigert ist, bedarf es bei Ausübung einer Erwerbstätigkeit der Darlegung, dass die Arbeitskraft entsprechend den persönlichen Eigenschaften und Fähigkeiten und der Arbeitsmarktlage in zumutbarer Weise selbst unter Berücksichtigung zumutbarer Arbeitsplatz-, Berufs- oder Ortswechsel bestmöglich eingesetzt wird. Zum Umfang der Obliegenheit im Einzelnen vgl. BGH FamRZ 2009, 314 (317).

Bei Arbeitslosigkeit sind hinreichende Bemühungen um eine Arbeitsstelle und etwaige Tatsachen zur berechtigten Beendigung eines bisher bestehenden Arbeitsverhältnisses darzulegen; dabei bedarf es über die Meldung bei der Agentur für

Arbeit hinaus einer nachprüfbaren und belegten Darstellung der ohne Erfolg gebliebenen Bemühungen unter Angabe zu Zeitpunkt, Inhalt und Ergebnis der erfolgten Bewerbungen, die sich im Zweifel auch auf nicht der eigenen Berufsausbildung entsprechende Stellen zu erstrecken haben; der Hinweis auf die Arbeitsmarktlage macht den Nachweis dieser Bemühungen regelmäßig nicht entbehrlich. Zweifel an der Ernsthaftigkeit der Arbeitsbemühungen gehen zu Lasten des Arbeitssuchenden.

Bei unzureichenden Bemühungen um einen Arbeitsplatz können bei einer objektiv feststellbaren realen Beschäftigungschance fiktive Einkünfte nach den Umständen des Einzelfalls unter Berücksichtigung der jeweiligen Verhältnisse auf dem Arbeitsmarkt, insbesondere auch Lohnstruktur und Mindestlöhne, und der persönlichen Eigenschaften des Arbeitssuchenden, insbesondere Alter, Ausbildung, Berufserfahrung, Gesundheitszustand, Geschlecht u. ä., zugrunde gelegt werden; die Feststellung der realen Beschäftigungschance ist auch bei Inanspruchnahme auf den Mindestunterhalt eines minderjährigen Kindes nicht entbehrlich (vgl. BVerfG vom 18. Juni 2012, 1 BvR 774/10, NJW 2012, 2420-2422).

10. Bereinigung des Einkommens

10.1 Steuern und Vorsorgeaufwendungen

Vom Bruttoeinkommen sind Steuern und Vorsorgeaufwendungen abzuziehen. Zu den Vorsorgeaufwendungen zählen Aufwendungen für die gesetzliche Kranken- und Pflegeversicherung, Rentenversicherung und Arbeitslosenversicherung und/oder eine angemessene private Kranken- und Altersvorsorge.

Es besteht die Obliegenheit, Steuervorteile in zumutbarem Rahmen in Anspruch zu nehmen. Zur Obliegenheit, das Realsplitting geltend zu machen, siehe BGH FamRZ 2007, 793 ff. und BGH FamRZ 2007, 882 ff.

Aufwendungen für die Altersvorsorge sind bis zu 23 % des Bruttoeinkommens, beim Elternunterhalt bis zu 24 % des Bruttoeinkommens (je einschließlich der Gesamtbeiträge von Arbeitnehmern und Arbeitgebern zur gesetzlichen Rentenversicherung, bei Beamten, Richtern, Soldaten deshalb abzüglich des gültigen Rentenbeitragssatzes) abzusetzen.

Die darin enthaltene freiwillige, den Beitragssatz der gesetzlichen Rentenversicherung übersteigende, zusätzliche Altersvorsorge kann minderjährigen und privilegiert volljährigen Kindern bei der Geltendmachung von Mindestunterhalt nicht entgegengehalten werden.

Als zusätzliche Altersvorsorge sind neben den zertifizierten Riester- oder Rürupverträgen auch andere Vermögensbildungsmaßnahmen anzusehen, die einer Absicherung im Alter dienen können, insbesondere die Tilgungsleistungen auf Kredite für Immobilien.

Insbesondere beim Elternunterhalt sind Tilgungsleistungen bis zur Höhe des Wohnvorteils vom Einkommen abzuziehen, ohne dass dies die Befugnis zur Bildung eines zusätzlichen Altersvorsorgevermögens schmälert. Der den Wohnvorteil dann noch übersteigende Tilgungsanteil ist als Vermögensbildung zu Lasten des Unterhaltsberechtigten im Rahmen der sekundären Altersvorsorge auf die Altersvorsorgequote des Unterhaltspflichtigen anzurechnen (vgl. BGH vom 18.01.2017, XII ZB 118/16, FamRZ 2017, 519, Rn. 33f).

Altersvorsorge, die unter Beachtung der jeweiligen Unterhaltsgrundsätze, abzugsfähig war, kommt unter Umständen Bestandsschutz zu.

10.2 Berufsbedingte Aufwendungen

Berufsbedingte Aufwendungen, die sich von den privaten Lebenshaltungskosten nach objektiven Merkmalen eindeutig abgrenzen lassen, sind im Rahmen des Angemessenen vom Nettoeinkommen aus unselbständiger Arbeit abzuziehen.

10.2.1 Pauschale/konkrete Aufwendungen

Bei Vorliegen entsprechender Anhaltspunkte kann eine Pauschale von 5 % des Nettoeinkommens (maximal 150 €) abgesetzt werden. Diese Pauschale wird vom Nettoeinkommen vor Abzug von Schulden und besonderen Belastungen abgezogen. Die Pauschale erfasst alle berufsbedingten Aufwendungen einschließlich der Fahrtkosten. Übersteigen die berufsbedingten Aufwendungen diese Pauschale, so sind sie im Einzelnen darzulegen.

10.2.2 Fahrtkosten

Werden berufsbedingte Aufwendungen konkret berechnet, erfolgt ein Abzug von Fahrtkosten zur Arbeitsstätte mit dem eigenen PKW grundsätzlich nur in Höhe der Fahrtkosten öffentlicher Verkehrsmittel, wenn deren Benutzung zumutbar ist. Ist wegen schwieriger öffentlicher Verkehrsverbindungen oder aus sonstigen Gründen die Benutzung eines PKW als angemessen anzuerkennen, so wird eine Kilometerpauschale in Höhe des Betrages nach § 5 Abs. 2 Nr. 1 JVEG von *0,42 €* für jeden gefahrenen Kilometer berücksichtigt. Anhaltspunkte für die Bestimmung der Angemessenheit können einerseits die ehelichen Lebensverhältnisse und andererseits das Verhältnis der Fahrtkosten zu dem Einkommen sein.

Die Fahrtkostenpauschale deckt in der Regel sowohl die laufenden Betriebskosten als auch die Anschaffungskosten des PKW ab.

LL-Strkt KG Brdbg Brschw Brem Celle Dresd Düss Ffm Hbg Hamm Jena Kblz Köln Naumbg Oldbg Rstk Schlesw SüdL Empf Sozhi

Bei hoher Fahrleistung ist, da die Fahrtkosten nicht gleichmäßig ansteigen, eine abweichende Bewertung veranlasst. In der Regel kann bei einer Entfernung von mehr als 30 km (einfach) und einer PKW-Nutzung an ca. 220 Tagen im Jahr für jeden Mehrkilometer die Pauschale auf die Hälfte des Satzes herabgesetzt werden.

Bei unverhältnismäßig hohen Fahrtkosten infolge weiter Entfernung zum Arbeitsplatz kommt auch eine Obliegenheit zu einem Wohnortwechsel in Betracht (BGH FamRZ 1998, 1501, 1502).

10.2.3 Ausbildungsaufwand

Bei Vorliegen entsprechender Anhaltspunkte kann eine Pauschale von 5 % der Ausbildungsvergütung abgesetzt werden. Übersteigen die Aufwendungen diese Pauschale, so sind sie im Einzelnen darzulegen (vgl. Nr. 10.2.1).

10.3 Kinderbetreuung

Kinderbetreuungskosten sind abzugsfähig, soweit die Betreuung durch Dritte infolge der Berufstätigkeit erforderlich ist. Geht ein Ehegatte einer Erwerbstätigkeit nach, obwohl er eines oder mehrere minderjährige Kinder betreut, so kann ihm – auch neben den in Satz 1 genannten konkreten Kosten – noch ein Ausgleich für Aufwendungen bis zu 200 € zugebilligt werden, wenn er darlegt, dass er oder Dritte zusätzliche Aufwendungen durch die Betreuung der Kinder haben (wie z.B. Großeltern, Nachbarn oder Freunde betreuen die Kinder unentgeltlich, ohne dadurch den Unterhaltspflichtigen entlasten zu wollen; Fahrtkosten zu Betreuungsstellen etc.). Für die Höhe dieses Betrags sind u.a. folgende Faktoren von Bedeutung: Zahl und Alter der Kinder; Umfang der Berufstätigkeit; Umfang der Fremdbetreuung, deren Kosten nicht im Rahmen der in S. 1 genannten konkreten Kosten geltend gemacht werden; Höhe der konkreten Kosten.

Zum Aufwand für die Betreuung des Kindes zählen nicht die Kosten einer Kindertagesstätte (Kinderkrippe, Kindergarten, Schülerhort); diese sind Mehrbedarf des Kindes und nach dem Verhältnis der beiderseitigen Einkünfte zwischen den Eltern aufzuteilen (siehe Nr. 12.4). Die auf jeden Elternteil entfallenden Anteile bzw. tatsächlich gezahlten Beträge sind als Kindesunterhalt vom Einkommen vorweg abzuziehen.

10.4 Schulden

Berücksichtigungswürdige Schulden (Zins und Tilgung) sind abzuziehen; die Abzahlung soll im Rahmen eines vernünftigen Tilgungsplanes in angemessenen Raten erfolgen. Zur Obliegenheit, im Einzelfall ein Verbraucherinsolvenzverfahren einzuleiten, um für Kindesunterhalt leistungsfähig zu werden, vgl. BGH FamRZ 2005, 608 f.; beim Ehegattenunterhalt besteht eine solche Obliegenheit nicht (BGH FamRZ 2008, 497). Bei der Bedarfsermittlung für den Ehegattenunterhalt sind unterhaltsrechtlich nicht vorwerfbar eingegangene Verbindlichkeiten grundsätzlich abzusetzen. Sowohl beim Verwandten- als auch beim Ehegattenunterhalt erfolgt noch eine Abwägung nach den Umständen des Einzelfalls. Bei der Zumutbarkeitsabwägung sind Interessen des Unterhaltsschuldners, des Drittgläubigers und des Unterhaltsgläubigers, vor allem minderjähriger Kinder, mit zu berücksichtigen. Bei der Unterhaltsbemessung nach einem fiktiven Einkommen ist auch ein fiktiver Schuldendienst berücksichtigungsfähig.

10.5 Unterhaltsleistungen (bleibt unbesetzt)

10.6 Vermögensbildung

Vermögensbildende Aufwendungen sind bei guten Einkommensverhältnissen im angemessenen Rahmen abzugsfähig.

10.7 Umgangskosten

Notwendige Kosten des Umgangs, die über den dem Umgangsberechtigten verbleibenden Anteil am Kindergeld erheblich hinausgehen, können sich einkommensmindernd auswirken.

Kindesunterhalt

11. Bemessungsgrundlage (Tabellenunterhalt)

Der Barunterhalt minderjähriger und noch im elterlichen Haushalt lebender volljähriger unverheirateter Kinder bestimmt sich nach den Sätzen der Düsseldorfer Tabelle ohne Bedarfskontrollbeträge (Anhang 1). Bei minderjährigen Kindern kann er als Festbetrag oder als Prozentsatz des jeweiligen Mindestunterhalts geltend gemacht werden.

11.1 Kranken- und Pflegeversicherungsbeiträge

Die Tabellensätze der Düsseldorfer Tabelle enthalten keine Kranken- und Pflegeversicherungsbeiträge für das Kind, wenn dieses nicht in einer gesetzlichen Familienversicherung mitversichert ist. Dieser Aufwand gehört jedoch zum Grundbedarf und ist von dem/den Barunterhaltspflichtigen zu tragen.

Besteht für das Kind eine freiwillige Krankenversicherung, so sind die hierfür erforderlichen Beiträge von dem / den Barunterhaltspflichtigen zusätzlich zu zahlen, zur Ermittlung des Tabellenunterhalts jedoch in Höhe des jeweiligen Anteils vom Einkommen abzusetzen.

11.2 Eingruppierung

Die Tabellensätze sind auf den Fall zugeschnitten, dass der Unterhaltspflichtige zwei Unterhaltsberechtigten (ohne Rücksicht auf den Rang, soweit für den Nachrangigen Mittel vorhanden sind) Unterhalt zu gewähren hat. Bei einer größeren oder geringeren Anzahl Unterhaltsberechtigter sind in der Regel Ab- oder Zuschläge durch Einstufung in niedrigere oder höhere Einkommensgruppen vorzunehmen. Liegt insoweit das verfügbare Einkommen des Unterhaltspflichtigen im Bereich bis 1.500,- €, ist für die Aufstufung eine besondere Prüfung notwendig.

12. Minderjährige Kinder

12.1 Betreuungs-/Barunterhalt

Der sorgeberechtigte Elternteil, der ein minderjähriges Kind betreut, leistet in der Regel hierdurch seinen Beitrag zum Kindesunterhalt (§ 1606 Abs. 3 S. 2 BGB).

12.2 Einkommen des Kindes

Einkommen des Kindes wird bei beiden Eltern hälftig angerechnet. Zum Kindergeld vgl. Nr. 14.

12.3. Beiderseitige Barunterhaltspflicht/ Haftungsanteil

Der betreuende Elternteil braucht neben dem anderen Elternteil in der Regel keinen Barunterhalt zu leisten (§ 1606 Abs. 3 Satz 2 BGB), es sei denn

a) der angemessene Selbstbehalt des nicht betreuenden Elternteils wäre durch den Barbedarf des Kindes gefährdet und der betreuende Elternteil wäre insoweit leistungsfähig, ohne dass sein eigener angemessener Selbstbehalt gefährdet würde (§ 1603 Abs. 2 Satz 3 BGB, vgl. BGH FamRZ 2011, 1041).

oder

b) der angemessene Selbstbehalt des nicht betreuenden Elternteils wäre durch den Barbedarf des Kindes zwar nicht gefährdet, die Leistungsfähigkeit des betreuenden Elternteils ist aber bedeutend höher als diejenige des nicht betreuenden Elternteils, etwa bei dreifach höherem verfügbaren Einkommen oder guten Vermögensverhältnissen (vgl. BGH vom 10.07.2013, XII ZB 297/12 = FamRZ 2013, 1558).

Fall a) führt dazu, dass das Einkommen des nicht betreuenden Elternteils nur bis zur Grenze seines angemessenen Selbstbehalts für Unterhaltszahlungen einzusetzen ist und dass im Übrigen der betreuende Elternteil im Rahmen seiner Ausfallhaftung für den Barunterhalt des Kindes haftet.

Fall b) führt zur Kürzung bis hin zum völligen Wegfall der Barunterhaltspflicht des nicht betreuenden Elternteils.

Sind bei auswärtiger Unterbringung des Kindes beide Eltern zum Barunterhalt verpflichtet, haften sie anteilig nach § 1606 Abs. 3 Satz 1 BGB für den Gesamtbedarf (vgl. Nr. 13.3). Der Verteilungsschlüssel kann unter Berücksichtigung des Betreuungsaufwandes wertend verändert werden.

12.4 Zusatzbedarf

Bei Zusatzbedarf (Verfahrenskostenvorschuss, Mehrbedarf, Sonderbedarf) gilt § 1606 Abs. 3 Satz 1 BGB (vgl. Nr. 13.3). Zum Mehrbedarf des Kindes zählen die Kosten für den Besuch einer Kindertagesstätte (Kinderkrippe, Kindergarten, Schülerhort) abzüglich des ersparten Verpflegungsmehraufwandes. Schulpaket und Bildungspaket ergeben keinen Zusatzbedarf.

13. Volljährige Kinder

13.1 Bedarf

Beim Bedarf volljähriger Kinder ist zu unterscheiden, ob sie noch im Haushalt der Eltern / eines Elternteils leben oder einen eigenen Hausstand haben.

13.1.1

Für volljährige Kinder, die noch im Haushalt der Eltern oder eines Elternteils wohnen, gilt die Altersstufe 4 der Düsseldorfer Tabelle. Sind beide Elternteile leistungsfähig (vgl. Nr. 21.3.1), ist der Bedarf des Kindes in der Regel nach dem zusammengerechneten Einkommen zu bemessen. Hierbei findet bei einer Unterhaltsverpflichtung gegenüber nur einem Kind eine Höherstufung um eine Einkommensgruppe nicht statt (vgl. entsprechend beim früheren Zuschnitt der Tabelle auf drei Unterhaltsberechtigte OLG Hamm FamRZ 1993, 353, 355, bestätigt durch BGH FamRZ 1994, 696, 697). Für die Haftungsquote gilt Nr. 13.3. Ein Elternteil hat jedoch höchstens den Unterhalt zu leisten, der sich allein aus seinem Einkommen aus der Düsseldorfer Tabelle ergibt.

Dies gilt auch für ein Kind im Sinne des § 1603 Abs. 2 Satz 2 BGB.

13.1.2

Der angemessene Bedarf eines volljährigen Kindes mit eigenem Hausstand beträgt in der Regel monatlich 860 € (darin sind enthalten Kosten für Unterkunft und Heizung bis zu 375 €), ohne Beiträge zur Kranken- und Pflegeversicherung sowie ohne Studiengebühren. Semesterbeiträge sind im Bedarfssatz enthalten. Von diesem Betrag kann bei erhöhtem Bedarf oder mit Rücksicht auf die Lebensstellung der Eltern abgewichen werden.

13.2 Einkommen des Kindes

Auf den Unterhaltsbedarf werden Einkünfte des Kindes, auch das Kindergeld (siehe Nr. 14), BAföG-Darlehen und Ausbildungsbeihilfen (gekürzt um ausbildungsbedingte Aufwendungen, vgl. Nr. 10.2.3) angerechnet. Bei Einkünften aus unzumutbarer Erwerbstätigkeit gilt § 1577 Abs. 2 BGB entsprechend.

13.3 Beiderseitige Barunterhaltspflicht/ Haftungsanteil

Für den Bedarf des Volljährigen haften die Eltern anteilig nach dem Verhältnis ihrer verfügbaren Einkommen. Vor der Bildung der Haftungsquote sind der angemessene Selbstbehalt jedes Elternteils (1.400 €, siehe Nr. 21.3.1) und der Unterhalt vorrangig Berechtigter abzusetzen (vgl. zur Berechnungsmethode BGH FamRZ 1986, 151 = NJW-RR 1986, 426; FamRZ 1986, 153 = NJW-RR 1986, 293). Die Haftung ist auf den Tabellenbetrag nach Maßgabe des eigenen Einkommens des jeweils Verpflichteten begrenzt.

Diese Berechnung findet für den Bedarf des volljährigen Schülers im Sinne des § 1603 Abs. 2 Satz 2 BGB entsprechende Anwendung: Zur Bildung der Haftungsquote ist vorab der angemessene Selbstbehalt jedes Elternteils und der Barbedarf weiterer jetzt gleichrangiger Kinder abzusetzen, wenn der verbleibende Betrag zur Bedarfsdeckung aller Kinder ausreicht. Ist dies nicht der Fall (Mangelfall) wird der Selbstbehalt auf den notwendigen Selbstbehalt herabgesetzt. Außerdem ist statt eines Vorwegabzugs des Bedarfs der anderen Kinder der Bedarf des volljährigen Kindes aus dem nach Abzug des eigenen Selbstbehalts der Eltern verbleibenden Betrag anteilig zu befriedigen. Zur Berechnungsweise im Übrigen vgl. BGH FamRZ 2002, 815, (818).

14. Verrechnung des Kindergeldes

Es wird nach § 1612 b BGB ausgeglichen.

Für das gesamte Jahr 2015, d. h. auch für die Zeit vom 01.08.2015 bis 31.12.2015, bleiben dabei die bis 2014 geltenden Kindergeldbeträge (monatlich 184 € für erste und zweite Kinder, 190 € für dritte Kinder und 215 € für das vierte und jedes weitere Kind) maßgeblich.

Ehegattenunterhalt

15. Unterhaltsbedarf

Der Unterhaltsanspruch eines bedürftigen Ehegatten (§§ 1361, 1569 ff. BGB) besteht in dem Unterschiedsbetrag zwischen seinem eheangemessenen Bedarf und seinen tatsächlich erzielten oder zurechenbaren Einkünften im Rahmen der Leistungsfähigkeit des Verpflichteten.

15.1 Bedarf nach ehelichen Lebensverhältnissen

Bei der Bedarfsbemessung ist das eheprägende Einkommen zu berücksichtigen (Stichtag: Rechtskraft der Scheidung).

Umstände, die auch bei fortbestehender Ehe eingetreten wären, und Umstände, die bereits in anderer Weise in der Ehe angelegt und mit hoher Wahrscheinlichkeit zu erwarten waren, sind zu berücksichtigen. Dies gilt für normale absehbare weitere Entwicklungen von Einkünften aus derselben Einkommensquelle, wie für übliche Lohnerhöhungen, sowie einen nicht vorwerfbaren nachehelichen Einkommensrückgang, etwa durch Arbeitslosigkeit, Eintritt in das gesetzliche Rentenalter oder Krankheit. Ist der Pflichtige wieder verheiratet, berechnet sich der Bedarf des früheren Ehegatten aufgrund einer fiktiven Besteuerung der Einkünfte des Pflichtigen nach der Grundtabelle, also ohne den Splittingvorteil. Unterhaltsleistungen, die während der Ehe für Kinder erbracht worden sind, prägen die Ehe und sind daher bei der Bedarfsberechnung grundsätzlich vorweg in Abzug zu bringen. Zu den bei der Bedarfsberechnung zu beachtenden Umständen gehört auch das Hinzutreten weiterer Unterhaltsberechtigter bis zur rechtskräftigen Ehescheidung. Auch ein Unterhaltsanspruch aus § 1615l BGB, den ein betreuender Elternteil eines vor der Rechtskraft der Scheidung geborenen Kindes hat, prägt die ehelichen Lebensverhältnisse. Dagegen sind die Unterhaltspflichten für ein nach Rechtskraft der Scheidung geborenes Kind, gegenüber dessen betreuenden Elternteil nach § 1615l BGB sowie gegenüber einem späteren Ehegatten bei der Bemessung des Unterhaltsbedarfs nach § 1578 Abs. 1 S. 1 BGB (anders als bei der Leistungsfähigkeit) nicht zu berücksichtigen (siehe Nr. 15.5).

Das Unterhaltsrecht will den geschiedenen Ehegatten nicht besser stellen, als er während der Ehe stand oder aufgrund einer absehbaren Entwicklung ohne die Scheidung stehen würde. Daher sind nur solche Steigerungen des verfügbaren Einkommens zu berücksichtigen, die schon in der Ehe angelegt waren, nicht aber z. B. ein Einkommenszuwachs infolge eines Karrieresprungs.

Soweit ein nachehelicher Karrieresprung lediglich einen neu hinzugetretenen Unterhaltsbedarf auffängt und nicht zu einer Erhöhung des Unterhalts nach den während der Ehe absehbaren Verhältnissen führt, ist das daraus resultierende Einkommen aber in die Unterhaltsbemessung einzubeziehen.

Einkünfte, die aus einer überobligationsmäßig ausgeübten Erwerbstätigkeit erzielt werden, prägen die ehelichen Lebensverhältnisse nicht (BGH FamRZ 2003, 518).

Der Mindestbedarf eines Ehegatten liegt aber nicht unter 960,- €, ggf. abzüglich etwa zu berücksichtigender Synergieeffekte durch Zusammenleben mit einem leistungsfähigen Partner.

15.2 Halbteilung und Erwerbstätigenbonus

Der eheangemessene Bedarf eines Ehegatten (ohne Vorsorgebedarf) beträgt (ungeachtet eines etwaigen Erwerbstätigenbonus) 1/2 des den ehelichen Lebensverhältnissen entsprechenden Einkommens eines oder beider Ehegatten, bereinigt um die berücksichtigungsfähigen Lasten und den Zahlbetrag des Kindesunterhalts (Quotenunterhalt).

Erbringt der Verpflichtete sowohl Bar- als auch Betreuungsunterhalt, so gilt Nr. 10.3 (BGH FamRZ 2001, 350).

Auf Erwerbstätigkeit beruhendes Einkommen der Ehegatten wird bei quotaler Bedarfsberechnung vorab um einen Bonus von *1/10* bereinigt. Dieser wird jeweils nach Abzug der mit der Erzielung des Erwerbseinkommens verbundenen Aufwendungen (Werbungskosten) sowie grundsätzlich der ehelichen Lasten und des von dem Erwerbstätigen zu leistenden Kindesunterhalts berechnet. Bei der Prüfung der Leistungsfähigkeit des Unterhaltspflichtigen ist ein Erwerbstätigkeitsbonus nicht zu berücksichtigen, siehe Ziffer 21.4.

Sind mit der Erzielung von Nichterwerbseinkommen (insbes. Wohnvorteil, Kapitaleinkünfte pp.) besondere Aufwendungen verbunden, werden diese von der jeweiligen Einkunftsart abgezogen.

Nach der Anrechnungsmethode sind Einkünfte des Berechtigten aus Vermögen, das in der Ehe nicht für den Lebensunterhalt zur Verfügung stand, zu berücksichtigen.

15.3 Konkrete Bedarfsbemessung

Nach der Rechtsprechung des BGH kann ein eheangemessener Unterhaltsbedarf bis zu einem Bedarf, der sich aus *dem* höchsten in der Düsseldorfer Tabelle ausgewiesenen

Einkommensbetrag ableitet, als Quotenunterhalt geltend gemacht werden (bei Erwerbseinkommen derzeit bis zu *4.950,- Euro*). Die quotale Darlegung des Bedarfs kann vom Berechtigten und Verpflichteten auch dadurch geschehen, dass die Höhe des zur Verfügung stehenden Gesamteinkommens sowie die hiervon betriebenen Aufwendungen zur Vermögensbildung dargelegt werden.

Der Bedarf auf Elementarunterhalt kann daneben auch konkret dargelegt werden; eigenes Einkommen des bedürftigen Ehegatten ist hierauf ohne Abzug eines Erwerbstätigenbonus (BGH vom 10.11.2010, XII ZR 197/08 = FamRZ 2011, 192, Tz. 24) anzurechnen. Obergrenze ist jedoch auch insoweit die unter Beachtung des Halbteilungsgrundsatzes zu errechnende Unterhaltsquote unter Berücksichtigung eines Erwerbstätigenbonus, wenn der Pflichtige sich unter Offenlegung seiner Einkommensverhältnisse darauf beruft.

15.4 Vorsorgebedarf / Zusatz- und Sonderbedarf

Werden Altersvorsorge-, Kranken- und Pflegeversicherungskosten vom Berechtigten gesondert geltend gemacht oder vom Verpflichteten bezahlt, sind diese von dem Einkommen des Pflichtigen vorweg abzuziehen. Der Vorwegabzug unterbleibt, soweit nicht verteilte Mittel zur Verfügung stehen, z.B. durch Anrechnung nicht prägenden Einkommens des Berechtigten auf seinen Bedarf.

Bei der Bemessung des Altersvorsorgebedarfs kann nach den Grundsätzen der Bremer Tabelle verfahren werden. Wenn der Unterhaltspflichtige eine unterhaltsrechtlich anzuerkennende zusätzliche Altersvorsorge betreibt, ist dies auch dem Unterhaltsberechtigten durch eine entsprechende Erhöhung des Altersvorsorgeunterhalts erlaubt, vgl. BGH FamRZ 2020, 21 Rn 47. Altersvorsorgeunterhalt kann in der Regel nur dann verlangt werden, wenn der Bedarf in Höhe des Mindestselbstbehaltes für Erwerbstätige gemäß Ziffer 21.4 gedeckt ist. Der Altersvorsorgeunterhalt ist nicht auf den Höchstbetrag nach Maßgabe der Beitragsbemessungsgrenze beschränkt und soll gegebenenfalls aus nicht prägendem Einkommen gedeckt werden, so dass dann die zweite Berechnungsstufe entfallen kann, vgl. BGH FamRZ 1999, 372, FamRZ 2007, 117 ff.; XII ZR 35/09 = FamRZ 2012, 945.

Altersvorsorgeunterhalt kann für die Vergangenheit nicht erst von dem Zeitpunkt an verlangt werden, in dem er ausdrücklich geltend gemacht worden ist. Es reicht für die Inanspruchnahme des Unterhaltspflichtigen vielmehr aus, dass von diesem Auskunft mit dem Ziel der Geltendmachung eines Unterhaltsanspruchs begehrt worden ist (BGH FamRZ 2007, 193 ff.), anders bei bereits erfolgter Bezifferung, BGH v. 7.11.2012, XII ZB 229/11 = FamRZ 2013, 109.

Der Beitrag für Krankenversicherung und Pflegeversicherung ist in jeweils nachzuweisender konkreter Höhe zu berücksichtigen.

15.5 Bedarf bei mehreren Ehegatten und Berechtigten nach § 1615l BGB

Der Bedarf der Ehegatten berechnet sich nach dem Prioritätsgrundsatz. Danach sind die Unterhaltspflichten für einen späteren Ehegatten oder gegenüber dem betreuenden Elternteil eines nach der Scheidung der Eheleute geborenen Kindes (§ 1615l BGB) bei der Bemessung des Unterhaltsbedarfs des ersten Ehegatten nach § 1578 Abs. 1 S. 1 BGB nicht zu berücksichtigen. Zur Anwendung der so genannten Dreiteilungsmethode kann es aber

LL-Strkt
KG
Brdbg
Brschw
Brem
Celle
Dresd
Düss
Ffm
Hbg
Hamm
Jena
Kblz
Köln
Naumbg
Oldbg
Rstk
Schlesw
SüdL
Empf Sozhi

noch im Rahmen der Leistungsfähigkeit und der Mangelverteilung kommen (vgl. Nr. 24.3.2), wenn der erste Ehegatte nicht vorrangig ist. Der Bedarf eines späteren Ehegatten wird zwar durch die Unterhaltslast des Pflichtigen aus einer früheren Ehe geprägt. Der endgültige Unterhaltsbedarf des späteren Ehegatten lässt sich aber erst im Zusammenspiel mit der Leistungsfähigkeit des Unterhaltspflichtigen gegenüber einem früheren Ehegatten bemessen. Verbleibt dem Unterhaltspflichtigen danach gegenüber einem früheren Ehegatten wieder ein höherer Betrag, wirkt sich dies zugleich auf den im Wege der Halbteilung zu ermittelnden Bedarf seines späteren Ehegatten aus (BGH FamRZ 2012, 281, Tz. 45).

Zum dabei zu berücksichtigenden Einkommen vgl. Nr. 1.1 und 15.1.

15.6 Trennungsbedingter Mehrbedarf

Trennungsbedingter Mehrbedarf kann zusätzlich berücksichtigt werden, wenn ausnahmsweise noch die Anrechnungsmethode Anwendung findet. Obergrenze ist das Ergebnis der Differenzmethode.

15.7 Begrenzung nach § 1578 b BGB

Nach Scheidung der Ehe ist in der Regel zunächst der eheangemessene Unterhalt weiterzuzahlen, eine sofortige Begrenzung wird bis auf Ausnahmefälle nicht in Betracht kommen. Dem berechtigten Ehegatten ist in der Regel eine auch unter Berücksichtigung der Ehedauer angemessene Übergangsfrist einzuräumen, binnen derer er sich auf die nicht an den ehelichen Lebensverhältnissen ausgerichteten neuen Verhältnisse einstellen kann.

Für die Frage der Begrenzung des nachehelichen Unterhalts kommt es nach § 1578 b BGB maßgeblich darauf an, ob ehebedingte Nachteile eingetreten sind oder eine Begrenzung des Unterhaltsanspruchs unter Berücksichtigung der Dauer der Ehe unbillig wäre.

Der Ehegattenunterhalt ist nicht auf den Ausgleich ehebedingter Nachteile beschränkt. Wenn und soweit solche fehlen, ist über eine Herabsetzung auf den angemessenen Lebensbedarf im Wege einer umfassenden Billigkeitsabwägung zu entscheiden, die auch das jeweilige Maß an fortwirkender nachehelicher Solidarität einzubeziehen hat. Diesem Gedanken ist besonders Rechnung zu tragen, wenn Unterhalt wegen Krankheit geschuldet wird.

Im Rahmen der umfassenden Billigkeitsabwägung sind sämtliche Umstände (wie z.B. beiderseitige Einkommens- und Vermögensverhältnisse, Vermögenserwerb während der Ehe, die vom Berechtigten in der Ehe erbrachte Lebensleistung, Umfang und Dauer des vom Pflichtigen bis zur Scheidung gezahlten Trennungsunterhalts bzw. des nach der Scheidung gezahlten Unterhalts) zu berücksichtigen. Die Ehedauer, bei der auf die Zeit von der Eheschließung bis zur Zustellung des Scheidungsantrags abzustellen ist, gewinnt bei der Bestimmung des Maßes der nachehelichen Solidarität ihr besonderes Gewicht aus der Wechselwirkung zwischen der Rollenverteilung in der Ehe und der darauf beruhenden Verflechtung der wirtschaftlichen Verhältnisse.

Die Möglichkeit der Herabsetzung und/oder Befristung des Ehegattenunterhalts nach § 1578b BGB ist als rechtsvernichtende bzw. rechtsbeschränkende Einwendung bei entsprechendem Vortrag zu berücksichtigen. Im Rahmen der Herabsetzung und zeitlichen Begrenzung des Unterhalts ist der Unterhaltspflichtige für die Tatsachen darlegungs- und beweisbelastet, die für eine Begrenzung sprechen.

Hinsichtlich der Tatsache, dass ehebedingte Nachteile nicht entstanden sind, trifft den Unterhaltsberechtigten jedoch eine sekundäre Darlegungslast. Er muss die Behauptung, es seien keine ehebedingten Nachteile entstanden, substantiiert bestreiten und seinerseits darlegen, welche konkreten ehebedingten Nachteile entstanden sein sollen. Im Einzelfall kann der Vortrag genügen, dass in dem vor der Ehe ausgeübten Beruf Gehaltssteigerungen in einer bestimmten Höhe mit zunehmender Berufserfahrung bzw. Betriebszugehörigkeit üblich sind. Anders verhält es sich bei einem behaupteten beruflichen Aufstieg. Hier muss der Unterhaltsberechtigte darlegen, aufgrund welcher Umstände (wie etwa Fortbildungsbereitschaft, bestimmte Befähigungen, Neigungen, Talente etc.) er eine entsprechende Karriere gemacht hätte.

Der Betreuungsunterhalt nach § 1570 BGB ist nicht nach § 1578b BGB zu befristen.

16. Bedürftigkeit

Eigene (erzielte oder zurechenbare) Einkünfte des Berechtigten sind auf den Bedarf anzurechnen, wobei bei einer Berechnung nach Quoten das bereinigte Nettoerwerbseinkommen um den Erwerbstätigenbonus zu vermindern ist.

17. Erwerbsobliegenheit

17.1 bei Kindesbetreuung

Die nach Vollendung des 3. Lebensjahres des Kindes grundsätzlich einsetzende Erwerbsobliegenheit des betreuenden Elternteils ist hinsichtlich Art und Umfang an den Belangen des Kindes auszurichten.

Stehen solche Belange einer Fremdbetreuung generell entgegen oder besteht eine kindgerechte Betreuungsmöglichkeit nicht, hat das Prinzip der Eigenverantwortung des betreuenden Elternteils für seinen Unterhalt zurückzustehen.

Dieser Maßstab bestimmt auch die Verpflichtung zur Aufnahme einer Teilzeit- oder Vollzeittätigkeit.

Vgl. hierzu die Gesetzesbegründung, FamRZ 2007, 1947, 2. Spalte:

» . . . Die Neuregelung verlangt (also) keineswegs einen abrupten, übergangslosen Wechsel von der elterlichen Betreuung zu Vollzeiterwerbstätigkeit. Im Interesse des Kindeswohls wird vielmehr auch künftig ein gestufter, an den Kriterien von § 1570 Abs. 1 BGB-Entwurf orientierter Übergang möglich sein.«

Folgende Kriterien sind insbesondere zu prüfen:

Kindbezogene Gründe:

1. Generelle Betreuungsbedürftigkeit aufgrund des Alters

2. Fehlende kindgerechte Betreuungsmöglichkeiten, wobei die staatlichen Betreuungsmöglichkeiten nach der Rechtsprechung des BGH als kindgerecht anzusehen sind.

3. Krankheiten, die durch die Betreuung in einer Einrichtung nicht aufgefangen werden können und damit die Betreuung durch einen Elternteil erfordern.

Elternbezogene Gründe:

1. Vertrauen in die vereinbarte oder praktizierte Rollenverteilung und Ausgestaltung der Kinderbetreuung. Zu berücksichtigen ist dabei auch die Aufgabe einer Erwerbstätigkeit wegen Kindererziehung und die Dauer der Ehe.

2. Umfang der Betreuungsbedürftigkeit des Kindes im Anschluss an die Betreuung in einer Betreuungseinrichtung, wobei der Betreuungsbedarf in der Regel bei jüngeren Kindern größer ist als bei älteren Kindern.

Darlegungs- und beweispflichtig für diese Umstände ist der Unterhaltsbedürftige.

Bei entsprechend konkretem Vortrag dürfte eine vollschichtige Erwerbsobliegenheit neben der Betreuung eines Kindes bis zum Ende der Grundschulzeit eher selten in Betracht kommen.

An die für eine Verlängerung des Betreuungsunterhalts, insbesondere aus kindbezogenen Gründen, erforderlichen Darlegungen sind keine überzogenen Anforderungen zu stellen (BGH FamRZ 2012, 1040).

Eine überobligationsmäßige Belastung des betreuenden Elternteils (Berufstätigkeit, Kinderbetreuung, Haushaltsführung) ist zu vermeiden.

Bei Inanspruchnahme von privater Betreuung, z. B. durch Angehörige, kann es sich um eine freiwillige Leistung Dritter handeln, die den Unterhaltspflichtigen nicht entlasten soll. Die Kinderbetreuung während des Umgangs durch den Unterhaltspflichtigen kann allenfalls dann, wenn der Umgang geregelt ist oder unproblematisch funktioniert, zu einer Erwerbsobliegenheit des Unterhaltsberechtigten in den feststehenden Zeiten führen. Die Änderung einer bestehenden Umgangsregelung zum Zweck der Ausweitung der Erwerbstätigkeit des betreuenden Unterhaltsberechtigten kann in der Regel nicht verlangt werden.

Der Betreuungsunterhalt ist nicht zu befristen.

17.2 bei Trennungsunterhalt

In der Regel besteht für den Berechtigten im ersten Jahr nach der Trennung keine Obliegenheit zur Aufnahme oder Ausweitung einer Erwerbstätigkeit.

Für den Trennungsunterhalt gelten zunächst großzügigere Anforderungen hinsichtlich einer Erwerbsobliegenheit als sie in § 1574 BGB für den nachehelichen Unterhalt bestimmt sind. Die bestehenden Verhältnisse sollen geschützt werden, damit die Wiederherstellung der ehelichen Lebensgemeinschaft nicht erschwert wird. Mit zunehmender Verfestigung der Trennung wird allerdings eine allmähliche Annäherung der unterschiedlichen Maßstäbe der Erwerbsobliegenheit bewirkt (BGH FamRZ 2012, 1201, Tz. 18).

Weitere Unterhaltsansprüche

18. Ansprüche aus § 1615l BGB

Der Bedarf nach § 1615l BGB bemisst sich nach der Lebensstellung des betreuenden Elternteils. Erleidet dieser einen konkreten Verdienstausfall, ist er auch für den Unterhalt zu Grunde zu legen.

Der Mindestbedarf entspricht in der Regel dem notwendigen Selbstbehalt für nicht Erwerbstätige (960 €).

Der Anspruch nach § 1615l BGB ist begrenzt auf den Betrag, der einem Ehegatten in gleicher Lage zustünde. Dies hat der Verpflichtete darzulegen.

Bezüglich der Erwerbsobliegenheit und Dauer des Anspruchs gilt Nr. 17.1 entsprechend.

19. Elternunterhalt

Das »Angehörigen-Entlastungsgesetz« hat Auswirkungen auf den Elternunterhalt. Unterhaltsberechtigten Eltern obliegt es, vorrangig bedarfsdeckende Leistungen der Grundsicherung nach §§ 41 ff SGB XII in Anspruch zu nehmen.

Nehmen unterhaltsberechtigte Eltern Leistungen nach dem SGB XII in Anspruch, geht ihr Anspruch auf Elternunterhalt nur auf den Träger der Sozialhilfe über, wenn das unterhaltspflichtige Kind ein Jahreseinkommen von mehr als 100.000 brutto im

Sinne des § 94 Ia SGB XII i.V.m. § 2 EStG (steuerliches Gesamtbruttoeinkommen) erzielt.

Besteht ein Anspruch auf Elternunterhalt (beispielsweise, weil der unterhaltsberechtigte Elternteil keinen Anspruch auf Leistungen nach dem SGB XII hat oder weil das Kind das Jahreseinkommen von 100.000 € brutto überschreitet), ist eine unterhaltsrechtliche Einkommensfeststellung erforderlich. Hierfür gelten die bisherigen Grundsätze.

Der Bedarf bemisst sich nach der eigenen Lebensstellung des unterhaltsberechtigten Elternteils, wobei nachteilige Veränderungen der Lebensverhältnisse, wie sie regelmäßig mit dem Eintritt in den Ruhestand einhergehen, zu berücksichtigen sind. Auch bei bescheidenen wirtschaftlichen Verhältnissen ist die Untergrenze des Bedarfs so zu bemessen, dass das Existenzminimum sichergestellt wird. Dieser Mindestbedarf kann in Höhe des notwendigen Selbstbehalts eines nicht Erwerbstätigen pauschaliert werden.

Bei einem Heimaufenthalt wird der Bedarf durch die dadurch anfallenden notwendigen Kosten zuzüglich eines Barbetrags für die persönlichen Bedürfnisse entsprechend § 27 b Abs. 2 SGB XII bestimmt.

Das unterhaltspflichtige Kind, das nur geringe oder keine eigenen Einkünfte erzielt und einen Anspruch auf Familienunterhalt hat, ist nur dann zur Zahlung von Elternunterhalt leistungsfähig, wenn es im Rahmen des Familienunterhalts selbst vollständig abgesichert ist und aus eigenen Erwerbseinkünften oder aus Taschengeld Elternunterhalt leisten kann.

Zur Höhe des Taschengeldeinsatzes vgl. BGH FamRZ 2013, 363 mit der Maßgabe der Klarstellungen BGH FamRZ 2014, 1990, Rn. 12 ff.

Der Wohnwert ist bei der Inanspruchnahme auf Elternunterhalt in der Regel nicht mit der bei einer Fremdvermietung erzielbaren objektiven Marktmiete, sondern auf der Grundlage der unter den gegebenen Verhältnissen ersparten Miete zu bemessen.

Altersvorsorgevermögen, das der Anlage von 5 % des Jahresbruttoeinkommens des Pflichtigen, bezogen auf seine gesamte Erwerbstätigkeit bis zur Inanspruchnahme auf Elternunterhalt, entspricht, ist nicht für Unterhaltszwecke einzusetzen.

Der Wert einer selbstgenutzten Immobilie bleibt bei der Bemessung des Altersvorsorgevermögens eines auf Elternunterhalt in Anspruch genommenen Unterhaltspflichtigen grundsätzlich unberücksichtigt, BGH, XII ZB 269/12 vom 7.8.2013 = FamRZ 2013, 1554.

Angemessene Aufwendungen, die dem Unterhaltspflichtigen für Besuche bei dem Elternteil entstehen, mindern grundsätzlich seine Leistungsfähigkeit, weil ihr Zweck auf einer unterhaltsrechtlich anzuerkennenden sittlichen Verpflichtung beruht.

20. Lebenspartnerschaft

Bei Getrenntleben oder Aufhebung der Lebenspartnerschaft gelten §§ 12, 16 LPartG.

Leistungsfähigkeit und Mangelfall

21. Selbstbehalt

21.1 Grundsatz

Es ist zu unterscheiden zwischen dem notwendigen (§ 1603 Abs. 2 BGB), dem angemessenen (§ 1603 Abs. 1 BGB) und dem eheangemessenen (§§ 1361 Abs. 1, 1578 Abs. 1 BGB; BGH FamRZ 2006, 683) Selbstbehalt.

21.2 Notwendiger Selbstbehalt

Für Eltern gegenüber minderjährigen Kindern und diesen nach § 1603 Abs. 2 Satz 2 BGB gleichgestellten Kindern gilt im Allgemeinen der notwendige Selbstbehalt als unterste Grenze der Inanspruchnahme. Er beträgt 1.160 €. Davon entfallen 430 € auf den Wohnbedarf (330 € Kaltmiete, 100 € Nebenkosten und Heizung).

Für nicht Erwerbstätige beträgt er 960 €; bei Anhaltspunkten für unterhaltsrechtlich bedeutsame zusätzliche Kosten kann der Selbstbehalt angemessen erhöht werden. Bei geringfügiger Erwerbstätigkeit wird wegen des notwendigen Selbstbehalts auf BGH FamRZ 2008, 594 ff., 597, Tz. 29, verwiesen.

Verursacht der Umgang des Unterhaltspflichtigen mit den minderjährigen Kindern besondere Kosten, die er nur unter Gefährdung seines Selbstbehalts aufbringen könnte, kommt eine maßvolle Erhöhung in Betracht.

21.3 Angemessener Selbstbehalt

21.3.1 gegenüber volljährigen Kindern

Er beträgt gegenüber volljährigen Kindern 1.400 €. Davon entfallen 550 € auf den Wohnbedarf (430 € Kaltmiete, 120 € Nebenkosten und Heizung).

Gegenüber volljährigen Kindern, die ihre bereits einmal erreichte wirtschaftliche Selbständigkeit wieder verloren haben, gilt Nr. 21.3.3. und ggf. Nr. 22.3.

21.3.2 bei Ansprüchen aus § 1615l BGB

Gegenüber Anspruchsberechtigten nach § 1615 l BGB entspricht der Selbstbehalt dem eheangemessenen Selbstbehalt (Nr. 21.4).

21.3.3 beim Elternunterhalt

Bei der Bemessung des angemessenen Selbstbehalts sind Zweck und Rechtsgedanken des Gesetzes zur Entlastung unterhaltspflichtiger Angehöriger in der Sozialhilfe und in der Eingliederungshilfe (Angehörigenentlastungsgesetz) vom 10. Dezember 2019 (BGBl. I S. 2135) zu beachten.

21.3.4. von Großeltern gegenüber Enkeln (und umgekehrt)

Für sonstige Unterhaltsansprüche von Verwandten der auf- und absteigenden Linie (Großeltern/Enkel, beträgt er mindestens 2.000 €, wobei die Hälfte des diesen Mindestbetrag übersteigenden Einkommens zusätzlich anrechnungsfrei bleibt. In diesem Mindestbetrag sind Kosten für Unterkunft und Heizung in Höhe von 700 € (580 € Kaltmiete, 120 € Nebenkosten und Heizung) enthalten, vgl. BGH FamRZ 2006, 26, 28, FamRZ 2007, 375 f.).

21.4 Mindestselbstbehalt gegenüber Ehegatten

Der Mindestselbstbehalt gegenüber getrennt lebenden und geschiedenen Unterhaltsberechtigten ist bei Erwerbstätigen in der Regel mit 1.280 € zu bemessen, bei nicht Erwerbstätigen mit regelmäßig 1.180 € (Mittelbetrag zwischen unterschiedlichem notwendigem und dem angemessenen Selbstbehalt), davon 490 € für den Wohnbedarf (380 € Kaltmiete, 110 € Nebenkosten und Heizung).

Bei der Prüfung der Leistungsfähigkeit des Unterhaltspflichtigen ist ein Erwerbstätigkeitsbonus nicht zu berücksichtigen.

21.5 Anpassung des Selbstbehalts

21.5.1.

Beim Verwandtenunterhalt kann der jeweilige Selbstbehalt unterschritten werden, wenn der eigene Unterhalt des Pflichtigen ganz oder teilweise durch seinen Ehegatten gedeckt ist.

21.5.2.

Der Selbstbehalt soll erhöht werden, wenn die Wohnkosten (Warmmiete) den ausgewiesenen Betrag überschreiten und nicht unangemessen sind.

21.5.3.

Eine Herabsetzung des Selbstbehalts mit Rücksicht auf geringere Wohnkosten des Unterhaltspflichtigen kommt nicht in Betracht, BGH FamRZ 2006, 1664, 1666.

Lebt der Unterhaltspflichtige mit einem leistungsfähigen Partner in Haushaltsgemeinschaft, kommt eine Haushaltsersparnis in Betracht, in der Regel 10 % des jeweils maßgeblichen Selbstbehalts. Untergrenze ist der Sozialhilfesatz (vgl. BGH FamRZ 2008, 594 ff.).

22. Bedarf des mit dem Pflichtigen zusammen lebenden Ehegatten

22.1 Mindestbedarf bei Ansprüchen des nachrangigen geschiedenen Ehegatten

Ist bei Unterhaltsansprüchen des nachrangigen geschiedenen Ehegatten der Unterhaltspflichtige wieder verheiratet, beträgt der Bedarf für den mit ihm zusammen lebenden Ehegatten mindestens 960 €. Vgl. zur Bedarfsberechnung im Übrigen BGH FamRZ 2012, 281, Tz. 45, 48.

22.2 Mindestbedarf bei Ansprüchen volljähriger Kinder

Ist bei Unterhaltsansprüchen nicht privilegierter volljähriger Kinder der Unterhaltspflichtige verheiratet, werden für den mit ihm zusammen lebenden Ehegatten mindestens 960 € angesetzt.

22.3. Mindestbedarf bei Ansprüchen von Eltern oder Enkeln des anderen Ehegatten und von gemeinsamen Enkeln

Ist bei Unterhaltsansprüchen der Eltern das unterhaltspflichtige Kind verheiratet, werden für den mit ihm zusammen lebenden Ehegatten mindestens 1.600 € angesetzt. Im Familienbedarf von 3.600 € (2.000 € + 1.600 €) sind Kosten für Unterkunft und Heizung von 1.260 € (1.000 € kalt + 260 € Nebenkosten und Heizung) enthalten. Dies gilt auch für Unterhaltsansprüche von und gegen Großeltern und Enkel(n).

23. Bedarf des vom Pflichtigen getrennt lebenden oder geschiedenen Ehegatten

Bei Ansprüchen wie in Nr. 22: bleibt unbesetzt.

24. Mangelfall

24.1. Grundsatz

Ein absoluter Mangelfall liegt vor, wenn das Einkommen des Verpflichteten zur Deckung seines jeweils maßgeblichen Selbstbehalts und der gleichrangigen Unterhaltsansprüche nicht ausreicht. Zur Feststellung des Mangelfalls entspricht der einzusetzende Bedarf für minderjährige und diesen nach § 1603 Abs. 2 Satz 2 BGB gleichgestellten Kindern dem Zahlbetrag (Differenz zwischen dem Tabellenbetrag und dem anzurechnenden Kindergeld).

Reicht die Leistungsfähigkeit des Unterhaltspflichtigen für den Unterhalt sämtlicher (auch nachrangiger) Berechtigter nicht aus, so führt die Angemessenheitsbetrachtung beim Unterhaltsbedarf gemäß § 1610 BGB regelmäßig dazu, dass der Kindesunterhalt nur in Höhe des Existenzminimums zu veranschlagen ist (BGH FamRZ 2008, 2189, Tz. 22).

24.2. Einsatzbeträge

Zu den Einsatzbeträgen im Mangelfall beim Kindesunterhalt siehe Rechenbeispiel im Anhang III. Zwischen gleichrangigen Ehegatten bzw. bei Ansprüchen nach § 1615l BGB ist der Mindestbedarf von 960 €, ggf. herabgesetzt um Synergieeffekte und eigenes Einkommen, maßgebend. (Für die Altfälle, d.h. für die bis zum 31.12.2007 fällig gewordenen Unterhaltsansprüche, wird auf die Nr. 23.2 der Unterhaltsgrundsätze, Stand 01.07.2005, verwiesen, vgl. dazu auch BGH FamRZ 2003, 363).

24.3. Berechnung

24.3.1 Im absoluten Mangelfall ist die nach Abzug des maßgeblichen Selbstbehalts des Unterhaltspflichtigen verbleibende Verteilungsmasse anteilig auf alle gleichrangigen Unterhaltsberechtigten im Verhältnis ihrer Unterhaltsansprüche zu verteilen.

24.3.2 Stehen mehrere nach § 1609 Nr. 2 oder 3 BGB Berechtigte im gleichen Rang, schränkt die Unterhaltspflicht gegenüber dem jeweils anderen Berechtigten die Leistungsfähigkeit des Pflichtigen nach § 1581 S. 1 BGB ein (sog. relativer Mangelfall). Dem kann zur Wahrung des Halbteilungsgrundsatzes dadurch Rechnung getragen werden, dass die Unterhaltsansprüche im Regelfall nach den Grundsätzen der so genannten Dreiteilung bemessen werden (BGH FamRZ 2012, 281), wobei kein Erwerbstätigenbonus zu berücksichtigen ist (BGH v. 19.3.2014 – XII ZB 19/13 = FamRZ 2014, 912 Rn. 39). Das schließt eine abweichende Verteilung aufgrund der Berücksichtigung weiterer individueller Billigkeitsabwägungen nicht aus.

24.3.3 Steht ein Berechtigter im Rang des § 1609 Nr. 2 BGB und ein anderer im dritten Rang, gilt folgendes: Ist der spätere Ehegatte nachrangig, berührt eine ihm gegenüber bestehende Unterhaltsverpflichtung den Unterhaltsanspruch des vorrangigen Ehegatten grundsätzlich nicht.

Ist der Unterhaltsanspruch des späteren Ehegatten oder des nach § 1615l BGB Berechtigten vorrangig, bleibt zwar die Bedarfsberechnung für den zeitlich früheren Ehegatten von der neuen Unterhaltsverpflichtung unberührt. Jedoch darf der vorrangig Unterhaltsberechtigte nicht schlechter stehen als nach einer Berechnung gemäß Nr. 24.3.2 (BGH FamRZ 2012, 281, Tz. 42 u. 48).

24.4 Angemessenheitskontrolle

Das gewonnene Ergebnis ist jeweils noch auf seine Angemessenheit zu überprüfen.

Sonstiges

25. Rundung

Der Unterhaltsbetrag ist auf volle Euro aufzurunden.

26. Übergangsregelung

Für bis zum 31.12.2007 fällig gewordene Unterhaltsansprüche gilt das bis dahin geltende Recht.

Die an § 32 Abs. 6 S. 1 EStG i. d. F. des Gesetzes zur Anhebung des Grundfreibetrags, des Kinderfreibetrags, des Kindergelds und des Kinderzuschlags vom 16.7.2015 (BGBl. I 2015, 1202) ausgerichteten Mindestunterhaltsbeträge i. S. d. § 1612a BGB gelten in sinngemäßer Anwendung von § 1613 Abs. 1 S. 1 BGB erst ab 01.08.2015, ungeachtet der steuerrechtlich rückwirkend ab Januar 2015 in Kraft tretenden Kinderfreibeträge.

Anhang I – Düsseldorfer Tabelle

s. S. 5

Anhang II – Umrechnung dynamischer Titel über Kindesunterhalt in Mindestunterhalt gem. § 36 Nr. 3 EGZPO

Siehe Düsseldorfer Tabelle unter E.

Während die dort errechneten Prozentsätze unverändert bleiben, auch wenn das Kind in eine höhere Altersstufe wechselt (BGH FamRZ 2012, 1048), müssen die ausgewiesenen Zahlbeträge für 2009 erstmals geändert werden, vgl. Diehl, FamExpress (Deubner-Verlag), Heft 2/2009, aufrufbar bei www.hefam.de unter Unterhaltsgrundsätze/Arbeitspapier, Anhang II, oder in der »Chronik« 2009-01-06. Für 1.1.2010 bis 31.7.2015 bzw. für 1.8.2015 bis 31.12.2015, 1.1.2016 bis 31.12.2016, 1.1.2017 bis 31.12.2017, 1.1.2018 bis 31.12.2018 und 1.1.2019 bis 31.12.2019 gelten die Beträge im jeweiligen Anhang II der Unterhaltsgrundsätze vom 1.1.2015, 1.8.2015, 1.1.2016, 1.1.2017, 1.1.2018, 1.1.(7.)2019, 1.1.2020 und 1.1.2021.

Aufgrund der Erhöhung des Mindestunterhalts zum 1.1.2022 ergeben sich seither folgende Zahlbeträge:
Bsp. 1 seit 1.1.2022:
396 € x 97,8 % = aufgerundet 388 €, abzüglich hälftiges Kindergeld 109,50 € = 278,50 €.
Bsp. 2 seit 1.1.2022:

396 € x 70,2 % = aufgerundet 278 € zuzüglich hälftiges Kindergeld 109,50 € = 387,50 €.
Bsp. 3 seit 1.1.2022:
455 € x 102,7 % = aufgerundet 468 € abzüglich volles Kindergeld 219 € = 249 €.
Bsp. 4 seit 1.1.2022:
533 € x 111,2 % = aufgerundet 593 € abzüglich hälftiges Kindergeld 109,50 € = 483,50 €.

Anhang III – Rechenbeispiele

Absoluter Mangelfall (für 1.1.2022 gerechnet)

Der Verpflichtete M hat ein bereinigtes Nettoeinkommen von 1910 €. Unterhaltsberechtigt sind ein 18-jähriges Kind K1, das bei der Mutter lebt und das Gymnasium besucht, und die beiden minderjährigen Kinder K2 (14 Jahre) und K3 (10 Jahre), die von der Mutter betreut werden. Das Kindergeld von 663 € (219 € + 219 € + 225 €) wird an die Mutter ausbezahlt, deren sonstiges Einkommen unter 960 € liegt.

Unterhaltsberechnung gemäß Nr. 24.1: Mangels Leistungsfähigkeit der Mutter alleinige Barunterhaltspflicht von M für alle Kinder. M erzielt zwar ein Einkommen nach der 2. Einkommensgruppe, ist aber bei drei Berechtigten in die 1. Einkommensgruppe einzustufen. Da ersichtlich ein Mangelfall vorliegt, ist das außerdem auch bereits deshalb der Fall.

Mindestbedarf K1: 569 € (Düsseldorfer Tabelle Gruppe 1, 4. Altersstufe) – 219 € Kindergeld => offener Bedarf = Einsatzbetrag 350 €
Mindestunterhalt K2: 533 € – 109,50 € hälftiges Kindergeld => offener Bedarf = Einsatzbetrag 423,50 €
Mindestunterhalt K3: 455 € – 112,50 € hälftiges Kindergeld => offener Bedarf = Einsatzbetrag 342,50 €
Summe der Einsatzbeträge: 350 € + 423,50 € + 342,50 € = 1.116 €
Verteilungsmasse: 1910 € – 1.160 € = 750 €
Prozentuale Kürzung: 750/1.116 * 100 = 67,2 %
Berechnung der gekürzten Unterhaltsansprüche:
K1: 350 € * 67 2 % = 235 €; zum Leben verfügbar also 235 + 219 = 454 €
K2: 423,50 € * 67,2 % = 285 €; zum Leben verfügbar also 285 + 109,50 = 394,50 €
K3: 342,50 € * 67,2 % = 230 €; zum Leben verfügbar also 230 + 112,50 = 342,50 €

j) OLG Hamburg

Unterhaltsrechtliche Leitlinien des Hanseatischen Oberlandesgerichts Hamburg
Stand: Januar 2022

Vorbemerkung

Die Familiensenate des Hanseatischen Oberlandesgerichts Hamburg verwenden diese Leitlinien als Orientierungshilfe für den Regelfall unter Beachtung der Rechtsprechung des BGH, wobei die Angemessenheit des Ergebnisses in jedem Fall zu überprüfen ist. Das Tabellenwerk der Düsseldorfer Tabelle ist eingearbeitet. Die Erläuterungen werden durch nachfolgende Leitlinien ersetzt. Sie gelten ab 1.1.2022. Gegenüber den bislang geltenden Leitlinien ergeben sich Änderungen in den Nummern 10.2.2, 15.2 und hinsichtlich der Düsseldorfer Tabelle.

Unterhaltsrechtlich maßgebendes Einkommen

Bei der Ermittlung und Zurechnung von Einkommen ist stets zu unterscheiden, ob es um Verwandten- oder Ehegattenunterhalt sowie ob es um Bedarfsbemessung einerseits oder Feststellung der Bedürftigkeit/Leistungsfähigkeit andererseits geht. Das unterhaltsrechtliche Einkommen ist nicht immer identisch mit dem steuer- und sozialrechtlichen Einkommen.

1. Geldeinnahmen

1.1 Auszugehen ist vom Jahresbruttoeinkommen einschließlich Weihnachts- und Urlaubsgeld sowie sonstiger Zuwendungen, wie z.B. Tantiemen und Gewinnbeteiligungen.

1.2 Soweit Leistungen nicht monatlich anfallen (z.B. Weihnachts- und Urlaubsgeld), werden sie auf ein Jahr umgelegt. Einmalige Zahlungen (z.B. Abfindungen) sind auf einen angemessenen Zeitraum (in der Regel mehrere Jahre) zu verteilen.

1.3 Überstundenvergütungen werden in der Regel dem Einkommen voll zugerechnet, soweit sie berufstypisch sind oder nur in geringem Umfang anfallen oder wenn der Mindestunterhalt minderjähriger Kinder oder der entsprechende Unterhalt ihnen nach § 1603 Abs. 2 Satz 2 BGB gleichgestellter Volljähriger nicht gedeckt ist. Sonst ist die Anrechnung unter Berücksichtigung des Einzelfalls nach Billigkeit zu beurteilen.

1.4 Ersatz für Spesen und Reisekosten sowie Auslösungen gelten in der Regel als Einkommen. Damit zusammenhängende Aufwendungen, vermindert um häusliche Ersparnisse, sind jedoch abzuziehen. Bei Aufwendungspauschalen (außer Kilometergeld) kann in der Regel 1/3 als Einkommen geschätzt werden.

1.5 Bei Selbständigen ist vom durchschnittlichen Gewinn während eines längeren Zeitraums von in der Regel mindestens drei aufeinander folgenden Jahren, möglichst den letzten drei Jahren, auszugehen. Für die Vergangenheit sind die in dem jeweiligen Kalenderjahr erzielten Einkünfte maßgeblich. Anstatt auf den Gewinn kann ausnahmsweise auf die Entnahmen abzüglich der Einlagen abgestellt werden, wenn eine zuverlässige Gewinnermittlung nicht möglich oder der Betriebsinhaber unterhaltsrechtlich zur Verwertung seines Vermögens verpflichtet ist. Lineare Abschreibungen (Absetzungen für Abnutzung: AfA) werden in der Regel anerkannt. Ansonsten können Abschreibungen insoweit anerkannt werden, als dem steuerlich zulässigen Abzug ein tatsächlicher Wertverlust entspricht.

1.6 Einkommen aus Vermietung und Verpachtung sowie aus Kapitalvermögen ist der Überschuss der Bruttoeinkünfte über die Werbungskosten. Für Gebäude ist keine AfA anzusetzen.

1.7 Steuerzahlungen oder Erstattungen sind in der Regel im Kalenderjahr der tatsächlichen Leistung zu berücksichtigen. Steuervorteile, die auf unterhaltsrechtlich nicht zu berücksichtigenden Aufwendungen beruhen, bleiben in der Regel außer Betracht.

1.8 Sonstige Einnahmen, z.B. Einkünfte aus sog. »1 €-Jobs«, Taschengeldanspruch und Trinkgelder sind Einkommen. Gleiches gilt für vom Arbeitgeber gewährte Zuschüsse für die dienstliche Nutzung privater Vermögensgegenstände, insbesondere die Nutzung des privaten PKW`s. Für den Abzug der hiermit zusammenhängenden Kosten der dienstlichen Nutzung gilt Ziff. 10.2.

2. Sozialleistungen

2.1 Arbeitslosengeld (§§ 136 ff. SGB III), Kurzarbeitergeld (§§ 95 ff. SGB III) und Krankengeld sind Einkommen.

2.2 Arbeitslosengeld II (§§ 19-30 SGB II) und andere Leistungen nach dem SGB II beim Verpflichteten sind Einkommen. Beim Berechtigten sind Arbeitslosengeld II und Sozialgeld kein Einkommen, nicht subsidiäre Leistungen nach dem SGB II sind Einkommen, insbesondere Einstiegsgeld § 16b SGB II, Entschädigung für Mehraufwendungen § 16d SGB II. Die Geltendmachung von Unterhalt durch den Hilfeempfänger kann jedoch treuwidrig sein, wenn er infolge des Ausschlusses des Anspruchsübergangs (vgl. § 33 Abs. 2 SGB II) insbesondere für die Vergangenheit (aber allenfalls bis zur Rechtshängigkeit) durch das Arbeitslosengeld II oder das Sozialgeld und den Unterhalt mehr als seinen Bedarf erhalten würde.

2.3 Wohngeld ist Einkommen, soweit es nicht erhöhte Wohnkosten deckt.

2.4 BAföG-Leistungen sind Einkommen, auch soweit sie als Darlehen gewährt werden, mit Ausnahme von Vorausleistungen nach §§ 36, 37 BAföG.

2.5 Elterngeld ist Einkommen, soweit es über den Sockelbetrag von 300 € bzw. 150 € bei verlängertem Bezug hinausgeht. Der Sockelbetrag des Elterngeldes ist nur dann Einkommen, wenn einer der Ausnahmefälle des § 11 BEEG vorliegt.

2.6 Unfallrenten und Versorgungsrenten sind Einkommen.

2.7 Leistungen aus der Pflegeversicherung, Blindengeld, Schwerbeschädigten- und Pflegezulagen nach Abzug eines Betrags für tatsächliche Mehraufwendungen sind Einkommen; §§ 1610a, 1578a BGB sind zu beachten.

2.8 Der Anteil des Pflegegelds bei der Pflegeperson, durch den ihre Bemühungen abgegolten werden, ist Einkommen; bei Pflegegeld aus der Pflegeversicherung gilt dies nach Maßgabe des § 13 Abs. 6 SGB XI.

2.9 In der Regel sind Leistungen nach §§ 41 – 43 SGB XII (Grundsicherung) beim Verwandtenunterhalt Einkommen, nicht aber beim Ehegattenunterhalt.

2.10 Kein Einkommen sind auf Seiten des Berechtigten sonstige Leistungen nach dem SGB XII. Die Unterhaltsforderung eines Hilfeempfängers kann in Ausnahmefällen treuwidrig sein (vgl. Nr. 2.2).

2.11 Leistungen nach dem Unterhaltsvorschussgesetz sind kein Einkommen. Die Unterhaltsforderung eines Hilfeempfängers kann in Ausnahmefällen treuwidrig sein (vgl. Nr. 2.2).

3. Kindergeld und Kinderzuschlag (§ 6a BKGG)

Kindergeld und Kinderzuschlag werden nicht zum Einkommen des Unterhaltspflichtigen gerechnet.

4. Geldwerte Zuwendungen

Geldwerte Zuwendungen aller Art des Arbeitgebers, z.B. Firmenwagen oder freie Kost und Logis, sind Einkommen, soweit sie entsprechende Eigenaufwendungen ersparen.

5. Wohnwert

Der Wohnvorteil durch mietfreies Wohnen im eigenen Heim ist als wirtschaftliche Nutzung des Vermögens unterhaltsrechtlich wie Einkommen zu behandeln. Neben dem Wohnwert sind auch Zahlungen nach dem Eigenheimzulagengesetz anzusetzen. Ein Wohnvorteil liegt nur vor, soweit der Wohnwert den berücksichtigungsfähigen Schuldendienst, erforderliche Instandhaltungskosten und die verbrauchsunabhängigen Kosten, mit denen ein Mieter gemäß §§ 556 Abs. 1 BGB i.V.m. § 1 Abs. 2 BetrKV üblicherweise nicht belastet wird, übersteigt. Auszugehen ist vom vollen Mietwert. Wenn es nicht möglich oder nicht zumutbar ist, die Wohnung aufzugeben und das Objekt zu vermieten oder zu veräußern, kann stattdessen die ersparte Miete angesetzt werden, die angesichts der wirtschaftlichen Verhältnisse angemessen wäre. Dies kommt insbesondere für die Zeit bis zum endgültigen Scheitern der Ehe in Betracht, wenn ein Ehegatte das Eigenheim allein bewohnt. Die Aufnahme weiterer Personen in die im Alleineigentum des Pflichtigen stehenden Immobilie, insbesondere die Aufnahme des Ehegatten, mindert den zuzurechnenden Wohnwert nicht.

6. Haushaltsführung

Führt jemand einem leistungsfähigen Dritten den Haushalt, so kann hierfür ein angemessenes Einkommen anzusetzen sein.

7. Einkommen aus unzumutbarer Erwerbstätigkeit

Einkommen aus unzumutbarer Erwerbstätigkeit kann nach Billigkeit ganz oder teilweise unberücksichtigt bleiben (§ 1577 Abs. 2 BGB).

8. Freiwillige Zuwendungen Dritter

Freiwillige Zuwendungen Dritter (z.B. Geldleistungen, kostenloses Wohnen) sind als Einkommen nur zu berücksichtigen, wenn dies dem Willen des Dritten entspricht. Beim Mindestkindesunterhalt sind auch freiwillige Leistungen Dritter einzusetzen.

9. Erwerbsobliegenheit und fiktives Einkommen

Einkommen können auch aufgrund einer unterhaltsrechtlichen Obliegenheit erzielbare Einkünfte sein, wenn der Unterhaltsverpflichtete eine ihm mögliche und zumutbare Erwerbstätigkeit unterlässt. Bei Arbeitslosigkeit sind über eine Meldung bei der Agentur für Arbeit oder telefonische Nachfragen hinausgehende eigenständige Erwerbsbemühungen im Einzelnen darzulegen und zu belegen. Der Hinweis auf die Arbeitsmarktlage macht den Nachweis von Bemühungen nur im Ausnahmefall entbehrlich. Bei unzureichenden Bemühungen um einen Arbeitsplatz können bei einer feststellbaren realen Beschäftigungschance fiktive Einkünfte nach den Umständen des Einzelfalls unter Berücksichtigung von Beruf, Alter, Gesundheit und des zuletzt erzielten Verdienstes zugrunde gelegt werden. Neben dem Bezug von Leistungen der Arbeitsverwaltung kann die Aufnahme einer geringfügigen Beschäftigung (§ 155 SGB III) in Betracht kommen. Dem wiederverheirateten Elternteil obliegt es grundsätzlich, ungeachtet seiner Pflichten aus der neuen Ehe, durch Aufnahme einer Teilzeitarbeit zum Unterhalt der Kinder aus einer früheren Ehe beizutragen.

10. Bereinigung des Einkommens

10.1 Vom Bruttoeinkommen sind Steuern und Vorsorgeaufwendungen abzusetzen (Nettoeinkommen).

10.1.1 Es besteht die Obliegenheit, mögliche Steuervorteile – insbesondere als außergewöhnliche Belastung (§ 33a Abs. 1 EStG) bzw. aus dem begrenzten Realsplitting (§ 10 Abs. 1a Nr. 1 EStG) – in Anspruch zu nehmen (z.B. Eintragung eines Freibetrags bei Fahrtkosten, für unstreitigen oder titulierten Unterhalt).

10.1.2 Zu den Vorsorgeaufwendungen gehören die Aufwendungen für die gesetzliche Kranken- und Pflegeversicherung, Rentenversicherung und Arbeitslosenversicherung und / oder die angemessene private Kranken-, Pflege- und Altersvorsorge. Zu den angemessenen Vorsorgeaufwendungen kann auch eine zusätzliche, tatsächlich geleistete Altersvorsorge in Höhe von 4 % des Jahresbruttoeinkommens beim Kindes- und Ehegattenunterhalt und 5 % beim Elternunterhalt zählen, soweit kein Mangelfall vorliegt. Diese Grundsätze gelten entsprechend für Personen, die in Folge der Ausübung einer selbständigen Tätigkeit der gesetzlichen Rentenversicherung nicht unterliegen.

10.2 Berufsbedingte Aufwendungen, die sich von den privaten Lebenshaltungskosten nach objektiven Merkmalen eindeutig abgrenzen lassen, sind im Rahmen des Angemessenen vom Nettoeinkommen aus unselbständiger Arbeit abzuziehen.

10.2.1 Bei Einkünften aus nichtselbständiger Tätigkeit sind berufsbedingte Aufwendungen vom Einkommen abzuziehen, wobei – bezogen auf Unterhaltszeiträume ab dem 1.1.2021 – ohne Nachweis eine Pauschale von 5 % – mindestens 50 €, bei geringfügiger Teilzeitarbeit auch weniger, und höchstens 150 € monatlich – des Nettoeinkommens geschätzt werden kann. Übersteigen die berufsbedingten Aufwendungen diese Pauschale, so sind sie im Einzelnen darzulegen. Bei beschränkter Leistungsfähigkeit kann im Einzelfall mit konkreten Kosten gerechnet werden. Für Unterhaltszeiträume bis 31.12.2020 gilt, dass eine Pauschale nicht gewährt wird, sondern die berufsbezogenen Aufwendungen im Einzelnen darzulegen sind.

10.2.2 Für die Kosten der notwendigen berufsbedingten Nutzung eines Kraftfahrzeugs können 0,42 € pro gefahrenen Kilometer angesetzt werden. Damit sind i.d.R. Anschaffungskosten erfasst. Bei langen Fahrtstrecken kann nach unten abgewichen werden (regelmäßig 0,28 €). Für Unterhaltszeiträume bis 31.12.2021 verbleibt es bei den bisherigen Werten (0,30 bzw. 0,20 € / km).

10.2.3 Bei einem Auszubildenden ist ausbildungsbedingter Aufwand konkret darzulegen.

10.3 Das Einkommen aus einer neben der Kinderbetreuung ausgeübten Erwerbstätigkeit kann um den notwendigen, konkret dargelegten Aufwand für die Betreuung des Kindes vermindert werden. Zum Aufwand für die Betreuung des Kindes zählen nicht die Kosten einer über die üblichen Betreuungsleistungen eines Elternteils (einschließlich der üblichen Hausaufgabenbetreuung) hinausgehenden oder einer pädagogisch veranlassten Betreuung, insbesondere die Kosten des Kindergarten- oder Hortbesuchs; diese sind Mehrbedarf des Kindes.

10.4 Schulden (Zins und Tilgung) sind bei tatsächlicher Zahlung im Rahmen eines vernünftigen Tilgungsplanes mit angemessenen Raten zu berücksichtigen. Bei der Bedarfsermittlung für den Ehegattenunterhalt sind grundsätzlich nur eheprägende Verbindlichkeiten abzusetzen. Beim Verwandtenunterhalt sowie bei Leistungsfähigkeit/Bedürftigkeit für den Ehegattenunterhalt erfolgt eine Abwägung nach den Umständen des Einzelfalls. Bei der Zumutbarkeitsabwägung sind Interessen des Unterhaltsschuldners, des Drittgläubigers und des Unterhaltsgläubigers, vor allem minderjähriger Kinder, mit zu berücksichtigen. Unter Umständen besteht im Rahmen gesteigerter Unterhaltspflicht nach § 1603 Abs. 2 BGB die Obliegenheit zur Einleitung eines Insolvenzverfahrens und Geltendmachung der gesetzlichen Pfändungsfreigrenzen.

10.5 (derzeit nicht besetzt)

10.6 Die vermögenswirksame Leistung des Arbeitgebers und die Arbeitnehmersparzulage gehören nicht zum Einkommen. Der vom Arbeitnehmer vermögenswirksam gesparte Betrag mindert nicht das anrechenbare Einkommen, es sei denn, es handelt sich um Aufwendungen der zusätzlichen Altersversorgung gemäß Ziff. 10.1.2.

10.7 Konkret nachgewiesene Umgangskosten können berücksichtigt werden, soweit sie über das anteilige Kindergeld nicht abgedeckt werden und das übliche Maß übersteigen.

Kindesunterhalt

11. Bemessungsgrundlage (Tabellenunterhalt)

Der Barunterhalt minderjähriger und noch im elterlichen Haushalt lebender volljähriger unverheirateter Kinder bestimmt sich nach den Sätzen der Düsseldorfer Tabelle (Anhang I). Bei minderjährigen Kindern kann er als Festbetrag oder als Vomhundertsatz des jeweiligen Mindestunterhalts geltend gemacht werden.

11.1 Die Tabellensätze der Düsseldorfer Tabelle enthalten keine Kranken- und Pflegeversicherungsbeiträge für das Kind, wenn dieses nicht in einer gesetzlichen Familienversicherung mitversichert ist. Das Nettoeinkommen des Verpflichteten ist um solche zusätzlich zu zahlenden Versicherungskosten zu bereinigen. Studiengebühren sind in den Tabellensätzen ebenfalls nicht enthalten.

11.2 Die Tabelle weist den Unterhaltsbedarf aus, bezogen auf zwei Unterhaltsberechtigte ohne Rücksicht auf den Rang, soweit für den Nachrangigen Mittel vorhanden sind. Der Bedarf ist nicht identisch mit dem Zahlbetrag. Letzterer ergibt sich nach Abzug des jeweiligen Kindergeldanteils (hälftiges Kindergeld bei Minderjährigen, volles Kindergeld bei Volljährigen) von dem Bedarfsbetrag. Bei einer größeren oder geringeren Anzahl Unterhaltsberechtigter können Ab- oder Zuschläge durch Einstufung in niedrigere oder höhere Einkommensgruppen angemessen sein. In jedem Fall wird – gegebenenfalls auch unter Heranziehung der Bedarfskontrollbeträge – darauf zu achten sein, dass der Kindesunterhalt in einem angemessenen Verhältnis zu dem Betrag steht, der dem Unterhaltspflichtigen für den eigenen Bedarf zu verbleiben hat.

12. Minderjährige Kinder

12.1 Der sorgeberechtigte Elternteil, der ein minderjähriges Kind betreut, leistet in der Regel hierdurch seinen Beitrag zum Kindesunterhalt (Ausnahmen: z.B. § 1603 Abs. 2 Satz 3 BGB).

12.2 Eigenes Einkommen des Kindes ist auf den Barbedarf zur Hälfte anzurechnen.

12.3 Sind beide Eltern zur Zahlung von Barunterhalt verpflichtet, zum Beispiel bei auswärtiger Unterbringung oder beim Wechselmodell, haften sie anteilig nach § 1606 Abs. 1 BGB für den Gesamtbedarf (vgl. Nr. 13.3). Der Verteilungsschlüssel kann unter Berücksichtigung des Betreuungsaufwandes wertend verändert werden.

12.4 Bei Zusatzbedarf (Kostenvorschuss, Mehrbedarf, Sonderbedarf) gilt § 1606 Abs. 3 Satz 1 BGB. Zum Mehrbedarf des Kindes zählen die Kosten für den Besuch einer Kindertagesstätte (Kinderkrippe,

Kindergarten, Schülerhort) abzüglich des ersparten Verpflegungsmehraufwandes.

13. Volljährige Kinder

13.1 Beim Bedarf volljähriger Kinder ist zu unterscheiden, ob sie noch im Haushalt der Eltern/eines Elternteils leben oder einen eigenen Hausstand haben.

13.1.1 Für volljährige, unverheiratete Kinder, die noch im Haushalt der Eltern oder eines Elternteils wohnen, gilt die Altersstufe 4 der Düsseldorfer Tabelle. Sind beide Elternteile leistungsfähig, ist der Bedarf des Kindes i.d.R. nach dem zusammengerechneten Einkommen (ohne Anwendung von Nr. 11.2) zu bemessen. Für die Haftungsquote gilt Nr. 13.3. Ein Elternteil hat jedoch höchstens den Unterhalt zu leisten, der sich allein aus seinem Einkommen aus der Düsseldorfer Tabelle ergibt.

13.1.2 Der angemessene Bedarf eines volljährigen Kindes mit eigenem Hausstand beträgt in der Regel monatlich 860 € (darin sind enthalten Kosten für Unterkunft und Heizung bis zu 375 €), ohne Beiträge zur Kranken- und Pflegeversicherung sowie ohne Studiengebühren und vergleichbare Aufwendungen. Von diesem Betrag kann bei erhöhtem Bedarf oder mit Rücksicht auf die Lebensstellung der Eltern abgewichen werden.

13.2 Auf den Unterhaltsbedarf werden Einkünfte des Kindes, auch BAföG-Darlehen und Ausbildungsbeihilfen (gekürzt um ausbildungsbedingte Aufwendungen) angerechnet. Bei Einkünften aus unzumutbarer Erwerbstätigkeit gilt § 1577 Abs. 2 BGB entsprechend.

13.3 Bei anteiliger Barunterhaltspflicht ist vor Berechnung des Haftungsanteils nach § 1606 Absatz 3 Satz 1 BGB das bereinigte Nettoeinkommen jedes Elternteils gem. Nr. 10 zu ermitteln. Außerdem ist vom Restbetrag ein Sockelbetrag in Höhe des angemessenen Selbstbehalts (1.400 €) abzuziehen. Der Haftungsanteil nach § 1606 Absatz 3 Satz 1 BGB errechnet sich nach der Formel: bereinigtes Nettoeinkommen eines Elternteils (N1 oder N2) abzüglich 1.400 € mal (Rest-)Bedarf (R), geteilt durch die Summe der bereinigten Nettoeinkommen beider Eltern (N1 + N2) abzüglich 2.800 € (= 1.400 € + 1.400 €). Haftungsanteil 1 = (N1 – 1.400 €) x R : (N1 + N2 – 2.800 €). Bei minderjährigen unverheirateten und ihnen gleichgestellten volljährigen Kindern (§ 1603 Abs. 2 Satz 2 BGB) sind die anrechenbaren Einkommen der Eltern außerdem wegen gleichrangiger Unterhaltspflichten und bei anderen volljährigen Kindern wegen vorrangiger Unterhaltspflichten zu kürzen. Der ermittelte Haftungsanteil ist auf seine Angemessenheit zu überprüfen und kann bei Vorliegen besonderer Umstände (z.B. behindertes Kind) wertend verändert werden. Bei volljährigen Schülern, die in § 1603 Abs. 2 Satz 2 BGB minderjährigen Kindern gleichgestellt sind, wird der Sockelbetrag bis zum notwendigen Selbstbehalt (960 €/1.160 €) herabgesetzt, wenn der Bedarf der Kinder andernfalls nicht gedeckt werden kann.

14. Verrechnung des Kindergeldes und des Kinderzuschlages

Das Kindergeld mindert im Umfang des § 1612 b BGB den Bedarf des minderjährigen und volljährigen Kindes. Der Kinderzuschlag ist vollständig auf den Bedarf des Kindes anzurechnen.

Ehegattenunterhalt

15. Unterhaltsbedarf

15.1 Bei der Bedarfsbemessung ist das eheprägende Einkommen zu berücksichtigen. Umstände, die auch bei fortbestehender Ehe eingetreten wären und Umstände, die bereits in anderer Weise in der Ehe angelegt und mit hoher Wahrscheinlichkeit zu erwarten waren, sind zu berücksichtigen. Eine Einkommensreduzierung ist dann unbeachtlich, wenn sie auf einem unterhaltsrechtlich vorwerfbaren Verhalten beruht. Beim Unterhaltsberechtigten ist zusätzlich § 1573 Abs. 4 BGB zu berücksichtigen. Unerwartete, nicht in der Ehe angelegte Steigerungen des Einkommens des Verpflichteten (insbesondere aufgrund eines Karrieresprungs) bleiben unberücksichtigt, es sei denn, sie dienen zum Ausgleich des hinzutretenden Bedarfs weiterer Unterhaltsberechtigter. Es ist von einem Mindestbedarf auszugehen, der nicht unter 960 € abzüglich etwaiger Synergieeffekte durch Zusammenleben mit einem leistungsfähigen Partner liegen darf.

15.2 Es gilt der Halbteilungsgrundsatz, wobei jedoch Erwerbseinkünfte nur zu 9/10 zu berücksichtigen sind (Abzug von 1/10 Erwerbstätigenbonus vom bereinigten Nettoeinkommen). Für Unterhaltszeiträume bis zum 31.12.2020 verbleibt es bei dem bisherigen Erwerbstätigenbonus von 1/7. Leistet ein Ehegatte auch Unterhalt für ein Kind, so wird sein Einkommen vor Ermittlung des Erwerbstätigenbonus um den Zahlbetrag (i.d.R. Tabellenbetrag abzüglich des bedarfsmindernd anzurechnenden Kindergeldes) bereinigt. Erbringt der Verpflichtete sowohl Bar- als auch Betreuungsunterhalt, so gilt Nr. 10.3.

15.3 Bei sehr guten Einkommensverhältnissen des Pflichtigen kommt eine konkrete Bedarfsberechnung in Betracht.

15.4 Werden Altersvorsorge-, Kranken- und Pflegeversicherungskosten vom Berechtigten gesondert geltend gemacht oder vom Verpflichteten bezahlt, sind diese vom dem Einkommen des Pflichtigen vorweg abzuziehen. Altersvorsorgeunterhalt wird nur geschuldet, soweit der Elementarunterhalt gedeckt ist. Der Vorwegabzug unterbleibt, soweit nicht verteilte Mittel zur Verfügung stehen, z.B. durch Anrechnung nicht prägenden Einkommens des Berechtigten auf seinen Bedarf.

15.5 Bei Wiederverheiratung des Unterhaltsverpflichteten oder bei Berechtigten nach § 1615l BGB bemisst sich der Unterhaltsbedarf des geschiedenen Ehegatten nach den ehelichen Lebensverhältnissen ohne Berücksichtigung der nachehelich entstandenen Unterhaltspflichten. Die unterschiedliche Rangfolge der Ansprüche nach § 1609 Nr. 2 und 3 BGB ist erst im Rahmen der Prüfung der Leistungsfähigkeit zu berücksichtigen. Die sogenannte Drittelmethode kann im Rahmen der Leistungsfähigkeit und Mangelverteilung zur Anwendung kommen, wenn der Unterhaltsanspruch des ersten Ehegatten nicht vorrangig ist.

15.6 Trennungsbedingter Mehrbedarf kann berücksichtigt werden, wenn der Berechtigte oder der Verpflichtete über zusätzliches nicht prägendes Einkommen verfügen, das die Zahlung des nach dem prägenden Einkommen berechneten Unterhalts sowie des trennungsbedingten Mehrbedarfs erlaubt.

15.7 Nach der Scheidung der Ehe ist in der Regel zunächst der eheangemessene Unterhalt weiterzuzahlen, eine sofortige Befristung wird bis auf Ausnahmefälle nicht in Betracht kommen. Dem berechtigten Ehegatten ist in der Regel eine auch unter Berücksichtigung der Ehedauer angemessene Übergangsfrist einzuräumen, binnen derer er sich auf die nicht an den ehelichen Lebensverhältnissen ausgerichteten neuen Verhältnissen einstellen kann.

Für die Befristung des nachehelichen Unterhalts kommt es nach § 1578b BGB maßgeblich darauf an, ob ehebedingte Nachteile eingetreten sind oder eine Befristung unter Berücksichtigung der Dauer der Ehe unbillig wäre. Sind ehebedingte Nachteile vorhanden, die aus tatsächlichen Gründen nicht mehr ausgeglichen werden können, kommt eine Herabsetzung, nicht jedoch eine Befristung in Betracht. Auch nach Herabsetzung muss dem berechtigten Ehegatten nach Anrechnung eigener eventuell auch fiktiver Einkünfte der Betrag zur Verfügung stehen, den er ohne einen ehebedingten Nachteil zur Verfügung hätte.

Der Ehegattenunterhalt ist nicht auf den Ausgleich ehebedingter Nachteile beschränkt. Wenn und soweit solche fehlen, ist über eine Herabsetzung auf den angemessenen Lebensbedarf oder eine Befristung unter Berücksichtigung des jeweiligen Maßes an fortwirkender nachehelicher Solidarität und der Ehedauer im Wege einer umfassenden Billigkeitsabwägung zu entscheiden. Dem Gedanken der nachehelichen Solidarität ist besonders Rechnung zu tragen, wenn Unterhalt wegen Krankheit geschuldet wird.

Die Beweislast für die Umstände, aus denen die Unbilligkeit der Fortzahlung des Unterhalts resultiert, trägt der Verpflichtete. Hinsichtlich der Tatsache, dass ehebedingte Nachteile nicht entstanden sind, trifft den Unterhaltsberechtigten jedoch eine sekundäre Darlegungslast. Er muss substantiiert vortragen, welche konkreten ehebedingten Nachteile entstanden sein sollen. Behauptet der Berechtigte einen beruflichen Aufstieg, muss er insbesondere darlegen, aufgrund welcher Umstände er eine entsprechende Karriere gemacht hätte.

Der Betreuungsunterhalt nach § 1570 BGB ist nicht nach § 1578b BGB zu befristen.

16. Bedürftigkeit

Eigene Einkünfte des Berechtigten sind auf den Bedarf anzurechnen, wobei das bereinigte Nettoerwerbseinkommen um den Erwerbstätigenbonus von 1/7 zu vermindern ist. Bei einer Bedarfsermittlung nach den konkreten Verhältnissen ist eigenes Erwerbeinkommen des Unterhaltsberechtigten zur Ermittlung der Bedürftigkeit nicht gekürzt um einen Erwerbstätigenbonus, sondern in vollem Umfang auf den Bedarf anzurechnen.

17. Erwerbsobliegenheit

17.1 Bei Kindesbetreuung besteht bis zur Vollendung des dritten Lebensjahres eines gemeinschaftlichen Kindes keine Erwerbsobliegenheit. Gleichwohl erzieltes Erwerbseinkommen ist überobligatorisch und nach den Umständen des Einzelfalls zu berücksichtigen. Nach Vollendung des dritten Lebensjahres des Kindes kommt es bei Beurteilung der Frage, ob und inwieweit der betreuende Ehegatte bei einer bestehenden Betreuungsmöglichkeit auf eine Erwerbstätigkeit verwiesen werden kann, auf die Verhältnisse des Einzelfalls an. Bei besonderer Betreuungsbedürftigkeit des Kindes oder bei nicht vorhandener oder nur unzureichender Fremdbetreuung (kindbezogene Gründe, § 1570 Abs. 1 Satz 2 BGB) kommt ein Unterhaltsanspruch auch nach Vollendung des dritten Lebensjahres des Kindes in Betracht. Eine Erwerbstätigkeit kann aus Gründen der nachehelichen Solidarität ganz oder teilweise unbillig erscheinen. Hierbei sind das in der Ehe gewachsene Vertrauen in die vereinbarte und praktizierte Rollenverteilung und die gemeinsame Ausgestaltung der Kinderbetreuung sowie die Dauer der Ehe zu berücksichtigen (elternbezogene Gründe, § 1570 Abs. 2 BGB). Die Erwerbsobliegenheit beurteilt sich auch danach, ob eine Erwerbstätigkeit neben der Betreuung des Kindes zu einer unzumutbaren Belastung führen würde. Die Darlegungs- und Beweislast für die Umstände, die einer vollen oder teilweisen Erwerbsobliegenheit ab Vollendung des dritten Lebensjahres des Kindes entgegenstehen, trifft den betreuenden Ehegatten. Dies gilt auch, wenn ein Titel über den Basisunterhalt nach § 1570 Abs. 1 Satz 1 BGB abgeändert werden soll.

Der Anspruch auf Betreuungsunterhalt richtet sich beim nichtehelichen Kind nach denselben Grundsätzen wie beim ehelichen Kind.

17.2 In der Regel besteht für den Berechtigten im ersten Jahr nach der Trennung keine Obliegenheit zur Aufnahme oder Ausweitung einer Erwerbstätigkeit.

Weitere Unterhaltsansprüche

18. Ansprüche nach § 1615l BGB

Der Bedarf nach § 1615l BGB bemisst sich nach der Lebensstellung des betreuenden Elternteils. Er beträgt mindestens 960 €, bei Erwerbstätigkeit mindestens 1.160 €.

19. Elternunterhalt

Der Bedarf bemisst sich nach der eigenen Lebensstellung des unterhaltsberechtigten Elternteils. Auch bei bescheidenen wirtschaftlichen Verhältnissen ist die Untergrenze des Bedarfs so zu bemessen, dass das Existenzminimum sichergestellt wird. Bei einem Heimaufenthalt wird der Bedarf durch die dadurch anfallenden Kosten einschließlich der für die privaten Bedürfnisse gewährten Leistungen nach dem SGB XII bestimmt (vgl. zum anrechenbaren Einkommen des Berechtigten Nr. 2.9).

Der Wohnvorteil durch mietfreies Wohnen im eigenen Heim ist bei der Inanspruchnahme auf Elternunterhalt nicht mit der bei einer Fremdvermietung erzielbaren objektiven Marktmiete, sondern auf der Grundlage der unter den gegebenen Verhältnissen ersparten Miete zu bemessen.

20. Lebenspartnerschaft

Bei Getrenntleben oder Aufhebung der Lebenspartnerschaft gelten §§ 12, 16 LPartG.

Leistungsfähigkeit und Mangelfall

21. Selbstbehalt des Verpflichteten

21.1 Es ist zu unterscheiden zwischen dem notwendigen (§ 1603 Abs. 2 BGB), dem angemessenen (§ 1603 Abs. 1 BGB) sowie dem eheangemessenen Selbstbehalt (§§ 1361 Abs. 1, 1578 Abs. 1 BGB).

21.2 Für Eltern gegenüber minderjährigen Kindern und diesen nach § 1603 Abs. 2 BGB gleichgestellten Kindern (»privilegierte Volljährige«) gilt im Allgemeinen der notwendige Selbstbehalt als unterste Grenze für die Inanspruchnahme. Er beträgt

- beim längerfristig Nichterwerbstätigen 960 €
- beim Erwerbstätigen 1.160 €

Hierin sind Kosten für Unterkunft und Heizung in Höhe von 430 € enthalten.

21.3 Im Übrigen gilt beim Verwandtenunterhalt der angemessene Selbstbehalt.

21.3.1 Er beträgt gegenüber nicht privilegierten, volljährigen Kindern, die eine wirtschaftliche Selbständigkeit noch nicht erlangt haben, 1.400 €. Hierin sind Kosten für Unterkunft und Heizung in Höhe von 550 € enthalten.

21.3.2 Gegenüber Anspruchsberechtigten nach § 1615l BGB entspricht der Selbstbehalt dem eheangemessenen Selbstbehalt (vgl. Nr. 21.4)

21.3.3 Gegenüber Eltern und volljährigen Kindern, die eine wirtschaftliche Selbständigkeit bereits erlangt hatten, beträgt er mindestens 2.000 €, wobei die Hälfte des diesen Mindestbetrag übersteigenden Einkommens zusätzlich anrechnungsfrei bleibt. Im Selbstbehalt sind Kosten für Unterkunft und Heizung in Höhe von 700 € enthalten. Bei der Bemessung des Selbstbehalts sind Zweck und Rechtsgedanken des Gesetzes zur Entlastung unterhaltspflichtiger Angehöriger in der Sozialhilfe und in der Eingliederungshilfe (Angehörigenentlastungsgesetz) vom 10.12.2019 zu beachten.

21.3.4 Gegenüber Enkeln gelten dieselben Beträge wie unter 21.3.3.

21.4 Gegenüber Ehegatten und geschiedenen Ehegatten gilt grundsätzlich der eheangemessene Selbstbehalt (§§ 1361, 1578 BGB). Im Regelfall beträgt dieser für den Nichterwerbstätigen 1.180 €, für den Erwerbstätigen 1.280 €. Hierin sind 490 € für Unterkunft und Heizung enthalten. Er ist nach unten durch den notwendigen Selbstbehalt und nach oben durch den angemessenen Selbstbehalt begrenzt.

21.5 Der Selbstbehalt kann im Einzelfall angemessen abgesenkt oder erhöht werden. Er soll insbesondere dann erhöht werden, wenn die Kosten der Unterkunft und Heizung den im jeweiligen Selbstbehalt enthaltenen Betrag überschreiten und nicht unangemessen sind. Im Rahmen der Angemessenheit sind insbesondere großstadtbedingt überdurchschnittliche Wohnkosten zu berücksichtigen. Lebt der Unterhaltspflichtige mit Familienmitgliedern in einer Wohnung, sind die von ihm für seinen Familienverband getragenen Wohnkosten nur anteilig zu berücksichtigen.

Lebt der Unterhaltspflichtige mit einem leistungsfähigen Partner in Haushaltsgemeinschaft, kommt eine Haushaltsersparnis in Betracht, in der Regel 10 % des jeweils maßgeblichen Selbstbehalts. Untergrenze ist der Sozialhilfesatz.

22. Bedarf des mit dem Pflichtigen zusammenlebenden Ehegatten

22.1 Ist bei Unterhaltsansprüchen des nachrangigen geschiedenen Ehegatten der Unterhaltspflichtige verheiratet, werden für den mit ihm zusammenlebenden, nicht erwerbstätigen Ehegatten mindestens 944 €, für den erwerbstätigen Ehegatten mindestens 1.024 € angesetzt.

22.2 Ist bei Unterhaltsansprüchen von nicht privilegierten volljährigen Kindern der Unterhaltspflichtige verheiratet, werden für den mit ihm zusammenlebenden, nicht erwerbstätigen oder erwerbstätigen Ehegatten mindestens 1.120 € angesetzt.

22.3 Sind bei Unterhaltsansprüchen der Eltern und Enkel das unterhaltspflichtige Kind bzw. der unterhaltspflichtige Großelternteil verheiratet, werden für den mit ihm zusammenlebenden, nicht erwerbstätigen oder erwerbstätigen Ehegatten mindestens 1.600 € angesetzt.

23. Bedarf des vom Pflichtigen getrennt lebenden oder geschiedenen Ehegatten

23.1. Der Bedarf des vom Unterhaltspflichtigen getrennt lebenden oder geschiedenen Ehegatten bei Ansprüchen des nachrangigen, geschiedenen Ehegatten beträgt mindestens 1.280 €.

23.2. Der Bedarf des vom Unterhaltspflichtigen getrennt lebenden oder geschiedenen Ehegatten bei Ansprüchen nicht privilegierter volljähriger Kinder beträgt mindestens 1.400 €.

23.3. Der Bedarf des vom Unterhaltspflichtigen getrennt lebenden oder geschiedenen Ehegatten bei Ansprüchen von Eltern oder Enkeln beträgt mindestens 2.000 €.

24. Mangelfall

24.1 Ein absoluter Mangelfall liegt vor, wenn das Einkommen des Verpflichteten zur Deckung seines notwendigen Selbstbehalts und der gleichrangigen Unterhaltsansprüche nicht ausreicht. Zur Feststellung des Mangelfalls entspricht der einzusetzende Bedarf für minderjährige und diesen nach § 1603 Abs. 2 Satz 2 BGB gleichgestellten Kindern dem Zahlbetrag (z.B. Tabellenbetrag abzüglich des bedarfsmindernd anzurechnenden Kindesgeldes).

24.2 Die Einsatzbeträge im Mangelfall belaufen sich bei minderjährigen und diesen nach § 1603 Abs. 2 Satz 2 BGB gleichgestellten Kindern auf den Zahlbetrag nach der jeweiligen Einkommensgruppe der Düsseldorfer Tabelle, für den zum Barunterhalt verpflichteten Elternteil bei Nichterwerbstätigen auf 960 €, bei Erwerbstätigen auf 1.160 €. Anrechenbares Einkommen des Unterhaltsberechtigten ist vom Einsatzbetrag abzuziehen.

24.3 Die nach Abzug des Selbstbehalts des Unterhaltspflichtigen verbleibende Verteilungsmasse ist anteilig auf alle gleichrangigen Unterhaltsberechtigten im Verhältnis ihrer Unterhaltsansprüche zu verteilen. Die prozentuale Kürzung berechnet sich nach der Formel:

K = V : S x 100

K = prozentuale Kürzung

S = Summe der Einsatzbeträge aller Berechtigten

V = Verteilungsmasse (Einkommen des Verpflichteten abzüglich Selbstbehalt)

Der proportional gekürzte Unterhalt ergibt sich aus der Multiplikation mit dem Einsatzbetrag.

Lässt sich aufgrund konkreter Umstände prognostizieren, dass bestimmte gleichrangige Kindesunterhaltsansprüche nicht erfüllt werden müssen, ist dieses Geld für anderweitigen Mindestkindesunterhalt einzusetzen.

24.4 Für die Kindergeldverrechnung gilt § 1612b BGB.

24.5 Das im Rahmen der Mangelfallberechnung gewonnene Ergebnis ist auf seine Angemessenheit zu überprüfen.

Sonstiges

25. Rundung

Der Unterhaltsbetrag ist auf volle Euro aufzurunden.

Anhang
Stand: 1.1.2022

I. Düsseldorfer Tabelle

s. S. 5

Tabelle Zahlbeträge

Die folgenden Tabellen enthalten die sich nach Abzug des jeweiligen Kindergeldanteils (hälftiges Kindergeld bei Minderjährigen, volles Kindergeld bei Volljährigen) ergebenden Zahlbeträge. Ab dem 1. Januar 2022 beträgt das Kindergeld für das erste und zweite Kind 219 EUR, für das dritte Kind 225 EUR und ab dem vierten Kind 250 EUR.

s. S. 10

II. Umrechnung dynamischer Titel über Kindesunterhalt in Mindestunterhalt gemäß § 36 Nr. 3 EGZPO

Die Umrechnung dynamischer Titel über Kindesunterhalt nach § 36 Nr. 3 EGZPO erfolgt gemäß der Anmerkung E (Übergangsregelung) zur Düsseldorfer Tabelle, Stand 1.1.2022.

s. S. 9

k) OLG Hamm

Leitlinien des Oberlandesgerichts Hamm zum Unterhaltsrecht
Stand: Januar 2022

Vorbemerkung

Die Leitlinien sind von den Familiensenaten des Oberlandesgerichts Hamm erarbeitet worden, um eine möglichst einheitliche Rechtsprechung im gesamten OLG-Bezirk zu erzielen. Sie stellen keine verbindlichen Regeln dar – das verbietet sich schon mit Rücksicht auf die richterliche Unabhängigkeit – und sollen dazu beitragen, angemessene Lösungen zu finden, ohne den Spielraum einzuengen, der erforderlich ist, um den jeweiligen Besonderheiten des Einzelfalls gerecht zu werden. Wesentliche Änderungen zum Vorjahr sind durch Unterstreichung markiert.

Unterhaltsrechtliches Einkommen

1. Geldeinnahmen

1.1. Auszugehen ist von einem durchschnittlichen **Jahresbruttoeinkommen** einschließlich Urlaubs- und Weihnachtsgeld sowie sonstigen Zuwendungen, auch Sachbezügen und Gewinnbeteiligungen.

1.2. Höhere **einmalige Zuwendungen** (z.B. Jubiläumszulagen) können auf einen längeren Zeitraum verteilt werden. **Abfindungen** sind regelmäßig auf einen angemessenen Zeitraum zur Aufrechterhaltung eines angemessenen Lebensstandards umzulegen. Grundsätzlich sind Abfindungen bei der Aufnahme einer neuen Arbeitsstelle mit dauerhaft geringerem Einkommen bis zur Höchstgrenze des Bedarfs aufgrund des früheren Einkommens sowohl beim Kindes- als auch beim Ehegattenunterhalt für den Unterhalt zu verwenden; ob eine Aufstockung bis zum bisherigen Einkommen unter vollständiger Aufrechterhaltung des bisherigen Lebensstandards geboten ist, beurteilt sich nach den Umständen des Einzelfalls, insbesondere der beim Pflichtigen zu erwartenden weiteren Einkommensentwicklung. Beim Ehegattenunterhalt gilt dies nicht, soweit der Abfindungsbetrag bereits güterrechtlich Berücksichtigung gefunden hat.

1.3. Überstundenvergütungen sind Einkommen, wenn die Überstunden entweder in geringem Umfang anfallen oder berufstypisch sind. Vergütungen für Überstunden, die deutlich über dieses übliche Maß hinausgehen, sind nach Billigkeitsgesichtspunkten und unter Berücksichtigung der Umstände des Einzelfalles sowie des in § 1577 Abs. 2 BGB zum Ausdruck kommenden Rechtsgedankens anzurechnen. Beim Ehegattenunterhalt sind Überstundenvergütungen nach vorstehender Maßgabe bedarfsbestimmend zu berücksichtigen, wenn sie bereits die intakten Lebensverhältnisse mitgeprägt haben.

Die gleichen Erwägungen gelten für Einkünfte aus einer **Nebentätigkeit**, die neben einer vollschichtigen Erwerbstätigkeit ausgeübt wird. In Fällen gesteigerter Unterhaltsverpflichtung (§ 1603 Abs. 2 BGB) kann es dem Pflichtigen obliegen, zur Deckung des Mindestunterhalts Überstunden zu leisten und/oder eine Nebentätigkeit auszuüben, soweit dies möglich und zumutbar ist, jedoch nicht über die Grenzen der §§ 3 und 6 ArbZG hinaus.

1.4. Über die Anrechenbarkeit von **Auslösungen** und **Spesen** ist nach Maßgabe des Einzelfalls zu entscheiden. Im Zweifel kann davon ausgegangen werden, dass eine Ersparnis eintritt, die mit einem Drittel der Nettobeträge zu bewerten und insoweit dem anrechenbaren Einkommen zuzurechnen ist.

1.5. (1) Einkommen aus **selbständiger Tätigkeit** ist an Hand der Gewinn- und Verlustrechnungen bzw. der Einnahmen-Überschuss-Rechnungen zu ermitteln. Zur Ermittlung der laufenden und zukünftigen Einkünfte ist auf einen mehrjährigen Zeitraum abzustellen; in der Regel sind hierzu drei Jahre ausreichend, während bei erheblichem Einkommensrückgang oder Anhaltspunkten für Manipulationen zur Überprüfung weitere Jahrgänge einbezogen werden können. In diesem Zusammenhang kann den Entnahmen eine Indizwirkung zukommen. Für die Vergangenheit ist von den in den jeweiligen Jahren erzielten Einkünften auszugehen. Eine Durchschnittsberechnung über den Zeitraum, für den Unterhalt verlangt wird, ist möglich.

(2) Lineare Abschreibungen (AfA) von Wirtschaftsgütern sind regelmäßig als gewinnmindernd anzuerkennen. Hinsichtlich des Umfanges der Abschreibungen haben die von der Finanzverwaltung herausgegebenen AfA-Tabellen die Vermutung der Richtigkeit für sich. Soweit Abschreibungen unterhaltsrechtlich nicht anerkannt werden, kommt die Berücksichtigung der Tilgungsleistungen in Betracht.

1.6. Einnahmen aus **Vermietung und Verpachtung** und aus **Kapitalvermögen**

1.6.1. Einnahmen aus Vermietung und Verpachtung sind – vermindert um die Aufwendungen zur Finanzierung und Erhaltung des Objektes – Einkommen. Die Berücksichtigungsfähigkeit von Tilgungsleistungen richtet sich nach den Umständen des Einzelfalles. AfA-Beträge sind für Gebäude regelmäßig nicht abzusetzen.

1.6.2. Einnahmen aus Kapitalvermögen sind nach Abzug der Werbungskosten als Einkommen zu berücksichtigen.

1.7. Steuererstattungen bzw. Steuernachzahlungen sind grundsätzlich auf das Zahlungsjahr umzulegen (sog. In-Prinzip); insbesondere bei Selbständigen und Gewerbetreibenden kann es sich allerdings zum Zwecke der Entzerrung empfehlen, die für das jeweilige Kalenderjahr veranlagten Steuern anzusetzen (sog. Für-Prinzip). Es besteht die Obliegenheit, mögliche Steuervorteile in Anspruch zu nehmen. Dies gilt für das steuerliche Realsplitting nur, soweit die Unterhaltsverpflichtung auf einem Anerkenntnis oder rechtskräftiger Verurteilung beruht oder freiwillig erfüllt wird.

1.8. Sonstige Einnahmen (z.B. Trinkgelder).

2. Sozialleistungen

2.1. Arbeitslosengeld (§ 117 SGB III), **Krankengeld, Krankentagegeld** und **Übergangsgeld** (§ 24 SGB II) sind Einkommen.

2.2. Arbeitslosengeld II (§§ 19 – 32 SGB II) ist Einkommen bei dem Verpflichteten; bei dem Berechtigten dagegen nicht. Allerdings kann die Geltendmachung rückständigen Unterhalts neben bereits gewährtem Arbeitslosengeld II ausnahmsweise treuwidrig sein, wenn dies wegen eines gesetzlichen Ausschlusses des Anspruchsüberganges auf den Leistungsträger (§ 33 Abs. 2 SGB II) zu einer doppelten Befriedigung des Berechtigten führen würde.

2.3. Wohngeld ist Einkommen, soweit es nicht überhöhte Wohnkosten deckt.

2.4. BAföG-Leistungen sind mit Ausnahme von Vorausleistungen nach §§ 36, 37 BAföG Einkommen. Das gilt in der Regel auch dann, wenn sie als Darlehn gewährt werden.

2.5. Elterngeld ist als Einkommen zu behandeln; für den Mindestbetrag von monatlich 300 € bzw. im Fall des § 6 S. 2 BEEG von monatlich 150 € gilt dies nur ausnahmsweise (§ 11 S. 4 BEEG).

2.6. Unfall- und Versorgungsrenten sowie Übergangsgelder aus der Unfall- bzw. Rentenversicherung sind Einkommen.

2.7. Leistungen aus der **Pflegeversicherung, Blindengeld und ähnliche Sozialleistungen** sind Einkommen, wobei § 1610a BGB zu beachten ist.

2.8. Pflegegeld nach §§ 37 ff SGB XI, das an den Pflegenden weitergeleitet wird, ist nur unter den Voraussetzungen des § 13 Abs. 6 SGB XI Einkommen. Pflegegeld nach § 64 SGB XII für eigene schwerbehinderte Kinder und nach § 39 SGB VIII für die Aufnahme fremder Kinder ist mit seinem im Einzelfall zu bemessenden Vergütungsanteil Einkommen.

2.9. Leistungen zur **Grundsicherung** nach den §§ 41 – 43 SGB XII sind Einkommen beim Verwandtenunterhalt.

2.10. Sonstige **Sozialhilfe** (SGB XII) ist in der Regel kein Einkommen. Bei der Geltendmachung rückständigen Unterhalts und Ausschluss des Anspruchsüberganges (§ 94 Abs. 3 SGB XII) gilt Nr. 2.2 (Satz 2) entsprechend.

2.11. Für **Leistungen nach dem Unterhaltsvorschussgesetz** gelten die Ausführungen unter Nr. 2.2 und 2.10.

3. Kindergeld / Kindergeldanrechnung

(1) Das staatliche **Kindergeld** zählt nicht zum bedarfsprägenden Einkommen der Eltern. Es mindert den Barbedarf des Kindes in voller Höhe bzw. in Höhe der Hälfte des Kindergeldbetrages, wenn ein Elternteil seine Unterhaltspflicht gegenüber einem minderjährigen Kind durch Betreuung erfüllt – § 1612b Abs. 1 BGB (siehe dazu die Kindergeldanrechnungstabelle in Anhang II). Von der Anrechnung auf den Bedarf des Kindes ausgenommen ist der sog. Zählkindervorteil (§ 1612b Abs. 2 BGB). Das volljährige Kind hat im Fall des § 1612b Abs. 1 Nr. 2 BGB gegen den Empfänger des Kindergeldes Anspruch auf Auszahlung, soweit dies nicht zur Deckung seines Bedarfs verwendet wird.

(2) Kinderzulagen und Kinderzuschüsse zur Rente sind, wenn die Gewährung des staatlichen Kindergeldes entfällt, in Höhe des fiktiven Kindergeldes wie Kindergeld zu behandeln (§ 4 BKGG, § 65 EStG, § 270 SGB VI, § 1612c BGB).

4. Geldwerte Zuwendungen des Arbeitgebers

Geldwerte Zuwendungen des Arbeitgebers aller Art, z.B. Firmenwagen oder freie Kost und Logis, sind Einkommen, soweit sie entsprechende Aufwendungen ersparen. Die hierfür steuerlich in Ansatz gebrachten Beträge bieten einen Anhaltspunkt für die Bewertung des geldwerten Vorteils.

5. Wohnwert

5.1. Der **Vorteil des mietfreien Wohnens** im eigenen Haus oder in der Eigentumswohnung – Wohnvorteil – ist als wirtschaftliche Nutzung des Vermögens wie Einkommen zu behandeln.

5.2. (1) Beim **Ehegattenunterhalt** ist während der Trennungszeit bis zur endgültigen Vermögensauseinandersetzung oder bis zum endgültigen Scheitern der Ehe – also in der Regel bis zur Rechtshängigkeit des Scheidungsantrags – der Wohnvorteil des bleibenden Ehegatten entsprechend der nur noch eingeschränkten Nutzung mit dem sog. **angemessenen Wohnwert** anzusetzen. Dieser richtet sich nach dem Mietpreis (Nettokaltmiete) auf dem örtlichen Wohnungsmarkt für eine den ehelichen Lebensverhältnissen angemessene kleinere Wohnung. Die gemäß § 556 BGB nicht umlagefähigen Betriebskosten (z.B. Kosten für die Verwaltung und Geldverkehr) und die erforderlichen – konkreten – Instandhaltungskosten mindern den angemessenen Wohnwert. (Zu den Finanzierungslasten s. Nr. 5.4).

(2) Ebenso berechnet sich der Wohnwert in dieser Phase für den **Kindesunterhalt;** nur in eng begrenzten Ausnahmefällen kann im Hinblick auf § 1603 Abs. 2 BGB der Ansatz des objektiven Wohnwerts (Nr. 5.3) geboten sein.

5.3. Nach der endgültigen Vermögensauseinandersetzung oder dem endgültigen Scheitern der Ehe richtet sich der Wohnvorteil im Ehegattenunterhalt bei der Bedarfsbemessung (§ 1578 BGB) nach dem **objektiven** oder **vollen Mietwert** (Marktmiete) unter Abzug der unter Nr. 5.2 genannten Belastungen. Eine Ausnahme kommt in Betracht, wenn dem in der Wohnung verbliebenen Ehegatten eine andere Verwertung der Wohnung, insbesondere durch seinen Auszug noch nicht möglich oder zumutbar ist. Nach der Veräußerung des Familienheimes treten die tatsächlichen bzw. die erzielbaren Einkünfte aus dem Erlös an die Stelle des Wohnwertes, ohne auf diesen beschränkt zu sein.

5.4. (1) **Finanzierungslasten** (Immobiliendarlehen) mindern den Wohnwert, soweit sie tatsächlich durch Ratenzahlungen bedient werden. Für die Berechnung des Ehegattenunterhalts bis zum endgültigen Scheitern der Ehe sind Ratenzahlungen in aller Regel mit Zins und Tilgung zu berücksichtigen.

(2) Nach dem endgültigen Scheitern der Ehe mindern **Zinszahlungen** weiterhin den Wohnwert. Für die Berücksichtigungsfähigkeit von **Tilgungsleistungen** kommt es auf die Umstände des Einzelfalls an, insbesondere auf die Frage, ob Miteigentum an der Immobilie besteht, ob einseitige Vermögensbildung betrieben wird, ob eine Streckung/Aussetzung der Tilgung möglich und zumutbar ist, ohne dass eine Zwangsversteigerung droht. Von einseitiger Vermögensbildung kann grundsätzlich nicht ausgegangen werden, soweit den Tilgungsanteilen ein entsprechender Wohnvorteil gegenüber steht. Ein den Wohnvorteil dann noch übersteigender Tilgungsanteil kann im Rahmen der sekundären Altersvorsorge (vgl. Nr. 10.1) zu berücksichtigen sein. Im Einzelfall kann zu prüfen sein, ob eine Obliegenheit zur Vermögensumschichtung durch Verkauf der Immobilie besteht. Dabei ist allerdings zu beachten, dass selbst genutztes Immobilieneigentum nach § 90 Abs. 2 Nr. 8 SGB XII zum geschützten Vermögen gehört.

(3) Beim **Kindesunterhalt** gilt für die Berücksichtigung der Finanzierungslasten im Rahmen des § 1603 Abs. 1 BGB ein großzügigerer, im Anwendungsbereich des § 1603 Abs. 2 BGB hingegen ein strengerer Maßstab.

(4) Auch beim Elternunterhalt sind neben den Zinsen die Tilgungsleistungen bis zur Höhe des Wohnvorteils vom Einkommen des Elternunterhaltspflichtigen abzuziehen, ohne dass dies seine Befugnis zur Bildung eines zusätzlichen Altersvorsorgevermögens schmälert. Der den Wohnvorteil dann noch übersteigende Tilgungsanteil ist im Rahmen der sekundären Altersvorsorge auf die Altersvorsorgequote des Elternunterhaltspflichtigen anzurechnen.

6. Haushaltsführung / Zusammenleben

6.1. Für die **unentgeltliche Führung des Haushalts eines leistungsfähigen Dritten**, insbesondere eines neuen Partners, ist eine angemessene Vergütung zu fingieren und als Einkommen zu berücksichtigen. Dieses kann im Falle einer Vollversorgung mit Beträgen von 250 € bis 500 € angesetzt werden.

6.2. Das **Zusammenleben in einer häuslichen Gemeinschaft** kann unter dem Gesichtspunkt ersparter Wohn- und Haushaltskosten nach den Umständen des Einzelfalles – bei Leistungsfähigkeit des Partners – die Leistungsfähigkeit steigern. In der Regel kann dieser geldwerte Vorteil für die Gemeinschaft mit bis zu 20 % des Selbstbehalts/Eigenbedarfs bemessen und dem jeweiligen Partner zur Hälfte zugerechnet werden. Vgl. auch Nr. 21.5.

7. Einkommen aus überobligatorischer (unzumutbarer) Erwerbstätigkeit

Einkommen aus überobligatorischer Erwerbstätigkeit kann nach Billigkeit ganz oder teilweise unberücksichtigt bleiben. Vgl. im Übrigen Nr. 1.3, Nr. 10.3 sowie Nr. 17.3.

8. Freiwillige Leistungen Dritter

Freiwillige Leistungen Dritter (z.B. Geldleistungen, Wohnungsgewährung) sind regelmäßig nicht als Einkommen zu berücksichtigen, es sei denn die Berücksichtigung entspricht dem Willen des zuwendenden Dritten. Im Mangelfall kann jedoch bei der Beurteilung der Leistungsfähigkeit bzw. Bedürftigkeit eine Anrechnung derartiger Leistungen auch gegen den Willen des Zuwendenden erwogen werden.

9. Einkommensfiktion

Zum Einkommen können auch Einkünfte zu rechnen sein, die aufgrund einer unterhaltsrechtlichen Obliegenheit erzielt werden müssten, aber tatsächlich nicht erzielt werden.

10. Bereinigung des Einkommens

10.1. In dem jeweiligen Jahr gezahlte **Steuern** auf das Einkommen sind vom Bruttoeinkommen abzuziehen. Auf Nr. 1.7 wird verwiesen. Abzuziehen sind ebenfalls notwendige **Vorsorgeaufwendungen.** Hierzu zählen Aufwendungen für Kranken-, Pflege-, Renten- und Arbeitslosenversicherung. Im Rahmen der Altersvorsorge können über die Aufwendungen für die Grundversorgung (primäre Altersvorsorge) hinaus in angemessenem Umfang tatsächlich geleistete Zahlungen für eine zusätzliche private Altersvorsorge (sekundäre Altersvorsorge) anerkannt werden. Personen, die der gesetzlichen Versicherungspflicht nicht unterliegen, können für ihre primäre Altersversorgung entsprechend dem Aufwand eines nicht Selbständigen in der Regel etwa 20 % des Bruttoeinkommens einsetzen, es sei denn, die Altersvorsorge ist bereits auf andere Weise gesichert. Beim Ehegattenunterhalt ist für die sekundäre Altersvorsorge in der Regel ein Betrag von bis zu 4 % des Gesamtbruttoeinkommens des Vorjahres angemessen, beim Elternunterhalt ein Betrag etwa in Höhe von 5 % und beim Kindesunterhalt in Höhe von bis zu 4 %, soweit der Mindestunterhalt gedeckt ist. Höhere Altersvorsorgeaufwendungen während der Ehe können ab dem endgültigen Scheitern der Ehe nicht mehr berücksichtigt werden.

10.2. Berufsbedingte Aufwendungen

10.2.1. Notwendige berufsbedingte Aufwendungen von Gewicht mindern das Einkommen, soweit sie konkret dargelegt werden. Werden fiktiv Erwerbseinkünfte zugerechnet, kann für beruflichen Aufwand pauschal ein Abzug von 5 % des Nettoeinkommens vorgenommen werden.

10.2.2. Für **Fahrten von der Wohnung zum Arbeitsplatz** sind – jedenfalls in engen wirtschaftlichen Verhältnissen – in der Regel nur die Kosten öffentlicher Verkehrsmittel absetzbar. Ist die Benutzung öffentlicher Verkehrsmittel unzumutbar, sind die Kosten der PKW-Nutzung in der Regel mit 0,42 € (für die Zeit bis 31.12.2021 0,30 €) je Kilometer (Formel: Entfernungskilometer x 2 x 0,30 € x 220 Arbeitstage ÷ 12 Monate) abzugsfähig. Wenn die einfache Entfernung über 30 Kilometer hinausgeht, wird empfohlen, die weiteren Kilometer wegen der eintretenden Kostenersparnis nur mit den Betriebskosten von 0,28 € (für die Zeit bis 31.12.2021 0,20 €) je Kilometer anzusetzen. Neben den Fahrtkosten sind regelmäßig keine weiteren Kosten (etwa für Kredite oder Reparaturen) abzugsfähig.

10.2.3. Bei einem Auszubildenden sind in der Regel 100 € als **Ausbildungsaufwand** abzuziehen (Nr. 12.2), soweit dieser Aufwand nicht bereits in dem Bedarfssatz enthalten ist (Nr. 13.1.2).

10.3. Das Einkommen aus einer neben der **Kinderbetreuung** ausgeübten Erwerbstätigkeit kann um den notwendigen, konkret dargelegten Aufwand für die Betreuung des Kindes vermindert werden. Zum Aufwand für die Betreuung des Kindes zählen nicht die Kosten des Kindergartenbesuchs; diese sind Mehrbedarf des Kindes und nach dem Verhältnis der beiderseitigen Einkünfte zwischen den Eltern aufzuteilen (Nr. 12.4). Fallen keine konkreten Betreuungskosten an, kann – sofern besondere Erschwernisse dargelegt werden – ein Teil des Einkommens nach Billigkeitsgrundsätzen entsprechend § 1577 Abs. 2 S. 2 BGB (für den unterhaltsberechtigten Ehegatten vgl. Nr. 17.3) anrechnungsfrei bleiben. Das gilt ebenfalls bei der Prüfung der Frage, ob ein Elternteil auch zum Barunterhalt eines von ihm betreuten Kindes beitragen muss (§ 1603 Abs. 2 S. 3 BGB). Auf Nr. 12.3 wird verwiesen.

10.4. Schulden

10.4.1. (1) Schulden können das anrechenbare Einkommen vermindern. Beim Ehegattenunterhalt sind Verbindlichkeiten zu berücksichtigen, wenn sie schon vor oder während des ehelichen Zusammenlebens eingegangen wurden. Nach der Trennung entstandene Schulden können das anrechenbare Einkommen mindern, wenn sie berücksichtigungswürdig sind.

(2) Eine den Billigkeitsgrundsätzen entsprechende Gesamtabwägung der Einzelfallumstände kann es erfordern, dass die jeweils für sich anerkennungsfähigen Verbindlichkeiten nur im Rahmen eines vernünftigen Tilgungsplans in angemessenen Raten (Zinsen und Tilgung) abzugsfähig sind.

10.4.2. Beim Unterhalt für minderjährige und privilegierte volljährige Kinder sind Schulden nach obiger Maßgabe regelmäßig nur dann voll berücksichtigungsfähig, wenn der Mindestunterhalt sichergestellt wird. Andernfalls ist, wenn die Einleitung eines Verbraucherinsolvenzverfahrens nicht möglich oder nicht zumutbar ist, lediglich ein Anwachsen der Verbindlichkeiten zu vermeiden (nur Abzug von Kreditzinsen).

10.5. Zurzeit nicht besetzt.

10.6. Vermögenswirksame Leistungen vermindern das Einkommen nicht, soweit sie nicht im Rahmen zulässiger sekundärer Altersvorsorge berücksichtigungsfähig sind (Nr. 10.1). Jedoch sind dem Pflichtigen bzw. Berechtigten in jedem Fall etwaige Zusatzleistungen des Arbeitgebers für die vermögenswirksame Anlage (mit dem Nettobetrag) sowie die staatliche Sparzulage voll zu belassen.

10.7. Notwendige **Kosten des Umgangs** mit Kindern können das Einkommen mindern, wenn ansonsten der notwendige Selbstbehalt unterschritten würde.

Kindesunterhalt

11. Bemessungsgrundlage

Der Unterhaltsbedarf **minderjähriger sowie volljähriger** unverheirateter Kinder ohne eigene Lebensstellung ist der Unterhaltstabelle (Düsseldorfer Tabelle) zu entnehmen (siehe **Anhang I**).

11.1. In den Tabellensätzen sind Beiträge zur Kranken- und Pflegeversicherung nicht enthalten.

11.2. Eingruppierung

11.2.1. Die Tabellensätze sind auf den Fall zugeschnitten, dass der Pflichtige zwei Berechtigten Unterhalt zu gewähren hat, ohne Rücksicht auf deren Rang. Bei einer größeren Anzahl von Berechtigten können Abschläge, bei einer geringeren Anzahl Zuschläge – durch Einstufung in höhere/niedrigere Gruppen – angemessen sein. Eine Eingruppierung in eine höhere Einkommensgruppe setzt jedoch voraus, dass dem Pflichtigen nach Abzug des Kindesunterhalts und des Ehegattenunterhalts bzw. des Unterhalts für Berechtigte nach § 1615l BGB der für die höhere Einkommensgruppe maßgebende Bedarfskontrollbetrag (Nr. 11.2.2) verbleibt.

11.2.2. Der Kindesunterhalt muss in einem angemessenen Verhältnis zu dem Betrag stehen, der dem Pflichtigen nach Abzug des Kindesunterhalts (Zahlbetrag) und des Ehegattenunterhaltes für den eigenen Bedarf verbleibt (**Bedarfskontrollbetrag**). Wird der Bedarfskontrollbetrag unterschritten, ist der Unterhalt der nächst niedrigeren Einkommensgruppe, deren Bedarfskontrollbetrag gewahrt wird, zu entnehmen.

12. Minderjährige Kinder

12.1. Minderjährige Kinder haben Anspruch auf den Mindestunterhalt nach § 1612a BGB; dem entspricht der Barunterhalt aus der ersten Einkommensgruppe der Unterhaltstabelle in der jeweiligen Altersstufe. Der Betreuungsunterhalt im Sinne des § 1606 Abs. 3 S. 2 BGB entspricht wertmäßig in der Regel dem vollen Barunterhalt.

12.2. Einkommen des Kindes wird hälftig auf seinen Bedarf angerechnet. Die Ausbildungsvergütung ist – nach Kürzung um den ausbildungsbedingten Mehrbedarf (Nr. 10.2.3) – als Einkommen zu behandeln. Zur Kindergeldanrechnung siehe Nr. 3.

12.3. (1) Der Elternteil, der in seinem Haushalt ein minderjähriges unverheiratetes Kind betreut, braucht deshalb (vgl. Nr. 12.1) neben dem anderen Elternteil regelmäßig keinen Barunterhalt zu leisten.

(2) Eine Barunterhaltspflicht des nicht betreuenden Elternteils kann jedoch entfallen oder sich ermäßigen, wenn er zu Unterhaltszahlungen nicht ohne Beeinträchtigung seines angemessenen Unterhalts in der Lage wäre, während der andere Elternteil neben der Betreuung des Kindes auch den Barunterhalt leisten könnte, ohne dass dadurch sein eigener angemessener Unterhalt gefährdet würde und ohne die Beteiligung des betreuenden Elternteils am Barunterhalt ein erhebliches finanzielles Ungleichgewicht zwischen den Eltern entstehen würde. In solchen Fällen entfällt die gesteigerte Unterhaltspflicht nach § 1603 Abs. 2 Satz 1 und 2 BGB, also die Beschränkung auf den notwendigen Selbstbehalt. Die Unterhaltspflicht mit dem Einkommen, das den angemessenen Selbstbehalt übersteigt, wird davon nicht berührt. Erzielt der betreuende Elternteil über das Dreifache der Nettoeinkünfte des an sich barunterhaltspflichtigen Elternteils, kann es allerdings der Billigkeit entsprechen, den betreuenden Elternteil den Barunterhalt in voller Höhe aufbringen zu lassen. Unterhalb dieser Schwelle kann bei einer erheblichen Einkommensdifferenz eine beiderseitige Barunterhaltspflicht der Eltern nach Nr. 13.3 der Leitlinien in Betracht kommen, wobei zugunsten des betreuenden Elternteils eine wertende Veränderung des Verteilungsmaßstabs vorzunehmen ist.

12.4. Bei Zusatzbedarf (Verfahrenskostenvorschuss, Mehrbedarf, Sonderbedarf) haften die Eltern grundsätzlich anteilig nach ihren Erwerbs- und Vermögensverhältnissen unter Wahrung ihres Selbstbehalts (vgl. Nr. 13.3.2). Zum Mehrbedarf des Kindes zählen die Kindergartenkosten.

13. Volljährige Kinder

13.1.1. Volljährige Kinder ohne eigene Lebensstellung erhalten, wenn keine besonderen Umstände vorliegen, den Tabellenbetrag der vierten Altersstufe. Ihr Bedarf bestimmt sich – wenn beide Elternteile barunterhaltspflichtig sind – nach dem zusammengerechneten Einkommen der Eltern aus der Unterhaltstabelle (dazu Nr. 11), und zwar ohne Abzug wegen doppelter Haushaltsführung. Diese Grundsätze finden auch auf privilegierte volljährige Kinder (§ 1603 Abs. 2 S. 2 BGB) Anwendung. Zur Kindergeldanrechnung siehe Nr. 3.

13.1.2. Der Bedarf eines **Studenten** beträgt bei auswärtiger Unterbringung in der Regel 860 € (darin sind Kosten für Unterkunft und Heizung bis zu 375 € enthalten). Von diesem Betrag kann bei erhöhtem Bedarf oder mit Rücksicht auf die Lebensstellung der Eltern abgewichen werden. Dieser Bedarfssatz kann auch sonst für ein **Kind** mit **eigenem Hausstand** angesetzt werden. Ein eigener Kranken- bzw. Pflegeversicherungsbeitrag ist in diesem Betrag nicht enthalten. Dagegen sind in dem Bedarfssatz ausbildungs- bzw. berufsbedingte Aufwendungen bis zu einem Betrag von monatlich 100 € enthalten.

13.2. Einkommen des Kindes, auch BAföG-Darlehn und Ausbildungsbeihilfen, wird – gekürzt um ausbildungsbedingte Aufwendungen (vgl. Nr. 10.2.3) – in voller Höhe auf den Bedarf angerechnet. Überobligationsmäßig erzielte Einkünfte bleiben entsprechend § 1577 Abs. 2 BGB ganz oder teilweise unberücksichtigt.

13.3. Beiderseitige Barunterhaltspflicht / Haftungsanteil

13.3.1. Die Haftungsanteile der Eltern (§ 1606 Abs. 3 S. 1 BGB), die für ein **volljähriges Kind** unterhaltspflichtig sind, bestimmen sich nach dem Verhältnis ihrer anrechenbaren Einkommen **grundsätzlich** abzüglich ihres angemessenen Selbstbehalts (1.400 €) und abzüglich der Unterhaltsleistungen an vorrangig Berechtigte.

13.3.2. Für die Unterhaltspflicht gegenüber **privilegierten volljährigen Kindern** i.S.d. § 1603 Abs. 2 S. 2 BGB bemessen sich die Haftungsanteile der Eltern grundsätzlich nach dem Verhältnis ihrer anrechenbaren Einkommen abzüglich ihres angemessenen Selbstbehalts (1.400 €), im Mangelfall abzüglich ihres notwendigen Selbstbehalts (960 € bzw. 1.160 €). Die Barunterhaltspflichten gegenüber minderjährigen Kindern sind auch in diesem Fall vorweg abzuziehen. Hiervon kann im Einzelfall abgesehen werden, wenn der Vorwegabzug zu einem unbilligen Ergebnis führt.

13.3.3. Ein Elternteil hat jedoch in der Regel höchstens den Unterhalt zu leisten, der sich allein nach seinem Einkommen aus der Unterhaltstabelle ergibt.

14. Zur Anrechnung des Kindergeldes siehe Nr. 3.

Ehegattenunterhalt

15. Unterhaltsbedarf

15.1. (1) Der Anspruch eines Ehegatten wird begrenzt durch den **Bedarf nach den ehelichen Lebensverhältnissen** (§ 1578 BGB). Die ehelichen Lebensverhältnisse werden grundsätzlich durch die Umstände bestimmt, die bis zur Rechtskraft der Ehescheidung eingetreten sind. Umstände, die auch bei fortbestehender Ehe eingetreten wären, und Umstände, die bereits in anderer Weise in der Ehe angelegt und mit hoher Wahrscheinlichkeit zu erwarten waren, sind zu berücksichtigen. Dies gilt für normale absehbare weitere Entwicklungen von Einkünften aus derselben Einkommensquelle, wie für übliche Lohnerhöhungen sowie einen nicht vorwerfbaren nachehelichen Einkommensrückgang, etwa durch Arbeitslosigkeit, Eintritt in das gesetzliche Rentenalter oder Krankheit.

(2) Ist der Pflichtige wieder verheiratet, berechnet sich der Bedarf des früheren Ehegatten aufgrund einer fiktiven Besteuerung der Einkünfte des Pflichtigen nach der Grundtabelle, also ohne den Splittingvorteil.

(3) Unterhaltsleistungen, die während der Ehe für Kinder erbracht worden sind, prägen die Ehe und sind daher bei der Bedarfsberechnung grundsätzlich vorweg in Abzug zu bringen. Zu den bei der Bedarfsberechnung zu beachtenden Umständen gehört auch das Hinzutreten weiterer Unterhaltsberechtigter bis zur rechtskräftigen Ehescheidung.

(4) Auch ein Unterhaltsanspruch aus § 1615l BGB, den der betreuende Elternteil eines vor der Rechtskraft der Scheidung geborenen Kindes hat, prägt die ehelichen Lebensverhältnisse.

(5) Dagegen sind die Unterhaltspflichten für ein nach Rechtskraft der Scheidung geborenes Kind, gegenüber dessen betreuenden Elternteil nach § 1615l BGB sowie gegenüber einem späteren Ehegatten bei der Bemessung des Unterhaltsbedarfs nach § 1578 Abs. 1 S. 1 BGB nicht zu berücksichtigen.

(6) Der Bedarf eines späteren Ehegatten wird durch die Unterhaltslast des Pflichtigen aus einer früheren Ehe geprägt und gemindert (vgl. Nr. 24.3.3).

(7) Als **Existenzminimum** des unterhaltsberechtigten Ehegatten kommt – einschließlich evtl. trennungsbedingten Mehrbedarfs – in der Regel ein Betrag von 960 € in Betracht. Bei Vorteilen aus dem Zusammenleben mit einem leistungsfähigen Partner kann dieser Betrag herabgesetzt werden.

15.2. Halbteilung, Erwerbstätigenbonus und Berechnungsmethoden

15.2.1. Es gilt der Halbteilungsgrundsatz, wobei jedoch Erwerbseinkünfte nur zu 90 % zu berücksichtigen sind (Abzug von 1/10 Erwerbstätigenbonus vom bereinigten Einkommen). Für Unterhaltszeiträume vor dem 1.1.2022 gilt weiter die bisherige Regelung: Es gilt der Halbteilungsgrundsatz, wobei Erwerbseinkünfte nur zu 6/7 zu berücksichtigen sind (Abzug von 1/7 Erwerbstätigenbonus vom bereinigten Einkommen).

15.2.2. Hat der Berechtigte eigenes Erwerbseinkommen, kann er 45 % (für Unterhaltszeiträume vor dem 1.1.2022: 3/7) des Unterschiedsbetrages zum Erwerbseinkommen des Pflichtigen und 1/2 des Unterschiedsbetrages sonstiger eheprägender Einkünfte beider Ehegatten beanspruchen (**Differenzmethode**). Beim Zusammentreffen von Erwerbseinkommen mit anderen Einkünften empfiehlt sich aus Gründen der Übersichtlichkeit die Anwendung der **Additionsmethode**, die zum gleichen Ergebnis führt wie die Differenzmethode

(Beispiel zu den Berechnungsmethoden siehe **Anhang III**).

15.2.3. (1) Nach der **Anrechnungsmethode** zu berücksichtigen sind Einkünfte des Berechtigten aus Vermögen, das in der Ehe nicht für den Lebensunterhalt zur Verfügung stand.

(2) Zu Einkünften des Berechtigten aus überobligatorischer Erwerbstätigkeit wird auf Nr. 17.3 verwiesen.

15.2.4. Bei der Berechnung des **Erwerbstätigenbonus** und der Quote von 45 % (für Unterhaltszeiträume vor dem 1.1.2022: 3/7) bzw. 1/2 ist von den Mitteln auszugehen, die den Ehegatten nach Vorwegabzug ihrer zu berücksichtigenden Verbindlichkeiten (z. B. Beiträge zur Alters-, Kranken- und Pflegeversicherung, Kredit- und Sparraten, berufsbedingte Aufwendungen) und des Zahlbetrags des Kindesunterhalts noch für den Verbrauch zur Verfügung stehen.

15.3. Bei besonders günstigen Verhältnissen kann der Bedarf nicht ohne weiteres als Quote des Gesamteinkommens berechnet werden. Von besonders günstigen wirtschaftlichen Verhältnissen kann in der Regel ab einem Familieneinkommen von 11.000 € ausgegangen werden, wobei die Einkünfte vorab um vorrangigen Kindesunterhalt, sonstige eheprägende Unterhaltsverpflichtungen, berufsbedingte Aufwendungen und etwaige weitere berücksichtigungsfähige Positionen, nicht aber einen Erwerbsbonus zu bereinigen sind. Für den Berechtigten kommen in solch einem Fall zwei Möglichkeiten in Betracht: Er kann seinen Bedarf entweder konkret darlegen. Dann sind Einkünfte des Berechtigten ohne Erwerbstätigenbonus auf den Bedarf anzurechnen.

Oder er kann seinen Bedarf als Quotenunterhalt geltend machen, muss dann aber, soweit er einen Bedarf von mehr als derzeit 4.950 € geltend macht (45 % von 11.000 €), substantiiert vortragen, dass und in welchem Umfang die hohen Einkünfte zur Deckung der ehelichen Lebensverhältnisse verwendet worden sind. Bestreitet der Pflichtige den vollständigen Verbrauch zu Konsumzwecken, hat der Berechtigte die Darlegungs- und Beweislast hierfür.

15.4. Vorsorgebedarf

15.4.1. Aufwendungen für eine notwendige Kranken- und Pflegeversicherung des berechtigten Ehegatten sowie die Kosten der Altersvorsorge (Altersvorsorgeunterhalt) können zusätzlich verlangt werden. Diese Kosten sind bei der Berechnung der Quote vorab vom anrechenbaren Einkommen des Pflichtigen abzuziehen.

15.4.2. Der **Altersvorsorgeunterhalt** (§ 1578 Abs. 3 BGB) wird in Anknüpfung an den dem Berechtigten zustehenden Elementarunterhalt regelmäßig nach der Bremer Tabelle zweistufig berechnet. In Fällen besonders günstiger wirtschaftlicher Verhältnisse und bei Anwendung der Anrechnungsmethode kommt eine einstufige Berechnung in Betracht. Soweit Einkünften des Berechtigten kein Versorgungswert zukommt (z. B. Einkünfte wegen der Versorgung eines neuen Partners), bleiben diese bei der Berechnung des Altersvorsorgeunterhalts unberücksichtigt. Jedenfalls dann, wenn der Unterhaltspflichtige eine berücksichtigungsfähige sekundäre Altersvorsorge betreibt (vgl. Nr. 10.1), erhöht sich der Anspruch des Berechtigten in entsprechender prozentualer Höhe um bis zu 4 Prozent.

15.4.3. Wegen des Vorrangs des Elementarunterhalts besteht ein Anspruch auf Altersvorsorgeunterhalt nur insoweit, als das Existenzminimum des Berechtigten (vgl. Nr. 15.1 Abs. 7) gedeckt ist.

15.5. Der Bedarf berechnet sich nicht unter Anwendung der so genannten Dreiteilungsmethode. Diese kommt allenfalls im Rahmen der Leistungsfähigkeit und der Mangelverteilung zum Zuge (vgl. Nr. 24.3).

15.6. Konkret geltend gemachter **trennungsbedingter Mehrbedarf** kann darüber hinaus berücksichtigt werden, wenn dieser Bedarf aus zusätzlichen nicht prägenden Einkünften befriedigt werden kann.

15.7. (1) Die Möglichkeit der **Herabsetzung** und/oder **Befristung** des Ehegattenunterhalts nach § 1578b BGB ist als rechtsvernichtende bzw. rechtsbeschränkende Einwendung bei entsprechendem Vortrag des Pflichtigen von Amts wegen zu berücksichtigen. Die dem Pflichtigen obliegende Beweislast wird im Falle eines zu erbringenden Negativbeweises (Fehlen ehebedingter Nachteile) dadurch erleichtert, dass der Berechtigte substantiiert zu den Umständen vorzutragen hat, die in seiner Sphäre liegen. Die Darlegungen müssen so konkret sein, dass die für den Unterhaltsberechtigten seinerzeit vorhandenen beruflichen Entwicklungschancen und seine persönlichen Fähigkeiten, etwa auch anhand vergleichbarer Karrieren, vom Gericht auf ihre Plausibilität überprüft werden können und der Widerlegung durch den Pflichtigen zugänglich sind, wobei die Anforderungen nicht überspannt werden dürfen und den Besonderheiten des Einzelfalls Rechnung tragen müssen.

(2) Im Einzelfall kann der Unterhaltsberechtigte seiner sekundären Darlegungslast genügen, wenn er vorträgt, dass in dem von ihm erlernten oder vor der ehebedingten Berufspause ausgeübten Beruf Gehaltssteigerungen in einer bestimmten Höhe mit zunehmender Berufserfahrung oder Betriebszugehörigkeit üblich seien.

(3) Wird dagegen ein berufliche Aufstieg behauptet, muss der Unterhaltsberechtigte darlegen, aufgrund welcher Umstände (Fortbildungsbereitschaft, besondere Befähigungen, Neigungen oder Talente), eher eine entsprechende Karriere gemacht hätte.

(4) § 1578b BGB ist nicht auf den Ausgleich ehebedingter Nachteile beschränkt. Im Rahmen der umfassenden Billigkeitsabwägung sind sämtliche Umstände (wie z.B. beiderseitige Einkommens- und Vermögensverhältnisse, Vermögenserwerb während der Ehe, Beitrag zur Berufsausbildung des anderen Ehegatten) zu berücksichtigen. Der Ehedauer kommt in diesem Rahmen eine besondere Bedeutung zu. Dies gilt auch für die Bemessung einer Übergangsfrist. Der angemessene Lebensbedarf nach § 1578b Abs. 1 S. 1 BGB kann in der Regel nicht unterhalb des pauschalen billigen Selbstbehalts angesetzt werden und darf das Existenzminimum nicht unterschreiten.

16. Zurzeit nicht besetzt

17. Erwerbsobliegenheit / Betreuungsunterhalt / überobligatorisches Einkommen

17.1.1. (1) Die **Erwerbsobliegenheit** des kinderbetreuenden Ehegatten korrespondiert mit dem **Betreuungsunterhalt** nach § 1570 BGB.

(2) Betreut ein Ehegatte ein gemeinschaftliches Kind, das noch nicht drei Jahre alt ist, so besteht keine Verpflichtung, einer Erwerbstätigkeit nachzugehen. Der Umfang der danach regelmäßig einsetzenden Erwerbsobliegenheit – eine sogleich vollschichtige Erwerbsobliegenheit wird vielfach nicht in Betracht kommen, da ein abrupter Wechsel vermieden und ein stufenweiser Übergang erfolgen soll – richtet sich nach Billigkeitsgesichtspunkten im Einzelfall, besonders nach den bestehenden Möglichkeiten der Kinderbetreuung, den Belangen des Kindes (etwa Fremdbetreuungsfähigkeit, physischer und psychischer Gesundheitszustand) und der erfolgten bzw. geplanten Rollenverteilung der Eltern in der Ehe sowie der Dauer ihrer Ehe. Zu berücksichtigen ist auch der Umfang der Belastung durch die neben der Erwerbstätigkeit verbleibende Kindesbetreuung (Gesichtspunkt der gerechten Lastenverteilung).

(3) Derjenige Elternteil, der das Bestehen einer Erwerbsobliegenheit in Abrede stellt, hat die hierfür maßgebenden Umstände konkret und einzelfallbezogen darzulegen und zu beweisen. Dies gilt auch, wenn ein – grundsätzlich nicht zu befristender – Titel über Betreuungsunterhalt nach § 1570 BGB abgeändert werden soll.

17.1.2. Zur Berücksichtigung von Kinderbetreuungskosten siehe Nr. 10.3.

17.2. Im ersten Jahr nach der Trennung besteht für den Berechtigten in der Regel keine Obliegenheit zur Aufnahme oder Ausweitung einer Erwerbstätigkeit.

17.3. Einkünfte aus einer – auch erst nach Trennung/Scheidung aufgenommenen – **überobligatorischen Erwerbstätigkeit** sind nur mit ihrem unterhaltsrelevanten Anteil in die Differenz- bzw. Additionsberechnung einzustellen. Dieser nach den §§ 1577 Abs. 2, 242 BGB zu bemessende Anteil ergibt sich, indem das Einkommen zunächst um den mit der überobligatorischen Erwerbstätigkeit verbundenen Aufwand (z.B. konkrete Kinderbetreuungskosten, die nicht Mehrbedarf des Kindes sind, vgl. Nr. 10.3) vermindert und sodann ein individuell nach Billigkeitsgesichtspunkten festzusetzender Einkommensteil von den Gesamteinkünften des Berechtigten in Abzug gebracht wird. Der Abzugsbetrag – der nicht unterhaltsrelevante Anteil der Einkünfte des Berechtigten – bleibt bei der Unterhaltsberechnung unberücksichtigt (siehe auch Nr. 7).

Weitere Unterhaltsansprüche

18. Ansprüche aus § 1615l BGB

Der Bedarf der Mutter und des Vaters eines nichtehelichen Kindes (§ 1615l BGB) richtet sich nach der Lebensstellung des betreuenden Elternteils; er beträgt aber in der Regel monatlich mindestens 960 € (ohne Kranken- und Pflegeversicherungskosten, die zusätzlicher Bedarf sein können). Die Inanspruchnahme des Pflichtigen ist durch den Halbteilungsgrundsatz begrenzt. Die Erwerbsobliegenheit des betreuenden Elternteils richtet sich – sinngemäß – nach Nr. 17.1.1.

19. Elternunterhalt

Das Angehörigen-Entlastungsgesetz hat Auswirkungen auf den Elternunterhalt. Unterhaltsberechtigten Eltern obliegt es, vorrangig bedarfsdeckende Leistungen der Grundsicherung nach §§ 41 ff SGB XII in Anspruch zu nehmen.

Nehmen unterhaltsberechtigte Eltern Leistungen nach dem SGB XII in Anspruch, geht ihr Anspruch auf Elternunterhalt nur auf den Träger der Sozialhilfe über, wenn das unterhaltspflichtige Kind ein Jahreseinkommen von mehr als 100.000 € im Sinne des § 16 SGB IV erzielt, § 94 Ia SGB XII.

20. Zur Zeit nicht belegt.

Leistungsfähigkeit und Mangelfall

21. Selbstbehalt des Pflichtigen

21.1. Dem Pflichtigen muss nach Abzug der Unterhaltsansprüche der **Selbstbehalt** (Eigenbedarf) verbleiben.

LL-Strkt
KG
Brdbg
Brschw
Brem
Celle
Dresd
Düss
Ffm
Hbg
Hamm
Jena
Kblz
Köln
Naumbg
Oldbg
Rstk
Schlesw
SüdL
Empf Sozhi

21.2. Notwendiger Selbstbehalt

Der Selbstbehalt des Pflichtigen beträgt im Falle des § 1603 Abs. 2 BGB gegenüber minderjährigen und privilegierten volljährigen (§ 1603 Abs. 2 S. 2 BGB) Kindern in der Regel mindestens 960 €, bei Erwerbstätigkeit des Pflichtigen mindestens 1.160 €; bei teilweiser Erwerbstätigkeit können die Beträge modifiziert werden. Hierin sind Kosten für Unterkunft einschließlich umlagefähiger Nebenkosten und Heizung (Warmmiete) in Höhe von 430 € enthalten.

21.3. Angemessener Selbstbehalt

21.3.1. Der Selbstbehalt des Pflichtigen beträgt **gegenüber** nicht privilegierten **volljährigen Kindern** (§ 1603 Abs. 1 BGB) im Regelfall 1.400 €. Hierin sind Kosten für Unterkunft einschließlich umlagefähiger Nebenkosten und Heizung (Warmmiete) in Höhe von 550 € enthalten.

21.3.2. Der angemessene Selbstbehalt **gegenüber der Mutter/dem Vater eines nichtehelichen Kindes** (§ 1615 l BGB) entspricht dem billigen Selbstbehalt gegenüber dem Ehegatten (Nr. 21.4).

21.3.3. Der angemessene Selbstbehalt von Großeltern **gegenüber Enkeln** beträgt mindestens 2.000 €. Das darüber hinausgehende Einkommen kann in der Regel zur Hälfte und bei Vorteilen aus dem Zusammenleben mit einem Partner zu 45 % dem Mindestselbstbehalt hinzugerechnet werden. In dem Selbstbehalt sind Kosten für Unterkunft einschließlich umlagefähiger Nebenkosten und Heizung (Warmmiete) in Höhe von 700 € enthalten. Hinsichtlich des Ehegatten des Unterhaltspflichtigen vgl. Nr. 22.3 und Nr. 23.3.

21.4. Eheangemessener Selbstbehalt

Der Selbstbehalt des Pflichtigen gegenüber dem Anspruch des Ehegatten (**billiger Selbstbehalt**) beträgt in der Regel mindestens 1.180 €, bei Erwerbstätigkeit des Pflichtigen 1.280 €, auch wenn bei dem berechtigten Ehegatten minderjährige oder privilegierte volljährige Kinder leben, die ebenfalls Unterhaltsansprüche gegen den Pflichtigen haben.

21.5. Anpassung des Selbstbehalts

(1) Der Selbstbehalt soll erhöht werden, wenn die Wohnkosten (Warmmiete) den ausgewiesenen Betrag überschreiten und nicht unangemessen sind. Eine angemessene Erhöhung des Selbstbehalts kommt zudem z. B. in Betracht, wenn das nach Abzug eines zugerechneten geldwerten Vorteils (für die private Nutzung eines Firmenwagens oder einer Wohnung) verbleibende Einkommen nicht ausreicht, um den restlichen Lebensbedarf sicherzustellen.

(2) Der Selbstbehalt ist in der Regel nicht schon deshalb abzusenken, weil die tatsächlichen Wohnkosten die in den jeweiligen Selbstbehalten enthaltenen Wohnkosten nicht erreichen. Beim Verwandtenunterhalt kann der jeweilige Selbstbehalt unterschritten werden, wenn der eigene Unterhalt des Pflichtigen ganz oder teilweise durch seinen Ehegatten gedeckt wird. Das Zusammenleben in häuslicher Gemeinschaft mit einem leistungsfähigen Partner kann nach Nr. 6.2 berücksichtigt werden, maximal bis zur Grenze des sozialhilferechtlichen Existenzminimums.

22. Bedarf des mit dem Pflichtigen zusammenlebenden Ehegatten

22.1. Zurzeit nicht besetzt.

22.2. Ist bei Unterhaltsansprüchen nicht privilegierter volljähriger Kinder oder Enkel der Pflichtige verheiratet, werden für den mit ihm zusammenlebenden Ehegatten im Regelfall 1.120 € angesetzt.

22.3. Ist bei Unterhaltsansprüchen der Eltern das unterhaltspflichtige Kind verheiratet, werden für den mit ihm zusammenlebenden Ehegatten mindestens 1.600 € angesetzt, soweit nicht der Anteil am Familienunterhalt nach §§ 1360, 1360a BGB, der regelmäßig der Hälfte des für den gemeinsamen Lebensbedarf zur Verfügung stehenden Einkommens entspricht, höher ist. Im Familienbedarf von mindestens 3.600 € (2.000 € + 1.600 €) sind Kosten für Unterkunft und Heizung in Höhe von insgesamt 1.200 € (700 € + 500 €) enthalten.

23. Bedarf des vom Pflichtigen getrennt lebenden oder geschiedenen Ehegatten

23.1. Zurzeit nicht besetzt.

23.2. Bei Ansprüchen eines nicht privilegierten volljährigen Kindes: 1.400 €.

23.3. Bei Ansprüchen von Eltern oder Enkeln des anderen Ehegatten und von gemeinsamen Enkeln: 2.000 €.

24. Mangelfall

24.1. Ist der Unterhaltspflichtige unter Berücksichtigung des ihm jeweils zustehenden Selbstbehalts außerstande, allen Unterhaltsberechtigten Unterhalt zu gewähren, so gilt für die Befriedigung der Ansprüche die **Rangfolge des § 1609 BGB**.

24.2. Reicht das Einkommen des Pflichtigen nach Abzug seines Selbstbehalts (Nr. 21) zur Deckung des Bedarfs aller gleichrangigen Unterhaltsberechtigten nicht aus, liegt ein **Mangelfall** vor.

24.3.1. Die **Einsatzbeträge** im Mangelfall belaufen sich für minderjährige und privilegierte volljährige Kinder auf den Bedarfssatz der Einkommensgruppe 1 der Unterhaltstabelle abzüglich des nach § 1612b BGB bedarfsdeckenden Kindergeldanteils (bei minderjährigen Kindern das halbe und bei volljährigen Kindern das volle Kindergeld),

24.3.2. Stehen mehrere nach § 1609 Nr. 2 und 3 BGB Berechtigte im gleichen Rang, schränkt die Unterhaltspflicht gegenüber dem jeweils anderen Berechtigten die Leistungsfähigkeit des Pflichtigen nach § 1581 S. 1 BGB ein. Dem kann dadurch Rechnung getragen werden, dass die Unterhaltsansprüche nach den Grundsätzen der sogenannten Dreiteilung bemessen werden. Das schließt eine abweichende Verteilung aufgrund der Berücksichtigung weiterer individueller Billigkeitsabwägungen nicht aus.

24.3.3. (1) Steht ein Berechtigter im Rang des § 1609 Nr. 2 BGB und ein anderer im dritten Rang, gilt Folgendes:

(2) Ist der Unterhaltsanspruch des neuen, also späteren Ehegatten – oder des nach § 1615l BGB Berechtigten – gegenüber dem Unterhaltsanspruch eines geschiedenen Ehegatten vorrangig, bleibt die Bedarfsberechnung des geschiedenen, zeitlich früheren Ehegatten von der neuen Unterhaltsverpflichtung unberührt. Jedoch ist im Rahmen der Leistungsfähigkeit der vorrangige Unterhaltsanspruch gegenüber dem nachrangigen geschiedenen Ehegatten zu berücksichtigen.

(3) Ist der neue Ehegatte nachrangig, berührt eine ihm gegenüber bestehende Unterhaltsverpflichtung den Unterhaltsanspruch des vorrangigen Ehegatten nicht.

24.4. Das im Rahmen der Leistungsfähigkeit gefundene Verteilungsergebnis ist abschließend auf seine Angemessenheit zu überprüfen.

24.5. Rechenbeispiel zum Mangelfall siehe **Anhang III.**

Sonstiges

25. Der Unterhaltsbetrag ist auf volle Euro zu runden.

26. Zusammentreffen von Ansprüchen mit bereits titulierten Ansprüchen:

Soweit Unterhaltsansprüche anderer Berechtigter bereits tituliert sind, ist die Rechtslage in der Regel wie bei gleichzeitiger Entscheidung über alle Unterhaltsansprüche zu beurteilen. Der Verpflichtete/Berechtigte ist auf einen Abänderungsantrag gemäß §§ 238, 239 FamFG zu verweisen. Soweit eine Abänderung für die Vergangenheit nicht mehr verlangt werden kann, kann auf die geleisteten Beträge abgestellt werden.

Anhang

I. Düsseldorfer Tabelle

s. S. 5

II. Kindergeldanrechnungstabelle

Die folgenden Tabellen enthalten die sich nach Abzug des jeweiligen Kindergeldanteils (hälftiges Kindergeld bei Minderjährigen, volles Kindergeld bei Volljährigen) ergebenden Zahlbeträge. Für das 1. und 2. Kind beträgt das Kindergeld derzeit 219 €, für das 3. Kind 225 € und ab dem 4. Kind 250 €.

s. S. 10

III. Rechenbeispiele

1. Differenzmethode/Additionsmethode

Mann (M): 4.000 € Nettoeinkommen; Frau (F): 1.000 € Nettoeinkommen 800 € Wohnvorteil des in der Ehewohnung verbliebenen M, 600 € berücksichtigungsfähige Hauslasten, von M getragen

Additionsmethode:

4.000 € x 90 % =	3.600 €	Erwerbseinkommen M
	+ 800 €	Wohnvorteil
	– 600 €	Hauslasten
1.000 € x 90 % =	+ 900 €	Einkommen F
	4.700 €	addiertes Einkommen
1/2 =	2.350 €	Bedarf der F
	– 900 €	Einkommen F
	1.450 €	Anspruch F

Differenzmethode:

4.000 € x 90 % =	3.600 €	Einkommen M
	+ 800 €	Wohnvorteil
	– 600 €	Hauslasten
1.000 € x 90 % =	– 900 €	Einkommen F
	2.900 €	Differenz der Einkommen
1/2 =	1.450 €	Anspruch F

oder ([4.000 € – 1.000 € =] 3.000 € x 45 % =) 1.350 € + ([800 € – 600 €] x 1/2) = 1.450 €

2. Mangelfallberechnung:

a) mit gleichrangigen Unterhaltsberechtigten

Vater (V) 1.500 € Nettoeinkommen; Kind 19 Jahre (K1) besucht Gymnasium; Kind 16 Jahre (K2); Kind 11 Jahre (K3); die Mutter hat kein Einkommen und ist gegenüber K 1 nicht leistungsfähig

1. Stufe: Bedarfsermittlung und Prüfung, ob ein Mangelfall vorliegt (vgl. Nr. 24. 2 HLL):

LL-Strkt
KG
Brdbg
Brschw
Brem
Celle
Dresd
Düss
Ffm
Hbg
Hamm
Jena
Kblz
Köln
Naumbg
Oldbg
Rstk
Schlesw
SüdL
Empf Sozhi

Gesamtbedarf :

K1: 569 € Tabellen-Bedarfssatz der 1. Einkommens-Gruppe/4. Altersstufe abzgl. 219 € Kindergeldanteil = 350 €

K2: 533 € Tabellen-Bedarfssatz der 1. Einkommens-Gruppe/3. Altersstufe abzgl. 109,50 € Kindergeldanteil = 423,50 €

K3: 455 € Tabellen-Bedarfssatz der 1. Einkommens-Gruppe/2. Altersstufe abzgl. 112,50 € Kindergeldanteil = 342,50 €

Gesamtbedarf daher: 1.116 €

V verblieben (1.500 € – 1.116 €) 384 €. Da hiermit der notwendige Selbstbehalt des V von 1.160 € unterschritten wird, ist eine Mangelverteilung vorzunehmen.

2. Stufe: Mangelverteilung:

Bei der Mangelverteilung ist das den Selbstbehalt übersteigende Einkommen des V von 340 € (1.500 € – 1.160 €), die Verteilungsmasse, auf die Kinder im Verhältnis ihrer um das hälftige Kindergeld bzw. bei dem volljährigen privilegierten Kind (K1) um das volle Kindergeld gekürzten Einsatzbeträge zu verteilen (vgl. Nr. 24.3.1 HLL). Die Verteilungsquote beträgt 30,47 % (340 € Verteilungsmasse ÷ 1.116 € Gesamtbedarf der Kinder).

Danach entfallen auf

K1: 350 € x 30,47 % = 106,65 € oder rd. 107 €

K2: 423,50 € x 30,47 % = 129,05 € oder rd. 129 €

K3: 342,50 € x 30,47 % = 104,36 € oder rd. 104 €

b) mit Unterhaltsberechtigten verschiedener Rangstufen nach § 1609 BGB

Ehemann und Vater (V) 2.000 € Nettoerwerbseinkommen; Ehefrau und Mutter (M) kein Einkommen; Kind 7 Jahre (K1); Kind 4 Jahre (K2)

1. Stufe: Bedarfsermittlung und Prüfung, ob ein Mangelfall vorliegt (Nr. 24.2 HLL):

Gesamtbedarf (Herabstufung nach Nr. 11.2.1 HLL; wegen des Bedarfskontrollbetrages – Nr. 11.2.2 HLL – ist auf den Bedarf der 1. Einkommensgruppe abzustellen):

K1: 455 € Tabellen-Bedarfssatz der 1. Einkommens-Gruppe/2. Altersstufe abzgl. 109,50 € Kindergeldanteil = 345,50 €

K2: 396 € Tabellen-Bedarfssatz der 1. Einkommens-Gruppe/1. Altersstufe abzgl. 109,50 € Kindergeldanteil = 286,50 €

M: 2.000 € anrechenbares Einkommen des V abzüglich 345,50 € Zahlbetrag K1 abzüglich 286,50 € Zahlbetrag K2 (vgl. jeweils Nr. 15.2.4 HLL) = 1.368 €; 45 % hiervon ergeben einen eheangemessenen Bedarf der M von (gerundet) 616 €. Der Mindestbedarf (Nr. 15.1.(7)) beträgt jedoch 960 €.

Bei einem Gesamtbedarf von danach 1.592 € (345,50 € + 286,50 € + 960 €) ist die Leistungsfähigkeit des V eingeschränkt. Im ersten Rang, also gegenüber den vorrangigen Kindern, liegt aber kein Mangelfall vor, da der notwendige Selbstbehalt des V von 1.160 € gewahrt ist, wenn der Kindesunterhalt geleistet wird (2.000 € – 345,50 € – 286,50 € = 1.368 €).

2. Stufe: Mangelverteilung:

Im zweiten Rang dagegen, also gegenüber der nachrangigen M, liegt eine Mangelsituation vor. Die nach Abzug der Zahlbeträge für den Kindesunterhalt verbleibenden 1.368 € beschränken hinsichtlich des Ehegattenunterhalts der M unter Berücksichtigung des dem V insoweit zustehenden billigen Selbstbehalts (Nr. 21.4) von 1.280 € dessen Leistungsfähigkeit auf 88 €.

I) OLG Jena

Unterhaltsrechtliche Leitlinien der Familiensenate des Thüringer Oberlandesgerichts Jena Stand: Januar 2022

Allgemeine Grundsätze

Die Familiensenate des Thüringer Oberlandesgerichts Jena verwenden diese Leitlinien als Orientierungshilfe für den Regelfall unter Beachtung der Rechtsprechung des Bundesgerichtshofs.

Das Tabellenwerk der Düsseldorfer Tabelle, Stand: 01.01.2022, ist einbezogen.

Die Leitlinien orientieren sich an der bundeseinheitlichen Leitlinienstruktur.

Unterhaltsrechtliches Einkommen

1. Einkünfte aus Erwerb und Vermögen

1.1. Auszugehen ist vom regelmäßigen Bruttoeinkommen als Summe aller Einkünfte.

1.2. Soweit Leistungen nicht monatlich anfallen (z.B. Weihnachts- und Urlaubsgeld), werden sie auf 1 Jahr umgelegt. Einmalige Zahlungen (z.B. Abfindungen) sind grundsätzlich auf einen angemessenen Zeitraum zu verteilen.

1.3. Überstundenvergütungen werden dem Einkommen voll zugerechnet, soweit sie berufstypisch sind und das in diesem Beruf übliche Maß nicht überschreiten.

1.4. Ersatz für Spesen und Reisekosten sowie Auslösungen gelten in der Regel als Einkommen. Damit zusammenhängende Aufwendungen, vermindert um häusliche Ersparnis, sind abzuziehen.

Bei Aufwendungspauschalen (ausgenommen km-Geld) kann 1/3 als Einkommen angesetzt werden.

1.5. Bei Ermittlung des Einkommens eines Selbständigen ist in der Regel der Gewinn der letzten drei Jahre zu Grunde zu legen.

1.6. Einkommen aus Vermietung und Verpachtung sowie aus Kapitalvermögen ist der Überschuss der Bruttoeinkünfte über die Werbungskosten. Für Gebäude ist keine AfA anzusetzen.

2. Einkünfte aus Sozialleistungen

2.1. Arbeitslosengeld (§§ 136 ff. SGB III) und Krankengeld.

2.2. Leistungen nach den §§ 19 ff SGB II beim Verpflichteten; Leistungen zur Sicherung des Lebensunterhalts nach §§ 19 ff. SGB II sind beim Berechtigten kein Einkommen, es sei denn die Nichtberücksichtigung der Leistungen ist in Ausnahmefällen treuwidrig (vgl. BGH FamRZ 1999, 843; 2001, 619); nicht subsidiäre Leistungen nach dem SGB II sind Einkommen, insbesondere befristete Zuschläge (§ 24 SGB II), Einstiegsgeld (§ 16b SGB II), Entschädigung für Mehraufwendungen »1 Eurojob« (§ 16d SGB II).

2.3. Wohngeld, soweit es nicht erhöhte Wohnkosten deckt.

2.4. BAföG-Leistungen, auch soweit sie als Darlehen gewährt werden, mit Ausnahme von Vorausleistungen nach §§ 36, 37 BAföG.

2.5. Elterngeld ist, soweit es über den Sockelbetrag in Höhe von 300,- €, bei verlängertem Bezug über 150,- €, hinausgeht, Einkommen. Der Sockelbetrag des Elterngeldes und das Betreuungsgeld sind kein Einkommen, es sei denn, es liegt ein Ausnahmefall des § 11 Satz 4 BEEG vor.

2.6. Unfallrenten

2.7. Leistungen aus der Pflegeversicherung, Blindengeld, Versorgungsrenten, Schwerbeschädigten- und Pflegezulagen nach Abzug eines Betrages für tatsächliche Mehraufwendungen; §§ 1610a, 1578a BGB sind zu beachten.

2.8. Der Anteil des Pflegegeldes bei der Pflegeperson, durch den ihre Bemühungen abgegolten werden; bei Pflegegeld aus der Pflegeversicherung gilt dies nach Maßgabe des § 13 Abs. 6 SGB XI.

2.9. In der Regel Leistungen nach §§ 41 bis 43 SGB XII (Grundsicherung) beim Verwandtenunterhalt, nicht aber beim Ehegattenunterhalt.

2.10. Kein Einkommen sind sonstige Sozialhilfe nach SGB XII und Leistungen nach dem UVG.

3. Kindergeld

Kindergeld mindert den Unterhaltsbedarf der Kinder nach Maßgabe des § 1612b BGB und unterstützt den betreuenden Elternteil bei der Erbringung der Betreuungsleistungen. Es stellt kein Einkommen des Bezugsberechtigten dar.

4. Geldwerte Zuwendungen des Arbeitgebers

Geldwerte Zuwendungen aller Art des Arbeitgebers (z. B. Firmenwagen oder freie Kost und Logis) sind Einkommen, soweit sie entsprechende Eigenaufwendungen ersparen.

5. Wohnwert

Der Vorteil durch mietfreies Wohnen im eigenen Heim ist als wirtschaftliche Nutzung des Vermögens unterhaltsrechtlich wie Einkommen zu behandeln. Neben dem Wohnwert sind auch Zahlungen nach dem Eigenheimzulagengesetz anzusetzen.

Ein Wohnvorteil liegt nur vor, soweit der Wohnwert den berücksichtigungsfähigen Schuldendienst, erforderliche Instandhaltungskosten und jene Kosten, mit denen ein Mieter üblicherweise nicht belastet wird, übersteigt.

Während des Getrenntlebens ist zunächst regelmäßig die ersparte Miete anzusetzen, die angesichts der wirtschaftlichen Verhältnisse angemessen wäre. Ist eine Wiederherstellung der ehelichen Lebensgemeinschaft nicht mehr zu erwarten, sind Ausnahmen von der Berücksichtigung des vollen Mietwertes grundsätzlich nicht mehr gerechtfertigt (BGH, FamRZ 2008, 963 ff.), es sei denn, es ist nicht möglich oder zumutbar, die Wohnung aufzugeben und das Objekt zu vermieten oder zu veräußern.

Die in den Selbstbehaltsätzen ausgewiesenen Kaltmiet-Wohnkosten können im Mangelfall als Maßstab für die Anrechnung mietfreien Wohnens herangezogen werden.

6. Haushaltsführung

Die Führung des Haushalts eines leistungsfähigen Dritten kann dem Nichterwerbstätigen als (fiktives) Einkommen zugerechnet werden. In der Regel kann ein Betrag von 450,00 € monatlich dafür angesetzt werden.

7. Einkommen aus unzumutbarer Erwerbstätigkeit

Einkommen aus unzumutbarer Erwerbstätigkeit kann nach Billigkeit ganz oder teilweise unberücksichtigt bleiben.

8. Freiwillige Zuwendungen Dritter

Freiwillige Zuwendungen Dritter (z. B. Geldleistungen, kostenloses Wohnen) sind regelmäßig nicht als Einkommen zu berücksichtigen (BGH, Beschluss vom 01.07.2015, Az. XII ZB 240/14). Keine freiwilligen Zuwendungen Dritter sind Leistungen, die einem Ehegatten im Rahmen des Familienunterhalts zufließen.

9. Fiktives Einkommen

Einkommen können auch aufgrund einer unterhaltsrechtlichen Obliegenheit erzielbare Einkünfte sein.

10. Bereinigung des Einkommens

10.1. Vom Bruttoeinkommen sind Steuern, Sozialabgaben und/oder tatsächliche, angemessene Vorsorgeaufwendungen abzusetzen (Nettoeinkommen).

Es besteht die Obliegenheit, Steuervorteile in Anspruch zu nehmen (z.B. Eintragung eines Freibetrags).

10.2.1. Berufsbedingte Aufwendungen, die sich von den privaten Lebenshaltungskosten nach objektiven Merkmalen eindeutig abgrenzen lassen, sind vom Einkommen abzuziehen. Bei entsprechenden Anhaltspunkten kann – auch bei fiktiven Einkünften – eine Pauschale von 5 % des Nettoeinkommens – mindestens 50 €, bei geringfügiger Teilzeitarbeit auch weniger, und höchstens 150 € monatlich – geschätzt werden. Übersteigen die berufsbedingten Aufwendungen die Pauschale, sind sie in voller Höhe konkret darzulegen.

10.2.2. Für Fahrten von der Wohnung zum Arbeitsplatz sind – jedenfalls in engen wirtschaftlichen Verhältnissen – in der Regel nur die Kosten öffentlicher Verkehrsmittel absetzbar. Ist die Benutzung öffentlicher Verkehrsmittel unzumutbar, sind die Kosten der PKW-Nutzung in der Regel mit 0,42 € je Kilometer (Formel: Entfernungskilometer x 2 x 0,42 € x 220 Arbeitstage: 12 Monate) abzugsfähig. Wenn die einfache Entfernung über 30 Kilometer hinausgeht, wird empfohlen, die weiteren Kilometer wegen der eintretenden Kostenersparnis nur mit den Betriebskosten von 0,28 €/km anzusetzen. Neben den Fahrtkosten sind regelmäßig keine weiteren Kosten (etwa für Kredite oder Reparaturen) abzugsfähig. Anschaffungs-, Reparatur- und sonstige Betriebskosten sind enthalten.

10.3. Kinderbetreuungskosten sind abzugsfähig, soweit die Betreuung durch Dritte infolge der Berufstätigkeit erforderlich ist. Kindergartenkosten stellen jedoch Mehrbedarf des Kindes dar, BGH FamRZ 2009, S. 962 ff. Geht ein Ehegatte überobligatorisch einer Vollzeittätigkeit nach, obwohl er minderjährige Kinder betreut, so kann ihm gegenüber dem anderen Ehegatten ein Kinderbetreuungsbonus anrechnungsfrei belassen werden, wenn er darlegt, dass er oder Dritte zusätzliche Kosten durch die Betreuung der Kinder haben.

10.7. Zur ausnahmsweisen Berücksichtigung von Umgangskosten (BGH, FamRZ 2009, 1300; 1391; 1477, 1479; FamRZ 2014, 917-921).

Kindesunterhalt

11. Bemessungsgrundlage (Tabellenunterhalt)

Der Barunterhalt minderjähriger und noch im elterlichen Haushalt lebender volljähriger unverheirateter Kinder bestimmt sich nach den Sätzen der Düsseldorfer Tabelle (Anlage I).

Hinsichtlich eines Nettoeinkommens des/der Barunterhaltspflichtigen ab 5.501,- € wird auf den Beschluss des Bundesgerichtshofs vom 16.09.2020 – XII ZB 499/19 – hingewiesen.

11.1. In den Tabellenbeträgen sind Krankenkassen- und Pflegeversicherungsbeiträge nicht enthalten.

11.2. Die Tabelle weist monatliche Unterhaltsrichtsätze aus, bezogen auf zwei Unterhaltspflichten ohne Rücksicht auf den Rang.

Bei einer größeren/geringeren Anzahl Unterhaltsberechtigter können Ab- oder Zuschläge durch Einstufung in niedrigere/höhere Gruppen angemessen sein.

12. Minderjährige Kinder

Der Betreuungsunterhalt im Sinne des § 1606 Abs. 3 Satz 2 BGB entspricht wertmäßig in der Regel dem vollen Barunterhalt.

13. Volljährige Kinder

13.1. Bedarf

Der Bedarf des volljährigen Schülers oder Studenten umfasst in der Regel den Wohnbedarf und übliche ausbildungsbedingte Aufwendungen.

Beim Bedarf volljähriger Kinder ist zu unterscheiden, ob sie noch im Haushalt der Eltern / eines Elternteils leben oder einen eigenen Hausstand haben.

13.1.1. Für volljährige Kinder, die noch im Haushalt der Eltern oder eines Elternteils wohnen, gilt die Altersstufe 4 der Düsseldorfer Tabelle. Sind beide Elternteile leistungsfähig (vgl. Nr. 21.3), ist der Bedarf des Kindes in der Regel nach dem zusammengerechneten Einkommen zu bemessen. Für die Haftungsquote gilt Nr. 13.3. Ein Elternteil hat jedoch höchstens den Unterhalt zu leisten, der sich allein aus seinem Einkommen aus der Düsseldorfer Tabelle ergibt.

Dies gilt auch für ein Kind im Sinne des § 1603 Abs. 2 Satz 2 BGB.

Erzielt das volljährige Kind eigenes Einkommen, beträgt der Unterhaltsbedarf (ohne Kranken-/Pflegeversicherungsbedarf und ohne Studiengebühren) mindestens monatlich 610 €.

Die Ausbildungsvergütung eines in der Berufsausbildung stehenden Kindes, das im Haushalt der Eltern oder eines Elternteils wohnt, ist vor ihrer Anrechnung in der Regel um einen ausbildungsbedingten Mehrbedarf von monatlich 100 € zu kürzen.

Die Anrechnung darf nicht zu unangemessenen Ergebnissen führen.

13.1.2. Der angemessene Bedarf eines volljährigen Kindes mit eigenem Hausstand beträgt in der Regel monatlich mindestens 860 € (darin sind enthalten Kosten für Unterkunft und Heizung bis zu 375 €), ohne Beiträge zur Kranken- und Pflegeversicherung sowie ohne Studiengebühren. Von diesem Betrag kann bei erhöhtem Bedarf oder mit Rücksicht auf die Lebensstellung der Eltern abgewichen werden.

13.2. Einkommen des Kindes

Auf den Unterhaltsbedarf werden Einkünfte des Kindes, auch das Kindergeld (siehe Nr. 14), BAföG-Darlehen und Ausbildungsvergütung bzw. -beihilfen angerechnet. Bei in der Berufsausbildung befindlichen Volljährigen sind von diesen Einkünften des Kindes ausbildungsbedingte Aufwendungen abzuziehen. Bei Einkünften aus unzumutbarer Erwerbstätigkeit gilt § 1577 Abs. 2 BGB entsprechend.

13.3. Beiderseitige Barunterhaltspflicht/Haftungsanteil

Für den Bedarf des Volljährigen haften die Eltern anteilig nach dem Verhältnis ihrer verfügbaren Einkommen. Vor der Bildung der Haftungsquote sind der angemessene Selbstbehalt jedes Elternteils (vgl. Nr. 21.3.1) und der Unterhalt vorrangig Berechtigter abzusetzen. Die Haftung ist auf den Tabellenbetrag nach Maßgabe des eigenen Einkommens des jeweils Verpflichteten begrenzt.

Diese Berechnung findet für den Bedarf des volljährigen Schülers im Sinne des § 1603 Abs. 2 Satz 2 BGB entsprechende Anwendung. In diesem Fall ist vor der Bildung der Haftungsquote der notwendige Selbstbehalt jedes Elternteils (vgl. Nr. 21.2) abzusetzen.

14. Verrechnung des Kindergeldes

Kindergeld wird zur Deckung des Barbedarfs verwandt, bei Minderjährigen, die von einem Elternteil betreut werden, zur Hälfte, ansonsten insgesamt (§ 1612a BGB).

Ehegattenunterhalt

15. Unterhaltsbedarf

15.1. Maßgeblich sind jeweils die die ehelichen Lebensverhältnisse prägenden Einkünfte der (geschiedenen) Ehegatten.

Bei Aufnahme oder Erweiterung einer Erwerbstätigkeit nach Trennung/Scheidung gilt das (Mehr-) Einkommen als prägend.

Verfügt der Berechtigte über die ehelichen Lebensverhältnisse nicht prägendes eigenes Einkommen, so kommt die sog. Anrechnungsmethode zur Anwendung. Hier wird das Erwerbseinkommen des Berechtigten mit 9/10 angerechnet.

15.2. Hat der Berechtigte kein eigenes Einkommen, beträgt der Bedarf 9/10 des bereinigten Nettoeinkommens zuzüglich 1/2 der anrechenbaren sonstigen Einkünfte des Verpflichteten.

Hat der Berechtigte eigenes Einkommen, beträgt der Bedarf 9/10 der Differenz zwischen dem anrechenbaren Nettoeinkommen der (geschiedenen) Ehegatten bzw. 1/2 der anrechenbaren sonstigen Einkünfte, jeweils begrenzt durch den vollen Bedarf nach den ehelichen Lebensverhältnissen (§ 1578 BGB).

15.3. Bei einem Familieneinkommen bis zur Höhe des höchsten in der zum Jahr 2022 fortgeschriebenen Düsseldorfer Tabelle ausgewiesenen Einkommensbetrags (11.000 €) ist davon auszugehen, dass dieses vollständig für den Lebensbedarf der Familie verwendet worden ist. Der Unterhaltsbedarf kann in diesem Fall ohne Darlegung der konkreten Einkommensverwendung nach der Einkommensquote bemessen werden.

Bei einem höheren Familieneinkommen muss der Unterhaltsberechtigte jedoch, wenn er dennoch Unterhalt nach der Quotenmethode begehrt, die vollständige Verwendung des Einkommens für den Lebensbedarf darlegen und bei substantiiertem Bestreiten in vollem Umfang beweisen (BGH, Beschluss vom 15.11.2017, Az. XII ZB 503/16, juris; Beschluss vom 29.09.2021 – XII ZB 474/20 -, juris Rn. 20 f.).

Eigenes Einkommen des bedürftigen Ehegatten – Erwerbseinkommen ohne Abzug des Erwerbstätigenbonus – ist hierauf anzurechnen (BGH, FamRZ 2011, 192).

Weitere Unterhaltsansprüche

18. Ansprüche nach § 1615l BGB

Der Bedarf nach § 1615l BGB bemisst sich nach der Lebensstellung des betreuenden Elternteils. Erleidet dieser einen konkreten Verdienstausfall, ist er auch für den Unterhalt zu Grunde zu legen. Der Mindestbedarf entspricht in der Regel dem notwendigen Selbstbehalt eines Nichterwerbstätigen (Ziff. 21.2 a), vgl. BGH, FamRZ 2010, S. 357 ff.

Die Lebensstellung des unterhaltsberechtigten Elternteils richtet sich danach, welche Einkünfte er ohne die Geburt und die Betreuung des gemeinsamen Kindes hätte (BGH FamRZ 2015,1369).

Leistungsfähigkeit und Mangelfall

21. Selbstbehalt des Verpflichteten

21.1. Es ist zu unterscheiden zwischen dem notwendigen (§ 1603 Abs. 2 BGB), dem angemessenen (§ 1603 Abs. 1 BGB), dem eheangemessenen (§§ 1361 Abs. 1, 1578 Abs. 1 BGB) sowie dem billigen Selbstbehalt (§ 1581 BGB).

21.2. Der Selbstbehalt beträgt

gegenüber Minderjährigen und gemäß § 1603 Abs. 2 Satz 2 BGB privilegierten volljährigen Kindern (notwendiger oder kleiner Selbstbehalt)

a. für nicht erwerbstätige Unterhaltspflichtige: 960,- €
b. für erwerbstätige Unterhaltspflichtige: 1.160,- €

Darin enthalten sind 430 € für Unterkunft einschließlich umlagefähiger Nebenkosten und Heizung (Warmmiete).

Der Selbstbehalt kann erhöht werden, wenn die Wohnkosten (Warmmiete) den ausgewiesenen Betrag überschreiten und nicht unangemessen sind.

Verursacht der Umgang des Unterhaltspflichtigen mit den minderjährigen Kindern besondere Kosten, die er nur unter Gefährdung seines Selbstbehalts aufbringen könnte, kommt eine maßvolle Erhöhung in Betracht.

21.3. Der angemessene Selbstbehalt gilt insbesondere gegenüber volljährigen Kindern, die minderjährigen Kindern nicht gleichgestellt sind, sowie gegenüber den Eltern des Unterhaltsverpflichteten und gegenüber Ansprüchen nach § 1615l BGB.

Bei Deckung des Mindestunterhalts gilt auch gegenüber Ansprüchen minderjähriger Kinder und ihnen gleichgestellter volljähriger Kinder der angemessene Selbstbehalt nach 21.3.1.

21.3.1. Der Selbstbehalt beträgt gegenüber volljährigen Kindern, die nicht gemäß § 1603 Abs. 2 Satz 2 BGB privilegiert sind (angemessener oder großer Selbstbehalt): 1400 €. Darin ist eine Warmmiete in Höhe von 550 € enthalten.

21.3.2. Der Selbstbehalt beträgt gegenüber dem getrennt lebenden und geschiedenen Ehegatten (eheangemessener Selbstbehalt) sowie dem nach § 1615l BGB

Unterhaltsberechtigten: 1.280,- €.

Darin enthalten sind bis 490,- € für Warmmiete.

21.3.3. Angemessener Selbstbehalt gegenüber den Eltern: Dem Unterhaltspflichtigen ist der angemessene Eigenbedarf zu belassen. Bei dessen Bemessung sind Zweck und Rechtsgedanken des Gesetzes zur Entlastung unterhaltspflichtiger Angehöriger in der Sozialhilfe und in der Eingliederungshilfe (Angehörigenentlastungsgesetz) vom 10. Dezember 2019 (BGBl. I S. 2135) zu beachten.

21.4. Der billige Selbstbehalt des Unterhaltsverpflichteten beim Ehegattenunterhalt (§ 1581 BGB) beläuft sich in der Regel auf die Mitte zwischen angemessenem und notwendigem Selbstbehalt (derzeit: 1.280 €, bei Warmmiete bis 490 €), unabhängig davon, ob der Unterhaltspflichtige erwerbstätig ist oder nicht.

21.5. Vorteile durch das Zusammenleben mit einer anderen Person können eine Herabsetzung des Selbstbehalts rechtfertigen, es sei denn, das Einkommen des Partners unterschreitet den Betrag des um 10 % verminderten notwendigen Selbstbehalts, derzeit also 864 € (vgl. Guhling, in: Wendl/Dose, Unterhaltsrecht, 10. Aufl. (2019), § 5 Rn. 20).

22. Bedarf des mit dem Unterhaltspflichtigen zusammenlebenden Ehegatten

Das Existenzminimum des unterhaltsberechtigten Ehegatten einschließlich des trennungsbedingten Mehrbedarfs beträgt in der Regel:

1. falls erwerbstätig: 1.160,- €
2. falls nicht erwerbstätig: 960,- €

23. Bedarf des vom Unterhaltspflichtigen getrennt lebenden oder geschiedenen Ehegatten, unabhängig davon, ob erwerbstätig oder nicht erwerbstätig

1. Monatlicher notwendiger Eigenbedarf des von dem Unterhaltspflichtigen getrennt lebenden oder geschiedenen Ehegatten unabhängig davon, ob erwerbstätig oder nicht erwerbstätig:

a. gegenüber einem nachrangigen geschiedenen Ehegatten: 1.280,- €
b. gegenüber nicht privilegierten volljährigen Kindern: 1.400,- €

2. Monatlicher notwendiger Eigenbedarf des Ehegatten, der in einem gemeinsamen Haushalt mit dem Unterhaltspflichtigen lebt, unabhängig davon, ob erwerbstätig oder nicht erwerbstätig:

a. gegenüber einem nachrangigen geschiedenen Ehegatten: 1.024,- €
b. gegenüber nicht privilegierten volljährigen Kindern: 1.120,- €

24. Mangelfall

24.1. Ein Mangelfall liegt vor, wenn das Einkommen des Unterhaltsverpflichteten zur Deckung seines Selbstbehalts und der gleichrangigen Unterhaltsansprüche der Berechtigten nicht ausreicht. Für diesen Fall ist die nach Abzug des Eigenbedarfs (Selbstbehalts) des Unterhaltspflichtigen verbleibende Verteilungsmasse auf die gleichrangigen Unterhaltsberechtigten im Verhältnis ihrer jeweiligen Einsatzbeträge gleichmäßig zu verteilen.

24.2. Die Einsatzbeträge im Mangelfall belaufen sich

bei minderjährigen und diesen nach § 1603 Abs. 2, S. 2 BGB gleichgestellten Kindern auf den Mindestunterhalt der jeweiligen Altersstufe nach der Düsseldorfer Tabelle nach den jeweiligen Zahlbeträgen.

Beim Kindesunterhalt ist im Mangelfall gegenüber Berechtigten im Sinne von § 1609 Nr. 2 BGB trotz Vorrangs nur der Mindestunterhalt anzusetzen, BGH FamRZ 2008, 2189 ff.

Die nach Abzug des Eigenbedarfs (Selbstbehalts) des Unterhaltspflichtigen verbleibende Verteilungsmasse ist anteilig auf die gleichrangigen Unterhaltsberechtigten im Verhältnis ihrer jeweiligen Einsatzbeträge gleichmäßig zu verteilen.

Anrechenbares Einkommen des Unterhaltsberechtigten ist vom Einsatzbetrag abzuziehen.

Sonstiges

25. Rundungen

Der Unterhaltsbetrag ist auf volle Euro aufzurunden.

I. Düsseldorfer Tabelle für den Kindesunterhalt Stand: 01.01.2022

s. S. 5

II. Tabelle Zahlbeträge

Die folgenden Tabellen enthalten die sich nach Abzug des jeweiligen Kindergeldanteils (hälftiges Kindergeld bei Minderjährigen, volles Kindergeld bei Volljährigen) ergebenden Zahlbeträge. In 2022 beträgt das Kindergeld für das erste und zweite Kind jeweils 219 €, für das dritte Kind 225 € und das vierte und jedes weitere Kind jeweils 250 €.

s. S. 10

m) OLG Karlsruhe

s. Süddeutsche Leitlinien

n) OLG Koblenz

Unterhaltsrechtliche Leitlinien der Familiensenate des Oberlandesgerichts Koblenz (KoL) Stand: Januar 2022

(Die Leitlinien orientieren sich weitgehend an den Leitlinien des Oberlandesgerichts Düsseldorf)

Unterhaltsrechtliches Einkommen

1. Geldeinnahmen

1.1. Auszugehen ist vom **Jahresbruttoeinkommen** einschließlich Weihnachts- und Urlaubsgeld sowie sonstiger Zuwendungen, wie z.B. Tantiemen und Gewinnbeteiligungen.

1.2. Einmalige höhere Zahlungen, wie z.B. Abfindungen oder Jubiläumszuwendungen, sind auf einen angemessenen Zeitraum nach Zufluss zu verteilen (in der Regel mehrere Jahre).

1.3. **Überstundenvergütungen** werden in der Regel dem Einkommen voll zugerechnet, soweit sie berufsüblich sind oder nur in geringem Umfang anfallen oder wenn der Mindestunterhalt minderjähriger Kinder oder der entsprechende Unterhalt ihnen nach § 1603 Abs. 2 S. 2 BGB gleichgestellter Volljähriger nicht gedeckt ist. Sonst ist die Anrechnung unter Berücksichtigung des Einzelfalls nach Treu und Glauben zu beurteilen.

1.4. **Auslösungen und Spesen** sind nach den Umständen des Einzelfalls anzurechnen. Soweit solche Zuwendungen geeignet sind, laufende Lebenshaltungskosten zu ersparen, ist diese Ersparnis in der Regel mit 1/3 des Nettobetrags zu bewerten.

1.5. Bei **Selbständigen** ist zur Ermittlung der laufenden oder zukünftigen Einkünfte vom durchschnittlichen Gewinn während eines längeren Zeitraums von in der Regel mindestens drei aufeinander folgenden Jahren, möglichst den letzten drei Jahren, auszugehen; es sei denn, die spezifische Geschäftsentwicklung legt die Berücksichtigung kürzerer oder längerer Zeiträume nahe. Für die Vergangenheit ist von dem in dem jeweiligen Jahr erzielten Einkommen auszugehen; es können jedoch auch die durchschnittlichen Einkünfte aus mehreren Jahren angesetzt werden, wenn der rückständige Unterhalt für diese Gesamtzeit zu ermitteln ist. Bei erheblich schwankenden Einkünften kann auch ein anderer Zeitraum zugrunde gelegt werden. Anstatt auf den Gewinn kann ausnahmsweise auf die Entnahmen abzüglich der Einlagen abgestellt werden, wenn eine zuverlässige Gewinnermittlung nicht möglich oder der Betriebsinhaber unterhaltsrechtlich zur Verwertung seines Vermögens verpflichtet ist.

1.5.1. **Abschreibungen** (Absetzung für Abnutzung, AfA) können insoweit anerkannt werden, als dem steuerlich zulässigen Abzug ein tatsächlicher Wertverlust entspricht. Dies ist bei Gebäuden in der Regel nicht der Fall. Zinsen für Kredite, mit denen die absetzbaren Wirtschaftsgüter finanziert werden, mindern den Gewinn. Wenn und soweit die Abschreibung unterhaltsrechtlich anerkannt wird, sind Tilgungsleistungen nicht zu berücksichtigen.

1.5.2. Steuern und **Vorsorgeaufwendungen** sind nach Nr. 10.1 zu berücksichtigen. Der Gewinn ist nicht um **berufsbedingte Aufwendungen** (Nr. 10.2.) zu kürzen.

1.6. Einkünfte aus **Vermietung und Verpachtung** werden durch eine Überschussrechnung ermittelt. Dabei kann zur Ermittlung durchschnittlicher Einkünfte auf einen Mehrjahreszeitraum abgestellt werden. Für die Vergangenheit ist von dem in dem jeweiligen Jahr erzielten Einkommen auszugehen. Instandhaltungskosten können entsprechend § 28 der Zweiten Berechnungsverordnung pauschaliert werden. Hinsichtlich der Abschreibungen gilt Nr. 1.5.1.

Auch **Kapitaleinkünfte** sind – vermindert um die hierauf entfallenden Steuern – unterhaltsrechtliches Einkommen. Wenn sich die konkrete individuelle Steuerlast nicht ermitteln lässt, kann ein Steuersatz von derzeit höchstens 29 % (Abgeltungssteuer incl. Solidaritätszuschlag und Kirchensteuer) berücksichtigt werden (nach Abzug des Freibetrags von derzeit 801,00 € / 1.602,00 €).

1.7. **Steuererstattungen** sind in der Regel in dem Jahr, in dem sie anfallen, zu berücksichtigen (In-Prinzip); bei Selbständigen kann zur Ermittlung eines repräsentativen Einkommens auf den Zeitraum der Veranlagung abgestellt werden (Für-Prinzip).

1.8. sonstige Einnahmen

2. Sozialleistungen

2.1. **Arbeitslosengeld I** (§§ 136, 145 SGB III) und **Krankengeld** (§ 44 SGB V) sind Einkommen.

2.2. **Arbeitslosengeld II** (§ 19 SGB II) und andere Leistungen nach dem SGB II sind Einkommen beim Verpflichteten, beim Berechtigten nur, soweit der Unterhaltsanspruch nicht nach § 33 SGB II auf den Leistungsträger übergegangen ist. Nicht subsidiäre Leistungen nach dem SGB II sind Einkommen, insbesondere befristete Zuschläge (§ 24 SGB II a.F.) und Entschädigung für Mehraufwendungen (§ 16 SGB II a.F., § 16a SGB II a.F.).

2.3. **Wohngeld** ist Einkommen, soweit es nicht erhöhte Wohnkosten abdeckt.

2.4. **BAföG-Leistungen** (außer Vorausleistungen nach § 36 BAföG) sind Einkommen, auch soweit sie als Darlehen gewährt werden.

2.5. **Elterngeld** ist Einkommen, soweit es über den Sockelbetrag von 300 € bzw. 150 € bei verlängertem Bezug hinausgeht. Der Sockelbetrag sowie **Erziehungsgeld** sind nur dann Einkommen, wenn einer der Ausnahmefälle der §§ 11 BEEG, 9 S. 2 BErzGG vorliegt.

2.6. Unfall-, Versorgungs- und Waisenrenten sowie Übergangsgelder aus der Unfall- bzw. Rentenversicherung sind Einkommen.

2.7. Leistungen aus der Pflegeversicherung, Blindengeld, Schwerbeschädigten- und Pflegezulagen nach Abzug eines Betrages für tatsächliche Mehraufwendungen sind Einkommen; bei Sozialleistungen nach § 1610a BGB wird widerlegbar vermutet, dass sie durch Aufwendungen aufgezehrt werden.

2.8. Der Anteil des an die Pflegeperson weitergeleiteten **Pflegegeld**es, durch den ihre Bemühungen abgegolten werden, ist Einkommen. Bei Pflegegeld aus der Pflegeversicherung gilt dies nur nach Maßgabe des § 13 Abs. 6 SGB XI.

2.9. Die **Grundsicherung** nach §§ 41ff. SGB XII ist beim Verwandtenunterhalt (insbesondere Eltern- und Kindesunterhalt) als Einkommen des Beziehers zu berücksichtigen, nicht aber beim Ehegattenunterhalt.

2.10. **Sozialhilfe** ist kein Einkommen des Berechtigten; jedoch kann die Geltendmachung von Unterhalt durch den Hilfeempfänger treuwidrig sein, wenn er infolge des Ausschlusses des Anspruchsübergangs (vgl. § 94 Abs. 1 S. 3 und 4, Abs. 2 und 3 SGB XII) – insbesondere für die Vergangenheit (aber allenfalls bis zur Rechtshängigkeit) – durch die Sozialhilfe und den Unterhalt mehr als seinen Bedarf erhalten würde.

2.11. Leistungen nach dem **Unterhaltsvorschussgesetz** sind kein Einkommen.

3. Kindergeld, Kinderzuschüsse und Kinderzuschlag

Kindergeld ist unterhaltsrechtlich kein Einkommen der Eltern, sondern dient der Bedarfsdeckung des Kindes. Kinderzuschüsse zur Rente sind, wenn die Gewährung des staatlichen Kindergeldes entfällt (§ 4 BKGG, § 65 EStG; § 270 SGB VI), in dessen Höhe wie Kindergeld, im Übrigen wie Einkommen der Eltern zu behandeln. Der Kinderzuschlag (§ 6a BKGG) ist unterhaltsrechtlich in voller Höhe Einkommen des Kindes und eine Aufteilung in einen Barunterhalts- und einen Betreuungsunterhaltsteil findet nicht statt.

4. Geldwerte Zuwendungen des Arbeitgebers

Geldwerte Zuwendungen des Arbeitgebers aller Art, z.B. Firmenwagen, freie Kost und Logis, mietgünstige Wohnung, sind – in der Regel in Höhe der steuerlichen Ansätze (für Firmenwagen: §§ 6, 8 EStG: 1 % des Bruttolistenpreises zuzüglich 0,03 % des Bruttolistenpreises je Entfernungs-km zwischen Wohnung und Arbeitsstätte) – dem Einkommen hinzuzurechnen, soweit sie entsprechende Eigenaufwendungen ersparen. Die Abzugsfähigkeit von Fahrtkosten (vgl. Nr. 10.2.2.) ist separat zu prüfen.

5. Wohnwert

Der Wohnvorteil durch mietfreies Wohnen im eigenen Heim ist als wirtschaftliche Nutzung des Vermögens wie Einkommen zu behandeln, wenn sein Wert die Belastungen übersteigt, die unter Berücksichtigung der staatlichen Eigenheimförderung durch die allgemeinen Grundstückskosten und -lasten, durch Annuitäten und durch sonstige nicht nach § 556 BGB umlagefähige Kosten entstehen.

Zinsen sind in diesem Zusammenhang absetzbar, **Tilgungsleistungen**, wenn sie nicht der einseitigen Vermögensbildung dienen. Im Übrigen kommt beim **Elternunterhalt** eine Berücksichtigung von Tilgungsleistungen inklusive der Zinsen bis zur Höhe des Wohnwerts, darüber hinaus jedoch nur unter dem Gesichtspunkt der ergänzenden Altersvorsorge in Betracht (vgl. Nr. 10.1.2). Beim **Ehegattenunterhalt** ist bei Alleineigentum eines Ehegatten im Falle von Gütertrennung sowie ab Zustellung des Scheidungsantrags auch bei Alleineigentum eines Ehegatten im Falle des gesetzlichen Güterstands zu differenzieren: Auf der Bedarfsebene ist die Tilgung neben den Zinsen bis zu einem Gesamtbetrag in Höhe des Wohnwerts abzugsfähig, darüber hinaus kommt dies nur unter dem Gesichtspunkt der ergänzenden Altersvorsorge in Betracht (vgl. Nr. 10.1.2). Das Gleiche gilt auf der Bedürftigkeits- und Leistungsfähigkeitsebene, jedoch unter den Einschränkungen der §§ 1577 Abs. 3, 1581 S. 2 BGB, deren Rechtsgedanken auch im Trennungsunterhalt gelten. Beim **Kindesunterhalt** ist unabhängig von den Eigentumsverhältnissen der Eltern auf der Bedarfsebene die Tilgung neben den Zinsen bis zu einem Gesamtbetrag in Höhe des Wohnwerts abzugsfähig. Darüber hinaus kommt, soweit nicht der Mindestunterhalt betroffen ist, jedenfalls ein Abzug unter dem Gesichtspunkt der ergänzenden Altersvorsorge in Betracht (vgl. Nr. 10.1.2). Auf der Leistungsfähigkeitsebene gelten die allgemeinen Grundsätze der Berücksichtigungsfähigkeit von Schulden beim Kindesunterhalt.

Auszugehen ist von der erzielbaren Miete (objektiver oder voller Wohnwert). Wenn es nicht möglich oder zumutbar ist, die Wohnung aufzugeben und das Objekt zu vermieten oder zu veräußern, kann stattdessen die ersparte Miete angesetzt werden, die angesichts der persönlichen und wirtschaftlichen Verhältnisse angemessen wäre (subjektiver oder angemessener Wohnwert). Dies kommt insbesondere für die Zeit bis zur endgültigen Vermögensauseinandersetzung oder bis zur Zustellung des Scheidungsantrags in Betracht, wenn ein Ehegatte das Eigenheim allein bewohnt.

6. Haushaltsführung

Führt jemand einem leistungsfähigen Dritten den Haushalt, so ist hierfür, soweit es sich nicht um eine überobligatorische Leistung handelt, ein (fiktives) Einkommen von regelmäßig 350 € anzusetzen.

7. Einkommen aus unzumutbarer Erwerbstätigkeit

Einkünfte aus Nebentätigkeit und unzumutbarer Erwerbstätigkeit sind im Rahmen der Billigkeit (vgl. §§ 242, 1577 Abs. 2 BGB) als Einkommen zu berücksichtigen.

8. Freiwillige Zuwendungen Dritter

Freiwillige Leistungen Dritter (z.B. Geldleistungen, mietfreies Wohnen) sind kein Einkommen, es sei denn, dass die Anrechnung dem Willen des Dritten entspricht.

9. Erwerbsobliegenheit und Einkommensfiktion

Einkommen sind auch aufgrund einer unterhaltsrechtlichen Obliegenheit erzielbare – d.h. fiktive – Einkünfte. Dabei dürfen die Anforderungen nicht überspannt werden. Es ist auf das Einkommen abzustellen, das aufgrund Ausbildung, Erwerbsbiographie und persönlicher Umstände (z.B. Alter, Gesundheitszustand) mit Wahrscheinlichkeit erzielt werden kann. Richtschnur können dabei bestehende Tarifverträge, Mindestlöhne oder zuvor oder aktuell tatsächlich erzielte Stundenlöhne sein.

10. Bereinigung des Einkommens

10.1. **Steuern und Vorsorgeaufwendungen**:

Vom Bruttoeinkommen sind Steuern, Sozialabgaben und/oder angemessene Vorsorgeaufwendungen abzusetzen (Nettoeinkommen).

10.1.1. Steuerzahlungen und -nachzahlungen sind in der Regel in dem Jahr, in dem sie anfallen, zu berücksichtigen (In-Prinzip). Bei Selbständigen kann auf den Zeitraum der Veranlagung abgestellt werden (Für-Prinzip). Grundsätzlich ist jeder gehalten, ihm zustehende Steuervorteile in Anspruch zu nehmen; hierzu gehört auch das Realsplitting, soweit der Unterhaltsanspruch anerkannt ist, rechtskräftig feststeht oder freiwillig erfüllt wird (BGH FamRZ 2007, 793). Ob im laufenden Jahr von der Möglichkeit der Eintragung eines Freibetrages Gebrauch zu machen ist, richtet sich nach den Umständen des Einzelfalls. Werden Aufwendungen unterhaltsrechtlich nicht berücksichtigt, die zu steuerlichen Entlastungen führen, sind die entsprechenden Steuervorteile aus den Steuerbescheiden herauszurechnen.

10.1.2. Personen, die der gesetzlichen Rentenversicherung nicht unterliegen, können für ihre Altersvorsorge regelmäßig 20 % ihres Bruttoeinkommens aufwenden. Für eine zusätzliche Altersvorsorge können sie ebenso wie gesetzlich Rentenversicherte weitere 4 % (bei Elternunterhalt 5 %) ihres Bruttoeinkommens einsetzen. Ferner können bei Personen, die der gesetzlichen Rentenversicherung unterliegen, 20 % des oberhalb der Beitragsbemessungsgrenze der gesetzlichen Rentenversicherung liegenden Einkommens als angemessene Altersversorgung aufgewendet werden.

10.2. **Berufsbedingte Aufwendungen**

10.2.1. Berufsbedingte Aufwendungen, die sich von den privaten Lebenshaltungskosten nach objektiven Merkmalen abgrenzen lassen, sind vom Einkommen abzuziehen, wobei bei entsprechenden Anhaltspunkten eine Pauschale von 5 % des Nettoeinkommens – bei Vollerwerbstätigkeit – mindestens 50 €, bei Teilzeitarbeit auch weniger, und höchstens 150 € monatlich – geschätzt werden kann. Übersteigen die berufsbedingten Aufwendungen die Pauschale, sind sie insgesamt nachzuweisen.

10.2.2. Als notwendige Kosten der berufsbedingten Nutzung eines Kraftfahrzeugs können in der Regel 14 € (bis 31.12.2021: 10 €) pro Entfernungskilometer im Monat angesetzt werden. Hierin sind alle mit dem Kfz verbundenen Kosten enthalten (einschließlich Finanzierungskosten). Bei längerer Fahrtstrecke (über 30 Entfernungskilometer) kommt eine Kürzung der Pauschale (ab dem 31. Kilometer) auf die Hälfte in Betracht.

10.2.3. Bei einem Auszubildenden sind in der Regel 100 € als ausbildungsbedingter Aufwand abzuziehen.

10.3. **Kinderbetreuung**

Konkret dargelegte Kinderbetreuungskosten sind abzuziehen, soweit die Betreuung durch Dritte infolge der Berufstätigkeit erforderlich ist. Zum Aufwand für die Betreuung des Kindes zählen nicht die Kosten des Kindergartenbesuchs, diese sind Mehrbedarf des Kindes.

10.4. **Schulden**

Schulden können je nach den Umständen des Einzelfalls (Art, Grund und Zeitpunkt des Entstehens) das anrechenbare Einkommen vermindern. Die Abzahlung soll im Rahmen eines Tilgungsplans in angemessenen Raten erfolgen. Dabei sind die Belange von Unterhaltsgläubiger, Unterhaltsschuldner und Drittgläubiger gegeneinander abzuwägen.

10.5. **Unterhaltsleistungen**

Unterhaltsleistungen an minderjährige oder privilegiert volljährige Kinder sind stets vorweg abzuziehen. Im Übrigen richtet sich der Abzug nach den Umständen des Einzelfalles.

10.6. **Vermögensbildung**

Vermögenswirksame Leistungen vermindern das Einkommen nicht, es sei denn, sie sind als angemessene Vorsorgeaufwendungen (Nr. 10.1.2.) anzuerkennen. Bei gehobenen Einkünften können **Aufwendungen zur Vermögensbildung, die bereits die ehelichen Lebensverhältnisse geprägt haben** und nach dem vorhandenen Einkommen vom Standpunkt eines vernünftigen Betrachters aus als angemessen erscheinen, einkommensmindernd berücksichtigt werden (BGH FamRZ 2007, 1532).

10.7. **Umgangskosten**

Erhöhte Umgangskosten können – je nach den Umständen des Einzelfalles – berücksichtigt werden.

Kindesunterhalt

11. Bemessungsgrundlage (Tabellenunterhalt)

Der Kindesunterhalt ist der Düsseldorfer Tabelle zu entnehmen. Bei minderjährigen Kindern kann er als Festbetrag oder als Prozentsatz des Mindestunterhalts geltend gemacht werden.

11.1. In den Unterhaltsbeträgen sind **Beiträge zur Kranken- und Pflegeversicherung**, Studiengebühren und Semestergebühren, sowie **Kindergartenbeiträge** und Privatschulgebühren nicht enthalten.

11.2. Bei minderjährigen Kindern, die bei einem Elternteil leben, richtet sich die Eingruppierung in die Düsseldorfer Tabelle nach dem anrechenbaren Einkommen des anderen Elternteils. Ab- oder Zuschläge (Anm. A. 1 der Düsseldorfer Tabelle) kommen in Betracht. Für volljährige Kinder: siehe 13.1.

12. Minderjährige Kinder

12.1. Der betreuende Elternteil braucht in der Regel keinen Barunterhalt für das minderjährige Kind zu leisten, es sei denn, sein Einkommen ist bedeutend höher als das des anderen Elternteils oder dessen angemessener Bedarf (§ 1603 Abs. 2 Satz 3 BGB, Anm. A 5 II der Düsseldorfer Tabelle) ist bei Leistung des Barunterhalts gefährdet und der angemessene Selbstbehalt des Betreuenden ist auch bei (anteiliger) Leistung des Barunterhalts gewahrt. Die Unterhaltspflicht mit dem Einkommen, das den angemessenen Selbstbehalt übersteigt, wird davon nicht berührt (BGH, FamRZ 2011, 1041).

12.2. Das bereinigte Einkommen des Kindes, das von einem Elternteil betreut wird, wird nur zur Hälfte auf den Barbedarf angerechnet; im Übrigen kommt es dem betreuenden Elternteil zu Gute.

12.3. Sind, z. B. bei auswärtiger Unterbringung des Kindes, beide Eltern zum Barunterhalt verpflichtet, haften sie anteilig nach Nr. 13.3 für den Gesamtbedarf.

12.4. Bei **Zusatzbedarf** (Prozesskostenvorschuss, Mehrbedarf, Sonderbedarf) haften die Eltern anteilig nach ihren Erwerbs- und Vermögensverhältnissen (§ 1606 Abs. 3 Satz 1 BGB).

13. Volljährige Kinder

13.1. Der Unterhalt für volljährige Kinder, die noch im Haushalt der Eltern oder eines Elternteils wohnen, richtet sich nach der 4. Altersstufe der Düsseldorfer Tabelle. Ihr Bedarf bemisst sich, falls beide Eltern leistungsfähig sind, in der Regel nach dem zusammengerechneten Einkommen ohne Höhergruppierung nach Anm. A. 1 der Düsseldorfer Tabelle. Für die Haftungsquote gilt Nr. 13.3. Ein Elternteil hat jedoch höchstens den Unterhalt zu leisten, der sich allein – unter Berücksichtigung von Anm. A. 1 der Düsseldorfer Tabelle – nach seinem Einkommen als Zahlbetrag ergibt.

Der angemessene Gesamtunterhaltsbedarf eines volljährigen Kindes mit eigenem Hausstand beträgt in der Regel monatlich 860 € (darin ist eine Warmmiete bis 375 € enthalten). Von diesem Regelbetrag kann bei entsprechender Lebensstellung der Eltern abgewichen werden. Hinzu kommen anzuerkennende Studiengebühren sowie im Falle einer nicht gegebenen Familienversicherung die Kosten der Kranken- und Pflegeversicherung.

13.2. Das bereinigte Einkommen des volljährigen Kindes wird in der Regel in vollem Umfange auf den Bedarf angerechnet. Bei Einkünften aus unzumutbarer Erwerbstätigkeit (was in der Regel bei Nebentätigkeiten von Schülern oder Studenten angenommen werden kann) gilt § 1577 Abs. 2 BGB entsprechend. Zu den Einkünften des Kindes gehören auch BAföG-Darlehen und Ausbildungsbeihilfen.

13.3. Sind beide Eltern barunterhaltspflichtig, bemisst sich die **Haftungsquote** nach dem Verhältnis ihrer anrechenbaren Einkünfte. Diese sind vorab jeweils um den Sockelbetrag zu kürzen. Der Sockelbetrag entspricht dem angemessenen Selbstbehalt gemäß Anm. A. 5 Abs. 2 der Düsseldorfer Tabelle, bei minderjährigen unverheirateten und ihnen gleichgestellten volljährigen Kindern (§ 1603 Abs. 2 S. 2 BGB) jedoch dann dem notwendigen Selbstbehalt gemäß Anm. A. 5 Abs. 1 der Düsseldorfer Tabelle, wenn bei einem Sockelbetrag in Höhe des angemessenen Selbstbehalts der Bedarf dieser Kinder nach der ersten Einkommensgruppe nicht sichergestellt ist.

Bei minderjährigen unverheirateten und ihnen gleichgestellten volljährigen Kindern (§ 1603 Abs. 2 Satz 2 BGB) sind die anrechenbaren Einkommen der Eltern außerdem wegen gleichrangiger Unterhaltspflichten und bei anderen volljährigen Kindern wegen vorrangiger Unterhaltspflichten zu kürzen.

Der Verteilungsschlüssel kann bei Vorliegen besonderer Umstände (z. B. Betreuung eines behinderten Volljährigen) wertend verändert werden.

14. Verrechnung des Kindergeldes

Kindergeld wird nach § 1612b BGB zur Deckung des Barbedarfs verwandt, bei Minderjährigen, die von einem Elternteil betreut werden, zur Hälfte, ansonsten insgesamt.

Ehegattenunterhalt

15. Unterhaltsbedarf

15.1. Der Bedarf der Ehegatten richtet sich nach ihren Einkommens- und Vermögensverhältnissen im Unterhaltszeitraum, soweit diese als die ehelichen Lebensverhältnisse nachhaltig prägend anzusehen sind. Die ehelichen Lebensverhältnisse im Sinne von § 1578 Abs. 1 Satz 1 BGB werden dabei grundsätzlich durch die Umstände bestimmt, die bis zur Rechtskraft der Ehescheidung eingetreten sind. Nachträgliche Entwicklungen wirken sich auf die Bedarfsbemessung nach den ehelichen Lebensverhältnissen aus, wenn sie auch bei fortbestehender Ehe eingetreten wären oder in anderer Weise in der Ehe angelegt und mit hoher Wahrscheinlichkeit zu erwarten waren (BGH FamRZ 2012, 281).

Es ist von einem Mindestbedarf auszugehen, der nicht unter dem Existenzminimum für nicht Erwerbstätige liegen darf (Anm. B V Nr. 2 der Düsseldorfer Tabelle).

Ebenso können einem neuen Partner gegenüber erbrachte geldwerte Versorgungsleistungen als Surrogat der früheren Haushaltstätigkeit angesehen werden.

Die den Lebenszuschnitt mitbestimmenden Nutzungsvorteile mietfreien Wohnens im eigenen Haus (Nr. 5) setzen sich an Zinsvorteilen des Verkaufserlöses fort. Bei Berechnung des Bedarfs ist von dem anrechenbaren Einkommen des Pflichtigen (Nr. 10) vorab der die Ehe prägende Unterhalt (Zahlbetrag) der Kinder abzuziehen.

Auch die Ehe prägender Unterhalt für nachrangige volljährige Kinder ist abzusetzen, wenn den Eheleuten ein angemessener Unterhalt verbleibt.

15.2. Der Bedarf eines jeden Ehegatten ist grundsätzlich mit der Hälfte des unterhaltsrechtlich relevanten Einkommens beider Ehegatten anzusetzen. Jedem erwerbstätigen Ehegatten steht vorab ein Bonus von 1/10 seiner Erwerbseinkünfte als Arbeitsanreiz und zum Ausgleich derjenigen berufsbedingten Aufwendungen zu, die sich nicht nach objektiven Merkmalen eindeutig von den privaten Lebenshaltungskosten abgrenzen lassen. Von einer Steuerrückerstattung ist ein Erwerbstätigenbonus in Abzug zu bringen, wenn diese vom Erwerbseinkommen abgezogene Steuern betrifft. Der Bonus ist vom Erwerbseinkommen nach Abzug berufsbedingter Aufwendungen, des Kindesunterhalts, ggf. der Betreuungskosten sowie sonstiger berücksichtigungsfähiger Schulden und Aufwendungen zu errechnen. Von einer als Ersatz für fortgefallenes Arbeitseinkommen vom Arbeitgeber gezahlten und auf einen längeren Zeitraum umzulegenden Abfindung ist ein Erwerbstätigenbonus nicht in Abzug zu bringen.

15.3. Bei sehr guten Einkommensverhältnissen (in der Regel mindestens das Doppelte des Höchstbetrages nach der Düsseldorfer Tabelle als unterhaltsrechtlich bereinigtes Nettoeinkommen der Eheleute) kommt eine **konkrete Bedarfsberechnung** in Betracht.

15.4 Verlangt der Berechtigte neben dem Elementarunterhalt für Alter, Krankheit und Pflegebedürftigkeit **Vorsorgeunterhalt**, den er aus seinen eigenen Einkünften nicht decken kann, sind zur Ermittlung des geschuldeten Elementarunterhalts grundsätzlich die vom Pflichtigen geschuldeten Beträge wie eigene Vorsorgeaufwendungen (Nr. 10.1) von seinem Einkommen vorweg abzuziehen.

Altersvorsorgeunterhalt wird nicht geschuldet, wenn das Existenzminimum (notwendiger Selbstbehalt) des Berechtigten nicht gesichert ist. Zur Ermittlung des Krankheitsvorsorgeunterhalts hat der Berechtigte konkret die Kosten einer eheangemessenen Absicherung gegen Krankheit darzulegen.

Zur Ermittlung des Altersvorsorgeunterhalts wird zunächst ein vorläufiger Elementarunterhalt nach Nr. 15.2., 21.4. bestimmt. Einkünfte des Berechtigten, die zu keiner Altersvorsorge führen, bleiben unberücksichtigt. Hinzu kommt ein Zuschlag entsprechend der jeweils gültigen Bremer Tabelle. Von dieser Bruttobemessungsgrundlage wird mit Hilfe des jeweiligen Beitragssatzes in der gesetzlichen Rentenversicherung (Arbeitgeber- und Arbeitnehmerbeitrag) der Vorsorgeunterhalt errechnet. Dieser wird vom bereinigten Nettoeinkommen des Verpflichteten abgezogen; auf dieser Basis wird der endgültige Elementarunterhalt errechnet.

Betreibt der Unterhaltspflichtige eine unterhaltsrechtlich anzuerkennende zusätzliche Altersvorsorge, ist dies auch dem Unterhaltsberechtigten durch eine Erhöhung des Altersvorsorgeunterhalts in entsprechender Größenordnung im Wege eines Zuschlags einer entsprechenden Anzahl von Prozentpunkten zum Beitragssatz der gesetzlichen Rentenversicherung zu ermöglichen (BGH FamRZ 2020, 21).

Die zweistufige Berechnung und der Vorwegabzug des Vorsorgeunterhalts für Alter, Krankheit oder Pflegebedürftigkeit können unterbleiben, wenn und soweit der Verpflichtete über nicht prägendes Einkommen verfügt, das den Mehrbedarf übersteigt, oder wenn und soweit auf den Bedarf nicht prägendes Einkommen des Berechtigten angerechnet wird (BGH FamRZ 1999, 372).

15.5. Die **Unterhaltspflichten für neue Ehegatten** sowie für **nachehelich geborene Kinder** und den **dadurch bedingten Betreuungsunterhalt nach § 1615l BGB** sind nicht bei der Bemessung des Unterhaltsbedarfs eines geschiedenen Ehegatten zu berücksichtigen.

16. Bedürftigkeit

Eigenes Einkommen des Berechtigten mindert den nach Nr. 15 ermittelten Bedarf.

17. Erwerbsobliegenheit

17.1. Bei Kindesbetreuung besteht bis zur Vollendung des dritten Lebensjahres eines gemeinschaftlichen Kindes keine Erwerbsobliegenheit. Gleichwohl erzieltes Erwerbseinkommen ist überobligatorisch und nach den Umständen des Einzelfalls zu berücksichtigen (BGH FamRZ 2009, 770; FamRZ 2009, 1124; FamRZ 2009, 1391).

Nach Vollendung des dritten Lebensjahres des Kindes kommt es bei Beurteilung der Frage, ob und inwieweit der betreuende Ehegatte bei einer bestehenden Betreuungsmöglichkeit auf eine Erwerbstätigkeit verwiesen werden kann, auf die Verhältnisse des Einzelfalls an. Bei besonderer Betreuungsbedürftigkeit des Kindes und bei nicht oder nur unzureichender Fremdbetreuung (kindbezogene Gründe, § 1570 Abs. 1 S. 2 BGB) kommt ein Unterhaltsanspruch auch nach Vollendung des dritten Lebensjahres des Kindes in Betracht.

Eine Erwerbstätigkeit des betreuenden Ehegatten kann auch aus Gründen der nachehelichen Solidarität ganz oder teilweise unbillig erscheinen. Hierbei sind das in der Ehe gewachsene Vertrauen in die vereinbarte und praktizierte Rollenverteilung und die gemeinsame Ausgestaltung der Kinderbetreuung sowie der Dauer der Ehe zu berücksichtigen (elternbezogene Gründe, § 1570 Abs. 2 BGB).

Die Erwerbsobliegenheit beurteilt sich auch danach, ob eine Erwerbstätigkeit neben der Betreuung des Kindes zu einer überobligationsmäßigen Belastung führen würde. Die Darlegungs- und Beweislast für die Umstände, die einer vollen oder teilweisen Erwerbsobliegenheit ab Vollendung des dritten Lebensjahres des Kindes entgegenstehen, trifft den betreuenden Ehegatten. Dies gilt auch, wenn ein Titel über den Basisunterhalt nach § 1570 Abs. 1 S. 1 BGB abgeändert werden soll.

Der Betreuungsunterhalt nach § 1570 BGB ist nicht nach § 1578b BGB zu befristen.

17.2. In der Regel besteht spätestens ein Jahr nach der Trennung eine Obliegenheit zur Aufnahme oder Ausweitung einer Erwerbstätigkeit. Dabei sind die unter 17.1 genannten Grundsätze anzuwenden.

Ansprüche nach § 1615l BGB, Elternunterhalt, Lebenspartnerschaft

18. Ansprüche nach § 1615l BGB

Der Bedarf nach § 1615l BGB bemisst sich nach der bisherigen Lebensstellung des betreuenden Elternteils. Er ist auch dann nicht nach dem Einkommen des Pflichtigen zu bemessen, wenn dieser mit dem betreuenden Elternteil zusammengelebt hat (BGH FamRZ 2008, 1739; FamRZ 2010, 357). Der Bedarf, der sich auch aus einem Unterhaltsanspruch gegen einen früheren Ehegatten ergeben kann, darf das Existenzminimum für Nichterwerbstätige (Anm. B V Nr. 2 der Düsseldorfer Tabelle) nicht unterschreiten (BGH FamRZ 2010, 357, FamRZ 2010, 444).

Zur Frage der Berücksichtigung eigener Einkünfte, zu Abzügen hiervon und zur Erwerbsobliegenheit gelten die Ausführungen für den Ehegatten entsprechend.

19. Elternunterhalt

Der Bedarf der Eltern bemisst sich in erster Linie nach deren Einkommens- und Vermögensverhältnissen. Mindestens muss jedoch das Existenzminimum eines Nichterwerbstätigen (Anm. B V Nr. 2 der Düsseldorfer Tabelle: 960 €) sichergestellt werden. Darin sind Kosten der Kranken- und Pflegeversicherung nicht enthalten. Etwaiger Mehrbedarf (z.B. Heimunterbringung) ist zusätzlich auszugleichen.

20. Lebenspartnerschaft

Bei Getrenntleben oder Aufhebung der Lebenspartnerschaft gelten §§ 12, 16 LPartG.

Leistungsfähigkeit und Mangelfall

21. Selbstbehalt des Verpflichteten

21.1. Der Unterhaltsverpflichtete ist leistungsfähig, wenn ihm der Selbstbehalt verbleibt. Es ist zu unterscheiden zwischen dem notwendigen (§ 1603 Abs. 2 BGB), dem angemessenen (§ 1603 Abs. 1 BGB) sowie dem billigen Selbstbehalt (§ 1581 BGB).

21.2. Der **notwendige Selbstbehalt** gegenüber minderjährigen unverheirateten und ihnen gleichgestellten volljährigen Kindern (§ 1603 Abs. 2 Satz 2 BGB) beträgt beim nicht erwerbstätigen Unterhaltspflichtigen monatlich 960 €, beim erwerbstätigen Unterhaltspflichtigen monatlich 1.160 €. Hierin sind 430 € für Unterkunft einschließlich umlagefähiger Nebenkosten und Heizung (Warmmiete) enthalten. Der Selbstbehalt kann angemessen erhöht werden, wenn dieser Betrag im Einzelfall erheblich überschritten wird und dies nicht vermeidbar ist.

21.3. Der **angemessene Selbstbehalt** gilt insbesondere gegenüber volljährigen Kindern, die minderjährigen Kindern nicht gleichgestellt sind, sowie gegenüber den Eltern des Unterhaltsverpflichteten und gegenüber Ansprüchen nach § 1615l BGB.

21.3.1. Er beträgt **gegenüber volljährigen Kindern** in der Regel mindestens monatlich 1.400 €, darin ist eine Warmmiete bis 550 € enthalten.

21.3.2. Er beträgt **gegenüber Ansprüchen nach 1615 l BGB** beim nicht erwerbstätigen Unterhaltspflichtigen monatlich 1.180 €, beim erwerbstätigen Unterhaltspflichtigen monatlich 1.280 €, darin ist eine Warmmiete bis 490 € enthalten.

21.3.3. **Gegenüber Eltern** beträgt der Selbstbehalt monatlich mindestens 2.000 € (einschließlich 700 € Warmmiete) zuzüglich der Hälfte des darüber hinausgehenden Einkommens.

21.3.4. Der **Selbstbehalt von Großeltern gegenüber Enkeln** entspricht dem Selbstbehalt beim Elternunterhalt.

21.4. Der **billige Selbstbehalt** des Unterhaltsverpflichteten **beim Ehegattenunterhalt** (§ 1581 BGB) beläuft sich in der Regel auf die Mitte zwischen angemessenem und notwendigem Selbstbehalt (derzeit: beim nicht erwerbstätigen Unterhaltspflichtigen monatlich gerundet 1.180 €, beim erwerbstätigen Unterhaltspflichtigen monatlich gerundet 1.280 €, bei Warmmiete bis 490 €).

21.5. Vorteile durch das **Zusammenleben mit einer anderen Person** können eine Herabsetzung des Selbstbehalts rechtfertigen, es sei denn, deren Einkommen liegt unter 650 €. Dabei beträgt die Ersparnis im Regelfall 10 % des Selbstbehalts.

22. Notwendiger Bedarf des mit dem Pflichtigen zusammenlebenden Ehegatten

Insoweit wird auf Anm. B VI Nr. 2 der Düsseldorfer Tabelle verwiesen.

23. Mangelfall

23.1. Ein Mangelfall liegt vor, wenn das Einkommen des Unterhaltsverpflichteten zur Deckung seines Selbstbehalts und der Unterhaltsansprüche der gleichrangigen Berechtigten nicht ausreicht. Für diesen Fall ist die nach Abzug des Selbstbehalts des Unterhaltspflichtigen verbleibende Verteilungsmasse auf die gleichrangigen Unterhaltsberechtigten im Verhältnis ihrer jeweiligen Einsatzbeträge gleichmäßig zu verteilen.

23.2. **Die Einsatzbeträge im Mangelfall** sind (nach Maßgabe der in § 1609 BGB geregelten Rangfolge)

23.2.1. bei minderjährigen und diesen nach § 1603 Abs. 3, S. 2 BGB gleichgestellten Kindern der jeweilige Zahlbetrag des Mindestunterhalts.

23.2.2. bei getrennt lebenden oder geschiedenen Ehegatten und bei mit dem Pflichtigen in gemeinsamem Haushalt lebenden Ehegatten, sowie bei nach § 1615l BGB Unterhaltsberechtigten der jeweilige ungedeckte Bedarfsbetrag.

Rundung, Anhang

24. Rundung

Der Unterhalt ist auf volle Euro zu runden.

Anhang

Düsseldorfer Tabelle nebst Anmerkungen, s. S. 5.

o) OLG Köln

Unterhaltsleitlinien der Familiensenate des Oberlandesgerichts Köln
Stand: Januar 2022

Vorbemerkung

Die Familiensenate des OLG Köln verwenden diese Leitlinien für den Regelfall, um eine in praktisch bedeutsamen Unterhaltsfragen möglichst einheitliche Rechtsprechung zu erreichen. Die Leitlinien können die Richter nicht binden. Sie sollen die angemessene Lösung des Einzelfalls – das gilt auch für die »Tabellen-Unterhaltssätze« – nicht antasten.

Die Leitlinien folgen der Düsseldorfer Tabelle und den Süddeutschen Leitlinien, weichen jedoch in Einzelfragen davon ab.

Die Leitlinien gelten ab 1. Januar 2022. Gegenüber den ab dem 1. Januar 2021 geltenden Leitlinien ergeben sich Änderungen in den Ziffern 10.2.2, 10.5, 11, 15.2 und 16 sowie den Anhängen I. und II.

Unterhaltsrechtliches Einkommen

Bei der Ermittlung und Zurechnung von Einkommen ist stets zu unterscheiden, ob es um Verwandten- oder Ehegattenunterhalt sowie ob es um Bedarfsbemessung einerseits oder Feststellung der Bedürftigkeit/Leistungsfähigkeit andererseits geht.

Das unterhaltsrechtliche Einkommen ist nicht immer identisch mit dem steuerrechtlichen Einkommen.

1 Geldeinnahmen

1.1 Regelmäßiges Bruttoeinkommen einschl. Renten und Pensionen

Auszugehen ist vom Bruttoeinkommen als Summe aller Einkünfte.

1.2 Unregelmäßiges Einkommen

Soweit Leistungen nicht monatlich anfallen (z.B. Weihnachts- und Urlaubsgeld), werden sie auf ein Jahr verteilt. Einmalige Zahlungen (z.B. Abfindungen) sind auf einen angemessenen Zeitraum (i.d.R. mehrere Jahre) zu verteilen.

Eine zusätzlich zu dem in unveränderter Höhe bezogenen Einkommen erhaltene Abfindung bleibt jedenfalls für den Ehegattenunterhalt unberücksichtigt (BGH, Urt. v. 2.6.2010 – XII ZR 138/08, FamRZ 2010, 1311). Im Übrigen ist eine Abfindung bis zur Höchstgrenze des Bedarfs aufgrund des früheren Einkommens grundsätzlich für den Unterhalt zu verwenden (BGH, Urt. v. 28.03.2007 – XII ZR 163/04, FamRZ 2007, 983, v. 02.06.2010 – XII ZR 138/08, FamRZ 2010, 1311 und v. 08.04.2012 – XII ZR 65/10, FamRZ 2012, 1040, teilweise Aufgabe von BGH, Urt. v. 29.01.2003 – XII ZR 92/01, FamRZ 2003, 590).

Ob eine Aufstockung bis zum bisherigen Einkommen geboten ist und der bisherige Lebensstandard vollständig aufrechterhalten werden muss oder ob eine nur teilweise Aufstockung angemessen ist, um die Abfindung auf einen längeren Zeitraum zu verteilen, beurteilt sich nach den Umständen des Einzelfalls unter Berücksichtigung der beiderseitigen Interessen, insbesondere auch nach der vom Unterhaltspflichtigen zu erwartenden weiteren Einkommensentwicklung (BGH, Urt. v. 08.04.2012 – XII ZR 65/10, FamRZ 2012, 1040).

1.3 Überstunden

Überstundenvergütungen werden dem Einkommen voll zugerechnet, soweit sie berufstypisch sind und das in diesem Beruf übliche Maß nicht überschreiten. Ob und in welchem Umfang weitergehende Einkünfte durch Überstunden, aus Nebentätigkeit oder Zweitarbeit anrechenbar sind, ist nach Billigkeit nach den Umständen des Einzelfalls (Höhe der Einkünfte, hohe Schuldenbelastung, Sicherung des Mindestbedarfs, Alter, beidseitige wirtschaftliche Verhältnisse) zu entscheiden (vgl. BGH, Urt. v. 31.10.2012 – XII ZR 30/10).

1.4 Spesen und Auslösungen

Ersatz für Spesen und Reisekosten sowie Auslösungen gelten in der Regel als Einkommen. Damit zusammenhängende Aufwendungen, vermindert um häusliche Ersparnis, sind jedoch abzuziehen.

1.5 Einkommen aus selbstständiger Tätigkeit

Bei der Ermittlung des zukünftigen Einkommens eines Selbstständigen ist in der Regel der Gewinn der letzten drei Jahre zugrunde zu legen. Für die Vergangenheit ist in der Regel auf das tatsächlich erzielte Jahreseinkommen abzustellen; Durchschnittsberechnungen für den gesamten Unterhaltszeitraum oder für einzelne Unterhaltszeiträume sind möglich.

1.6 Einkommen aus Vermietung und Verpachtung sowie Kapitalvermögen

Einkommen aus Vermietung und Verpachtung sowie aus Kapitalvermögen ist der Überschuss der Bruttoeinkünfte über die Werbungskosten. Für Gebäude ist keine AfA anzusetzen.

1.7 Steuererstattungen

Steuerzahlungen oder Erstattungen sind in der Regel im Kalenderjahr der tatsächlichen Leistung zu berücksichtigen.

1.8 Sonstige Einnahmen

Sonstige Einnahmen (z.B. Trinkgelder, Krankenhaustagegeld).

2 Sozialleistungen

2.1 Arbeitslosengeld (§ 136 ff. SGB III), Insolvenzgeld (§ 165 ff. SGB III), Krankengeld und Übergangsgeld

Diese Leistungen sind Einkommen.

2.2 Leistungen nach dem SGB II

Arbeitslosengeld II und Sozialgeld (§§ 19 – 23 SGB II) sind Einkommen beim Verpflichteten. Beim Berechtigten sind Leistungen nach dem SGB II kein Einkommen. Soweit ein Übergang des Anspruchs auf den Träger der Leistungen nach § 33 Abs. 2 SGB II ausgeschlossen ist (auch bei fiktivem Einkommen), können Unterhaltsforderungen eines Leistungsempfängers für die Vergangenheit treuwidrig sein (vgl. BGH FamRZ 1999, 843).

2.3 Wohngeld

Wohngeld ist Einkommen, soweit es nicht erhöhte Wohnkosten deckt.

2.4 BAföG

BAföG-Leistungen sind Einkommen, auch soweit sie als Darlehn gewährt werden, mit Ausnahme von Vorausleistungen nach §§ 36, 37 BAföG.

2.5 Erziehungs- und Elterngeld

Elterngeld nach § 1 BEEG ist als Einkommen zu behandeln; für den Mindestbetrag von monatlich 300 EUR bzw. 150 EUR bei verlängertem Bezug gilt dies nur ausnahmsweise (§ 11 S. 4 BEEG).

2.6 Unfall- und Versorgungsrenten

Unfall- und Versorgungsrenten sowie Übergangsgelder aus der Unfall- und Rentenversicherung sind Einkommen; §§ 1610a, 1578a BGB sind zu beachten.

2.7 Leistungen aus der Pflegeversicherung u.ä.

Leistungen aus der Pflegeversicherung, Blindengeld, Schwerbeschädigten- und Pflegezulagen, jeweils nach Abzug des Betrags für tatsächliche Mehraufwendungen, sind Einkommen; §§ 1610a, 1578a BGB sind zu beachten.

2.8 Pflegegeld

Leistungen der Pflegeversicherung sind nur ausnahmsweise als Einkommen der Pflegeperson zu berücksichtigen, § 13 Abs. 6 SGB XI. Berücksichtigungsfähiges Pflegegeld nach § 13 Abs. 6 SGB XI oder Pflegegeld nach anderen Rechtsvorschriften ist Einkommen der Pflegeperson höchstens mit dem Anteil, durch den ihre Bemühungen abgegolten werden.

2.9 Grundsicherung beim Verwandtenunterhalt

In der Regel sind Leistungen nach §§ 41- 43 SGB XII (Grundsicherung) beim Verwandtenunterhalt Einkommen, nicht aber beim Ehegattenunterhalt.

2.10 Sozialhilfe

Kein Einkommen sind sonstige Sozialhilfeleistungen nach SGB XII. Für den Ausschluss des Anspruchsübergangs nach § 94 Abs. 3 SGB XII gilt 2.2. entsprechend.

2.11 Unterhaltsvorschuss

Leistungen nach dem UVG sind nicht als Einkommen zu bewerten. Für den Ausschluss des Anspruchsübergangs nach § 7 UVG gelten die Ausführungen unter 2.2. entsprechend.

3 Kindergeld

Kindergeld wird nicht zum Einkommen der Eltern gerechnet.

4 Geldwerte Zuwendungen des Arbeitgebers

Geldwerte Zuwendungen aller Art des Arbeitgebers, z. B. Firmenwagen oder freie Kost und Logis, sind Einkommen, soweit sie entsprechende Eigenaufwendungen ersparen. Die hierfür steuerlich in Ansatz gebrachten Beträge bieten einen Anhaltspunkt für die Bewertung des geldwerten Vorteils (für Firmenwagen: 1 % des Bruttolistenpreises zzgl. 0,03 % des Bruttolistenpreises je Entfernungskilometer zwischen Wohnung und Arbeitsstätte).

5 Wohnwert

Der Wohnvorteil durch mietfreies Wohnen im eigenen Heim ist als wirtschaftliche Nutzung des Vermögens unterhaltsrechtlich wie Einkommen zu behandeln. Neben dem Wohnwert sind auch Zahlungen nach dem Eigenheimzulagengesetz anzusetzen.

Ein Wohnvorteil liegt nur vor, soweit der Wohnwert den berücksichtigungsfähigen Schuldendienst, erforderliche Instandhaltungskosten sowie nicht umlagefähige Kosten i.S.v. § 556 Abs. 1 BGB, §§ 1, 2 BetrKV übersteigt (zur Berücksichtigung von Tilgungsleistungen vgl. BGH, Beschl. v. 18.01.2017, FamRZ 2017, 519).

Auszugehen ist vom vollen Mietwert (objektiver Wohnwert). Wenn es nicht möglich oder nicht zumutbar ist, die Wohnung aufzugeben und das Objekt zu vermieten oder zu veräußern, kann statt dessen die ersparte Miete angesetzt werden, die angesichts der wirtschaftlichen Verhältnisse angemessen wäre (subjektiver Wohnwert). Dies kommt insbesondere für die Zeit bis zur Zustellung des Scheidungsantrags in Betracht, wenn ein Ehegatte das Eigenheim allein bewohnt (BGH, Urt. v. 05.03.2008 – XII ZR 22/06, FamRZ 2008, 963, 965; Urt. v. 31.10.2012 – XII ZR 30/10).

6 Haushaltsführung

Führt jemand einem leistungsfähigen Dritten den Haushalt, so ist hierfür ein Einkommen anzusetzen. Bei Haushaltsführung durch einen Nichterwerbstätigen können in der Regel 200 – 550 EUR angesetzt werden.

7 Einkommen aus unzumutbarer Erwerbstätigkeit

Einkommen aus unzumutbarer Erwerbstätigkeit kann nach Billigkeit ganz oder teilweise unberücksichtigt bleiben.

8 Freiwillige Zuwendungen Dritter

Freiwillige Zuwendungen Dritter (z.B. Geldleistungen, kostenloses Wohnen) sind nur als Einkommen zu berücksichtigen, wenn dies dem Willen des Dritten entspricht.

9 Erwerbsobliegenheit und Einkommensfiktion

Einkommen können auch aufgrund einer unterhaltsrechtlichen Obliegenheit erzielbare Einkünfte, ggfs. unter Berücksichtigung pauschaler berufsbedingter Kosten (BGH, Urt. v. 03.12.2008 – XII ZR 182/06, FamRZ 2009, 314, 317), sein.

Erzielbare Einkünfte sind im Einzelfall unter Berücksichtigung der jeweiligen Verhältnisse auf dem Arbeitsmarkt und der persönlichen Eigenschaften des Erwerbspflichtigen, namentlich Alter, Ausbildung, Berufserfahrung, Gesundheitszustand, Geschlecht, zu ermitteln und setzen auch bei Inanspruchnahme auf den Mindestunterhalt durch ein minderjähriges Kind eine objektiv feststellbare reale Beschäftigungschance voraus (BVerfG, 1. Sen. 2. Kammer, Beschl. v. 11.03.2010 – 1 BvR 3031/08, FamRZ 2010, 793).

10 Bereinigung des Einkommens

Das nach Nr. 1 bis 9 ermittelte Einkommen ist wie folgt zu bereinigen:

10.1 Steuern und Vorsorgeaufwendungen

Vom Bruttoeinkommen sind Steuern, Sozialabgaben und/oder angemessene Vorsorgeaufwendungen abzuziehen (Nettoeinkommen).

10.1.1 Steuern/Splittingvorteil

Es besteht die Obliegenheit, Steuervorteile in Anspruch zu nehmen (z.B. Eintragung eines Freibetrags bei Fahrtkosten, für unstreitigen oder titulierten Unterhalt).

10.1.2 Vorsorgeaufwendungen

Vom Einkommen sind ferner Aufwendungen für Kranken-, Pflege-, Renten- und Arbeitslosenversicherung abzuziehen.

Im Rahmen der Altersvorsorge können über die Aufwendungen zur Grundversorgung (primäre Altersvorsorge) hinaus in angemessenem Umfang auch tatsächlich geleistete Zahlungen für eine zusätzliche private Altersvorsorge (sekundäre Altersvorsorge) angesetzt werden. Für die primäre Altersvorsorge können Personen, die nicht der gesetzlichen Versicherungspflicht unterliegen, in der Regel etwa 20 % des Bruttoeinkommens ansetzen, sofern die Aufwendungen tatsächlich erfolgen und die Altersvorsorge nicht bereits auf andere Weise gesichert ist. Für die sekundäre Altersvorsorge ist in der Regel beim Ehegattenunterhalt und – wenn der Mindestbedarf gedeckt ist – beim Kindesunterhalt ein Betrag in Höhe von 4 %, bei Eltern- und Enkelunterhalt in Höhe von 5 % des Bruttoeinkommens angemessen.

10.2 Berufungsbedingte Aufwendungen

Berufsbedingte Aufwendungen, die sich von den privaten Lebenshaltungskosten nach objektiven Merkmalen eindeutig abgrenzen lassen, sind im Rahmen des Angemessenen vom Nettoeinkommen abzuziehen.

10.2.1 Konkrete Aufwendungen

Eine Pauschale von 5 % wird in der Regel nicht gewährt, sondern die berufsbedingten Aufwendungen sind im Einzelnen darzulegen.

10.2.2 Fahrtkosten

Für notwendige Kosten der berufsbedingten Nutzung eines Kraftfahrzeugs kann der nach § 5 Abs. 2 JVEG anzuwendende Betrag (derzeit 0,42 EUR) pro gefahrenem Kilometer angesetzt werden. Damit sind i.d.R. Anschaffungs- und Betriebskosten erfasst. Bei langen Fahrtstrecken (ab ca. 30 km einfach) kann nach unten abgewichen werden (für die Mehrkilometer i.d.R. 0,28 EUR). Daneben sind weitere Kosten (etwa für Kredite oder Reparaturen) regelmäßig nicht absetzbar. Eine Verweisung auf die Benutzung öffentlicher Verkehrsmittel kommt nach Billigkeit in Betracht, insbesondere wenn der Mindestunterhalt nicht geleistet werden kann.

10.2.3 Ausbildungsaufwand

Bei einem Auszubildenden sind in der Regel 100 EUR als pauschaler ausbildungsbedingter Aufwand abzuziehen, unabhängig davon, ob er im Haushalt der Eltern oder eines Elternteils lebt. Höherer Aufwand (auch Fahrtkosten) ist konkret nachzuweisen.

10.3 Kinderbetreuung

Kinderbetreuungskosten und damit zusammenhängende Aufwendungen sind abzugsfähig, soweit die Betreuung durch Dritte infolge der Berufstätigkeit erforderlich wird. Der pauschale Abzug eines Betreuungsbonus kommt dagegen nicht in Betracht (BGH, Urt. v. 21.04.2010 – XII ZR 134/08, FamRZ 2010, 1050).

10.4 Schulden

Berücksichtigungswürdige Schulden (Zinsen und Tilgung) sind abzuziehen; die Abzahlung soll im Rahmen eines vernünftigen Tilgungsplans in angemessenen Raten erfolgen.

Im Verhältnis zu minderjährigen und privilegierten volljährigen Kindern besteht grundsätzlich die Obliegenheit zur Einleitung der Verbraucherinsolvenz (BGHZ 162, 234), nicht aber gegenüber sonstigen Unterhaltsberechtigten (BGH, Urt. v. 12.12.2007 – XII ZR 23/06, FamRZ 2008, 497).

Bei der Bedarfsermittlung für den Ehegattenunterhalt sind nur eheprägende Schulden abzuziehen. Nacheheliche Entwicklungen wirken sich auf die Bedarfsbemessung nach den ehelichen Lebensverhältnissen aus, wenn sie auch bei fortbestehender Ehe eingetreten wären oder in anderer Weise in der Ehe angelegt oder mit hoher Wahrscheinlichkeit zu erwarten waren (BGH, Urt. v. 07.12.2011 – XII ZR 151/09, FamRZ 2012, 281).

Bei Verwandtenunterhalt sowie bei der Leistungsfähigkeit/Bedürftigkeit für den Ehegattenunterhalt erfolgt eine Abwägung nach den Umständen des Einzelfalls. Bei der Zumutbarkeitsabwägung sind die Interessen des Unterhaltsschuldners, des Drittgläubigers und des Unterhaltsgläubigers, vor allem minderjähriger Kinder, mit zu berücksichtigen.

10.5 Unterhaltsleistungen

Unterhaltsleistungen für vorrangig Berechtigte sind beim Verpflichteten zur Ermittlung der Leistungsfähigkeit vorweg mit dem Zahlbetrag abzuziehen. Leistet der Berechtigte einem nicht gemeinsamen minderjährigen oder privilegierten volljährigen Kind Barunterhalt, so ist auch dieser mit dem nach seinen Einkommensverhältnissen maßgeblichen Zahlbetrag abzugsfähig. Ggf. ist beim unterhaltsberechtigten Ehegatten anteiliger Barunterhalt gegenüber gemeinsamen Kindern als Abzugsposten zu berücksichtigen (vgl. BGH, Beschluss v. 29.09.2021 – XII ZB 474/20, FamRZ 2021, 1965). Im Übrigen richtet sich die Abzugsfähigkeit von Unterhaltsleistungen nach den Umständen des Einzelfalls.

10.6 Vermögensbildung

Bei vermögenswirksamen Leistungen nach den Vermögensbildungsgesetzen sind die Arbeitgeberleistung und die Arbeitnehmersparzulage nicht als unterhaltsrechtliches Einkommen zu werten. Eine weitergehende Arbeitnehmerleistung ist vom Einkommen abzuziehen, wenn sie als angemessene Vorsorgeaufwendung (Nr. 10.1.2) anerkannt werden kann. Im Übrigen sind vermögensbildende Aufwendungen im angemessenen Rahmen abzugsfähig.

10.7 Umgangskosten

Kosten der Ausübung des Umgangsrechts, die deutlich über den verbleibenden Anteil am Kindergeld (vgl. Nr. 14) hinausgehen, können durch einen – teilweisen – Abzug vom Einkommen oder eine Erhöhung des Ehegattenselbstbehalts berücksichtigt werden (BGH, Urt. v. 17.06.2009 – XII ZR 102/08, FamRZ 2009, 1391, 1396).

Kindesunterhalt

11 Bemessungsgrundlage (Tabellenunterhalt)

Der Barunterhalt minderjähriger und noch im elterlichen Haushalt lebender volljähriger Kinder bestimmt sich nach den Sätzen der Düsseldorfer Tabelle (Anhang I). Die Richtsätze der 1. Einkommensgruppe der ersten drei Altersstufen entsprechen dem Mindestbedarf gemäß § 1612a Abs. 1 BGB (vgl. BGBl. I 2015, 2188) in der Fassung der Vierten Verordnung zur Änderung der Mindestunterhaltsverordnung v. 30.11.2021 (BGBl. I 5066). Die Bedarfssätze der vierten Altersstufe – ab 18 Jahren – errechnen sich auf der Grundlage von 125 % des Mindestbedarfs. Bei minderjährigen Kindern kann der Barunterhalt als Festbetrag oder als Prozentsatz des jeweiligen Mindestunterhalts geltend gemacht werden.

11.1 Kranken- und Pflegeversicherungsbeiträge, Studiengebühren

Die Tabellensätze der Düsseldorfer Tabelle enthalten keine Kranken- und Pflegeversicherungsbeiträge für das Kind. Ist dieses nicht in einer gesetzlichen Familienversicherung mitversichert, so sind die Beiträge zusätzlich zu zahlen. Das Nettoeinkommen des Verpflichteten ist um solche Versicherungskosten zu bereinigen. In den Tabellenbeträgen sind auch Studiengebühren nicht enthalten.

11.2 Eingruppierung

Die Tabellensätze sind auf den Fall zugeschnitten, dass der Unterhaltspflichtige zwei Berechtigten, ohne Rücksicht auf den Rang, Unterhalt zu gewähren hat. Bei einer größeren oder geringeren Anzahl Unterhaltsberechtigter können Ab- oder Zuschläge durch Einstufung in niedrigere oder höhere Gruppen angemessen sein. Reicht das verfügbare Einkommen auch dann nicht aus, setzt sich der Vorrang der Kinder nach § 1609 Nr. 1 BGB durch (Nr. 24).

12 Minderjährige Kinder

12.1 Betreuungs-/Barunterhalt

Der betreuende Elternteil braucht neben dem anderen Elternteil in der Regel keinen Barunterhalt zu leisten, es sei denn, sein Einkommen ist bedeutend höher als das des anderen Elternteils und der eigene angemessene Unterhalt (1.400 EUR) des sonst allein barunterhaltspflichtigen Elternteils ist gefährdet (§ 1603 Abs. 2 S. 3 BGB).

12.2 Einkommen des Kindes

Einkommen des Kindes wird bei beiden Eltern hälftig angerechnet.

12.3 Beiderseitige Barunterhaltspflicht/ Haftungsanteil

Sind bei auswärtiger Unterbringung oder bei Praktizierung eines echten Wechselmodells (Betreuung 50:50) beide Eltern zum Barunterhalt verpflichtet, haften sie anteilig nach § 1606 Abs. 3 S. 1 BGB für den Gesamtbedarf (BGH, Beschl. v. 11.01.2017 – XII ZB 565/15, FamRZ 2017, 437; Berechnung siehe Nr. 13.3). Der Unterhaltsbedarf umfasst auch die infolge des Wechselmodells entstehenden Mehrkosten. Der dem Kind von einem Elternteil während dessen Betreuungszeiten im Wechselmodell geleistete Naturalunterhalt ist als (teilweise) Erfüllung des Unterhaltsanspruchs zu berücksichtigen.

Bei auswärtiger Unterbringung kann der Verteilungsschlüssel unter Berücksichtigung des Betreuungsaufwands wertend verändert werden.

12.4 Zusatzbedarf

Bei Zusatzbedarf (Prozess-/Verfahrenskostenvorschuss, Mehrbedarf, Sonderbedarf) gilt § 1606 Abs. 3 S. 1 BGB (vgl. Nr. 13.3). Beiträge für Kindereinrichtungen stellen mit Ausnahme der Verpflegungskosten ebenfalls Mehrbedarf des Kindes dar (BGH, Urt. v. 26.11.2008 – 65/07, FamRZ 2009, 962). Sonstiger Betreuungsbedarf ist nur dann Mehrbedarf des Kindes, wenn er über den Umfang der von dem betreuenden Elternteil ohnehin geschuldeten Betreuung hinausgeht und eine besondere Förderung des Kindes in staatlichen Kindergärten, Kindertagesstätten oder Horten oder in vergleichbaren privaten Einrichtungen betrifft. Wird die Betreuung eines Kindes durch Dritte hingegen allein infolge der Berufstätigkeit des betreuenden Elternteils erforderlich, so stellen die Betreuungskosten keinen

Mehrbedarf des Kindes dar, sondern gehören zur allgemeinen Betreuung, die vom betreuenden Elternteil im Gegenzug zur Barunterhaltspflicht des anderen allein zu leisten ist. Dafür entstehende Betreuungskosten können lediglich als berufsbedingte Aufwendungen des betreuenden Elternteils Berücksichtigung finden (BGH, Beschl. v. 04.10.2017 – XII ZB 55/17, FamRZ 2018, 23).

13 Volljährige Kinder

13.1 Bedarf

Beim Bedarf volljähriger Kinder ist zu unterscheiden, ob sie noch im Haushalt der Eltern/eines Elternteils leben oder einen eigenen Hausstand haben.

Für volljährige Kinder, die noch im Haushalt der Eltern/eines Elternteils wohnen, gilt die Altersstufe 4 der Düsseldorfer Tabelle. Sind beide Eltern leistungsfähig (vgl. Nr. 21.3.1), ist der Bedarf des Kindes i.d.R. nach dem zusammengerechneten Einkommen (ohne Höhergruppierung oder Herabstufung) zu bemessen. Ein Elternteil hat jedoch höchstens den Unterhalt zu leisten, der sich allein nach seinem Einkommen aus der Düsseldorfer Tabelle ergibt.

Der angemessene Bedarf eines volljährigen Kindes mit eigenem Hausstand beträgt in der Regel monatlich 860 EUR (darin sind enthalten Kosten für Unterkunft und Heizung bis zu 375 EUR) ohne Beiträge zur Kranken- und Pflegeversicherung sowie Studiengebühren. Von diesem Betrag kann bei erhöhtem Bedarf oder mit Rücksicht auf die Lebensstellung der Eltern nach oben abgewichen werden.

Für die Haftungsquote gilt in beiden Fällen Nr. 13.3.

13.2 Einkommen des Kindes

Auf den Unterhaltsbedarf werden das Kindergeld (Nr. 14) sowie Einkünfte des Kindes, auch BAföG-Darlehen und Ausbildungsbeihilfen (gekürzt um ausbildungsbedingte Aufwendungen, vgl. Nr. 10.2.3) angerechnet. Bei Einkünften aus unzumutbarer Erwerbstätigkeit gilt § 1577 Abs. 2 BGB entsprechend.

13.3 Beiderseitige Barunterhaltspflicht

Bei anteiliger Barunterhaltspflicht ist vor Berechnung des Haftungsanteils nach § 1606 Abs. 3 S. 1 BGB das bereinigte Nettoeinkommen jedes Elternteils gem. Nr. 10 zu ermitteln. Hiervon ist bei Unterhaltsansprüchen nicht privilegierter volljähriger Kinder ein Sockelbetrag in Höhe des angemessenen Selbstbehalts (1.400 EUR) abzuziehen.

Der Haftungsanteil nach § 1606 Abs. 3 S. 1 BGB errechnet sich nach der Formel:

Bereinigtes Nettoeinkommen eines Elternteils (N1 oder N2) abzüglich 1.400 EUR mal (Rest-)Bedarf gemäß Nr. 13.1./13.2. (R), geteilt durch die Summe der bereinigten Nettoeinkommen beider Eltern (N1 + N2) abzüglich 2.800 (= 1.400 + 1.400) EUR.

Haftungsanteil Elternteil 1 = (N1 – 1.400) x R : (N1 + N2 – 2.800).

Der so ermittelte Haftungsanteil ist auf seine Angemessenheit zu überprüfen und kann bei Vorliegen besonderer Umstände (z.B. behindertes Kind) wertend verändert werden.

Bei volljährigen Schülern, die in § 1603 Abs. 2 S. 2 BGB minderjährigen Kindern gleichgestellt sind, wird der Sockelbetrag bis zum notwendigen Selbstbehalt (960 EUR/1.160 EUR) herabgesetzt, wenn der Bedarf der Kinder andernfalls nicht gedeckt werden kann.

14 Verrechnung des Kindergeldes

Das auf das jeweilige Kind entfallende Kindergeld ist nach § 1612b BGB auf den Tabellenunterhalt anzurechnen, vgl. Anhang Tabelle Zahlbeträge.

Ehegattenunterhalt

15 Unterhaltsbedarf

15.1 Bedarf nach den ehelichen Lebensverhältnissen

Der Unterhaltsbedarf richtet sich nach den ehelichen Lebensverhältnissen. Nacheheliche Entwicklungen wirken sich auf die Bedarfsbemessung nach den ehelichen Lebensverhältnissen aus, wenn sie auch bei fortbestehender Ehe eingetreten wären oder in anderer Weise in der Ehe angelegt oder mit hoher Wahrscheinlichkeit zu erwarten waren (BGH, Urt. v. 07.12.2011 – XII ZR 151/09, FamRZ 2012, 281).

Bei Aufnahme oder Ausdehnung einer Erwerbstätigkeit nach der Scheidung ist das (Mehr)einkommen, welches der Berechtigte erzielt oder pflichtwidrig zu erzielen unterlässt, als Surrogat der Haushaltsführung anzusehen (BGH, Urt. v. 07.12.2011 – XII ZR 151/09, FamRZ 2012, 281; BGH, Beschl. v. 25.09.2019 – XII ZB 25/19).

Nachrangige Unterhaltsansprüche volljähriger Kinder sind bei der Bemessung des Unterhaltsbedarfs des Ehegatten zu berücksichtigen, wenn sie eheprägende Verbindlichkeiten darstellen (BGH, Urt. v. 31.10.2012 – XII ZR 30/10).

Ohne Auswirkung auf den Unterhaltsbedarf sind nacheheliche Entwicklungen, die keinen Anknüpfungspunkt in der Ehe haben, wie die Unterhaltspflicht gegenüber einem neuen Ehegatten, der Splittingvorteil aus der neuen Ehe, sonstige von der neuen Ehe abhängige Einkommenszuschläge, der Vorteil des Zusammenlebens in der neuen Ehe und die Unterhaltspflicht für ein nachehelich geborenes Kind (BGH, Urt. v. 07.12.2011 – XII ZR 151/09, FamRZ 2012, 281).

Übersteigt der so ermittelte Bedarf des Berechtigten den Betrag, der dem Verpflichteten für den eigenen Unterhalt verbleibt (relativer Mangelfall), führt dies zur Kürzung des Unterhalts des Berechtigten und des individuellen Selbstbehalts des Verpflichteten. Ist für den Unterhaltsberechtigten die Untergrenze seines eigenen Selbstbehalts erreicht (absoluter Mangelfall), ist der Unterhalt des Berechtigten entsprechend der in § 1609 BGB geregelten Rangfolge und bei Gleichrang anteilig zu kürzen (BGH, Urt. v. 07.12.2011 – XII ZR 151/09, FamRZ 2012, 281).

15.2 Halbteilung und Erwerbstätigenbonus

Es gilt der Halbteilungsgrundsatz, wobei jedoch tatsächliche und fiktive Erwerbseinkünfte nur zu 9/10 zu berücksichtigen sind (Abzug von 1/10 Erwerbstätigenbonus vom gemäß Nr. 10 bereinigten Nettoeinkommen).

15.3 Konkrete Bedarfsbemessung

Macht der Unterhaltsberechtigte – vor Abzug seines eigenen Einkommens – einen Elementarbedarf von über 5.500 EUR geltend, so hat er seinen Bedarf konkret darzulegen (vgl. BGH, Beschluss vom 15. November 2017 – XII ZB 503/16, FamRZ 2018, 260).

Er kann seinen Bedarf konkret dadurch berechnen, dass er diejenigen Positionen benennt, die während des ehelichen Zusammenlebens nicht für die allgemeine Lebensführung verwendet wurden (z.B. Sparrate, anderweitige Vermögensbildung) und den sich daraus ergebenden Quotenunterhalt geltend machen.

Alternativ kann er auch die nach den ehelichen Lebensverhältnissen maßgeblichen Bedarfspositionen im Einzelnen darlegen. Die Höhe des Elementarunterhalts wird dabei durch den Quotenunterhalt gemäß Nr. 15.2 begrenzt.

Beispiel:

M erzielt ein unterhaltsrechtlich bereinigtes Monatsnettoeinkommen von 20.000 EUR. F macht Trennungsunterhalt geltend. Sie reklamiert für sich einen Bedarf von 6.000 EUR. Diesen Bedarf kann sie wie folgt darlegen:

Alternative 1:

F legt dar, dass während der Ehe von den 20.000 EUR monatlich 6.000 EUR gespart wurden und der Rest von 14.000 EUR für die allgemeine Lebensführung verwendet worden ist.

Konkrete Bedarfsberechnung: (20.000 EUR – 6.000 EUR) x 3/7 = 6.000 EUR

Alternative 2:

F legt die einzelnen Positionen ihres Elementarbedarfs dar, z. B. für

– Wohnen	2.000 EUR
– Lebensmittel	1.000 EUR
– Friseur	100 EUR
– Autokosten	400 EUR
– Urlaub	1.000 EUR
– Kosmetik	100 EUR
– Kleidung	800 EUR
– Restaurantbesuche	200 EUR
– Kommunikation (Handy, Zeitung)	200 EUR
– Golf	200 EUR
Gesamt	6.000 EUR

Unterhaltsbegrenzung: 20.000 EUR x 3/7 = 8.572 EUR. Die geforderten 6.000 EUR liegen unter diesem Grenzbetrag.

15.4 Vorsorgebedarf/Zusatz- und Sonderbedarf

Werden Altersvorsorge-, Kranken- und Pflegeversicherungskosten vom Berechtigten gesondert geltend gemacht oder vom Verpflichteten bezahlt, sind diese vom Einkommen des Pflichtigen vorweg abzuziehen. Wegen des Vorrangs des Elementarunterhalts besteht ein Anspruch auf Altersvorsorgeunterhalt nur insoweit, als das Existenzminimum des Berechtigten (Nr. 23.2) gesichert ist.

Der Altersvorsorgeunterhalt ist regelmäßig nach der Bremer Tabelle zweistufig zu berechnen. Bei besonders günstigen wirtschaftlichen Verhältnissen kommt eine einstufige Berechnung in Betracht. Der Altersvorsorgeunterhalt ist nicht auf den Höchstbetrag nach Maßgabe der Beitragsbemessungsgrenze in der gesetzlichen Rentenversicherung beschränkt (BGH, Urt. v. 25.10.2006 – XII ZR 141/04, FamRZ 2007, 117).

15.5 Bedarf bei Zusammentreffen von Unterhaltsansprüchen mehrerer Ehegatten und/oder Berechtigter nach § 1615l BGB

Bei Zusammentreffen von Unterhaltsansprüchen des geschiedenen Ehegatten und des mit dem Unterhaltspflichtigen zusammenlebenden (neuen) Ehegatten bemisst sich der Unterhaltsbedarf des geschiedenen Ehegatten nach den ehelichen Lebensverhältnissen ohne Berücksichtigung der nachehelichen Entwicklungen (vgl. Nr. 15.1.).

Die unterschiedliche Rangfolge der Ansprüche (§ 1609 Nr. 2, 3 BGB) ist erst im Rahmen der Prüfung der Leistungsfähigkeit zu berücksichtigen. Entsprechendes gilt bei Berechtigten nach

§ 1615l BGB, es sei denn, ihr Bedarf (Nr. 18) ist geringer.

15.6 Trennungsbedingter Mehrbedarf

Trennungsbedingter Mehrbedarf bleibt in der Regel außer Betracht (BGH, Urt. v. 18.11.2009 – XII ZR 65/09, FamRZ 2010, 111).

15.7 Begrenzung und Befristung nach § 1578b BGB

Aus § 1578b BGB ergibt sich, dass die Herabsetzung wie auch die Befristung des Unterhalts nicht die Regel, sondern die Ausnahme darstellt (BGH, Urt. v. 04.08.2010 – XII ZR 7/09, FamRZ 2010, 1633).

Ein Anspruch auf nachehelichen Unterhalt ist nach § 1578b Abs. 1 S. 1 BGB auf den angemessenen Lebensbedarf, nicht jedoch geringer als 960 EUR, herabzusetzen, wenn eine an den ehelichen Lebensverhältnissen orientierte Bemessung des Unterhaltsanspruchs auch unter Wahrung der Belange eines dem Berechtigten zur Pflege oder Erziehung anvertrauten gemeinschaftlichen Kindes unbillig wäre. Nach § 1578b Abs. 2 S. 1 BGB ist ein Anspruch auf nachehelichen Unterhalt zeitlich zu begrenzen, wenn ein zeitlich unbegrenzter Unterhaltsanspruch unbillig wäre (BGH, Urt. v. 20.10.2010 – XII ZR 53/09, FamRZ 2010, 2059).

Bei der Billigkeitsprüfung nach § 1578b Abs. 1 S. 2 BGB ist vorrangig zu berücksichtigen, ob ehebedingte Nachteile eingetreten sind. Diese stehen schon deshalb regelmäßig einer Befristung des nachehelichen Unterhalts entgegen, weil der Unterhaltsberechtigte dann seinen eigenen angemessenen Unterhalt nicht selbst erzielen kann. Fehlen ehebedingte Nachteile, so ist über eine Herabsetzung auf den angemessenen Lebensbedarf im Wege einer umfassenden Billigkeitsabwägung zu entscheiden, bei der auch eine über die Kompensation ehebedingter Nachteile hinausgehende nacheheliche Solidarität zu berücksichtigen ist. Die Ehedauer, bei der auf die Zeit von der Eheschließung bis zur Zustellung des Scheidungsantrags abzustellen ist, gewinnt durch eine wirtschaftliche Verflechtung an Gewicht, die insbesondere durch Aufgabe einer eigenen Erwerbstätigkeit wegen der Betreuung gemeinsamer Kinder oder der Haushaltsführung eintritt (BGH, Urt. v. 6.10.2010 – XII ZR 202/08, FamRZ 2010, 1971). Im Rahmen der Abwägung nach § 1578b BGB findet eine Aufarbeitung ehelichen Fehlverhaltens nicht statt (BGH, Urt. v. 20.10.2010 – XII ZR 53/09, FamRZ 2010, 2059).

Im Rahmen der Herabsetzung und zeitlichen Begrenzung des Unterhalts ist der Unterhaltspflichtige für die Tatsachen darlegungs- und beweisbelastet, die für eine Befristung sprechen. Hinsichtlich der Tatsache, dass ehebedingte Nachteile nicht entstanden sind, trifft den Unterhaltsberechtigten aber nach den Regeln zum Beweis negativer Tatsachen eine sog. sekundäre Darlegungslast. Der Unterhaltsberechtigte muss die Behauptung, es seien keine ehebedingten Nachteile entstanden, substantiiert bestreiten und seinerseits darlegen, welche konkreten ehebedingten Nachteile entstanden sein sollen. Erst wenn das Vorbringen des Unterhaltsberechtigten diesen Anforderungen genügt, müssen die vorgetragenen ehebedingten Nachteile vom Unterhaltspflichtigen widerlegt werden (BGH, Urt. v. 24.03.2010- XII ZR 175/08, FamRZ 2010, 875).

Der Unterhaltsberechtigte kann im Einzelfall seiner – sekundären – Darlegungslast genügen, wenn er vorträgt, dass in dem von ihm erlernten Beruf Gehaltssteigerungen in einer bestimmten Höhe mit zunehmender Berufserfahrung bzw. Betriebszugehörigkeit üblich sind (BGH, Urt. v. 20.10.2010 – XII ZR 53/09, FamRZ 2010, 2059).

16 Bedürftigkeit

Eigene Einkünfte, die der Berechtigte erzielt oder pflichtwidrig zu erzielen unterlässt, sind auf den Bedarf anzurechnen, wobei das bereinigte Nettoerwerbseinkommen um den Erwerbstätigenbonus (1/10) zu vermindern ist.

17 Erwerbsobliegenheit

17.1 bei Kindesbetreuung

Es besteht bei der Betreuung von Kindern nach Vollendung des dritten Lebensjahres die Obliegenheit, für den eigenen Unterhalt zu sorgen, solange keine kind- oder elternbezogenen Gründe im Sinne des § 1570 BGB diese Erwerbsobliegenheit einschränken (BGH, Urt. v. 18.03.2009 – XII ZR 74/08, FamRZ 2009, 770; Urt. v. 17.06.2009 – XII ZR 102/08, FamRZ 2009, 1391 und Urt. v. 21.04.2010 – XII ZR 134/08, FamRZ 2010, 1050).

Im Rahmen der Billigkeitsentscheidung über eine Verlängerung des Betreuungsunterhalts aus kindbezogenen Gründen (§ 1570 Abs. 1 S. 2 und 3 BGB) ist stets zunächst der individuelle Umstand zu prüfen, ob und in welchem Umfang die Kindesbetreuung auf andere Weise gesichert ist oder in kindgerechten Betreuungseinrichtungen gesichert werden könnte. Mit der Neugestaltung des nachehelichen Betreuungsunterhalts in § 1570 BGB hat der Gesetzgeber für Kinder ab Vollendung des dritten Lebensjahres den Vorrang der persönlichen Betreuung aufgegeben (BGH, Urt. v. 18.03.2009 – XII ZR 74/08, FamRZ 2009, 770, Urt. v. 17.06.2009 – XII ZR 102/08, FamRZ 2009, 1391, Urt. v. 21.04.2010 – XII ZR 134/08, FamRZ 2010, 1050 und Urt. v. 8.4.2012 – XII ZR 65/10, FamRZ 2012, 1040).

Eine Erwerbstätigkeit kann auch aus Gründen der nachehelichen Solidarität unbillig erscheinen. Das in der Ehe gewachsene Vertrauen in die vereinbarte und praktizierte Rollenverteilung und die gemeinsame Ausgestaltung der Kinderbetreuung gewinnen bei längerer Ehedauer oder Aufgabe der Erwerbstätigkeit zur Erziehung gemeinsamer Kinder weiter an Bedeutung (ehebezogene Gründe, § 1570 Abs. 2 BGB, vgl. BGH, Urt. v. 15.09.2010 – XII ZR 20/09, FamRZ 2010, 1880). Zur Beurteilung einer überobligationsmäßigen Belastung im Rahmen der Verlängerung des Betreuungsunterhalts ist auch der Aspekt einer gerechten Lastenverteilung zwischen unterhaltsberechtigtem und unterhaltspflichtigem Elternteil zu berücksichtigen (BGH, Urt. v. 18.3.2009 – XII ZR 74/08, FamRZ 2009, 770; v. 16.7.2008 – XII ZR 109/05, FamRZ 2008, 1739, v. 21.4. 2010 – XII ZR 134/08, FamRZ 2010, 1050 und v. 8.4.2012 – XII ZR 65/10, FamRZ 2012, 1040).

Die Darlegungs- und Beweislast für die Umstände, die einer vollen oder teilweisen Erwerbsobliegenheit entgegenstehen, trifft den betreuenden Elternteil. Dies gilt auch, wenn ein Titel über den Basisunterhalt nach § 1570 Abs. 1 S. 1 BGB abgeändert werden soll. An die für eine Verlängerung des Betreuungsunterhalts insbesondere aus kindbezogenen Gründen erforderlichen Darlegungen sind keine überzogenen Anforderungen zu stellen (BGH, Urt. v. 15.6.2011 – XII ZR 94/09, FamRZ 2011, 1375, Urt. v. 8.4.2012 – XII ZR 65/10, FamRZ 2012, 1040).

Der Titel über den zeitlichen Basisunterhalt nach § 1570 Abs. 1 S. 1 BGB ist grundsätzlich nicht zu befristen. Eine Befristung des Titels über Betreuungsunterhalt im Übrigen kommt nicht in Betracht, eine Begrenzung vom eheangemessenen auf den angemessenen Unterhalt nach der eigenen Lebensstellung kann unter Berücksichtigung des Kindeswohls aus Gründen der Billigkeit erfolgen (BGH, Urt. v. 06.05.2009 – XII ZR 114/08, FamRZ 2009, 1124).

17.2 bei Trennungsunterhalt

In der Regel besteht für den Berechtigten im ersten Jahr nach der Trennung keine Obliegenheit zur Aufnahme oder Ausweitung einer Erwerbstätigkeit.

Weitere Unterhaltsansprüche

18 Ansprüche nach § 1615l BGB

Der Bedarf des nach § 1615l Abs. 2 S. 2, Abs. 4 BGB unterhaltsberechtigten Elternteils bemisst sich danach, welche Einkünfte er ohne die Geburt und die Betreuung des gemeinsamen Kindes erreicht hätte (BGH, Beschl. v. 10.6.2015 – XII ZB 251/14, BGHZ 205, 342, FamRZ 2015, 1369). Der Bedarf kann nicht von dem ggfls. höheren Einkommen des Unterhaltspflichtigen abgeleitet werden, auch dann nicht, wenn die Kindeseltern längere Zeit zusammengelebt haben (BGH, Urt. v. 16.07.2008 – XII ZR 109/05, FamRZ 2008, 1739). Dem Berechtigten ist jedoch jedenfalls ein Bedarf zuzubilligen, der nicht unter dem Existenzminimum liegt und mit dem notwendigen Selbstbehalt des Unterhaltspflichtigen von gegenwärtig 960 EUR angesetzt werden kann (BGH, Urt. v. 16.12.2009 – XII ZR 50/08, FamRZ 2010, 357). Hinsichtlich der Erwerbsobliegenheit gelten die Grundsätze unter Nr. 17.1 entsprechend.

19 Elternunterhalt

Beim Bedarf der Eltern sind Leistungen zur Grundsicherung nach §§ 41 ff. SGB XII zu berücksichtigen (vgl. Nr. 2.9.).

20 Lebenspartnerschaft

Bei Getrenntleben oder Aufhebung der Lebenspartnerschaft gelten §§ 5, 12, 16 LPartG.

Leistungsfähigkeit und Mangelfall

21 Selbstbehalt

Dem Unterhaltspflichtigen muss nach Abzug der Unterhaltsansprüche der Selbstbehalt (Eigenbedarf) verbleiben.

21.1 Grundsatz

Es ist zu unterscheiden zwischen dem notwendigen (§ 1603 Abs. 2 BGB), dem angemessenen (§ 1603 Abs. 1 BGB) sowie dem eheangemessenen Selbstbehalt (§§ 1361 Abs. 1, 1578 Abs. 1 BGB; BGH, Urt. v. 15.03.2006 – XII ZR 30/04, FamRZ 2006, 683).

21.2 Notwendiger Selbstbehalt

Der notwendige Selbstbehalt (Eigenbedarf) beträgt gegenüber minderjährigen unverheirateten Kindern und gegenüber volljährigen unverheirateten Kindern bis zur Vollendung des 21. Lebensjahres, die im Haushalt der Eltern oder eines Elternteils leben und sich in der allgemeinen Schulausbildung befinden,

- beim nichterwerbstätigen Unterhaltspflichtigen monatlich **960 EUR**,
- beim erwerbstätigen Unterhaltspflichtigen monatlich **1.160 EUR**.

Hierin sind 430 EUR für Unterkunft einschließlich umlagefähiger Nebenkosten und Heizung (Warmmiete) enthalten.

21.3 Angemessener Selbstbehalt

Der angemessene Selbstbehalt beträgt:

LL-Strkt
KG
Brdbg
Brschw
Brem
Celle
Dresd
Düss
Ffm
Hbg
Hamm
Jena
Kblz
Köln
Naumbg
Oldbg
Rstk
Schlesw
SüdL
Empf Sozhi

21.3.1 gegenüber nicht privilegiertem volljährigen Kind

in der Regel **1.400 EUR**. Hierin sind Kosten für Unterkunft und Heizung in Höhe von **550 EUR** enthalten.

Nach Verlust einer bereits erlangten wirtschaftlichen Selbstständigkeit des Kindes beträgt der angemessene Selbstbehalt **2.000 EUR** (vgl. BGH, Urt. v. 18.01.2012 – XII ZR 15/10, FamRZ 2012, 530, und v. 18.07.2012 – XII ZR 91/10, FamRZ 2012, 1553).

21.3.2 gegenüber Anspruchsberechtigten nach § 1615l BGB

1.280 EUR falls erwerbstätig, **1.180 EUR** falls nicht erwerbstätig (vgl. Nr. 21.4). Hierin sind Kosten für Unterkunft und Heizung in Höhe von **490 EUR** enthalten.

21.3.3 beim Elternunterhalt

Dem Unterhaltspflichtigen ist der angemessene Eigenbedarf zu belassen. Bei dessen Bemessung sind Zweck und Rechtsgedanken des Gesetzes zur Entlastung unterhaltspflichtiger Angehöriger in der Sozialhilfe und in der Eingliederungshilfe (Angehörigen-Entlastungsgesetz) vom 10. Dezember 2019 (BGBl. I S. 2135) zu beachten.

21.3.4 von Großeltern gegenüber Enkeln

mindestens monatlich **2.000 EUR**, wobei die Hälfte des diesen Mindestbetrag übersteigenden Einkommens, bei Vorteilen des Zusammenlebens in der Regel 45 %, zusätzlich anrechnungsfrei bleibt (vgl. BGH, Urt. v. 28.07.2010 – XII ZR 140/07, FamRZ 2010, 1535). Hierin sind Kosten für Unterkunft und Heizung in Höhe von **700 EUR** enthalten.

21.4 Mindestselbstbehalt gegenüber Ehegatten

Der eheangemessene Selbstbehalt beträgt **1.280 EUR** beim erwerbstätigen Unterhaltspflichtigen, **1.180 EUR** beim nicht erwerbstätigen Unterhaltspflichtigen (vgl. BGH, Beschl. v. 16.10.2019 – XII ZB 341/17). Hierin sind Kosten für Unterkunft und Heizung in Höhe von **490 EUR** enthalten.

21.5 Anpassung des Selbstbehalts

Beim Verwandtenunterhalt kann der jeweilige Selbstbehalt unterschritten werden, wenn der eigene Unterhalt des Pflichtigen ganz oder teilweise durch seinen Ehegatten gedeckt ist (vgl. Nr. 22).

Wird konkret eine erhebliche und nach den Umständen nicht vermeidbare Überschreitung der in den einzelnen Selbstbehalten enthaltenen Wohnkosten dargelegt, erhöht sich der Selbstbehalt. Wird die Wohnung von mehreren Personen genutzt, ist der Wohnkostenanteil des Pflichtigen festzustellen. Bei Erwachsenen geschieht die Aufteilung in der Regel nach Köpfen. Kinder sind vorab mit einem Anteil von 20 % ihres Anspruchs auf Barunterhalt zu berücksichtigen. Besteht für den Verpflichteten ein Anspruch auf Wohngeld, ist dieser wohnkostenmindernd zu berücksichtigen (vgl. Nr. 2.3).

Eine Herabsetzung des Selbstbehalts allein wegen geringerer als der im Selbstbehalt berücksichtigten Wohnkosten kommt auch im Rahmen der gesteigerten Unterhaltsverpflichtung gegenüber minderjährigen Kindern nicht in Betracht.

Hingegen kann der Selbstbehalt eines Unterhaltspflichtigen wegen einer infolge gemeinsamer Haushaltsführung tatsächlich eingetretenen Ersparnis herabgesetzt werden, höchstens jedoch bis auf sein Existenzminimum nach sozialhilferechtlichen Grundsätzen (BGH, Urt. v. 03.12.2008 – XII ZR 182/06, FamRZ 2009, 314, 316 und v. 09.01.2008 – XII ZR 170/05, FamRZ 2008, 594, 598).

Bei der Berechnung des Mindestunterhalts für minderjährige Kinder ist der Selbstbehalt des Unterhaltspflichtigen wegen der durch Synergieeffekte eingetretenen Haushaltsersparnis um 10 %, derzeit um 96 bzw. 116 EUR, herabzusetzen, wenn der Pflichtige in einer neuen Haushaltsgemeinschaft lebt (BGH, Urt. v. 30.01.2013 – XII ZR 158/10, FamRZ 2013, 616, 618).

22 Bedarf des mit dem Pflichtigen zusammenlebenden Ehegatten

22.1 Bedarf bei Ansprüchen des nachrangigen geschiedenen Ehegatten

Der Mindestbedarf des mit dem Unterhaltspflichtigen zusammenlebenden neuen Ehegatten wird mit **1.024 EUR** (erwerbstätig) bzw. **944 EUR** (nicht erwerbstätig) angesetzt.

22.2 Mindestbedarf bei Ansprüchen volljähriger Kinder

Der Mindestbedarf des mit dem Unterhaltspflichtigen zusammenlebenden Ehegatten bei Ansprüchen nicht privilegierter volljähriger Kinder beträgt **1.120 EUR**, nach Verlust einer bereits erlangten wirtschaftlichen Selbstständigkeit des Kindes 1.600 EUR (vgl. 21.3.1.).

22.3 Mindestbedarf bei Ansprüchen von Eltern oder Enkeln des anderen Ehegatten und von gemeinsamen Enkeln

Ist bei Unterhaltsansprüchen der Eltern oder von Enkeln der Unterhaltspflichtige verheiratet, wird für den mit ihm zusammenlebenden Ehegatten ein Betrag von mindestens **1.600 EUR** angesetzt. Im Familienmindestbedarf (vgl. Nr. 21.3.3 und 21.3.4) von **3.600 EUR** (2.000 EUR + 1.600 EUR) sind die Kosten für Unterkunft und Heizung in Höhe von **1.300 EUR** enthalten.

Der Familienselbstbehalt trägt bereits dem Umstand Rechnung, dass die Ehegatten durch ihr Zusammenleben Haushaltsersparnisse erzielen (BGH, Urt. v. 18.07.2012 – XII ZR 91/10, FamRZ 2012, 1553).

23 Bedarf des vom Pflichtigen getrennt lebenden oder geschiedenen Ehegatten

23.1 Bedarf bei Ansprüchen des nachrangigen, geschiedenen Ehegatten

Der Bedarf des vom Pflichtigen getrennt lebenden oder geschiedenen Ehegatten beträgt bei Ansprüchen des nachrangigen, geschiedenen Ehegatten **1.280 EUR** (erwerbstätig) bzw. **1.180 EUR** (nicht erwerbstätig).

23.2 Bedarf bei Ansprüchen volljähriger Kinder

Der Bedarf des vom Pflichtigen getrennt lebenden oder geschiedenen Ehegatten beträgt bei Ansprüchen volljähriger Kinder **1.400 EUR**.

23.3 Bedarf bei Ansprüchen von Eltern oder Enkeln des anderen Ehegatten und von gemeinsamen Enkeln

Der Bedarf des vom Pflichtigen getrennt lebenden oder geschiedenen Ehegatten beträgt bei Ansprüchen von Eltern oder Enkeln des anderen Ehegatten und von gemeinsamen Enkeln **2.000 EUR**.

24 Mangelfall

24.1 Grundsatz

Ein absoluter Mangelfall liegt vor, wenn das Einkommen des Verpflichteten zur Deckung seines notwendigen Selbstbehalts und der gleichrangigen Unterhaltsansprüche nicht ausreicht. Zur Feststellung des Mangelfalls entspricht der einzusetzende Bedarf für minderjährige und diesen nach § 1603 Abs. 2 S. 2 BGB gleichgestellte Kinder dem Zahlbetrag der Unterhaltstabelle, für den getrenntlebenden/geschiedenen Ehegatten und für den Berechtigten nach § 1615l BGB sowie den mit dem Pflichtigen zusammenlebenden Ehegatten dem jeweiligen ungedeckten Bedarfsbetrag (Nr. 15, 16).

24.2 Einsatzbeträge

Als Einsatzbeträge im Mangelfall (Existenzminimum) sind im Verhältnis von gleichrangigen Berechtigten zueinander anzusetzen:

- bei minderjährigen und diesen nach § 1603 Abs. 2 S. 2 BGB gleichgestellten Kindern der Mindestunterhalt . der jeweiligen Altersstufe nach der Düsseldorfer Tabelle (Zahlbeträge)
- bei allen anderen Berechtigten der nach den allgemeinen Regeln bestimmte Bedarf.

Anrechenbares Einkommen des Berechtigten ist von seinem Einsatzbetrag abzuziehen.

24.3 Berechnung

Die nach Abzug des Selbstbehalts des Unterhaltspflichtigen verbleibende Verteilungsmasse ist anteilig auf alle gleichrangigen Unterhaltsberechtigten im Verhältnis ihrer Unterhaltsansprüche zu verteilen.

24.4 Angemessenheitskontrolle

Das im Rahmen der Mangelfallberechnung gewonnene Ergebnis ist auf seine Angemessenheit zu überprüfen.

25 Rundung

Der Unterhaltsbetrag ist auf volle EUR aufzurunden.

I. Düsseldorfer Tabelle

s. S. 5

II. Tabellen Zahlbeträge

Die folgenden Tabellen enthalten die sich nach Abzug des jeweiligen Kindergeldanteils (hälftiges Kindergeld bei Minderjährigen, volles Kindergeld bei Volljährigen) ergebenden Zahlbeträge.

Im Jahr 2022 beträgt das Kindergeld für das erste und zweite Kind jeweils 219 EUR, für das dritte Kind 225 EUR und ab dem vierten Kind jeweils 250 EUR.

s. S. 10

III. Umrechnung nach § 36 Nr. 3 EGZPO für bis zum 31.12.2007 erstellte dynamische Unterhaltstitel über Kindesunterhalt

s. S. 9

p) OLG München

s. Süddeutsche Leitlinien

q) OLG Naumburg

OLG Naumburg Unterhaltsrechtliche Leitlinien Stand: Januar 2022

Die nachfolgenden Unterhaltsleitlinien der Familiensenate des Oberlandesgerichts Naumburg dienen als Orientierungshilfe für den Regelfall und bedürfen hinsichtlich der Angemessenheit des Ergebnisses in jedem Einzelfall der Überprüfung.

Das Tabellenwerk der Düsseldorfer Tabelle – ohne Bedarfskontrollbetrag – ist als Anhang eingearbeitet, die Anmerkungen zur Tabelle werden durch die nachfolgenden Leitlinien ersetzt.

Unterhaltsrechtlich maßgebendes Einkommen

Bei der Ermittlung und Zurechnung von Einkommen ist stets zu unterscheiden, ob es sich um Verwandten- oder Ehegattenunterhalt handelt und ob es um Bedarfsbemessung einerseits oder Feststellung der Bedürftigkeit und Leistungsfähigkeit andererseits geht.

Das unterhaltsrechtlich maßgebliche Einkommen ist nicht identisch mit dem Einkommen im steuerrechtlichen Sinne.

1. Geldeinnahmen

1.1. Regelmäßiges Bruttoeinkommen einschließlich Renten und Pensionen

Auszugehen ist vom Bruttoeinkommen als Summe aller Einkünfte inklusive Weihnachts- und Urlaubsgeld sowie anderer Zulagen.

1.2. Unregelmäßige Einkommen

Soweit Leistungen nicht monatlich anfallen, werden sie auf ein Jahr umgelegt. Einmalige Zahlungen (z.B. Abfindungen) sind auf einen angemessenen Zeitraum (in der Regel mehrere Jahre) zu verteilen.

1.3. Überstunden

Überstundenvergütungen werden dem Einkommen voll zugerechnet, soweit sie berufstypisch sind und das in diesem Beruf übliche Maß nicht überschreiten.

Unabhängig davon sind sie stets zu berücksichtigen, soweit dies zur Deckung des Mindestunterhalts für minderjährige Kinder und privilegierte volljährige Kinder im Sinne des § 1603 Abs. 2 Satz 2 BGB erforderlich ist.

1.4. Spesen und Auslösungen

Ersatz für Spesen und Reisekosten sowie Auslösungen gelten in der Regel als Einkommen. Damit zusammenhängende Aufwendungen, vermindert um häusliche Ersparnis, sind jedoch abzuziehen.

Bei Aufwendungspauschalen (außer Kilometergeld) kann 1/3 als Einkommen angesetzt werden.

1.5. Einkommen aus selbständiger Tätigkeit

Bei Ermittlung des zukünftigen Einkommens eines Selbständigen ist in der Regel der Gewinn der letzten drei Jahre zu Grunde zu legen.

1.6. Einkommen aus Vermietung und Verpachtung sowie Kapitalvermögen

Auszugehen ist von den Einnahmen abzüglich notwendiger Ausgaben. Für Gebäude ist keine Absetzung für Abnutzung (AfA) anzusetzen.

1.7. Steuererstattungen

Steuererstattungen sind in der Regel im Zahlungsjahr zu berücksichtigen und auf dieses umzulegen. Es besteht die Obliegenheit, mögliche Steuervorteile in Anspruch zu nehmen.

1.8. Sonstige Einnahmen (z. B. Trinkgelder)

2. Sozialleistungen

2.1. Arbeitslosengeld (§ 136 SGB III) und Krankengeld

2.2. Leistungen nach dem SGB II

Arbeitslosengeld II, Sozialgeld und Einstiegsgeld (§§ 19 – 32 SGB II) ist beim Verpflichteten stets Einkommen, beim Berechtigten nur, soweit dessen Unterhaltsanspruch nicht nach § 33 SGB II übergegangen ist.

2.3. Wohngeld

Wohngeld ist grundsätzlich Einkommen (vgl. Nr. 21.5.3), nur insoweit nicht, als es erhöhte Wohnkosten deckt.

2.4. BAföG

BAföG-Leistungen zählen zum Einkommen, auch soweit sie als Darlehen gewährt werden. Dies gilt nicht für Vorausleistungen nach den §§ 36, 37 BAföG.

2.5. Elterngeld, Erziehungsgeld

Elterngeld ist beim Kindesunterhalt nach § 1603 Abs. 2 BGB sowie in den Fällen der §§ 1611 Abs. 1, 1361 Abs. 3, 1579 BGB in vollem Umfang als Einkommen zu berücksichtigen, im Übrigen nur insoweit, als es über den Sockelbetrag nach § 11 Satz 1 bis 3 BEEG hinausgeht.

Entsprechendes gilt für das Erziehungsgeld nach § 9 Satz 1 und 2 BErzGG.

2.6. Unfall- und Versorgungsrenten

2.7. Leistungen aus der Pflegeversicherung, Blindengeld u. Ä.

Die Leistungen sind um einen Betrag für tatsächliche Mehraufwendungen zu kürzen; § 1610a BGB und die darauf verweisenden § 1578a und § 1361 Abs. 1 Satz 1, 2. Halbs. BGB sind insoweit zu beachten.

2.8. Pflegegeld

Einkommen ist der Anteil des Pflegegelds bei der Pflegeperson, durch den ihre Bemühungen abgegolten werden; bei Pflegegeld aus der Pflegeversicherung gilt dies nach Maßgabe des § 13 Abs. 6 SGB XI.

2.9. Leistungen der Grundsicherung

Beim Verwandtenunterhalt sind in der Regel Leistungen der Grundsicherung im Alter und bei Erwerbsminderung nach den §§ 41 – 43 SGB XII als Einkommen des Unterhaltsberechtigten zu berücksichtigen. Dies gilt nicht für den Ehegattenunterhalt.

2.10. Sozialhilfe

Kein Einkommen wegen des Anspruchsübergangs nach § 94 SGB XII ist die vom Unterhaltsberechtigten bezogene Sozialhilfe. Die Unterhaltsforderung eines Empfängers dieser Leistungen kann in Ausnahmefällen treuwidrig sein.

2.11. Unterhaltsvorschuss

Kein Einkommen sind Leistungen nach dem Unterhaltsvorschussgesetz. Die Unterhaltsforderung eines Empfängers dieser Leistungen kann in Ausnahmefällen treuwidrig sein.

3. Kindergeld

Kindergeld zählt nicht zum Einkommen. Es wird nach Maßgabe des § 1612b BGB auf den Barbedarf des Kindes angerechnet.

4. Geldwerte Zuwendungen des Arbeitgebers

Geldwerte Zuwendungen aller Art des Arbeitgebers, z.B. Firmenwagen oder freie Kost und Logis, sind Einkommen, soweit sie entsprechende Eigenaufwendungen ersparen.

5. Wohnwert

Der Wohnvorteil durch mietfreies Wohnen im eigenen Heim ist als wirtschaftliche Nutzung des Vermögens unterhaltsrechtlich wie Einkommen zu behandeln. Neben dem Wohnwert sind auch Zahlungen nach dem Eigenheimzulagengesetz anzusetzen.

Ein Wohnvorteil liegt nur vor, soweit der Wohnwert den berücksichtigungsfähigen Schuldendienst und erforderliche Instandhaltungskosten übersteigt.

Auszugehen ist vom vollen Mietwert (Nettokaltmiete). Wenn es nicht möglich oder nicht zumutbar ist, die Wohnung aufzugeben und das Objekt zu vermieten oder zu veräußern, kann stattdessen die ersparte Miete angesetzt werden, die angesichts der wirtschaftlichen Verhältnisse angemessen wäre. Dies kommt insbesondere für die Zeit bis zur Scheidung in Betracht, wenn ein Ehegatte das Eigenheim allein bewohnt.

6. Haushaltsführung

Führt jemand einem leistungsfähigen Dritten den Haushalt, so ist hierfür ein Einkommen anzusetzen; dies gilt nicht im Falle der Haushaltsführung durch einen voll Erwerbstätigen.

7. Einkommen aus unzumutbarer Erwerbstätigkeit

Einkommen aus unzumutbarer Erwerbstätigkeit kann nach Billigkeit ganz oder teilweise unberücksichtigt bleiben.

8. Freiwillige Zuwendungen Dritter

Freiwillige Zuwendungen Dritter (z.B. Geldleistungen, kostenloses Wohnen) sind nicht als Einkommen zu berücksichtigen, es sei denn, dies entspricht dem Willen des Dritten.

9. Erwerbsobliegenheit und Einkommensfiktion

Einkommen können auch bei Arbeitslosigkeit des Unterhaltsverpflichteten aufgrund einer unterhaltsrechtlichen Erwerbsobliegenheit erzielbare Einkünfte sein (fiktives Einkommen).

10. Bereinigung des Einkommens

10.1. Steuern und Vorsorgeaufwendungen

Vom Bruttoeinkommen sind Steuern, Sozialabgaben und/oder angemessene Vorsorgeaufwendungen abzusetzen (Nettoeinkommen).

Es besteht die Obliegenheit, Steuervorteile in Anspruch zu nehmen (z.B. Eintragung eines Freibetrags bei Fahrtkosten, für unstreitigen oder titulierten Unterhalt).

10.2. Berufsbedingte Aufwendungen

Berufsbedingte Aufwendungen, die sich von den privaten Lebenshaltungskosten nach objektiven Merkmalen eindeutig abgrenzen lassen, sind im Rahmen des Angemessenen vom Nettoeinkommen aus unselbständiger Arbeit abzuziehen.

10.2.1. Pauschale/Konkrete Aufwendungen

Bei Vorliegen entsprechender Anhaltspunkte kann eine Pauschale von 5 % des Nettoeinkommens monatlich angesetzt werden. Übersteigen die berufsbedingten Aufwendungen diese Pauschale oder liegt ein Mangelfall vor, so sind sie im Einzelnen darzulegen und gegebenenfalls nachzuweisen.

10.2.2. Fahrtkosten

Für die notwendigen Kosten der berufsbedingten Nutzung eines Kraftfahrzeugs kann der nach den Sätzen des § 5 Abs. 2 Satz 1 Nr. 2 JVEG anzuwendende Betrag (derzeit 0,42 Euro) pro gefahrenen Kilometer angesetzt werden. Damit sind in der Regel Anschaffungs-, Reparatur- und sonstige Betriebskosten erfasst. Bei langen Fahrtstrecken (ab ca. 30 km einfach) kann nach unten abgewichen werden, in der Regel auf 2/3 des vorbezeichneten Betrages (derzeit 0,28 Euro).

10.2.3. Ausbildungsaufwand

Die Ausbildungsvergütung eines in der Berufsausbildung stehenden Kindes, das im Haushalt der Eltern oder eines Elternteils wohnt, ist vor ihrer Anrechnung in der Regel, sofern für eine derartige Schätzung hinreichende Anhaltspunkte bestehen, um einen ausbildungsbedingten Mehrbedarf von 10 %, maximal 100 Euro zu kürzen.

10.3. Kinderbetreuung

Kinderbetreuungskosten sind abzugsfähig, soweit die Betreuung durch Dritte infolge der Berufstätigkeit erforderlich ist. Außerdem kann ein Kinderbetreuungsbonus angesetzt werden.

10.4. Schulden

Berücksichtigungswürdige Schulden (Zins und Tilgung) sind im Rahmen eines vernünftigen Tilgungsplanes in angemessenen Raten abzuziehen.

Beim Verwandtenunterhalt sowie bei Prüfung der Leistungsfähigkeit oder Bedürftigkeit für den Ehegattenunterhalt erfolgt eine Abwägung nach den Umständen des Einzelfalls. Bei der Zumutbarkeitsabwägung sind Interessen des Unterhaltsschuldners, des Drittgläubigers und des Unterhaltsgläubigers, vor allem minderjähriger Kinder, mit zu berücksichtigen.

Kann der Unterhaltsschuldner den Mindestunterhalt minderjähriger Kinder nicht decken, sind Schulden in der Regel nur bis zur Höhe des pfändbaren Betrages nach § 850c Abs. 1 Satz 2 ZPO (evtl. in Verb. mit den §§ 36 Abs. 1 Satz 2, 89 Abs. 2 InsO) zu berücksichtigen.

10.5. Unterhaltsleistungen

Unterhaltsleistungen an vorrangig Berechtigte sind vorweg abzuziehen; Unterhaltsleistungen an nachrangige Berechtigte sind angemessen zu berücksichtigen.

10.6. Vermögensbildung

Vermögensbildende Aufwendungen sind im angemessenen Rahmen abzugsfähig.

Kindesunterhalt

11. Bemessungsgrundlage (Tabellenunterhalt)

Der Barunterhalt minderjähriger und noch im elterlichen Haushalt lebender volljähriger unverheirateter Kinder bis zur Vollendung des 21. Lebensjahres bestimmt sich nach der Tabelle zum Kindesunterhalt im Anhang 1 und – unter Verrechnung des Kindergeldes gemäß Nr. 14 – nach der Unterhaltstabelle – Zahlbeträge im Anhang 2 zu diesen Leitlinien.

Bei minderjährigen Kindern kann der Barunterhalt als Festbetrag oder, wie im Anhang 1 und 2 tabellarisch dargestellt, gemäß § 1612a BGB als Prozentsatz des jeweiligen Mindestunterhalts geltend gemacht werden.

11.1. Kranken- und Pflegeversicherungsbeiträge

Die Tabellensätze enthalten keine Kranken- und Pflegeversicherungsbeiträge für das Kind, wenn dieses nicht in einer gesetzlichen Familienversicherung mitversichert ist. Das Nettoeinkommen des Verpflichteten ist um solche zusätzlich zu zahlenden Versicherungskosten zu bereinigen.

11.2. Eingruppierung

Die Tabellensätze sind auf den Fall zugeschnitten, dass der Unterhaltspflichtige zwei Berechtigten Unterhalt zu gewähren hat. Bei einer größeren oder geringeren Anzahl Unterhaltsberechtigter sind in der Regel Ab- oder Zuschläge durch Einstufung in eine niedrigere oder höhere Einkommensgruppe vorzunehmen.

12. Minderjährige Kinder

12.1. Betreuungs-/Barunterhalt

Der Betreuungsunterhalt im Sinne des § 1606 Abs. 3 S. 2 BGB entspricht wertmäßig in der Regel dem vollen Barunterhalt. Deshalb wird ein Einkommen des Kindes bei beiden Eltern, ggfs. nach Abzug eines ausbildungsbedingten Mehrbedarfs (vgl. Nr. 10.2.3), hälftig angerechnet.

12.2. Einkommen des Kindes

Einkommen des Kindes wird bei beiden Eltern hälftig angerechnet.

12.3. Beiderseitige Barunterhaltspflicht/ Haftungsanteil

Der das Kind betreuende Elternteil braucht in der Regel neben dem anderen Elternteil keinen Barunterhalt zu leisten, es sei denn, sein Einkommen ist bedeutend höher als das des anderen Elternteils (§ 1606 Abs. 3 Satz 2 BGB) oder der eigene angemessene Unterhalt des sonst allein barunterhaltspflichtigen Elternteils ist gefährdet (§ 1603 Abs. 2 Satz 3 BGB). Im letzteren Fall kann jedoch nach der so genannten »Hausmann«-Rechtsprechung eine Haftung in Betracht kommen.

Der Verteilungsschlüssel kann ggfs. unter Berücksichtigung des zusätzlichen Betreuungsaufwandes eines Elternteils wertend verändert werden.

Sind bei auswärtiger Unterbringung des Kindes beide Eltern zum Barunterhalt verpflichtet, haften sie anteilig nach § 1606 Abs. 3 Satz 1 BGB für den Gesamtbedarf (Nr. 13.3). Bei vergleichbarer wirtschaftlicher Lage ist insoweit hinsichtlich Bedarf und Bedürftigkeit des Kindes die Regelung für volljährige Schüler, Studenten und Auszubildende entsprechend anzuwenden (Nr. 13).

12.4. Zusatzbedarf

Bei Zusatzbedarf (Prozesskostenvorschuss, Mehrbedarf, Sonderbedarf) gilt § 1606 Abs. 3 Satz 1 BGB (s. Nr. 13.3).

13. Volljährige Kinder

13.1. Bedarf

13.1.1. Kinder ohne eigenen Hausstand

Volljährige Schüler, Studenten und Auszubildende, die noch im Haushalt eines Elternteils wohnen, erhalten den Tabellenbetrag der vierten Altersstufe bis zur Beendigung der Ausbildung.

Der Bedarf des Kindes bestimmt sich in der Regel, sofern beide Elternteile leistungsfähig sind, nach dem zusammengerechneten Einkommen beider Elternteile; Nr. 11.2 findet keine Anwendung.

13.1.2. Kinder mit eigenem Hausstand

Der angemessene Bedarf eines volljährigen Kindes mit eigenem Hausstand beträgt in der Regel 860 Euro monatlich. Darin enthalten sind Kosten für Unterkunft und Heizung bis zu 375 Euro, jedoch keine Beiträge zur Kranken- und Pflegeversicherung.

Von diesem Betrag kann bei erhöhtem Bedarf oder mit Rücksicht auf die Lebensstellung der Eltern abgewichen werden

13.2. Einkommen des Kindes

Auf den Unterhaltsbedarf werden Einkünfte des Kindes, auch BAföG-Darlehen und Ausbildungsbeihilfen (gekürzt um ausbildungsbedingte Aufwendungen, vgl. Nr. 10.2.3) angerechnet. Bei Einkünften aus unzumutbarer Erwerbstätigkeit gilt § 1577 Abs. 2 BGB entsprechend.

13.3. Beiderseitige Barunterhaltspflicht/ Haftungsanteil

Die anteilige Barunterhaltspflicht beider Elternteile bestimmt sich nach Maßgabe des § 1606 Abs. 3 Satz 1 BGB, geht jedoch für den einzelnen Elternteil nicht über den Unterhaltsbetrag hinaus, der sich allein nach seinem Einkommen aus der Unterhaltstabelle (Anhang) ergibt.

Vor Berechnung des Haftungsanteils nach § 1606 Abs. 3 Satz 1 BGB ist das Nettoeinkommen jedes Elternteils gemäß Nr. 10 zu ermitteln. Außerdem ist vom Restbetrag ein Sockelbetrag in Höhe des angemessenen Selbstbehalts (1400 €) oder, sofern es um Unterhaltsansprüche privilegierter Volljähriger gemäß § 1603 Abs. 2 Satz 2 BGB geht, des (entweder 1.160 € oder 960 € betragenden) notwendigen Selbstbehalts abzuziehen.

14. Verrechnung des Kindergeldes

Kindergeld mindert nach Maßgabe des § 1612 b BGB den Barbedarf des Kindes.

Ehegattenunterhalt

15. Unterhaltsbedarf

15.1. Bedarf nach ehelichen Lebensverhältnissen

Bei der Bedarfsbemessung dürfen nur eheprägendes Einkommen und grundsätzlich nur eheprägende Schulden voll berücksichtigt werden. Bei Aufnahme oder Erweiterung einer Erwerbstätigkeit nach Trennung oder Scheidung gilt das (Mehr-) Einkommen als prägend.

15.2. Halbteilung und Erwerbstätigenbonus

Es gilt der Halbteilungsgrundsatz, wobei jedoch Erwerbseinkünfte nur zu 90 % zu berücksichtigen sind (Abzug von 1/10 Erwerbstätigenbonus vom bereinigten Nettoeinkommen).

Leistet ein Ehegatte auch Unterhalt für ein Kind und hat dies die ehelichen Lebensverhältnisse geprägt, so wird sein Einkommen vor Ermittlung des Erwerbstätigenbonus um diesen Unterhalt (Zahlbetrag) bereinigt.

Erbringt der Verpflichtete sowohl Bar- als auch Betreuungsunterhalt, so gilt Nr. 10.3 entsprechend.

15.3. Konkrete Bedarfsbemessung

Bei sehr guten Einkommensverhältnissen des Pflichtigen kommt eine konkrete Bedarfsberechnung in Betracht.

15.4. Vorsorgebedarf/Zusatz- und Sonderbedarf

Werden Altersvorsorge-, Kranken- und Pflegeversicherungskosten vom Berechtigten gesondert geltend gemacht oder vom Verpflichteten bezahlt, sind diese von dem Einkommen des Pflichtigen vorweg abzuziehen. Der Vorwegabzug unterbleibt, soweit nicht verteilte Mittel zur Verfügung stehen, z. B. durch Anrechnung nicht prägenden Einkommens des Berechtigten auf seinen Bedarf.

15.5. Trennungsbedingter Mehrbedarf

Trennungsbedingter Mehrbedarf kann zusätzlich berücksichtigt werden.

16. Bedürftigkeit

Eigene Einkünfte des Berechtigten sind auf den Bedarf anzurechnen, wobei das bereinigte Nettoerwerbseinkommen um den Erwerbstätigenbonus zu vermindern ist.

17. Erwerbsobliegenheit

17.1. Erwerbsobliegenheit bei Kindesbetreuung

Die Erwerbsobliegenheit des Ehegatten, der minderjährige Kinder betreut, richtet sich nach den Umständen des Einzelfalles. Dabei ist insbesondere auf die Zahl der Kinder und deren Alter, auf etwaige Schulprobleme und andere Betreuungsmöglichkeiten abzustellen (vgl. § 1570 BGB).

Geht der unterhaltsberechtigte Ehegatte über das an sich zumutbare Maß hinaus einer Erwerbstätigkeit nach, so richtet sich die Anrechenbarkeit seines dadurch erzielten Einkommens auf den Unterhaltsanspruch nach § 1577 Abs. 2 BGB.

17.2. Erwerbsobliegenheit bei Trennungsunterhalt

In der Regel besteht für den Berechtigten im ersten Jahr nach der Trennung keine Obliegenheit zur Aufnahme oder Ausweitung einer Erwerbstätigkeit.

Weitere Unterhaltsansprüche

18. Ansprüche aus § 1615 l BGB

Der Bedarf der Mutter oder des Vaters eines nichtehelichen Kindes richtet sich nach der Lebensstellung des betreuenden Elternteils (§§ 1615 l Abs. 3 Satz 1, 1610 BGB) und beträgt in der Regel mindestens 960 Euro.

19. Elternunterhalt

Für die Unterhaltsverpflichtung gegenüber Eltern gilt ein erhöhter angemessener Selbstbehalt des unterhaltspflichtigen Kindes gemäß § 1603 Abs. 1 BGB (vgl. Nr. 21.3.3).

Beim Bedarf der Eltern sind Leistungen der Grundsicherung im Alter und bei Erwerbsminderung nach den §§ 41 – 43 SGB XII zu berücksichtigen (vgl. Nr. 2.9).

20. Lebenspartnerschaft

Für den Unterhalt bei Getrenntleben der Lebenspartner gilt § 12 LPartG und für den Unterhalt bei Aufhebung der Lebenspartnerschaft § 16 LPartG.

Leistungsfähigkeit und Mangelfall

21. Selbstbehalt

21.1. Grundsatz

Es ist zu unterscheiden zwischen dem notwendigen (§ 1603 Abs. 2 BGB), dem angemessenen (§ 1603 Abs. 1 BGB), dem eheangemessenen (§§ 1361 Abs. 1, 1578 Abs. 1 BGB) sowie dem billigen Selbstbehalt (§ 1581 BGB). In dem jeweiligen Selbstbehalt sind unterschiedlich hohe Kosten für Unterkunft und Heizung enthalten (vgl. Nr. 21.5.2).

21.2. Notwendiger Selbstbehalt

Der notwendige Selbstbehalt gilt in allen Fällen der Inanspruchnahme als unterste Grenze.

Er beträgt

– beim Nichterwerbstätigen	960 Euro und
– beim Erwerbstätigen	1.160 Euro.

Für Eltern gegenüber ihren minderjährigen Kindern und diesen nach § 1603 Abs. 2 Satz 2 BGB gleichgestellten volljährigen Kindern gilt im Allgemeinen der notwendige Selbstbehalt.

21.3. Angemessener Selbstbehalt

Im Übrigen gilt beim Verwandtenunterhalt der angemessene Selbstbehalt.

21.3.1. Volljährige Kinder

Der angemessene Selbstbehalt gegenüber volljährigen Kindern beträgt in der Regel 1.400 Euro. Er kann nach den Umständen des Einzelfalles, insbesondere bei nichterwerbstätigen Unterhaltsschuldnern, herabgesetzt werden.

21.3.2. Ansprüche aus § 1615l BGB

Der angemessene Selbstbehalt gegenüber der Mutter oder dem Vater eines nichtehelichen Kindes beträgt in der Regel falls erwerbstätig 1.280 Euro und falls nicht erwerbstätig 1.180 Euro.

21.3.3. Enkel- und Elternunterhalt

Gegenüber Enkeln und Eltern als Unterhaltsberechtigten beträgt der erhöhte angemessene Selbstbehalt des Unterhaltspflichtigen mindestens 2.000 Euro, wobei die Hälfte des den Mindestbetrag übersteigenden Einkommens zusätzlich anrechnungsfrei bleibt.

Beim Elternunterhalt sind bei der Bemessung des angemessenen Selbstbehalts Zweck und Rechtsgedanken des Gesetzes zur Entlastung unterhaltspflichtiger Angehöriger in der Sozialhilfe und in der Eingliederungshilfe (Angehörigenentlastungsgesetz vom 10.12.2019 (Bundesgesetzblatt I S. 2135)) zu beachten.

21.4. Eheangemessener Selbstbehalt

Gegenüber Ehegatten gilt grundsätzlich ein eheangemessener Selbstbehalt falls erwerbstätig von 1.280 Euro und falls nicht erwerbstätig von 1.180 Euro.

Eine Begrenzung auf den notwendigen Selbstbehalt (Nr. 21.2) kommt insbesondere bei Betreuung gemeinschaftlicher minderjähriger Kinder seitens des Unterhaltsberechtigten in Betracht.

21.5. Anpassung des Selbstbehalts

21.5.1. Beim Verwandtenunterhalt kann der jeweilige Selbstbehalt unterschritten werden, wenn der eigene Unterhalt des Pflichtigen ganz oder teilweise durch den Ehegatten gedeckt ist.

21.5.2. Im notwendigen Selbstbehalt sind Kosten für Unterkunft und Heizung (Wohnkosten) in Höhe von 430 Euro, im angemessenen Selbstbehalt in Höhe von 550 Euro, im Familienbedarf bei Ansprüchen der Eltern gegen verheiratete Kinder und von Enkeln gegenüber den Großeltern (Nr. 21.3.3, 22.3) in Höhe von 860 Euro enthalten. Der Selbstbehalt erhöht sich, wenn konkret eine erhebliche und nach den Umständen nicht vermeidbare Überschreitung dieser Wohnkosten dargelegt ist.

21.5.3. Besteht für den Verpflichteten ein Anspruch auf Wohngeld, ist dieser wohnkostenmindernd zu berücksichtigen (vgl. Nr. 2.3).

22. Bedarf des mit dem Unterhaltspflichtigen zusammenlebenden Ehegatten

22.1. Volljährige Kinder und Ansprüche aus § 1615l BGB

Ist der Unterhaltspflichtige verheiratet, werden für den mit ihm zusammenlebenden Ehegatten im Regelfall als angemessener Eigenbedarf 1.120 Euro angesetzt.

22.2. Eltern- und Enkelunterhalt

Ist das unterhaltspflichtige Kind oder der unterhaltspflichtige Großelternteil verheiratet, werden für den mit ihm zusammenlebenden Ehegatten als erhöhter angemessener Eigenbedarf mindestens 1.600 Euro angesetzt.

22.3. Ehegattenunterhalt

Bei nachrangigen Unterhaltsansprüchen geschiedener Ehegatten beträgt der Mindestbedarf des mit dem Unterhaltspflichtigen in einem Haushalt lebenden Ehegatten falls erwerbstätig 1024 Euro und falls nicht erwerbstätig 944 Euro.

23. Mangelfall

23.1. Grundsatz

Reicht der Betrag, der zur Erfüllung mehrerer Unterhaltsansprüche unter Berücksichtigung des Selbstbehalts des Verpflichteten (Nr. 21) zur Verfügung steht (Nr. 1 – 10), nicht aus, um alle Ansprüche zu erfüllen, so findet, sofern nicht ein Unterhaltsanspruch nach Maßgabe der §§ 1609, 1582, 1615 l Abs. 3 Satz 2 BGB vorgeht und ein anderer nur nachrangig Berücksichtigung findet, eine Mangelfallberechnung statt.

23.2. Einsatzbeträge

Die Einsatzbeträge für minderjährige unverheiratete Kinder und ihnen nach § 1603 Abs. 2 Satz 2 BGB gleichgestellte volljährige Kinder entsprechen dem Existenzminimum nach § 1612a Abs. 1 Satz 2 und 3 BGB abzüglich des nach § 1612b BGB auf den Bedarf anzurechnenden Kindergeldes, das heißt den im Anhang 2 in der 1. Einkommensgruppe aufgeführten Unterhaltszahlbeträgen.

Für den in einem gemeinsamen Haushalt mit dem Unterhaltspflichtigen lebenden Ehegatten ist im Mangelfall der seiner jeweiligen Lebenssituation entsprechende notwendige Eigenbedarf (Nr. 22) als Einsatzbetrag zu berücksichtigen.

23.3. Berechnung

Bei der Mangelfallberechnung errechnet sich der gekürzte Unterhaltsanspruch aller gleichrangigen Unterhaltsberechtigten aus dem Quotienten von Verteilungsmasse und Summe der Einsatzbeträge, multipliziert mit dem jeweiligen Einsatzbetrag.

Sonstiges

24. Rundung

Der Unterhaltsbetrag ist stets auf volle Euro aufzurunden.

25. Ost-West-Fälle

In so genannten Ost-West-Fällen richtet sich bis zum 31. Dezember 2007 der Bedarf nach dem Wohnort des Unterhaltsberechtigten, die Leistungsfähigkeit bzw. der Selbstbehalt nach dem Wohnort des Unterhaltspflichtigen.

26. Unterhaltsvereinbarungen

Unterhaltsvereinbarungen regeln im Zweifel lediglich den gesetzlichen Unterhalt.

27. Selbstbehalts- und Bedarfssätze

Eine Übersicht der nach den aktuellen Unterhaltsleitlinien maßgeblichen Selbstbehalts- und Bedarfssätze ist beigefügt als Anhang 3.

Anhang

1. Tabelle zum Kindesunterhalt

s. S. 5

2. Unterhaltstabelle – Zahlbeträge

ab 1. Januar 2022

Die folgenden Tabellen enthalten die sich nach Abzug des jeweiligen Kindergeldanteils (hälftiges Kindergeld bei Minderjährigen, volles Kindergeld bei Volljährigen) ergebenden Zahlbeträge. Im Jahr 2022 beträgt das Kindergeld für das erste und zweite Kind 219 EUR, für das dritte Kind 225 EUR und ab dem vierten Kind 250 EUR.

s. S. 10

3. Selbstbehalts- und Bedarfssätze

seit 1. Januar 2020 unverändert

Nr. ULL *	Art des Selbstbehalts bzw. Bedarfs	Betrag
	Selbstbehalt	
21.2	Notwendiger Selbstbehalt	
	Erwerbstätige Unterhaltsschuldner	1.160 €
	Nicht erwerbstätige Unterhaltsschuldner	960 €
21.3	Angemessener Selbstbehalt	
21.3.1	Ansprüche volljähriger Kinder	1.400 €
21.3.2	Ansprüche aus § 1615 l BGB	falls erwerbstätig 1280 €; falls nicht erwerbstätig 1.180 €
21.3.3	Enkel- und Elternunterhalt	2.000 € und die Hälfte des darüber hinausgehenden Einkommens
21.4	Eheangemessener Selbstbehalt	falls erwerbstätig 1.280 €; falls nicht erwerbstätig 1.180 €
	Bedarf	
22	Bedarf des Ehegatten, der mit dem Unterhaltspflichtigen zusammenlebt, gegenüber Unterhaltsansprüchen	
22.1	– nicht privilegierter volljähriger Kinder und Berechtigter gemäß § 1615 l BGB	1.120 €
22.2	– der Enkel und Eltern mindestens	1.600 €
22.3	– nachrangiger geschiedener Ehegatten	falls erwerbstätig 1.024 €; falls nicht erwerbstätig 944 €
10.2.3	Ausbildungsbedingter Mehrbedarf eines Kindes	10 % der Ausbildungsvergütung, maximal 100 €
13.1.2	Bedarf volljähriger Kinder mit eigenem Hausstand	860 €
18	Bedarf des nach § 1615 l BGB berechtigten Elternteils	960 €

* ULL = Unterhaltsleitlinien

r) OLG Nürnberg

s. Süddeutsche Leitlinien

s) OLG Oldenburg

Unterhaltsrechtliche Leitlinien der Familiensenate des Oberlandesgerichts Oldenburg Stand: Januar 2022

mit Düsseldorfer Tabelle

Allgemeine Grundsätze

Die Unterhaltsrechtlichen Leitlinien der Familiensenate des Oberlandesgerichts Oldenburg dienen nur als Hilfsmittel zur Bestimmung des angemessenen Unterhalts. Sie beruhen auf für typische Sachverhalte geltenden Erfahrungswerten. Insofern sollen sie zu einer einheitlichen Rechtsprechung beitragen. Sie haben jedoch keine bindende Wirkung und können die Prüfung des Einzelfalls nicht ersetzen.

Unterhaltsrechtlich maßgebendes Einkommen

Der Unterhaltsberechnung sind alle Einnahmen und Ausgaben mit 1/12 ihres Jahresbetrages zugrunde zu legen.

1. Geldeinnahmen

1.1 Regelmäßiges Bruttoeinkommen einschließlich Renten und Pensionen

Maßgebend sind die Einnahmen eines Jahres einschließlich Zulagen, Weihnachts- und Urlaubsgeld, Prämien, Tantiemen sowie sonstiger regelmäßiger Einmalzahlungen.

1.2 Unregelmäßige Einkommen

Bei Auflösung des Arbeitsverhältnisses gezahlte Abfindungen sind auf einen angemessenen Zeitraum umzulegen. Entsprechend ist bei anderen einmaligen Zuwendungen zu verfahren.

1.3 Überstunden

Vergütungen für Überstunden sind unterhaltspflichtige Einnahmen, soweit sie berufstypisch sind und das im jeweiligen Beruf übliche Maß nicht überschreiten.

Darüberhinausgehende Einnahmen aus Überstunden oder Zusatzarbeit sind aufgrund der Umstände des Einzelfalls (hohe Schuldenbelastung, Sicherung des Mindestbedarfs) nach Billigkeit anzurechnen.

1.4 Spesen und Auslösungen

Auslösungen und Spesen sind Einnahmen, soweit sie sich nicht auf die Erstattung nachgewiesener Auslagen beschränken. Aufwendungspauschalen sind aufgrund häuslicher Ersparnis in der Regel mit 1/3 ihres Nettowertes anzurechnen.

1.5 Einkommen aus selbständiger Tätigkeit

Bei Einkünften aus selbständiger Tätigkeit sind die im Durchschnitt von 3 oder mehr Jahren für den Lebensunterhalt tatsächlich verfügbaren Mittel maßgebend.

1.5.1 Gewinn

Wird auf den steuerlich maßgeblichen Gewinn abgestellt, sind für das Wirtschaftsjahr gebildete Rückstellungen (§ 5 Abs. II – IVb EStG), die nach §§ 7a – 7k EStG vorgenommenen Absetzungen für Abnutzung und Substanzverringerung sowie Sonderabschreibungen unterhaltsrechtlich zu korrigieren. Soweit Abschreibungen dem Gewinn hinzugerechnet werden, sind die für diese Wirtschaftsgüter notwendigen Ausgaben sowie die Tilgung betrieblicher Kredite vom Gewinn abzusetzen

1.5.2 Privatentnahmen

Privatentnahmen haben Indizcharakter für die Feststellung der verfügbaren Mittel.

1.6 Einkommen aus Vermietung u. Verpachtung sowie Kapitalvermögen

Bei Einkünften aus Vermietung und Verpachtung sowie Kapitalvermögen sind die Einnahmen abzüglich notwendiger Ausgaben maßgebend.

1.7 Steuererstattungen

Steuererstattungen und -zahlungen gehören in der Regel zu den Einnahmen und Ausgaben im Jahr der Zahlung. Eine Fortschreibung für nachfolgende Jahre setzt voraus, dass die Bemessungsgrundlagen im Wesentlichen unverändert bleiben.

Steuererstattungen sind nicht als Einkommen anzurechnen, soweit der ihnen zugrundeliegende Aufwand unterhaltsrechtlich unberücksichtigt bleibt.

2. Sozialleistungen

2.1 Arbeitslosengeld (§ 117 SGB III) und Krankengeld

2.2 Arbeitslosengeld II (§§ 19-32 SGB II)

Arbeitslosengeld II (§§ 19-32 SGB II):

LL-Strkt KG Brdbg Brschw Brem Celle Dresd Düss Ffm Hbg Hamm Jena Kblz Köln Naumbg Oldbg Rstk Schlesw SüdL Empf Sozhi

Leistungen zur Sicherung des Lebensunterhalts sind nicht als unterhaltsrelevantes Einkommen anzurechnen. Soweit ein Übergang des Anspruchs auf den Träger der Leistungen nach § 33 Abs. 2 SGB II ausgeschlossen ist (auch bei fiktivem Einkommen), können Unterhaltsforderungen eines Leistungsempfängers für die Vergangenheit treuwidrig sein (vgl. BGH FamRZ 1999, 843).

2.3 Wohngeld

2.4 BaföG

BAföG-Leistungen, auch soweit sie als Darlehn gewährt werden, mit Ausnahme von Vorausleistungen nach §§ 36, 37 BAföG.

2.5 Erziehungsgeld

Elterngeld ist mit dem 300 Euro/Kind (bei verlängertem Bezug 150 Euro) übersteigende Betrag als Einkommen anzurechnen. Eine Anrechnung des Sockelbetrages erfolgt nur unter den Voraussetzungen des § 11 S. 4 BEEG.

2.6 Unfall- und Versorgungsrenten

Renten wegen teilweiser oder vollständiger Minderung der Erwerbsfähigkeit (§§ 43 SGB VI, 56 SGB VII).

2.7 Leistungen der Pflegeversicherung, Blindengeld u.ä.

Leistungen aus der Pflegeversicherung (§ 13 SGB XI), Blindengeld sowie Schwerverletzten- und Pflegezulagen, jeweils nach Abzug des Betrages für tatsächliche Mehraufwendungen, wobei § 1610a BGB zu beachten ist.

2.8 Pflegegeld

An die Pflegeperson weitergeleitetes Pflegegeld nach Maßgabe von § 13 VI SGB XI sowie der Erziehungsbeitrag im Pflegegeld für Vollzeitpflege (§ 39 SGB VIII, Nds.MBl. 2014 S. 964).

2.9 Grundsicherungsgesetz

Leistungen zur Grundsicherung im Alter und bei Erwerbsminderung (§§ 41 ff SGBXII) nur beim Verwandtenunterhalt.

2.10 Sozialhilfe/Unterhaltsvorschuss

Nicht als Einkommen anzurechnen sind Sozialhilfe (SGB XII) und Leistungen nach dem Unterhaltsvorschussgesetz. Für Unterhaltsrückstände gilt Ziff. 2.2 entsprechend.

3. Kindergeld

Kindergeld wird nicht als Einkommen der Eltern angerechnet. Es ist für den Bedarf des Kindes zu verwenden.

4. Geldwerte Zuwendungen des Arbeitgebers

Sachbezüge (kostenlose oder verbilligte Wohnung, Vorteil KFZ-Nutzung, unentgeltliche Verpflegung, Mitarbeiterrabatt) sind mit den nach § 287 ZPO zu schätzenden ersparten Aufwendungen als Einkommen anzusetzen.

5. Wohnwert

Der Vorteil mietfreien Wohnens im eigenen Heim ist als wirtschaftliche Nutzung von Vermögen wie Einkommen zu behandeln.

5.1 Bemessung

Ein Wohnvorteil liegt nur vor, soweit die ersparte Kaltmiete den berücksichtigungsfähigen Schuldendienst (Zins- und Tilgungsleistungen) – ggf. vermindert um die Eigenheimzulage – und erforderliche Instandhaltungskosten übersteigt. Die nach § 2 BetrKV umlagefähigen Betriebskosten sind nicht abzusetzen.

5.2 Angemessener Wohnvorteil

In der Zeit bis zur endgültigen Vermögensauseinandersetzung oder bis zum endgültigen Scheitern der Ehe (Zustellung des Scheidungsantrags) ist in der Regel die angesichts der wirtschaftlichen Verhältnisse angemessene, ersparte Miete anzusetzen.

5.3 Objektiver Wohnvorteil

Nach der endgültigen Vermögensauseinandersetzung oder dem endgültigen Scheitern der Ehe ist auf den aus Vermietung bzw. bei Anlage des Reinerlöses erzielbaren Nettoertrag abzustellen, mindestens jedoch auf den nach Ziff. 5.2 anzusetzenden Betrag, sofern nicht ausnahmsweise eine anderweitige Nutzung der Wohnung unzumutbar ist.

6. Haushaltsführung

Für Haushaltsführungsleistungen in einer nichtehelichen Partnerschaft ist auf Seiten des Unterhaltsberechtigten ein wirtschaftlicher Vorteil anzusetzen, sofern nicht die Leistungsunfähigkeit des Partners feststeht. Dieser Vorteil ist im Regelfall mit 500 Euro zu bewerten.

7. Einkommen aus unzumutbarer Erwerbstätigkeit

Aus unzumutbarer Tätigkeit erzieltes Einkommen kann nach Billigkeit ganz oder teilweise unberücksichtigt bleiben.

8. Freiwillige Zuwendungen Dritter

Freiwillige Zuwendungen Dritter (z.B. Geldleistungen, mietfreies Wohnen) sind in der Regel nur dann als Einkommen zu berücksichtigen, wenn dies dem Willen des Dritten entspricht.

9. Erwerbsobliegenheit und Einkommensfiktion

9.1 Erwerbsobliegenheit

Eine Erwerbsobliegenheit besteht bis zum Erreichen der Regelaltersgrenze. Auszugehen ist von der Erwerbsobliegenheit eines Unterhaltsverpflichteten, die gegenüber minderjährigen und diesen gleichgestellten Kindern nach Maßgabe des § 1603 BGB gesteigert ist. Im Einzelfall kann diese auch die Aufnahme einer Nebentätigkeit umfassen.

9.1.1. Anforderungen bei Arbeitslosigkeit

Bei Arbeitslosigkeit sind über eine Meldung bei der Agentur für Arbeit oder telefonische Nachfragen hinausgehende eigenständige Erwerbsbemühungen im Einzelnen darzulegen und zu belegen.

Der Hinweis auf die Arbeitsmarktlage macht den Nachweis von Bemühungen nur im Ausnahmefall entbehrlich.

9.2 Fiktives Einkommen

Bei unzureichenden Bemühungen um einen Arbeitsplatz können fiktive Einkünfte nach den Umständen des Einzelfalls unter Berücksichtigung von Beruf, Alter und des zuletzt erzielten Verdienstes zugrunde gelegt werden.

9.3 Geringfügige Beschäftigung

Neben dem Bezug von Leistungen der Agentur für Arbeit kann die Aufnahme einer geringfügigen Beschäftigung (§ 155 SGB III) in Betracht kommen.

9.4 Erwerbspflicht bei Wiederheirat

Dem wiederverheirateten Elternteil obliegt es ungeachtet seiner Pflichten aus der neuen Ehe durch Aufnahme einer Erwerbstätigkeit zum Unterhalt der Kinder aus einer früheren Ehe beizutragen, ggf. durch Aufnahme einer Teilzeitarbeit.

10. Bereinigung des Einkommens

10.1 Steuern und Vorsorgeaufwendungen

Von den Einnahmen sind die tatsächlich gezahlten Steuern abzuziehen. Es besteht grundsätzlich die Obliegenheit, mögliche Steuervorteile – insbesondere als außergewöhnliche Belastung (§ 33 a Abs. 1 EStG) bzw. aus dem begrenzten Realsplitting (§ 10 Abs. 1 Nr. 1 EStG) – durch Eintragung eines Freibetrages in Höhe des unstreitig geschuldeten Unterhaltsbetrages in Anspruch zu nehmen.

Solche Vorteile und mit einem bevorstehenden Wechsel der Steuerklasse verbundene Veränderungen können aufgrund einer Schätzung berücksichtigt werden.

Bei abhängig Beschäftigten sind zur Alters- und Krankenvorsorge die gesetzlichen Abgaben zur Sozialversicherung sowie Beiträge zur privaten Altersvorsorge zu berücksichtigen. Tatsächlich entrichtete Beiträge zur Alters- und Krankenvorsorge sind regelmäßig in einem im Verhältnis zu den Einnahmen angemessenen Umfang abzuziehen, bei zusätzlichen Beiträgen zur privaten Altersvorsorge in der Regel mit 4 %, beim Elternunterhalt mit 5 % des Bruttoeinkommens.

Bei gesteigerter Unterhaltspflicht sind jedoch allenfalls nach § 82 EStG geförderte Vorsorgebeiträge bis zur Höhe des Mindesteigenbeitrags nach § 86 EStG (z.B. Riesterrente) abzugsfähig.

10.2 Berufsbedingte Aufwendungen

Berufsbedingte Aufwendungen sind von den Einnahmen vorweg abzuziehen.

10.2.1 Nichtselbständige Tätigkeit

Bei Einnahmen aus nichtselbständiger Tätigkeit ist eine Pauschale von 5 % des Nettoeinkommens – bei Vollzeittätigkeit mindestens 50 Euro und höchstens 150 Euro – anzusetzen.

Eine Anerkennung von diese Pauschale übersteigenden sowie mit anderen Einnahmen verbundenen Aufwendungen setzt die konkrete Darlegung des Aufwandes voraus.

10.2.2 PKW-Kosten

Für täglich anfallende PKW-Kosten können dabei pauschal 42 Cent für die ersten 60 gefahrenen Kilometer sowie 28 Cent ab dem 61. Kilometer abgesetzt werden. Darin sind Finanzierungskosten enthalten. Ausnahmsweise können stattdessen 28 Cent je gefahrenen Kilometer zuzüglich der Aufwendungen zur Fahrzeugfinanzierung angesetzt werden. Ggf. kommt eine Verweisung auf die Nutzung öffentlicher Verkehrsmittel in Betracht.

10.2.3 Ausbildung

Bei einem in der Berufsausbildung stehenden Kind sind als ausbildungsbedingte Aufwendungen in der Regel 100 Euro anzusetzen.

10.3 Kinderbetreuung

Als weitere berufsbedingte Aufwendungen gelten Kinderbetreuungskosten, soweit infolge der Berufstätigkeit eine Betreuung durch Dritte erforderlich ist. Eine nach §§ 22 ff. SGB VIII mögliche Unterstützung sowie Steuerermäßigungen sind in Anspruch zu nehmen. Ziff. 12.4. ist zu beachten

10.4 Schulden

Schulden (Zins und Tilgung) sind bei tatsächlicher Zahlung im Rahmen eines vernünftigen Tilgungsplans mit angemessenen Raten zu berücksichtigen.

10.4.1 Bedarfsermittlung

Für die Bedarfsermittlung sind Kreditbelastungen aus der Zeit vor der Eheschließung und die bis zur Trennung eingegangenen Verpflichtungen zu berücksichtigen.

10.4.2 Abzugsfähiger Umfang

Der Umfang abzuziehender Schulden ist unter Abwägung aller Umstände des Einzelfalls zu beurteilen. Bei gesteigerter Unterhaltspflicht hat der Unterhaltsschuldner in der Regel sein nach §§ 850 c, f ZPO unpfändbares Einkommen einzusetzen. Es kommt in diesen Fällen eine Obliegenheit zur Einleitung eines Verbraucherinsolvenzverfahrens in Betracht, wenn ein Antrag auf Restschuldbefreiung möglich und zumutbar ist.

10.5 nicht belegt

10.6 nicht belegt

10.7 Umgangskosten

Notwendige Aufwendungen zur Ausübung des Umgangsrechts können einkommensmindernd berücksichtigt werden. Diese sind zu berücksichtigen, wenn ansonsten der notwendige Selbstbehalt unterschritten würde.

Kindesunterhalt

11. Bemessungsgrundlage (Tabellenunterhalt)

Der Unterhaltsbedarf minderjähriger und volljähriger Kinder bemisst sich nach den Sätzen der Düsseldorfer Tabelle.

11.1 Kranken- und Pflegeversicherungsbeiträge

Die Tabellensätze enthalten keine Beiträge zur Kranken- und Pflegeversicherung. Solche zusätzlich aufzubringenden Beiträge sind vorweg vom Einkommen des Unterhaltspflichtigen abzuziehen.

11.2 Eingruppierung

Grundlage der Tabellensätze ist der Bedarf zweier Unterhaltsberechtigter. Bei einer größeren/geringeren Anzahl Unterhaltsberechtigter können Ab- oder Zuschläge durch Einstufung in eine niedrigere bzw. höhere Einkommensgruppe vorgenommen werden. Wird bei Leistung des Kindesunterhalts der angemessene Selbstbehalt (s. Ziff. 21.2) unterschritten, kommt eine Herabstufung in Betracht.

12. Minderjährige Kinder

12.1. Betreuungs-/Barunterhalt

Die Höhe des Barbedarfs bemisst sich im Regelfall allein nach dem – um die für nachrangig Berechtigte gewährten Vorteile verminderten – Einkommen des das Kind nicht betreuenden Elternteils.

12.2 Einkommen des Kindes

Eigenes Einkommen des Kindes ist auf den Barbedarf zur Hälfte anzurechnen.

12.3 Beiderseitige Barunterhaltspflicht/Haftungsanteil

Der das Kind betreuende Elternteil ist nur dann barunterhaltspflichtig, wenn sein Einkommen das Einkommen des anderen Elternteils erheblich übersteigt. Ferner kann er in angemessenem Umfang barunterhaltspflichtig sein, wenn der angemessene Bedarf des anderen Elternteils bei Leistung des Unterhalts gefährdet wäre (§ 1603 II S. 3 BGB).

Sind bei auswärtiger Unterbringung beide Elternteile zum Barunterhalt verpflichtet, haben sie den um das volle Kindergeld verminderten Gesamtbedarf anteilig nach dem Verhältnis ihrer den angemessenen Selbstbehalt übersteigenden Einkommen zu tragen (§ 1606 Abs. 3 S. 1 BGB). Das den notwendigen Selbstbehalt übersteigende Einkommen ist maßgebend, wenn der Bedarf des Kindes andernfalls nicht gedeckt werden kann.

12.4 Zusatzbedarf

Die Tabellensätze berücksichtigen keinen vom Normalfall abweichenden erhöhten Bedarf und Sonderbedarf (§ 1613 II Nr. 1 BGB). Hierzu gehören die berücksichtigungsfähigen Aufwendungen für den Besuch von Kindergärten und vergleichbare Betreuungsformen. Soweit die Aufwendungen das hälftige Kindergeld (s. Ziff. 14) übersteigen, sind sie entsprechend Ziff. 12.3 Abs. 2 von beiden Eltern zu tragen.

13. Volljährige Kinder

13.1 Bedarf

Beim Bedarf volljähriger Kinder ist zwischen Kindern mit eigenem Haushalt und im Haushalt der Eltern oder eines Elternteils lebenden Kindern zu unterscheiden.

13.1.1 im elterlichen Haushalt lebend

Für im Haushalt der Eltern oder eines Elternteils wohnende volljährige Kinder bemisst sich der Bedarf nach der sich aus der Summe beider Einkommen ergebenden Einkommensgruppe – ohne Höher- oder Herabstufung.

13.1.2 eigener Hausstand

Bei Kindern mit eigenem Hausstand beträgt der angemessene Bedarf in der Regel monatlich 860 Euro. Dieser Betrag enthält keine Beiträge zur Kranken- und Pflegeversicherung sowie Studiengebühren.

13.2 Einkommen des Kindes

Auf den Bedarf sind Kindergeld und eigenes Einkommen des Kindes wie folgt anzurechnen:

- Kindergeld in voller Höhe;
- Ausbildungsvergütung in voller Höhe, für Kinder ohne eigenen Hausstand vermindert um ausbildungsbedingte Aufwendungen;
- BAföG-Leistungen in voller Höhe – auch bei Gewährung als Darlehen -, nicht jedoch die Vorausleistungen;
- Einkünfte aus nicht geschuldeter Erwerbstätigkeit (z.B. Ferienjob) können nach Billigkeit ganz oder teilweise unberücksichtigt bleiben.

13.3 Beiderseitige Barunterhaltspflicht/Haftungsanteil

Ab Volljährigkeit besteht – auch für minderjährigen Kindern gleichgestellte volljährige Kinder – grundsätzlich eine Barunterhaltspflicht beider Elternteile.

Beide Eltern schulden Unterhalt nach dem Verhältnis ihres jeweiligen den angemessenen Selbstbehalt von 1.400 Euro bzw. bei minderjährigen Kindern gleichgestellten volljährigen Kindern ggf. den notwendigen Selbstbehalt übersteigenden Einkommens. Ziff. 10.5 und Ziff. 12.3 Abs. 2 sind zu beachten. Kein Elternteil hat einen höheren Unterhaltsbetrag zu zahlen, als sich allein nach seinem Einkommen aus der Düsseldorfer Tabelle ergäbe.

14. Verrechnung des Kindergeldes

Kindergeld wird nach § 1612 b BGB bedarfsmindernd angerechnet. Der nach § 1612b Abs. 1 Nr. 1 BGB nicht anzurechnende Teil des Kindergeldes steht ggf. für den laufenden Lebensunterhalt übersteigende Bedarfe zur Verfügung (s. Ziff. 3, 12.4).

Ehegattenunterhalt

15. Unterhaltsbedarf

15.1 Bedarf nach ehelichen Lebensverhältnissen

Beim Trennungsunterhalt und nachehelichen Unterhalt wird der Bedarf bestimmt und begrenzt durch die ehelichen Lebensverhältnisse. Diese werden in erster Linie durch das für den gesamten Lebensunterhalt – ggf. nach Abzug des Zahlbetrags für minderjährige oder des Bedarfs für volljährige und noch in der Berufsausbildung befindliche Kinder – verfügbare Einkommen geprägt. Zur Vermögensbildung verwendete Teile des Einkommens bleiben bei der Bedarfsbemessung unberücksichtigt.

Bei Aufnahme oder Ausweitung einer Erwerbstätigkeit nach Trennung/Scheidung gilt das (Mehr) einkommen im Regelfall als prägend.

15.2 Halbteilung und Erwerbstätigenbonus

Bei durchschnittlichen Einkommensverhältnissen bestimmt sich der Bedarf nach einer Quote vom Einkommen bzw. der Einkommensdifferenz. Bei Einkommen aus Erwerbsarbeit kann ein Erwerbstätigenbonus von 1/10 berücksichtigt werden. Im Übrigen gilt der Halbteilungsgrundsatz.

Erbringt der Verpflichtete sowohl Bar- als auch Betreuungsunterhalt, kann hiervon abgewichen werden.

15.3 Konkrete Bedarfsbemessung

Bei außergewöhnlich hohen Einkommensverhältnissen – in der Regel, wenn das für den Ehegattenunterhalt verfügbare gemeinsame Einkommen das Zweifache der höchsten Einkommensgruppe der Düsseldorfer Tabelle übersteigt – ist der Bedarf konkret darzulegen. Möglich ist auch die quotale Berechnung aus dem verfügbaren Gesamteinkommen abzüglich der hiervon zur Vermögensbildung aufgewandten Mittel.

15.4 Vorsorgebedarf/Zusatz- und Sonderbedarf

Der nach einer Quote vom Einkommen ermittelte Bedarf umfasst keine Beiträge zur Alters- und Krankenvorsorge. Altersvorsorgebedarf kann nur bei Sicherung des Elementarunterhalts beansprucht werden und ist in der Regel vom Einkommen des Unterhaltspflichtigen vorweg abzuziehen.

15.5 nicht belegt

15.6 nicht belegt

15.7 nicht belegt

16. Bedürftigkeit

Auf einen konkret festgestellten Bedarf – bei guten Einkommensverhältnissen sowie einer eheunabhängigen Lebensstellung – ist eigenes Einkommen ohne Berücksichtigung eines Erwerbstätigenbonus bedarfsmindernd anzurechnen.

17. Erwerbsobliegenheit

Bei nachehelichem Unterhalt besteht nur dann keine Verpflichtung zu einer eigenen Erwerbstätigkeit, wenn und soweit der geschiedene Ehegatte wegen Kindesbetreuung, Krankheit oder Alter an der Aufnahme einer Erwerbstätigkeit gehindert ist.

LL-Strkt KG Brdbg Brschw Brem Celle Dresd Düss Ffm Hbg Hamm Jena Kblz Köln Naumbg Oldbg Rstk Schlesw SüdL Empf Sozhi

17.1 bei Kindesbetreuung

Vor Vollendung des 3. Lebensjahres eines Kindes besteht keine Obliegenheit, eine Erwerbstätigkeit aufzunehmen oder auszuweiten.

Ob und in welchem Umfang anschließend die Aufnahme oder Ausweitung einer Erwerbstätigkeit neben der Betreuung minderjähriger Kinder zumutbar ist, ist unter Berücksichtigung aller Umstände des Einzelfalles, insbesondere der bisher ausgeübten Tätigkeit und den Möglichkeiten der Kinderbetreuung, zu beurteilen.

17.2 bei Trennungsunterhalt

Bei Getrenntlebensunterhalt besteht in der Regel nach Ablauf des ersten Trennungsjahres die Obliegenheit, den eigenen Unterhalt durch Aufnahme oder Ausweitung einer Erwerbstätigkeit zu sichern. Ziff. 17.1 ist zu beachten.

Weitere Unterhaltsansprüche

18. Ansprüche aus § 1615l BGB

Der Bedarf nach § 1615l BGB bemisst sich nach der Lebensstellung des betreuenden Elternteils.

19. Elternunterhalt

Der Bedarf ist konkret darzulegen. Leistungen nach §§ 41 ff SGB XII (Grundsicherung im Alter und bei Erwerbsminderung) sind zu berücksichtigen.

20. Lebenspartnerschaft

Bei Getrenntleben oder Aufhebung einer Lebenspartnerschaft gelten §§ 12, 16 LPartG.

Leistungsfähigkeit und Mangelfall

21. Selbstbehalt

21.1 Grundsatz

Die Selbstbehalte bezeichnen den Teil des Einkommens, der dem Unterhaltsschuldner für seine eigene Lebensführung zu verbleiben hat. Als Mindestbetrag umfassen sie jeweils den laufenden Lebensbedarf i.S.d. § 20 Abs. 1 Satz 1 SGB II, übliche Versicherungen, angemessene Wohnkosten (einschließlich Nebenkosten und Heizung entsprechend den in der Düsseldorfer Tabelle ausgewiesenen Beträgen) sowie für Erwerbstätige einen weiteren Betrag als Erwerbsanreiz. Nicht im Selbstbehalt enthalten sind Mehrbedarfe i.S.v. § 21 SGB II, § 30 SGB XII.

21.2 Notwendiger Selbstbehalt

Gegenüber minderjährigen und ihnen gleichgestellten volljährigen Kindern ist der angemessene Selbstbehalt (Ziff. 21.3.) zu wahren. Im Mangelfall (Ziff. 24.1) ist als unterste Grenze der Inanspruchnahme der notwendige Selbstbehalt maßgeblich. Dieser beträgt

- 1.160 Euro bei Erwerbstätigen
- 960 Euro bei Nichterwerbstätigen.

21.3 Angemessener Selbstbehalt

Der angemessene Selbstbehalt beträgt zumindest

- 1.400 Euro gegenüber minderjährigen und volljährigen Kindern
- 1.280 Euro bei Ansprüchen aus §§ 1570, 1615 l BGB
- 2.000 Euro als Sockelbetrag gegenüber Eltern, wirtschaftlich selbständigen Kindern und Enkeln, zuzüglich der Hälfte des diesen Mindestbetrag übersteigenden Einkommens. Der Elternselbstbehalt berücksichtigt die sich aus dem Angehörigenentlastungsgesetz möglicherweise ergebenden Veränderungen nicht.

21.4 Eheangemessener Selbstbehalt

Gegenüber Ehegatten ist der eheangemessene Selbstbehalt nach den ehelichen Lebensverhältnissen zu wahren. Dem Schuldner sind wenigstens 1.280 Euro zu belassen.

21.5 Anpassung des Selbstbehalts

Der Selbstbehalt ist regelmäßig auf seine Angemessenheit zu überprüfen und ist bei unvermeidbar hohen unterhaltsrechtlich erheblichen Aufwendungen angemessen zu erhöhen. Beim Zusammenleben mit einem Partner, der über ein für den eigenen Lebensbedarf ausreichendes Einkommen verfügt, kommt eine Herabsetzung um bis zu 10 % in Betracht.

22. Bedarf des mit dem Pflichtigen zusammenlebenden Ehegatten

22.1 minderjährige und privilegierte volljährige Kinder

Für den in Haushaltsgemeinschaft mit dem Unterhaltspflichtigen lebenden und nicht erwerbstätigen Ehegatten werden zumindest 960 Euro angesetzt.

22.2 volljährige Kinder, Enkel, Ansprüche aus § 1615l BGB

Bei Unterhaltsansprüchen volljähriger Kinder werden für den in Haushaltsgemeinschaft mit dem Unterhaltspflichtigen lebenden Ehegatten zumindest 1.120 Euro angesetzt.

22.3 Elternunterhalt

Bei Unterhaltsansprüchen von Eltern und Enkeln wird für die in Haushaltsgemeinschaft lebenden Ehegatten ein Familienbedarf von mindestens 3600 Euro (2.000 + 1.600 Euro) angesetzt.

23. nicht belegt

24. Mangelfall

24.1 Grundsatz

Ein Mangelfall liegt vor, wenn das Einkommen bei Wahrung des jeweils angemessenen Selbstbehalts nicht genügt, um den Bedarf aller Unterhaltsberechtigten zu decken. Eine gesteigerte Unterhaltspflicht besteht, soweit das Einkommen nicht zur Deckung des notwendigen Unterhalts minderjähriger und ihnen gleichgestellter volljähriger Kinder genügt.

Reicht das Einkommen zur Deckung des Bedarfs aller Unterhaltsberechtigten und zur Deckung des Selbstbehalts nicht aus, ist der nach Abzug des Eigenbedarfs des Unterhaltspflichtigen verbleibende Betrag auf die Unterhaltsberechtigten im Verhältnis ihrer jeweiligen Einsatzbeträge zu verteilen.

24.2 Einsatzbeträge

Als Einsatzbeträge sind – ggf. vermindert um eigenes Einkommen der Unterhaltsberechtigten – anzusetzen:

24.2.1 Minderjährige

Für minderjährige und ihnen gleichgestellte volljährige Kinder der Mindestunterhalt (erste Einkommensgruppe der Düsseldorfer Tabelle), vermindert um den bedarfsmindernd anzurechnenden Teil des auf das jeweilige Kind entfallenden Kindergeldes.

24.2.2 Andere

Für alle anderen Berechtigten ihr nach den allgemeinen Regeln bestimmter Bedarf.

24.3 Berechnung

Die Ansprüche jeweils gleichrangig Unterhaltsberechtigter sind im Verhältnis zum verteilungsfähigen Teil des Einkommens prozentual zu kürzen (Verteilungsmasse : Gesamtbedarf x 100).

24.4 nicht belegt

24.5 nicht belegt

Sonstiges

25. Rundung

Ehegattenunterhalt soll auf fünf Euro gerundet werden.

26. Beweislast

26.1 Bedarf

Der Unterhaltsberechtigte trägt die Darlegung- und Beweislast für die Bedarfsberechnung. Dazu gehören insbesondere:

- das Einkommen des Verpflichteten,
- die fehlende Möglichkeit, den Bedarf durch eigenes Erwerbseinkommen zu decken,
- die eine Verlängerung des Anspruchs wegen Kindesbetreuung (§§ 1570 Abs. 1 S. 2, 3; Abs. 2 BGB) rechtfertigenden Umstände,
- das Fehlen anderer tatsächlicher oder fiktiver Einkünfte, welche den Bedarf mindern könnten; dies betrifft vor allem die Fälle, in denen kein eheähnliches Verhältnis besteht,
- oder der neue Partner nicht leistungsfähig ist; diese negative Darlegungs- und Beweislast wird erst durch einen substantiierten Vortrag des Pflichtigen zum Bestehen einer derartigen Beziehung des Berechtigten zu einem neuen Partner ausgelöst.

26.2 Leistungsfähigkeit

Steht der Unterhaltsbedarf der Höhe nach fest, so trägt der Pflichtige die Beweislast dafür, dass er nicht über ausreichende Einkünfte verfügt, um diesen Bedarf zu decken.

I. Düsseldorfer Tabelle 2022

s. S. 5

II. Zahlbeträge

Die folgenden Tabellen enthalten die sich nach Abzug des jeweiligen Kindergeldanteils (hälftiges Kindergeld bei Minderjährigen, volles Kindergeld bei Volljährigen) ergebenden Zahlbeträge. In 2022 beträgt das Kindergeld für das erste und zweite Kind jeweils 219 EUR, für das dritte Kind 225 EUR und das vierte und jedes weitere Kind jeweils 250 EUR.

s. S. 10

t) OLG Rostock

Unterhaltsrechtliche Leitlinien der Familiensenate des Oberlandesgerichts Rostock Stand: Januar 2022

Die Familiensenate des Oberlandesgerichts Rostock verwenden diese Leitlinien als Orientierungshilfe für den Regelfall unter Beachtung der Rechtsprechung des BGH, wobei die Angemessenheit des Ergebnisses in jedem Fall zu überprüfen ist. Wesentliche Änderungen zu den bis 31.12.2021 geltenden Leitlinien beruhen auf der Anhebung des Mindestunterhalts (Verordnung zur Festlegung des Mindestunterhalts minderjähriger Kinder nach § 1612a Abs. 1 BGB vom

03.12.2015; BGBl. I S. 2188, i.d.F. der Vierten Verordnung zur Änderung der Mindestunterhaltsverordnung vom 30.11.2021; BGBl. I S. 5066), und betreffen die Bedarfssätze beim Kindesunterhalt im Anhang I. (Unterhaltstabelle). Auch die Bedarfssätze volljähriger Kinder, die noch im Haushalt eines Elternteils leben (4. Altersstufe der Unterhaltstabelle), werden zum 01.01.2022 erhöht. Sie betragen, wie bisher, 125 % des (angehobenen) Bedarfs der 2. Altersstufe.

Die Unterhaltstabelle ist über die 10. Einkommensgruppe hinaus bis zur 15. Einkommensgruppe fortgeschrieben worden (vgl. BGH, Beschluss vom 16.09.2020, XII ZB 499/19, FamRZ 2021, 28). Der Erwerbstätigenbonus beim Ehegattenunterhalt wird auf 1/10 (bisher 1/7) bestimmt. Die Kilometerpauschale wird auf 0,42 EUR/km erhöht.

Im Übrigen bleiben die Leitlinien gegenüber denen, Stand 01.01.2021, im Wesentlichen unverändert.

Unterhaltsrechtlich maßgebendes Einkommen

Bei der Ermittlung und Zurechnung von Einkommen ist zu unterscheiden, ob es um Verwandten- oder Ehegattenunterhalt sowie ob es um Bedarfsbemessung einerseits oder Feststellung der Bedürftigkeit/Leistungsfähigkeit andererseits geht.

Das unterhaltsrechtliche Einkommen ist nicht immer identisch mit dem steuerrechtlichen Einkommen.

1. Geldeinnahmen

1.1 Auszugehen ist vom Bruttoeinkommen als Summe aller Einkünfte einschließlich Renten und Pensionen.

1.2 Soweit Leistungen nicht monatlich anfallen (z. B. Weihnachts- und Urlaubsgeld), werden sie auf ein Jahr umgelegt. Einmalige Zahlungen (z. B. Abfindungen) sind auf einen angemessenen Zeitraum (in der Regel mehrere Jahre) zu verteilen.

1.3 Überstundenvergütungen werden dem Einkommen regelmäßig zugerechnet, soweit sie in geringem Umfang anfallen oder berufsüblich sind, darüber hinaus im absoluten Mangelfall (vgl. Nr. 23). Entsprechendes gilt für Einkünfte aus Nebentätigkeiten.

1.4 Ersatz für Spesen und Reisekosten sowie Auslösungen gelten in der Regel als Einkommen. Damit zusammenhängende Aufwendungen – vermindert um häusliche Ersparnis – sind jedoch abzuziehen. Bei Aufwendungspauschalen (außer Kilometergeld) kann 1/3 des Nettobetrages als Einkommen angesetzt werden.

1.5 Bei der Ermittlung des zukünftigen Einkommens eines Selbstständigen ist in der Regel der Gewinn der letzten drei Jahre zugrunde zu legen. Für die Vergangenheit sind die im jeweiligen Kalenderjahr erzielten Einkünfte maßgebend.

1.6 Einkommen aus Vermietung und Verpachtung sowie Kapitalvermögen:

Auszugehen ist von den Einnahmen abzüglich notwendiger Ausgaben. Für Gebäude ist keine Absetzung für Abnutzung (AfA) anzusetzen.

1.7 Steuerzahlungen oder -erstattungen sind in der Regel im Kalenderjahr der tatsächlichen Leistung zu berücksichtigen. Es besteht die Obliegenheit, mögliche Steuervorteile in Anspruch zu nehmen.

1.8 Sonstige Einnahmen, z. B. Trinkgelder

2. Auch folgende Sozialleistungen sind Einkommen:

2.1 Arbeitslosengeld (§ 136 SGB III) und sonstige Lohnersatzleistungen nach dem SGB III (Übergangs-, Ausbildungs-, Kurzarbeiter- und Insolvenzgeld) sowie Krankengeld

2.2 Arbeitslosengeld II (§§ 19 ff. SGB II) beim Verpflichteten; beim Berechtigten nur, soweit es um Unterhalt für die Vergangenheit geht und der Unterhaltsanspruch nicht nach § 33 SGB II auf den Leistungsträger übergegangen ist

2.3 Wohngeld, soweit es nicht erhöhte Wohnkosten deckt

2.4 BAföG-Leistungen, auch soweit sie als Darlehen gewährt werden, mit Ausnahme von Vorausleistungen nach § 36 BAföG

2.5 Elterngeld nach Maßgabe des § 11 BEEG

2.6 Unfall- und Versorgungsrenten nach Abzug des Betrages für tatsächliche Mehraufwendungen

2.7 Leistungen aus der Pflegeversicherung, Blindenhilfe, Schwerbeschädigten- und Pflegezulagen nach Abzug eines Betrages für tatsächliche Mehraufwendungen; §§ 1610a, 1578a BGB sind zu beachten.

2.8 Der Anteil des Pflegegeldes bei der Pflegeperson, durch den ihre Bemühungen abgegolten werden; bei Pflegegeld aus der Pflegeversicherung gilt dies nach Maßgabe des § 13 Abs. 6 SGB XI.

2.9 In der Regel Leistungen nach §§ 41 bis 43 SGB XII (Grundsicherung) beim Verwandtenunterhalt, nicht aber beim Ehegattenunterhalt

2.10/11 Kein Einkommen sind Sozialhilfe nach dem SGB XII und Leistungen nach dem UVG. Die Unterhaltsforderung eines Empfängers dieser Leistungen kann in Ausnahmefällen treuwidrig sein.

3. Kindergeld

Kindergeld ist kein Einkommen der Eltern (vgl. Nr. 14).

4. Geldwerte Zuwendungen des Arbeitgebers

Geldwerte Zuwendungen aller Art des Arbeitgebers, z. B. Firmenwagen oder freie Kost und Logis, sind Einkommen, soweit sie entsprechende Eigenaufwendungen ersparen.

5. Wohnwert

Der Wohnvorteil durch mietfreies Wohnen ist als wirtschaftliche Nutzung des Vermögens unterhaltsrechtlich wie Einkommen zu behandeln. Neben dem Wohnwert sind auch Zahlungen nach dem Eigenheimzulagengesetz anzusetzen.

Ein Wohnvorteil liegt nur vor, soweit der Wohnwert den berücksichtigungsfähigen Schuldendienst, erforderliche Instandhaltungskosten und die verbrauchsunabhängigen Kosten, mit denen ein Mieter üblicherweise nicht belastet wird, übersteigt. Auszugehen ist vom vollen Mietwert (Nettokaltmiete). Wenn es nicht möglich oder nicht zumutbar ist, die Wohnung aufzugeben und das Objekt zu vermieten oder zu veräußern, kann stattdessen die ersparte Miete angesetzt werden, die angesichts der wirtschaftlichen Verhältnisse angemessen wäre. Dies kommt insbesondere für die Zeit bis zum endgültigen Scheitern der Ehe (in der Regel Ablauf des Trennungsjahres, ggf. Zustellung des Scheidungsantrags) in Betracht, wenn ein Ehegatte das Eigenheim allein bewohnt.

6. Haushaltsführung

Führt jemand einem leistungsfähigen Dritten den Haushalt, so ist hierfür ein Einkommen anzusetzen. Bei Haushaltsführung durch einen Nichterwerbstätigen geschieht das in der Regel mit einem Betrag von 200,00 EUR bis 550,00 EUR.

7. Einkommen aus unzumutbarer Erwerbstätigkeit

Einkommen aus unzumutbarer Erwerbstätigkeit kann nach Billigkeit ganz oder teilweise unberücksichtigt bleiben.

8. Freiwillige Zuwendungen Dritter

Freiwillige Zuwendungen Dritter (z. B. Geldleistungen, kostenloses Wohnen) sind als Einkommen zu berücksichtigen, wenn dies dem Willen des Dritten entspricht. Eine Anrechnung kommt jedoch dann in Betracht, wenn der Mindestunterhalt minderjähriger Kinder oder ihnen nach § 1603 Abs. 2 Satz 2 BGB gleichgestellter volljähriger Kinder bzw. das Existenzminimum des Ehegatten nicht gedeckt sind.

9. Erwerbsobliegenheit und Einkommensfiktion

Einkommen können auch auf Grund einer unterhaltsrechtlichen Obliegenheit erzielbare Einkünfte sein (fiktives Einkommen).

10. Bereinigung des Einkommens

10.1 Vom Bruttoeinkommen sind Steuern, Sozialabgaben und/oder angemessene Vorsorgeaufwendungen abzusetzen (Nettoeinkommen).

10.1.1 Es besteht die Obliegenheit, Steuervorteile in Anspruch zu nehmen (z.B. Eintragung eines Freibetrags bei Fahrtkosten, für unstreitigen oder rechtskräftig titulierten Unterhalt).

10.1.2 Zur Absicherung einer angemessenen Altersvorsorge kann insbesondere der nichtselbstständig Erwerbstätige eine zusätzliche Altersvorsorge von bis zu 4 % seines jeweiligen Gesamtbruttoeinkommens des Vorjahres, gegenüber Ansprüchen auf Elternunterhalt von bis zu 5 % seines Bruttoeinkommens betreiben. Wenn der Mindestunterhalt minderjähriger Kinder oder ihnen nach § 1603 Abs. 2 Satz 2 BGB gleichgestellter volljähriger Kinder nicht gedeckt ist, sind Aufwendungen für die zusätzliche Altersvorsorge nicht zu berücksichtigen.

10.2 Berufsbedingte Aufwendungen sind – wenn sie geltend gemacht, dargelegt und im Falle des Bestreitens bewiesen werden – im Rahmen des Angemessenen vom Arbeitseinkommen abzuziehen. Eine Schätzung ist möglich, § 287 ZPO.

10.2.1 Pauschale/Konkrete Aufwendungen

10.2.2 Die Kosten einer notwendigen Pkw-Nutzung für berufsbedingte Fahrten, insbesondere zum Arbeitsplatz, werden mit einer Pauschale in Höhe von 0,42 EUR je gefahrenen Kilometer berücksichtigt. Hierin sind Anschaffungs-, Reparatur- und sonstige Betriebskosten enthalten. Bei langen Fahrtstrecken (ab ca. 30 km einfach) kann für die Gesamtstrecke nach unten abgewichen werden. Steuervorteile sind gegenzurechnen.

10.2.3 Die Ausbildungsvergütung eines in der Berufsausbildung stehenden Kindes, das im Haushalt der Eltern oder eines Elternteils wohnt, ist vor ihrer Anrechnung in der Regel um einen ausbildungsbedingten Mehrbedarf von monatlich 100,00 EUR zu kürzen.

10.3 Kinderbetreuungskosten sind abzugsfähig, soweit die Betreuung durch Dritte infolge der Berufstätigkeit erforderlich ist. Ein auf überobligatorischer Tätigkeit beruhendes Mehreinkommen kann ganz oder teilweise anrechnungsfrei bleiben, wenn keine konkreten Betreuungskosten anfallen. Aufwendungen für die Betreuung eines Kindes in Kindergärten oder vergleichbaren Einrichtungen mindern das Einkommen nicht; es handelt sich um Mehrbedarf des Kindes.

10.4 Schulden

Schulden (Zins und Tilgung) sind bei tatsächlicher Zahlung im Rahmen eines vernünftigen Tilgungsplanes mit angemessenen Raten zu berücksichtigen. Soweit der Mindestbedarf der Unterhaltsberechtigten nicht gewahrt ist, hat der Schuldendienst so weit wie möglich und zumutbar zurückzustehen. Im Einzelfall sind in eine umfassende Interessenabwägung unter Billigkeitsgrundsätzen die Belange der Unterhaltsberechtigten, des Unterhaltsschuldners (insbesondere sein Interesse an der Verhinderung einer wachsenden Verschuldung) wie auch der Drittgläubiger einzubeziehen.

Bei der Bedarfsermittlung für den Ehegattenunterhalt sind grundsätzlich nur eheprägende Verbindlichkeiten abzusetzen.

Für Minderjährige soll der Mindestunterhalt gesichert bleiben. Im Rahmen gesteigerter Unterhaltspflicht nach § 1603 Abs. 2 BGB besteht in der Regel die Obliegenheit zur Einleitung eines Insolvenzverfahrens und Geltendmachung der gesetzlichen Pfändungsfreigrenzen.

10.5 Unterhaltsleistungen an vorrangig Berechtigte sind vorweg abzuziehen; Unterhaltsleistungen an nachrangig Berechtigte sind angemessen zu berücksichtigen.

10.6 Vermögensbildende Aufwendungen sind, soweit sie angemessen sind, abzugsfähig.

10.7. Aufwendungen für die Ausübung des Umgangsrechts, die erheblich über das übliche Maß hinausgehen, können sich, soweit sie notwendigerweise anfallen, einkommensmindernd auswirken. Umgangskosten können durch einen – teilweisen – Abzug vom Einkommen oder durch eine Erhöhung des Selbstbehalts angemessen berücksichtigt werden.

Kindesunterhalt

11. Bemessungsgrundlage (Tabellenunterhalt)

Der Barunterhalt minderjähriger und noch im elterlichen Haushalt lebender volljähriger unverheirateter Kinder bestimmt sich nach den Sätzen der Unterhaltstabelle im Anhang I (Düsseldorfer Tabelle). Bei minderjährigen Kindern kann er als Festbetrag oder gemäß § 1612a BGB als Prozentsatz des jeweiligen Mindestunterhalts geltend gemacht werden.

11.1 Die Tabellensätze enthalten keine Kranken- und Pflegeversicherungsbeiträge für das Kind, wenn dieses nicht in einer gesetzlichen Familienversicherung mitversichert ist. Das Nettoeinkommen des Verpflichteten ist um solche zusätzlich zu zahlenden Versicherungskosten zu bereinigen. Kosten für den Besuch eines Kindergartens oder vergleichbare Betreuungsformen werden mit Ausnahme der Verpflegungskosten durch die Tabellensätze nicht erfasst. Sie sind Mehrbedarf des Kindes.

11.2 Die Tabellensätze sind auf den Fall zugeschnitten, dass der Unterhaltspflichtige zwei Berechtigten Unterhalt zu gewähren hat. Bei einer größeren oder geringeren Anzahl Unterhaltsberechtigter sind in der Regel Ab- oder Zuschläge durch Einstufung in eine niedrigere oder höhere Einkommensgruppe vorzunehmen.

Bei einer größeren Anzahl von Unterhaltsberechtigten kann eine Korrektur an Hand des Bedarfskontrollbetrages erfolgen. Der Bedarfskontrollbetrag des Unterhaltspflichtigen ab Gruppe 2 ist nicht identisch mit dem Eigenbedarf. Er soll eine ausgewogene Verteilung des Einkommens zwischen dem Unterhaltspflichtigen und den Unterhaltsberechtigten gewährleisten. Erreicht das dem Unterhaltspflichtigen nach Abzug aller Unterhaltslasten verbleibende bereinigte Einkommen nicht den für die Einkommensgruppe ausgewiesenen Bedarfskontrollbetrag, ist soweit herabzustufen, bis dem Unterhaltspflichtigen der entsprechende Kontrollbetrag verbleibt.

12. Minderjährige Kinder

12.1 Der sorgeberechtigte Elternteil, der ein minderjähriges Kind betreut, leistet in der Regel hierdurch seinen Beitrag zum Kindesunterhalt (§ 1606 Abs. 3 Satz 2 BGB).

12.2 Einkommen des minderjährigen Kindes, das nach Abzug ausbildungsbedingter Kosten (vgl. Nr. 10.2.3) verbleibt, ist in der Regel zur Hälfte auf den Barunterhalt anzurechnen. Arbeitseinkünfte geringen Umfangs (z.B. Ferienjobs) oder aus unterhaltsrechtlich nicht gebotener Tätigkeit bleiben unberücksichtigt.

12.3 Der betreuende Elternteil braucht neben dem anderen Elternteil in der Regel keinen Barunterhalt zu leisten, es sei denn, sein Einkommen ist bedeutend höher als das des anderen Elternteils oder der eigene angemessene Unterhalt (1.400,00 EUR) des sonst allein barunterhaltspflichtigen Elternteils ist gefährdet (§ 1603 Abs. 2 Satz 3 BGB) und der des anderen nicht.

Sind bei auswärtiger Unterbringung beide Elternteile zum Barunterhalt verpflichtet, haften sie anteilig nach § 1606 Abs. 3 Satz 1 BGB für den Gesamtbedarf. Betreuungsleistungen sind zu berücksichtigen.

12.4 Bei Zusatzbedarf (Verfahrens-/Prozesskostenvorschuss, Mehrbedarf, Sonderbedarf) gilt § 1606 Abs. 3 Satz 1 BGB. Die Kosten für den Kindergarten (ohne Verpflegungskosten) oder vergleichbare Betreuungseinrichtungen sind Mehrbedarf des Kindes.

13. Volljährige Kinder

13.1 Bedarf

Beim Bedarf volljähriger Kinder ist zu unterscheiden, ob sie noch im Haushalt der Eltern/eines Elternteils leben oder einen eigenen Hausstand haben.

13.1.1 Volljährige Kinder, die noch im Haushalt eines Elternteils leben:

Der Bedarf volljähriger unverheirateter Kinder ist der 4. Altersstufe der beiliegenden Unterhaltstabelle zu entnehmen, solange sie im Haushalt der Eltern oder eines Elternteils leben; die maßgebende Einkommensgruppe ergibt sich, wenn beide Elternteile leistungsfähig sind, aus den zusammengerechneten Einkünften der Eltern ohne Erhöhung/ Herabsetzung nach Nr. 11.2. Ein Elternteil hat jedoch höchstens den Unterhalt zu leisten, der sich allein aus seinem Einkommen nach der Tabelle ergibt.

13.1.2 Andere volljährige Kinder:

Der Bedarf (einschließlich Wohnbedarf) eines nicht unter Nr. 13.1.1 fallenden Kindes beträgt 860,00 EUR monatlich.

In diesem Betrag sind Beiträge zur Kranken- und Pflegeversicherung sowie Studiengebühren, mit Ausnahme der Semesterbeiträge, nicht enthalten.

Von diesem Betrag kann bei erhöhtem Bedarf oder mit Rücksicht auf die Lebensstellung der Eltern abgewichen werden.

13.2 Auf den Unterhaltsbedarf werden das volle Kindergeld (Nr. 14) und die Einkünfte des Kindes, auch BAföG-Darlehen und Ausbildungsbeihilfen (gekürzt um ausbildungsbedingte Aufwendungen) angerechnet. Bei Einkünften aus unzumutbarer Erwerbstätigkeit gilt § 1577 Abs. 2 BGB entsprechend.

13.3 Bei anteiliger Barunterhaltspflicht ist vor Berechnung des Haftungsanteils nach § 1606 Abs. 3 Satz 1 BGB das bereinigte Nettoeinkommen jedes Elternteils gemäß Nr. 10 zu ermitteln. Außerdem sind vom Restbetrag ein Sockelbetrag in Höhe des angemessenen Selbstbehalts von 1.400,00 EUR und Unterhaltsleistungen für vorrangig Berechtigte abzuziehen.

Bei volljährigen Schülern, die in § 1603 Abs. 2 Satz 2 BGB minderjährigen Kindern gleichgestellt sind, wird der Sockelbetrag bis zum notwendigen Selbstbehalt (1.160,00 EUR/960,00 EUR) herabgesetzt, wenn der Bedarf der Kinder andernfalls nicht gedeckt werden kann.

14. Verrechnung des Kindergeldes

Kindergeld ist nach Maßgabe des § 1612b BGB zur Deckung des Barbedarfs des Kindes zu verwenden.

Ehegattenunterhalt

15. Unterhaltsbedarf

15.1 Bei der Bedarfsbemessung dürfen nur eheprägendes Einkommen und grundsätzlich nur eheprägende Schulden berücksichtigt werden. Spätere Änderungen des verfügbaren Einkommens der Ehegatten sind grundsätzlich zu berücksichtigen, unabhängig davon, wann sie eingetreten sind und ob es sich um Minderungen oder Erhöhungen handelt. Eine Einkommensreduzierung ist dann unbeachtlich, wenn sie auf einem unterhaltsrechtlich vorwerfbaren Verhalten beruht. Unerwartete, nicht in der Ehe angelegte Steigerungen des Einkommens des Unterhaltspflichtigen (insbesondere aufgrund eines Karrieresprungs) oder auf Wiederverheiratung beruhende Steuervorteile bleiben unberücksichtigt, es sei denn, sie dienen zum Ausgleich des hinzugetretenen Bedarfs weiterer Unterhaltsberechtigter.

15.2 Es gilt der Halbteilungsgrundsatz; vom bereinigten Nettoerwerbseinkommen ist ein Erwerbstätigenbonus von 1/10 abzuziehen.

Leistet ein Ehegatte auch Unterhalt für ein Kind, so wird sein Einkommen vor Ermittlung des Erwerbstätigenbonus um den Zahlbetrag (Tabellenbetrag abzüglich des anzurechnenden Kindergeldes) bereinigt. Erbringt der Verpflichtete sowohl Bar- als auch Betreuungsunterhalt, so gilt Nr. 10.3.

15.3 Bei sehr guten Einkommensverhältnissen des Pflichtigen kommt eine konkrete Bedarfsberechnung in Betracht.

15.4 Werden Altersvorsorge-, Kranken- und Pflegeversicherungskosten vom Berechtigten gesondert geltend gemacht oder vom Verpflichteten bezahlt, sind diese von dem Einkommen des Pflichtigen vorweg abzuziehen. Der Vorwegabzug unterbleibt, soweit nicht verteilte Mittel zur Verfügung stehen, z. B. durch Anrechnung nicht prägenden Einkommens des Berechtigten auf seinen Bedarf. Vorsorgeunterhalt kann nur beansprucht werden, wenn der Elementarunterhalt in Höhe des notwendigen Selbstbehalts für Nichterwerbstätige sichergestellt ist.

16. Bedürftigkeit

Eigene Einkünfte des Berechtigten sind auf den Bedarf anzurechnen, wobei das bereinigte Nettoerwerbseinkommen um den Erwerbstätigenbonus zu vermindern ist.

17. Erwerbsobliegenheit

17.1 Bei Betreuung eines gemeinschaftlichen Kindes kann bis zur Vollendung des 3. Lebensjahres eine Erwerbstätigkeit nicht erwartet werden. Danach besteht eine Erwerbsobliegenheit nach Maßgabe der Betreuungsbedürftigkeit und der zumutbaren Betreuungsmöglichkeit. Soweit mehrere Kinder zu betreuen sind, ist auf die Umstände des Einzelfalls abzustellen.

Geht der unterhaltsberechtigte Ehegatte über das an sich zumutbare Maß hinaus einer Erwerbstätigkeit nach, so richtet sich die Anrechenbarkeit seines dadurch erzielten Einkommens auf den Unterhaltsanspruch nach § 1577 Abs. 2 BGB.

17.2 In der Regel besteht für den Berechtigten im ersten Jahr nach der Trennung keine Obliegenheit zur Aufnahme oder Ausweitung einer Erwerbstätigkeit.

Weitere Unterhaltsansprüche

18. Ansprüche nach § 1615l BGB

Der Bedarf der Mutter oder des Vaters eines nichtehelichen Kindes richtet sich nach der Lebensstellung des betreuenden Elternteils (§§ 1615l Abs. 3 Satz 1, 1610 BGB).

19. Elternunterhalt

Beim Bedarf der Eltern sind Leistungen nach den §§ 41 bis 43 SGB XII (Grundsicherung) zu berücksichtigen (vgl. Nr. 2.9).

20. Lebenspartnerschaft

Bei Getrenntleben oder Aufhebung der Lebenspartnerschaft gelten die §§ 12, 16 LPartG.

Leistungsfähigkeit und Mangelfall

21. Selbstbehalt des Verpflichteten

21.1 Es ist zu unterscheiden zwischen dem notwendigen (§ 1603 Abs. 2 BGB), dem angemessenen (§ 1603 Abs. 1 BGB) sowie dem Selbstbehalt gegenüber Ehegatten (§ 1581 BGB).

21.2 Für Eltern gegenüber minderjährigen Kindern und diesen nach § 1603 Abs. 2 Satz 2 BGB gleichgestellten volljährigen Kindern gilt im Allgemeinen der notwendige Selbstbehalt als unterste Grenze der Inanspruchnahme.

Er beträgt
- beim Erwerbstätigen **1.160,00 EUR**
- beim Nichterwerbstätigen **960,00 EUR**.

21.3 Im Übrigen gilt beim Verwandtenunterhalt der angemessene Selbstbehalt.

21.3.1 Er beträgt gegenüber volljährigen Kindern, die nicht gemäß § 1603 Abs. 2 Satz 2 BGB privilegiert sind, **1.400,00 EUR**.

21.3.2 Gegenüber der Mutter oder dem Vater nichtehelicher Kinder nach § 1615 l Abs. 1 BGB beträgt der angemessene Selbstbehalt **1.280,00 EUR**.

21.3.3 Gegenüber Eltern beträgt der Selbstbehalt mindestens **2.000,00 EUR**

zuzüglich der Hälfte des darüber hinausgehenden Einkommens (bei Vorteilen des Zusammenlebens in der Regel 45 % des darüber hinausgehenden Einkommens). Unabhängig vom Selbstbehalt wird die Inanspruchnahme auf Elternunterhalt bei übergegangenen Ansprüchen begrenzt durch die Regelungen im Gesetz zur Entlastung unterhaltspflichtiger Angehöriger in der Sozialhilfe und in der Eingliederungshilfe (Angehörigenentlastungsgesetz vom 10. Dezember 2019; BGBl I S. 2135). Der angemessene Unterhalt eines mit dem Unterhaltspflichtigen zusammenlebenden Ehegatten bemisst sich nach den ehelichen Lebensverhältnissen (Halbteilungsgrundsatz), beträgt jedoch mindestens **1.600,00 EUR.**

21.3.4. Für den Selbstbehalt gegenüber Enkeln gilt 21.3.3 entsprechend.

21.4 Gegenüber Ehegatten beträgt der Selbstbehalt (§ 1581 BGB) **1.280,00 EUR**.

Bei beengten wirtschaftlichen Verhältnissen, insbesondere im absoluten Mangelfall, kann der Selbstbehalt angemessen bis zum notwendigen Selbstbehalt (1.160,00 EUR/960,00 EUR) vermindert werden.

21.5 Beim Verwandtenunterhalt kann der jeweilige Selbstbehalt unterschritten werden, wenn der eigene Unterhalt des Pflichtigen ganz oder teilweise durch seinen Ehegatten gedeckt ist (vgl. Nr. 22). Wegen der Kostenersparnisse bei gemeinschaftlicher Haushaltsführung kommt eine Kürzung des Selbstbehalts dann in Betracht, wenn der Unterhaltspflichtige mit einem Dritten zusammenlebt.

22. Bedarf des mit dem Pflichtigen zusammenlebenden Ehegatten

22.1 Der Mindestbedarf des mit dem Unterhaltspflichtigen zusammenlebenden Ehegatten bei Ansprüchen des nachrangigen geschiedenen Ehegatten beträgt **1.024,00 EUR.**

22.2 Der Mindestbedarf des mit dem Unterhaltspflichtigen zusammenlebenden Ehegatten bei Ansprüchen nicht privilegierter volljähriger Kinder beträgt **1.120,00 EUR.**

22.3 Zum Mindestbedarf des mit dem Unterhaltspflichtigen zusammenlebenden Ehegatten bei Ansprüchen von Eltern oder Enkeln vgl. 21.3.3 bzw. 21.3.4.

23. Bedarf des vom Pflichtigen getrenntlebenden oder geschiedenen Ehegatten

23.1 gegenüber einem nachrangigen geschiedenen Ehegatten **1.280,00 EUR**

23.2 gegenüber nicht privilegierten volljährigen Kindern **1.400,00 EUR**

23.3 gegenüber Eltern und Enkeln des Unterhaltspflichtigen **2.000,00 EUR**

24. Mangelfall

24.1 Grundsatz

Reicht der Betrag, der zur Erfüllung mehrerer Unterhaltsansprüche unter Berücksichtigung des Selbstbehalts des Verpflichteten (Nr. 21) zur Verfügung steht, nicht aus, um alle Ansprüche zu erfüllen, so ist der den Selbstbehalt übersteigende Betrag auf die Berechtigten unter Beachtung der Rangverhältnisse zu verteilen.

24.2 Einsatzbeträge

Die Einsatzbeträge für minderjährige unverheiratete und ihnen gleichgestellte volljährige Kinder entsprechend den Tabellenbeträgen der ersten Einkommensgruppe der Tabelle in Anlage I abzüglich des nach § 1612 b Abs. 1 BGB zur Bedarfsdeckung zu verwendenden Kindergeldes.

24.3 Berechnung

Die nach Abzug des notwendigen Selbstbehalts des Unterhaltspflichtigen verbleibende Verteilungsmasse ist anteilig auf alle gleichrangigen Unterhaltsberechtigten im Verhältnis der (ggf. um eigene Einkünfte gekürzten) Einsatzbeträge zu verteilen.

24.4 Angemessenheitskontrolle

Das im Rahmen der Mangelfallberechnung gewonnene Ergebnis ist auf seine Angemessenheit zu überprüfen.

Sonstiges

25. Rundung

Der Unterhaltsbetrag ist auf volle EUR aufzurunden, soweit er sich nicht unmittelbar aus den Zahlbetragstabellen ergibt.

Anhang

I. Unterhaltstabelle

s. S. 5

II. Zahlbetragstabellen

Die folgenden Tabellen enthalten die sich nach Abzug des jeweiligen Kindergeldanteils (hälftiges Kindergeld bei Minderjährigen, volles Kindergeld bei Volljährigen) ergebenden Zahlbeträge. Das Kindergeld für das 1. und 2. Kind beträgt 219 EUR, für das 3. Kind 225 EUR und ab dem 4. Kind 250 EUR.

s. S. 10

u) OLG Saarbrücken

Unterhaltsrechtliche Leitlinien der Senate für Familiensachen bei dem Saarländischen Oberlandesgericht Stand: Januar 2022

Die Senate für Familiensachen bei dem Saarländischen Oberlandesgericht werden die ab 1. Januar 2022 geltende Düsseldorfer Tabelle in der bisherigen Weise als Orientierungshilfe benutzen mit der Maßgabe, dass derzeit für Zwecke der Bemessung des Ehegattenunterhalts der Erwerbsanreiz weiterhin mit 1/7 des anrechenbaren Erwerbseinkommens in Ansatz gebracht werden wird.

Der Selbstbehalt des Unterhaltsverpflichteten beträgt

1. gegenüber minderjährigen Kindern und gegenüber volljährigen unverheirateten Kindern bis zur Vollendung des 21. Lebensjahres, die im Haushalt der Eltern oder eines Elternteils leben und sich in der allgemeinen Schulausbildung befinden
   a) für Erwerbstätige 1.160 EUR
   b) für Nichterwerbstätige 960 EUR
2. gegenüber anderen volljährigen Kindern generell 1.400 EUR
3. gegenüber dem getrenntlebenden und dem geschiedenen Ehegatten oder der Mutter/dem Vater eines nichtehelichen Kindes
   a) für Erwerbstätige 1.280 EUR
   b) für Nichterwerbstätige 1.180 EUR

v) OLG Schleswig-Holstein

Unterhaltsrechtliche Leitlinien des Schleswig-Holsteinischen Oberlandesgerichts Stand: Januar 2022

Die unterhaltsrechtlichen Leitlinien der Familiensenate des Schleswig-Holsteinischen Oberlandesgerichts dienen nur als Hilfsmittel zur Bestimmung des angemessenen Unterhalts. Sie beruhen auf Erfahrungswerten, gewonnen aus typischen Sachverhalten, und sollen zur Vereinheitlichung des Unterhaltsrechts beitragen. Sie haben keine bindende Wirkung und können eine auf den Einzelfall bezogene Gesamtschau nicht ersetzen.

Unterhaltsrechtlich maßgebendes Einkommen

Bei der Ermittlung und Zurechnung von Einkommen ist stets zu unterscheiden, ob es um Verwandten- oder Ehegattenunterhalt sowie ob es um Bedarfsbemessung einerseits oder Feststellung der Leistungsfähigkeit andererseits geht. Das unterhaltsrechtliche Einkommen ist nicht immer identisch mit dem steuerrechtlichen Einkommen. Einkommen können auch aufgrund einer unterhaltsrechtlichen Obliegenheit erzielbare Einkünfte sein (fiktives Einkommen).

1. Geldeinnahmen

1.1. Auszugehen ist vom Bruttoeinkommen als Summe aller Einkünfte einschließlich Weihnachts-, Urlaubsgeld, Tantiemen und Gewinnbeteiligungen sowie anderer Zulagen.

1.2. Leistungen, die nicht monatlich anfallen, werden auf ein Jahr umgelegt. Einmalige Zahlungen sind auf einen angemessenen Zeitraum (in der Regel mehrere Jahre) zu verteilen. Grundsätzlich sind Abfindungen bei der Aufnahme einer neuen Arbeitsstelle mit dauerhaft geringerem Einkommen bis zur Höchstgrenze des Bedarfs aufgrund des früheren Einkommens sowohl beim Kindes- als auch beim Ehegattenunterhalt für den Unterhalt zu verwenden; ob eine Aufstockung bis zum bisherigen Einkommen unter vollständiger Aufrechterhaltung des bisherigen Lebensstandards geboten ist, beurteilt sich nach den Umständen des Einzelfalls, insbesondere der beim Pflichtigen zu erwartenden weiteren Einkommensentwicklung.

1.3. Überstundenvergütungen werden dem Einkommen voll zugerechnet, soweit sie berufstypisch sind und das in diesem Beruf übliche Maß nicht überschreiten.

1.4. Ersatz für Spesen, Reisekosten und Auslösungen gelten in der Regel als Einkommen. Damit zusammenhängende Aufwendungen, vermindert um häusliche Ersparnis, sind jedoch abzuziehen. Die Ersparnis wird in der Regel mit einem Drittel bewertet und (außer Fahrtkostenersatz) insoweit dem Einkommen hinzugerechnet.

1.5. Bei Selbständigen (insbesondere Unternehmer, freiberuflich Tätige) wird das Einkommen nach Wirtschaftsjahren ermittelt. Steuerliche Belastungen werden grundsätzlich nur in dem tatsächlich entrichteten Umfange abgezogen, und zwar unabhängig davon, für welches Veranlagungsjahr sie angefallen sind. Für die Bemessung von zukünftigem Unterhalt ist grundsätzlich auf das Durchschnitteinkommen von drei Wirtschaftsjahren abzustellen, wobei dieser Zeitraum von dem letzten Jahr an zurückgerechnet wird, für welches ausreichende Einkommensunterlagen vorliegen; für in der Vergangenheit liegende Unterhaltszeiträume ist auf das in dieser Zeit erzielte Einkommen abzustellen (Jahresdurchschnitt). Bei erheblich schwankenden Einkünften kann auch ein anderer Zeitraum zugrunde gelegt werden.

Abschreibungen auf betriebliche Wirtschaftsgüter (Absetzung für Abnutzung: Afa) stehen in der Regel entsprechende Ausgaben für Betriebsmittel gegenüber; sie sind deshalb grundsätzlich gewinnmindernd abzusetzen. Soweit die zulässigen steuerlichen Absetzungsbeträge erheblich über das tatsächliche Ausmaß der Wertminderung hinausgehen (etwa bei Gebäuden), können sie in diesem Umfang unterhaltsrechtlich nicht berücksichtigt werden.

Für das Einkommen eines Selbstständigen ist grundsätzlich sein Gewinn maßgebend. Ausnahmsweise kann auf seine Privatentnahmen abgestellt werden, soweit sie Ausdruck eines nicht durch Verschuldung finanzierten Lebensstandards sind.

1.6. Zum Einkommen zählen auch Einkünfte aus Vermietung, Verpachtung sowie aus Kapitalvermögen, wobei die Einkünfte grundsätzlich auf das Jahr umgelegt werden.

1.7. Steuererstattungen und Steuernachzahlungen sind in der Regel in dem Jahr, in dem sie anfallen, zu berücksichtigen und auf die einzelnen Monate umzulegen. Soweit Erstattungen auf Aufwendungen beruhen, die unterhaltsrechtlich nicht zu berücksichtigen sind, bleiben auch die Steuererstattungen außer Betracht.

1.8. Zum Einkommen zählen auch sonstige Einnahmen (z. B. Trinkgelder).

2. Sozialleistungen gehören wie folgt zum Einkommen:

2.1. Arbeitslosengeld (§ 136 SGB III) und Krankengeld.

2.2. Arbeitslosengeld II (§§ 19 – 30 SGB II) beim Verpflichteten; beim Unterhaltsberechtigten ist das Arbeitslosengeld II subsidiär (§ 33 SGB II).

2.3. Wohngeld, soweit es nicht erhöhte Wohnkosten deckt.

2.4. BAföG-Leistungen, auch soweit sie als Darlehen gewährt werden, mit Ausnahme von Vorausleistungen nach §§ 36, 37 BAföG.

2.5. Elterngeld ist Einkommen, soweit es über den Sockelbetrag von 300 € bzw. 150 € bei verlängertem Bezug hinausgeht. Der Sockelbetrag des Elterngeldes sowie Betreuungsgeld nach § 4a BEEG sind nur dann Einkommen, wenn einer der Ausnahmefälle des § 11 BEEG vorliegt.

2.6. Leistungen aus Unfall- und Versorgungsrenten nach Abzug eines Betrages für tatsächliche Mehraufwendungen; §§ 1610a, 1578a BGB sind zu beachten.

2.7. Leistungen aus der Pflegeversicherung, Blindengeld, Schwerbeschädigten- und Pflegezulagen nach Abzug eines Betrages für tatsächliche Mehraufwendungen; §§ 1610a, 1578a BGB sind zu beachten.

2.8. Der Anteil des Pflegegelds bei der Pflegeperson, durch den ihre Bemühungen abgegolten werden. Bei Pflegegeld aus der Pflegeversicherung gilt dies nach Maßgabe des § 13 VI SGB XI.

2.9. Beim Verwandtenunterhalt in der Regel Leistungen zur Grundsicherung (§§ 41 – 43 SGB XII).

2.10. Sonstige Sozialhilfe nach SGB XII zählt nicht zum Einkommen.

2.11. Leistungen nach dem Unterhaltsvorschussgesetz zählen nicht zum Einkommen.

3. Kindergeld

Kindergeld mindert den Unterhaltsbedarf der Kinder nach Maßgabe des § 1612b BGB und unterstützt den betreuenden Elternteil bei der Erbringung der Betreuungsleistungen. Es stellt kein Einkommen des Bezugsberechtigten dar.

4. Geldwerte Zuwendungen des Arbeitgebers

Geldwerte Zuwendungen aller Art des Arbeitgebers, z. B. Firmenwagen oder freie Kost und Logis, sind Einkommen, soweit sie entsprechende Eigenaufwendungen ersparen. Die für Firmenwagen steuerlich in Ansatz gebrachten, am Neuwert orientierten Beträge (1 % – Regelung) bieten einen Anhaltspunkt für die Bewertung des geldwerten Vorteils.

5. Wohnvorteil

5.1. Der Wohnvorteil durch mietfreies Wohnen im eigenen Heim ist als wirtschaftliche Nutzung des Vermögens unterhaltsrechtlich wie Einkommen zu behandeln. Neben dem Wohnvorteil sind auch Zahlungen nach dem Eigenheimzulagengesetz anzusetzen.

Zur Ermittlung des Wohnvorteils sind dem Wohnwert der berücksichtigungsfähige Schuldendienst, erforderliche Instandhaltungskosten und jene verbrauchsunabhängigen Kosten, mit denen ein Mieter üblicherweise nicht belastet wird, als Abzugsposten gegenüberzustellen.

5.2. Als Wohnwert ist während des Getrenntlebens zunächst regelmäßig die ersparte Miete anzusetzen, die angesichts der wirtschaftlichen Verhältnisse angemessen wäre. Ist eine Wiederherstellung der ehelichen Lebensgemeinschaft nicht mehr zu erwarten, ist regelmäßig der objektive Mietwert anzusetzen; Ausnahmen hiervon sind nur gerechtfertigt, wenn eine Verwertung durch Vermietung nicht möglich (z.B. mangelnde Einigung bei Miteigentum) oder nicht zumutbar (z.B. bei zeitlich begrenztem Aufstockungsunterhalt) ist.

Diese Grundsätze gelten auch beim Kindesunterhalt.

5.3. Zinsen und Tilgungsleistungen sind absetzbar. Dienen die Tilgungsleistungen ausschließlich der eigenen Vermögensbildung, sind die Tilgungsleistungen nach Vorabzug der Zinsen nur bis zur Höhe des Wohnwerts zu berücksichtigen; darüberhinausgehende Tilgungsleistungen können im Rahmen der zusätzlichen Altersvorsorge (Ziffer 10.1.2.) berücksichtigt werden (BGH FamRZ 2017, 519; BGH FamRZ 2018, 1506).

Beim Kindesunterhalt gilt im Rahmen des § 1603 Abs. 1 BGB ein großzügigerer, im Anwendungsbereich des § 1603 Abs. 2 BGB hingegen ein strengerer Maßstab für die Berücksichtigung von Tilgungsleistungen.

6. Haushaltsführung

Führt jemand unentgeltlich für einen in häuslicher Gemeinschaft lebenden Partner den Haushalt, so ist hierbei ein Einkommen anzusetzen. Voraussetzung ist jedoch, dass der Partner hinreichend leistungsfähig ist.

7. Einkommen aus unzumutbarer Erwerbstätigkeit

Einkommen aus unzumutbarer Erwerbstätigkeit kann nach Billigkeit ganz oder teilweise unberücksichtigt bleiben (vgl. BGH FamRZ 2006, 846).

8. Freiwillige Zuwendungen Dritter

Freiwillige Zuwendungen Dritter (z. B. Geldleistungen, Wohnungsgewährung) sind regelmäßig nicht als Einkommen zu berücksichtigen, es sei denn, die Berücksichtigung entspricht dem Willen des zuwendenden Dritten.

9. Erwerbsobliegenheit und Einkommensfiktion

Wer unter leichtfertigem Verstoß gegen eine unterhaltsrechtliche Verpflichtung bzw. Obliegenheit eine Erwerbsquelle nicht in zumutbarem Umfang nutzt, muss sich das erzielbare Einkommen zurechnen lassen.

Begibt sich jemand einer Einkommensquelle, insbesondere seines Arbeitsplatzes, aus unterhaltsrechtlich vorwerfbaren Gründen, so ist ihm das bisherige Einkommen bis zu dem Zeitpunkt fiktiv zuzurechnen, zu dem er aus anderem, nicht vorwerfbarem Grund die Arbeitsstelle verloren hätte (BGH NJW 2008, 1525 ff.).

Bei der Zurechnung von fiktiven Einkünften können fiktive berufsbedingte Aufwendungen (z. B. Fahrtkosten) berücksichtigt werden.

Im Rahmen der gesteigerten Unterhaltspflicht ist vom Unterhaltsschuldner im Hinblick auf den nicht gesicherten Mindestunterhalt seines Kindes auch zu verlangen, dass er neben einer vollschichtigen Erwerbstätigkeit eine ihm mögliche und zumutbare Nebentätigkeit ausübt. Dies gilt auch bei der Zurechnung eines lediglich fiktiven Einkommens aus einer vollschichtigen Haupttätigkeit (BGH FamRZ 2014, 1992).

10. Bereinigung des Einkommens

10.1. Vom Bruttoeinkommen sind Steuern, Sozialabgaben und angemessene Vorsorgeaufwendungen abzusetzen (Nettoeinkommen).

10.1.1. Es besteht die Obliegenheit, Steuervorteile in Anspruch zu nehmen (z.B. Eintragung eines Freibetrags bei Fahrtkosten, Realsplitting für unstreitigen oder rechtskräftig titulierten Unterhalt).

10.1.2. Für eine zusätzliche (keine fiktive) Altersvorsorge können beim Ehegatten- und Kindesunterhalt bis zu 4 %, beim Elternunterhalt bis zu 5 % des Bruttoeinkommens eingesetzt werden. Die zusätzliche Altersvorsorge kommt jedoch im Regelfall nicht in Betracht, soweit der Mindestunterhalt/das Existenzminimum nicht gesichert sind.

Personen, die der gesetzlichen Rentenversicherung nicht unterliegen, können für ihre primäre Altersversorgung Beträge entsprechend dem Aufwand eines Nichtselbstständigen aufwenden. Eine zusätzliche Altersvorsorge ist wie bei gesetzlich Rentenversicherten absetzbar.

10.2. Berufsbedingte Aufwendungen

10.2.1. Notwendige berufsbedingte Aufwendungen werden vom Einkommen nur abgezogen, soweit sie konkret nachgewiesen sind. Eine Pauschale wird nicht gewährt.

10.2.2. *Für Fahrten zum Arbeitsplatz werden die Kosten einer Pkw-Benutzung mit einer Kilometerpauschale von 0,42 € (§ 5 II Nr. 2 JVEG)* für die ersten 30 Entfernungskilometer, für die weiteren Entfernungskilometer mit 0,28 € berücksichtigt.

Berechnungsbeispiel:
Entfernung zwischen Wohnung und Arbeitsplatz: 50 km.
Berechnung:

30 km x 2 x 0,42 € x 220 ArbTage: 12 Monate =	*462,00 € +*
20 km x 2 x 0,28 € x 220 ArbTage: 12 Monate =	*205,33 €*
Gesamtkosten:	*667,33 €*

Überschreiten die Fahrtkosten 15 % des Nettoeinkommens, muss dargelegt werden, weshalb die Benutzung von öffentlichen Verkehrsmitteln nicht zumutbar ist.

Neben der Kilometerpauschale können Finanzierungskosten für die Anschaffung des Pkw regelmäßig nicht angesetzt werden.

10.2.3. Bei Auszubildenden wird auf die Ausbildungsvergütung ein Abzug eines Pauschalbetrages von 100,00 € angerechnet. Diese Pauschale deckt in der Regel den allgemeinen und ausbildungsbedingten Mehrbedarf mit Ausnahme von Fahrtkosten.

10.3. Kinderbetreuungskosten sind als berufsbedingte Aufwendungen des betreuenden Elternteils abzugsfähig, soweit die Betreuung durch Dritte allein infolge der Berufstätigkeit erforderlich ist. Aufwendungen für die Betreuung eines Kindes, die über den Umfang der von dem betreuenden Elternteil ohnehin geschuldeten Betreuung hinausgehen oder pädagogisch veranlasst sind, wie etwa in Kindergärten, Kindertagesstätten, Schulen, Horten oder vergleichbaren Einrichtungen, mindern das Einkommen nicht; es handelt sich um Mehrbedarf (vgl. Nr. 12.4) des Kindes (BGH FamRZ 2018, 23; BGH FamRZ 2009, 962).

10.4. Angemessene Tilgungsraten auf Schulden, die auf das eheliche Zusammenleben zurückzuführen sind oder die durch die Auflösung der Ehe unabwendbar entstanden sind, werden in der Regel einkommensmindernd berücksichtigt. Unverhältnismäßig hohe Kosten für die Ehewohnung (auch Einfamilienhaus) sind nur für eine Übergangszeit nach der Trennung abzusetzen.

Soweit der Mindestbedarf der Unterhaltsberechtigten nicht gewahrt ist, hat der Schuldendienst so weit wie möglich und zumutbar zurückzustehen. Für minderjährige Kinder soll möglichst der Mindestunterhalt gesichert bleiben. Im Einzelfall sind in eine umfassende Interessenabwägung unter Billigkeitsgrundsätzen die Belange der Unterhaltsberechtigten, des Unterhaltsschuldners (insbesondere sein Interesse an der Verhinderung einer wachsenden Verschuldung) wie auch der Fremdgläubiger einzubeziehen.

Den Unterhaltsschuldner trifft grundsätzlich eine Verpflichtung zur Einleitung einer Verbraucherinsolvenz, wenn dieses Verfahren zulässig und geeignet ist, den laufenden Unterhalt eines minderjährigen Kindes sicherzustellen (vgl. BGH NJW 2005, 1279 ff.).

Sind einkommensmindernd anzusetzende Schulden bereits Gegenstand einer Auseinandersetzung über einen Gesamtschuldnerausgleich nach § 426 BGB, sind sie für die Unterhaltsbemessung nicht zu berücksichtigen.

10.5. Unterhaltsleistungen (Zahlbeträge) an vorrangig Berechtigte sind vorweg abzuziehen.

10.6. Die vermögenswirksame Leistung des Arbeitgebers und die Arbeitnehmersparzulage gehören nicht zum Einkommen. Der vermögenswirksam gesparte Betrag mindert nicht das anrechenbare Einkommen, es sei denn, er ist als angemessene Vorsorgeaufwendung (Nr. 10.1.2) anzuerkennen.

10.7. Umgangskosten

10.7.1. Die notwendigen Kosten für ein im üblichen Rahmen ausgeübtes Umgangsrecht sind grundsätzlich vom Umgangsberechtigten zu tragen, wenn ihm nach Abzug dieser Kosten der notwendige Selbstbehalt verbleibt. In diesen Fällen stellen die Umgangskosten keine Abzugsposition vom Einkommen des Umgangsberechtigten dar (BGH FamRZ 2014, 917, 920; FamRZ 2006, 1015, 1018). Ist der notwendige Selbstbehalt des Umgangsberechtigten nicht gewahrt, können die notwendigen Umgangskosten durch einen – teilweisen – Abzug vom Einkommen oder eine Erhöhung des Selbstbehalts berücksichtigt werden (BGH NJW 2009, 2592).

10.7.2. Bei einem über das übliche Maß hinausgehenden Umgangsrecht können dadurch bedingte hohe Mehraufwendungen (z.B. Fahrt- und Unterbringungskosten) zu einer Herabstufung um eine oder mehrere Einkommensgruppen der Düsseldorfer Tabelle oder zum Absehen von einer erforderlichen Höherstufung führen.

Reicht das Einkommen des umgangsberechtigten Elternteils nur zur Zahlung des Mindestunterhalts aus, kann der Mehraufwand bei der Einkommensermittlung oder durch Erhöhung des Selbstbehalts berücksichtigt werden.

Ferner kann der Unterhaltsbedarf des Kindes dadurch teilweise erfüllt sein, dass der umgangsberechtigte Elternteil dem Kind im Zuge seines erweiterten Umgangsrechts Leistungen erbringt, mit denen er den Unterhaltsbedarf des Kindes auf andere Weise als durch Zahlung einer Geldrente teilweise deckt.

Kindesunterhalt

11. Bemessungsgrundlage (Tabellenunterhalt)

Der Barunterhalt minderjähriger und noch im elterlichen Haushalt lebender volljähriger unverheirateter Kinder bestimmt sich nach den Sätzen der Düsseldorfer Tabelle (Anhang I.).

11.1. Die Tabellensätze der Düsseldorfer Tabelle enthalten keine Kranken- und Pflegeversicherungsbeiträge für das Kind, wenn dieses nicht in einer gesetzlichen Familienversicherung mitversichert ist. Das Nettoeinkommen des Verpflichteten ist um solche zusätzlich zu zahlenden Versicherungskosten zu bereinigen.

11.2. Die Tabellensätze sind auf den Fall zugeschnitten, dass der Unterhaltspflichtige zwei Unterhaltsberechtigten Unterhalt zu gewähren hat. Bei einer geringeren oder größeren Zahl von Unterhaltsberechtigten ist in der Regel um eine Stufe herauf- oder herabzustufen.

In den oberen Gruppen kann im Einzelfall insbesondere aus kindgerechten Gründen eine Bedarfsbegrenzung angezeigt sein.

Erreicht das dem Unterhaltspflichtigen nach Abzug aller Unterhaltslasten verbleibende Einkommen nicht den für die Tabellengruppe ausgewiesenen Bedarfskontrollbetrag, so kann so weit herabgestuft werden, dass dem Unterhaltsschuldner der entsprechende Kontrollbetrag verbleibt.

12. Minderjährige Kinder

12.1. Die Freistellung vom Barunterhalt durch die Pflege und Erziehung eines Kindes nach § 1606 Abs. 3 Satz 2 BGB gilt nur für den allgemeinen Tabellenunterhalt. Solange der Betreuungsschwerpunkt bei einem Elternteil liegt, ist der allgemeine Barunterhalt nur vom anderen Elternteil aufzubringen (vgl. BGH NJW 2007, 1882 ff.).

12.2. Eigenes Einkommen des minderjährigen Kindes wird auf den Barunterhaltsanspruch des Kindes mit Rücksicht auf die Betreuungslast des anderen Elternteils nach in der Regel hälftig angerechnet.

Arbeitseinkünfte geringen Umfangs (z. B. Ferienjobs) oder aus unterhaltsrechtlich nicht gebotener Tätigkeit bleiben unberücksichtigt.

12.3. Verfügen beide Eltern über Einkommen, wird der Bedarf minderjähriger Kinder im Verhältnis zu dem Elternteil, der den Barunterhalt zu leisten hat, in der Regel allein nach seinem Einkommen ermittelt. Ausnahmsweise kann der betreuende Elternteil zur Barunterhaltsleistung entlastend herangezogen werden, wenn sein Einkommen das des anderen Elternteils wesentlich übersteigt. Die Entlastung wird dann nach den Umständen des Einzelfalles bemessen.

12.4. Zusätzlichen Bedarf eines minderjährigen Kindes (z. B. Verfahrens-/Prozesskostenvorschuss, Mehrbedarf, Sonderbedarf) haben beide Eltern entsprechend ihren Erwerbs- und Vermögensverhältnissen unter Wahrung ihres Selbstbehalts (vgl. Nr. 13.3) zu decken (§ 1606 Abs. 3 Satz 1 BGB).

13. Volljährige Kinder

13.1. Für den Unterhalt volljähriger Kinder gilt Folgendes:

Lebt das volljährige Kind im Haushalt eines Elternteils, so ist sein Bedarf grundsätzlich der Unterhaltstabelle zu entnehmen.

Lebt das Kind nicht mehr im Haushalt eines Elternteils, so ist zu unterscheiden:
- Für die Vorjahre wird auf die von der Düsseldorfer Tabelle aufgeführten Beträge verwiesen. Kranken- und Pflegeversicherungsbeiträge sind hierin nicht enthalten. Der Unterhaltsbedarf eines Studierenden beträgt in der Regel monatlich 860,00 €. Hierin sind bis 375,00 € für Unterkunft einschließlich umlagefähiger Nebenkosten und Heizung (Warmmiete) enthalten.
- Für andere Kinder kann bei eigenem Haushalt derselbe Betrag zugrunde gelegt werden; dann entfallen der Freibetrag (s. o. 10.2.3) und andere Absetzungen für berufsbedingte Aufwendungen (einschließlich Fahrtkosten).

Für die Vorjahre wird auf die vorangegangenen Düsseldorfer Tabellen verwiesen.

13.2. Sämtliche Einkünfte (auch BAföG-Darlehen) werden auf den Bedarf volljähriger Kinder angerechnet. Überobligationsmäßig erzielte Einkünfte bleiben entsprechend § 1577 Abs. 2 BGB ganz oder teilweise unberücksichtigt.

13.3. Verfügen beide Eltern über Einkommen, ergibt sich der Bedarf volljähriger Kinder, soweit dafür die Tabelle maßgebend ist, grundsätzlich nach dem zusammengerechneten Einkommen beider Eltern, jedoch ist wegen doppelter Haushaltsführung in der Regel um eine Stufe herabzustufen.

Den offenen Bedarf haben die Eltern anteilig zu decken, und zwar grundsätzlich im Verhältnis ihrer Einkommen zueinander. Dabei werden nur die Einkommensteile zueinander ins Verhältnis gesetzt, die jeweils über dem angemessenen Selbstbehalt liegen, und zwar nach Abzug vorrangiger Unterhaltspflichten.

Bei sog. privilegiert volljährigen Kindern sind grundsätzlich die bereinigten Einkünfte oberhalb des angemessenen Selbstbehalts maßgebend. Lediglich im Mangelfall ist auf die bereinigten Einkünfte oberhalb des notwendigen Selbstbehalts abzustellen (BGH FamRZ 2011, 454).

Ein Elternteil hat jedoch höchstens den Unterhalt zu leisten, der sich allein aus seinem Einkommen gemäß der Unterhaltstabelle ergibt.

14. Verrechnung des Kindergeldes

Das Kindergeld wird nach § 1612 b BGB angerechnet.

Ehegattenunterhalt

15. Unterhaltsbedarf

15.1. Der Bedarf nach den ehelichen Lebensverhältnissen im Sinne von § 1578 Abs. 1 S. 1 BGB wird grundsätzlich durch die Einkommens- und Vermögensverhältnisse der Ehegatten bestimmt, die bis zur Rechtskraft der Ehescheidung eingetreten sind.

Nacheheliche Entwicklungen wirken sich auf die Bedarfsbemessung nach den ehelichen Lebensverhältnissen aus, wenn sie auch bei fortbestehender Ehe eingetreten wären oder in anderer Weise in der Ehe angelegt und mit hoher Wahrscheinlichkeit zu erwarten waren (BGH FamRZ 2012, 281).

Unerwartete, nicht in der Ehe angelegte Steigerungen des Einkommens des Verpflichteten (insbesondere aufgrund eines Karrieresprungs) oder auf Wiederverheiratung beruhende Steuervorteile bleiben bei der Bedarfsbemessung unberücksichtigt. Eine Einkommensreduzierung ist dann unbeachtlich, wenn sie auf einem unterhaltsrechtlich vorwerfbaren Verhalten beruht.

Die Unterhaltspflichten für neue Ehegatten sowie für nachehelich geborene Kinder und den dadurch bedingten Betreuungsunterhalt nach § 1615l BGB sind bei der Bemessung des Unterhaltsbedarfs eines geschiedenen Ehegatten nach § 1578 Abs. 1 S. 1 BGB nicht zu berücksichtigen.

15.2. *Der Bedarf des unterhaltsberechtigten Ehegatten bestimmt sich – unter Berücksichtigung eines Erwerbstätigenbonus von 1/10 – zu 45 % des Arbeitseinkommens des Unterhaltsverpflichteten, falls der Unterhaltsberechtigte kein eigenes Einkommen erzielt, oder zu 45 % des Unterschiedsbetrages der Arbeitseinkommen des Verpflichteten und des Berechtigten (Differenzmethode).*

Es ist von einem Mindestbedarf auszugehen, der nicht unter dem Existenzminimum für Nichterwerbstätige liegen darf (Nr. 21.2).

Sonstiges Einkommen (z. B. Renten, Abfindungen und Kapitalerträge) ist hälftig zu teilen, falls nicht eine Herabsetzung dieser hälftigen Beteiligung durch besondere Gründe gerechtfertigt erscheint. Erträge aus ererbtem Vermögen prägen die ehelichen Lebensverhältnisse nur, soweit sie bereits zum Unterhalt der Familie zur Verfügung standen, also den Familienunterhalt nach §§ 1360, 1360a BGB beeinflussten (vgl. BGH FamRZ 2006, 387, 390).

Bei der Berechnung des Unterhaltsbedarfs ist der Zahlbetrag des prägenden Kindesunterhalts abzuziehen. Unterhalt für nachrangige volljährige Kinder ist abzusetzen, wenn der Kindesunterhalt die ehelichen Lebensverhältnisse geprägt hat und den Eheleuten ein angemessener Unterhalt verbleibt.

15.3. Bei sehr guten Einkommensverhältnissen des Pflichtigen kommt eine konkrete Bedarfsberechnung in Betracht. Es besteht eine tatsächliche Vermutung für den vollständigen Verbrauch des Familieneinkommens, wenn dieses das Doppelte des höchsten Einkommensbetrages *der Einkommensgruppe 10 der Düsseldorfer Tabelle nicht übersteigt. Soweit das Familieneinkommen über das Doppelte des höchsten Einkommensbetrages der Einkommensgruppe 10* der Düsseldorfer Tabelle hinausgeht, hat der Unterhaltsberechtigte mithin, wenn er dennoch Unterhalt nach der Quotenmethode begehrt, die vollständige Verwendung des Einkommens für den Lebensbedarf darzulegen und im Bestreitensfall in vollem Umfang zu beweisen (BGH FamRZ 2018, 260). Im Falle der konkreten Bedarfsberechnung sind Einkünfte des Berechtigten ohne Erwerbstätigenbonus auf den Bedarf anzurechnen.

15.4. Vom Einkommen des Unterhaltspflichtigen sind wie die eigenen Aufwendungen für angemessene Vorsorge grundsätzlich auch solche abzusetzen, die er für den Berechtigten und gemeinsame Kinder aufbringt.

Der Elementarunterhalt hat bis zur Höhe des Mindestbedarfs Vorrang vor dem Altersvorsorgeunterhalt.

Die Kosten für die angemessene Vorsorge für Alter, Erwerbs- und Berufsunfähigkeit errechnen sich in folgenden Stufen:

a. der an sich geschuldete Elementarunterhalt wird mit Hilfe der sog. Bremer Tabelle auf ein fiktives Bruttoeinkommen hochgerechnet.
b. Danach bemessen sich unter Anwendung des Beitragssatzes, der jeweils für die gesetzliche Rentenversicherung gilt, die Vorsorgekosten.
c. Sie werden von dem Einkommen des Unterhaltspflichtigen vorweg abgesetzt. Danach wird der Elementarunterhalt endgültig festgesetzt.

15.5. nicht belegt

15.6. nicht belegt

15.7. Für die Befristung des nachehelichen Unterhalts ist bei der Billigkeitsprüfung nach § 1578b BGB vorrangig zu berücksichtigen, ob ehebedingte Nachteile eingetreten sind. Diese stehen schon deswegen einer Befristung des nachehelichen Unterhalts regelmäßig entgegen, weil der Unterhaltsberechtigte dann seinen eigenen angemessenen Unterhalt nicht selbst erzielen kann.

Sind ehebedingte Nachteile vorhanden, die aus tatsächlichen Gründen nicht mehr ausgeglichen werden können, kommt im Regelfall nach einer Übergangszeit eine Herabsetzung des nachehelichen Unterhalts nur insoweit in Betracht, als dem berechtigten Ehegatten unter Berücksichtigung eigener und eventuell auch fiktiver Einkünfte jedenfalls der Betrag zur Verfügung stehen muss, den er ohne einen ehebedingten Nachteil zur Verfügung hätte.

Fehlt es an ehebedingten Nachteilen oder sind diese bereits ausgeglichen, ist im Rahmen der umfassenden Billigkeitsabwägung bei der Entscheidung über eine Befristung oder Herabsetzung des nachehelichen Unterhalts eine – über die Kompensation ehelicher Nachteile hinausgehende – nacheheliche Solidarität zu berücksichtigen. Dabei sind neben den weiteren relevanten Umständen des Einzelfalls die Dauer der Pflege und Erziehung eines gemeinschaftlichen Kindes, die Gestaltung von Haushaltsführung und Erwerbstätigkeit während der Ehe sowie die Dauer der Ehe maßgeblich. Die Ehedauer gewinnt durch eine wirtschaftliche Verflechtung an Gewicht, die insbesondere durch Aufgabe einer eigenen Erwerbstätigkeit wegen Kinderbetreuung oder Haushaltsführung eintritt (BGH FamRZ 2010, 1971).

Ist Unterhalt wegen Krankheit geschuldet, ist für die Billigkeitsentscheidung besonders dem Gedanken der nachehelichen Solidarität Rechnung zu tragen. Der Betreuungsunterhalt ist nicht nach § 1578b BGB zu befristen.

Die Darlegungs- und Beweislast für die Umstände, aus denen die Unbilligkeit der Fortzahlung des Unterhalts resultiert, trägt der Unterhaltsverpflichtete. Dem Unterhaltsverpflichteten obliegt es, im Rahmen seiner primären Darlegungslast das Fehlen von ehebedingten Nachteilen substantiiert zu behaupten. Sodann obliegt es dem Unterhaltsberechtigten, diese Behauptung substantiiert zu bestreiten und positiv konkrete ehebedingte Nachteile darzutun. Konkret vorgetragene ehebedingte Nachteile muss der Unterhaltsverpflichtete widerlegen (BGH FamRZ 2012, 93).

16. nicht belegt

17. Erwerbsobliegenheit

17.1. Die nach Vollendung des dritten Lebensjahres des Kindes grundsätzlich einsetzende Erwerbsobliegenheit des betreuenden Elternteils ist hinsichtlich Art und Umfang an den Belangen des Kindes auszurichten.

Die Billigkeitsprüfung nach § 1570 Abs. 1 Satz 2, Abs. 2 BGB ist zumindest anhand folgender Kriterien vorzunehmen:

Kindbezogene Gründe:
1. Betreuungsbedürftigkeit aufgrund der individuellen Entwicklung des Kindes
2. Fehlende kindgerechte Betreuungsmöglichkeiten
3. Krankheiten, die durch die Betreuung in einer Einrichtung nicht aufgefangen werden können und damit die Betreuung durch einen Elternteil erfordern.

Elternbezogene Gründe:
1. Vertrauen in die vereinbarte oder praktizierte Rollenverteilung und Ausgestaltung der Kinderbetreuung. Zu berücksichtigen ist dabei auch die Aufgabe einer Erwerbstätigkeit wegen Kindererziehung und die Dauer der Ehe.
2. Umfang der Betreuungsbedürftigkeit des Kindes im Anschluss an die Betreuung in einer Betreuungseinrichtung.

Eine überobligationsmäßige Belastung des betreuenden Elternteils durch Berufstätigkeit, Kinderbetreuung und Haushaltsführung ist zu vermeiden.

17.2. In der Regel besteht für den Berechtigten im ersten Jahr nach der Trennung keine Obliegenheit zur Aufnahme oder Ausweitung einer Erwerbstätigkeit.

Weitere Unterhaltsansprüche

18. Ansprüche nach § 1615l BGB

Der Bedarf nach § 1615l BGB bemisst sich nach der Lebensstellung des unterhaltsberechtigten Elternteils. Er ist auch dann nicht nach dem Einkommen des Pflichtigen zu bemessen, wenn dieser mit dem unterhaltsberechtigten Elternteil zusammengelebt hat. Die Lebensstellung des unterhaltsberechtigten Elternteils richtet sich danach, welche Einkünfte er ohne die Geburt und die Betreuung des gemeinsamen Kindes hätte (BGH FamRZ 2015, 1369). Der Bedarf darf das Existenzminimum für Nichterwerbstätige (derzeit 960,00 €) nicht unterschreiten.

Die Inanspruchnahme ist durch den Halbteilungsgrundsatz begrenzt.

19. Elternunterhalt

Beim Bedarf der Eltern sind Leistungen zur Grundsicherung nach §§ 41 ff. SGB XII zu berücksichtigen (vgl. Nr. 2.9).

20. Lebenspartnerschaft

Bei Getrenntleben oder Aufheben der Lebenspartnerschaft gelten §§ 12, 16 LPartG.

Leistungsfähigkeit und Mangelfall

21. Selbstbehalt

21.1. Ausgangspunkt ist das anrechenbare Einkommen des Unterhaltspflichtigen. Gegenüber minderjährigen und privilegiert volljährigen Kindern ist der angemessene Selbstbehalt (Nr. 21.3.1) zu wahren. Im Mangelfall (Nr. 24.1) ist als unterste Grenze der Inanspruchnahme der notwendige Selbstbehalt maßgeblich. Gegenüber Ehegatten ist dem Unterhaltspflichtigen der eheangemessene Selbstbehalt gemäß § 1581 S. 1 BGB und gegenüber volljährigen Kindern der angemessene Selbstbehalt gemäß § 1603 Abs. 1 BGB zu belassen.

21.2. Der notwendige Selbstbehalt beträgt
- bei Nichterwerbstätigen 960,00 €,
- bei Erwerbstätigen 1.160,00 €.

Hierin sind bis zu 430,00 € für Unterkunft einschließlich umlagefähiger Nebenkosten und Heizung (Warmmiete) enthalten.

21.3. Im Übrigen gilt beim Verwandtenunterhalt der angemessene Selbstbehalt.

21.3.1. Gegenüber nicht privilegierten volljährigen Kindern beträgt der angemessene Selbstbehalt 1.400,00 €. Hierin sind bis zu 550,00 € für Unterkunft einschließlich umlagefähiger Nebenkosten und Heizung (Warmmiete) enthalten.

21.3.2. Gegenüber Ansprüchen aus § 1615l BGB gilt der eheangemessene Selbstbehalt.

21.3.3. Gegenüber den Eltern ist dem Unterhaltspflichtigen der angemessene Eigenbedarf zu belassen.

Bei dessen Bemessung sind Zweck und Rechtsgedanken des Gesetzes zur Entlastung unterhaltsverpflichteter Angehöriger in der Sozialhilfe und in der Eingliederungshilfe (Angehörigen – Entlastungsgesetz) vom 10. Dezember 2019 (BGBl I S. 2135) zu beachten.

21.4. Ehegattenunterhalt ist nur aus dem Einkommen oberhalb des eheangemessenen Selbstbehalts zu leisten.

Der eheangemessene Selbstbehalt beträgt für Erwerbstätige 1.280 € und für Nichterwerbstätige 1.180 €. Hierin sind bis zu 490,00 € für Unterkunft einschließlich umlagefähiger Nebenkosten und Heizung (Warmmiete) enthalten. Im Rahmen der Leistungsfähigkeit des Unterhaltspflichtigen nach § 1581 BGB ist außerdem ein individueller Selbstbehalt zu berücksichtigen. Bei diesem ist der Halbteilungsgrundsatz zu beachten, was zu einem relativen Mangelfall führen kann, wenn dem Unterhaltspflichtigen für den eigenen Unterhalt weniger verbliebe, als der Unterhaltsberechtigte mit dem Unterhalt zur Verfügung hätte. Sonstige Verpflichtungen gegenüber anderen Unterhaltsberechtigten, die nicht bereits den Bedarf des Unterhaltsberechtigten beeinflusst haben, sind entsprechend ihrem Rang zu berücksichtigen (BGH FamRZ 2012, 281). Bei der Prüfung der Leistungsfähigkeit ist kein Erwerbstätigenbonus zu berücksichtigen (BGH FamRZ 2013, 1366).

21.5. Wird konkret eine erhebliche und nach den Umständen nicht vermeidbare Überschreitung der in den einzelnen Selbstbehalten enthaltenen angeführten Wohnkosten dargelegt, erhöht sich der Selbstbehalt.

Bei einem Zusammenleben mit einem leistungsfähigen Partner kann der Selbstbehalt wegen ersparter Aufwendungen herabgesetzt werden, wobei die Ersparnis des Unterhaltspflichtigen im Regelfall und höchstens mit 10 % seines Selbstbehalts angesetzt werden kann.

22. Bedarf des mit dem Pflichtigen zusammenlebenden Ehegatten.

22.1. Der Mindestbedarf des mit dem Pflichtigen zusammenlebenden Ehegatten beträgt bei Unterhaltsansprüchen des nachrangigen, geschiedenen Ehegatten 1024,00 €.

22.2. Der Mindestbedarf des mit dem Pflichtigen zusammenlebenden Ehegatten beträgt bei Unterhaltsansprüchen nicht privilegierter volljähriger Kinder 1.120,00 €.

22.3. Der Mindestbedarf des mit dem Pflichtigen zusammenlebenden Ehegatten bei Unterhaltsansprüchen von Eltern oder Enkeln bemisst sich nach den ehelichen Lebensverhältnissen (Halbteilungsgrundsatz), beträgt jedoch mindestens 1.600,00 € (einschließlich 600,00 € Warmmiete).

23. Bedarf des vom Pflichtigen getrenntlebenden oder geschiedenen Ehegatten

Der monatliche notwendige Eigenbedarf des von dem Unterhaltspflichtigen getrenntlebenden oder geschiedenen Ehegatten beträgt, unabhängig davon, ob er erwerbstätig ist oder nicht:

23.1. Gegenüber einem nachrangigen geschiedenen Ehegatten 1.280,00 €

23.2. Gegenüber nicht privilegierten volljährigen Kindern 1.400,00 €

23.3. Gegenüber Eltern des Unterhaltspflichtigen 2.000,00 €.

24. Mangelfall

24.1. Ein Mangelfall liegt vor, wenn das Einkommen bei Wahrung des jeweils angemessenen Selbstbehalts nicht genügt, um den Bedarf aller gleichrangiger Unterhaltsberechtigten zu decken. Eine gesteigerte Unterhaltspflicht besteht, soweit das Einkommen nicht zur Deckung des notwendigen Unterhalts minderjähriger und ihnen gleichgestellter volljähriger Kinder genügt.

Reicht das Einkommen zur Deckung des Bedarfs aller gleichrangiger Unterhaltsberechtigten und zur Deckung des Selbstbehalts nicht aus, ist der nach Abzug des Eigenbedarfs des Unterhaltspflichtigen verbleibende Betrag auf die Unterhaltsberechtigten im Verhältnis ihrer jeweiligen Einsatzbeträge zu verteilen.

24.2. Die Einsatzbeträge im Mangelfall belaufen sich

24.2.1. bei minderjährigen und diesen nach § 1603 Abs. 2 Satz 2 BGB gleichgestellten Kindern nach den jeweiligen Zahlbeträgen der Einkommensgruppe 1 der Düsseldorfer Tabelle

24.2.2. bei getrenntlebenden oder geschiedenen Ehegatten und bei mit dem Pflichtigen im gemeinsamen Haushalt lebenden Ehegatten, sowie bei nach § 1615 l BGB Unterhaltsberechtigten nach ihren jeweiligen ungedeckten Bedarfsbeträgen.

24.3. Die prozentuale Kürzung berechnet sich nach der Formel:

K = V : S x 100

K = prozentuale Kürzung
S = Summe der Einsatzbeträge aller Berechtigten
V = Verteilungsmasse (Einkommen des Verpflichteten abzüglich Selbstbehalts)

24.4. nicht belegt

Sonstiges

25. Rundung

Der Unterhaltsbetrag ist auf volle Euro aufzurunden.

Anhang

I. Düsseldorfer Tabelle

s. S. 5

II. Tabelle Zahlbeträge

(Alle Beträge in EUR)

Die folgenden Tabellen enthalten die sich nach Abzug des jeweiligen Kindergeldanteils (hälftiges Kindergeld bei Minderjährigen, volles Kindergeld bei Volljährigen) ergebenden Zahlbeträge. **In 2022** beträgt das Kindergeld für das erste und zweite Kind jeweils 219 EUR, für das dritte Kind 225 EUR und das vierte und jedes weitere Kind jeweils 250 EUR.

s. S. 10

III. Umrechnung nach früherem Recht erstellter dynamischer Unterhaltstitel über Kindesunterhalt nach § 36 Nr. 3 EGZPO

s. S. 9

w) OLG Stuttgart

s. Süddeutsche Leitlinien

x) Süddeutsche Leitlinien

Unterhaltsrechtliche Leitlinien der Familiensenate in Süddeutschland (SüdL)

Oberlandesgerichte Bamberg, Karlsruhe, München, Nürnberg, Stuttgart und Zweibrücken

Stand: Januar 2022

Die Familiensenate der Süddeutschen Oberlandesgerichte verwenden diese Leitlinien als Orientierungshilfe für den Regelfall unter Beachtung der Rechtsprechung des Bundesgerichtshofs, wobei die Angemessenheit des Ergebnisses in jedem Fall zu überprüfen ist.

Das Tabellenwerk der Düsseldorfer Tabelle ist eingearbeitet. Die Erläuterungen werden durch nachfolgende Leitlinien ersetzt.

Unterhaltsrechtlich maßgebendes Einkommen

Bei der Ermittlung und Zurechnung von Einkommen ist stets zu unterscheiden, ob es um Verwandten- oder Ehegattenunterhalt sowie ob es um Bedarfsbemessung einerseits oder Feststellung der Bedürftigkeit/Leistungsfähigkeit andererseits geht. Das unterhaltsrechtliche Einkommen ist nicht immer identisch mit dem steuerrechtlichen Einkommen.

1. Geldeinnahmen

1.1 Auszugehen ist vom Bruttoeinkommen als Summe aller Einkünfte.

1.2 Soweit Leistungen nicht monatlich anfallen (z.B. Weihnachts- und Urlaubsgeld), werden sie auf ein Jahr umgelegt. Einmalige Zahlungen (z.B. Abfindungen) sind auf einen angemessenen Zeitraum (in der Regel mehrere Jahre) zu verteilen.

1.3 Überstundenvergütungen werden dem Einkommen voll zugerechnet, soweit sie berufstypisch sind und das in diesem Beruf übliche Maß nicht überschreiten.

1.4 Ersatz für Spesen und Reisekosten sowie Auslösungen gelten in der Regel als Einkommen. Damit zusammenhängende Aufwendungen, vermindert um häusliche Ersparnis, sind jedoch abzuziehen. Bei Aufwendungspauschalen (außer Kilometergeld) kann 1/3 als Einkommen angesetzt werden.

1.5 Bei Ermittlung des zukünftigen Einkommens eines Selbständigen ist in der Regel der Gewinn der letzten drei Jahre zugrunde zu legen. Für zurückliegende Zeiträume ist vom tatsächlichen Einkommen auszugehen.

1.6 Einkommen aus Vermietung und Verpachtung sowie aus Kapitalvermögen ist der Überschuss der Bruttoeinkünfte über die Werbungskosten. Für Gebäude ist keine AfA anzusetzen.

1.7 Steuerzahlungen oder Erstattungen sind in der Regel im Kalenderjahr der tatsächlichen Leistung zu berücksichtigen.

1.8 Sonstige Einnahmen, z.B. Trinkgelder.

2. Sozialleistungen

2.1 Arbeitslosengeld (§ 136 SGB III) und Krankengeld.

2.2 Leistungen zur Sicherung des Lebensunterhalts nach §§ 19 ff. SGB II sind kein Einkommen, es sei denn, die Nichtberücksichtigung der Leistungen ist in Ausnahmefällen treuwidrig; nicht subsidiäre Leistungen nach dem SGB II sind Einkommen (insbesondere Entschädigung für Mehraufwendungen »Ein-Euro-Job« § 16 SGB II, Freibeträge nach § 11b III SGB II).

2.3 Wohngeld, soweit es nicht erhöhte Wohnkosten deckt.

2.4 BAföG-Leistungen, auch soweit sie als Darlehen gewährt werden, mit Ausnahme von Vorausleistungen nach §§ 36, 37 BAföG.

2.5 Elterngeld ist Einkommen, soweit es über den Sockelbetrag in Höhe von 300 €, bei verlängertem Bezugsrecht über 150 € hinausgeht. Der Sockelbetrag (§ 11 S. 4 BEEG) und Bundeserziehungsgeld sind kein Einkommen, es sei denn, es liegt einer der Ausnahmefälle der § 9 S. 2 BErzGG, § 11 S. 4 BEEG vor.

2.6 Unfallrenten.

2.7 Leistungen aus der Pflegeversicherung, Blindengeld, Versorgungsrenten, Schwerbeschädigten- und Pflegezulagen nach Abzug eines Betrags für tatsächliche Mehraufwendungen; §§ 1610a, 1578a BGB sind zu beachten.

2.8 Der Anteil des Pflegegelds bei der Pflegeperson, durch den ihre Bemühungen abgegolten werden; bei Pflegegeld aus der Pflegeversicherung gilt dies nach Maßgabe des § 13 VI SGB XI.

2.9 In der Regel Leistungen nach §§ 41- 43 SGB XII (Grundsicherung) beim Verwandtenunterhalt, nicht aber beim Ehegattenunterhalt.

2.10/11 Kein Einkommen sind sonstige Sozialhilfe nach SGB XII und Leistungen nach dem UVG. Die Unterhaltsforderung eines Empfängers dieser Leistungen kann in Ausnahmefällen treuwidrig sein. (Vgl. Ziffer 2.2).

3. Kindergeld

Kindergeld wird nicht zum Einkommen der Eltern gerechnet (vgl. Nr. 14).

4. Geldwerte Zuwendungen des Arbeitgebers

Geldwerte Zuwendungen aller Art des Arbeitgebers, z.B. Firmenwagen oder freie Kost und Logis, sind Einkommen, soweit sie entsprechende Eigenaufwendungen ersparen.

5. Wohnwert

Der Wohnvorteil durch mietfreies Wohnen im eigenen Heim ist als wirtschaftliche Nutzung des Vermögens unterhaltsrechtlich wie Einkommen zu behandeln. Neben dem Wohnwert sind auch Zahlungen nach dem Eigenheimzulagengesetz anzusetzen.

Bei der Bemessung des Wohnvorteils ist auszugehen von der Nettomiete, d.h. nach Abzug der auf einen Mieter nach § 2 BetrKV umlegbaren Betriebskosten. Hiervon können in Abzug gebracht werden der berücksichtigungsfähige Schuldendienst, erforderliche Instandhaltungs- und Instandsetzungskosten und solche Kosten, die auf einen Mieter nicht nach § 2 BetrKV umgelegt werden können.

Auszugehen ist vom vollen Mietwert. Wenn es nicht möglich oder nicht zumutbar ist, die Wohnung aufzugeben und das Objekt zu vermieten oder zu veräußern, kann stattdessen die ersparte Miete angesetzt werden, die angesichts der wirtschaftlichen Verhältnisse angemessen wäre. Dies kommt in der Regel für die Zeit bis zur Rechtshängigkeit des Scheidungsantrags in Betracht.

6. Haushaltsführung

Führt jemand einem leistungsfähigen Dritten den Haushalt, so ist hierfür ein Einkommen anzusetzen; bei Haushaltsführung durch einen Nichterwerbstätigen geschieht das in der Regel mit einem Betrag von 200 € bis 550 €.

7. Einkommen aus unzumutbarer Erwerbstätigkeit

Einkommen aus unzumutbarer Erwerbstätigkeit kann nach Billigkeit ganz oder teilweise unberücksichtigt bleiben.

8. Freiwillige Zuwendungen Dritter

Freiwillige Zuwendungen Dritter (z.B. Geldleistungen, kostenloses Wohnen) sind als Einkommen zu berücksichtigen, wenn dies dem Willen des Dritten entspricht.

9. Erwerbsobliegenheit und Einkommensfiktion

Einkommen können auch aufgrund einer unterhaltsrechtlichen Obliegenheit erzielbare Einkünfte sein.

10. Bereinigung des Einkommens

10.1 Vom Bruttoeinkommen sind Steuern, Sozialabgaben und/oder angemessene, tatsächliche Vorsorgeaufwendungen – Aufwendungen für die Altersvorsorge bis zu 23 % des Bruttoeinkommens, bei Elternunterhalt bis zu 24 % des Bruttoeinkommens (je einschließlich der Gesamtbeiträge von Arbeitnehmer und Arbeitgeber zur gesetzlichen Rentenversicherung) – abzusetzen (Nettoeinkommen).

Es besteht die Obliegenheit, Steuervorteile in Anspruch zu nehmen (z.B. Eintragung eines Freibetrags bei Fahrtkosten, Realsplitting für unstreitigen oder titulierten Unterhalt).

10.2 Berufsbedingte Aufwendungen, die sich von den privaten Lebenshaltungskosten nach objektiven Merkmalen eindeutig abgrenzen lassen, sind im Rahmen des Angemessenen vom Nettoeinkommen aus unselbständiger Arbeit abzuziehen.

10.2.1 Bei Vorliegen entsprechender Anhaltspunkte kann eine Pauschale von 5 % des Nettoeinkommens angesetzt werden. Übersteigen die berufsbedingten Aufwendungen die Pauschale, so sind sie im Einzelnen darzulegen. Bei beschränkter Leistungsfähigkeit kann im Einzelfall nur mit konkreten Kosten gerechnet werden.

10.2.2 Für die notwendigen Kosten der berufsbedingten Nutzung eines Kraftfahrzeugs kann ein Betrag von derzeit 0,42 € pro gefahrenen Kilometer angesetzt werden. Damit sind i.d.R. Anschaffungskosten miterfasst. Bei langen Fahrtstrecken (ab ca. 30 km einfach) kann nach unten abgewichen werden (für die Mehrkilometer in der Regel 0,28 €).

10.2.3 Bei einem Auszubildenden sind i.d.R. 100 € als ausbildungsbedingter Aufwand abzuziehen.

10.3 Kinderbetreuungskosten sind abzugsfähig, soweit die Betreuung durch Dritte allein infolge der Berufstätigkeit erforderlich ist. Im Übrigen gilt Ziffer 12.4.

10.4 Berücksichtigungswürdige Schulden (Zins, ggf. auch Tilgung) sind abzuziehen; die Abzahlung soll im Rahmen eines vernünftigen Tilgungsplanes in angemessenen Raten erfolgen. Bei der Zumutbarkeitsabwägung sind Interessen des Unterhaltsschuldners, des Drittgläubigers und des Unterhaltsgläubigers, vor allem minderjähriger Kinder, mit zu berücksichtigen.

Bei Kindesunterhalt kann die Obliegenheit zur Einleitung eines Verbraucherinsolvenzverfahrens bestehen.

10.5 unbelegt

10.6 unbelegt

10.7 Umgangskosten (nicht belegt)

Kindesunterhalt

11. Bemessungsgrundlage (Tabellenunterhalt)

Der Barunterhalt minderjähriger und noch im elterlichen Haushalt lebender volljähriger unverheirateter Kinder bestimmt sich nach den Sätzen der Düsseldorfer Tabelle (Anhang 1).

Bei minderjährigen Kindern kann er als Festbetrag oder als Prozentsatz des jeweiligen Mindestunterhalts geltend gemacht werden.

11.1 Die Tabellensätze der Düsseldorfer Tabelle enthalten keine Kranken- und Pflegeversicherungsbeiträge für das Kind, wenn dieses nicht in einer gesetzlichen Familienversicherung mitversichert ist. Das Nettoeinkommen des Verpflichteten ist um solche zusätzlich zu zahlenden Versicherungskosten zu bereinigen.

11.2 Die Tabellensätze sind auf den Fall zugeschnitten, dass der Unterhaltspflichtige zwei Unterhaltsberechtigten Unterhalt zu gewähren hat. Bei einer größeren oder geringeren Anzahl Unterhaltsberechtigter sind i.d.R. Ab- oder Zuschläge durch Einstufung in eine niedrigere oder höhere Einkommensgruppe vorzunehmen.

Zur Eingruppierung können auch die Bedarfskontrollbeträge herangezogen werden.

12. Minderjährige Kinder

12.1 Der betreuende Elternteil braucht neben dem anderen Elternteil in der Regel keinen Barunterhalt zu leisten, es sei denn, sein Einkommen ist bedeutend höher als das des anderen Elternteils (§ 1606 III 2 BGB), oder der eigene angemessene Unterhalt des sonst allein barunterhaltspflichtigen Elternteils ist gefährdet (§ 1603 II 3 BGB).

12.2 Einkommen des Kindes wird bei beiden Eltern hälftig angerechnet. Zum Kindergeld vgl. Ziffer 14.

12.3 Sind bei auswärtiger Unterbringung beide Eltern zum Barunterhalt verpflichtet, haften sie anteilig nach § 1606 III 1 BGB für den Gesamtbedarf (vgl. Nr. 13.3). Der Verteilungsschlüssel kann unter Berücksichtigung des Betreuungsaufwandes wertend verändert werden.

12.4 Kosten für Kindergärten und vergleichbare Betreuungsformen (ohne Verpflegungskosten) sind Mehrbedarf des Kindes. Bei Zusatzbedarf (Prozesskostenvorschuss, Mehrbedarf, Sonderbedarf) gilt § 1606 III 1 BGB (vgl. Nr. 13.3).

13. Volljährige Kinder

13.1 Bedarf

Beim Bedarf volljähriger Kinder ist zu unterscheiden, ob sie noch im Haushalt der Eltern/eines Elternteils leben oder einen eigenen Hausstand haben.

13.1.1 Für volljährige Kinder, die noch im Haushalt der Eltern oder eines Elternteils wohnen, gilt die Altersstufe 4 der Düsseldorfer Tabelle.

Sind beide Elternteile leistungsfähig (vgl. Nr. 21.3.1), ist der Bedarf des Kindes i.d.R. nach dem zusammengerechneten Einkommen (ohne Anwendung von Nr. 11.2) zu bemessen. Für die Haftungsquote gilt Nr. 13.3. Ein Elternteil hat jedoch höchstens den Unterhalt zu leisten, der sich allein aus seinem Einkommen aus der Düsseldorfer Tabelle (ggf. Herauf-, Herabstufung abzüglich volles Kindergeld) ergibt.

13.1.2 Der angemessene Bedarf eines volljährigen Kindes mit eigenem Hausstand beträgt in der Regel monatlich 860 € (darin sind enthalten Kosten für Unterkunft und Heizung bis zu 375 €), ohne Beiträge zur Kranken- und Pflegeversicherung sowie Studiengebühren. Von diesem Betrag kann bei erhöhtem Bedarf oder mit Rücksicht auf die Lebensstellung der Eltern nach oben abgewichen werden.

13.2 Auf den Unterhaltsbedarf werden Einkünfte des Kindes, auch das Kindergeld, BAföG-Darlehen und Ausbildungsbeihilfen (gekürzt um ausbildungsbedingte Aufwendungen, vgl. Nr. 10.2.3) angerechnet. Bei Einkünften aus unzumutbarer Erwerbstätigkeit gilt § 1577 II BGB entsprechend.

13.3 Bei anteiliger Barunterhaltspflicht ist vor Berechnung des Haftungsanteils nach § 1606 III 1 BGB das bereinigte Nettoeinkommen jedes Elternteils gem. Nr. 10 zu ermitteln. Außerdem ist vom Restbetrag ein Sockelbetrag in Höhe des angemessenen Selbstbehalts (1.400 €) abzuziehen.

Der Haftungsanteil nach § 1606 III 1 BGB errechnet sich nach der Formel:

Bereinigtes Nettoeinkommen eines Elternteils (N1 oder N2) abzüglich 1.400 € mal (Rest-)Bedarf (R), geteilt durch die Summe der bereinigten Nettoeinkommen beider Eltern (N1 + N2) abzüglich 2.800 € (= 1.400 € + 1.400 €). Haftungsanteil 1 = (N1 – 1.400 €) x R : (N1 + N2 – 2.800 €).

Der so ermittelte Haftungsanteil ist auf seine Angemessenheit zu überprüfen und kann bei Vorliegen besonderer Umstände (z.B. behindertes Kind) wertend verändert werden.

Bei volljährigen Schülern, die in § 1603 II 2 BGB minderjährigen Kindern gleichgestellt sind, wird der Sockelbetrag bis zum notwendigen Selbstbehalt (960 €/ 1.160 €) herabgesetzt, wenn der Bedarf der Kinder andernfalls nicht gedeckt werden kann.

14. Verrechnung des Kindergeldes

Es wird nach § 1612 b BGB angerechnet. Für das gesamte Jahr 2015 bleiben dabei die bis Ende 2014 geltenden Kindergeldbeträge maßgeblich.

Ehegattenunterhalt

15. Unterhaltsbedarf

15.1 Die Bemessung des nachehelichen Unterhalts richtet sich nach den ehelichen Lebensverhältnissen (§ 1578 Abs. 1 S. 1 BGB). Der Bedarf des Ehegatten beträgt mindestens 960 €.

15.2 Es gilt der Halbteilungsgrundsatz, wobei jedoch Erwerbseinkünfte nur zu 90 % zu berücksichtigen sind (Abzug von 1/10 Erwerbstätigenbonus vom bereinigten Nettoeinkommen bei der Bedarfsermittlung, nicht bei der Ermittlung der Leistungsfähigkeit des Unterhaltsschuldners).

Leistet ein Ehegatte auch Unterhalt für ein unterhaltsberechtigtes Kind, wird sein Einkommen vor Ermittlung des Erwerbstätigenbonus um Kindesunterhalt (Zahlbetrag) bereinigt.

Erbringt der Verpflichtete sowohl Bar- als auch Betreuungsunterhalt, kann im Einzelfall ein Betreuungsbonus angesetzt werden.

15.3 Bei sehr guten Einkommensverhältnissen des Pflichtigen kommt eine konkrete Bedarfsberechnung in Betracht.

15.4 Werden Altersvorsorge-, Kranken- und Pflegeversicherungskosten vom Berechtigten gesondert geltend gemacht oder vom Verpflichteten bezahlt, sind diese vom Einkommen des Pflichtigen vorweg abzuziehen. Der Vorwegabzug unterbleibt, soweit nicht verteilte Mittel zur Verfügung stehen, z.B. durch Anrechnung nicht prägenden Einkommens des Berechtigten auf seinen Bedarf.

15.5 nicht belegt

15.6 nicht belegt

15.7 Begrenzung nach § 1578 b BGB (nicht belegt)

16. Bedürftigkeit

Eigene Einkünfte des Berechtigten sind auf den Bedarf anzurechnen, wobei das bereinigte Nettoerwerbseinkommen um den Erwerbstätigenbonus zu vermindern ist (vgl. Rechenbeispiel Anhang 2 Nr. 2.1).

17. Erwerbsobliegenheit

17.1 Bei der Betreuung eines Kindes besteht keine Erwerbsobliegenheit vor Vollendung des 3. Lebensjahrs, danach nach den Umständen des Einzelfalls insbesondere unter Berücksichtigung zumutbarer Betreuungsmöglichkeiten für das Kind und der Vereinbarkeit mit der Berufstätigkeit des betreuenden Elternteils, auch unter dem Aspekt des neben der Erwerbstätigkeit anfallenden Betreuungsaufwands.

17.2. In der Regel besteht für den Berechtigten im ersten Jahr nach der Trennung keine Obliegenheit zur Aufnahme oder Ausweitung einer Erwerbstätigkeit.

Weitere Unterhaltsansprüche

18. Ansprüche aus § 1615l BGB

Der Bedarf nach § 1615l BGB bemisst sich nach der Lebensstellung des betreuenden Elternteils. Er beträgt mindestens 960 €. Ist die Mutter verheiratet oder geschieden, ergibt sich ihr Bedarf aus den ehelichen Lebensverhältnissen.

19. Elternunterhalt

Beim Bedarf der Eltern sind Leistungen zur Grundsicherung nach §§ 41 ff. SGB XII zu berücksichtigen (vgl. Nr. 2.9).

20. Lebenspartnerschaft

Bei Getrenntleben oder Aufhebung der Lebenspartnerschaft gelten §§ 12, 16 LPartG.

Leistungsfähigkeit und Mangelfall

21. Selbstbehalt

21.1 Es ist zu unterscheiden zwischen dem notwendigen (§ 1603 II BGB), dem angemessenen (§ 1603 I BGB) und dem eheangemessenen Selbstbehalt (§§ 1361 I, 1578 I BGB).

21.2 Für Eltern gegenüber minderjährigen Kindern und diesen nach § 1603 II 2 BGB gleichgestellten Kindern gilt im Allgemeinen der notwendige Selbstbehalt als unterste Grenze der Inanspruchnahme.

Er beträgt
- beim Nichterwerbstätigen 960 €
- beim Erwerbstätigen 1.160 €.

Hierin sind Kosten für Unterkunft und Heizung in Höhe von 430 € enthalten.

21.3 Im Übrigen gilt beim Verwandtenunterhalt der angemessene Selbstbehalt.

21.3.1 Er beträgt gegenüber volljährigen Kindern 1.400 €. Hierin sind Kosten für Unterkunft und Heizung in Höhe von 550 € enthalten.

21.3.2 Gegenüber Anspruchsberechtigten nach § 1615l BGB ist der Selbstbehalt in der Regel mit einem Betrag zu bemessen, der zwischen dem angemessenen Selbstbehalt des Volljährigen nach § 1603 I BGB und dem notwendigen Selbstbehalt nach § 1603 II BGB liegt, in der Regel für Erwerbstätige 1.280 € und für Nichterwerbstätige 1.180 €. Darin sind Kosten für Unterkunft und Heizung von 490 € enthalten.

21.3.3 Selbstbehalt gegenüber Eltern

Bei der Bemessung des Selbstbehalts gegenüber Eltern sind Zweck und Rechtsgedanken des Gesetzes zur Entlastung unterhaltspflichtiger Angehöriger in der Sozialhilfe und in der Eingliederungshilfe (Angehörigenentlastungsgesetz) vom 10.Dezember 2019 (BGBl I S. 2135) zu beachten.

21.3.4 Selbstbehalt gegenüber Großeltern/Enkel

Derzeit nicht belegt

21.4 Gegenüber Ehegatten gilt grundsätzlich der Ehegattenmindestselbstbehalt (= Eigenbedarf). Er beträgt in der Regel für Erwerbstätige 1.280 € und für Nichterwerbstätige 1.180 €. Hierin sind Kosten für Unterkunft und Heizung in Höhe von 490 € enthalten.

21.5 Anpassung des Selbstbehalts

21.5.1 Beim Verwandtenunterhalt kann der jeweilige Selbstbehalt unterschritten werden, wenn der eigene Unterhalt des Pflichtigen ganz oder teilweise durch seinen Ehegatten gedeckt ist.

21.5.2 Wird konkret eine erhebliche und nach den Umständen nicht vermeidbare Überschreitung der in den einzelnen Selbstbehalten enthaltenen angeführten Wohnkosten dargelegt, erhöht sich der Selbstbehalt. Wird die Wohnung von mehreren Personen genutzt, ist der Wohnkostenanteil des Pflichtigen festzustellen. Bei Erwachsenen geschieht die Aufteilung in der Regel nach Köpfen. Kinder sind vorab mit einem Anteil von 20 % ihres Anspruchs auf Barunterhalt zu berücksichtigen. Besteht für den Verpflichteten ein Anspruch auf Wohngeld, ist dieser wohnkostenmindernd zu berücksichtigen (vgl. Nr. 2.3).

21.5.3 Bei Zusammenleben mit einem leistungsfähigen Partner kann der Selbstbehalt wegen ersparter Aufwendungen reduziert werden, wobei die Ersparnis des Unterhaltspflichtigen im Regelfall mit 10 % angesetzt werden kann.

22. Bedarf des mit dem Pflichtigen zusammenlebenden Ehegatten

22.1 Der Mindestbedarf eines mit dem Unterhaltspflichtigen zusammenlebenden Ehegatten gegenüber Unterhaltsansprüchen eines nachrangigen geschiedenen Ehegatten beträgt 1.024 €.

22.2 Mindestbedarf bei Ansprüchen volljähriger Kinder

Der Mindestbedarf eines mit dem Unterhaltspflichtigen zusammenlebenden Ehegatten gegenüber Unterhaltsansprüchen eines nicht privilegierten Kindes beträgt 1.120 €.

22.3 *Derzeit nicht belegt*

23. Bedarf des vom Pflichtigen getrenntlebenden oder geschiedenen Ehegatten

23.1 Bedarf bei Ansprüchen des nachrangigen geschiedenen Ehegatten

Der Mindestbedarf eines vom Pflichtigen getrennt lebenden oder geschiedenen Ehegatten gegenüber Unterhaltsansprüchen eines nachrangigen Ehegatten beträgt 1.280 €.

23.2 Bedarf bei Ansprüchen volljähriger Kinder

Der Mindestbedarf eines vom Pflichtigen getrennt lebenden oder geschiedenen Ehegatten gegenüber Unterhaltsansprüchen nicht privilegierter volljähriger Kinder beträgt 1.400 €.

23.3 Bedarf bei Ansprüchen von Eltern oder Enkeln des anderen Ehegatten und von gemeinsamen Enkeln

Derzeit nicht belegt

24. Mangelfall

24.1 Ein absoluter Mangelfall liegt vor, wenn das Einkommen des Verpflichteten zur Deckung seines notwendigen Selbstbehalts und der gleichrangigen Unterhaltsansprüche der Kinder nicht ausreicht. Zur Feststellung des Mangelfalls entspricht der einzusetzende Bedarf für minderjährige und diesen nach § 1603 II 2 BGB gleichgestellten Kindern dem Zahlbetrag, der aus der ersten Einkommensgruppe entnommen werden kann.

24.2 In sonstigen Mangelfällen beträgt der Einsatzbetrag für einen gleichrangigen, nicht mit dem Unterhaltspflichtigen zusammenlebenden, Ehegatten 960 €. Für vorrangige Ehegatten siehe Nr. 22 und 23.

24.3 Die nach Abzug des Selbstbehalts des Unterhaltspflichtigen verbleibende Verteilungsmasse ist anteilig auf alle gleichrangigen unterhaltsberechtigten Kinder bzw. Ehegatten im Verhältnis ihrer Unterhaltsansprüche zu verteilen.

Die prozentuale Kürzung berechnet sich nach der Formel:

K = V : S x 100

K = prozentuale Kürzung

S = Summe der Einsatzbeträge aller Berechtigten

V = Verteilungsmasse (Einkommen des Verpflichteten abzüglich Selbstbehalt)

24.4 Das im Rahmen der Mangelfallberechnung gewonnene Ergebnis ist auf seine Angemessenheit zu überprüfen.

24.5 Rechenbeispiel zum absoluten Mangelfall, vgl. Anhang 2 Nr. 2.2

Sonstiges

25. Rundung

Der Unterhaltsbetrag ist auf volle Euro aufzurunden.

Anhang

1. Düsseldorfer Tabelle 2022

s. S. 5

2. Zahlbeträge 20221

Die folgenden Tabellen enthalten die sich nach Abzug des jeweiligen Kindergeldanteils (hälftiges Kindergeld bei Minderjährigen, volles Kindergeld bei Volljährigen) ergebenden Zahlbeträge. Im Jahr 2022 beträgt das Kindergeld für das erste und zweite Kind jeweils 219 EUR, für das dritte Kind 225 EUR und das vierte und jedes weitere Kind jeweils 250 EUR.

s. S. 10

3. Rechenbeispiele

3.1 Additionsmethode

Der Verpflichtete M hat ein bereinigtes Nettoerwerbseinkommen von 2.000 € sowie Zinseinkünfte von 300 €. Seine Ehefrau F hat ein bereinigtes Nettoerwerbseinkommen von 1.000 €. Anspruch der F ?

Bedarf : 1/2 (9/10 * 2.000 € + 300 € + 9/10 * 1.000 €) = 1.500 €

Höhe : 1.500 € – 9/10 * 1.000 € = 600 €

3.2 Absoluter Mangelfall

Der unterhaltspflichtige Vater V hat ein bereinigtes Nettoeinkommen von 1.800 €. Unterhaltsberechtigt sind ein 18-jähriges Kind K1, das bei der Mutter M lebt und aufs Gymnasium geht, und die beiden minderjährigen Kinder K2 (14 Jahre) und K3 (10 Jahre), die von der Mutter betreut werden. Das Kindergeld von 663 € wird an die Mutter ausbezahlt, deren sonstiges Einkommen unter 1.160 € liegt.

Unterhaltsberechnung gemäß Nr. 23.1:

Mangels Leistungsfähigkeit der Mutter alleinige Barunterhaltspflicht von V für alle Kinder.

Bedarf K1: 569 € (DüssTab Gruppe 1, 4. Altersstufe) – 219 € Kindergeld ergibt einen ungedeckten

Bedarf = Einsatzbetrag von 350 €

Bedarf K2: 533 € (DüssTab Gruppe 1, 3. Altersstufe) – 109,50 € 1/2 Kindergeld ergibt einen ungedeckten

Bedarf = Einsatzbetrag von 423,50 €

Bedarf K3: 455 € (DüssTab Gruppe 1, 2. Altersstufe) – 112,50 € 1/2 Kindergeld ergibt einen ungedeckten

Bedarf = Einsatzbetrag von 342,50 €

Summe der Einsatzbeträge: 350 € + 423,50 € + 342,50 € = 1.116 €

Verteilungsmasse:

Einkommen 1.800 € – Selbstbehalt 1.160 € = 640 €

Prozentuale Kürzung:

640/1116 * 100 = 57,35 %

Berechnung der gekürzten Unterhaltsansprüche:

K1: 350,00 € * 57,35 % = 201 €; zum Leben verfügbar also 201 € + 219,00 € = 420,00 €;

K2: 423,50 € * 57,35 % = 243 €; zum Leben verfügbar also 243 € + 109,50 € = 352,50 €;

K3: 342,50 € * 57,35 % = 196 €; zum Leben verfügbar also 196 € + 112,50 € = 308,50 €.

4. Zusammenstellung der Bedarfssätze und Selbstbehalte

Bedarfssätze

I. Regelbedarf eines volljährigen Kindes, das nicht im Haushalt eines Elternteils lebt (Nr. 13.1.2)	860
II. Mindestbedarf eines Ehegatten (Nr. 15.1), eines aus § 1615l BGB Berechtigten (Nr. 18) und anderer Unterhaltsbedürftiger, die nicht Kinder oder (geschiedene) Ehegatten sind	960
Selbstbehalte	
III. Monatlicher Selbstbehalt gegenüber minderjährigen und ihnen gleichgestellten (§ 1603 Abs. 2 BGB) Kindern (Nr. 21.2)	
a. des erwerbstätigen Unterhaltsverpflichteten	1.160
b. des nichterwerbstätigen Unterhaltsverpflichteten	960
IV. Monatlicher Selbstbehalt gegenüber anderen Kindern (Nr. 21.3.1)	1.400
V. Monatlicher Selbstbehalt gegenüber Ehegatten (Nr. 21.4) und Ansprüchen nach § 1615 l BGB (Nr. 21.3.2)	
a. des erwerbstätigen Unterhaltsverpflichteten	1280
b. des nichterwerbstätigen Unterhaltsverpflichteten	1180
VI. Monatlicher Selbstbehalt gegenüber Verwandten aufsteigender Linie und Enkeln	nicht belegt
VII. Bedarf des mit dem Pflichtigen zusammenlebenden Ehegatten (Nr. 22)	
a. gegenüber nachrangigen (geschiedenen) Ehegatten mindestens	1.024
b. gegenüber nicht unter § 1603 Abs. 2 BGB fallenden Kindern	1.120
c. gegenüber Eltern / Enkelunterhalt mindestens	nicht belegt

1 Ziffer 25. findet keine Anwendung

y) OLG Zweibrücken

s. Süddeutsche Leitlinien

3. Empfehlungen für die Heranziehung Unterhaltspflichtiger in der Sozialhilfe (SGB XII) – 2014 –[1]

Inhaltsverzeichnis

1) Abgedruckt mit freundlicher Genehmigung des Deutschen Vereins für öffentliche und private Fürsorge; Berlin; www.deutscher-verein.de.

A) Grundlagen

I. Vorbemerkungen

1 Das SGB XII lässt nach § 2 Abs. 2 Satz 1 die Verpflichtungen der Unterhaltspflichtigen unberührt; sie haben grundsätzlich Vorrang vor den Leistungen der Träger der Sozialhilfe. Zu einer Ausnahme von diesem Grundsatz im Rahmen der Grundsicherung im Alter und bei Erwerbsminderung (4. Kapitel SGB XII) vgl. Rdnr. 64.

2 Die Heranziehung Unterhaltspflichtiger im Rahmen der Sozialhilfe nach § 94 SGB XII ist nur insoweit zulässig, als nach bürgerlichem Recht eine Unterhaltsverpflichtung besteht und darüber hinaus die öffentlich-rechtlichen Vorschriften (vgl. Rdnrn. 6 bis 13 und 214 bis 233) berücksichtigt werden. Nur soweit Unterhaltsanspruch und Sozialhilfeleistung sachlich, zeitlich, persönlich und ihrem Umfang nach übereinstimmen und der Anspruchsübergang nicht nach § 94 Abs. 1 bis 3 SGB XII ausgeschlossen oder eingeschränkt ist, geht der Unterhaltsanspruch auf den Träger der Sozialhilfe über.

3 Schwerpunkt der Empfehlungen ist das materielle Unterhaltsrecht. Dieses ist Grundlage für die Heranziehung Unterhaltspflichtiger nach § 94 SGB XII wegen Leistungen, die nach dem 3. bis 9. Kapitel SGB XII an Unterhaltsberechtigte erbracht werden. Die Empfehlungen sollen Trägern der Sozialhilfe Hilfestellung bei der Bewältigung von Problemen des Unterhaltsrechts und des Anspruchsübergangs nach § 94 SGB XII geben. Ferner wollen sie helfen, die Sachverhalte nach einheitlichen rechtlichen Gesichtspunkten zu beurteilen und das Risiko eines gerichtlichen Verfahrens nach Möglichkeit zu beschränken.

4 Soweit die Empfehlungen auf die unterhaltsrechtlichen Leitlinien der Oberlandesgerichte Bezug nehmen, wird für den konkreten Fall die Zugrundelegung der aktuellen Leitlinien des Oberlandesgerichts empfohlen, das zweitinstanzlich zuständig werden würde. Für die örtliche Zuständigkeit des Familiengerichts vgl. Rdnr. 243.

5 Im Folgenden werden bei Gesetzeszitaten i.d.R. die für eingetragene Lebenspartnerschaften einschlägigen Verweisungsnormen (§§ 5, 12 und 16 LPartG) nicht mit angegeben, aus denen sich jeweils die entsprechende Geltung der für Ehepartner sowie der bei Trennung und Scheidung unterhaltsrechtlich maßgeblichen Vorschriften des BGB ergibt. Die Verwendung geschlechtsspezifischer Begriffe in der Grundform umfasst Männer und Frauen.

II. Ausschluss und Beschränkung des Übergangs des Unterhaltsanspruchs auf den Träger der Sozialhilfe und Absehen von der Geltendmachung des übergegangenen Anspruchs

6 Der Übergang des Anspruchs ist eingeschränkt auf die Höhe der erbrachten Sozialhilfeleistungen (§ 94 Abs. 1 Satz 1 SGB XII).

7 Das SGB XII durchbricht in einer Reihe von Fällen den Nachrang der Sozialhilfe gegenüber der Unterhaltspflicht. In den Rdnrn. 8 bis 14 sind die Fallgruppen dargestellt, in denen der Übergang des Unterhaltsanspruchs auf den Träger der Sozialhilfe
- ausgeschlossen oder
- beschränkt ist oder
- nach diesen Empfehlungen von der Geltendmachung des übergegangenen Unterhaltsanspruchs abgesehen werden soll.

1. Ausschluss des Anspruchsübergangs

8 Der Anspruchsübergang ist nach § 94 Abs. 1 SGB XII ausgeschlossen:
- wenn der Unterhaltsanspruch durch laufende Zahlungen erfüllt wird (§ 94 Abs. 1 Satz 2 SGB XII),
- wenn Unterhaltspflichtige zum Personenkreis des § 19 SGB XII gehören (§ 94 Abs. 1 Satz 3 Halbsatz 1 Alt. 1 SGB XII, vgl. auch Rdnrn. 217 bis 222),
- wenn Unterhaltspflichtige mit der leistungsberechtigten Person im zweiten oder in einem entfernteren Grad verwandt sind (§ 94 Abs. 1 Satz 3 Halbsatz 1 Alt. 2 SGB XII),
- bei Unterhaltsansprüchen von Eltern gegen ihre Kinder oder von Kindern gegen ihre Eltern, wenn und soweit die bedürftigen Eltern bzw. Kinder nach dem 4. Kapitel SGB XII (Grundsicherung im Alter und bei Erwerbsminderung) leistungsberechtigt sind (§ 94 Abs. 1 Satz 3 Halbsatz 2 SGB XII, vgl. zum Unterhaltsanspruch in diesem Fall Rdnr. 64),
- bei Unterhaltsansprüchen gegen Verwandte ersten Grades einer leistungsberechtigten Person, die schwanger ist oder ihr leibliches Kind bis zur Vollendung seines sechsten Lebensjahres betreut (§ 94 Abs. 1 Satz 4 SGB XII); leistungsberechtigte Person wegen Kinderbetreuung kann auch der Vater des Kindes sein.

9 Der Übergang ist ausgeschlossen, sofern der von der Sozialhilfe anerkannte Bedarf kein Unterhaltsbedarf ist, z.B. wenn und soweit folgende Leistungen erbracht werden:
- häusliche Pflege in Natur durch Unterhaltspflichtige (§ 63 SGB XII, vgl. Rdnr. 13 Punkt 5),
- Pflegegeld (§ 64 SGB XII) und Blindenhilfe (§ 72 SGB XII),
- Unterstützung zur Aufnahme einer zumutbaren Tätigkeit im Rahmen des § 11 Abs. 3 SGB XII,
- nach § 36 Abs. 1 SGB XII Hilfen, die auf Übernahme von Mietschulden zur Sicherung der Unterkunft oder zur Behebung damit in Zusammenhang stehender vergleichbarer Notlagen (z.B. Energiekosten) gerichtet sind, wenn die Schulden nicht auf Ausbleiben des der leistungsberechtigten Person geschuldeten Unterhalts beruhen,
- Hilfe zur Familienplanung (§ 49 SGB XII) oder Hilfe bei Sterilisation (§ 51 SGB XII),
- Leistungen zur Sicherung der Teilhabe behinderter Menschen am Arbeitsleben nach § 41 SGB IX und § 54 Abs. 1 Nr. 5 SGB XII sowie Hilfen in sonstigen Beschäftigungsstätten nach § 56 SGB XII, soweit es sich nicht um die Sicherstellung des Lebensunterhalts handelt,
- Beihilfen für gegenseitige Besuche (§ 54 Abs. 2 SGB XII) an behinderte Menschen, die in einer Einrichtung leben, oder ihre Angehörigen,

- Angehörigen der leistungsberechtigten Person zugutekommende Hilfe zur Weiterführung des Haushalts (§ 70 SGB XII),
- Beiträge zur Alterssicherung von Pflegepersonen (§ 65 SGB XII)

2. Beschränkung des Anspruchsübergangs

10 Der Unterhaltsanspruch einer leistungsberechtigten Person geht in den folgenden Fallkonstellationen nicht oder nur anteilig auf den Träger der Sozialhilfe über; in diesem Umfang kann der Träger der Sozialhilfe für die geleisteten Aufwendungen Unterhaltspflichtige nicht in Anspruch nehmen:

- Der Anspruchsübergang nach § 94 SGB XII unterbleibt, wenn und soweit der Träger der Sozialhilfe einer leistungsberechtigten Person wegen ausbleibenden Arbeitsentgelts oder wegen eines ihr zustehenden gesetzlichen Schadensersatzanspruchs Leistungen erbringt und vorrangig Ansprüche der leistungsberechtigten Person gegen den Arbeitgeber bzw. den Schadensersatzpflichtigen nach §§ 115, 116 SGB X i.V. mit §§ 94 Abs. 1 Satz 5, 93 Abs. 4 SGB XII auf den Träger der Sozialhilfe übergehen.
- Bei Leistungen der Hilfe zum Lebensunterhalt (wie auch bei der Grundsicherung im Alter und bei Erwerbsminderung) unterliegen 56 % der berücksichtigungsfähigen Kosten der Unterkunft nicht der Rückforderung; neben dem 44 %-Anteil unterliegen auch die für Heizung und zentrale Warmwasserversorgung erbrachten Leistungen der Rückforderung (§ 94 Abs. 1 Satz 6 i.V. mit § 105 Abs. 2 SGB XII).
- Kein Anspruchsübergang findet grundsätzlich statt bei Hilfen nach dem 5. bis 9. Kapitel SGB XII, soweit der Träger der Sozialhilfe diese Hilfe auch bei rechtzeitiger Unterhaltsleistung hätte erbringen müssen, sowie in Fällen, in denen die leistungsberechtigte Person nach §§ 19 Abs. 5 und 92 Abs. 1 SGB XII Aufwendungsersatz oder einen Kostenbeitrag zu leisten hätte. Den zugrunde liegenden und ausdrücklich nur für die Konstellationen des § 93 Abs. 1 Satz 3 SGB XII und der §§ 104 Abs. 1 Satz 3, 115 Abs. 1, 116 Abs. 1 SGB X formulierten Rechtsgedanken in § 94 SGB XII entsprechend zur Geltung zu bringen, entspricht der Zielsetzung dieser Vorschrift. Es muss daher – allerdings nicht bei Unterhaltsleistungen von Eltern an eine von § 94 Abs. 2 SGB XII erfasste Person in Höhe des nach dieser Vorschrift wegen Leistungen nach dem 6. und 7. Kapitel SGB XII geltenden Grenzbetrags[2)] – jeweils geklärt werden, ob und in welcher Höhe eine rechtzeitige Unterhaltsleistung die Sozialhilfe erübrigt hätte. Eine gesetzliche Ausnahme hiervon ergibt sich in den Fällen von § 88 Abs. 1 Nr. 1 SGB XII, weil in diesem Rahmen die Aufbringung der Mittel von der leistungsberechtigten Person auch verlangt werden kann, soweit ihr Einkommen unter der Einkommensgrenze liegt.
- Bei Leistungen an eine i.S. von § 53 SGB XII behinderte oder i.S. von § 61 SGB XII pflegebedürftige volljährige Person findet der Anspruchsübergang nur bis zu dem sich nach § 94 Abs. 2 SGB XII in Abhängigkeit von Veränderungen beim Kindergeld ergebenden Grenzbetrag2 statt. § 94 Abs. 2 SGB XII ist weder auf eine Unterhaltspflicht von Kindern gegenüber ihren Eltern noch auf solche zwischen getrennt lebenden oder geschiedenen Ehegatten anwendbar. Zu den Einzelheiten der Bestimmung vgl. Rdnr. 11.
- Der Anspruchsübergang unterbleibt, wenn und soweit die Heranziehung der Unterhaltsverpflichteten den Erfolg der Hilfe zur Überwindung besonderer sozialer Schwierigkeiten gefährden würde oder wenn die Hilfe nicht als Geld-, sondern als Dienstleistung erbracht wird (§ 68 Abs. 2 SGB XII).
- Der Anspruchsübergang unterbleibt, soweit im Rahmen der Altenhilfe Beratung und Unterstützung erbracht wird (§ 71 Abs. 4 SGB XII).
- Der Anspruchsübergang unterbleibt, soweit der Anspruch auf die Sozialhilfeleistung unabhängig vom Einkommen und Vermögen der leistungsberechtigten Person besteht (Beispiel: heilpädagogische Maßnahmen, Hilfe zur angemessenen Schulbildung und andere Leistungen i.S. des § 92 Abs. 2 Satz 1 Nr. 1 bis 8 SGB XII).
- Der Anspruchsübergang unterbleibt, soweit die unterhaltspflichtige Person leistungsberechtigt nach dem 3. oder 4. Kapitel SGB XII ist oder bei Erfüllung des Unterhaltsanspruchs würde (§ 94 Abs. 3 Satz 1 Nr. 1 SGB XII). Zur entsprechenden Anwendung des § 94 Abs. 3 Satz 1 Nr. 1 SGB XII auf Unterhaltspflichtige bei tatsächlich bestehender oder drohender Hilfebedürftigkeit i.S. des SGB II vgl. Rdnr. 231 sowie zur öffentlich-rechtlichen Vergleichsberechnung vgl. Rdnrn. 230 bis 234.
- Der Anspruchsübergang unterbleibt, soweit die Heranziehung der Unterhaltsverpflichteten eine unbillige Härte bedeuten würde (§ 94 Abs. 3 Satz 1 Nr. 2 SGB XII); vgl. Rdnr. 12 f.

11 Nach § 94 Abs. 2 Satz 2 Halbsatz 1 SGB XII wird vermutet, dass der Unterhaltsanspruch einer von der Regelung des § 94 Abs. 2 SGB XII erfassten Person gegen ihre Eltern in dem in Rdnr. 10 Punkt 4 genannten Umfang auf den Träger der Sozialhilfe übergeht und dass die Eltern zu gleichen Teilen haften. Zur Widerlegung dieser Vermutung hat der Elternteil, der sich in Höhe des auf ihn entfallenden Betrags für teilweise oder vollständig leis-

2) Stand 2013: bei Leistungen der Eingliederungshilfe oder Hilfe zur Pflege 31,06 Euro, bei Leistungen der Hilfe zum Lebensunterhalt 23,90 Euro, bei Erbringung beider Leistungen insgesamt 54,96 Euro.

tungsunfähig hält, die diese Behauptung stützenden Tatsachen vorzutragen und nachzuweisen (§ 94 Abs. 2 Satz 2 Halbsatz 2 SGB XII). Gelingt ihm das, muss der andere Elternteil bis zu der genannten Obergrenze für den Fehlbetrag aufkommen, wenn und soweit nicht auch er darlegen und beweisen kann, dass er seinem Kind mangels ausreichender Leistungsfähigkeit nur in geringerem Umfang Unterhalt schuldet (auch insoweit geht das Gesetz widerlegbar von seiner unterhaltsrechtlichen Leistungsfähigkeit aus). Ist einer der Elternteile verstorben, haftet der verbleibende Elternteil in gleichem Umfang wie bei vollständiger Leistungsunfähigkeit des anderen Elternteils.

12 Eine unbillige Härte liegt vor, wenn durch die Heranziehung des Unterhaltspflichtigen soziale Belange vernachlässigt würden. Die Härte kann in materieller oder immaterieller Hinsicht und entweder in der Person des Unterhaltspflichtigen oder in derjenigen des Leistungsberechtigten bestehen (vgl. im Einzelnen Rdnr. 13). Ist der Anspruchsübergang nach § 94 Abs. 3 Satz 1 Nr. 2 SGB XII nicht eindeutig vollständig ausgeschlossen, muss allerdings in jedem Fall vorrangig geprüft werden, ob bereits die Vorschriften des bürgerlichen Rechts über die Herabsetzung, den Wegfall oder die zeitliche Beschränkung des Unterhaltsanspruchs (§§ 1578 b, 1579, 1611 BGB und bei illoyal verspäteter Geltendmachung des Unterhaltsanspruchs § 242 BGB) eingreifen (vgl. dazu Rdnrn. 34 bis 36, 145 bis 148). Sind die Voraussetzung einer dieser Vorschriften erfüllt, besteht von vornherein kein oder nur ein nach Höhe und Zeitdauer beschränkter Unterhaltsanspruch.

13 Ob eine unbillige Härte zum Ausschluss oder nur zur Beschränkung des Anspruchsübergangs auf den Träger der Sozialhilfe führt, hängt von dem Ausmaß der Unbilligkeit ab. Der Ausschluss des Anspruchsübergangs ist nicht die Regel. Eine unbillige Härte, die zum vollständigen oder teilweisen Ausschluss des Anspruchsübergangs führt, kann insbesondere angenommen werden, wenn und soweit

- das Erfordernis, die Leistungen familiengerecht zu erbringen (§ 16 SGB XII), ein Absehen von der Heranziehung geboten erscheinen lässt, z.B. weil die Höhe des Heranziehungsbetrags in keinem Verhältnis zu der dadurch zu befürchtenden nachhaltigen Störung des Familienfriedens steht oder durch die Heranziehung das weitere Verbleiben der leistungsberechtigten Person im Familienverband gefährdet erscheint,
- die laufende Heranziehung in Anbetracht der sozialen und wirtschaftlichen Lage des Unterhaltspflichtigen mit Rücksicht auf die Höhe und Dauer des Bedarfs zu einer nachhaltigen und unzumutbaren Beeinträchtigung des Unterhaltspflichtigen und der übrigen Familienmitglieder führen würde,
- die Zielsetzung der Leistungen im Frauenhaus, der Frau Schutz und Zuflucht vor dem gewalttätigen Partner zu gewähren, durch die Mitteilung der Leistungen an den Unterhaltspflichtigen gefährdet erscheint oder durch die Heranziehung eine von der Frau angestrebte Versöhnung mit dem Partner vereitelt werden würde,
- der Unterhaltspflichtige vor Eintreten der Sozialhilfe über das Maß seiner zumutbaren Unterhaltsverpflichtung hinaus die leistungsberechtigte Person gepflegt und betreut hat,
- der Unterhaltspflichtige einen wesentlichen Teil des Pflege- und sonstigen Unterhaltsbedarfs des Unterhaltsberechtigten in Natur leistet (vgl. Rdnr. 9 Punkt 1), aber der Unterhaltsberechtigte wegen eines darüber hinaus vom Träger der Sozialhilfe gedeckten Bedarfs noch einen ungedeckten (ergänzenden) Unterhaltsanspruch hat (der Haftungsanteil, der auf den Unterhaltspflichtigen entfiele, wenn auch andere Personen gleichrangig zum Unterhalt verpflichtetet sind, muss gleichwohl errechnet werden).

Eine zivilrechtlich einzuordnende Störung familiärer Beziehungen (z.B. völlige Entfremdung zwischen Pflichtigem und Berechtigtem) reicht zur Annahme einer unbilligen Härte nicht aus.

3. Fälle, in denen von der Geltendmachung des übergegangenen Anspruchs abgesehen werden soll

14 Es wird empfohlen, von der Geltendmachung des übergegangenen Anspruchs abzusehen, wenn der mit der Inanspruchnahme der unterhaltspflichtigen Person verbundene Verwaltungsaufwand vermutlich in keinem angemessenen Verhältnis zu der voraussichtlich zu erlangenden Unterhaltsleistung stehen wird. Insbesondere gilt dies, wenn ein Anspruchsübergang in Höhe von monatlich mehr als 10 Euro nicht zu erwarten ist, sowie ferner, wenn im Einzelfall allein folgende Hilfen erbracht werden:

- einmalige Leistungen nach § 31 Abs. 1 Nr. 3 SGB XII,
- Hör- und Sehhilfen, kleinere orthopädische und sonstige Hilfsmittel und dergleichen,
- Kurzzeitunterbringung behinderter und pflegebedürftiger Menschen, die sonst im Haushalt von Angehörigen betreut werden, ergänzend erforderliche Hilfe zur (häuslichen) Pflege, wenn die Pflege einschließlich der hauswirtschaftlichen Versorgung durch Personen, die dem Pflegebedürftigen nahe stehen, oder durch Nachbarn nicht in vollem Umfang bedarfsdeckend ist,
- vorübergehende Unterbringung von Frauen und Kindern in Frauenhäusern bis zu einem Monat, sofern die Heranziehung nicht bereits nach Rdnr. 13 Punkt 3 ausgeschlossen oder beschränkt ist.

B) Die bürgerlichrechtliche Unterhaltspflicht

15 Grundlage der nachfolgenden Darstellung sind das seit 1.1.2008 geltende Unterhaltsrecht, die darauf beruhende Düsseldorfer Tabelle sowie die unterhaltsrechtlichen Leitlinien der Oberlandesgerichte. Bei künftiger Anpassung der Tabelle oder der Leitlinien sind die jeweils für den Unterhaltszeitraum des zu beurteilenden Falles geltenden Fassungen maßgeblich. Zur Frage, welche der Leitlinien auf einen konkreten Fall anzuwenden ist, vgl. Rdnr. 4.

Zur Abänderung bestehender Unterhaltstitel in Hinblick auf das Gesetz zur Änderung des Unterhaltsrechts vom 21.12.2007 vgl. Rdnr. 246 f.

I. Grundsatz

16 Unterhalt wird nach den Bestimmungen des BGB (bei eingetragenen Lebenspartnern nach dem Lebenspartnerschaftsgesetz, vgl. Rdnr. 24 f.) im gesetzlich bestimmten Umfang (vgl. Rdnrn. 46 bis 52) geschuldet, wenn und soweit
- der auf Unterhalt in Anspruch Genommene zum Kreis der im konkreten Fall Unterhaltspflichtigen gehört (Rdnrn. 17 bis 27),
- ein Unterhaltsbedarf der leistungsberechtigten Person besteht (Rdnrn. 53 bis 59),
- die leistungsberechtigte Person den Bedarf nicht aus eigenen Kräften befriedigen kann, sie also unterhaltsbedürftig ist (Rdnrn. 60 bis 76),
- der auf Unterhalt in Anspruch Genommene leistungsfähig ist (Rdnrn. 77 bis 110),
- der Unterhaltsanspruch nicht durch Erfüllung, Verzicht (Rdnrn. 28 bis 33), Verwirkung (Rdnrn. 34 bis 36), Herabsetzung, zeitliche Begrenzung (Rdnrn. 145 bis 148) oder Berufung auf Verjährung (ggf. teilweise) erloschen ist.

II. Der Kreis der Unterhaltspflichtigen

1. Gesetzlich Unterhaltspflichtige

a) Auf Verwandtschaft beruhende Unterhaltspflicht:

17 Eltern im Verhältnis zu ihren minderjährigen unverheirateten Kindern, diesen nach Annahme gemäß § 1754 BGB gleichgestellten minderjährigen und zu den ihnen unter den Voraussetzungen des § 1603 Abs. 2 Satz 2 BGB ebenfalls gleichgestellten (ggf. auch nach § 1772 BGB angenommenen) volljährigen Kindern, gleichgültig, ob deren Eltern miteinander verheiratet sind oder nicht (diese Unterhaltsrechtsverhältnisse wurden früher unter dem Begriff der gesteigerten Unterhaltspflicht zusammengefasst).

18. Eltern im Verhältnis zu ihren minderjährigen verheirateten und zu ihren nicht von Rdnr. 17 erfassten volljährigen Kindern. Ferner sind Kinder nach § 1601 BGB ihren Eltern unterhaltspflichtig. Gleiches gilt für Verwandte in gerader Linie im zweiten oder einem entfernteren Grad; diese Unterhaltspflichtigen sind aber nach § 94 Abs. 1 Satz 3 Halbsatz 1 Alt. 2 SGB XII nicht heranzuziehen.

b) Ehegatten und geschiedene Ehegatten untereinander:

19 Wenn und solange zwischen den Ehegatten eine Lebensgemeinschaft besteht, haben nach § 1360 BGB beide Ehegatten die Familie durch ihre Arbeit und mit ihrem Vermögen angemessen zu unterhalten. Geschuldet wird allerdings nur Naturalunterhalt, ferner ggf. Taschengeld.

20 Bei Getrenntleben der Ehegatten wird unter den Voraussetzungen des § 1361 BGB Barunterhalt geschuldet, wenn und soweit der eine Ehegatte einen ungedeckten Unterhaltsbedarf hat und der andere Ehegatte leistungsfähig ist. Zum Begriff des Getrenntlebens im Unterhaltsrecht vgl. § 1567 BGB, zu dem im Wesentlichen inhaltsgleichen Begriff des Getrenntlebens nach dem SGB XII vgl. Rdnr. 218. Zur Erwerbsobliegenheit getrennt lebender Ehegatten vgl. Rdnr. 130.

21 Nach Scheidung der Ehe hat jeder Ehegatte grundsätzlich selbst für seinen Unterhalt zu sorgen (§ 1569 Satz 1 BGB).

22 Leistungsfähige Ehegatten, deren Ehe nach dem 30.6.1977 geschieden, aufgehoben oder für nichtig erklärt worden ist, müssen ihrem bedürftigen Ehegatten Unterhalt nur insoweit zahlen, als dieser nicht in der Lage ist, für seinen Unterhalt selbst zu sorgen (§ 1569 Satz 2 BGB), z.B.
- unter den Voraussetzungen des § 1570 Abs. 1 Satz 1 und 2 BGB wegen aktueller Betreuung eines gemeinschaftlichen Kindes (zur Erwerbsobliegenheit des betreuenden Elternteils vgl. Rdnrn. 132 bis 134),
- aus Gründen des Vertrauensschutzes unter den Voraussetzungen des § 1570 Abs. 2 BGB wegen vorangegangener Betreuung eines gemeinschaftlichen Kindes (vgl. Rdnr. 134),
- wegen Alters (§ 1571 BGB, vgl. Rdnr. 135),
- wegen Krankheit oder Gebrechen oder Schwäche seiner körperlichen oder geistigen Kräfte (§ 1572 BGB, vgl. Rdnr. 136),
- soweit er keinen Unterhaltsanspruch nach §§ 1570 bis 1572 BGB hat oder die Voraussetzungen für einen Unterhaltsanspruch nach diesen Vorschriften nachträglich entfallen sind, solange und soweit er nach der Scheidung keine angemessene Erwerbstätigkeit, die seinen vollen Unterhalt deckt, zu finden vermag (§ 1573 Abs. 1 und 3 i.V. mit § 1574 BGB. vgl. Rdnr. 137 Satz 1),
- soweit seine Einkünfte aus einer angemessenen Erwerbstätigkeit vorbehaltlich einer Kürzung

nach § 1578 b BGB nicht zum vollen Unterhalt nach den ehelichen Lebensverhältnissen ausreichen (§ 1573 Abs. 2 BGB, vgl. zum sog. Aufstockungsunterhalt Rdnr. 139),
- wenn oder soweit seine Einkünfte aus einer angemessenen Erwerbstätigkeit wegfallen, weil er Unterhalt durch die Erwerbstätigkeit trotz seiner Bemühungen ganz oder teilweise nicht nachhaltig sichern konnte (§ 1573 Abs. 4 Satz 2 i.V. mit § 1574 BGB, vgl. Rdnr. 137 Satz 2),
- unter den in § 1575 BGB genannten Voraussetzungen während einer Ausbildung, Fortbildung oder Umschulung (vgl. Rdnr. 138),
- soweit und solange von ihm aus sonstigen schwerwiegenden Gründen eine Erwerbstätigkeit nicht verlangt werden kann und die Versagung von Unterhalt unter Berücksichtigung der Belange beider Ehegatten grob unbillig wäre (§ 1576 BGB, vgl. Rdnr. 138).

Zu beachten ist, dass die Einsatzzeitpunkte der Unterhaltstatbestände nach §§ 1571 bis 1573 BGB und § 1575 BGB gewahrt sein müssen (vgl. Rdnr. 140). Zum unterhaltsrechtlichen Rang sämtlicher Ansprüche vgl. Rdnr. 38.

23 Für Unterhaltsansprüche zwischen geschiedenen Ehegatten aus der früheren DDR und der Abänderbarkeit von Unterhaltstiteln aus diesem Bereich wird auf die Rdnrn. 28 bis 30 der Empfehlungen in der Fassung von 2008 verwiesen.

c) Partner einer eingetragenen bestehenden oder gerichtlich aufgehobenen Lebenspartnerschaft untereinander:

24 Wenn und solange die Partner ihr Leben i.S. von § 2 LPartG gemeinsam gestalten, ist Rdnr. 19 anwendbar (§ 5 LPartG i.V. mit § 1360 BGB).

25 Für Partner einer eingetragenen Lebenspartnerschaft gelten nach Trennung bzw. gerichtlicher Aufhebung der Partnerschaft dieselben Regeln wie für den Unterhalt getrennt lebender bzw. geschiedener Ehegatten (§§ 12, 16 LPartG).

d) Der Elternteil eines nichtehelichen Kindes gegenüber dem anderen Elternteil dieses Kindes (§ 1615 l BGB):

26 Diese Unterhaltsverpflichtung besteht
- gegenüber der Mutter des gemeinsamen Kindes für die Dauer von sechs Wochen vor und acht Wochen nach der Geburt des Kindes, ferner
- soweit der Mutter durch die Schwangerschaft oder Entbindung außerhalb dieses Zeitraums Kosten entstehen, ferner
- soweit die Mutter einer Erwerbstätigkeit nicht nachgeht, weil sie infolge der Schwangerschaft oder einer durch die Schwangerschaft oder Entbindung verursachten Krankheit dazu außerstande ist, schließlich
- für die Dauer von frühestens vier Monaten vor der Geburt des Kindes bis mindestens drei Jahre nach der Geburt, soweit von der Mutter – für den Zeitraum ab Geburt kann der Unterhaltsanspruch auch dem Vater des Kindes zustehen – wegen der Pflege oder Erziehung des Kindes eine Erwerbstätigkeit nicht erwartet werden kann. Die Unterhaltspflicht verlängert sich, solange und soweit dies insbesondere unter Berücksichtigung der Belange des Kindes und der bestehenden Möglichkeiten der Kinderbetreuung der Billigkeit entspricht. Auch in der Person des betreuenden Elternteils liegende Gründe können eine Verlängerung der Unterhaltspflicht des anderen Elternteils rechtfertigen.

2. Aus Vertrag Unterhaltspflichtige

27 Durch Vertrag können gesetzliche Unterhaltspflichten näher ausgestaltet, erweitert oder vom Gesetz nicht vorgesehene Unterhaltspflichten – etwa zugunsten von Geschwistern – begründet werden. Vertragliche Unterhaltsansprüche haben Vorrang vor den gesetzlichen Unterhaltsansprüchen. Beschränkt sich die Vereinbarung nicht auf eine nähere Ausgestaltung des Unterhaltsanspruchs, findet kein gesetzlicher Forderungsübergang nach § 94 SGB XII statt. Zum Anspruchsübergang auf den Träger der Sozialhilfe bedarf es in diesem Fall einer Überleitung nach § 93 SGB XII. Zur Anwendung der sozialhilferechtlichen Schutzvorschriften vgl. Rdnrn. 10 bis 13 und 220 bis 234.

3. Unterhaltsverzicht

28 Ein Unterhaltsverzicht kann nur durch Abschluss eines Vertrags zwischen den an dem Unterhaltsverhältnis Beteiligten erfolgen. Dieser Vertrag bedarf zu seiner Wirksamkeit grundsätzlich keiner Form. Eine wichtige Ausnahme von der Formfreiheit enthält § 1585 c BGB (vgl. Rdnr. 31 Punkt 2).

29 Für die Zeit der Ehe oder der Partnerschaft einschließlich der Trennungszeit, ferner unter Verwandten und bei Ansprüchen nach § 1615 l BGB kann zwar auf Unterhaltsrückstände, nicht aber auf Unterhalt für die Zukunft verzichtet werden (§§ 1361 Abs. 4 Satz 4, 1360 a Abs. 3, 1614 Abs. 1, 1615 l Abs. 3 Satz 1 BGB).

30 Im Übrigen kann jederzeit vollständig, teilweise oder zeitweise auf nachehelichen bzw. nachpartnerschaftlichen Unterhalt verzichtet werden (§ 1585 c Satz 1 BGB).

31 Ein Unterhaltsverzicht ist
- unwirksam, soweit der Unterhaltsanspruch vor Vertragsabschluss auf den Träger der Sozialhilfe übergegangen ist,
- unwirksam, wenn in einer ab 1.1.2008 geschlossenen Vereinbarung vor Rechtskraft der Scheidung bzw. der gerichtlichen Aufhebung der Partner-

schaft für die Zeit nach Scheidung bzw. Aufhebung uneingeschränkt oder teilweise auf Unterhalt verzichtet wird, ohne dass die getroffene Vereinbarung notariell beurkundet oder in einem Verfahren in Ehesachen vor dem Familiengericht protokolliert worden ist (§ 1585 c Satz 2 und 3 BGB),

- sittenwidrig und nach § 138 Satz 1 BGB nichtig bei Schädigungsabsicht zulasten des Trägers der Sozialhilfe. Dies gilt auch, wenn der Unterhaltsberechtigte ohne Schädigungsabsicht nicht bedacht hat, dass der Unterhaltsverzicht notwendig zulasten des Trägers der Sozialhilfe gehen wird. Davon kann in einem solchen Fall i.d.R. ausgegangen werden, wenn der Unterhaltsverzicht etwa innerhalb des letzten Jahres vor Eintritt der Trennung vereinbart worden ist,
- i.d.R. sittenwidrig und nach § 138 Satz 1 BGB nichtig, wenn auf Betreuungs-, Alters- oder Krankheitsunterhalt verzichtet wird, ohne dass dieser Nachteil durch anderweitige Vorteile oder durch die besonderen Verhältnisse der Ehegatten, durch den von ihnen angestrebten oder gelebten Ehetyp oder durch sonstige gewichtige Belange des begünstigten Ehegatten gemildert wird. Ob diese Voraussetzung vorliegt, ist anhand einer Gesamtwürdigung festzustellen, die auf die individuellen Verhältnisse der Ehegatten bei Vertragsabschluss abstellt. Maßgeblich sind insoweit die Einkommens- und Vermögensverhältnisses der Ehegatten, der Zuschnitt ihrer Ehe, die Auswirkungen des Verzichts auf die Ehegatten und Kinder sowie die mit der Vereinbarung verfolgten Zwecke und sonstigen Beweggründe für den Vertragsabschluss. Schließlich muss aufseiten des Unterhaltspflichtigen subjektiv ein Missbrauchsverhalten (z.B. Ausnutzen einer Schwangerschaft oder fehlender Sprachkenntnisse) vorliegen.

32 Greifen diese Tatbestände nicht ein, kann es mit Rücksicht auf den Grundsatz von Treu und Glauben (§ 242 BGB) geboten sein, bei einer evident einseitigen Lastenverteilung die (an sich wirksame) Verzichtsabrede nur nach Zeitdauer und Umfang eingeschränkt gelten zu lassen. Das kommt insbesondere in Betracht, wenn die tatsächliche einvernehmliche Gestaltung der ehelichen Lebensverhältnisse von der ursprünglichen, dem Verzicht zugrunde liegenden Lebensplanung grundlegend abweicht (z.B. bei der dem Unterhaltsverzicht nachfolgenden Geburt eines gemeinschaftlichen Kindes, wenn die Ehe kinderlos geplant war und der Verzicht auf dieser Annahme beruhte).

33 Vor dem 1.7.1998 zwischen einem nichtehelichen Kind und seinem Vater abgeschlossene Vereinbarungen sind nur unter der Voraussetzung nichtig, dass der Verzicht auf künftigen Unterhalt unentgeltlich erfolgt (§ 1615 e Abs. 1 Satz 2 BGB a.F.). Für Vereinbarungen, die nach diesem Stichtag getroffen worden sind, gilt Rdnr. 31 uneingeschränkt.

4. Verwirkung

34 Ob und ggf. in welchem Umfang der Unterhaltsanspruch eines geschiedenen Ehegatten wegen grober Unbilligkeit verwirkt ist, bestimmt sich nach § 1579 Nr. 1 bis 8 BGB und bei Getrenntleben nach § 1361 Abs. 3 BGB i.V. mit § 1579 Nr. 2 bis 8 BGB. Zu beachten ist, dass der Unterhaltsanspruch eines getrennt lebenden oder geschiedenen Ehegatten nach den genannten Vorschriften nur versagt, herabgesetzt oder zeitlich begrenzt werden kann, wenn und soweit die Inanspruchnahme des Verpflichteten auch unter Wahrung der Belange eines dem bedürftigen Ehegatten zur Pflege oder Erziehung anvertrauten gemeinschaftlichen Kindes grob unbillig wäre.

35 Ob und ggf. in welchem Umfang ein Verwandter oder ein nach § 1615 l BGB Unterhaltsberechtigter seinen Unterhaltsanspruch verwirkt, regelt § 1611 Abs. 1 Satz 1 BGB (ggf. i.V. mit § 1615 l Abs. 3 Satz 1 BGB). Erfüllt der Unterhaltsberechtigte einen der Verwirkungstatbestände des § 1611 BGB, entfällt dadurch sein Unterhaltsanspruch nicht zwangsläufig vollständig, sondern nach § 1611 Abs. 1 Satz 2 BGB nur, wenn andernfalls die Inanspruchnahme des Unterhaltspflichtigen grob unbillig wäre. Bei milderen Verstößen ist er nach Abs. 1 Satz 1 der Vorschrift nur nach Billigkeitsgesichtspunkten herabzusetzen. Die Unterhaltsverpflichtung weiterer Unterhaltspflichtiger erhöht sich durch Verwirkung des Anspruchs gegenüber einem der Unterhaltspflichtigen nicht (§ 1611 Abs. 3 BGB). Zur Verwirkung des Elternunterhalts vgl. Rdnrn. 206 bis 214.

36 Nach § 242 BGB ist der Unterhaltsanspruch – und zwar auch im Fall bereits erfolgter Titulierung – ferner verwirkt und entfällt in vollem Umfang, wenn und soweit er illoyal verspätet geltend gemacht worden ist. Davon ist bei mehr als einjähriger Untätigkeit des Berechtigten seit Fälligkeit des Anspruchs auszugehen (Zeitmoment), wenn sich der Unterhaltsverpflichtete aufgrund besonderer Umstände nach Treu und Glauben darauf einrichten durfte, dass der Berechtigte sein Recht nicht mehr geltend machen werde und er sich darauf auch tatsächlich eingerichtet hat (Umstandsmoment). Verwirkt sein können danach nur diejenigen Unterhaltsrückstände, deren Fälligkeit mindestens ein Jahr zurückliegt. Diese Rechtslage gilt nach Anspruchsübergang auch für den Träger der Sozialhilfe als Unterhaltsgläubiger.

5. Rangverhältnisse

37 Die Rangfolge der Unterhaltsberechtigten i.S. von § 1609 BGB ist nur von Bedeutung, wenn der Unterhaltspflichtige nicht in der Lage ist, die Unterhaltsansprüche sämtlicher Berechtigter zu erfüllen (sog. Mangelfall). Die Rangfrage betrifft also nur die Leistungsfähigkeit des Unterhaltspflichtigen. Zur Auswirkung des Rangs des Unterhaltsberechtigten auf seinen Unterhaltsanspruch vgl. Rdnr. 111 f., zu dessen Auswirkung bei Konkurrenz mit anderen vor-, gleich- oder nachrangig Unterhaltsberechtigten vgl. Rdnrn. 113 ff.

38 Zur Rangfolge gilt nach § 1609 Nr. 1 bis 3 BGB:
- Den 1. Rang nehmen allein die minderjährigen und die ihnen nach § 1603 Abs. 2 Satz 2 BGB gleichstehenden Kinder ein.
- Die (ggf. geschiedenen) Ehegatten befinden sich in der 2. Rangstufe und auch dies nur, wenn sie wegen der Betreuung eines Kindes unterhaltsberechtigt sind oder es im Fall einer Scheidung wären oder aber ihre Ehe von langer Dauer war. Maßgeblich für die lange Ehedauer sind nicht in erster Linie die Zahl der Ehejahre, sondern sind die Nachteile, die für den unterhaltsbedürftigen Ehegatten durch die Ehe in Hinblick auf die Möglichkeit eingetreten sind, für den eigenen Unterhalt zu sorgen (§ 1609 Nr. 2 i.V. mit § 1578 b Abs. 1 Satz 2 und 3 BGB). Zu den Gesichtspunkten, die insoweit zu berücksichtigen sind, vgl. § 1578 b Abs. 1 Satz 3 BGB und Rdnr. 146. Diesen (ggf. geschiedenen) Ehegatten stehen Elternteile, die nach § 1615 l BGB unterhaltsberechtigt sind, im Rang gleich.
- Den 3. Rang nehmen sämtliche übrigen (ggf. geschiedenen) Ehegatten ein, die aus anderen Gründen Unterhalt verlangen können.

Zur Rangstellung der übrigen Unterhaltsberechtigten vgl. § 1609 Nr. 4 bis 7 BGB. Insbesondere genießen die Unterhaltsansprüche auch der nicht privilegierten volljährigen Kinder, der Enkel und sogar der Urenkel eines Unterhaltspflichtigen Vorrang vor den Unterhaltsansprüchen, die bedürftige Eltern ihm gegenüber haben.

39 Sind mehrere Unterhaltspflichtige vorhanden, richtet sich die Reihenfolge ihrer Heranziehung nach den §§ 1584, 1586 a Abs. 2, 1603 Abs. 2 Satz 1 und 3, 1606, 1607 Abs. 1 und Abs. 2 Satz 1, 1608, 1615l Abs. 3 Satz 2 und Abs. 4 Satz 2, 1751 Abs. 4 BGB. Danach bestehen folgende Vorrangverhältnisse, die vorbehaltlich der Einschränkungen in Rdnr. 40 zum Haftungsausschluss nachrangig Verpflichteter führen:
- Grundsätzlich haftet allein der Elternteil, der sein minderjähriges unverheiratetes Kind nicht selbst betreut, diesem auf Barunterhalt (Umkehrschluss aus § 1606 Abs. 3 Satz 2 BGB); zur ausnahmsweise gleichrangigen Haftung beider Elternteile, vgl. Satz 2 bis 4 in Rdnr. 40.
- Ehegatten haften vor Verwandten (§ 1608 Satz 1 bzw. Satz 4 BGB). Das gilt auch nach einer Scheidung (§ 1584 Satz 1 BGB).
- Bei mehreren leistungsfähigen Verwandten haften die Abkömmlinge vor Verwandten der aufsteigenden Linie (§ 1606 Abs. 1 BGB) und dabei jeweils die näheren Verwandten vor den entfernteren (§ 1606 Abs. 2 BGB).
- Der Elternteil eines nichtehelichen Kindes haftet dem dieses Kind betreuenden anderen Elternteil vor dessen Verwandten (§ 1615 l Abs. 3 Satz 2 und Abs. 4 Satz 2 BGB).
- Im Rahmen einer Adoption haftet der Annehmende ab dem in § 1751 Abs. 4 BGB bestimmten Zeitpunkt vor den Verwandten des Angenommenen. Nimmt ein Ehegatte das Kind seines Ehegatten an, haften beide dem Kind ab dem genannten Zeitpunkt vor dessen übrigen Verwandten.

40 Diese Rangverhältnisse gelten insoweit nicht, als ein vorrangig Verpflichteter unter Berücksichtigung seiner sonstigen Verpflichtungen außerstande ist, ohne Gefährdung seines eigenen angemessenen Unterhalts dem Berechtigten Unterhalt zu gewähren (§ 1603 Abs. 2 Satz 3 Halbsatz 1, § 1581 Satz 1 i.V. mit § 1584 Satz 2, § 1608 Satz 2, § 1615 l Abs. 3 Satz 1 BGB). Auch der betreuende Elternteil eines minderjährigen Kindes ist i.S. von § 1603 Abs. 2 Satz 3 Halbsatz 1 BGB ein anderer unterhaltspflichtiger Verwandter. Ist der in erster Linie barunterhaltspflichtige Elternteil eines solchen Kindes in dem in Satz 1 genannten Sinn wegen Unterschreitung seines eigenen angemessenen Selbstbehalts leistungsunfähig, haftet nach dieser Vorschrift seinem Kind zunächst der betreuende Elternteil auf Barunterhalt, wenn sein eigener angemessener Unterhalt auch bei Erfüllung dieses Unterhaltsanspruchs gewahrt wird und sich seine Einkommensverhältnisse mit Abstand günstiger gestalten als diejenigen des an sich barunterhaltspflichtigen Elternteils. Ist das nicht der Fall, bleibt es bis zur Grenze des notwendigen Selbstbehalts bei der Barunterhaltspflicht des nicht betreuenden Elternteils. Zum Selbstbehalt vgl. Rdnrn. 106 bis 110.

41 Gleichranging barunterhaltspflichtig sind:
- Eltern gegenüber allen ihren volljährigen Kindern, auch gegenüber solchen i.S. von § 1603 Abs. 2 Satz 2 BGB, sofern sie nicht wirksam von ihrem Bestimmungsrecht nach § 1612 Abs. 2 Satz 1 BGB, Naturalunterhalt zu leisten, Gebrauch machen,
- Eltern gegenüber ihren minderjährigen auswärtig untergebrachten Kindern,
- Eltern gegenüber allen Kindern für Mehr- und Sonderbedarf,
- getrennt lebende oder geschiedene Eltern gegenüber ihren minderjährigen Kindern, die sie in etwa in gleichem Umfang betreuen (sog. Wechselmodell),
- sämtliche Kinder gegenüber ihren Eltern.

In der besonderen Konstellation, dass ein Elternteil gleichzeitig Kinder aus verschiedenen Beziehungen betreut, sind die nicht betreuenden Elternteile dieser Kinder dem betreuenden Elternteil gegenüber gleichrangig unterhaltspflichtig. Zu Einzelheiten vgl. Rdnr. 156.

42 Die Haftungsquote mehrerer nach Rdnr. 41 gleichrangig Unterhaltspflichtiger richtet sich nach deren Leistungsfähigkeit, die sich im Wesentlichen nach ihrem Einkommen und Vermögen bestimmt (§ 1606 Abs. 3 Satz 1 BGB, bei Unterhaltsansprüchen nach §§ 1570, 1615 l BGB in entsprechender Anwendung). Für die Haftung aus Einkommen ist jeweils das bereinigte Einkommen jedes Unterhaltspflichtigen maßgeblich, soweit es den Selbstbehalt übersteigt, der ihm nach dem konkreten Unterhaltsverhältnis gegenüber dem Unterhaltsberechtigten zusteht. Zur Berücksichtigung von Einkommen und Vermögen vgl. im Einzelnen Rdnrn. 81 ff., zum Selbstbehalt vgl. Rdnrn. 106 bis 110. Der von jedem der Unterhaltspflichtigen zu zahlende Unterhalt errechnet sich deshalb nach der Formel:

$$\frac{\text{Leistungsfähigkeit des in Anspruch genommenen Upfl.} \times \text{ungedeckter Bedarf des Berechtigten}}{\text{Summe der Leistungsfähigkeit sämtlicher Unterhaltspflichtigen}}$$

Zum Unterhaltsbedarf und zur Bedürftigkeit des Berechtigten wird auf die Rdnrn. 53 ff. verwiesen. Reicht das zusammengerechnete, für Unterhaltszwecke verfügbare Einkommen der gleichrangig Unterhaltspflichtigen zur Befriedigung des ungedeckten Unterhaltsbedarfs des Berechtigten nicht aus, erübrigt sich diese Berechnung. Jeder der Unterhaltspflichtigen haftet dann mit seinem gesamten bereinigten Einkommen, soweit es seinen Selbstbehalt übersteigt. Zu den Fallgestaltungen, in denen der Selbstbehalt des Unterhaltspflichtigen zu kürzen oder zu erhöhen ist, vgl. Rdnrn. 107 bis 110. Jedoch braucht kein Unterhaltspflichtiger höheren als den sich aus seinem eigenen Einkommen ergebenden Unterhalt zu leisten. Für den Fall, dass ein Teil der Unterhaltspflichtigen aus Einkommen und ein anderer aus Vermögen haftet, wird auf Rdnr. 105 verwiesen.

43 In den Fällen von Rdnr. 41 letzter Satz kann sich dieser Maßstab – jedoch höchstens bis zur Grenze des jeweils maßgeblichen Selbstbehalts – wertend verschieben, wenn der betreuende Elternteil durch die Betreuung des älteren Kindes nicht gehindert wäre, jedenfalls einer teilschichtigen Erwerbstätigkeit nachzugehen. Zur Konkurrenz der Unterhaltsverpflichtung nach §§ 1361, 1570, 1615 l BGB im Übrigen vgl. Rdnrn. 113, 154, 156.

44 Ist einer von mehreren dem Unterhaltsberechtigten gegenüber vorrangig Unterhaltspflichtigen leistungsunfähig oder verstorben, haften nach § 1607 Abs. 1 BGB, der auf Unterhaltspflichtige im gleichen Rang entsprechend anwendbar ist, die übrigen im Rahmen ihrer Leistungsfähigkeit auf den vollen Unterhalt des Berechtigten. Sind sämtliche vorrangig Unterhaltspflichtigen in vollem Umfang leistungsunfähig oder verstorben, trifft die Unterhaltspflicht nach § 1607 Abs. 1 BGB die nachrangig Unterhaltspflichtigen. Gleiches gilt bei teilweiser Leistungsunfähigkeit der vorrangig Unterhaltspflichtigen insoweit, als diese den ungedeckten Unterhaltsbedarf des Berechtigten nicht befriedigen können. Von den nachrangig Unterhaltspflichtigen haften nach § 1606 Abs. 1 BGB die Abkömmlinge vor den Verwandten der aufsteigenden Linie und dabei nach § 1606 Abs. 2 BGB die näheren vor den entfernteren. Ungeachtet der so begründeten Unterhaltspflicht ist bei Leistungen des Trägers der Sozialhilfe an den Unterhaltsberechtigten der Ausschluss des Anspruchsübergangs nach § 94 Abs. 1 SGB XII zu beachten (vgl. Rdnr. 8).

45 Scheitert die Geltendmachung des Unterhaltsanspruchs des Berechtigten nicht an der Leistungsunfähigkeit oder am Vorversterben eines von mehreren Unterhaltspflichtigen, sondern ist die Rechtsverfolgung gegen einen von ihnen im Inland ausgeschlossen oder erheblich erschwert, geht der Unterhaltsanspruch des Berechtigten gegen die übrigen ihm aktuell Unterhaltspflichtigen nach § 94 SGB XII zwar auch bis zum Umfang der vom Träger der Sozialhilfe erbrachten Leistungen über. Der (zum Teil ersatzweise) vom Träger der Sozialhilfe zu Unterhaltsleistungen herangezogene Unterhaltspflichtige erfüllt in diesem Fall aber auch die Unterhaltspflicht des oder der übrigen Pflichtigen. Deshalb kann er seinerseits nach § 1607 Abs. 2 Satz 2 BGB bei dem bzw. den übrigen Pflichtigen Rückgriff nehmen. Darauf sollten die Unterhaltspflichtigen hingewiesen werden. Von erschwerter Rechtsverfolgung ist z.B. auszugehen, wenn einer der Unterhaltspflichtigen nicht auffindbar ist, dauernd seinen Wohnsitz wechselt oder der Unterhaltsanspruch gegen ihn nicht durchsetzbar ist, weil er nur aus fiktivem Einkommen haftet und über kein tatsächliches Einkommen oder Vermögen verfügt. Entsprechendes gilt bei einer erschwerten Durchsetzbarkeit des Unterhaltsanspruchs im Ausland. § 1607 Abs. 2 Satz 2 BGB, der seinem Wortlaut nach nur im Verhältnis zwischen vor- und nachrangig Verpflichteten gilt, ist unter den genannten Voraussetzungen entsprechend auf den Fall mehrerer gleichrangig Unterhaltspflichtiger anzuwenden; nach §§ 1584 Satz 3 und 1608 Satz 3 BGB gilt das ebenso im Verhältnis zwischen getrenntlebenden bzw. geschiedenen Ehegatten und unterhaltspflichtigen Verwandten.

III. Das Maß des Unterhalts

46 Der Unterhaltsberechtigte kann angemessenen Unterhalt verlangen, soweit dies die Leistungsfähigkeit des Unterhaltspflichtigen nicht übersteigt.

47 Was angemessen ist, bestimmt sich beim Verwandtenunterhalt und beim Unterhalt nach § 1615 l BGB nach der Lebensstellung des Berechtigten (§ 1610 Abs. 1 BGB, ggf. i.V. mit § 1615 l Abs. 3 Satz 1 BGB). Diese bemisst sich wesentlich nach seinem unterhaltsrechtlich zu berücksichtigenden Einkommen und Vermögen.

48 Da wirtschaftlich noch nicht selbstständige Kinder keine eigene Lebensstellung erlangt haben, leitet sich ihre Lebensstellung aus derjenigen ihrer Eltern ab. Sind die Kinder noch minderjährig und führen ihre Eltern keinen gemeinsamen Haushalt, ist grundsätzlich nur die Lebensstellung des nicht mit den Kindern zusammenlebenden Elternteils maßgeblich. Sind einem Kind beide Elternteile zum Barunterhalt verpflichtet (vgl. Rdnr. 41), richtet sich die Lebensstellung der Kinder nach dem zusammengerechneten bereinigten Einkommen und Vermögen der Eltern. Im Fall des sog. Wechselmodells (vgl. Rdnr. 41) gehören zum Maß des geschuldeten Unterhalts minderjähriger Kinder auch deren wechselbedingte Fahrt- und Wohnkosten.

49 Eltern haben unabhängig vom Umfang des Einkommens und Vermögens der ihnen unterhaltspflichtigen Kinder in jedem Fall eine eigene Lebensstellung, die sich nach ihrem eigenen aktuellen Einkommen und Vermögen, nicht nach demjenigen ihrer Kinder richtet.

50 Betreut ein Elternteil ein nichteheliches Kind, richtet sich seine für einen Unterhaltsanspruch nach § 1615 l BGB maßgebliche Lebensstellung nach seinen wirtschaftlichen Verhältnissen vor der Geburt des Kindes, soweit sie seinen Lebensstandard nachhaltig geprägt haben. War der Elternteil in diesem Zeitraum erwerbstätig, wird seine Lebensstellung durch sein bereinigtes Erwerbseinkommen bestimmt. Ist oder war der betreuende Elternteil verheiratet, sind seine ehelichen Lebensverhältnisse maßgeblich, wenn sein sich daraus ergebender Unterhaltsbedarf nach § 1615 l BGB den Mindestbedarf nach Abschnitt D. II. der Düsseldorfer Tabelle übersteigt. Untergrenze seines Bedarfs ist bei allen Fallkonstellationen i.d.R. der Betrag aus Abschnitt D. II. der Tabelle. Auf die wirtschaftlichen Verhältnisse des nach § 1615 l BGB unterhaltspflichtigen Elternteils kommt es selbst dann nicht an, wenn die Eltern vor der Geburt des Kindes bereits zusammengelebt haben. Insoweit liegt keine nachhaltige Prägung des Lebensstandards des betreuenden Elternteils durch das Einkommen des anderen Elternteils vor. Denn bis zur Geburt des gemeinsamen Kindes bzw. bis zu dem in § 1615 l BGB für den Beginn der Unterhaltspflicht genannten Zeitpunkt schuldete der andere Elternteil dem später Unterhaltsberechtigten keinen Unterhalt; er konnte derartige freiwillige Leistungen deshalb jederzeit einstellen.

51 Das Maß des Unterhalts getrennt lebender oder geschiedener Ehegatten richtet sich nach ihren individuell zu bestimmenden ehelichen Lebensverhältnissen (§§ 1361 Abs. 1 Satz 1 bzw. 1578 Abs. 1 Satz 1 BGB). An ihnen haben beide Ehegatten – unter Berücksichtigung des in den unterhaltsrechtlichen Leitlinien der Oberlandesgerichte unterschiedlich hoch bemessenen Erwerbstätigenbonus von 1/7 bzw. 1/10 – gleichen Anteil, unabhängig davon, ob das maßgebliche Einkommen von nur einem oder von beiden Ehegatten erzielt wird. Beim Unterhalt getrennt lebender Ehegatten sind die jeweiligen ehelichen Lebensverhältnisse und beim nachehelichen Unterhalt grundsätzlich diejenigen zur Zeit der Rechtskraft der Scheidung maßgeblich (§§ 1361 Abs. 1 Satz 1, 1578 Abs. 1 Satz 1 BGB). Zur Berücksichtigung von nachehelichen Entwicklungen vgl. Rdnr. 145, zum Einfluss der erst nach Trennung oder Scheidung aufgenommenen Erwerbstätigkeit des dem Grunde nach unterhaltsberechtigten Ehegatten, der während bestehender Ehe den ehelichen Haushalt geführt hat, auf das Maß des ihm zustehenden Unterhalts vgl. Rdnr. 143.

52 Zu den Voraussetzungen, unter denen nach § 1578 b BGB der eheangemessene nacheheliche Unterhalt nach Billigkeitsgesichtspunkten auf den angemessenen Unterhalt herabgesetzt und/oder zeitlich beschränkt werden kann, vgl. Rdnrn. 146 bis 150. Zu den negativen Billigkeitsklauseln, deren Anwendung eine Herabsetzung des Anspruchs unter den (ggf. ehe- oder partnerschafts-)angemessenen Unterhalt, seinen Wegfall oder seine zeitliche Begrenzung nach sich zieht, vgl. Rdnrn. 34 bis 36.

IV. Der Unterhaltsbedarf des Berechtigten

53 Unabhängig von dem konkreten Unterhaltsverhältnis umfasst der Unterhaltsbedarf des Berechtigten dessen gesamten Lebensbedarf (§ 1610 Abs. 2 BGB, ggf. i.V. mit § 1615 l Abs. 3 Satz 1 BGB, bzw. nach § 1361 Abs. 1 und § 1578 Abs. 1 Satz 2 BGB). Dazu zählen auch die Kosten einer angemessenen Kranken- und Pflegeversicherung. In den konkreten Unterhaltsverhältnissen ist für den Unterhaltsbedarf zu beachten:

- Beim Kind gehören dazu auch die Kosten seiner Erziehung und angemessenen Ausbildung (§ 1610 Abs. 2 BGB) einschließlich der Kosten für den Besuch eines Kindergartens oder die sonstige Betreuung des Kindes durch Dritte (vgl. Rdnr. 124). Beim Wechselmodell (vgl. dazu Rdnr. 41) sind wechselbedingte Fahrt- und Wohnkosten hinzuzurechnen.
- Beim Trennungsunterhalt umfasst der Bedarf für die Zeit ab Rechtshängigkeit des Scheidungsverfahrens auch die Kosten einer angemessenen Versicherung für den Fall des Alters und der verminderten Erwerbsfähigkeit (§§ 1361 Abs. 1 Satz 2 BGB).

LL-Strkt
KG
Brdbg
Brschw
Brem
Celle
Dresd
Düss
Ffm
Hbg
Hamm
Jena
Kblz
Köln
Naumbg
Oldbg
Rstk
Schlesw
SüdL
Empf Sozhi

- Gleiches gilt für nacheheliche Unterhaltsansprüche. Bei diesen Ansprüchen umfasst der Bedarf darüber hinaus unter den Voraussetzungen der §§ 1574 Abs. 3 und 1575 BGB die Kosten einer Ausbildung, Fortbildung oder Umschulung (§ 1578 Abs. 2 BGB).
- Bei notwendiger Betreuung des Unterhaltsberechtigten in einer Einrichtung bilden grundsätzlich die dadurch notwendig entstehenden Kosten einschließlich des Investitionsbetrages nach § 76 Abs. 2 SGB XII den Lebensbedarf. Hinzuzurechnen ist in jedem Fall ein angemessener Betrag für Bekleidung, Taschengeld mindestens in Höhe des Barbetrags zur persönlichen Verfügung nach § 27 b Abs. 2 Satz 1 SGB XII (in Bestandsschutzfällen auch der Zusatzbarbetrag nach § 133 a SGB XII) und ein eventuell bestehender unterhaltsrechtlicher Mehr- und Sonderbedarf. Zu den Besonderheiten beim Elternunterhalt vgl. Rdnr. 165 f.

54 Um der Praxis für durchschnittliche unterhaltsrechtliche Fallgestaltungen eine Orientierungshilfe für den Umfang des Unterhaltsbedarfs dem Grunde nach Unterhaltsberechtigter zu geben, haben die Oberlandesgerichte für ihren Zuständigkeitsbereich Tabellen und unterhaltsrechtliche Leitlinien entwickelt. Dabei wird im Wesentlichen dem Leitbild der Düsseldorfer Tabelle gefolgt. Diese bestimmt in Abschnitt A. den Unterhaltsbedarf von Kindern, wobei sich der Mindestunterhaltsbedarf minderjähriger Kinder (vgl. dazu Rdnr. 55) auf die in der 1. Einkommensgruppe verzeichneten Beträge beläuft. In Abschnitt B. legt die Tabelle den Bedarf von getrennt lebenden und geschiedenen Ehegatten und in Abschnitt D. II. den Bedarf des betreuenden Elternteils nach § 1615 l BGB fest. Bei den in den Tabellen genannten Unterhaltsrichtsätzen handelt es sich um Pauschalierungen, die den gesamten Lebensbedarf des Unterhaltsberechtigten einschließlich seiner Unterkunftskosten umfassen. Kosten für Kranken- und Pflegeversicherung und anzuerkennender Mehr- oder Sonderbedarf sind hinzuzurechnen, sobald der Berechtigte damit gesondert belastet wird. Zum Unterhaltsbedarf von Eltern vgl. Rdnr. 58.

55 § 1612 a Abs. 1 BGB legt auf der Grundlage des doppelten Kinderfreibetrags nach § 32 Abs. 6 Satz 1 EStG fest, in welcher Höhe ein minderjähriges Kind von einem Elternteil, mit dem es nicht in einem Haushalt lebt, mindestens Unterhalt verlangen kann, soweit der Elternteil leistungsfähig ist. Monatlich sind das

- bis zur Vollendung des sechsten Lebensjahres des Kindes (1. Altersstufe) mindestens 87 %,
- bis zur Vollendung des zwölften Lebensjahres (2. Altersstufe) mindestens 100 %,
- bis zum Beginn der Volljährigkeit (3. Altersstufe) mindestens 117 % eines Zwölftels des doppelten Kinderfreibetrags.

56 Der Unterhaltsbedarf von (ggf. geschiedenen) Ehegatten richtet sich gemäß § 1578 Abs. 1 Satz 1 BGB nach ihren ehelichen Lebensverhältnissen, hinsichtlich derer in Abschnitt B. I.1. der Düsseldorfer Tabelle die monatlichen Richtsätze benannt sind. Bis zur Rechtskraft der Scheidung kommt es dabei auf die jeweiligen Lebensverhältnisse der Ehegatten an, für die Zeit nach rechtskräftiger Scheidung dagegen grundsätzlich auf die bei Rechtskraft bestehenden Lebensverhältnisse. Zu den Einzelheiten, auch zu den Voraussetzungen, unter denen ausnahmsweise nachehelich eingetretene Umstände den Unterhaltsbedarf des Berechtigten beeinflussen, vgl. Rdnrn. 143 und 145.

57 Das in Rdnr. 50 erläuterte Maß des Unterhalts bestimmt auch den Umfang des Unterhaltsbedarfs des nach § 1615 l BGB unterhaltsberechtigten Elternteils. Bedarfsobergrenze ist die Hälfte des bereinigten Nettoeinkommens des anderen Elternteils. Soweit der Unterhaltspflichtige Erwerbseinkommen bezieht, ist ihm der Erwerbstätigenbonus zuzugestehen. Dagegen ist dem Unterhaltsberechtigten, da der Bedarf nicht wie im Ehegattenunterhalt nach einer Quote, sondern konkret berechnet wird, kein Erwerbstätigenbonus zuzuerkennen.

58 Der Unterhaltsbedarf von Eltern ist in der Düsseldorfer Tabelle nicht geregelt. Leben die Eltern noch im eigenen Haushalt, beläuft er sich nach der Rechtsprechung des Bundesgerichtshofs auf denselben Betrag (ggf. zuzüglich der Kosten einer angemessenen Kranken- und Pflegeversicherung), der nach Abschnitt B. V. der Düsseldorfer Tabelle für das Existenzminimum eines unterhaltsberechtigten Ehegatten angesetzt wird. Haben die Eltern z.B. wegen Krankheit oder Pflegebedürftigkeit notwendig einen weitergehenden Bedarf (Mehr- und Sonderbedarf), ist dieser hinzuzurechnen. Altersvorsorgebedarf der Eltern ist von ihren unterhaltspflichtigen Kindern allerdings nicht zu decken. Die Lebensstellung und damit der Unterhaltsbedarf von Eltern verändern sich durch eine nachteilige Veränderung ihrer Einkommensverhältnisse, etwa durch ihren Eintritt in den Ruhestand. Untergrenze ist aber stets das Existenzminimum nach Abschnitt B. V. der Düsseldorfer Tabelle. Zum Unterhaltsbedarf von Eltern, die in einem Alten- oder Pflegeheim leben, vgl. Rdnrn. 165 ff.

59 Die Darlegungs- und Beweislast für den Umfang des Unterhaltsbedarfs trifft den Berechtigten, nach Übergang des Unterhaltsanspruchs auf den Träger der Sozialhilfe diesen. Zu den Besonderheiten beim Unterhaltsbedarf von Eltern, die in einem Alten- oder Pflegeheim leben, vgl. Rdnr. 167.

V. Die Bedürftigkeit des Unterhaltsberechtigten

60 Weitere Voraussetzung für einen Unterhaltsanspruch ist, dass der Unterhaltsberechtigte seinen

Lebensbedarf i.S. des bürgerlichen Rechts nicht aus eigener Kraft bestreiten kann (§§ 1577 Abs. 1, 1602 Abs. 1 BGB, ggf. i.V. mit § 1615 l Abs. 3 Satz 1 BGB). Zur Deckung seines Lebensbedarfs muss der Unterhaltsberechtigte grundsätzlich zunächst sein tatsächlich erzieltes oder zumutbar erzielbares Einkommen (vgl. Rdnr. 69 f.), seine verfügbare Arbeitskraft und sein Vermögen (vgl. Rdnrn. 72 bis 76) einsetzen. Realisierbare Ansprüche gegen Dritte, die Einfluss auf seine Unterhaltsbedürftigkeit haben, insbesondere auch vertragliche Unterhaltsansprüche (vgl. Rdnr. 27), muss er ausschöpfen, bevor er auf die gesetzlichen Unterhaltsansprüche zurückgreift.

61 Die Darlegungs- und Beweislast für den Umfang der Unterhaltsbedürftigkeit trifft den Berechtigten, nach Übergang des Unterhaltsanspruchs auf den Träger der Sozialhilfe diesen.

1. Einsatz des Einkommens

62 Zu den unterhaltsrechtlich bedeutsamen Einkommensarten und zur Einkommensermittlung und -bereinigung vgl. Rdnrn. 81 bis 97. Die dort aufgeführten Rechtsgrundsätze gelten i.d.R. auch für die Beurteilung der Unterhaltsbedürftigkeit des Unterhaltsberechtigten. Zu beachten ist, dass der Sockelbetrag des Elterngelds und das im Anschluss nach dem BEEG ggf. bezogene Betreuungsgeld in den Fällen der §§ 1579, ggf. i.V. mit § 1361 Abs. 3 BGB, sowie 1611 Abs. 1 BGB in vollem Umfang als Einkommen des Unterhaltsberechtigten gelten (§ 11 Satz 4 BEEG; zum Elterngeld und Betreuungsgeld im Übrigen vgl. Rdnr. 85). Auch die Rente nach §§ 294 ff. SGB VI (sog. Trümmerfrauen-Rente) ist unterhaltsrechtlich Einkommen.

63 Soweit Einkünfte des Unterhaltsberechtigten nach bürgerlichem Recht als Einkommen gelten, bei der Leistung von Sozialhilfe aber nicht berücksichtigt werden, z.B. nach §§ 82 Abs. 1, 83 bis 85 SGB XII anrechnungsfreies Einkommen, mindern sie seine unterhaltsrechtliche Bedürftigkeit und damit seinen Unterhaltsanspruch. So ist z.B. ein Elternteil, dem Hilfe zur Pflege erbracht wird, weil sein Einkommen mit Rücksicht auf die mit seinem Ehegatten bestehende Einsatzgemeinschaft seitens des Trägers der Sozialhilfe nur teilweise angerechnet wird, im Verhältnis zu seinem Kind nicht unterhaltsbedürftig, wenn sein Einkommen für seinen eigenen Lebensbedarf ausreicht.

64 Machen Personen, die nach §§ 41 ff. SGB XII Anspruch auf Grundsicherung im Alter und bei Erwerbsminderung (4. Kapitel SGB XII) haben, Unterhaltsansprüche gegen ihre Eltern oder Kinder geltend, verfügen sie im Umfang der ihnen erbrachten Grundsicherung bzw. im Umfang ihres Anspruchs darauf aus unterhaltsrechtlicher Sicht über eigenes (ggf. fiktives) Einkommen, das ihre Bedürftigkeit und damit ihren Unterhaltsanspruch mindert. Denn gemäß § 43 Abs. 3 SGB XII bleiben Unterhaltsansprüche dieses Personenkreises gegen Eltern und Kinder unberücksichtigt, solange die dort genannte Vermutung nicht widerlegt ist, dass das jährliche Gesamteinkommen des Unterhaltspflichtigen i.S. des § 16 SGB IV unter 100.000 Euro liegt. Von vornherein freiwillig oder nach Titulierung des Unterhaltsanspruchs aufgrund dieses Titels gezahlter oder im Wege der Zwangsvollstreckung beigetriebener Unterhalt ist Einkommen i.S. von § 82 SGB XII. Insoweit mindert er grundsätzlich die sozialhilferechtliche Bedürftigkeit des Antragstellers. Das gilt allerdings nicht, wenn der Unterhaltspflichtige den Unterhalt ausdrücklich nur als Nothilfe zahlt, weil der Träger der Sozialhilfe über den Anspruch des Berechtigten auf Grundsicherung noch nicht entschieden oder ihn noch nicht bestandskräftig abgelehnt hat. Übersteigt der Unterhaltsanspruch des Berechtigten dessen Grundsicherungsbedarf und zahlt ihn der Unterhaltspflichtige in Höhe der Differenz zwischen Unterhaltsanspruch und Grundsicherungsbedarf, ist die Zahlung nicht auf den Grundsicherungsbedarf des Berechtigten anzurechnen. Insoweit überlagert § 43 Abs. 3 SGB XII die Einkommensregelung aus § 82 SGB XII.

65 Übersteigt das Einkommen des Unterhaltspflichtigen die Obergrenze des § 43 Abs. 3 Satz 1 SGB XII, besteht kein Anspruch des Unterhaltsberechtigten auf Grundsicherung nach dem 4. Kapitel SGB XII, sodass seine Unterhaltsbedürftigkeit nicht gemindert ist. Gleiches gilt, wenn lediglich das Einkommen eines von mehreren Unterhaltspflichtigen die in § 43 Abs. 3 Satz 1 SGB XII genannte Privilegierungsgrenze überschreitet. Zum Übergang von Unterhaltsansprüchen auf den Träger der Sozialhilfe, wenn das Einkommen der unterhaltspflichtigen Eltern bzw. Kinder den Grenzbetrag nach § 43 Abs. 3 Satz 1 SGB XII unter- oder überschreitet, vgl. Rdnrn. 224 bis 226.

66 Die in § 43 Abs. 3 und in § 94 Abs. 1 Satz 3 Halbsatz 2 SGB XII geregelte Privilegierung von Unterhaltsverpflichtungen gilt nicht im Rahmen von Unterhaltsverhältnissen zwischen getrennt lebenden oder geschiedenen Ehegatten und auch nicht für Unterhaltsverpflichtungen nach § 1615 l BGB. Sind diese Personen i.S. von § 41 Abs. 1 SGB XII bedürftig und beziehen Leistungen der Grundsicherung im Alter und bei Erwerbsminderung oder haben sie Anspruch darauf, wird dadurch ihre unterhaltsrechtliche Bedürftigkeit nicht berührt. Sind die ihnen Unterhaltspflichtigen leistungsfähig und steht der bedürftigen Person ein Unterhaltsanspruch zu, geht dieser unter den Voraussetzungen des § 94 SGB XII im Umfang der geleisteten Grundsicherung auf den Träger der Sozialhilfe über (vgl. aber Rdnr. 10 Punkt 2).

67 Nach § 1612 b Abs. 1 BGB ist das für volljährige Kinder gezahlte Kindergeld unterhaltsrechtlich in vollem Umfang auf deren Barunterhaltsbedarf anzurechnen, das für minderjährige Kinder gezahlte Kindergeld dagegen nur zur Hälfte. Entsprechend mindert es deren Unterhaltsbedürftigkeit und damit deren Unterhaltsanspruch. Dasselbe gilt nach § 1612 c BGB für regelmäßig wiederkehrende kindbezogene Leistungen (z.B. Kinderzulagen aus der gesetzlichen Unfallversicherung und Kinderzuschüsse aus der gesetzlichen Rentenversicherung), soweit sie den Anspruch auf Kindergeld ausschließen. Soweit Kindergeld auf den Unterhaltsbedarf des Kindes anzurechnen ist, hat der unterhaltspflichtige Elternteil (bzw. haben bei Unterhaltspflicht beider Elternteile die Eltern) dem Kind nicht den in Abschnitt A. der Düsseldorfer Tabelle ausgewiesenen sog. Tabellenbetrag, sondern nur den im Anhang der Düsseldorfer Tabelle verzeichneten sog. Zahlbetrag zu leisten, der die Kindergeldanrechnung berücksichtigt. Zum Problem der Anrechnung des vollen für ein volljähriges Kind gezahlten Kindergeldes auf dessen Unterhaltsbedarf bei Leistungsunfähigkeit eines Elternteils zur Zahlung von Unterhalt an das Kind vgl. Rdnr. 128. Zur Umrechnung der bis zum 31.12.2007 geschaffenen dynamischen Vollstreckungstitel über Kindesunterhalt (zu diesen Titeln vgl. Rdnr. 126) unter Berücksichtigung der darin enthaltenen Kindergeldanrechnung vgl. Rdnr. 247. Zur Handhabung der Kindergeldanrechnung im Rahmen des Elternunterhalts vgl. Rdnr. 177.

68 Bezieht ein Unterhaltsberechtigter wegen eines Körper- oder Gesundheitsschadens Sozialleistungen, z.B. Leistungen der Pflegekasse, ist bei der Feststellung seines Unterhaltsanspruchs die (kaum) widerlegbare Vermutung aus §§ 1578 a und § 1610 a BGB zu beachten, dass die Kosten seiner schadensbedingten Aufwendungen nicht geringer sind als die Höhe dieser Leistungen. Nach der gesetzlichen Vermutung sind die genannten Sozialleistungen daher nur mit dem Mehrbedarf des Berechtigten zu verrechnen, d.h. mit demjenigen Teil seines Lebensbedarfs, der auf seinem Körper- oder Gesundheitsschaden beruht. Hinsichtlich seines allgemeinen Lebensbedarfs mindern sie seine Bedürftigkeit unterhaltsrechtlich dagegen nicht.

2. Berücksichtigung von fiktivem Einkommen

69 Wenn und soweit ein dem Grunde nach Unterhaltsberechtigter tatsächlich kein Einkommen erzielt, er es aber aus einer der in Rdnr. 81 f. beispielsweise aufgezählten Einkommensarten erzielen könnte, wird es ihm in dem erzielbaren Umfang als sog. fiktives Einkommen mit der Folge zugerechnet, dass er insoweit nicht unterhaltsbedürftig ist und von einem Dritten deshalb keinen Unterhalt verlangen kann. Ein Unterhaltsregress des Sozialhilfeträgers kommt in diesem Fall nicht in Betracht. Hat der dem Grunde nach Unterhaltsberechtigte das 15. Lebensjahr vollendet und die Altersgrenze nach § 7 a SGB II noch nicht erreicht und ist er erwerbsfähig i.S. von § 8 SGB II, gehört er zum persönlichen Geltungsbereich des SGB II und nicht des SGB XII. Nach § 5 Abs. 2 SGB II hat er deshalb keinen Anspruch auf lebensunterhaltssichernde Leistungen nach dem SGB XII. Sollte er in einem solchen Fall gleichwohl Sozialhilfe beziehen, etwa wenn er für weniger als drei Stunden täglich erwerbsfähig ist, sich aber trotz Aussicht auf entsprechende Erwerbsmöglichkeit nicht darum bemüht, mindert das erzielbare Einkommen seine unterhaltsrechtliche Bedürftigkeit. In diesem Umfang fehlt es zwar an einem Unterhaltsanspruch als Grundlage eines Unterhaltsregresses nach § 94 SGB XII, aber Sozialhilfe kann gleichwohl bezogen werden, weil eine Leistungsberechtigung nach dem SGB XII nicht aufgrund fiktiven Einkommens, sondern nur über die Anrechnung tatsächlich erzielten Einkommens verringert oder ausgeschlossen sein kann.

70 Ist dem Unterhaltsberechtigten ein fiktives Einkommen zuzurechnen, ist bei der anschließenden Unterhaltsberechnung zu beachten, dass zu seinen Gunsten die mit der Einkommenserzielung verbundenen Aufwendungen berücksichtigt werden müssen.

3. Einsatz des Vermögens

71 Vermögenserträge sind in jedem Unterhaltsrechtsverhältnis als Einkommen einzusetzen.

72 Grundsätzlich hat ein dem Grunde nach Unterhaltsberechtigter auch den Stamm seines Vermögens, unabhängig von dessen Art, für seinen eigenen Unterhalt einzusetzen, bevor er von einem ihm dem Grunde nach Unterhaltsverpflichteten Unterhalt verlangen kann. Der Unterhaltsberechtigte darf das einzusetzende Vermögen unterhaltsunschädlich nur in angemessenen, an seinem Unterhaltsbedarf orientierten Teilbeträgen verbrauchen. Soweit er diese Grenzen nicht einhält, ist ihm das im Übermaß verbrauchte Vermögen bedürftigkeitsmindernd zuzurechnen.

73 Eine Ausnahme gilt allerdings für minderjährige unverheiratete Kinder im Verhältnis zu ihren Eltern. Sie brauchen den Stamm ihres Vermögens für ihren Unterhalt nicht einzusetzen (§ 1602 Abs. 2 BGB), es sei denn, in diesem Fall wäre der angemessene Unterhalt der Eltern nicht gewahrt (§ 1603 Abs. 2 Satz 3 Halbsatz 2 BGB).

74 Im Unterschied zum SGB XII gibt es im bürgerlichen Recht beim Berechtigten keine Schutzvorschriften zugunsten bestimmter Vermögensteile. Das kann zur Folge haben, dass der Unterhaltsberechtigte zwar Anspruch auf Sozialhilfe hat, aber nicht oder nicht in vollem Umfang unterhaltsbedürftig i.S. des BGB ist. Diese Möglichkeit kann z.B. bestehen, wenn er über Vermögen verfügt, das nach § 90 Abs. 2 SGB XII geschützt ist. Die unterhaltsrechtliche Obliegenheit zum Vermögenseinsatz findet bei Verwandten mit Ausnahme der in Rdnr. 73 Genannten erst dort ihre Grenze, wo die Verwertung unzumutbar i.S. von grob unbillig ist (z.B., weil angemessene Erträge oder der Wert eines mietfreien Wohnens den laufenden Unterhalt teilweise sichern); zur Bewertung des Wohnvorteils vgl. Rdnrn. 82 ff. Ob die Verwertung unzumutbar ist, muss anhand aller Umstände einschließlich der schützenswerten Belange des Unterhaltspflichtigen geprüft werden. In aller Regel brauchen Bedürftige für ihren Unterhalt jedenfalls einen Betrag in Höhe des kleineren Barbetrags nach § 90 Abs. 2 Nr. 9 SGB XII (unterhaltsrechtlich: sog. Notgroschen) und geringwertige Gegenstände von Affektionsinteresse ebenso wenig einzusetzen wie Vermögen, dessen Verwertung – etwa bei vorübergehend schlechter Marktlage – gänzlich unwirtschaftlich ist.

75 Geschiedene Ehegatten brauchen nach § 1577 Abs. 3 BGB den Vermögensstamm nicht einzusetzen, soweit die Verwertung unwirtschaftlich oder unter Berücksichtigung der beiderseitigen wirtschaftlichen Verhältnisse unbillig wäre. In Hinblick auf die weitgehende inhaltliche Gleichstellung des Unterhaltsanspruchs nach § 1615 l BGB mit demjenigen nach § 1570 Abs. 1 BGB ist zu erwägen, den Grundsatz des § 1577 Abs. 3 BGB auch im Rahmen des Anspruchs nach § 1615 l BGB anzuwenden.

76 Die in Rdnr. 75 genannte Regel gilt nicht unbesehen für den Trennungsunterhalt von dem Grunde nach unterhaltsberechtigten Ehegatten. Bei der Beurteilung ist einerseits in Betracht zu ziehen, dass die Obliegenheit zum Einsatz des Vermögens während der Ehe durch ein höheres Maß an Verantwortung gegenüber dem anderen Ehegatten bestimmt wird, als sie unter Geschiedenen besteht. Andererseits ist zu berücksichtigen, dass die Verwertung des Vermögensstamms – außer bei Notfällen – auch dann unbillig sein kann, wenn das Scheitern der Ehe, das nach § 1566 Abs. 2 BGB bei mehr als dreijährigem Getrenntleben unwiderlegbar vermutet wird, noch nicht endgültig feststeht. Insoweit kann sich bei Getrenntleben der Ehegatten die Unbilligkeit der Verwertung auch aus dem Interesse an der Erhaltung der wirtschaftlichen Grundlage der Ehe ergeben. Allerdings gleicht sich die die Obliegenheit zum Einsatz des Vermögensstamms der Regelung bei geschiedenen Ehegatten (§ 1577 Abs. 3 BGB) desto mehr an, je länger die Trennungszeit andauert.

VI. Die Leistungsfähigkeit des Unterhaltspflichtigen

77 Der dem Grunde nach Unterhaltspflichtige schuldet Unterhalt nur, wenn und soweit er aus unterhaltsrechtlicher Sicht leistungsfähig ist. Zur Aufnahme eines Darlehens, um leistungsfähig zu werden, ist er nicht verpflichtet. Unbedingt zu beachten ist, dass Unterhaltsbedürftigkeit des Unterhaltsberechtigten und Leistungsfähigkeit des Unterhaltspflichtigen zeitgleich bestehen müssen.

78 Da das Unterhaltsrecht von der Leistungsfähigkeit des Unterhaltspflichtigen ausgeht, trifft die Darlegungs- und Beweislast den Unterhaltspflichtigen, wenn er sich auf (ggf. teilweise) Leistungsunfähigkeit beruft.

79 Die Leistungsfähigkeit des Unterhaltspflichtigen richtet sich im Wesentlichen nach dem Einkommen und Vermögen, über das er unter Anrechnung seiner sonstigen berücksichtigungsfähigen Verpflichtungen einschließlich seiner Unterhaltsverpflichtungen gegenüber vorrangig und (anteilig) gleichrangig Unterhaltsberechtigten verfügt oder verfügen könnte, ferner nach dem für ihn im Verhältnis zum Unterhaltsberechtigten geltenden Eigenbedarf (Selbstbehalt).

80 Unterhaltsrechtlich leistungsfähig ist nicht, wer selbst sozialhilfebedürftig ist oder es durch Erfüllung des Unterhaltsanspruchs werden würde. Ob ein Unterhaltspflichtiger diese Voraussetzungen erfüllt, ist auf Grundlage von §§ 82 bis 84 SGB XII nach seinem Einkommen sowie gemäß § 90 Abs. 2 SGB XII nach seinem Vermögen zu beurteilen. Gleiches gilt für Empfänger von Leistungen zur Sicherung des Lebensunterhalts nach dem SGB II, wenn die ihnen erbrachten Leistungen die Leistungen nach dem 3. Kapitel SGB XII nicht übersteigen. Fiktives Einkommen (vgl. Rdnr. 90) und fiktives (z.B. verschwendetes oder grundlos verschenktes) Vermögen sind wie tatsächliches Einkommen und Vermögen zu berücksichtigen.

1. Einsatz des Einkommens

81 Das für die Leistungsfähigkeit des Unterhaltspflichtigen entscheidende unterhaltsrelevante Einkommen stimmt nicht notwendig mit dem von ihm zu versteuernden oder mit seinem sozialhilferechtlich maßgeblichen Einkommen überein. Zu berücksichtigen ist grundsätzlich Einkommen jeder Art, sofern es nur geeignet ist, Unterhaltsbedarf zu decken. Dazu zählen insbesondere Einkünfte aus

- abhängiger und selbstständiger Erwerbstätigkeit,
- Renten,
- Kapitalvermögen, soweit die Einkünfte verfügbar sind, d.h. nicht thesauriert werden,
- dem Vorteil des mietfreien Wohnens (vgl. Rdnr. 82),
- Vermietung und Verpachtung,
- Gewerbebetrieb,
- Land- und Forstwirtschaft,
- Steuererstattungen,

- geldwerten Leistungen des Arbeitgebers (z.B. Firmenwagen),
- unentgeltlicher Haushaltsführung für einen leistungsfähigen Dritten,
- nicht subsidiäre Sozialleistungen (vgl. Rdnr. 85.),
- Taschengeld als Bestandteil des Familienunterhalts (vgl. Rdnr. 200),
- Überstunden, wenn diese berufstypisch sind oder nur in geringem Umfang anfallen; aus darüber hinausgehenden Überstunden nur nach Billigkeit,
- überobligationsmäßiger Tätigkeit nur, soweit sie nicht im Verwandtenunterhalt aus Billigkeitsgründen nach § 242 BGB, im nachehelichen Unterhalt und entsprechend im Trennungsunterhalt nach § 1577 Abs. 2 BGB anrechnungsfrei bleiben. Typisches Beispiel bildet insoweit die Betreuung eines Kindes in einem Fall, in dem nach § 1570 BGB oder § 1615 l BGB keine Erwerbsobliegenheit des betreuenden Elternteils besteht. § 1577 Abs. 2 BGB sollte angesichts der weitgehenden Gleichstellung des Unterhaltsanspruchs nach § 1615 l BGB mit geschiedenen unterhaltsbedürftigen Ehegatten auch auf den Unterhaltsanspruch nach § 1615 l BGB angewendet werden.

Hat der Unterhaltspflichtige im Verhältnis zu seinem Ehegatten eine ungünstige Steuerklasse gewählt, ist dies durch einen zu schätzenden Abschlag bei der gezahlten Steuer zu berücksichtigen. Für die Einzelheiten der Einkommensermittlung wird auf Rdnrn. 86 bis 89 sowie auf die unterhaltsrechtlichen Leitlinien der Oberlandesgerichte (dort jeweils Nrn. 1 bis 9) verwiesen.

82 Auch der Vorteil mietfreien Wohnens im eigenen Haus oder in der eigenen Eigentumswohnung stellt unterhaltsrechtlich Einkommen dar (Wohnvorteil). Der Wohnvorteil ergibt sich aus dem anzusetzenden Wohnwert abzüglich berücksichtigungsfähiger Aufwendungen. Übersteigen die Aufwendungen den Wohnwert, besteht kein Wohnvorteil (zur Berücksichtigung dieser überschießenden Aufwendungen vgl. Rdnr. 95). Obwohl der Vorteil mietfreien Wohnens als Einkommen zu berücksichtigen ist, stehen dem Unterhaltspflichtigen hieraus keine Mittel zur Erfüllung von Unterhaltsansprüchen zur Verfügung, weil er – anders als bei Vermietung von Grundeigentum – daraus keine Bareinnahmen erzielt. Der Wohnvorteil wirkt sich nur dahin aus, dass in dessen Umfang der Unterkunftsbedarf des Unterhaltspflichtigen mit Ausnahme der Nebenkosten gedeckt ist. Das heißt, sein Selbstbehalt reduziert sich entsprechend um den im Selbstbehalt enthaltenen Unterkunftsanteil; im Fall eines verheirateten Unterhaltspflichtigen ohne oder mit geringerem Einkommen als sein Ehegatte verringert sich sein Anspruch auf Familienunterhalt entsprechend. Leistungsfähig zur Zahlung von Unterhalt kann dieser Unterhaltspflichtige deshalb nur sein, wenn und soweit er über sonstiges Einkommen verfügt, das – ggf. zusammen mit seinem Anteil am Familienunterhalt – seinen Selbstbehalt übersteigt.

83 Für den zu ermittelnden Wohnwert ist für die Zeit nach der Scheidung, beim Kindesunterhalt und bei Unterhalt nach § 1615 l BGB der objektive Wohnwert maßgeblich, d.h. der Betrag, der bei einer Fremdvermietung erzielt werden könnte, es sei denn, die Verwertung des Objekts ist ausnahmsweise noch nicht möglich oder (noch) nicht zumutbar. Gleiches gilt beim Trennungsunterhalt für die Zeit ab Rechtshängigkeit des Scheidungsverfahrens bzw. ab dem Zeitpunkt, zu dem sich die Ehegatten endgültig über die Scheidungsfolgen geeinigt haben oder zu dem sie seit mindestens drei Jahren getrennt leben. Soweit der zur Zahlung von Trennungsunterhalt verpflichtete Ehegatte weiterhin in der für ihn allein zu großen Unterkunft wohnt, ist als Wohnwert bis zu dem genannten Zeitpunkt nur der Betrag anzusetzen, den er für eine den ehelichen Lebensverhältnissen entsprechende kleinere Wohnung aufwenden müsste (subjektiver Wohnwert). Dieser subjektive Wohnwert ist auch bei der Ermittlung des Wohnvorteils eines Kindes anzusetzen, das zur Leistung von Elternunterhalt verpflichtet ist, wobei dann allerdings der Ansatz des subjektiven Wohnwerts zeitlich nicht beschränkt und von der Größe des Familienheims unabhängig ist.

84 Der unterhaltsrechtlich anrechenbare Wohnvorteil wird festgestellt, indem von dem nach Rdnr. 83 ermittelten Wohnwert unter Heranziehung von § 556 Abs. 1 BGB, § 2 BetrKV folgende Aufwendungen abgezogen werden:

- Darlehenszinsen,
- der Tilgungsanteil (nur) in Fällen
  - des Elternunterhalts generell,
  - des Trennungsunterhalts bis zu dem nach Rdnr. 83 maßgeblichen Zeitpunkt,
  - des Unterhalts für gemeinsame eheliche (minderjährige und volljährige) Kinder ebenfalls bis zu dem nach Rdnr. 83 maßgeblichen Zeitpunkt, jedoch bei minderjährigen und privilegierten volljährigen Kindern nur, soweit Unterhalt in Höhe des Bedarfs nach der 1. Einkommensgruppe des Abschnitts A. der Düsseldorfer Tabelle gesichert ist,
- die aktuell anfallenden Kosten zur Erhaltung des bestimmungsmäßigen Gebrauchs, um die durch Abnutzung, Alterung und Witterungseinwirkung entstehenden baulichen oder sonstigen Mängel ordnungsgemäß zu beseitigen (Instandhaltungs- und Instandsetzungskosten), wobei diese je nach Höhe der Kosten auf einen angemessenen Zeitraum umgelegt werden können,
- bei Eigentumswohnungen regelmäßig zu zahlende Rücklagen für die Instandhaltung des Wohneigentums im angemessenen Umfang, wo-

bei dem Alter und Zustand der Immobilie Rechnung zu tragen ist,
- bei Eigenheimen die für Instandhaltungs- und Instandsetzungskosten gebildeten Rücklagen, sofern konkrete, unaufschiebbare Maßnahmen absehbar sind,
- Hausverwalterkosten und Kosten des Geldverkehrs.

Nicht abzugsfähig sind dagegen:
- verbrauchsabhängige Kosten wie Heizung, Strom, Wasser, Müllabfuhr usw.,
- verbrauchsunabhängige Nebenkosten (z.B. Grundsteuern, Sach- und Haftpflichtversicherung), die bei Vermietung umlagefähig wären,
- i.d.R. Ausgaben für wertsteigernde Ausbauten und Modernisierungen und Kosten einer allgemeinen Renovierung (z.B. nach Auszug des Partners).

85 Auch Sozialleistungen mit Ausnahme der Leistungen nach dem SGB XII bilden aufseiten des Unterhaltspflichtigen grundsätzlich unterhaltsrechtliches Einkommen. Beispiele sind – soweit nicht die Vermutung des § 1610 a BGB eingreift – Renten aller Art, Krankengeld und – soweit nicht für überhöhte Unterkunftskosten benötigt – Wohngeld, Mutterschaftsgeld und Arbeitslosengeld I und II. Gleiches gilt für Einstiegsgeld und Leistungen zur Eingliederung von Selbstständigen nach § 16 b bzw. § 16 c SGB II und Mehraufwandsentschädigung nach § 16 d Abs. 7 SGB II, soweit diese Leistungen nicht durch den dadurch bedingten Mehraufwand aufgezehrt werden. Dagegen ist Elterngeld bis zur Höhe des Sockelbetrags von monatlich 300 Euro, bei verlängertem Bezug bis 150 Euro, grundsätzlich kein Einkommen i.S. des Unterhaltsrechts, darüber hinausgehendes Elterngeld nach § 11 Satz 1 und 2 BEEG aber sehr wohl; im Fall des § 1603 Abs. 2 BGB sind sogar der jeweilige Sockelbetrag des Elterngeldes und das Betreuungsgeld nach dem BEEG als Einkommen zu behandeln, wenn der notwendige Selbstbehalt (vgl. Rdnr. 106) des barunterhaltspflichtigen Elternteils gewahrt ist (zur Einkommensanrechnung des einem Unterhaltsberechtigten gezahlten Elterngeldes sowie des Betreuungsgeldes vgl. Rdnr. 62). Kindergeld und Kindergeld ersetzende Leistungen i.S. von § 1612 c BGB zählen nicht zum unterhaltsrelevanten Einkommen der Kindeseltern (vgl. Rdnr. 67). Für die Einzelheiten zur Berücksichtigung von Sozialleistungen als Einkommen wird auf die unterhaltsrechtlichen Leitlinien des zuständigen Oberlandesgerichts (dort jeweils Nrn. 2.1 ff.) verwiesen.

86 Während sich die Unterhaltsberechnung bei Einkommen aus abhängiger Tätigkeit jeweils nach dem (bereinigten) Jahresnettoeinkommen und bei Kapitaleinkünften nach dessen Jahresertrag abzüglich der darauf entfallenden Steuern und Verwaltungskosten richtet, ist als Einkommen aus Land- und Forstwirtschaft, Gewerbebetrieb und selbstständiger Tätigkeit i.d.R. der Durchschnitt der Einkünfte der letzten drei Jahre zugrunde zu legen. Ausnahmsweise sind auch Einkünfte, die länger als drei Jahre vor dem Unterhaltszeitraum liegen, zu berücksichtigen, wenn gerade auch diesem Zeitraum wesentliche Bedeutung für die wirtschaftlichen Verhältnisse im Unterhaltszeitraum beizumessen ist. Liegen (noch) keine Ergebnisse für mindestens drei Jahre vor, können die Einkünfte des bereits abgerechneten kürzeren Zeitraums unter Berücksichtigung der im laufenden Jahr bereits erzielten Einnahmen und geleisteten Ausgaben und der voraussichtlich noch zu erzielenden Einnahmen und zu leistenden Ausgaben zugrunde gelegt werden.

87 Die in Steuerbescheiden, Bilanzen einschließlich Gewinn- und Verlustrechnungen sowie Einnahme- und Überschussrechnungen ausgewiesenen Abschreibungen, Freibeträge und andere sich aus steuer- und bilanzrechtlichen Vorschriften ergebenden Vergünstigungen (Absetzungen) sind unterhaltsrechtlich nur zu berücksichtigen, soweit sie sich mit einer tatsächlichen Verringerung der für den Lebensbedarf verfügbaren Mittel decken; lineare Abschreibungen sind im Zweifel auch unterhaltsrechtlich anzuerkennen. Im Fall darüber hinausgehender pauschaler Abschreibungen ist vom Unterhaltspflichtigen Darlegung und Nachweis der tatsächlich eingetretenen Wertminderungen zu verlangen. Abschreibungen für Gebäude sind regelmäßig nicht abzusetzen.

88 Stehen keinerlei für die Ermittlung der Einkünfte geeignete Unterlagen zur Verfügung oder besteht keine Buchführungspflicht, können bei Gewerbetreibenden die Einkünfte mithilfe der beim Finanzamt erhältlichen »Richtsatzsammlung für nichtbuchführende Gewerbetreibende« ermittelt werden. Privatentnahmen können Anhaltspunkte für die Höhe des Bruttogewinns sein, wenn entweder keine anderweitigen aussagekräftigen Auskünfte erteilt oder keine zur Überprüfung geeigneten Belege vorgelegt worden sind.

89 Im Fall von Unterhaltsrückständen ist zur Berechnung des unterhaltsrechtlich maßgeblichen Einkommens der Gewinn in jedem Fall um die in demselben Zeitraum auf das Einkommen entrichteten persönlichen Steuern, ferner um die entrichteten Kranken- und Pflegeversicherungsbeiträge sowie die Beiträge für eine angemessene Altersversorgung zu bereinigen (vgl. im Einzelnen Rdnr. 96), wenn und soweit die Altersvorsorge nicht auf andere Weise gesichert ist. Geht es um laufenden und künftigen Unterhalt, sind die aktuellen Beträge maßgeblich.

LL-Strkt
KG
Brdbg
Brschw
Brem
Celle
Dresd
Düss
Ffm
Hbg
Hamm
Jena
Kblz
Köln
Naumbg
Oldbg
Rstk
Schlesw
SüdL
Empf Sozhi

2. Berücksichtigung von fiktivem Einkommen

90 Auch Einkommen, das der Unterhaltspflichtige aus einer seiner möglichen Einkommensquellen zwar tatsächlich nicht erzielt, aber zumutbar erzielen könnte, ist bei der Ermittlung seiner Leistungsfähigkeit zu berücksichtigen. Aus abhängiger oder selbstständiger Arbeit ist es ihm zuzurechnen, wenn er die ihm subjektiv zuzumutenden Anstrengungen zur Suche einer Erwerbsmöglichkeit nicht oder nicht ausreichend unternommen hat und zumindest nicht auszuschließen ist, dass bei genügenden Bemühungen nach seinen persönlichen Verhältnissen, seiner Ausbildung, seinem Gesundheitszustand und nach den tatsächlichen Verhältnissen auf dem Arbeitsmarkt eine reale Chance auf eine zumutbare bzw. im Rahmen von nachehelichem Unterhalt auf eine i.S. von § 1574 BGB angemessene Erwerbstätigkeit bestanden hätte. Nicht auszuräumende Zweifel gehen zu seinen Lasten. Wegen des nur schwach ausgeprägten Anspruchs auf Elternunterhalt besteht im Rahmen dieses Unterhaltsverhältnisses grundsätzlich keine Erwerbsobliegenheit des seinen Eltern dem Grunde nach unterhaltspflichtigen Kindes, jedoch kann dem Kind im Einzelfall ein fiktives Einkommen zugerechnet werden, z.B. wenn das Kind eine tatsächlich ausgeübte Erwerbstätigkeit ohne sachliche, insbesondere gesundheitliche Gründe aufgibt oder einschränkt. Ist dem Unterhaltspflichtigen ein fiktives Einkommen zuzurechnen, ist Rdnr. 70 zu beachten und zu berücksichtigen, dass die sozialhilferechtlichen Zumutbarkeitskriterien sich häufig nicht mit den strengeren unterhaltsrechtlichen Maßstäben decken.

Obwohl der Unterhaltspflichtige aufgrund fiktiven Einkommens – Gleiches gilt für fiktives, z.B. verschwendetes oder leichtfertig verschenktes Vermögen – als unterhaltsrechtlich leistungsfähig gilt, scheidet seine Heranziehung zum Unterhalt nach § 94 Abs. 3 Satz 1 Nr. 1 SGB XII aus, weil fiktives Einkommen und Vermögen sozialhilferechtlich die Hilfebedürftigkeit des Unterhaltspflichtigen nicht beseitigt. Das gilt selbst dann, wenn der Unterhaltsanspruch bereits tituliert ist. Die unterschiedliche Bewertung von Einkommen und Vermögen in den beiden Rechtsgebieten hat zur Folge, dass eine leistungsberechtigte Person von einem Unterhaltspflichtigen, dem sowohl real erzieltes als auch fiktives Einkommen und/oder Vermögen zuzurechnen ist, Unterhalt auf der Grundlage des gesamten Einkommens verlangen kann, dieser Unterhaltsanspruch aber nach § 94 Abs. 3 Satz 1 Nr. 1 SGB XII nur in dem Umfang auf den Träger der Sozialhilfe übergeht, als er sich aus dem real erzielten Einkommen und/oder Vermögen errechnet.

3. Einkommensbereinigung

91 Das Einkommen des Unterhaltspflichtigen ist um unterhaltsrechtlich gebotene Abzüge einschließlich der Unterhaltsansprüche vorrangig Unterhaltsberechtigter zu bereinigen. Für die Einzelheiten wird auf Rdnrn. 92 bis 97 sowie auf die unterhaltsrechtlichen Leitlinien des zuständigen Oberlandesgerichts (dort jeweils Nrn. 10.1 bis 10.6) verwiesen. Einkommensmindernd anzuerkennen sind je nach Qualität des konkreten Unterhaltsverhältnisses auch angemessene monatliche Ansparbeträge für vorweggenommene Lebenshaltungskosten und für die Wechselfälle des Lebens. Die Darlegungs- und Beweislast für die Tatsachen, die eine Bereinigung seines Einkommens rechtfertigen, obliegt dem Unterhaltspflichtigen, weil er damit eine Minderung seiner Leistungsfähigkeit geltend macht.

92 Schulden können je nach den Umständen des Einzelfalls (Grund und Zeitpunkt der Entstehung, Zweck der Aufnahme, gemeinsame Verantwortung von Unterhaltsberechtigtem und Unterhaltsverpflichtetem für die Eingehung der Verbindlichkeit, Kenntnis des Unterhaltspflichtigen von Grund und Höhe seiner Unterhaltspflicht, Dringlichkeit der beiderseitigen Bedürfnisse und Möglichkeit des Unterhaltspflichtigen, seine Leistungsfähigkeit wiederherzustellen) sowie je nach der Art des Unterhaltsrechtsverhältnisses das anrechenbare Einkommen mindern. Erforderlich ist in jedem Fall eine umfassende Abwägung der Interessen von Unterhaltspflichtigem, Unterhaltsberechtigtem und Drittgläubiger. Bei berücksichtigungswürdigen Schulden sind i.d.R. nur angemessene Raten im Rahmen eines vernünftigen Tilgungsplans anzuerkennen.

93 In Fällen des Kindes- und Ehegattenunterhalts kann es angemessen sein, Schulden nur im Verhältnis zum Ehegatten oder zu dem nach § 1615 l BGB Unterhaltsberechtigten anzuerkennen, nicht aber gegenüber minderjährigen Kindern. Dies kommt insbesondere dann in Betracht, wenn andernfalls der Mindestunterhalt minderjähriger Kinder nach § 1612 a BGB (vgl. Rdnr. 55) nicht erreicht wird. In solchen Fällen sind die Schulden i.d.R. nicht einkommensmindernd zu berücksichtigen. Wird der gesetzliche Mindestbetrag für den Kindesunterhalt wegen Überschuldung des unterhaltspflichtigen Elternteils nicht erreicht, kann der Unterhaltspflichtige gehalten sein, Insolvenz zu beantragen. Schuldet der Unterhaltspflichtige dagegen Trennungsunterhalt, nachehelichen Unterhalt, Unterhalt nach § 1615 l BGB oder Elternunterhalt, trifft ihn diese Obliegenheit nicht.

94 Schuldverpflichtungen, die vor Kenntnis der Unterhaltsbedürftigkeit des Berechtigten eingegangen worden sind, sind i.d.R. vom unterhaltsrelevanten Einkommen abzusetzen. Gegenüber minderjährigen Kindern gilt das – außer in eng begrenzten Ausnahmefällen – nicht, wenn deren Mindestunterhalt nicht gewahrt ist. Später eingegangene Verbindlichkeiten sind nur in dem Umfang zu berücksichtigen, als dies nach dem konkreten Unterhaltsverhältnis in Hinblick auf Zweck und Höhe gerechtfertigt erscheint.

95 Soweit die Aufwendungen für angemessenes selbst genutztes Wohneigentum (vgl. Rdnr. 84) zuzüglich der übrigen (auch zugunsten von Mietern) berücksichtigungsfähigen Abzugsposten den für das konkrete Unterhaltsverhältnis in der Düsseldorfer Tabelle ausgewiesenen Unterkunftsanteil im Selbstbehalt übersteigen, ist das Einkommen des Unterhaltspflichtigen entsprechend zu bereinigen oder der Selbstbehalt entsprechend zu erhöhen.

96 Aufwendungen, die der zusätzlichen Altersvorsorge des Unterhaltspflichtigen dienen, sind in allen Unterhaltsverhältnissen in angemessenem Umfang als abzugsfähig anzuerkennen. Dabei können im Rahmen der nachfolgend in Absatz 3 genannten Obergrenzen Kosten für eine Lebensversicherung sowie sonstige vermögensbildende Investitionen anerkannt werden, soweit sie geeignet sind, diesen Zweck zu erreichen (z.B. Erwerb von Immobilien, Spareinlagen, Wertpapiere oder Fondsbeteiligungen). Weiter sind in diesem Rahmen Beiträge zur betrieblichen oder sonstige Zusatzversorgung und zur sog. Riester-Rente anzuerkennen.

Angesichts der besonderen Schutzbedürftigkeit minderjähriger und der ihnen gleichgestellten Kinder gilt das für Unterhaltsverpflichtungen solchen Personen gegenüber allerdings dann nicht, wenn der Unterhaltspflichtige bei Berücksichtigung dieser Aufwendungen nicht einmal zur Zahlung von Unterhalt nach der 1. Einkommensgruppe des Abschnitts A. der Düsseldorfer Tabelle (Mindestunterhalt) in der Lage wäre.

Soweit die zusätzliche Altersvorsorge einkommensmindernd zu berücksichtigen ist, sind in diesem Zusammenhang in allen Unterhaltsverhältnissen bis zu 4 % (beim Eltern- oder Enkelunterhalt bis zu 5 %) des letztjährigen Bruttoeinkommens angemessen. Diese Grundsätze gelten sowohl für zum Unterhalt Verpflichtete und Berechtigte mit Anwartschaft auf Sozialversicherungsrente oder Beamtenpension als auch (dort zusätzlich zur primären Altersvorsorge von ca. 20 %) für Personen mit nicht sozialversicherungspflichtigem Einkommen und nicht anderweitig vorhandener zusätzlicher Altersvorsorge, insbesondere für Selbstständige. War der Unterhaltspflichtige aus Gründen der Kindererziehung oder aus anderen berücksichtigungsfähigen Gründen nicht durchgehend vollschichtig erwerbstätig und hat er deshalb nur einen relativ geringen Renten- oder Pensionsanspruch erworben, kann der Prozentsatz von 4 % bzw. 5 % des Bruttoeinkommens für seine Altersvorsorge angemessen erhöht werden. Weiter sind bei rentenversicherten Unterhaltspflichtigen, deren Einkommen über der Beitragsbemessungsgrenze liegt, tatsächlich geleistete zusätzliche Vorsorgeaufwendungen insgesamt bis zu 24 % bzw. 25 % des Bruttoeinkommensanteils, der die Beitragsbemessungsgrenze der gesetzlichen Rentenversicherung übersteigt, anzuerkennen. Voraussetzung für die Anerkennung der Aufwendungen ist stets, dass diese tatsächlich vorgenommen werden. Aufwendungen zur zusätzlichen Altersvorsorge können in dem genannten Umfang auch bei Kenntnis der Unterhaltsverpflichtung aufgenommen werden.

97 Der Unterhaltspflichtige kann einkommensmindernd bis zu den in Rdnr. 96 genannten Obergrenzen Aufwendungen für die zusätzliche (erforderlichenfalls auch für die primäre) Altersvorsorge seines Ehegatten geltend machen, wenn dessen Altersversorgung nicht bereits anderweitig, z.B. durch eigene Alterseinkünfte, eigenes Vermögen oder durch die Altersversorgung des Unterhaltspflichtigen sichergestellt ist. Die genannten Obergrenzen gelten nicht, wenn der Ehegatte des Unterhaltspflichtigen aus eigenem Einkommen Altersvorsorge für seine Person in einem die Obergrenzen übersteigenden, aber für diesen Ehegatten noch angemessenen Umfang betreibt und die Leistungsfähigkeit seines einem Dritten gegenüber unterhaltspflichtigen Ehegatten dadurch geringer ausfällt als ohne diese höheren Aufwendungen. Für die Beurteilung, in welchem Umfang Aufwendungen des Ehegatten für seine zusätzliche Altersvorsorge bei ihm einkommensmindernd zu berücksichtigen sind, ist ein objektiver Maßstab anzulegen. Entscheidend ist der Lebensstandard der Ehegatten, der nach ihrem vorhandenen Einkommen vom Standpunkt eines vernünftigen Betrachters aus angemessen erscheint. Dabei haben gemessen an den verfügbaren Einkommen sowohl eine zu dürftige Lebensführung als auch ein übermäßiger Aufwand außer Betracht zu bleiben.

4. Einsatz des Vermögens

98 Vermögenserträge sind in jedem Unterhaltsrechtsverhältnis als Einkommen einzusetzen, es sei denn, sie verbleiben bis zur Vermögensschongrenze kapitalerhöhend im Vermögensstamm.

99 Reicht das bereinigte Einkommen des Unterhaltspflichtigen bei Wahrung des ihm nach dem konkreten Unterhaltsverhältnis zustehenden Selbstbehalts nicht aus, um den Unterhaltsbedarf des bedürftigen Berechtigten zu befriedigen, hat der Unterhaltspflichtige, der über Vermögen verfügt, für diesen Zweck den Stamm des Vermögens unabhängig von seiner Art bis zur vollen Deckung des monatlichen Unterhaltsbedarfs des Berechtigten einzusetzen, soweit nicht die in Rdnr. 100 bis

103 genannten Ausnahmen vorliegen. Nicht für Unterhaltszwecke zur Verfügung stehen neben dem Schonvermögen die auf die Vermögensverwaltung entfallenden Kosten sowie die auf die Vermögenserträgnisse zu zahlenden persönlichen Steuern.

100 Der Unterhaltspflichtige braucht den Stamm seines Vermögens insoweit nicht für den Unterhalt des Berechtigten einzusetzen,

- als er das Vermögen oder die daraus erwirtschafteten Einkünfte gegenwärtig oder künftig unter Berücksichtigung seiner voraussichtlichen Lebensdauer bei Einbeziehung seiner künftigen Erwerbsmöglichkeiten für seinen der eigenen Lebensstellung entsprechenden Lebensbedarf einschließlich seiner Altersversorgung (vgl. aber Rdnr. 103) und unter den Voraussetzungen der Rdnr. 101 für diejenige seines Ehegatten oder zur Erfüllung berücksichtigungsfähiger Verbindlichkeiten einschließlich seiner Unterhaltspflichten gegenüber vor- und gleichrangig Berechtigten (Letzteren gegenüber nur anteilig) benötigt,
- als die Vermögensverwertung rechtlich unmöglich ist,
- als das Vermögen aus einem selbstbewohnten angemessenen Familienheim besteht; im Rahmen des Elternunterhalts ist dabei auch ein selbstbewohntes Hausgrundstück geschützt, das aus nicht mehr als zwei Wohnungen besteht, wobei entsprechend den in der Vergangenheit möglichen steuerlichen Vergünstigungen für die zweite Wohnung nur die Größenordnung einer Einliegerwohnung (abgeschlossene zweite Wohnung, die gegenüber der Hauptwohnung von untergeordneter Bedeutung ist) zugrunde zu legen ist,
- als Vermögen des Unterhaltspflichtigen für in naher Zukunft notwendig anfallende vorweggenommene Lebenshaltungskosten (z.B. für demnächst notwendig anfallende Instandhaltungskosten des Familienheims oder für die demnächst notwendig anstehende Anschaffung eines Ersatzfahrzeuges) und für die Wechselfälle des Lebens angesammelt worden ist; auch insoweit kann im Rahmen des Elternunterhalts eine großzügigere Handhabung angebracht sein,
- als es sich um einen Betrag für Notfälle handelt; dieser sog. Notgroschen ist grundsätzlich höher als der des Unterhaltsberechtigten (vgl. Rdnr. 74); der Umfang richtet sich nach den Umständen des Einzelfalls, u.a. nach dem Rang des Unterhaltsberechtigten, nach den Einkommensverhältnissen des Unterhaltspflichtigen und nach seinen weiteren Unterhaltsverpflichtungen,
- als im Fall des Verwandtenunterhalts der Einsatz für den Unterhaltspflichtigen mit einem nicht mehr vertretbaren Nachteil verbunden und damit grob unbillig wäre,
- als im Fall nachehelichen Unterhalts und des Unterhalts von Ehegatten während ihres Getrenntlebens die Verwertung unwirtschaftlich oder unter Berücksichtigung der beiderseitigen wirtschaftlichen Verhältnisse unbillig wäre (§ 1577 Abs. 3 BGB). Es wird empfohlen, bei Unterhaltsansprüchen nach § 1615 l BGB entsprechend zu verfahren.

101 Für die eigene (zusätzliche) Altersvorsorge ist das Vermögen des Unterhaltspflichtigen in dem Umfang vom Einsatz für den Unterhalt Dritter zu schonen, als es der finanziell – abgesehen von der primären Altersvorsorge (insbesondere gesetzliche Rentenversicherung und Beamtenversorgung) – nicht für sein Alter gesicherte Unterhaltspflichtige bei seiner Inanspruchnahme auf Ehegatten- oder Kindesunterhalt oder auf Unterhalt nach § 1615 l BGB angesammelt hätte, wenn er im Laufe seines bisherigen Berufslebens bei einer Rendite von 4 % jährlich jeweils bis zu i.d.R. 4 % seines aktuellen Jahresbruttoeinkommens vermögensbildend angelegt hätte. Allerdings ist dem Unterhaltspflichtigen (ggf. vorübergehend) im Verhältnis zu seinen bedürftigen minderjährigen oder den ihnen nach § 1603 Abs. 2 Satz 2 BGB gleichgestellten volljährigen Kindern zuzumuten, Teile seines Altersvorsorgevermögens für den Lebensbedarf dieser Unterhaltsberechtigten einzusetzen, wenn andernfalls nicht einmal Zahlung von Unterhalt nach der 1. Einkommensgruppe des Abschnitts A. der Düsseldorfer Tabelle (Mindestunterhalt) gesichert wäre. Beim Elternunterhalt als Unterhaltsanspruch minderer Qualität muss dem Unterhaltspflichtigen bis zum Renteneintritt bzw. bei vorzeitigem Rentenbeginn bis zum Erreichen des regulären Renteneintrittsalters der Betrag verbleiben, der sich aus der Kapitalanlage der ihm unterhaltsrechtlich zuzubilligenden zusätzlichen Altersvorsorge (bis zu 5 % des Bruttoeinkommens, vgl. Rdnr. 96) ergäbe. Für die Berechnung ist die konkrete Dauer des bisherigen Erwerbslebens bis zum Beginn des Unterhaltszeitraums maßgeblich. Der Wert eines angemessenen selbst genutzten Familienheims mindert diesen Vermögensfreibetrag nicht, weil dem Unterhaltspflichtigen die Veräußerung des Familienheims nicht zuzumuten ist.

102 Die Regeln in Rdnr. 101 gelten entsprechend für die zusätzliche Altersvorsorge von Unterhaltspflichtigen, die keine primäre Altersversorgung durch Sozialversicherungsrente oder Pension zu erwarten haben, sowie für das in angemessenem Umfang zur Altersvorsorge des Ehegatten des Unterhaltspflichtigen angesammelte Vermögen, wenn die Versorgung des Ehegatten im Alter nicht bereits durch die eigene Vorsorge des Unterhaltspflichtigen oder auf andere Weise gesichert ist. Das Ergebnis ist jeweils auf seine Angemessenheit zu überprüfen.

103 Ab Renteneintritt (bzw. bei vorzeitigem Rentenbeginn ab Erreichen der regulären Altersgrenze für den Rentenbeginn) hat der aus Einkommen nicht bzw. nicht ausreichend leistungsfähige Unterhaltspflichtige sein bis zu diesem Zeitraum angesammeltes Altersvorsorgevermögen für den Unterhalt des Berechtigten einzusetzen, soweit dadurch sein eigener angemessener Unterhalt und derjenige der ihm gegenüber vor- oder (anteilig) gleichrangigen Unterhaltsberechtigten nicht beeinträchtigt wird. Um den danach für den Unterhalt des Berechtigten zur Verfügung stehenden Monatsbetrag zu ermitteln, ist das Altersvorsorgevermögen des Unterhaltspflichtigen auf der Grundlage seiner bei Einsetzen seiner Unterhaltspflicht bestehenden Lebenserwartung in Einkommen umzurechnen. Dies hat mithilfe der vom Bundesministerium der Finanzen nach § 14 Abs. 1 Satz 4 BewG jährlich neu bekannt gegebenen Kapitalisierungstabellen zu erfolgen. Soweit der auf dieser Grundlage errechnete Monatsbetrag den dem Unterhaltspflichtigen gegenüber dem Berechtigten zustehenden Selbstbehalt übersteigt, ist er für den Unterhalt des Berechtigten einzusetzen, im Rahmen des Elternunterhalts zu 50 %, in allen engeren Unterhaltsverhältnissen in vollem Umfang.

104 Verbleibt dem Unterhaltspflichtigen nach Abzug des geschützten Vermögens (vgl. Rdnrn. 100 bis 103) weiteres Vermögen, ist dieses bis zur Deckung des vollen monatlichen Unterhaltsbedarfs des Berechtigten und ggf. weiterer gleichrangig Unterhaltsberechtigter grundsätzlich in vollem Umfang einzusetzen. Das gilt auch für den Elternunterhalt.

105 Haften dem Unterhaltsberechtigten mehrere Unterhaltspflichtige gleichrangig (sog. horizontale Mithaftung, § 1606 Abs. 3 Satz 1 BGB) und haften die einen aus Einkommen und die anderen aus Vermögen, ist der Haftungsanteil sämtlicher Unterhaltspflichtiger zu errechnen. Zu diesem Zweck muss das für Unterhaltszwecke einzusetzende Vermögen in einen Monatsbetrag umgerechnet werden. Hierzu ist der einzusetzende Vermögenswert mithilfe der zu Beginn der Unterhaltsverpflichtung aktuellen Kapitalisierungstabelle nach § 14 Abs. 1 Satz 4 BewG anhand der statistischen Lebenserwartung des Unterhaltsberechtigten zu verrenten. Zur Haftungsverteilung zwischen mehreren gleichrangig Unterhaltspflichtigen vgl. Rdnr. 42.

5. Selbstbehalt des Unterhaltspflichtigen

106 Auf der Grundlage von Abschnitt A. Anm. 5, B. IV. und VI. sowie D. I. und II. der Düsseldorfer Tabelle bestimmen die unterhaltsrechtlichen Leitlinien der Oberlandesgerichte (dort jeweils in Nr. 21 bzw. 22) den Selbstbehalt, d.h. den Betrag, der dem Unterhaltspflichtigen gegenüber dem Unterhaltsberechtigten je nach Unterhaltsverhältnis für seine eigene Person bzw. für seinen mit ihm in einem Haushalt lebenden Ehegatten mindestens zusteht. Soweit der Unterhaltspflichtige gegenüber dem Unterhaltsberechtigten nur seinen notwendigen Selbstbehalt verteidigen kann, ist dieser bei einem nicht erwerbstätigen niedriger anzusetzen als bei einem erwerbstätigen Unterhaltspflichtigen. In den übrigen Unterhaltsverhältnissen hängt die Höhe des Selbstbehalts nach der Düsseldorfer Tabelle und den Leitlinien nicht davon ab, ob der Unterhaltspflichtige erwerbstätig ist oder nicht.

Es wird empfohlen, sich nach den Beträgen zu richten, die zum Selbstbehalt in den Leitlinien des zuständigen Oberlandesgerichts ausgewiesen sind. Für den unterhaltspflichtigen Partner einer eingetragenen Lebenspartnerschaft legen bisher weder die Düsseldorfer Tabelle noch die unterhaltsrechtlichen Leitlinien der Oberlandesgerichte einen Selbstbehalt fest. Es wird empfohlen, insoweit von den für (ggf. geschiedene) Ehegatten maßgeblichen Beträgen auszugehen. Nicht ausgewiesen ist in den Leitlinien bzw. der Düsseldorfer Tabelle auch der Selbstbehalt der Eltern gegenüber dem Unterhaltsanspruch ihres volljährigen Kindes, das seine bereits erlangte wirtschaftliche Selbstständigkeit wieder verloren hat. In diesen Fällen ist der für den Elternunterhalt geltende Selbstbehalt (vgl. Rdnr. 172) anzusetzen.

107 Bei gemeinsamer Haushaltsführung mit einem leistungsfähigen Ehegatten oder Partner reduziert sich der Selbstbehalt des Unterhaltspflichtigen wegen ersparter Aufwendungen (häusliche Ersparnis) im Regelfall um 10 %. Zur häuslichen Ersparnis beim Elternunterhalt vgl. Rdnrn. 187, 189.

108 Hat der Unterhaltspflichtige gegen seinen Ehegatten nach § 1360 a BGB einen Anspruch auf Familienunterhalt, kann der Selbstbehalt, der ihm im Verhältnis zu dem ihm gegenüber Unterhaltsberechtigten zusteht, je nach den wirtschaftlichen Verhältnissen seines Ehegatten ganz oder teilweise gewahrt sein. In diesem Fall steht sein eigenes unter seinem Selbstbehalt liegendes Einkommen oder das ihm zustehende Taschengeld teilweise für den Unterhalt des Berechtigten zur Verfügung.

109 Im Selbstbehalt des Unterhaltspflichtigen ist sein Unterkunftsbedarf enthalten. Nach Abschnitt A. Anm. 5 der Düsseldorfer Tabelle umfasst er die Warmmiete (Kaltmiete einschließlich Heizung und umlagefähige Nebenkosten) und beträgt monatlich gegenüber seinen minderjährigen und den ihnen nach § 1603 Abs. 2 Satz 2 BGB gleichgestellten volljährigen Kindern 360 Euro (Abschnitt A. Anm. 5), gegenüber seinen anderen volljährigen Kindern und seinen Eltern 450 Euro (Abschnitt A. Anm. 5, D. I.) sowie gegenüber seinem (ggf. geschiedenen) Ehegatten (Abschnitt B. IV.) und dem ihm gegenüber nach § 1615 l BGB Unterhaltsberechtigten (Abschnitt B. IV., D. II.) 400 Euro. Der im Selbstbehalt für Unterkunftsbedarf enthaltene Ansatz kann angemessen erhöht werden, wenn die Unterkunftskosten des Unterhaltspflichtigen den für diesen Zweck in den unterhaltsrechtlichen Leitlinien der Oberlandesgerichte ausgewiesenen Betrag erheblich überschreiten und das nicht vermeidbar ist (vgl. Abschnitt A. Anm. 5 der Düsseldorfer Tabelle). Auf Unvermeidbarkeit und Erheblichkeit der Überschreitung kommt es im Rahmen des Trennungsunterhalts bis zu dem in Rdnr. 83 genannten Zeitpunkt ebenso wenig an wie im Rahmen des Elternunterhalts. Um festzustellen, ob von Unvermeidbarkeit und Erheblichkeit der Überschreitung des für Unterkunftsbedarf im Selbstbehalt enthaltenen Ansatzes bei Nutzung einer Wohnung durch mehrere Personen auszugehen ist, ist der Wohnkostenanteil des Unterhaltspflichtigen zu ermitteln, indem zunächst der entsprechende Anteil der in der Wohnung lebenden minderjährigen unverheirateten und ihnen rechtlich gleichgestellten volljährigen Kinder in Höhe von i.d.R. 20 % ihres Tabellenunterhalts abgezogen und der verbleibende Rest der Wohnkosten unter den erwachsenen Bewohnern nach Köpfen aufgeteilt wird. Zu Selbstbehalt und Einkommensbereinigung bei selbst genutztem Wohneigentum vgl. Rdnr. 95.

110 Angemessene Aufwendungen des Unterhaltspflichtigen für die Wahrnehmung des Umgangsrechts mit seinen minderjährigen Kindern können dazu führen, dass der notwendige Selbstbehalt maßvoll zu erhöhen ist, selbst wenn dadurch der Mindestunterhalt dieser Kinder nicht gewahrt werden kann. Dies gilt aber nur, wenn solche Aufwendungen nicht bereits bei der Einkommensbereinigung angemessen berücksichtigt werden.

VII. Die Mangelverteilung und Unterhaltskonkurrenz der Berechtigten

111 Ein Mangelfall liegt vor, wenn das für Unterhaltszwecke zur Verfügung stehende Einkommen des Unterhaltspflichtigen nicht ausreicht, um unter Wahrung seines eigenen angemessenen Bedarfs den angemessenen Bedarf aller Unterhaltsberechtigten ohne Rücksicht auf ihren unterhaltsrechtlichen Rang zu decken. Zu beachten ist, dass der unterhaltsrechtliche Nachrang eines Berechtigten seinen Unterhaltsbedarf nicht beeinflusst. Er wirkt sich erst im Rahmen der Leistungsfähigkeit des Unterhaltspflichtigen aus. Übersteigt der Bedarf des oder der Unterhaltsberechtigten den Betrag, der dem Unterhaltspflichtigen für den eigenen Unterhalt verbleibt, ist ein sog. relativer Mangelfall gegeben. Soweit der Unterhaltspflichtige den Unterhaltsbedarf der Berechtigten nicht decken kann, ohne den Selbstbehalt zu unterschreiten, der ihm in dem konkreten Unterhaltsverhältnis zusteht, liegt ein absoluter Mangelfall bzw. Mangelfall im engeren Sinn vor. Die Reihenfolge, in der der Unterhaltsbedarf mehrerer Berechtigter zu befriedigen ist, hängt von deren unterhaltsrechtlichem Rang nach § 1609 BGB ab. Der Bedarf mehrerer gleichrangig Berechtigter ist anteilig zu befriedigen. Bei allen Fallgestaltungen ist das Ergebnis der Mangelfallberechnung auf seine Angemessenheit zu überprüfen und ggf. entsprechend zu korrigieren.

112 Übersteigt der Bedarf des unterhaltsberechtigten Ehegatten den Betrag, der dem unterhaltspflichtigen Ehegatten für den eigenen eheangemessenen Unterhalt verbleibt (relativer Mangelfall), sind im Rahmen der Billigkeitsabwägung nach § 1581 BGB sowohl der Unterhalt des Berechtigten als auch der individuelle Selbstbehalt des Verpflichteten zu kürzen. Erst wenn für den Unterhaltspflichtigen die Untergrenze seines angemessenen Selbstbehalts nach Abschnitt B. IV. der Düsseldorfer Tabelle bzw. den unterhaltsrechtlichen Leitlinien der Oberlandesgerichte erreicht ist (absoluter Mangelfall), wirkt sich das allein auf den Unterhalt des Berechtigten aus. Dieser ist dann so weit zu kürzen, dass dem Unterhaltspflichtigen sein Selbstbehalt verbleibt. Entsprechendes gilt für die in den übrigen Unterhaltsverhältnissen maßgeblichen Selbstbehalte.

113 Die Leistungsfähigkeit eines Unterhaltspflichtigen gegenüber seinem Ehegatten wird nach § 1581 BGB auch durch seine sonstigen Verpflichtungen beeinflusst. Dazu gehören auch vor- oder gleichrangige Unterhaltspflichten. Nach § 1609 Nr. 1 BGB allen anderen Unterhaltsberechtigten gegenüber vorrangig und deshalb auch vorrangig zu berücksichtigen sind minderjährige und die ihnen nach § 1603 Abs. 2 Satz 2 BGB gleichgestellten Kinder unabhängig davon, ob sie in der Ehe oder aber vor- oder nachehelich geboren sind (zum Umfang der Berücksichtigung vgl. Rdnr. 114). Ist der wieder verheiratete Unterhaltspflichtige sowohl seinem geschiedenen als auch seinem neuen Ehegatten (oder dem betreuenden Elternteil eines gemeinsamen nichtehelichen Kindes) gegenüber unterhaltspflichtig und stehen die Berechtigten nach § 1609 BGB im gleichen Rang, ist das vorhandene Gesamteinkommen des Unterhaltspflichtigen und der Unterhaltsberechtigten einschließlich ggf. des Splittingvorteils aus der neuen Ehe auf den Unterhaltspflichtigen und die beiden Unterhaltsberechtigten gleichmäßig zu verteilen. Dies gilt allerdings mit der Einschränkung, dass die den zusammenlebenden Ehegatten zur Verfügung stehenden Mittel einerseits wegen der Vorteile der gemeinsamen Haushaltsführung um je 10 % zu kürzen sind, andererseits der Splittingvorteil nur der neuen Ehe zuzurechnen ist. Der unterhaltsberechtigte geschiedene Ehegatte kann den sich bei Halbteilung ergebenden vollen Unterhalt nicht mehr verlangen, weil dies zu einem relativen Mangelfall führen würde. Denn dem Unterhaltspflichtigen, der auch seinem dem geschiedenen Ehegatten im Rang gleichstehenden neuen Ehegatten Unterhalt schuldet, verbliebe dann für seinen eigenen Unterhalt weniger als der Betrag, den er seinem geschiedenen Ehegatten zu zahlen hätte. Ist der neue Ehegatte des Unterhaltspflichtigen dagegen im Verhältnis zu dem geschiedenen Ehegatten nachrangig, ist dessen Unterhaltsanspruch im Rahmen von § 1581 BGB nicht als sonstige Verpflichtung zu berücksichtigen. Der Unterhaltspflichtige hat seinem geschiedenen Ehegatten in diesem Fall Unterhalt auf Grundlage des Bedarfs zu leisten, der den ehelichen Lebensverhältnissen der geschiedenen Ehe unter Außerachtlassung des Splittingvorteiles entspricht, der in dieser Ehe bestand. Nach dem Grundsatz der Halbteilung steht dem geschiedenen einkommenslosen Ehegatten die Hälfte des bereinigten Einkommens des Unterhaltspflichtigen – bei Erwerbseinkünften gemäß der unterhaltsrechtlichen Leitlinien der Oberlandesgerichte (dort jeweils Nr. 15.2) nach Vorabzug des Erwerbstätigenbonus – zu. Dem Unterhaltspflichtigen verbleibt für sich und seinen neuen Ehegatten nur der Restbetrag zuzüglich des Splittingvorteils der neuen Ehe. Ist der geschiedene Ehegatte dagegen im Verhältnis zum neuen Ehegatten nur nachrangig unterhaltsberechtigt, weil der neue Ehegatte im Fall einer Scheidung wegen Kinderbetreuung unterhaltsberechtigt wäre, hat der Unterhaltspflichtige vorrangig den Anspruch des neuen Ehegatten auf Familienunterhalt zu befriedigen. Maßstab dafür sind die ehelichen Lebensverhältnisse der neuen Ehe unter Einschluss des dieser Ehe zuzurechnenden Splittingvorteils. Der Wert des Anspruchs auf Familienunterhalt beläuft sich – ggf. unter Berücksichtigung eigenen Einkommens des neuen Ehegatten – grundsätzlich auf die Hälfte des Familieneinkommens. Für den geschiedenen Ehegatten verbleibt nur ein ggf. vorhandenes Resteinkommen des Unterhaltspflichtigen. Dabei ist ebenso wie bei den zuvor genannten Fallgestaltungen zu beachten, dass dem Unterhaltspflichtigen zur Befriedigung seines eigenen Unterhaltsbedarfs der Selbstbehalt nach Abschnitt B. IV. der Düsseldorfer Tabelle von zzt. 1.100 Euro verbleiben muss; in weitergehendem Umfang ist er nicht leistungsfähig.

114 Ist der Unterhaltspflichtige sowohl seinen minderjährigen oder volljährigen Kindern als auch seinem (ggf. geschiedenen) Ehegatten unterhaltspflichtig, richtet sich der Unterhaltsbedarf der Kinder nach Abschnitt A. der Düsseldorfer Tabelle unter Berücksichtigung der Zahl der – auch nachrangigen – Unterhaltsberechtigten. Der Bedarf des Ehegatten bestimmt sich gemäß § 1578 Abs. 1 Satz 1 BGB nach seinen ehelichen Lebensverhältnissen. Reicht das bereinigte Einkommen des Unterhaltspflichtigen nicht aus, um bei Wahrung seines Selbstbehalts den Bedarf sämtlicher Berechtigter zu decken, und sehen die Leitlinien des zuständigen Oberlandesgerichts die Anwendung der Bedarfskontrollbeträge der Tabelle vor, ist der Unterhaltsbedarf der Kinder im Rahmen der Angemessenheitsbetrachtung (vgl. Rdnr. 111) anhand dieser Kontrollbeträge zu korrigieren. Genügt auch das nicht, um eine ausgewogene Verteilung des für Unterhaltszwecke einsetzbaren Einkommens des Unterhaltspflichtigen auf die Kinder und seinen Ehegatten zu bewirken, liegt ein absoluter Mangelfall vor. In diesem Fall bemisst sich der Unterhaltsbedarf der Kinder nach Abschnitt A. Anm. 1 der Düsseldorfer Tabelle aus der 1. Einkommensgruppe. Das gilt auch für den Bedarf der volljährigen Kinder, soweit sich daraus kein Missverhältnis zu dem Unterhaltsbedarf des ihnen gegenüber nach § 1609 BGB vorrangigen Ehegatten des Unterhaltspflichtigen ergibt, weil der Bedarf dieser Kinder die ehelichen Lebensverhältnisse der Ehegatten geprägt hat. Nur wenn die Verteilung danach unausgewogen ist, setzt sich den volljährigen Kindern gegenüber der bessere Rang des Ehegatten nach § 1609 BGB durch.

115 Zur Unterhaltskonkurrenz zwischen den Eltern eines ihnen unterhaltspflichtigen Kindes und seinem Ehegatten vgl. Rdnr. 192.

116 Sind gegenüber einem Unterhaltspflichtigen seine minderjährigen und/oder seine volljährigen Kinder sowie seine Eltern unterhaltsberechtigt, sind zunächst die Unterhaltsansprüche sämtlicher Kinder zu befriedigen. Wenn die Leistungsfähigkeit des Unterhaltspflichtigen dadurch noch nicht erschöpft ist, wird anschließend der Unterhaltsbedarf der Eltern bedient. Die Verteilung auf die einzelnen gleichrangigen Unterhaltsberechtigten geschieht im Verhältnis ihrer Einsatzbeträge. Als Einsatzbetrag anzusetzen ist dabei der im Anhang der Düsseldorfer Tabelle ausgewiesene Zahlbetrag des Kindesunterhalts nach Abschnitt A. der Tabelle, der sich unter Berücksichtigung ggf. erzielten eigenen bereinigten Einkommens der Kinder und der Zahl der – ggf. auch nachrangigen – Unterhaltsberechtigten aus dem Einkommen des barunterhaltspflichtigen Elternteils ergibt. Zum Umfang der bedürftigkeitsmindernden Anrechnung von Einkommen dem Grunde nach unterhaltsberechtigter Kinder vgl. Rdnrn. 125 und 162. Für Studierende und Kinder mit eigenem Haushalt ist von den sich aus Abschnitt A. Anm. 7 der Düsseldorfer Tabelle ergebenden Beträgen auszugehen. Zur Ermittlung des Einsatzbetrags ist bei ihnen ebenso wie bei den noch im Haushalt eines Elternteils lebenden volljährigen Kindern das volle Kindergeld abzuziehen.

117 Im Rahmen einer Mangelfallberechnung ist der gekürzte Unterhalt aller gleichrangig Berechtigten nach folgender Formel zu ermitteln:

$$\frac{\text{Einsatzbetrag des einzelnen Unterhaltsberechtigten} \times \text{Verteilungsmasse}}{\text{Summe aller Einsatzbeträge gleichrangig Unterhaltsberechtigter}}$$

Dabei besteht die Verteilungsmasse aus dem bereinigten Einkommen des Unterhaltspflichtigen nach Abzug seines für das konkrete Unterhaltsverhältnis maßgeblichen Selbstbehalts. Unter dem Einsatzbetrag ist der ungedeckte Unterhaltsbedarf des bzw. der Unterhaltsberechtigten zu verstehen.

118 Das Ergebnis der Mangelfallberechnung ist in allen Unterhaltsverhältnissen abschließend darauf zu überprüfen, ob die Aufteilung dieses Einkommens auf die verschiedenen – ggf. auch nachrangig – Unterhaltsberechtigten angemessen und billig ist. Andernfalls ist es zu korrigieren.

VIII. Der Unterhaltsanspruch minderjähriger und der ihnen nach § 1603 Abs. 2 Satz 2 BGB gleichgestellten volljährigen Kinder gegenüber ihren Eltern

119 Die Abschnitte II. bis VII. sind auch hier zu berücksichtigen, soweit sich diese Abschnitte nicht ausdrücklich mit anderen Unterhaltsverhältnissen befassen. Von Bedeutung für den Unterhalt minderjähriger und ihnen gleichgestellter Kinder sind insoweit insbesondere die Ausführungen zum Unterhaltsverzicht (Rdnrn. 29, 31, 33), zur Unterhaltsverwirkung (Rdnrn. 34 bis 36), zum Rang von Unterhaltsberechtigten und Unterhaltsverpflichteten (Rdnrn. 37 bis 45), zum Maß des Unterhalts (Rdnr. 46 f.), zum Unterhaltsbedarf (Rdnrn. 53 bis 55), zur Kindergeldanrechnung (Rdnr. 67), zur Unterhaltsbedürftigkeit (Rdnrn. 60, 67 und 73), zur Leistungsfähigkeit der Eltern (Rdnrn. 77 bis 105), zum Selbstbehalt des unterhaltspflichtigen Elternteils Rdnrn. 106, 109 f.) und zur Mangelverteilung auch bei Unterhaltskonkurrenz mit weiteren Unterhaltsberechtigten (Rdnrn. 111, 113 f. und 116 bis 118).

120 In besonderem Maße unterhaltspflichtig sind Eltern gegenüber ihren minderjährigen und den ihnen nach § 1603 Abs. 2 Satz 2 BGB gleichgestellten Kindern. Sofern Eltern auf die Belange ihrer Kinder die gebotene Rücksicht nehmen, können sie nach § 1612 Abs. 2 Satz 1 BGB gegenüber ihren nicht verheirateten Kindern bestimmen, in welcher Art und zu welcher Zeit im Voraus der Unterhalt gewährt werden soll. Bieten sie wirksam Naturalunterhalt an und lehnen die Kinder ihn ab, können diese nicht stattdessen Barunterhalt verlangen. In diesem Fall findet kein Anspruchsübergang auf den Träger der Sozialhilfe statt. Ist ein Elternteil nicht sorgeberechtigt, kann er nach § 1603 Abs. 2 Satz 2 BGB die Bestimmung allerdings nur für die Zeit vornehmen, in der er sein minderjähriges Kind in seinen Haushalt aufgenommen hat. Das Bestimmungsrecht gilt nicht für Kinder, die schon einmal verheiratet waren, wohl aber auch für volljährige Kinder, selbst wenn sie minderjährigen Kindern nicht nach § 1612 Abs. 2 Satz 2 BGB gleichgestellt sind.

121 Nach Trennung oder Scheidung ihrer Eltern ist minderjährigen (ehelichen und nichtehelichen) Kindern grundsätzlich nur der Elternteil barunterhaltspflichtig, in dessen Obhut sie nicht leben (Rdnr. 39). Zu den Ausnahmen von diesem Grundsatz vgl. Rdnr. 40. Der barunterhaltspflichtige Elternteil ist i.d.R. gehalten, alle verfügbaren Mittel zu seinem eigenen und seiner minderjährigen sowie seiner diesen nach § 1603 Abs. 2 Satz 2 BGB gleichgestellten volljährigen Kinder Unterhalt gleichmäßig zu verwenden. Die Inanspruchnahme darf jedoch grundsätzlich nicht dazu führen, dass sein notwendiger Selbstbehalt (vgl. dazu Rdnr. 106) unterschritten wird. Zur Erhöhung des Selbstbehalts in Ausnahmefällen vgl. Rdnrn. 109 und 110. Nicht nur den notwendigen, sondern den angemessenen Selbstbehalt kann der barunterhaltspflichtige Elternteil nach § 1603 Abs. 2 Satz 3 Halbsatz 2 BGB gegenüber seinen minderjährigen und den ihnen nach § 1603 Abs. 2 Satz 2 BGB gleichgestellten Kindern verteidigen, wenn diese ihren Unterhalt aus dem Stamm ihres Vermögens bestreiten können.

122 Der Barunterhaltsbedarf unverheirateter minderjähriger und der ihnen nach § 1603 Abs. 2 Satz 2 BGB gleichgestellten volljährigen Kinder von getrennt lebenden oder geschiedenen Eltern ist dem Abschnitt A. der Düsseldorfer Tabelle und den unterhaltsrechtlichen Leitlinien der Oberlandesgerichte zu entnehmen. Darin ist der Barunterhaltsbedarf nach dem Alter der Kinder, nach dem bereinigten Einkommen des barunterhaltspflichtigen Elternteils und nach der Anzahl der diesem gegenüber (auch nachrangig) unterhaltsberechtigten Personen bestimmt. Bei den ausgewiesenen Tabellensätzen ist unterstellt, dass zwei Personen gegenüber dem Elternteil unterhaltsberechtigt sind. Ist die Anzahl der Unterhaltsberechtigten größer bzw. geringer, sind in Hinblick auf die ausgewiesenen Tabellensätze angemessene Abschläge bzw. Zuschläge zu berücksichtigen (Abschnitt A. Anm. 1 der Düsseldorfer Tabelle). Wegen des Vorrangs der minderjährigen und der ihnen gleichgestellten volljährigen Kinder (§ 1609 Nr. 1 BGB) ist deren Unterhaltsanspruch unmittelbar aus dem Einkommen des barunterhaltspflichtigen Elternteils abzuleiten; die Berücksichtigung der Ansprüche weiterer Unterhaltsberechtigter bei der Einkommensbereinigung ist ausgeschlossen. Jedoch ist das gewonnene Ergebnis in jedem Fall – ggf. auch unter Einbeziehung nachrangig Unterhaltsberechtigter – anhand der in Abschnitt A. der Düsseldorfer Tabelle ausgewiesenen Bedarfskontrollbeträge oder nach anderen geeigneten Kriterien auf seine Angemessenheit zu überprüfen und ggf. entsprechend zu korrigieren. Zur Mangelfallberechnung vgl. Rdnrn. 111, 113 f., 116 bis 118.

123 Sind minderjährige Kinder auswärtig untergebracht oder werden sie abwechselnd in etwa gleichem Umfang von jedem Elternteil betreut, kommt es auf das zusammengerechnete bereinigte Einkommen beider Elternteile an. Gleiches gilt für den Unterhaltsbedarf der den minderjährigen Kindern gleichgestellten volljährigen Kinder, weil bei ihnen kein Betreuungsbedarf mehr besteht und ihnen deshalb im Rahmen der Leistungsfähigkeit ihrer Eltern beide Elternteile barunterhaltspflichtig sind. Leben sie noch im Haushalt ihrer Eltern oder eines Elternteils, ist ihr Unterhaltsbedarf aus der 4. Altersgruppe der Düsseldorfer Tabelle zu entnehmen. Der Unterhaltsbedarf minderjähriger Kinder nach der 1. Einkommensgruppe des Abschnitts A. der Düsseldorfer Tabelle stimmt der Höhe nach mit ihrem gemäß § 1612 a Abs. 1 BGB festgelegten Mindestunterhaltsbedarf überein (vgl. Rdnr. 55). Mindestens im Umfang dieses Unterhaltsbedarfs abzüglich des nach § 1612 b Abs. 1 BGB anrechenbaren Kindergeldes können diese Kinder von dem barunterhaltspflichtigen Elternteil Unterhalt verlangen, wenn und soweit dessen bereinigtes Einkommen den ihm diesen Kindern gegenüber zustehenden notwendigen Selbstbehalt übersteigt.

124 Sachlich begründeter Mehrbedarf von Kindern ist ihrem nach der Düsseldorfer Tabelle ermittelten Bedarf hinzuzurechnen. Hierfür haften im Rahmen ihrer Leistungsfähigkeit nach § 1606 Abs. 3 Satz 1 nach ihren Einkommens- und Vermögenverhältnissen beide Eltern anteilig. In Hinblick auf den Bildungs- und Erziehungsauftrag des Kindergartens fallen darunter – auch in Fällen, in denen der Kindergartenbesuch die Erwerbstätigkeit des betreuenden Elternteils erst ermöglicht – die Kosten für den Besuch einer solchen Einrichtung durch Kinder im Alter von drei Jahren bis zur Einschulung. Ausgenommen sind die dort ggf. entstehenden Verpflegungskosten. Erhöhte Betreuungsleistungen eines Elternteils für ein behindertes Kind können zu abweichenden Haftungsanteilen der Eltern führen. Anderweitige Kinderbetreuungskosten, die notwendig anfallen, sind bei diesem Elternteil einkommensmindernd zu berücksichtigen.

125 Verfügt ein minderjähriges Kind, das im Haushalt seiner Eltern oder eines Elternteils lebt, über eigenes Einkommen, ist dieses nach Bereinigung um berufsbedingte Aufwendungen (nur) zur Hälfte auf seinen Barunterhaltsbedarf anzurechnen. Handelt es sich bei dem Einkommen des Kindes um eine Ausbildungsvergütung, ist diese vor ihrer Anrechnung i.d.R. um einen ausbildungsbedingten Mehrbedarf zu kürzen; überwiegend werden nach Leitlinien der Oberlandesgerichte dabei im Regelfall pauschal 90 Euro angesetzt (vgl. auch Abschnitt A. Anm. 8 der Düsseldorfer Tabelle). Zur Erwerbsobliegenheit minderjähriger Kinder außerhalb einer Ausbildung und zu den Folgen eines Verstoßes gegen diese Obliegenheit vgl. Rdnr. 69.

126 Nach § 1612 a Abs. 1 BGB können minderjährige Kinder den ihnen zustehenden Barunterhalt – auch soweit er über ihren gesetzlich bestimmten Mindestunterhalt hinausgeht – nach ihrer Wahl als festen Zahlbetrag oder als Prozentsatz des Mindestunterhalts verlangen. Bis zu 120 % des Mindestunterhalts können sie ihn auch im Vereinfachten Verfahren nach §§ 249 ff. FamFG geltend machen, wenn zum Zeitpunkt der Zustellung des Antrags oder einer Mitteilung über seinen Inhalt an den Antragsgegner noch kein Gericht über den Unterhaltsanspruch des Kindes entschieden hat und darüber auch weder ein gerichtliches Verfahren anhängig noch ein Vollstreckungstitel errichtet worden ist. Dasselbe Recht steht dem Träger der Sozialhilfe nach Übergang des Unterhaltsanspruchs auf ihn zu.

127 Hat der barunterhaltspflichtige Elternteil (wieder) geheiratet, lebt er mit seinem Ehegatten in ehelicher Gemeinschaft und sind aus der (neuen) Ehe Kinder hervorgegangen, hat der Ehegatte der neuen Ehe nach § 1360 a BGB zu den finanziellen Aufwendungen der Kinder aus der neuen Ehe beizutragen, wenn und soweit er über Einkommen und/oder Vermögen verfügt. Der Anteil ergibt sich aus dem Verhältnis der bereinigten Einkünfte beider Eltern. Er ist je nach Belastung des einen oder des anderen Ehegatten mit der Haushaltsführung und Kinderbetreuung wertend zu verändern. Dieser Grundsatz gilt unter sonst gleichen Voraussetzungen auch in Fällen, in denen die Eltern nicht miteinander verheiratet sind. Zur Kürzung des Selbstbehalts des seinen Kindern barunterhaltspflichtigen Elternteils, der mit einem (leistungsfähigen) Partner einen gemeinsamen Haushalt führt und dadurch Einsparungen erzielt, vgl. Rdnr. 107; hinsichtlich des Anspruchs dieses Elternteils auf Familienunterhalt vgl. Rdnr. 108.

128 Ist ein Elternteil eines volljährigen Kindes i.S. von § 1603 Abs. 2 Satz 2 BGB nicht leistungsfähig, steht ihm das für dieses Kind geleistete Kindergeld nicht zu. Erbringt er seinem Kind gleichwohl Naturalleistungen, etwa in Form von Wohnungsgewährung oder Verpflegung, hat das Kind auf Verlangen dieses Elternteils als Entgelt einen Teil des ihm von dem anderen Elternteil gewährten Barunterhalts abzuführen. Gewährt der leistungsunfähige Elternteil die Naturalleistungen unentgeltlich, um sein Kind damit zu begünstigen, handelt es sich um freiwillige Leistungen, die den barunterhaltspflichtigen Elternteil nicht entlasten und für die ein Ausgleich durch das Kindergeld deshalb nicht vorgesehen ist. Will er durch seine Leistung ausnahmsweise den anderen Elternteil finanziell entlasten, verringert sich dessen Barunterhaltspflicht entsprechend. Zur Anrechnung des Kindergeldes auf den Bedarf des Kindes vgl. Rdnr. 67.

IX. Der Unterhaltsanspruch von (ggf. geschiedenen) Ehegatten und Partnern einer eingetragenen Lebenspartnerschaft

129 Die Abschnitte II. bis VII. sind ebenfalls auf Unterhaltsansprüche von Ehegatten und Lebenspartnern, auch nach Scheidung bzw. gerichtlicher Auflösung der Partnerschaft, anzuwenden, soweit sie sich nicht ausdrücklich mit anderen Unterhaltsverhältnissen befassen. Zu den Voraussetzungen eines Anspruchs auf Unterhalt nach Trennung und Scheidung von Ehegatten vgl. Rdnrn. 19 bis 23 und von Lebenspartnern Rdnr. 24 f., zum Verzicht auf nachehelichen oder nachpartnerschaftlichen Unterhalt Rdnrn. 28 bis 32, zur Verwirkung des Unterhaltsanspruchs Rdnrn. 34 und 36, zum Rang von Unterhaltsanspruch und der Unterhaltsverpflichtung von Ehegatten und Lebenspartnern Rdnrn. 37 bis 45, zum Maß des Unterhalts und zum Unterhaltsbedarf Rdnrn. 51 bis 54 und 56, zur Bedürftigkeit des dem Grunde nach unterhaltsberechtigten Ehegatten oder Lebenspartners Rdnrn. 60 bis 63, 66, 68 bis 72 und 74 bis 76, zur Leistungsfähigkeit des dem Grunde nach unterhaltspflichtigen Ehegatten oder Lebenspartners Rdnrn. 77 bis 105, zum Selbstbehalt Rdnrn. 106 bis 109 und zur Mangelverteilung auch bei Unterhaltskonkurrenz mit weiteren Unterhaltsberechtigten Rdnrn. 111 bis 115 und 117 f.

130 Während der Zeit des Getrenntlebens kann ein bedürftiger Ehegatte nach § 1361 Abs. 1 BGB von dem anderen Ehegatten grundsätzlich den nach den jeweils aktuellen ehelichen Lebensverhältnissen (zu dessen Kriterien vgl. Rdnr. 143) angemessenen Unterhalt verlangen. Ein Anspruch auf Unterhalt eines getrenntlebenden Ehegatten besteht, wenn dieser unterhaltsbedürftig und der andere Ehegatte leistungsfähig ist. Unterhaltsbedürftigkeit setzt voraus, dass der Ehegatte außerstande ist, seinen Unterhaltsbedarf durch eine angemessene Erwerbstätigkeit selbst zu decken oder sich mit sonstigen Einkünften und/oder aus seinem Vermögen selbst zu unterhalten. Zusätzlich zum Elementarunterhalt kann der bedürftige Ehegatte ab dem Zeitpunkt des Getrenntlebens Krankenvorsorgeunterhalt und nach § 1361 Abs. 1 Satz 2 BGB ab Rechtshängigkeit des Scheidungsantrags Altersvorsorgeunterhalt verlangen. I.d.R. braucht der bedürftige Ehegatte eine Erwerbstätigkeit erst nach Ablauf des ersten Trennungsjahres aufzunehmen. Mit zunehmender Dauer der Trennung nähern sich die Anforderungen an die Aufnahme einer Erwerbstätigkeit den Regelungen für den nachehelichen Unterhalt an. Gleiches gilt für die Kriterien des § 1574 Abs. 2 BGB, nach denen sich die Angemessenheit der geforderten Erwerbstätigkeit bemisst (vgl. Rdnr. 141).

131 Nach der Scheidung hat nach § 1569 BGB jeder Ehegatte für seinen eigenen Unterhalt zu sorgen. Nur wenn er dazu nicht in der Lage ist, kann er unter den im Einzelnen in §§ 1570 bis 1573 und 1575 f. BGB genannten Voraussetzungen von seinem leistungsfähigen geschiedenen Ehegatten Unterhalt verlangen.

132 Nach § 1570 Abs. 1 Satz 1 BGB kann ein geschiedener unterhaltsbedürftiger Ehegatte, der ein gemeinschaftliches minderjähriges Kind pflegt oder erzieht, bis zur Vollendung des dritten Lebensjahres dieses Kindes von dem anderen Ehegatten im Rahmen von dessen Leistungsfähigkeit Betreuungsunterhalt unabhängig davon verlangen, ob eine dem Kindeswohl entsprechende Betreuung durch Dritte erfolgen könnte. In diesem Zeitraum besteht für ihn keine Erwerbsobliegenheit.

133 Solange und soweit dies der Billigkeit entspricht, verlängert sich nach § 1570 Abs. 1 Satz 2 BGB dieser Unterhaltsanspruch. Dabei sind die Belange des Kindes und die bestehenden Möglichkeiten der Kinderbetreuung zu berücksichtigen (§ 1570 Abs. 1 Satz 3 BGB). Das Alter des Kindes ist nur noch einer der für die Beurteilung der Kindesbelange maßgeblichen Gesichtspunkte. Entscheidend sind jeweils sämtliche Umstände des Einzelfalls. Nur tatsächlich vorhandene und für den betreuenden Elternteil und das Kind sowohl zumutbare als auch verlässliche Betreuungsmöglichkeiten können dem Anspruch auf Betreuungsunterhalt entgegenstehen, und auch dies nur, soweit und solange sie dem Wohl des Kindes entsprechen. Selbst wenn eine Ganztagsbetreuung möglich ist, verlangt das Gesetz keinen abrupten, übergangslosen Wechsel von der elterlichen Betreuung zur Vollzeiterwerbstätigkeit. Belange des Kindes können eine vollschichtige, ggf. auch eine halbschichtige oder selbst eine nur stundenweise Erwerbstätigkeit des betreuenden Elternteils hindern und damit eine Verlängerung des Unterhaltsanspruchs rechtfertigen, soweit und solange das – ggf. auch ältere – Kind überdurchschnittlich intensiver Betreuung bedarf, etwa wenn es behindert ist, Schulschwierigkeiten hat oder unter Entwicklungsstörungen oder nachweisbar unter der Trennung seiner Eltern besonders leidet. Vergleichbares gilt, wenn der betreuende Elternteil der Doppelbelastung durch Kinderbetreuung und Erwerbstätigkeit gesundheitlich nicht gewachsen ist und er deshalb nicht (mehr) bzw. nur (noch) eingeschränkt erwerbstätig sein kann. Eine unter diesen Umständen ausgeübte – den betreuenden Elternteil überfordernde – Erwerbstätigkeit würde den Belangen des Kindes nicht gerecht werden.

134 Aus Gründen der nachwirkenden ehelichen Solidarität sieht § 1570 Abs. 2 BGB über den in § 1570 Abs. 1 BGB genannten Zeitpunkt hinaus eine Verlängerung des Anspruchs auf Betreuungsunterhalt vor, wenn dies unter Berücksichtigung der Gestaltung von Kinderbetreuung und Erwerbstätigkeit in der Ehe sowie der Dauer der Ehe der Billigkeit entspricht. Entscheidend sind wieder die gesamten Umstände des Einzelfalls. Maßgeblich für die Beurteilung ist das in der Ehe gewachsene Vertrauen in die vereinbarte oder praktizierte Rollenverteilung und die gemeinsame Ausgestaltung der Kindererziehung. Diese Gesichtspunkte können es rechtfertigen, einem geschiedenen Ehegatten, der im Interesse der Kinderbetreuung seine Erwerbstätigkeit für längere Zeit oder dauerhaft aufgegeben hat, über die Zeit der Kindererziehung hinaus einen Unterhaltsanspruch zuzubilligen.

135 Nach § 1571 BGB kann ein bedürftiger geschiedener Ehegatte von seinem früheren (leistungsfähigen) Ehegatten eheangemessenen Unterhalt i.S. von § 1578 BGB verlangen, wenn von ihm im Einsatzzeitpunkt (vgl. Rdnr. 140) wegen seines Alters keine Erwerbstätigkeit mehr erwartet werden kann. Diese Voraussetzung ist erfüllt, sobald der Ehegatte die Regelaltersgrenze in der gesetzlichen Rentenversicherung erreicht hat. § 1571 BGB bestimmt keine feste Altersgrenze. Ob ein bedürftiger geschiedener Ehegatte Unterhalt wegen Alters auch beanspruchen kann, wenn er vor Erreichen dieses Zeitpunkts freiwillig aus dem Erwerbsleben ausscheidet oder seine Erwerbstätigkeit reduziert, ist nach einer Gesamtwürdigung aller konkreten Umständen des Einzelfalls zu entscheiden. Handelt der Ehegatte ohne sachlichen Grund, ist ihm eine Obliegenheitsverletzung anzulasten mit der Folge, dass ihm bis zum Beginn seines regulären Rentenalters ein fiktives Einkommen in Höhe des bisherigen Arbeitsentgelts zugerechnet wird. Zu beachten ist, dass dem bedürftigen Ehegatten die Aufnahme bzw. Beibehaltung nur einer i.S. von § 1574 BGB angemessenen Erwerbstätigkeit obliegt. Kann der Ehegatte typischerweise in seinem Alter in einer für ihn angemessenen Berufssparte keine Arbeitsstelle mehr finden, leitet sich sein Unterhaltsanspruch aus § 1571 BGB her. Scheitert dagegen die Aufnahme einer angemessenen Erwerbstätigkeit wegen der konkreten Einzelfallumstände aufgrund des Alters, beruht sein Unterhaltsanspruch auf § 1573 Abs. 1 BGB. Die Unterhaltsbedürftigkeit des Ehegatten braucht nicht ehebedingt zu sein. Der Unterhaltsanspruch besteht auch, wenn der Ehegatte im Zeitpunkt der Eheschließung bereits Rentner war oder auch sonst wegen seines Alters nicht mehr erwerbstätig sein konnte. Ist der bedürftige Ehegatte altersbedingt vollständig erwerbsunfähig, ist Grundlage seines Unterhaltsanspruchs allein § 1571 BGB.

136 Nach § 1572 BGB kann ein bedürftiger geschiedener Ehegatte von seinem früheren (leistungsfähigen) Ehegatten ferner eheangemessenen Unterhalt i.S. von § 1578 BGB verlangen, wenn von ihm im Einsatzzeitpunkt (vgl. Rdnr. 140) wegen Krankheit, anderer Gebrechen oder Schwäche seiner körperlichen oder geistigen Kräfte keine i.S. von § 1574 BGB angemessene Erwerbstätigkeit erwartet werden kann. Der regelwidrige Körper- oder Geisteszustand muss ursächlich für seine Erwerbsunfähigkeit, braucht aber nicht ehebedingt zu sein. Der von § 1572 BGB erfasste Tatbestand wird auch bei Suchterkrankungen, Depressionen und Unterhaltsneurosen erfüllt, wenn die seelische Störung aus eigener Kraft nicht überwindbar ist. Unter denselben Voraussetzungen kann im Einzelfall dazu ferner eine geringe Ausdauer, Belastbarkeit, rasche Erschöpfung oder Konzentrationsschwäche zählen. Den bedürftigen Ehegatten trifft die Obliegenheit, sich zur Wiederherstellung seiner Gesundheit ärztlich behandeln zu lassen. Unterlässt er dies, kommt Verwirkung seines Unterhaltsanspruchs nach § 1579 Nr. 4 BGB in Betracht. Ist die Krankheit im Einsatzzeitpunkt bereits latent vorhanden, bricht sie aber erst später aus, wird sie dem Einsatzzeitpunkt zugerechnet, wenn zwischen latenter Erkrankung und deren Ausbruch ein naher zeitlicher Zusammenhang besteht. Gleiches gilt, wenn sich eine im Einsatzzeitpunkt bereits ausgebrochene Erkrankung, die zu teilweiser Erwerbsunfähigkeit geführt hat, in nahem zeitlichen Zusammenhang zu diesem Zeitpunkt so sehr verschlimmert, dass der bedürftige Ehegatte vollständig erwerbsunfähig wird, ohne dass sein Unterhalt durch seine Erwerbstätigkeit i.S. von § 1573 Abs. 4 BGB bereits nachhaltig gesichert war. Zu den Besonderheiten einer Befristung des Unterhaltsanspruchs aus § 1572 BGB nach § 1578 b BGB vgl. Rdnr. 148.

137 Ferner kann ein Ehegatte, der keinen Unterhaltsanspruch nach den §§ 1570 bis 1572 BGB hat, nach § 1573 Abs. 1 bzw. 3 BGB von seinem leistungsfähigen Ehegatten Unterhalt verlangen, wenn und soweit er nach der Scheidung oder, wenn er einen Unterhaltsanspruch nach §§ 1570 bis 1572 BGB hatte, die Voraussetzungen dieses Anspruchs aber entfallen sind, keine angemessene Erwerbstätigkeit zu finden vermag. Gleiches gilt nach § 1573 Abs. 4 BGB, wenn die Einkünfte aus einer angemessenen Erwerbstätigkeit entfallen, weil es ihm trotz seiner Bemühungen nicht gelungen war, seinen Unterhalt nach der Scheidung nachhaltig zu sichern.

138 Weiter kann der bedürftige Ehegatte von seinem geschiedenen Ehegatten unter den engen Voraussetzungen von § 1575 BGB während einer Ausbildung, Fortbildung oder Umschulung und nach Abschluss dieser Maßnahmen unter den Voraussetzungen von § 1573 Abs. 1, 3 oder 4 BGB Unterhalt verlangen, ebenso nach § 1576 BGB aus sonstigen schwerwiegenden Gründen bei Vorliegen der in der Vorschrift genannten weiteren Voraussetzungen.

139 Schließlich kann der bedürftige Ehegatte nach § 1573 Abs. 2 BGB vom leistungsfähigen Ehepartner in Höhe der Differenz zwischen seinem aus einer angemessenen Erwerbstätigkeit erzielten oder erzielbaren Einkommen und seinem nach den ehelichen Lebensverhältnissen (höheren) Unterhalt Aufstockungsunterhalt verlangen. Der Anspruch besteht nur, soweit der bedürftige Ehegatte keinen Unterhaltsanspruch wegen aktueller oder früherer Kinderbetreuung, wegen Alters bzw. Krankheit, wegen Ausbildung, Fortbildung oder Umschulung sowie nach § 1576 BGB hat oder diese Ansprüche entfallen sind. Trifft den bedürftigen Ehegatten nach §§ 1570 bis 1572 bzw. 1575 f. BGB keine Erwerbsobliegenheit, gewähren ihm (nur) diese Vorschriften gegen seinen leistungsfähigen Ehegatten einen Unterhaltsanspruch in Höhe seines Unterhaltsbedarfs nach den ehelichen Lebensverhältnissen der Ehegatten (§ 1578 Abs. 1 Satz 1 BGB). Ist der bedürftige Ehegatte aus einem der genannten Gründe nur teilweise an einer Erwerbstätigkeit gehindert, beruht sein Unterhaltsanspruch nur bis zur Höhe der Mehreinkünfte, die er bei vollschichtiger Erwerbstätigkeit erzielen könnte, auf den §§ 1570, 1571 bzw. 1572 BGB. Daneben besteht bis zur Grenze des Unterhaltsanspruchs nach den ehelichen Lebensverhältnissen ein Anspruch auf Aufstockungsunterhalt (§ 1573 Abs. 2 BGB), wenn das aus Teilzeitbeschäftigung und aus dem Unterhaltsanspruch nach den genannten Vorschriften erzielte Einkommen des bedürftigen Ehegatten seinen Bedarf nach den ehelichen Lebensverhältnissen nicht deckt.

140 Unterhaltsansprüche nach § 1570 Abs. 1 und 2 BGB sowie nach § 1576 BGB können jederzeit, auch längere Zeit nach der Scheidung entstehen. Sie sind nicht an die Wahrung eines sog. Einsatzzeitpunktes gebunden. Demgegenüber entstehen Unterhaltsansprüche nach § 1571 bis § 1573 und § 1575 BGB nur, wenn deren Voraussetzungen zu bestimmten Zeitpunkten erfüllt sind. Es muss eine ununterbrochene sog. Unterhaltskette bestehen. Die für die einzelnen Unterhaltstatbestände maßgeblichen Einsatzzeitpunkte sind den genannten Vorschriften zu entnehmen. Deshalb hat ein geschiedener Ehegatte, der einen Unterhaltstatbestand erst nach Ablauf des für diesen Tatbestand maßgeblichen Einsatzzeitpunktes erfüllt, keinen Anspruch auf nachehelichen Unterhalt.

141 § 1574 Abs. 1 und 2 BGB verschärfen die Anforderungen an die (Wieder-) Aufnahme einer Erwerbstätigkeit nach der Scheidung. Wenn und soweit der geschiedene Ehegatte nicht aus den in §§ 1570 bis 1572, 1575 und 1576 BGB genannten Gründen an der Aufnahme oder Ausweitung einer Erwerbstätigkeit gehindert ist, obliegt es ihm, einer angemessenen Erwerbstätigkeit nachzugehen (§ 1574 Abs. 1 BGB). Nach § 1574 Abs. 2 Satz 2 BGB ist Kriterium für die Angemessenheit einer Erwerbstätigkeit, dass sie der Ausbildung, den Fähigkeiten, der früher ausgeübten Erwerbstätigkeit, dem Lebensalter, dem Gesundheitszustand und den allgemeinen Verhältnissen auf dem Arbeitsmarkt entspricht. Die Erwerbstätigkeit braucht den ehelichen Lebensverhältnissen der Ehegatten nicht zu entsprechen. Lediglich soweit eine die genannten Kriterien erfüllende Erwerbstätigkeit nach den ehelichen Lebensverhältnissen unbillig wäre – was der Unterhalt begehrende geschiedene Ehegatte ggf. im Einzelnen darlegen und beweisen muss –, sind diese Verhältnisse für die Beurteilung der Angemessenheit einer Erwerbstätigkeit von Bedeutung. Sie sind insbesondere nach der Dauer der Ehe und nach der Dauer der Pflege und Erziehung eines gemeinschaftlichen Kindes zu beurteilen.

142 Da § 1570 BGB einem Ehegatten, der aktuell ein gemeinschaftliches Kind in der Zeit ab Vollendung von dessen dritten Lebensjahr betreut oder der es früher betreut hat, nur unter der Voraussetzung einen Unterhaltsanspruch zugesteht, dass dies der Billigkeit entspricht, trifft diesen Ehegatten – anders als bis zur Vollendung des dritten Lebensjahres des Kindes – die Darlegungs- und Beweislast für die Tatsachen, die einen zeitlich weitergehenden Anspruch rechtfertigen. Ebenso ist der Ehegatte, der sich darauf beruft, wegen seines Alters, einer Erkrankung, einer Ausbildung, Fortbildung oder Umschulung i.S. von § 1575 BGB oder aus sonstigen schwerwiegenden Gründen i.S. von § 1576 BGB keiner Erwerbstätigkeit nachgehen zu können, für diese besonderen Umstände und deren Ursächlichkeit für seine Unfähigkeit, erwerbstätig zu sein, darlegungs- und beweispflichtig.

143 Maßstab für die Berechnung des Ehegattenunterhalts für die Zeit des Getrenntlebens und nach Scheidung sind nach § 1578 Abs. 1 BGB die ehelichen Lebensverhältnisse. Diese werden auch geprägt durch die Haushaltsführung und ggf. Kinderbetreuung des unterhaltsberechtigten Ehegatten während des Zusammenlebens der Partner. An die Stelle der Haushaltsführung und ggf. Kinderbetreuung tritt nach Trennung oder Scheidung eine dann aufgenommene Erwerbstätigkeit des Berechtigten ebenso wie seine in diese Zeiträume fallende Haushaltsführung für einen neuen Partner. In welchem Umfang beide Ehegatten Anspruch auf Teilhabe an dem von einem von ihnen oder von beiden erzielten Einkommen haben, richtet sich nach Abschnitt B. I. bis III. der Düsseldorfer Tabelle. Dabei ist die Rechtsprechung des Bundesgerichtshofs zur sog. Additions- bzw. Differenzmethode zu beachten, die auf unterschiedlichem Berechnungsweg zu gleichen Ergebnissen kommt.

144 Da sich die ehelichen Lebensverhältnisse der Ehegatten nach ihrem (ggf. zusammengerechneten) für ihre laufendenden Lebensbedürfnisse aufgewendeten Einkommen bestimmen, bemisst sich der Unterhaltsbedarf des berechtigten Ehegatten i.d.R. nicht nach Teilen des verfügbaren Einkommens, die bisher vermögensbildend angelegt wurden. Allerdings ist ein objektiver Maßstab anzulegen mit der Folge, dass sowohl eine zu dürftige Lebensführung als auch ein übermäßiger Aufwand außer Betracht zu bleiben haben. Bedarfserhöhend – weil es die ehelichen Lebensverhältnisse gleichfalls prägt – wirkt überobligationsmäßig erzieltes Einkommen, soweit es nicht aus Gründen der Billigkeit beim bedürftigen Ehegatten nach § 1577 Abs. 2 BGB und beim unterhaltspflichtigen Ehegatten nach § 242 BGB anrechnungsfrei ist. Für den Umfang des anrechnungsfreien Einkommens ist stets auf die Besonderheiten des Einzelfalls abzustellen. Typisches Beispiel für überobligationsmäßig erzieltes Einkommen bildet Erwerbseinkommen des die gemeinsamen Kinder betreuenden Ehegatten, wenn diesen nach § 1570 BGB keine Erwerbsobliegenheit trifft. Ein pauschaler Betreuungsbonus steht diesem Ehegatten nicht zu. Zu den Kosten des Kindergartenbesuchs der Kinder und zu den sonstigen durch die Erwerbstätigkeit des betreuenden Elternteils entstehenden Kosten vgl. Rdnr. 124. Ebenso je nach den Umständen des Falles überobligatorisch erzielt kann Einkommen sein, das einer der Ehegatten nach Erreichen der Regelaltersgrenze oder während einer Erkrankung i.S. von § 1572 BGB bezieht. Gemindert wird der Bedarf des Berechtigten nach den ehelichen Lebensverhältnissen dagegen durch den Unterhaltsbedarf der bis zur Rechtskraft der Scheidung geborenen Kinder des unterhaltspflichtigen Ehegatten, selbst wenn es sich dabei nicht um gemeinsame Kinder handelt.

145 Umstände, die erst nach Rechtskraft der Scheidung eintreten, können sich auf die Unterhaltsbemessung nach den ehelichen Lebensverhältnissen insbesondere dann auswirken, wenn sie auch bei fortbestehender Ehe eingetreten wären oder bereits in anderer Weise in der Ehe angelegt und mit hoher Wahrscheinlichkeit zu erwarten waren. Beispiele dafür bilden ein nicht vorwerfbarer nachehelicher Einkommensrückgang, etwa durch Bezug der Regelaltersrente, eine bereits in der Ehe angelegte und höchstwahrscheinlich zu erwartende Einkommensverbesserung, ferner im Ausgabenbereich ein auch bei fortbestehender Ehe zu erwartender umzugsbedingter Wegfall von Fahrtkosten. Die Unterhaltsberechnung hat auch in diesen Fällen nach der Additions- bzw. Differenzmethode zu erfolgen. Keine Auswirkung auf den Unterhaltsbedarf der geschiedenen Ehegatten nach den ehelichen Lebensverhältnissen hat dagegen eine nacheheliche Entwicklung, die keinen Anknüpfungspunkt in der geschiedenen Ehe findet, z.B. die Unterhaltspflicht des seinem geschiedenen Ehegatten Unterhaltspflichtigen für seinen neuen Ehegatten oder für den ihm gegenüber erstmals nach Scheidung seiner Ehe nach § 1615 l BGB Unterhaltsberechtigten. Sie wirkt sich ebenso wie der Splittingvorteil aus der neuen Ehe sowie der Vorteil des Zusammenlebens mit dem neuen Ehegatten erst im Rahmen der Leistungsfähigkeit des Unterhaltspflichtigen nach § 1581 BGB aus. Gleiches gilt für die Unterhaltspflicht für nachehelich geborene minderjährige oder ihnen nach § 1603 Abs. 2 Satz 2 BGB gleichgestellte volljährige Kinder, deren Unterhaltsansprüche allerdings nach § 1609 Nr. 1 BGB im Rahmen der Leistungsfähigkeit des Unterhaltspflichtigen ohnehin stets vorab zu befriedigen sind (vgl. zu Unterhaltskonkurrenzen im Einzelnen auch Rdnrn. 111 bis 115 und 117 f.).

146 Nach § 1578 b BGB ist der Anspruch auf nachehelichen Unterhalt gemäß §§ 1571 bis 1573 und § 1575 f. BGB unter den dort genannten Voraussetzungen auf den angemessenen Lebensbedarf des Berechtigten herabzusetzen und/oder zeitlich zu begrenzen, wenn die Beibehaltung des in § 1578 BGB vorgesehenen Maßstabs der ehelichen Lebensverhältnisse bzw. wenn ein zeitlich unbegrenzter Unterhaltsanspruch auch unter Wahrung der Belange eines dem Berechtigten zur Pflege oder Erziehung anvertrauten Kindes unbillig wäre. Dies gilt jedoch in aller Regel erst nach Ablauf einer Schonfrist, die sich nach der Dauer der Ehe, dem Vorhandensein gemeinsamer Kinder, der Höhe der Einkommensdifferenz und der Existenz ehebedingter Nachteile bemisst. Da sich die Befristung des Unterhaltsanspruchs nach § 1570 Abs. 1 Satz 1 BGB nach dem Alter des Kindes und diejenige nach § 1570 Abs. 1 Satz 2 und Abs. 2 BGB nach dem Kriterium der Billigkeit richtet, kommt insoweit im Rahmen von § 1578 b BGB nur eine Herabsetzung des eheangemessenen Unterhaltbedarfs (§ 1578 BGB) auf den angemessenen Lebensbedarf in Betracht. Für die Frage der Unbilligkeit einer zeitlich unbegrenzten Fortdauer des Anspruchs auf nachehelichen Unterhalt kommt es nach § 1578 b Abs. 1 Satz 2 BGB insbesondere darauf an, ob und ggf. in welchem Umfang der Berechtigte durch die Ehe Nachteile in Hinblick auf seine Möglichkeiten erlitten hat, für seinen eigenen Unterhalt zu sorgen oder eine Herabsetzung und/oder zeitliche Begrenzung des Unterhaltsanspruchs unter Berücksichtigung der Dauer der Ehe unbillig ist. Es wird empfohlen, von einer Ehedauer, die einer Herabsetzung oder zeitlichen Begrenzung des Ehegattenunterhalts entgegenstehen kann, i.d.R. bei einer mindestens 15 bis 20 Jahre bestehenden Ehe auszugehen. Maßgeblich ist die nach so langer Ehezeit anzunehmende enge Verflechtung der persönlichen und wirtschaftlichen Verhältnisse der Ehegatten.

147 Nachteile i.S. von § 1578 b BGB können sich nach Abs. 1 Satz 3 der Vorschrift vor allem aus der

Dauer der Kinderbetreuung und aus der Gestaltung von Haushaltsführung und Erwerbstätigkeit, aber auch aus anderen Umständen ergeben. Entsprechend ihrer Art und ihrem Umfang stehen die genannten Umstände einer Herabsetzung oder zeitlichen Beschränkung des Unterhaltsanspruchs entgegen. Eine lange Ehedauer allein – sie errechnet sich von der Eheschließung bis zur Rechtshängigkeit des Scheidungsantrags – hindert eine Herabsetzung oder Befristung des Unterhaltsanspruchs nur, wenn die Fortdauer eines zeitlich nicht begrenzten Unterhaltsanspruchs nach dem Maßstab der ehelichen Lebensverhältnisse unbillig wäre. Ebenso wenig kann der Unterhaltsberechtigte i.d.R. einer Kürzung oder Befristung seines Anspruchs entgegenhalten, dass er wegen der Betreuung gemeinschaftlicher Kinder oder aus anderen Gründen während der Ehezeit nicht erwerbstätig war und er deshalb nur geringe Anwartschaften auf Altersversorgung erworben hat. Dieser Nachteil wird i.d.R. bereits durch den bei Scheidung vorgenommenen Versorgungsausgleich ausgeglichen. Das gilt aber z.B. dann nicht, wenn die vom Unterhaltsberechtigten aufgrund der ehelichen Rollenverteilung erlittene Einbuße bei seiner Altersversorgung durch den Versorgungsausgleich nicht vollständig ausgeglichen wird, weil der Unterhaltspflichtige nur für einen geringen Teil der Ehezeit Versorgungsanwartschaften erworben hat. Allgemein kommt bei dauerhaften, nicht mehr aufholbaren ehebedingten Nachteilen i.d.R. eine Befristung des Unterhaltsanspruchs nicht in Betracht. Zulässig kann aber eine Herabsetzung sein.

148 Die krankheitsbedingte Einschränkung der Erwerbsfähigkeit des bedürftigen Ehegatten ist i.d.R. schicksalhaft und damit kein ehebedingter Nachteil. Auch der Krankheitsunterhalt kann damit herabgesetzt oder zeitlich befristet werden. Als ehebedingter Nachteil kann es sich aber auswirken, wenn der Unterhaltsberechtigte wegen Aufgabe seiner Erwerbstätigkeit für die Kindererziehung oder Haushaltstätigkeit während der Ehe die Voraussetzungen für eine Rente wegen voller Erwerbsminderung nach § 43 Abs. 2 Nr. 2 SGB VI nicht erfüllt. Daneben ist bei einer Prüfung der Befristung des Unterhaltsanspruchs aus § 1572 BGB eine Billigkeitsbetrachtung anzustellen. Wesentlicher Maßstab dafür ist die fortwirkende eheliche Solidarität. Hierbei kommt den in § 1578 b Abs. 1 Satz 3 BGB genannten Kriterien besondere, aber nicht alleinige Bedeutung zu. Zu berücksichtigen sind auch andere Gesichtspunkte, die das Verhältnis der Ehegatten zueinander betreffen.

149 Der angemessene Lebensbedarf, auf den der eheangemessene Unterhalt ggf. herabzusetzen ist, darf unter Berücksichtigung eines vom Berechtigten aktuell erzielten oder bei gehöriger Bemühung erzielbaren Einkommens das von ihm vorehelich erzielte Einkommen ebenso wenig unterschreiten wie das Einkommen, das er gegenwärtig ohne die Eheschließung erzielen würde oder vor Unterbrechung der Erwerbstätigkeit durch die Familienarbeit erzielt hat. Untergrenze ist in jedem Fall der notwendige Eigenbedarf des Berechtigten nach Abschnitt B. V. der Düsseldorfer Tabelle. Hinzuzurechnen sind ggf. Mehrbedarf sowie die nicht anderweitig gedeckten Kosten für eine angemessene Kranken- und Pflegeversicherung.

150 Da § 1578 b BGB die Herabsetzung oder Befristung des Unterhaltsanspruchs nur vorsieht, soweit ein Unterhaltsanspruch auf der Grundlage der ehelichen Lebensverhältnisse bzw. soweit ein zeitlich unbefristeter Unterhaltsanspruch unbillig wäre, trifft den unterhaltspflichtigen Ehegatten die Darlegungs- und Beweislast für die Tatsachen, die diese Unbilligkeit begründen. Trägt der Unterhaltspflichtige Tatsachen vor, die einen Wegfall ehebedingter Nachteile und damit eine Begrenzung des nachehelichen Unterhalts nahelegen, obliegt es dem Unterhaltsberechtigten, diese Tatsachen substanziiert zu bestreiten und seinerseits darzulegen, welche konkreten Nachteile entstanden sein sollen. Nur wenn das Vorbringen des Unterhaltsberechtigten diesen Anforderungen genügt, müssen die vorgetragenen ehebedingten Nachteile vom Unterhaltsverpflichteten widerlegt werden.

X. Der Unterhaltsanspruch nach § 1615 l BGB

151 Die Abschnitte II. bis VII. sind auch bei der Unterhaltspflicht nach § 1615 l BGB zu berücksichtigen, soweit sich diese Abschnitte nicht ausdrücklich mit anderen Unterhaltsverhältnissen befassen. Zu den verschiedenen, teilweise bereits vor der Geburt des Kindes (z.B. Schwangerschaftskleidung) bestehenden Unterhaltstatbeständen vgl. Rdnr. 26, zum Rang von Unterhaltsanspruch und Unterhaltsverpflichtung Rdnrn. 37 bis 45, zum Maß des geschuldeten Unterhalts Rdnr. 50, zum Unterhaltsbedarf Rdnr. 57, zur Unterhaltsbedürftigkeit Rdnrn. 60 bis 63, 68 bis 70 und 74 f., zur Leistungsfähigkeit Rdnrn. 77 bis 105, zum Selbstbehalt des Unterhaltspflichtigen Rdnrn. 106 f. und 109 sowie Abschnitt D. II. der Düsseldorfer Tabelle und Nr. 21.3.2 der unterhaltsrechtlichen Leitlinien der Oberlandesgerichte, zum Umfang der Unterhaltsverpflichtung, wenn der andere Elternteil nichteheliche Kinder verschiedener Väter oder eheliche und nichteheliche Kinder betreut, Rdnrn. 41 bis 43 und zur Berechnung des Unterhaltsanspruchs nach § 1615 l BGB in Fällen, in denen der unterhaltspflichtige Elternteil auch seinem geschiedenen oder aktuellen Ehegatten und/oder seinen Kindern Unterhalt schuldet, Rdnr. 145.

152 Unter den vier verschiedenen Unterhaltsansprüchen aus § 1615 l BGB ist insbesondere der

Anspruch auf Betreuungsunterhalt nach § 1615 l Abs. 2 Satz 2 BGB von Bedeutung. Er setzt voraus, dass die Vaterschaft zu dem Kind förmlich anerkannt oder gerichtlich festgestellt ist. Der Anspruch nach § 1615 l BGB setzt frühestens vier Monate vor der Geburt des Kindes ein und besteht mindestens bis zur Vollendung von dessen dritten Lebensjahr. In diesem Zeitraum kann sich der betreuende Elternteil, bei dem es sich auch um den Vater des Kindes handeln kann, frei entscheiden, erwerbstätig zu sein oder sich allein der Betreuung des Kindes zu widmen. Dies gilt selbst für den Fall, dass z.B. Verwandte, Freunde oder eine Kinderkrippe zur Betreuung zur Verfügung stehen und dadurch den Belangen des Kindes hinreichend Rechnung getragen werden könnte.

153 § 1615 l Abs. 2 Satz 4 BGB sieht eine Verlängerung des Unterhaltsanspruchs über die Vollendung des dritten Lebensjahres des Kindes hinaus vor, wenn und soweit das der Billigkeit entspricht. Zu den Einzelheiten der erforderlichen Billigkeitsabwägung, die derjenigen von § 1570 Abs. 1 Satz 2 BGB entspricht, vgl. Rdnr. 132 sowie zur Darlegungs- und Beweislast für das Vorliegen von Billigkeitsgründen Rdnr. 142. Die Wortwahl »insbesondere« in § 1615 l Abs. 2 Satz 5 BGB weist darauf hin, dass nach dieser Vorschrift die genannten Billigkeitsgründe auch in der Person des betreuenden Elternteils liegen können. Das kommt z.B. in Betracht, wenn die Beziehung der Eltern einer Ehe vergleichbar war, etwa bei längerem Zusammenleben oder gemeinsamem Kinderwunsch.

154 Heiratet der betreuende Elternteil nach der Geburt des gemeinsamen nichtehelichen Kindes einen Dritten, entfällt nach dem Rechtsgedanken des § 1586 BGB die Unterhaltspflicht des anderen Elternteils dieses Kindes aus § 1615 l BGB.

155 Für die Kosten des Kindergartenbesuchs des Kindes sowie für die weiteren bei Erwerbstätigkeit des betreuenden Elternteils notwendig anfallenden Kosten der Kinderbetreuung vgl. Rdnr. 124. Für die Frage, ob und ggf. in welchem Umfang dem überobligationsmäßig erwerbstätigen Elternteil des gemeinsamen Kindes sein Einkommen anrechnungsfrei zu verbleiben hat, wird empfohlen, die Grundsätze des § 1577 Abs. 2 BGB entsprechend anzuwenden (vgl. Rdnr. 144).

156 Ist ein nach § 1615 l BGB unterhaltsberechtigter Elternteil auch gegenüber seinem (ggf. getrennt lebenden oder geschiedenen) Ehegatten oder einem weiteren nach § 1615 l BGB Unterhaltspflichtigen unterhaltsberechtigt, wird empfohlen, die Unterhaltsverpflichtungen sämtlicher Unterhaltsschuldner grundsätzlich nach dem Verhältnis ihres Einkommens und Vermögens zu bestimmen. Gibt allerdings der nach § 1615 l BGB unterhaltsberechtigte Elternteil wegen der Geburt des gemeinsamen nichtehelichen Kindes seine Erwerbstätigkeit auf, haftet für die dadurch bewirkte Verschlechterung der wirtschaftlichen Verhältnisse des Elternteils der nach § 1615 l BGB Unterhaltspflichtige vorrangig.

XI. Der Unterhaltsanspruch sonstiger Unterhaltsberechtigter – Allgemeine Grundsätze zu den Kapiteln XII und XIII

157 Die Empfehlungen der Abschnitte II. bis VII. sind auch bei Unterhaltspflichten gegenüber sonstigen Unterhaltsberechtigten zu berücksichtigen, soweit sich diese Abschnitte nicht ausdrücklich mit anderen Unterhaltsverhältnissen befassen. Zu den sonstigen Unterhaltsberechtigten gehören die nicht den minderjährigen Kindern nach § 1603 Abs. 2 Satz 2 BGB gleichgestellten volljährigen Kinder (vgl. Rdnrn. 160 bis 162) sowie die Eltern (vgl. Rdnrn. 163 ff.).

158 Unterhaltsansprüche der in Rdnr. 157 genannten Unterhaltsberechtigten bestehen nur insoweit, als der Unterhaltspflichtige sie in Hinblick auf die Unterhaltsansprüche vorrangig Berechtigter und ggf. anteilig diejenigen nachrangiger, aber untereinander gleichrangig Berechtigter ohne Gefährdung seines angemessenen Selbstbehalts erfüllen kann (§ 1603 Abs. 1 BGB). Allerdings greift diese Verpflichtung nur, wenn vorrangig Unterhaltspflichtige nicht vorhanden oder zur vollen Bestreitung des Unterhalts nicht imstande sind. Zur Rangordnung der Unterhaltspflichtigen vgl. Rdnrn. 38 bis 41, zu ihrer Haftungsquote Rdnrn. 42 bis 45 und zum angemessenen Selbstbehalt Rdnr. 106 und 109.

159 Eine Mangelfallberechnung (vgl. Rdnrn. 111, 114 und 116 f.) ist (nur) erforderlich, wenn mehrere gleichrangige dem Grunde nach Unterhaltsberechtigte bedürftig sind, das Einkommen des oder der Unterhaltspflichtigen zur Deckung ihres vollen Unterhaltsbedarfs nicht ausreicht und vorrangig Unterhaltsberechtigte entweder nicht vorhanden sind oder deren Unterhaltsbedarf durch das Einkommen des oder der ihnen Unterhaltspflichtigen voll befriedigt werden kann. In jedem Fall ist das Ergebnis auf seine Angemessenheit zu überprüfen. Das kann im Einzelfall dazu führen, dass der aus der Düsseldorfer Tabelle abgeleitete Unterhaltsanspruch des vorrangig Berechtigten zu mindern ist, um den Bedarf des nachrangig Berechtigten jedenfalls teilweise befriedigen zu können (vgl. Rdnr. 122).

XII. Der Unterhaltsanspruch der volljährigen und nicht nach § 1603 Abs. 2 Satz 2 BGB minderjährigen Kindern gleichgestellten Kinder gegenüber ihren Eltern

160 Zu den in diesem Unterhaltsverhältnis geltenden allgemeinen Grundsätzen vgl. Rdnrn. 157 bis

159, zum Bestimmungsrecht der Eltern nach § 1612 Abs. 2 BGB (Gewährung von Natural- oder von Barunterhalt) auch gegenüber volljährigen Kindern, wenn diese nicht verheiratet sind oder waren, vgl. Rdnr. 120. Entscheiden sich die Eltern gegen die Leistung von Naturalunterhalt, sind sie ihren unterhaltsberechtigten Kindern im Rahmen ihrer Leistungsfähigkeit beide barunterhaltspflichtig.

161 Nach Abschnitt A. Anm. 7 und 9 der Düsseldorfer Tabelle sind als Unterhaltsbedarf dieser Kinder, die für die 4. Altersstufe in Abschnitt A. der Tabelle aufgeführten Beträge zugrunde zu legen. Abweichend davon beträgt der angemessene Gesamtunterhaltsbedarf von Studierenden, die nicht bei den Eltern oder bei einem Elternteil leben, i.d.R. monatlich 670 Euro zuzüglich ihrer angemessenen Aufwendungen für Kranken- und Pflegeversicherung sowie ggf. zuzüglich Studiengebühren. Ein Bedarf in dieser Höhe kann auch für Kinder mit eigenem Haushalt angesetzt werden (jeweils Abschnitt A. Anm. 7 und 9 der Düsseldorfer Tabelle). Jedoch haften die Eltern diesen Kindern nur mit demjenigen Teil ihres Einkommens, der ihren angemessenen Selbstbehalt übersteigt. Zum Selbstbehalt vgl. Rdnrn. 106 bis 110.

162 Die Bedürftigkeit dieser Kinder wird i.d.R. durch ihr gesamtes Einkommen gemindert, soweit nicht berufsbedingte Aufwendungen oder ausbildungsbedingte Mehraufwendungen zu berücksichtigen sind. Leben die Kinder noch im Haushalt ihrer Eltern oder eines Elternteils und beziehen sie eine Ausbildungsvergütung, ist diese vor Anrechnung auf ihren Unterhaltsbedarf i.d.R. um ausbildungsbedingten Aufwand von 90 Euro zu bereinigen (Abschnitt A. Anm. 8 der Düsseldorfer Tabelle). Leistungen nach dem Bundesausbildungsförderungsgesetz an Studierende oder Schüler sind bedürftigkeitsmindernde Einkünfte, auch wenn die Leistungen nur darlehensweise gewährt werden; das gilt nicht bei Vorausleistungen nach § 36 BAföG. Zur Unterhaltsbedürftigkeit dauerhaft erwerbsgeminderter Kinder vgl. Rdnr. 64. Zur Anrechnung des Kindergeldes auf den Barbedarf des Kindes vgl. Rdnr. 67.

XIII. Unterhaltsansprüche von Eltern gegenüber ihren Kindern

1. Vorrang des Unterhaltsanspruchs eines Elternteils gegenüber seinem Ehegatten

163 Ist oder war der bedürftige Elternteil verheiratet und lebt sein (ggf. geschiedener) Ehegatte noch, ist zunächst zu prüfen, ob und ggf. in welchem Umfang der Elternteil von seinem Ehegatten Unterhalt verlangen kann. Für die Einzelheiten wird auf Rdnrn. 130 ff. verwiesen. Sind die Ehegatten geschieden, ist insbesondere auch Rdnr. 140 zu beachten. Nur wenn entweder

- keiner der Unterhaltstatbestände nach §§ 1360, 1360 a, 1361, 1570 ff. BGB erfüllt ist oder
- der Ehegatte des bedürftigen Elternteils nicht bzw. nicht in voller Höhe der Unterhaltsbedürftigkeit des Elternteils leistungsfähig ist oder
- Rechtsverfolgungshindernisse i.S. von § 1607 Abs. 2 BGB bestehen,

ist ein Unterhaltsanspruch des bedürftigen Elternteils gegen seine Kinder zu prüfen.

2. Unterhaltsbedarf und -bedürftigkeit von Eltern

164 Zu den in diesem Unterhaltsverhältnis geltenden allgemeinen Grundsätzen vgl. Rdnrn. 157 bis 159, zum Maß des geschuldeten Elternunterhalts vgl. Rdnrn. 46 f. und 49, zur Unterhaltsbedürftigkeit von Eltern Rdnrn. 60 bis 64, 68 bis 72 und 74 bis 76, zur Darlegungs- und Beweislast für ihren Unterhaltsbedarf vgl. Rdnr. 167 und für ihre Bedürftigkeit Rdnr. 61 sowie zu ihrer Obliegenheit, eine Erwerbstätigkeit aufzunehmen, vgl. Rdnr. 69.

165 Zum Unterhaltsbedarf von Eltern außerhalb von Einrichtungen vgl. Rdnr. 58. Leben die Eltern in einer Einrichtung, ist Voraussetzung für die Anerkennung der dort anfallenden Kosten als Unterhaltsbedarf von vornherein, dass die Eltern nicht zumutbar weiter im eigenen Haushalt leben können. Maßgeblich für den Umfang des Bedarfs bei Heimaufenthalt der Eltern ist grundsätzlich ihre konkrete (aktuelle) Lebenssituation, d.h. weder ihr früher etwa höherer Lebensstandard noch die wirtschaftlichen Verhältnisse ihrer Kinder. Können sie die Heimkosten nicht aus eigener wirtschaftlicher Kraft bestreiten, beschränkt sich ihr Lebensbedarf auf die Kosten, die unter Berücksichtigung ihres gesundheitlichen Zustands bei einer zumutbaren einfachen und kostengünstigen Heimunterbringung und damit notwendig anfallen. In welchem Umfang die Heimkosten in diesem Sinne notwendig entstehen, ist nach Unterhaltsrecht, nicht nach dem SGB XII zu beurteilen. Hinzuzurechnen ist ein angemessener Betrag für Bekleidung und Taschengeld in Höhe des Barbetrags zur persönlichen Verfügung nach § 27 b Abs. 2 Satz 1 SGB XII (in Bestandschutzfällen auch der Zusatzbarbetrag nach § 133 a SGB XII) und ein ggf. bestehender unterhaltsrechtlicher Mehr- und Sonderbedarf.

166 Der Unterhaltsbedarf von Eltern ist nur unter der Voraussetzung höher als in Rdnr. 165 genannt anzusetzen, dass den Eltern die Wahl der einfachen und kostengünstigen Einrichtung nicht zumutbar ist. Das kann der Fall sein, wenn die Eltern die Heimunterbringung zunächst noch selbst finanzieren konnten und – etwa aufgrund einer Einordnung in eine höhere Pflegestufe bzw. Preiserhöhung der Einrichtung oder nach längerer Zeit aufgrund Kapitalverzehrs – erst später dazu nicht mehr in der

Lage sind oder aber wenn das Kind die Auswahl des Heims selbst beeinflusst hat und sein Einwand infolgedessen gegen das Verbot widersprüchlichen Verhaltens verstoßen würde. Liegen diese Voraussetzungen nicht vor, ist der über das Notwendige hinausgehende Unterhaltsbedarf von Eltern zu ihren Gunsten unterhaltrechtlich allenfalls bei ganz geringen Unterschieden zwischen den Kosten des gewählten Heims und der kostengünstigsten Einrichtung zu berücksichtigen.

167 Bestreitet ein seinen Eltern unterhaltspflichtiges Kind, dass die Kosten des Heimaufenthalts seiner Eltern i.S. von Rdnr. 165 notwendig angefallen sind, wird es damit nur gehört, wenn sein Bestreiten substanziiert erfolgt. Dazu ist erforderlich, dass das Kind mit Kostenangabe eine für seine Eltern zumutbare und geeignete einfache kostengünstigere Einrichtung benennt, in der die Eltern im Zeitpunkt, in dem deren Heimaufenthalt unvermeidbar wurde, hätten aufgenommen werden können. Nur nach einem derartigen Vortrag trifft die Eltern bzw. nach Anspruchsübergang den Träger der Sozialhilfe die Beweislast dafür, dass im entscheidenden Zeitpunkt kein zumutbares kostengünstigeres Heim als das gewählte zur Verfügung stand. Bestreitet das Kind, dass die Mehrkosten des teureren Heimes notwendig anfallen, ist dies für den Umfang seiner Unterhaltsverpflichtung nur von Bedeutung, wenn das Kind nach seinen wirtschaftlichen Verhältnissen Unterhalt im Umfang der Mehrkosten jedenfalls teilweise tragen kann.

168 Ist ein Elternteil Eigentümer eines selbstbewohnten angemessenen Familienheims, ist er zwar grundsätzlich in Höhe des objektiven Vorteils seines mietfreien Wohnens unterhaltsrechtlich nicht bedürftig. Die Zurechnung des Wohnvorteils darf jedoch in Hinblick auf den Gesamtbedarf (vgl. Rdnrn. 58 und 165) nicht den für die Regelbedarfsstufe 1 bzw. bei zusammenlebenden Ehegatten den für die Regelbedarfsstufe 2 gemäß der Anlage zu § 28 SGB XII maßgeblichen Betrag beeinträchtigen. Lebt der Elternteil mit seinem Ehegatten in dem Familienheim und sind beide Miteigentümer, wird jedem Ehegatten nur die Hälfte des Wohnvorteils als Einkommen zugerechnet. Lebt ein Elternteil in einer Einrichtung, sein Ehegatte aber noch im Familienheim, hat der in der Einrichtung lebende Ehegatte keinen Wohnvorteil und deshalb insoweit auch kein Einkommen mehr. Zur Obliegenheit von Eltern, ihr selbst genutztes Familienheim zu veräußern, um ihren Lebensbedarf sicherzustellen, gelten die in Rdnr. 74 genannten Grundsätze.

169 Vermögen, das der Elternteil für die Kosten seiner Beerdigung und/oder seiner Grabpflege zurückgelegt hat, bevor er unterhaltsbedürftig wurde oder seine künftige Unterhaltsbedürftigkeit abzusehen war, mindert seine Unterhaltsbedürftigkeit, wenn es nicht (widerruflich oder unwiderruflich) in einem Beerdigungs- oder Grabpflegevertrag oder in einer Lebensversicherung mit entsprechender Zweckbindung angelegt wurde und einen für diesen Zweck angemessenen Umfang nicht überschreitet. Es wird empfohlen, als angemessen einen Betrag bis zum 1 ½-fachen des in Höhe von zzt. 3.579 Euro in § 850 b Abs. 1 Nr. 4 ZPO als nur bedingt pfändbar festgesetzten Betrags, mindestens aber zzt. 3.579 Euro anzusehen. Bei unwiderruflicher Anlage ist der Gesamtbetrag geschützt, weil der Unterhaltsberechtigte darauf für seinen Lebensbedarf nicht zugreifen kann.

3. Leistungsfähigkeit von Kindern zur Zahlung von Elternunterhalt

a) Grundlagen

170 Unterhaltsansprüche von Eltern gegenüber ihren Kindern sind nur schwach ausgeprägt, kenntlich u.a. an dem nachgeordneten Rang dieser Ansprüche (vgl. Rdnr. 38). Diese Rechtslage wirkt sich bei Beurteilung fast aller gesetzlichen Voraussetzungen der elterlichen Unterhaltsansprüche zugunsten der ihren Eltern unterhaltspflichtigen Kinder aus. Wegen der relativen Schwäche dieses Unterhaltsverhältnisses brauchen die ihren Eltern unterhaltspflichtigen Kinder keine spürbare und dauerhafte Senkung ihres berufs- und einkommenstypischen Unterhaltsniveaus hinzunehmen, solange sie nicht einen unangemessenen Aufwand treiben oder ein Leben im Luxus führen (zu diesen Ausnahmen vgl. Rdnr. 173). Der Begünstigung der Kinder beim Elternunterhalt im Vergleich zu Unterhaltspflichtigen in engeren Unterhaltsverhältnissen wird Rechnung getragen durch einen höheren Selbstbehalt (vgl. Rdnr. 172), großzügige Maßstäbe bei der Einkommensbereinigung (vgl. Rdnrn. 91 bis 97) und einen umfangreicheren Vermögensschutz (vgl. Rdnrn. 98 bis 105).

171 Zur Erwerbsobliegenheit der ihren Eltern unterhaltspflichtigen Kinder vgl. Rdnr. 90, zur Berücksichtigung ihres Einkommens aus Überstunden und zur Korrektur bei ungünstiger Steuerklassenwahl des Kindes Rdnr. 81, zur Bewertung ihres mietfreien Wohnens im eigenen Haus oder in der eigenen Eigentumswohnung Rdnr. 82, zur Berücksichtigung ihrer Schulden Rdnrn. 92 bis 95, zur Verpflichtung von Kindern, für den Unterhalt ihrer Eltern auch ihr Vermögen einzusetzen, Rdnrn. 99 und 104, zu ihrem vom Einsatz zu verschonenden Vermögen Rdnrn. 100 bis 103, zur Berechnung der Haftungsanteile mehrerer Geschwister und zur Ersatzhaftung von Geschwistern für den Unterhalt ihrer Eltern Rdnrn. 41 f. und 44 f., zur Haftungsverteilung unter Geschwistern, von denen einzelne aus Einkommen, andere aus Vermögen leistungsfähig sind, Rdnr. 105, zum Auskunftsanspruch zwischen Geschwistern Rdnr. 236 und zur Darlegungs- und

Beweislast von Kindern für ihre Leistungsunfähigkeit zur Zahlung von Elternunterhalt Rdnr. 78.

172 Wegen der Schwäche von Unterhaltsansprüchen der Eltern gegen ihre Kinder steht Kindern gegenüber Unterhaltsansprüchen ihrer Eltern nach Abschnitt D. I. der Düsseldorfer Tabelle bzw. nach Nr. 21.3 der unterhaltsrechtlichen Leitlinien der Oberlandesgerichte ein im Vergleich zu dem Selbstbehalt von Unterhaltspflichtigen in engeren Unterhaltsverhältnissen großzügiger Selbstbehalt von zzt. 1.600 Euro (Mindestselbstbehalt) zuzüglich 50 % ihres darüber hinausgehenden bereinigten Einkommens zu.[3] Den im Mindestselbstbehalt enthaltenen Unterkunftsanteil bemisst die Düsseldorfer Tabelle dabei mit 450 Euro, ebenso ganz überwiegend die Leitlinien der Oberlandesgerichte, soweit sie zu diesem Punkt eine Aussage treffen. Zu dem Selbstbehalt, der dem Kind für seinen mit ihm in ehelicher Gemeinschaft lebenden Ehegatten zusteht, vgl. Rdnr. 185 f. und zur Berücksichtigung der Ersparnis durch gemeinsame Haushaltsführung des Kindes mit seinem Ehegatten oder einen Dritten vgl. Rdnr. 187. Zur Einsatzpflicht für den Elternunterhalt bei hohem Einkommen des Kindes vgl. Rdnr. 173.

173 Soweit Kinder einen unangemessenen Aufwand betreiben oder ein Leben im Luxus führen, haben sie ihr für diese Zwecke verbrauchtes Einkommen in vollem Umfang, nicht nur zur Hälfte, für den Unterhalt ihrer bedürftigen Eltern einzusetzen. Es wird empfohlen, von einem Aufwand dieser Größenordnung bzw. von einem Leben im Luxus auszugehen, wenn und soweit das bereinigte Einkommen von alleinstehenden Kindern das Dreifache des für dieses Unterhaltsverhältnis maßgeblichen Mindestselbstbehalts übersteigt.[4] Leben Kinder mit ihrem Ehegatten in häuslicher Gemeinschaft, sollte die Luxusschwelle beim Dreifachen des in Rdnr. 186 dargestellten Familienmindestselbstbehalts angesetzt werden. Zu berücksichtigen ist, dass bei Einkommen über der 10. Einkommensgruppe des Abschnitts A. der Düsseldorfer Tabelle die einkommensmindernde Unterhaltslast für eigene Kinder nach den Umständen des Einzelfalls zu berücksichtigen ist.

174 Angemessene Aufwendungen, die unterhaltspflichtigen Kindern für Besuche eines unterhaltsberechtigten Elternteils entstehen, sind bei der Einkommensbereinigung zu berücksichtigen.

175 Das gefundene Ergebnis ist in jedem Fall auf seine Angemessenheit zu überprüfen. Die Obergrenze der Unterhaltspflicht von Kindern zur Zahlung von Elternunterhalt ist dort erreicht, wo sie ihren Eltern höheren Unterhalt leisten müssten, als ihnen von ihrem Einkommen für den eigenen angemessenen Lebensbedarf verbleibt.

---

3)

Einkommen des alleinst. pflichtigen Kindes (bereinigt)	3.000 Euro
Mindestselbstbehalt	– 1.600 Euro
übersteigendes Einkommen	1.400 Euro

Aus dem den Mindestselbstbehalt übersteigenden Einkommen sind 700 Euro (1.400 × 50 %) einsetzbar, sodass dem Kind von den 3.000 Euro (Einkommen) 2.300 Euro verbleiben.

4) 1. Rechenschritt:

Einkommen des alleinst. pflichtigen Kindes (bereinigt)	6.800 Euro
dreifacher Mindestselbstbehalt (Luxusschwelle)	– 4.800 Euro
Einkommen über der Luxusschwelle (voll einsetzbar)	2.000 Euro

2. Rechenschritt:

Einkommen bis zur Luxusschwelle	4.800 Euro
einfacher Selbstbehalt	– 1.600 Euro
übersteigendes Einkommen	3.200 Euro

Aus dem den einfachen (Mindest-) Selbstbehalt übersteigenden Einkommen wären rechnerisch weitere 1.600 Euro (3.200 x 50 %) einsetzbar, sodass dem Kind von den 6.800 Euro (Einkommen) nur 3.200 Euro (6.800 – 2.000 – 1.600) verbleiben würden. Dann wäre die Obergrenze (max. die Hälfte des Einkommens, vgl. Rdnr. 175) überschritten. Das Ergebnis ist deshalb in der Weise zu korrigieren, dass sich im Rahmen der Angemessenheitskontrolle die Verpflichtung des Kindes zur Zahlung von Elternunterhalt um 200 Euro auf 3.400 Euro ermäßigt und sich der individuelle Selbstbehalt des Kindes um diese 200 Euro auf 3.400 Euro erhöht.

Eine solche Korrektur wird bei höheren Unterkunftskosten als dem im einfachen (Mindest-) Selbstbehalt berücksichtigten Anteil von 450 Euro häufig entbehrlich sein, weil dem hohen Einkommen entsprechend im 2. Rechenschritt beim Selbstbehalt dann angemessene Unterkunftskosten anzuerkennen sind. Betragen die Unterkunftskosten 1.000 Euro, ergibt sich eine Erhöhung des Selbstbehalts um 550 Euro (1.000 Euro Mietaufwendungen abzgl. 450 Euro im Selbstbehalt des Kindes enthaltene Unterkunftskosten), sodass für den 2. Rechenschritt gilt:

Einkommen bis zur Luxusschwelle	4.800 Euro
einfacher Selbstbehalt	– 2.150 Euro
übersteigendes Einkommen	2.650 Euro

Aus dem den einfachen (Mindest-) Selbstbehalt übersteigenden Einkommen sind dann (nur) weitere 1.325 Euro 2.650 x 50 %) und somit insgesamt die Obergrenze nicht überschreitende 3.325 Euro einsetzbar.

b) Leistungsfähigkeit bei Unterhaltspflicht gegenüber vorrangig berechtigten Familienangehörigen

176 Soweit das Kind Personen, die seinen Eltern im Rang vorgehen, Familienunterhalt nach § 1360 BGB bzw. Naturalunterhalt nach §§ 1601 ff., 1612 Abs. 2 BGB schuldet, sind deren Unterhaltsansprüche bei Beurteilung seiner Leistungsfähigkeit zur Zahlung von Elternunterhalt nach dem Maßstab des § 1578 Abs. 1 Satz 1 BGB (eheliche Lebensverhältnisse), beim Kindesunterhalt nach dem Maßstab des § 1610 BGB (angemessener Unterhalt) in einen Geldanspruch umzurechnen.

aa) Unterhaltspflicht gegenüber den eigenen Kindern

177 Schuldet das seinen Eltern unterhaltspflichtige Kind nach § 1601 ff. BGB auch seinen eigenen Kindern Bar- oder Naturalunterhalt, ist deren Unterhaltsanspruch grundsätzlich nach Abschnitt A. der Düsseldorfer Tabelle zu berechnen. Für den Unterhaltsanspruch minderjähriger und der ihnen nach § 1603 Abs. 2 Satz 2 BGB gleichgestellten volljährigen Kinder wird auf die Rdnrn. 119 bis 128 verwiesen, für den Unterhaltsanspruch nicht privilegierter volljähriger Kinder auf die Rdnrn. 157 bis 159. Leben die Kinder im Haushalt ihrer Eltern oder sind sie volljährig, richtet sich ihr Unterhaltsbedarf nach dem zusammengerechneten Einkommen ihrer Eltern. Im Verhältnis der beiderseitigen bereinigten Einkommen hat sich der andere Elternteil in diesem Fall an der Unterhaltslast für die eigenen Kinder zu beteiligen. Deshalb kann die zum Elternunterhalt verpflichtete Person ihren Eltern gegenüber die Unterhaltslast für die eigenen Kinder einkommensmindernd nur insoweit geltend machen, als diese sie selbst trifft. Das für die eigenen Kinder gezahlte Kindergeld stellt kein Einkommen ihrer Eltern dar, sondern verringert in dem von § 1612 a BGB bestimmten Umfang die Unterhaltsbedürftigkeit der eigenen Kinder. Deshalb ist in die Berechnung der Unterhaltslast für die eigenen Kinder jeweils nur der Tabellenbetrag abzüglich des nach der genannten Vorschrift anzurechnenden Kindergeldes einzustellen.

178 Hat der zum Elternunterhalt Verpflichtete allein für den Barunterhaltsbedarf seiner eigenen minderjährigen Kinder aufzukommen, weil diese von dem anderen Elternteil, in dessen Haushalt sie leben, betreut werden, ist sein Einkommen um den ggf. titulierten Zahlbetrag entsprechend dem Anhang zur Düsseldorfer Tabelle zu bereinigen. Das gilt i.d.R. selbst dann, wenn der andere Elternteil, der das Kind betreut und ihm deshalb nicht barunterhaltspflichtig ist, gleichfalls über Einkommen verfügt. Im Rahmen der Angemessenheit sind ggf. zusätzlich Aufwendungen zu berücksichtigen, die das seinen Eltern unterhaltspflichtige Kind für die Wahrnehmung des Umgangsrechts mit seinen eigenen Kindern hat.

179 Eine besondere Situation besteht, wenn das seinen Eltern unterhaltspflichtige Kind mit eigenen minderjährigen Kindern, aber nicht mit dem anderen Elternteil dieser Kinder in einem gemeinsamen Haushalt lebt und der andere Elternteil seinen Kindern deshalb barunterhaltspflichtig ist. Kann er ihnen mangels (ggf. weitergehender) Leistungsfähigkeit keinen oder nur geringen Unterhalt leisten, wird empfohlen, bei dem seinen Eltern unterhaltspflichtigen Kind die Differenz zwischen dem ggf. gezahlten Kindesunterhalt und 120 % des Tabellenunterhalts abzüglich des hälftigen Kindergeldes einkommensbereinigend zu berücksichtigen.

180 Soweit keine höhere Berücksichtigung geboten ist (vgl. Rdnr. 173), kommt im Rahmen der erforderlichen Angemessenheitsprüfung (vgl. Rdnr. 175) in Betracht, die Obergrenze für den Vorrang des Kindesunterhalts bei dem Unterhaltszahlbetrag anzusetzen, der sich aus dem Tabellenbetrag nach der 10. Einkommensgruppe des Abschnitts A. der Düsseldorfer Tabelle ergibt.

bb) Unterhaltspflicht gegenüber dem Ehegatten bei häuslicher Gemeinschaft

181 Der Ehegatte des Kindes schuldet seinen Schwiegereltern in keinem Fall Unterhalt, obgleich er durch die Unterhaltspflicht des Kindes gegenüber seinen Eltern dadurch betroffen sein kann, dass dessen Einkommen teilweise für den Unterhalt der Schwiegereltern abfließt, für die engere Familie also nicht mehr zur Verfügung steht.

182 Ist das Kind verheiratet und verfügt auch sein Ehegatte über Einkommen, brauchen beide Ehegatten nur im Verhältnis ihrer unterhaltsrechtlich maßgeblichen Einkommen zum Familienunterhalt, zu den ehelichen Aufwendungen und zum Abtrag ehebedingter Verbindlichkeiten beizutragen. Um berücksichtigungsfähige Verbindlichkeiten, die einen Ehegatten allein betreffen (z.B. Unterhaltspflichten gegenüber einem nicht gemeinschaftlichen Kind), ist nur sein Einkommen zu bereinigen.

183 Eine besondere Situation liegt vor, wenn der Ehegatte des elternunterhaltspflichtigen Kindes berufstätig ist, daneben die gemeinsamen Kinder oder Kinder aus einer früheren Verbindung betreut und zusätzlich den Haushalt führt. In diesem Fall kann das elternunterhaltspflichtige Kind mit Erfolg nicht oder doch nur sehr eingeschränkt vortragen, die Erwerbstätigkeit seines Ehegatten sei überobligatorisch, sein Ehegatte brauche sein Einkommen wegen seiner Mehrfachbelastung nicht oder nur geringfügig für den Familienunterhalt einzusetzen und deshalb sei es selbst nicht leistungsfähig zur Zahlung von Elternunterhalt, weil ihm unter diesen Umständen die Finanzierung des Familienunterhalts im Wesentlichen allein obliege. Einer solchen Einwendung steht entgegen, dass Ehegatten aufgrund der ehelichen Lebensgemeinschaft einander zu gegenseitiger Hilfe und Unterstützung verpflichtet sind. Da das seinen Eltern unterhaltspflichtige Kind deshalb gehalten ist, sich an der Haushaltsführung und Kinderbetreuung zu beteiligen und seinen Ehegatten dadurch insoweit zu entlasten, ist diesem seine tatsächlich ausgeübte Berufstätigkeit in weitergehendem Umfang zumutbar, als sie es bei einem alleinerziehenden Elternteil wäre. Voraussetzung ist, dass das elternunterhaltspflichtige Kind nach seinen beruflichen und sonstigen berücksichtigungsfähigen Verpflichtungen zeitlich in der Lage ist, sich an der Haushaltsführung und Kinderbetreuung zu beteiligen.

184 Schuldet das seinen Eltern dem Grunde nach unterhaltspflichtige Kind seinem Ehegatten Unterhalt, ist dessen eheangemessener Unterhaltsbedarf unabhängig davon vorrangig zu berücksichtigen, ob die Ehegatten in ehelicher Gemeinschaft oder getrennt leben oder geschieden sind. Der eheangemessene Bedarf bestimmt sich nach den ehelichen Lebensverhältnissen, also nach Einkommen und Vermögen der Ehegatten sowie nach ihrer sozialen Stellung (vgl. Rdnr. 143 f.). Er ist jeweils individuell zu bestimmen. Zur Prägung der ehelichen Lebensverhältnisse des Kindes durch die Unterhaltspflicht gegenüber seinen Eltern vgl. Rdnr. 192.

185 Lebt das Kind mit seinem Ehegatten in ehelicher Gemeinschaft, beläuft sich der eheangemessene Lebensbedarf seines unterhaltsberechtigten Ehegatten auf die Hälfte der für die allgemeine Lebensführung verfügbaren (auch um den Unterhalt der eigenen Kinder und die Ersparnis durch gemeinsame Haushaltsführung, vgl. dazu Rdnr. 187, bereinigten) Einkünfte der Ehegatten. Soweit Einkünfte zur (auch privilegierten) Vermögensbildung verwendet werden, dienen sie nicht der Befriedigung der laufenden Lebensbedürfnisse. Sie haben deshalb bei der Bemessung des Anspruchs des Ehegatten auf Familienunterhalt unberücksichtigt zu bleiben. Zu beachten ist, dass sich die genannte Rechtslage nur auf die Berechnung des Familien-, Trennungs- oder nachehelichen Unterhalts des Ehegatten des Kindes bezieht. Dagegen sind im Rahmen des Elternunterhalts Einkommensteile, die das seinen Eltern unterhaltspflichtige Kind der Vermögensbildung zuführt, für den Unterhalt von Eltern einzusetzen, soweit sie nicht privilegierten Zwecken (u.a. Aufbau einer angemessenen Altersvorsorge, Entschuldung des Familienheims, Ansparen einer angemessenen Rücklage für künftig notwendig anstehende Anschaffungen) dienen. Da die Ehegatten aus einem Topf wirtschaften, ist ihr Einkommen nicht vorab um den sog. Erwerbstätigenbonus zu bereinigen.

186 Soweit die Düsseldorfer Tabelle und die unterhaltsrechtlichen Leitlinien der Oberlandesgerichte den eheangemessenen Unterhaltsbedarf des Ehegatten des Kindes beziffern, ist zu beachten, dass es sich dabei um einen Mindestbetrag handelt. Abschnitt D. I. der Düsseldorfer Tabelle weist als Familienselbstbehalt, der dem mit seinem Ehegatten in häuslicher Gemeinschaft lebenden Kind gegenüber Unterhaltsansprüchen seiner Eltern auf jeden Fall verbleiben muss, auf dem Stand 1.1.2013 einschließlich 800 Euro für Unterkunftskosten 1.600 Euro + 1.280 Euro = 2.880 Euro aus. Ein Teil der Oberlandesgerichte setzt den Mindestbedarf des Ehegatten auf 1.300 Euro, den Familienmindestselbstbehalt also auf 2.900 Euro fest. Es wird empfohlen, sich insoweit nach den Leitlinien des für ein evtl. erforderliches Gerichtsverfahren zuständigen Oberlandesgerichts in der jeweils geltenden Fassung zu richten.

187 Das Zusammenleben der Ehegatten führt zu Ersparnissen durch gemeinsame Haushaltsführung. Im Familienmindestselbsthalt nach Abschnitt D. I. der Düsseldorfer Tabelle ist – in Anlehnung an das Sozialrecht (Differenz von Regelbedarfsstufe 1 und 2 nach der Anlage zu § 28 SGB XII) – bereits eine häusliche Ersparnis von 10 % enthalten, die auch bei einem den Familienmindestselbstbehalt übersteigenden Einkommen zu berücksichtigen ist.

188 Ausgangspunkt zur Berechnung des Elternunterhalts ist der individuelle Familienselbstbehalt, wenn das unterhaltspflichtige Kind mit seinem Ehegatten in häuslicher Gemeinschaft lebt. Dieser Betrag ist zugrunde zu legen, wenn dem unterhaltspflichtigen Kind und seinem Ehegatten mehr als der Familienmindestselbsthalt zur Verfügung steht, der in jedem Fall die Untergrenze für die Leistungsfähigkeit des Kindes zur Zahlung von Elternunterhalt bildet. Der individuelle Familienselbstbehalt wird nach Abschnitt D. I. der Düsseldorfer Tabelle aus der Summe des Familienmindestselbstbehalts und 45 % des darüber hinausgehenden Familieneinkommens gebildet. Die Leistungsfähigkeit des Kindes zur Zahlung von Elternunterhalt hängt davon ab, in welchem Umfang es zum bereinigten Familieneinkommen beiträgt. Wird das Familieneinkommen allein von dem elternunterhaltspflichtigen Kind erzielt, beträgt seine Leistungsfähigkeit zur Zahlung von Elternunterhalt 100 % der Differenz zwischen seinem bereinigten Einkommen und dem individuellen Familienselbstbehalt.[5] Trägt der Ehegatte des Kindes gleichfalls zum Familieneinkommen bei, ergibt sich die Leistungsfähigkeit des Kindes aus der Differenz zwischen seinem bereinigten Einkommen und dem Anteil, den es nach dem Verhältnis der beiderseitigen bereinigten Einkommen zum individuellen Familienselbstbehalt beitragen muss.[6] Die Leistungsfähigkeit errechnet sich dann verkürzt nach der Formel: (bereinigtes Familieneinkommen – Familienmindestselbstbehalt) x 55 % x Anteil, mit dem das elternunterhaltspflichtige Kind zum Familieneinkommen beiträgt.

189 Auch bei Zusammenleben und gemeinsamer Haushaltsführung mit einer anderen Person als einem Ehegatten kann eine häusliche Ersparnis zu berücksichtigen sein. Das ist der Fall, wenn die zusammengerechneten Einkommen der Zusammenlebenden den in Rdnr. 186 genannten Mindestselbstbehalt (zzt. 2.880 Euro) übersteigt. In diesen Fällen ist der Mindestselbstbehalt des zum Elternunterhalt Verpflichteten (zzt. 1.600 Euro) um 10 % zu mindern.

190 Übersteigt das bereinigte Familieneinkommen den zusammengerechneten Mindestselbstbehalt des Kindes und seines Ehegatten, hat das Kind darzulegen und ggf. zu beweisen, wie sich der Familienunterhalt gestaltet und ob und ggf. welche Beträge zur Vermögensbildung verwandt werden. Gelingt ihm der Nachweis nicht, dass nach den ehelichen Lebensverhältnissen bisher ein diesen Mindestselbstbehalt übersteigender Betrag zum Unterhalt der Familie einschließlich der Vermögensbildung für privilegierte Zwecke (vgl. Rdnrn. 100 bis 103) eingesetzt wurde, ist sein Einkommen für seinen eigenen Lebensbedarf und für denjenigen seines Ehegatten nur im Umfang des Familienmindestselbstbehalts nach Abschnitt D. I. der Düsseldorfer Tabelle bzw. mit dem insoweit in den unterhaltsrechtlichen Leitlinien des zuständigen Oberlandesgerichts vorgesehenen Mindestbetrag anzusetzen.

191 Wurde das Familieneinkommen bisher nachweisbar in vollem Umfang für den Bedarf der Familie verwandt, ist das seinem Ehegatten unterhaltspflichtige Kind nur insoweit leistungsfähig zur Zahlung von Elternunterhalt, als sein bereinigtes Einkommen nach Abzug des für den eheangemessenen Lebensbedarf seines Ehegatten und ggf. des von ihm zu tragenden Anteils am Unterhalt seiner eigenen Kinder (vgl. Rdnr. 177) seinen Selbstbehalt übersteigt (zum Selbstbehalt vgl. Rdnr. 172).

192 Obwohl der bedürftige (ggf. geschiedene) Ehegatte des Kindes dessen Eltern unterhaltsrechtlich im Rang vorgeht (vgl. Rdnr. 38), kann die Lebensstellung der Ehegatten nach der Rechtsprechung des Bundesgerichtshofs auch durch die Unterhaltspflicht des Kindes für seine Eltern geprägt sein. Das soll stets der Fall sein, wenn die Eltern bei Eheschließung ihres Kindes bereits tatsächlich oder jedenfalls latent unterhaltsbedürftig waren, etwa weil in diesem Zeitpunkt abzusehen war, dass sie wegen geringer Rente ihren Lebensbedarf nach Eintritt in den Ruhestand nicht aus eigener Kraft würden decken können. Wurden die Eltern dagegen erst im Laufe der Ehe ihres Kindes unterhaltsbedürftig, sei eine solche Prägung umso eher anzunehmen, je höher die Wahrscheinlichkeit sei, für den Unterhalt der Eltern aufkommen zu müssen. Ist in diesem Sinne von einer Prägung auszugehen, richtet sich die Leistungsfähigkeit des Kindes zur Zahlung von Elternunterhalt dieser Rechtsprechung zu-

5) Alleinverdienerehe:

Einkommen des pflichtigen Kindes (bereinigt)	4.000 Euro
Einkommen Ehepartner	0 Euro
Familieneinkommen	4.000 Euro
abzgl. Familienmindestselbstbehalt	– 2.880 Euro
übersteigendes Einkommen	1.120 Euro
abzgl. Haushaltsersparnis (10 % aus 1.100)	– 112 Euro
berücksichtigungsfähiges Einkommen	1.008 Euro
50 % des berücksichtigungsfähigen Einkommens	504 Euro*
* entspricht 45 % von	1.120 Euro
zzgl. Familienmindestselbstbehalt	2.880 Euro
individueller Familienselbstbehalt	3.384 Euro

Im Umfang der Differenz des individuellen Familienselbstbehalts zum Einkommen des Kindes (hier 616 Euro) ist das Kind leistungsfähig zur Zahlung von Elternunterhalt.

6) Doppelverdienerehe:

Einkommen des pflichtigen Kindes (bereinigt)	3.000 Euro
Einkommen Ehepartner (bereinigt)	1.000 Euro
Familieneinkommen	4.000 Euro

Da das Familieneinkommen dem vorstehenden Beispiel entspricht, beträgt der individuelle Familienselbstbehalt wiederum 3.384 Euro. Nach dem Verhältnis der beiderseitigen Einkommen muss das Kind zum Lebensbedarf der Familie 75 % = 2.538 Euro beitragen. Damit ist es in Höhe von 462 Euro (3.000 Euro – 2.538 Euro) leistungsfähig zur Zahlung von Elternunterhalt.

folge nach seinem bereinigten Einkommen vor Abzug des Unterhaltsbedarfs seines (vorrangig berechtigten) Ehegatten. Im Rahmen der stets erforderlichen Angemessenheitskontrolle ist die Grenze des Vorwegabzugs des Elternunterhalts dort anzusiedeln, wo sich durch Außerachtlassung der unterhaltsrechtlichen Rangvorschriften ein Missverhältnis zwischen dem Unterhaltsanspruch der Eltern des Kindes und dem nach § 1609 BGB vorrangigen Anspruch seines Ehegatten ergeben würde. Von einem Missverhältnis in diesem Sinn ist auszugehen, wenn das Kind seinen Eltern höheren Unterhalt leisten müsste als seinem Ehegatten, ferner wenn dem Kind für den Unterhalt seines Ehegatten nicht mindestens der ihm für diesen zustehenden Mindestselbstbehalt von 1.280 bzw. 1.300 Euro (vgl. dazu Rdnr. 186) belassen würde. Gleiches gilt, wenn sich die Einkommensverhältnisse des Kindes im unteren oder mittleren Bereich bewegen, bei denen der Ehegattenunterhalt regelmäßig nach Quoten berechnet wird. Es wird empfohlen, von diesem Fall auszugehen, wenn das bereinigte Familieneinkommen den doppelten Familienmindestselbstbehalt oder die 10. Einkommensgruppe des Abschnitts A. der Düsseldorfer Tabelle nicht übersteigt. Leistungsfähig zur Zahlung von Elternunterhalt ist das Kind dann nur insoweit, als sein auch um die Unterhaltsansprüche seiner eigenen Kinder und seines Ehegatten bereinigtes Einkommen seinen Selbstbehalt übersteigt.

cc) Unterhaltspflicht gegenüber dem getrennt lebenden oder geschiedenen Ehegatten

193 Kann der getrennt lebende oder geschiedene Ehegatte des Kindes von diesem Unterhalt verlangen, gilt die in Rdnr. 192 dargestellte Rechtslage auch für dessen Unterhaltsanspruch, dies selbst in dem Fall, dass die Eltern des Kindes erst nach dessen Trennung oder Scheidung (tatsächlich oder latent) unterhaltsbedürftig werden. Durch Hinzutreten der Eltern des Kindes als weitere Unterhaltsberechtigte ändert sich an dem (nach den für den Trennungs- bzw. nachehelichen Unterhalt allgemein geltenden unterhaltsrechtlichen Regeln ermittelten) Unterhaltsbedarf auch des geschiedenen Ehegatten nichts, weil sich der Umfang seines Bedarfs nach den Verhältnissen im Zeitpunkt der Rechtskraft der Scheidung bestimmt (zu Ausnahmen vgl. Rdnr. 145). Gleiches gilt wegen des Nachrangs des Elternunterhalts für die Leistungsfähigkeit des sowohl seinem Ehegatten als auch seinen Eltern unterhaltspflichtigen Kindes. Die Empfehlung im vorletzten Satz von Rdnr. 192 sollte auch auf diese Fallgestaltung angewendet werden.

c) Leistungsfähigkeit aufgrund eines Unterhaltsanspruchs gegen den Ehegatten

aa) Anspruch auf Barunterhalt nach Trennung oder Scheidung

194 Erhält das Kind von seinem besser verdienenden Ehegatten nach Trennung oder Scheidung Barunterhalt, stellt dieser unterhaltspflichtiges Einkommen dar und begründet die Leistungsfähigkeit des Kindes zur Zahlung von Elternunterhalt, soweit der von ihm selbst empfangene Unterhalt den ihm seinen Eltern gegenüber zustehenden Selbstbehalt (vgl. Rdnr. 172) übersteigt. Entsprechendes gilt für Einkommen aus Unterhaltsansprüchen nach § 1615 l BGB.

bb) Anspruch auf Familienunterhalt bei häuslicher Gemeinschaft

195 Ein Kind ist seinen Eltern nur unter der Voraussetzung unterhaltspflichtig, dass es selbst über Einkommen und/oder Vermögen verfügt. Sein Ehegatte schuldet seinen Schwiegereltern in keinem Fall Unterhalt (vgl. Rdnr. 181).

196 Das einem Kind für die Haushaltsführung überlassene Wirtschaftsgeld ist ebenso wenig unterhaltspflichtiges Einkommen wie der ihm von seinem Ehegatten nach §§ 1360, 1360 a BGB geleistete Familienunterhalt, der mit Ausnahme des Barbetrags zur persönlichen Verfügung (Taschengeld) i.d.R. als Naturalunterhalt geleistet wird. Auch kann das Kind von seinem Ehegatten nicht anstelle von Familienunterhalt Barunterhalt oder ein höheres Taschengeld verlangen, um seinen Eltern Unterhalt leisten zu können.

197 Sind die ehelichen Lebensverhältnisse dadurch geprägt, dass das gesamte Einkommen beider Ehegatten bisher nachweisbar für den Lebensbedarf der Familie verwendet wurde, wird das Kind nur unter der Voraussetzung leistungsfähig zur Zahlung von Elternunterhalt, dass sein eigenes Einkommen zuzüglich der Differenz, die sich aus dem Geldwert seines grundsätzlich in Höhe der Hälfte des Familieneinkommens bestehenden Anspruchs auf Familienunterhalt und dem eigenen Einkommen ergibt, die Hälfte des in Rdnr. 186 dargestellten Familienmindestselbstbehalts übersteigt. Bei bestehender Leistungsfähigkeit wird empfohlen, deren Umfang nach der in Rdnr. 188 angegeben Berechnungsformel zu bestimmen.[7]

7)

Einkommen des pflichtigen Kindes (bereinigt)	300 Euro
Einkommen Ehepartner (bereinigt)	2.840 Euro
Familieneinkommen	3.140 Euro
abzgl. Familienmindestselbstbehalt	– 2.880 Euro
übersteigendes Familieneinkommen	260 Euro

Anteil des Kindes (300 Euro) am Familieneinkommen (3.140 Euro): 9,55 %
Leistungsfähigkeit des Kindes (260 Euro × 55 % × 9,55 %): 13,65 Euro

198 Wohnt das Kind mietfrei im gemeinsamen oder einem Ehegatten gehörenden Wohneigentum, stehen ihm aus der angemessenen ersparten Miete zwar nicht unmittelbar zum Unterhalt einsetzbare Mittel zur Verfügung. Die bei Abzug der Aufwendungen für Nebenkosten und Heizung verbleibende Mietersparnis mindert aber den im Selbstbehalt berücksichtigten Wohnkostenanteil. In diesem Fall wird Leistungsfähigkeit des Kindes zur Zahlung von Elternunterhalt im Unterschied zu Rdnr. 197 bereits dann erreicht, wenn die dort bezeichnete Differenz geringer ist als die Hälfte des in Rdnr. 186 dargestellten Familienmindestselbstbehalts.

199 Verfügt das seinen Eltern unterhaltspflichtige Kind nicht über eigenes Erwerbs- oder sonstiges Einkommen, kann es nach §§ 1360, 1360 a BGB als Bestandteil seines Anspruchs auf Familienunterhalt von seinem Ehegatten in Höhe von 5 bis 7 % des bereinigten Familieneinkommens Taschengeld verlangen. Je niedriger das Familieneinkommen ist, desto mehr nähert sich der Taschengeldanspruch der Untergrenze von 5 % an. Es wird empfohlen, von einem Taschengeldanspruch in Höhe von 7 % auszugehen, wenn das Familieneinkommen den dreifachen Familienmindestselbstbehalt (vgl. Rdnr. 186) übersteigt. Unterhaltsrechtlich bildet Taschengeld grundsätzlich einzusetzendes Einkommen, selbst wenn es dem Kind nicht gezahlt wird.

200 Fließt dem Kind das ihm zustehende Taschengeld nicht zu, kann es als (in diesem Fall fiktives) Einkommen gleichwohl die Leistungsfähigkeit des Kindes zur Zahlung von Elternunterhalt begründen (vgl. Rdnr. 201). In diesem Fall kann der Träger der Sozialhilfe nach Anspruchsübergang gegen das Kind einen Unterhaltstitel erwirken, anschließend unter den Voraussetzungen des § 850 b ZPO den Taschengeldanspruch pfänden und sich überweisen lassen sowie ihn dann gegen den Ehegatten – ggf. gerichtlich – geltend machen.

201 Das im Übrigen einkommenslose Kind braucht das ihm zustehende Taschengeld regelmäßig (zu Ausnahmen vgl. Rdnr. 202) nicht für den Unterhalt seiner Eltern einzusetzen, soweit es 5 bis 7 % (vgl. Rdnr. 199) des Familienmindestselbstbehalts nicht übersteigt. Soweit es darüber hinausgeht, ist das Kind in Höhe der Hälfte dieses Überschusses leistungsfähig. Bei einem Taschengeld von z.B. 5 % des Familieneinkommens errechnet sich die Leistungsfähigkeit des Kindes nach der Formel: (bereinigtes Familieneinkommen – Familienmindestselbstbehalt) × 5 % × ½.

202 Ist das Einkommen des Ehegatten so auskömmlich, dass davon der gesamte Familienunterhalt bestritten werden kann, ist das Kind in Höhe der Hälfte seines gesamten Taschengeldanspruchs als leistungsfähig zu betrachten. Es wird empfohlen, von einem auskömmlichen Einkommen des Ehegatten in diesem Sinn auszugehen, wenn und soweit dessen Einkommen den dreifachen Familienmindestselbstbehalt der Ehegatten (vgl. Rdnr. 186) übersteigt.

203 Erreicht das eigene Einkommen des Kindes nicht die Höhe seines Taschengeldanspruchs, wird empfohlen, die Leistungsfähigkeit zum Elternunterhalt nach der in Rdnr. 201 für den Taschengeldanspruch angegebenen Berechnungsformel zu ermitteln. Übersteigt das eigene Einkommen des Kindes die Höhe seines Taschengeldanspruchs, wird empfohlen, zur Ermittlung der Leistungsfähigkeit grundsätzlich nach der in Rdnr. 188 angegebenen Berechnungsformel zu verfahren.

204 Ist in den Fällen der Rdnr. 203 das Einkommen des Ehegatten so auskömmlich, dass davon der gesamte Familienunterhalt bestritten werden kann, es also keines finanziellen Beitrags des Kindes zum Familienunterhalt mehr bedarf, hat das Kind sein Einkommen mit Ausnahme der Hälfte des Betrags, der ihm auf der Grundlage des Familieneinkommens im Fall seiner Einkommenslosigkeit als Taschengeld zustehen würde (vgl. Rdnr. 202), für den Unterhalt seiner Eltern in vollem Umfang einzusetzen. Zum Maßstab, wann von einem dergestalt auskömmlichen Einkommen des Ehegatten auszugehen ist, vgl. Rdnr. 202. Um zu vermeiden, dass das Kind seine Arbeitsstelle aufgibt, wenn ein großer Teil seines Einkommens für den Unterhalt seiner Eltern abfließt, wird empfohlen, dem Kind im Einzelfall einen Betrag bis zur Obergrenze seines hälftigen Einkommens zu belassen.

4. Verwirkung des Anspruchs auf Elternunterhalt

205 Ob Eltern ihren Unterhaltsanspruch nach § 1611 BGB verwirkt haben, ist anhand einer umfassenden Abwägung aller maßgeblichen Umstände einschließlich des Verhaltens des unterhaltspflichtigen Kindes zu prüfen. Als Ausnahmeregelung ist die Vorschrift eng auszulegen. In jedem Fall setzt die Verwirkung des Unterhaltsanspruchs voraus, dass einer der drei Tatbestände des § 1611 Abs. 1 BGB schuldhaft verwirklicht ist. Natürlicher Vorsatz reicht nicht aus. Sind Eltern ihrer Unterhaltspflicht gegenüber ihren Kindern über einen längeren Zeitraum nachgekommen, kann ihr eigenes, an sich einen Verwirkungsgrund darstellendes Verhalten in einem milderen Licht erscheinen. Ein Verhalten von Eltern, aufgrund dessen sie ihren Anspruch auf Trennungs- und nachehelichen Unterhalt verwirkt haben, führt nur dann zur – ggf. teilweisen (vgl. Rdnr. 210) – Verwirkung auch ihres Unterhaltsanspruchs gegen ihre Kinder, wenn das Verhalten zugleich die Voraussetzungen des § 1611 BGB erfüllt.

206 Ein sittliches Verschulden i.S. von § 1611 Abs. 1 Satz 1 Alt. 1 BGB setzt objektiv ein sittlich zu missbilligendes Verhalten mit Vorwerfbarkeit von erheblichem Gewicht und damit subjektiv mindestens unterhaltsrechtliche Leichtfertigkeit voraus. Davon ist auszugehen, wenn sich Eltern unter grober Missachtung dessen, was jedem einleuchten muss, oder in Verantwortungs- oder Rücksichtslosigkeit gegen ihre Kinder über die erkannte Möglichkeit nachteiliger Folgen für ihre Bedürftigkeit hinweggesetzt haben. Dabei muss das anstößige Verhalten – wenn auch nicht allein – ursächlich für ihre Unterhaltsbedürftigkeit sein.

207 Verschwenden oder verschenken Eltern Vermögen oder verzichten sie ohne sachlichen Grund auf nachehelichen Unterhalt, auf Zugewinnausgleich oder auf Durchführung des Versorgungsausgleichs, kann das je nach den Umständen des Falles sittliches Verschulden bilden. Gleiches kann unter den Voraussetzungen der Rdnr. 206 bei mangelnder finanzieller Vorsorge für das Alter gelten. Alkohol-, Drogen- oder Medikamentensucht kommt wegen des anerkannten Krankheitscharakters dieser Süchte als Verwirkungsgrund nur in Betracht, wenn Eltern trotz ihres Zustands noch in der Lage sind, ihre Sucht zu bekämpfen, wie es etwa im Anfangsstadium oder nach einer erfolgreichen Therapie der Fall sein kann.

208 Ob Eltern früher ihre Unterhaltspflicht gegenüber ihren Kindern gröblich vernachlässigt und damit ihren Unterhaltsanspruch nach § 1611 Abs. 1 Satz 1 Alt. 2 BGB verwirkt haben, hängt von Gewicht und Dauer des Verstoßes ab. Auch ein Verstoß gegen die Verpflichtung zur Betreuung der eigenen Kinder kann zur Verwirkung führen. Konnten die jetzt unterhaltsbedürftigen Eltern allerdings früher z.B. wegen Erkrankung oder Leistungsunfähigkeit und damit schuldlos nicht für ihr nunmehr auf Unterhalt in Anspruch genommenes Kind sorgen, waren sie ihrem Kind in diesem Zeitraum nicht unterhaltspflichtig, sodass auf solche Umstände ein Verwirkungseinwand nicht gestützt werden kann.

209 Von einer schweren vorsätzlichen Verfehlung der Eltern gegen ihr unterhaltspflichtiges Kind oder dessen nahe Angehörige nach § 1611 Abs. 1 Satz 1 Alt. 3 BGB ist auszugehen z.B. bei Tötungsversuch, sexuellem Missbrauch, erheblichen körperlichen Misshandlungen, die nicht durch das nach früherer, aber inzwischen überholter Rechtslage aus erzieherischen Gründen bestehende elterliche Züchtigungsrecht gedeckt waren, ferner bei wiederholten groben Beleidigungen oder Drohungen, wenn die Eltern damit eine tief greifende Verachtung ihres Kindes zum Ausdruck bringen. Auch kann der Verwirkungstatbestand erfüllt sein, wenn Eltern ihr Kind in zu missbilligender Weise bei dessen Arbeitgeber oder bei Behörden in Misskredit bringen, schließlich auch bei einer früheren, lange Zeit andauernden Abwendung der Eltern von dem in diesem Zeitpunkt noch minderjährigen Kind. Der Kreis der nahen Angehörigen des Kindes i.S. von § 1611 BGB hängt von der Beziehung des Kindes zu diesen Personen ab. Dazu gehören neben seinen engen Verwandten jedenfalls sein Verlobter oder Lebenspartner, seine Pflegeeltern oder -kinder sowie seine Stiefeltern oder -kinder.

210 Haben Eltern ihren Unterhaltsanspruch verwirkt, schuldet das Kind ihnen nach § 1611 Abs. 1 Satz 1 BGB Unterhalt nur noch in der Höhe, die der Billigkeit entspricht. Dabei sind auch die wirtschaftlichen Verhältnisse der Beteiligten zu berücksichtigen. Nur bei grober Unbilligkeit, d.h. wenn die Gewährung von Unterhalt dem Gerechtigkeitsempfinden in unerträglicher Weise widersprechen würde, entfällt die Unterhaltspflicht nach § 1611 Abs. 1 Satz 2 BGB vollständig.

211 Haben Eltern einen der Verwirkungstatbestände des § 1611 Abs. 1 Satz 1 Alt. 1 und 3 BGB erfüllt, werden ihre sämtlichen Kinder in dem in Rdnr. 210 genannten Umfang von der Haftung frei. Liegt dagegen ein Fall des § 1611 Abs. 1 Satz 1 Alt. 2 BGB vor, verringert sich oder entfällt nur die Unterhaltspflicht desjenigen Kindes, dem gegenüber seine Eltern ihre Unterhaltspflicht vernachlässigt haben. Auch in diesem Fall haften die Geschwister des Kindes nach § 1611 Abs. 3 BGB ihren Eltern aber nur insoweit auf Unterhalt, als dies der Fall wäre, wenn das von der Verwirkung betroffene Kind gleichfalls haften würde.

212 Soweit der Verwirkungseinwand durchgreift, scheidet mangels Unterhaltsanspruchs dessen Übergang auf den Träger der Sozialhilfe von vornherein aus. Hat der Elternteil seinen Unterhaltsanspruch gegen sein Kind indessen nicht oder nur teilweise verwirkt und wird der Anspruch gemäß § 94 SGB XII aus übergegangenem Recht vom Träger der Sozialhilfe in dem nicht verwirkten Umfang geltend gemacht, hat der Träger der Sozialhilfe nach § 94 Abs. 3 Satz 2 SGB XII selbst zwar keine Ermittlungen dahin gehend anzustellen, ob und ggf. in welchem Umfang der Anspruchsübergang für den bedürftigen Elternteil oder für das ihm unterhaltspflichtige Kind materiell oder immateriell eine unbillige Härte i.S. von § 94 Abs. 3 Satz 1 Nr. 2 SGB XII darstellen würde; entsprechenden konkreten Hinweisen des Kindes hat er aber nachzugehen. Eine derartige Härte kann anzunehmen sein, wenn der nach § 1611 BGB zu beurteilende Lebenssachverhalt aus der Sicht des Sozialhilferechts auch soziale Belange erfasst. Insbesondere muss ein kausaler Zusammenhang zu einem Handeln des Staates oder seiner Organe bestehen. Wenn und soweit eine unbillige Härte vorliegt, geht der Unterhaltsanspruch des Elternteils gegen sein Kind nicht auf den Träger der Sozialhilfe über. Er steht dann weiterhin dem bedürftigen Elternteil zu. Zu den Fallgruppen der unbilligen Härte vgl. Rdnr. 12 f.

213 Zur Verwirkung des elterlichen Unterhaltsanspruchs durch illoyal verspätete Geltendmachung des Anspruchs vgl. Rdnr. 36.

C) Die bei der Heranziehung Unterhaltspflichtiger zu berücksichtigenden sozialhilferechtlichen Vorschriften

I. Die Selbsthilfe des Unterhaltsberechtigten

214 Bei dem Kreis derer, die vom persönlichen Geltungsbereich des SGB XII erfasst werden, ist i.d.R. eine Verweisung auf Selbsthilfe oder eine Rückübertragung des Unterhaltsanspruchs nach § 94 Abs. 5 Satz 1 SGB XII (zur Rückübertragung vgl. im Einzelnen Rdnr. 239) nicht angezeigt. Zur Selbsthilfe der nachfragenden Person durch Anmahnung der Unterhaltsleistung, durch Aufforderung des Unterhaltspflichtigen zur Erteilung der Auskunft über sein Einkommen und Vermögen zum Zwecke der gerichtlichen Geltendmachung des Unterhaltsanspruchs und durch gerichtliche Geltendmachung dieses Anspruchs vgl. vorletzten Satz von Rdnr. 227; zum unterhaltsrechtlichen Auskunftsanspruch vgl. Rdnr. 235 f.

II. Vorrang der öffentlich-rechtlichen Einsatzgemeinschaft

215 Gehört der Unterhaltspflichtige dem in § 19 Abs. 1 bis 3 SGB XII für die einzelnen Leistungen der Sozialhilfe bestimmten Personenkreis (sozialhilferechtliche Einsatzgemeinschaft) an, geht der Unterhaltsanspruch des zur Einsatzgemeinschaft zählenden Berechtigten gemäß § 94 Abs. 1 Satz 3 Halbsatz 1 Alt. 1 SGB XII nicht auf den Träger der Sozialhilfe über.

216 Werden einer nachfragenden Person Leistungen der Sozialhilfe erbracht, obwohl die Aufbringung der Mittel den zur Einsatzgemeinschaft gehörenden Personen in Fällen der Hilfe zum Lebensunterhalt (3. Kapitel SGB XII) entsprechend § 19 Abs. 1 i.V. mit § 27 Abs. 2 SGB XII sowie in Fällen der Grundsicherung im Alter und bei Erwerbsminderung (4. Kapitel SGB XII) entsprechend § 19 Abs. 2 i.V. mit § 43 Abs. 1 SGB XII möglich oder in Fällen von Leistungen nach dem 5. bis 9. Kapitel SGB XII entsprechend § 19 Abs. 3 SGB XII zumutbar ist, handelt es sich um (sog. unechte oder erweiterte) Hilfe, die gleichfalls nicht zum Übergang von Unterhaltsansprüchen, sondern zu einem durch Verwaltungsakt festzusetzenden und ggf. im Verwaltungszwangsverfahren zu vollstreckendenden Aufwendungsersatzanspruch des Trägers der Sozialhilfe führt. Nach § 19 Abs. 5 SGB XII haften die Mitglieder der Einsatzgemeinschaft für diese öffentlich-rechtliche Forderung als Gesamtschuldner.

1. Hilfe zum Lebensunterhalt

217 Bei Nachfrage von Hilfe zum Lebensunterhalt wird zur Feststellung des sozialhilferechtlichen Leistungsanspruchs außer dem Einkommen und Vermögen der nachfragenden Person nach den Bestimmungen des 11. Kapitel SGB XII (§§ 82 ff. SGB XII) auch das Einkommen und Vermögen von den zur Einsatzgemeinschaft gehörenden Personen ungeachtet ggf. bestehender unterhaltsrechtlicher Verpflichtungen gegenüber der nachfragenden Person berücksichtigt. Die Einsatzgemeinschaft besteht nach § 27 Abs. 2 Satz 2 SGB XII zwischen der nachfragenden Person und ihrem nicht getrennt lebenden Ehegatten oder Lebenspartner (vgl. Rdnr. 218) sowie nach § 27 Abs. 2 Satz 3 SGB XII außer in den in Rdnr. 219 Satz 3 und 5 genannten Fallgestaltungen zwischen minderjährigen unverheirateten Kindern und den mit ihnen im Haushalt lebenden Eltern.

218 Getrenntleben der Ehegatten liegt im unterhaltsrechtlichen ebenso wie im sozialhilferechtlichen Sinn nicht schon bei jeder räumlichen Trennung vor. Vielmehr muss hinzukommen, dass nach den tatsächlichen Verhältnissen die Wirtschafts- und Lebensgemeinschaft der Ehegatten nicht nur vorübergehend aufgehoben ist und mindestens einer der Ehegatten nach außen zu erkennen gibt, mit dem anderen nicht mehr zusammenleben zu wollen. Leben die Ehegatten noch in der gemeinsamen Wohnung, reichen für ein Getrenntleben im Rechtssinne getrenntes Schlafen und Essen regelmäßig nicht aus. Ferner leben die Ehegatten im Rechtssinne nicht getrennt, wenn die räumliche Trennung nur durch die Tatsache bedingt ist, dass einer der Ehegatten der stationären Betreuung in einer Einrichtung bedarf oder aus beruflichen Gründen eine eigene Unterkunft bewohnt. Entsprechendes gilt für das Getrenntleben von Lebenspartnern.

219 Gehören minderjährige unverheiratete Kinder dem Haushalt ihrer Eltern oder eines Elternteils an und können sie den notwendigen Lebensunterhalt aus ihrem Einkommen und Vermögen nicht beschaffen, bilden sie mit diesen eine Einsatzgemeinschaft; die Haushaltsangehörigkeit von Kindern wird durch kurzfristige Unterbrechung nicht aufgehoben. Neben dem Einkommen und Vermögen dieser Kinder sind auch das Einkommen und Vermögen der Eltern oder des Elternteils zu berücksichtigen (§ 27 Abs. 2 Satz 3 SGB XII). Einkommen und Vermögen der Eltern bleibt jedoch unberücksichtigt, wenn eine nachfragende Person schwanger ist oder ihr leibliches Kind bis zur Vollendung seines sechsten Lebensjahres betreut (§ 19 Abs. 4 SGB XII). Der Elternbegriff umfasst auch die Adoptiveltern, nicht aber Pflegeeltern und Stiefeltern. Bei Prüfung der Bedürftigkeit von Eltern bleiben Einkommen und Vermögen ihrer Kinder außer Betracht.

LL-Strkt KG Brdbg Brschw Brem Celle Dresd Düss Ffm Hbg Hamm Jena Kblz Köln Naumbg Oldbg Rstk Schlesw SüdL Empf Sozhi

2. Grundsicherung im Alter und bei Erwerbsminderung

220 Beantragt eine Person Hilfe nach dem 4. Kapitel SGB XII, sind nach §§ 19 Abs. 2 Satz 1 i.V. mit 43 Abs. 1 Halbsatz 1 SGB XII bei Prüfung ihrer sozialhilferechtlichen Bedürftigkeit neben ihrem eigenen Einkommen und Vermögen nur Einkommen und Vermögen ihres nicht getrennt lebenden Ehegatten oder Lebenspartners bzw. des Partners einer eheähnlichen oder lebenspartnerschaftsähnlichen Gemeinschaft zu berücksichtigen, soweit diese Mittel den notwendigen Lebensunterhalt dieser Personen übersteigen. Die für den notwendigen Lebensunterhalt anerkannten Bedarfe sind durch die Verweisungen in § 42 SGB XII bestimmt. Zum Begriff des Getrenntlebens vgl. Rdnr. 218. Kinder und Eltern von dauerhaft voll erwerbsgeminderten Personen oder Personen, die wegen Erreichen der Regelaltersgrenze nach dem 4. Kapitel SGB XII anspruchsberechtigt sind, werden von der Bestimmung zur Berücksichtigung von Einkommen und Vermögen nicht erfasst; zu den Auswirkungen, wenn deren Einkommen den Grenzbetrag nach § 43 Abs. 3 Satz 1 SGB XII erreicht, vgl. Rdnrn. 224 bis 226. Zu den unterhaltsrechtlichen Auswirkungen einer nach dem 4. Kapitel SGB XII bestehenden Anspruchsberechtigung vgl. Rdnr. 64.

3. Hilfen nach dem 5. bis 9. Kapitel SGB XII

221 Bei den Hilfen nach dem 5. bis 9. Kapitel SGB XII wird bereits bei Prüfung der Bedürftigkeit der nachfragenden Person neben ihrem Einkommen und Vermögen Einkommen und Vermögen der in § 19 Abs. 3 SGB XII genannten Personen berücksichtigt.

222 Die Aussagen in Rdnrn. 217 bis 219 gelten auch für die Hilfen nach dem 5. bis 9. Kapitel SGB XII. Abweichend von § 27 Abs. 2 Satz 3 SGB XII setzen diese Hilfen gemäß § 19 Abs. 3 SGB XII allerdings nicht voraus, dass ein nachfragendes minderjähriges unverheiratetes Kind dem Haushalt seiner Eltern oder eines Elternteils angehört. Leben die Eltern zusammen, haben sie anstelle des nach bürgerlichem Recht geschuldeten Unterhalts für die Aufbringung der Mittel in dem ihnen sozialhilferechtlich zumutbaren Umfang (durch sog. Kostenbeitrag) aus ihrem Einkommen und Vermögen einzustehen (§§ 85 ff., §§ 90 ff. SGB XII). Leben die Eltern getrennt und lebt das Kind nicht bei einem Elternteil, können beide Elternteile nach Maßgabe von § 94 SGB XII als Unterhaltsschuldner in Anspruch genommen werden. Lebt das Kind bei einem der getrennt lebenden Elternteile, kann nur der andere Elternteil im Wege des Forderungsübergangs nach § 94 SGB XII unterhaltsrechtlich in Anspruch genommen werden.

III. Der gesetzliche Übergang von Unterhaltsansprüchen

223 Wird der leistungsberechtigten Person Sozialhilfe erbracht, geht ihr Unterhaltsanspruch einschließlich ihres unterhaltsrechtlichen Auskunftsanspruchs (vgl. Rdnr. 235) kraft Gesetzes bis zur Höhe der geleisteten Aufwendungen auf den Träger der Sozialhilfe über (§ 94 Abs. 1 Satz 1 SGB XII), wenn und soweit
- die Hilfeleistung Unterhaltsbedarf des Leistungsberechtigten abdeckt (vgl. dazu Rdnr. 9),
- der Unterhaltsanspruch zeitgleich mit der Hilfeleistung besteht, ferner
- die Hilfeleistung dem Leistungsberechtigten selbst (nicht anderen Mitgliedern seiner ggf. bestehenden Einsatzgemeinschaft) erbracht wird,
- die ausgebliebene Unterhaltsleistung ursächlich für die Hilfeleistung ist (vgl. dazu Rdnr. 10 Punkt 3) und schließlich
- der Anspruchsübergang nicht nach § 94 Abs. 1 Satz 2 bis 4 und 6 oder Abs. 2 und 3 SGB XII ausgeschlossen oder eingeschränkt (vgl. Rdnrn. 8 bis 13, 206 ff., 216 ff. und 225) ist.

224 Beziehen Eltern oder volljährige Kinder Leistungen der Grundsicherung im Alter oder bei Erwerbsminderung nach dem 4. Kapitel SGB XII, gehen deren Unterhaltsansprüche gegen ihre Kinder bzw. ihre Eltern nach § 94 Abs. 1 Satz 3 Halbsatz 2 SGB XII nicht auf den Träger der Sozialhilfe über, wenn das Einkommen ihrer Kinder oder Eltern die Einkommensgrenze des § 43 Abs. 3 Satz 1 SGB XII nicht überschreitet. Die genannte Grenze des jährlichen Gesamteinkommens i.S. des SGB IV von unter 100.000 Euro ist erst überschritten, wenn ein Elternteil ein über der Grenze liegendes Einkommen erzielt, und nicht bereits dann, wenn beide Elternteile zusammengerechnet über ein solches Einkommen verfügen. Bei nicht selbstständig berufstätigen Unterhaltspflichtigen richtet sich die Wahrung der Einkommensgrenze nach ihrem Bruttoeinkommen abzüglich lediglich ihrer steuerlich anzuerkennenden berufsbedingten Aufwendungen und bei Unterhaltspflichtigen mit anderen Einkommensquellen nach dem Überschuss ihrer Einnahmen über ihre Werbungskosten. Persönliche Steuern, Sozialversicherungsabgaben, Unterhaltspflichten und sonstige sozialhilferechtlich oder unterhaltsrechtlich anzuerkennende Aufwendungen bleiben dagegen unberücksichtigt. Nach § 43 Abs. 3 Satz 2 SGB XII wird vermutet, dass die Einkommensgrenze nicht überschritten wird.

225 Übersteigt das Einkommen des bzw. der Unterhaltspflichtigen die Obergrenze des § 43 Abs. 3 Satz 1 SGB XII, besteht kein Anspruch des Unterhaltsberechtigten auf Grundsicherung nach dem 4. Kapitel SGB XII. Leistet der Unterhaltspflichtige in diesem Fall trotz Leistungsfähigkeit keinen Unterhalt und bezieht der bedürftige Unterhaltsberechtigte deshalb Hilfe zum Lebensunterhalts nach dem 3. Kapitel SGB XII, geht sein Unterhaltsanspruch nach § 94 SGB XII auf den Träger der Sozialhilfe über, wenn und soweit der Anspruchsübergang nicht ausnahmsweise ausgeschlossen ist oder nur beschränkt erfolgt (vgl. Rdnrn. 8 ff.). Überschreitet lediglich das Einkommen eines von mehreren Unterhaltspflichtigen die in § 43 Abs. 3 Satz 1 SGB XII genannte Privilegierungsgrenze, besteht gleichfalls kein Anspruch auf Leistungen nach dem 4. Kapitel SGB XII. Grundsätzlich kommt dann aber eine Leistungsgewährung nach den Vorschriften des 3. Kapitels SGB XII mit der Folge in Betracht, dass im Rahmen des gesetzlichen Anspruchsübergangs i.S. von § 94 SGB XII auch der nach § 43 Abs. 3 Satz 1 SGB XII privilegierte Unterhaltspflichtige erfasst wird und dessen anteilige Heranziehung entgegen § 43 Abs. 3 Satz 1 SGB XII zu prüfen ist, obwohl sein Einkommen die Grenze von 100.000 Euro nicht erreicht. Um in derartigen Fällen eine vom Gesetzgeber offensichtlich nicht gewollte Unbilligkeit zu vermeiden, wird empfohlen, im Umfang der gemäß § 1606 Abs. 3 Satz 1 BGB bestehenden anteiligen Haftung von einer Heranziehung dieses Unterhaltspflichtigen abzusehen. Die Unterhaltsverpflichteten mit Einkommen über der genannten Privilegierungsgrenze haften in diesem Fall nur in dem Umfang, in dem sie im Verhältnis zu dem nach § 43 Abs. 3 Satz 1 SGB XII privilegierten Unterhaltspflichtigen nach § 1606 Abs. 3 Satz 1 BGB anteilig leistungspflichtig wären.

226 Zum Umfang des Auskunftsanspruchs des Trägers der Sozialhilfe gegenüber den einem nach dem 4. Kapitel SGB XII Leistungsberechtigten unterhaltspflichtigen Eltern und Kindern vgl. § 43 Abs. 3 Satz 3 bis 5 SGB XII. Über ihr Vermögen brauchen diese Unterhaltspflichtigen keine Auskunft zu erteilen. Zu beachten ist, dass der Übergang des Unterhaltsanspruchs des Leistungsberechtigten nicht gehindert wird, soweit dieser neben den Leistungen nach dem 4. Kapitel SGB XII andere Sozialhilfeleistungen bezieht, für die der Anspruchsübergang nicht nach § 94 Abs. 1 SGB XII ausgeschlossen ist.

227 Für die Vergangenheit kann der Träger der Sozialhilfe den übergegangenen Unterhaltsanspruch geltend machen, wenn und soweit ein Unterhaltstitel besteht, ferner unter den Voraussetzungen der § 1585 b BGB, § 1613 BGB, ggf. i.V. mit §§ 1361 Abs. 4 Satz 4, 1360 a Abs. 3 BGB oder schließlich ab Zugang der Rechtswahrungsanzeige, mit der dem Unterhaltspflichtigen die Erbringung der Leistung schriftlich mitgeteilt worden ist (§ 94 Abs. 4 Satz 1 SGB XII). Diese Anzeige braucht den Unterhaltsanspruch noch nicht zu beziffern. Die Anzeige sollte dem möglicherweise Unterhaltspflichtigen unabhängig vom Zeitpunkt einer formellen Bescheiderteilung unverzüglich nach Erbringung der Leistung an die nachfragende Person übersandt und gleichzeitig sollte von ihm Auskunft über seine Einkommens- und Vermögensverhältnisse verlangt werden (vgl. zum Auskunftsanspruch Rdnrn. 235 bis 238); werden die Leistungen in einem Frauenhaus erbracht, ist zu beachten, dass der gewalttätige Partner aufgrund der Mitteilung nicht Kenntnis von der Adresse der Einrichtung erlangt. Um den Zugang der Rechtswahrungsanzeige nachweisen zu können, kann sich ihre förmliche Zustellung empfehlen. Bei Untätigkeit des Unterhaltspflichtigen sollte kurzfristig an die Erledigung erinnert und der Adressat darauf hingewiesen werden, dass sich der Träger der Sozialhilfe vorbehält, entweder seinen nach § 117 SGB XII bestehenden öffentlich-rechtlichen Anspruch auf Auskunft über die Einkommens- und Vermögensverhältnisse durch Erlass eines entsprechenden Verwaltungsakts durchzusetzen oder seinen unterhaltsrechtlichen Auskunftsanspruch aus § 1580 BGB bzw. aus § 1605 BGB durch gerichtliche Geltendmachung vor dem Familiengericht zu verfolgen. Jedenfalls dieses Schreiben sollte zur Nachweisbarkeit seines Zugangs mit Zustellungsurkunde übersandt werden. Wenn die Feststellung der Bedürftigkeit voraussichtlich längere Zeit, für die der Träger der Sozialhilfe keinen Rückgriff nehmen kann (§ 94 Abs. 4 Satz 1 SGB XII), andauern wird, sollte die nachfragende Person aufgefordert werden, bereits ihrerseits von möglichen Unterhaltspflichtigen zum Zwecke der Geltendmachung ihres Unterhaltsanspruchs Auskunft über deren Einkommen und Vermögen zu verlangen oder sie mit einer bezifferten Mahnung in Verzug zu setzen. Hierbei soll erforderlichenfalls durch Vorbereitung eines entsprechenden Schreibens persönliche Hilfe geleistet werden.

228 Sobald der Träger der Sozialhilfe den Unterhaltsanspruch berechnet hat, ist dem Unterhaltspflichtigen mit einer nachvollziehbaren Unterhaltsberechnung mitzuteilen, in welchem Umfang der Unterhaltsanspruch nach Auffassung des Trägers der Sozialhilfe auf ihn übergegangen ist. Dem Unterhaltspflichtigen ist dabei unter angemessener Fristsetzung Gelegenheit zu geben, zu dieser Berechnung Stellung zu nehmen und den errechneten Unterhaltsbeitrag zu zahlen. Zugleich sollte verbindlich, aber unmissverständlich darauf hingewiesen werden, dass sich der Träger der Sozialhilfe vorbehält, den Unterhaltsanspruch nach § 94 Abs. 5 Satz 3 SGB XII bei dem zuständigen Familiengericht geltend zu machen, wenn und soweit keine Einigung zustande kommt. Bei dieser Mitteilung handelt es sich nicht um einen Verwaltungsakt. Sie sollte auch dem unterhaltsberechtigten Leistungsberechtigten unter Hinweis darauf, dass ihm sein Unterhaltsanspruch im Umfang des Anspruchsübergangs nicht mehr zusteht, übersandt werden.

229 Für die gerichtliche Prüfung des Unterhaltsanspruchs und der mit dessen Übergang auf den Träger der Sozialhilfe verbundenen Rechtsfragen steht nach § 94 Abs. 5 Satz 3 SGB XII einheitlich nur der Rechtsweg zu den Familiengerichten offen. Dies gilt auch für die mit dem Übergang verbundenen öffentlich-rechtlichen Fragen, insbesondere auch für die Vergleichsberechnung (vgl. Rdnrn. 230 bis 234).

IV. Die öffentlich-rechtliche Vergleichsberechnung

230 Schon die bürgerlich-rechtliche Unterhaltspflicht setzt Leistungsfähigkeit der Unterhaltspflichtigen voraus (vgl. dazu Rdnrn. 77 ff.). An dieser fehlt es, wenn und soweit dem Grunde nach Unterhaltspflichtige selbst hilfebedürftig i.S. des 3. Kapitels SGB XII sind oder sie es bei Erfüllung des Unterhaltsanspruchs werden würden. In diesem Fall besteht kein Unterhaltsanspruch der leistungsberechtigten Person mit der Folge, dass ein Anspruchsübergang auf den Träger der Sozialhilfe von vornherein nicht in Betracht kommt. Schon um feststellen zu können, ob dem Grunde nach Unterhaltspflichtige, die in eingeschränkten finanziellen Verhältnissen leben (elternunterhaltspflichtige Kinder gehören wegen ihres in diesem Unterhaltsverhältnis großzügig bemessenen Selbstbehalts in aller Regel nicht zu diesem Personenkreis) in diesem Sinn leistungsunfähig sind, bedarf es einer sozialhilferechtlichen Vergleichsberechnung, bei der sich das für die Leistungsfähigkeit maßgebliche Einkommen und Vermögen grundsätzlich nach sozialhilferechtlichen Vorschriften (§§ 82 und 90 SGB XII) bestimmt. Führt diese Berechnung in dem konkreten Fall zu dem Ergebnis, dass der Unterhaltspflichtige – ggf. teilweise – leistungsfähig ist und der leistungsberechtigten Person ihm gegenüber deshalb ein Unterhaltsanspruch zusteht, geht dieser Anspruch nach § 94 Abs. 1 Satz 1 SGB XII, entsprechend der Leistungsfähigkeit begrenzt durch den Umfang der erbrachten Sozialhilfe, grundsätzlich auf den Träger der Sozialhilfe über. Zu beachten ist allerdings, dass Unterhaltspflichtige unterhaltsrechtlich im Gegensatz zur sozialhilferechtlichen Betrachtungsweise, bei der nur tatsächlich vorhandenes Einkommen und Vermögen zählt, auch insoweit als leistungsfähig gelten, als sie über fiktives Einkommen und/oder Vermögen verfügen. Diese unterschiedliche Bewertung von Einkommen und Vermögen in den beiden Rechtsgebieten hat zur Folge, dass eine leistungsberechtigte Person von einem Unterhaltspflichtigen, dem sowohl real erzieltes als auch fiktives Einkommen und/oder Vermögen zuzurechnen ist, Unterhalt auf der Grundlage des gesamten Einkommens verlangen kann, dieser Unterhaltsanspruch aber nach § 94 Abs. 3 Satz 1 Nr. 1 SGB XII nur in dem Umfang auf den Träger der Sozialhilfe übergeht, als er sich aus dem real erzielten Einkommen und/oder Vermögen errechnet. Denn im Umfang des dem Unterhaltspflichtigen nur fiktiv zugerechneten Einkommens und/oder Vermögens gilt der Unterhaltspflichtige bei Erfüllung des Unterhaltsanspruchs im sozialhilferechtlichen Sinn selbst als hilfebedürftig.

231 Leistungsempfänger der Grundsicherung für Arbeitsuchende sind nach § 5 Abs. 2 SGB II wegen des dort genannten Vorrangs der Leistungen des SGB II nicht leistungsberechtigt nach dem 3. Kapitel SGB XII. Da die Schuldnerschutzbestimmung des § 94 Abs. 3 Satz 1 Nr. 1 SGB XII aber weitgehend leerliefe, wenn die Vorschrift nicht auch für unterhaltspflichtige Leistungsempfänger nach dem SGB II gelten würde, sollte § 94 Abs. 3 Satz 1 Nr. 1 SGB XII entsprechend auf diese Leistungsempfänger nach dem SGB II angewendet werden. Deren potenzielle Hilfebedürftigkeit nach § 9 SGB II ist unter Heranziehung der Vorschriften der §§ 11 ff., 12 SGB II festzustellen. Erhält die unterhaltspflichtige Person Leistungen zur Sicherung des Lebensunterhalts nach dem SGB II, ist ein Übergang insoweit nicht ausgeschlossen, als der Unterhaltsanspruch auf dem Bezug von Leistungen beruht, die unterhaltsrechtlich als Einkommen zu behandeln sind. Dies gilt für folgende Leistungen:

- Mehraufwandsentschädigung bei Arbeitsgelegenheit (§ 16 d Abs. 7 Satz 1 SGB II),
- Einstiegsgeld (§ 16 b SGB II).

232 Nach § 94 Abs. 3 Satz 1 Nr. 1 SGB XII ist auch in denjenigen Fällen, in denen die leistungsberechtigte Person Hilfen nach dem 5. bis 9. Kapitel SGB XII erhält, für die Frage der Sozialhilfebedürftigkeit des Unterhaltspflichtigen allein darauf abzustellen, ob er i.S. der Hilfe zum Lebensunterhalt bedürftig ist oder ob er es durch Erfüllung der Unterhaltspflicht werden würde. Bei entsprechender Sozialhilfeleistung an die leistungsberechtigte Person muss dem Unterhaltspflichtigen sein Einkommen daher nur in Höhe seines Regelsatzes, ggf. seines Mehrbedarfs und seiner Unterkunftskosten (§§ 27 a, 30, 35 SGB XII) belassen werden. Wegen des Ausnahmecharakters der einmaligen Bedarfe nach § 31 SGB XII ist ihm für diesen Zweck ein zusätzlicher Betrag nur zuzubilligen, wenn ein derartiger Bedarf konkret gegeben ist. Die Einkommensgrenzen der §§ 85 f. SGB XII, die der leistungsberechtigten Person zustehen, kann der Unterhaltspflichtige nicht für sich in Anspruch nehmen. Im Einzelfall sollte geprüft werden, ob die Ungleichbehandlung von leistungsberechtigter Person und Unterhaltspflichtigem eine unbillige Härte i.S. von § 94 Abs. 3 Satz 1 Nr. 2 SGB XII darstellt (vgl. Rdnr. 12 f.).

233 Nach dem Wortlaut des § 94 Abs. 3 Satz 1 Nr. 1 SGB XII ist nur auf die Sozialhilfebedürftigkeit des Unterhaltspflichtigen abzustellen. Da die Mitglieder von dessen Einsatzgemeinschaft aber ihrerseits Anspruch auf Sozialhilfe hätten, wenn ihr Unterhalt nicht mehr durch den gegenüber der leistungsberechtigten Person zum Unterhalt Verpflichteten gesichert wäre, und da sie deshalb im Zweifel ihrerseits umgehend Sozialhilfe beantragen würden, was einen erheblichen zusätzlichen Verwaltungsaufwand zur Folge hätte, wird empfohlen, die Vergleichsberechnung gleichwohl unter Einbeziehung der Mitglieder der Einsatzgemeinschaft des Unterhaltspflichtigen vorzunehmen.

234 Vertragliche Unterhaltsansprüche (vgl. dazu Rdnr. 27) unterfallen der Regelung des § 93 SGB XII, nicht derjenigen des § 94 SGB XII. Gleichwohl sollte der Träger der Sozialhilfe dem vertraglich Unterhaltspflichtigen den gleichen Schutz zugestehen wie dem gesetzlich Unterhaltspflichtigen, wenn für den Vertragsabschluss vorwiegend verwandtschaftliche Beziehungen oder sittliche Beweggründe bestimmend waren, nicht in erster Linie dagegen die Übergabe von Vermögenswerten. Erreicht der Wert eines etwa an den Unterhaltspflichtigen übergehenden Vermögens nicht den Wert des kapitalisierten Unterhalts, ist zu vermuten, dass für den Abschluss des Unterhaltsvertrages vorwiegend verwandtschaftliche Beziehungen oder sittliche Beweggründe bestimmend waren.

D) Verfahrensfragen, Rückübertragung und Durchsetzung des übergegangenen Unterhaltsanspruchs

I. Die Auskunftspflicht des Unterhaltspflichtigen

235 Mit dem Übergang des Unterhaltsanspruchs geht auch der unterhaltsrechtliche Auskunftsanspruch (§§ 1605, 1580 BGB) auf den Träger der Sozialhilfe über (§ 94 Abs. 1 Satz 1 SGB XII). Vor Einsetzen der Sozialhilfe kann der Träger von der dem Grunde nach unterhaltspflichtigen Person nicht Auskunft über deren Einkommen und Vermögen verlangen. Der Auskunftsanspruch erstreckt sich auf das Einkommen und Vermögen des Unterhaltspflichtigen sowie auf die sonstigen für die Berechnung des Unterhaltsanspruchs maßgeblichen tatsächlichen Umstände wie z.B. Zahl der Kinder oder Wiederheirat des Unterhaltspflichtigen. Daneben besteht nach § 1605 Abs. 1 Satz 2 BGB ein Anspruch auf Vorlage entsprechender Belege; allerdings nur zum Einkommen und nicht zum Vermögen des Unterhaltspflichtigen. Das Auskunftsersuchen und der Auskunftsantrag bei Gericht haben die Personen zu benennen, denen Sozialhilfe erbracht wird, und müssen genau den Zeitraum bezeichnen, für den über das Einkommen und über sonstige für die Berechnung des Unterhaltsanspruchs maßgeblichen Umstände Auskunft erteilt werden soll, ferner den Zeitpunkt, auf den sich die Vermögensauskunft beziehen soll. Ebenso müssen die Belege über das Einkommen des Unterhaltspflichtigen, deren Vorlage verlangt wird, genau benannt werden. Aus dem Anschreiben sollte klar hervorgehen, dass die Auskunftserteilung zum Zweck der Geltendmachung des Unterhaltsanspruches bzw. der Unterhaltsansprüche gefordert wird. Der Auskunftsanspruch kann ggf. durch einen Antrag auf Auskunftserteilung oder durch einen sog. Stufenantrag (das ist ein Antrag auf Auskunftserteilung und Vorlage von Belegen, verbunden mit einem zunächst unbezifferten Zahlungsantrag, der nach Erteilung der Auskunft beziffert werden muss) beim Familiengericht geltend gemacht werden, wenn der Unterhaltspflichtige seiner Auskunftspflicht nicht freiwillig nachkommt. Von einer Aufforderung, Auskunft zu erteilen, ist mangels Erforderlichkeit der Auskunft für die Unterhaltsberechnung abzusehen, wenn der Unterhaltsanspruch bereits in Höhe der erbrachten Sozialhilfeleistung tituliert ist. Bei begründetem Zweifel, ob die titulierte Forderung den aktuellen Verhältnissen der Unterhaltspflichtigen entspricht, sollte jedoch Auskunft verlangt werden.

236 Bei Inanspruchnahme auf Kindesunterhalt können beide dem Grunde nach für ihr Kind barunterhaltspflichtigen Elternteile nach § 242 BGB Auskunft über Einkommen und Vermögen des anderen Elternteils und über Einkommen und Vermögen von deren Ehegatten verlangen, wenn sie die Auskunft benötigen, um ihren Haftungsanteil zu berechnen. Unter denselben Voraussetzungen haben Geschwister bei Inanspruchnahme auf Elternunterhalt Anspruch auf Auskunftserteilung über das Einkommen und Vermögen ihrer Geschwister und über Einkommen und Vermögen von deren Ehegatten. Ein unmittelbarer Auskunftsanspruch gegen den Ehegatten des anderen Elternteils oder der Geschwister besteht dagegen nicht.

237 Der Träger der Sozialhilfe kann unabhängig von den mit dem Unterhaltsanspruch übergegangenen Auskunftsanspruch der §§ 1605, 1580, 242 BGB nach seinem Ermessen einen dem Grunde nach Unterhaltspflichtigen sowie dessen nicht getrennt lebenden Ehegatten oder Lebenspartner auch nach § 117 Abs. 1 Satz 1 SGB XII zur Auskunft über ihre Einkommens- und Vermögensverhältnisse auffordern und die Vorlage von Beweisurkunden über beides oder die Zustimmung zu deren Vorlage verlangen. Dieser Auskunftsanspruch besteht, wenn und soweit die Auskunft benötigt wird, um die Leistungsfähigkeit des Unterhaltspflichtigen zur Zahlung von Unterhalt an die leistungsberechtigte Person feststellen zu können. Keine Kenntnis über die Einkommens- und Vermögensverhältnisse benötigt der Träger der Sozialhilfe, wenn der Unterhaltsanspruch nur bis zu dem sich nach § 94 Abs. 2 SGB XII ergebenden Grenzbetrag übergeht (vgl. Rdnr. 10 Punkt 4) und die insoweit gesetzlich vermutete Leistungsfähigkeit unbestritten bleibt. In dem Auskunftsersuchen, das gesondert an die einzelnen Auskunftspflichtigen zu richten ist, ist auf die Verpflichtung zur Auskunftserteilung nach § 117 Abs. 1 SGB XII hinzuweisen. Erteilen die Auskunftspflichtigen daraufhin keine oder nur unzureichende Auskünfte, soll der Träger der Sozialhilfe die Auskunftspflichtigen an die Erteilung erinnern und darauf hinweisen, dass Auskünfte sowohl nach § 117 Abs. 1 Satz 4 SGB XII i.V. mit § 21 Abs. 4 SGB X bei den Finanzbehörden als auch nach § 117 Abs. 4 SGB XII beim Arbeitgeber eingeholt werden können. Bei dem Auskunftsverlangen nach § 117 SGB XII handelt es sich um einen Verwaltungsakt, für dessen Anfechtung der Sozialrechtsweg eröffnet ist. Ein bestandskräftiger Verwaltungsakt ist im Wege der Verwaltungsvollstreckung durchsetzbar. Gegenüber Personen, die ihren gewöhnlichen Aufenthalt im Ausland haben, kann kein Verwaltungsakt auf Auskunftserteilung ergehen.

238 In Hinblick auf die Kostenregelung des § 243 Nr. 2 FamFG kann es zur Beschleunigung des Unterhaltsregresses im Einzelfall sinnvoll sein, beim Familiengericht sofort einen (bezifferten) Antrag anstelle eines Stufenantrags zu stellen, wenn der Unterhaltspflichtige auch bei wiederholter Aufforderung die geschuldeten Auskünfte nicht erteilt und begründete Anhaltspunkte für die behauptete Leistungsfähigkeit des Unterhaltspflichtigen zur Zahlung von Unterhalt in dem geltend gemachten Umfang bestehen. Derartiger Anhaltspunkte bedarf es nicht, soweit Mindestunterhalt für minderjährige Kinder gefordert wird.

II. Die Rückübertragung des Unterhaltsanspruchs

239 Der Träger der Sozialhilfe kann den auf ihn übergegangenen Unterhaltsanspruch im Einvernehmen mit der leistungsberechtigten Person auf diese zur gerichtlichen Geltendmachung rückübertragen und sich den geltend gemachten Unterhaltsanspruch abtreten lassen (§ 94 Abs. 5 Satz 1 SGB XII). Kosten, mit denen die leistungsberechtigte Person dadurch belastet wird, sind zu übernehmen (§ 94 Abs. 5 Satz 2 SGB XII); diese Bestimmung ist auch anzuwenden, wenn Kosten nur vorgerichtlich entstehen. Beim Elternunterhalt und in den Fällen des § 94 Abs. 2 SGB XII wird eine Rückübertragung des Unterhaltsanspruchs auf die leistungsberechtigte Person angesichts ihres Alters oder Gesundheitszustands i.d.R. nicht in Betracht kommen. Die Rückübertragung erfolgt durch eine privatrechtliche Vereinbarung zwischen dem Träger der Sozialhilfe und der leistungsberechtigten Person über Art und Umfang der Geltendmachung des Unterhaltsanspruchs. Dabei ist zu beachten, dass diese Vereinbarung die leistungsberechtigte Person nicht i.S. von § 32 SGB I benachteiligen darf, indem sie diese wirtschaftlich oder sozialrechtlich schlechter stellt oder ihr unzulässige Verpflichtungen auferlegt wie beispielsweise die Beibehaltung einer nach dem BGB freiwilligen Beistandschaft. Die Vereinbarung sollte jedenfalls regeln,

- dass der Unterhaltsanspruch im Umfang des Anspruchsübergangs auf den Träger der Sozialhilfe auf die leistungsberechtigte Person rückübertragen und – aufschiebend bedingt durch die Erwirkung eines Vollstreckungstitels darüber – bereits jetzt wieder an den Träger der Sozialhilfe abgetreten wird,
- ob der Unterhaltsberechtigte im Rahmen der Geltendmachung anwaltlich vertreten werden soll,
- dass die leistungsberechtigte Person ohne vorherige Zustimmung des Trägers der Sozialhilfe keinen gerichtlichen oder außergerichtlichen Vergleich abschließen, auf den Unterhalt verzichten oder den gestellten Unterhaltsantrag zurücknehmen darf,
- dass der Träger der Sozialhilfe die Kosten der Rechtsverfolgung einschließlich des Kostenerstattungsanspruchs des ggf. obsiegenden Verfahrensgegners zu tragen hat,
- dass die leistungsberechtigte Person bei Abschluss eines gerichtlichen Vergleichs oder bei Erstellung einer vollstreckbaren Urkunde darauf zu dringen hat, dass die Grundlagen des Vergleichs oder der Urkunde in dem Vergleich bzw. in der Urkunde dokumentiert werden (Einkommens- und Vermögensverhältnisse sowie sonstige für die Berechnung des Unterhaltsanspruchs maßgebliche tatsächliche Umstände wie z.B. Zahl der Kinder oder Wiederverheiratung des Unterhaltspflichtigen),
- dass der Leistungsberechtigte und der Träger der Sozialhilfe die Rückübertragungsvereinbarung außer zur Unzeit ohne Angabe von Gründen jederzeit schriftlich kündigen können.

Zu beachten ist, dass die leistungsberechtigte Person, wenn und soweit sie auf den Träger der Sozialhilfe übergegangene und von diesem rückübertragene Unterhaltsansprüche gerichtlich geltend macht, gegen den Träger der Sozialhilfe aus § 94 Abs. 5 Satz 2 SGB XII Anspruch auf Leistung eines Verfahrenskostenvorschusses hat. Insoweit kann die leistungsberechtigte Person deshalb für den Unterhaltsrechtsstreit keine Verfahrenshilfe nach § 113 FamFG i.V. mit §§ 114 ff. ZPO erhalten. Eine Ausnahme gilt nur, wenn sich die Gerichts- und Rechtsanwaltskosten durch gerichtliche Geltendmachung (auch) des rückübertragenen Unterhaltsanspruchs nicht erhöhen, wie es bei der Geltendmachung von Unterhaltsansprüchen der Fall ist, die zwischen Einreichung und Zustellung der Antragsschrift rechtshängig geworden sind, oder wenn die leistungsberechtigte Person durch Verweisung auf den nach § 94 Abs. 5 Satz 2 SGB XII bestehenden Vorschussanspruch Rechtsnachteile erleidet.

III. Die Durchsetzung des Unterhaltsanspruchs

240 Erfüllt der Unterhaltspflichtige den übergegangenen Unterhaltsanspruch nicht, kann der Träger der Sozialhilfe sich durch eigene Rechtsverfolgung einen Vollstreckungstitel verschaffen. Dabei sollte in Fällen von Unterhaltsansprüchen minderjähriger und ihnen nach § 1603 Abs. 2 Satz 2 BGB gleichgestellter volljähriger Kinder sowie Unterhaltsansprüchen nach § 1615 l BGB dem Unterhaltspflichtigen Gelegenheit gegeben werden, die Verpflichtung zur Erfüllung nach § 59 Abs. 1 Nr. 3 oder 4 SGB VIII beim Jugendamt (kostenfrei) beurkunden zu lassen. Wird von dem Angebot, dem Träger der Sozialhilfe auf diesem Weg einen Vollstreckungstitel zu verschaffen, kein Gebrauch gemacht, verbleiben diesem wie in allen anderen Fällen folgende Möglichkeiten:

- wenn nur Unterhalt für die Vergangenheit geltend zu machen ist, im Mahnverfahren nach §§ 688 ff. ZPO,
- wenn nur Unterhalt für minderjährige Kinder bis zu 120 % des Mindestunterhalts verlangt wird und kein Fall von § 249 Abs. 2 FamFG vorliegt (vgl. dazu Rdnr. 126), im Vereinfachten Verfahren nach §§ 249 ff. FamFG,
- für rückständigen, gegenwärtigen und künftigen Unterhalt im Rahmen eines Unterhaltsverfahrens nach §§ 112 ff., 231 ff. FamFG durch Antrag beim Familiengericht.

Schließt der Träger der Sozialhilfe im eigenen gerichtlichen Unterhaltsverfahren einen gerichtlichen Vergleich ab oder wirkt er an der Errichtung einer vollstreckbaren Urkunde über den Unterhaltsanspruch mit, sollte er unbedingt die Empfehlung im letzten Spiegelpunkt von Rdnr. 239 beachten. Die Kenntnis der Grundlagen, die für die Errichtung des Titels maßgeblich waren, ist für den Fall unerlässlich, dass der Titel später aufgrund geänderter Verhältnisse abgeändert werden soll. Eine Abänderung hat nach §§ 238 ff. FamFG keine allgemeine Neuberechnung des Unterhalts zur Folge. Vielmehr ist die Abänderung nur insoweit möglich, als sich die für die Unterhaltsberechnung maßgeblichen wirtschaftlichen bzw. persönlichen Verhältnisse mindestens eines der am Ausgangsverfahren Beteiligten wesentlich geändert haben.

Aus dem erwirkten Titel ist der Unterhalt erforderlichenfalls nach §§ 724 ff. ZPO durch Zwangsvollstreckung beizutreiben. Bei der Vollstreckung im Wege der Lohnpfändung genießt der Träger der Sozialhilfe das Privileg des Unterhaltsgläubigers aus § 850 d ZPO.

241 Hat der Träger der Sozialhilfe einen Vollstreckungstitel erwirkt, kann er selbst die gerichtliche Abänderung betreiben. Dasselbe gilt, wenn die leistungsberechtigte Person einen Vollstreckungstitel erwirkt hat und nunmehr Sozialhilfe bezieht, wenn und soweit die Sozialhilfeleistung an sie den titulierten Unterhalt übersteigt. Soweit das nicht der Fall ist, fehlt dem Träger der Sozialhilfe für ein gerichtliches Abänderungsverfahren das Rechtsschutzbedürfnis, weil er den Titel nach § 727 ZPO auf sich umschreiben lassen kann.

242 Richtige Beteiligte eines gerichtlichen Verfahrens um Abänderung eines Vollstreckungstitels über Unterhalt sind grundsätzlich die Beteiligten des vorangegangenen gerichtlichen Unterhaltsverfahrens, das zu dem jetzt abzuändernden Vollstreckungstitel geführt hat, ferner deren Rechtsnachfolger, soweit sich die Rechtskraft des Titels auf sie erstreckt oder soweit sie durch einen gerichtlichen Vergleich oder durch eine vollstreckbare Urkunde daran gebunden sind. Zum möglichen Umfang der Abänderung vgl. Rdnr. 240.

243 Die örtliche Zuständigkeit des Familiengerichts ergibt sich aus § 232 FamFG, ggf. i.V. mit §§ 12 ff. ZPO. Für die Geltendmachung von Elternunterhalt ist nach § 232 Abs. 3 Satz 1 FamFG i.V. mit §§ 12 f. ZPO stets das Familiengericht örtlich zuständig, bei dem das auf Unterhalt in Anspruch genommene Kind seinen gewöhnlichen Aufenthalt hat. Sollen mehrere in verschiedenen Gerichtsbezirken lebende Kinder vor demselben Familiengericht zum Unterhalt ihrer Eltern herangezogen werden, kann eine entsprechende Anwendung von § 36 Abs. 1 Nr. 3 ZPO in Betracht gezogen werden.

244 Liegt bereits eine gerichtliche Endentscheidung oder ein sonstiger Titel (§ 794 ZPO) zugunsten der leistungsberechtigten Person vor, kann der Träger der Sozialhilfe diesen bei gleichgebliebenen Verhältnissen der Heranziehung zugrunde legen. In jedem Einzelfall ist jedoch zu prüfen, ob und ggf. in welchem Umfang der Unterhaltsanspruch tatsächlich auf den Träger der Sozialhilfe übergegangen ist (vgl. dazu im Einzelnen Rdnr. 223). Ein Ausschluss des Anspruchsübergangs auf den Träger der Sozialhilfe aus den in 94 Abs. 3 Satz 1 SGB XII genannten Gründen braucht allerdings nur unter den Voraussetzungen von Abs. 3 Satz 2 der Vorschrift geprüft zu werden. Soweit der Unterhaltsanspruch nicht übergegangen ist, darf von einem vorhandenen Titel kein Gebrauch gemacht werden.

245 Im Fall von Rdnr. 244 und auch, wenn die leistungsberechtigte Person den Unterhaltsanspruch nach gerichtlicher Geltendmachung wieder auf den Träger der Sozialhilfe rückübertragen hat, kann der Träger der Sozialhilfe den Titel unter Vorlage des Originaltitels auf sich umschreiben lassen (§ 727 ZPO). Steht ihm der Unterhaltsanspruch nur in Höhe eines Teils des titulierten Unterhalts zu, muss er zugleich eine Teilausfertigung des Titels beantragen. Die Umschreibung ist bei der Stelle, die den Titel errichtet hat (z.B. Notar, Jugendamt oder der

Rechtspfleger bei dem Gericht, von dem der Titel stammt), unter Beifügung des Schuldtitels, der Rechtswahrungsanzeige und des Nachweises der geleisteten Sozialhilfe zu beantragen. Die Vollstreckung kann nach Umschreibung und Zustellung der Vollstreckungsklausel betrieben werden.

IV. Übergangsregelungen zwischen altem und neuem Unterhaltsrecht und Abänderung von Unterhaltstiteln

246 Ist über den Unterhaltsanspruch vor dem 1.1.2008 rechtskräftig entschieden, ein vollstreckbarer Titel errichtet oder eine Unterhaltsvereinbarung getroffen worden, ist die Übergangsregelung des § 36 EGZPO zu beachten. Nach Nr. 1 der Vorschrift sind in diesem Fall Umstände, die vor diesem Tag entstanden und durch das Gesetz zur Änderung des Unterhaltsrechts (vgl. Rdnr. 15) erheblich geworden sind, im Rahmen eines Abänderungsverfahrens oder eines Vollstreckungsgegenantrags nur zu berücksichtigen, soweit infolge der geänderten Umstände eine wesentliche Änderung der Unterhaltsverpflichtung eintritt und die Änderung dem anderen Teil unter Berücksichtigung seines Vertrauens in die getroffene Regelung zumutbar ist.

247 Ist der Unterhaltsanspruch eines Kindes in einem vor dem 1.1.2008 errichteten dynamischen Vollstreckungstitel (vgl. Rdnr. 126) geregelt, gilt nach § 36 Nr. 3 EGZPO dieser Titel fort. Die Umrechnung wird für die verschiedenen Alternativen der Kindergeldanrechnung in Abschnitt E. der Düsseldorfer Tabelle anhand von Beispielen dargestellt. Insbesondere ist zu beachten, dass der anwendbare Prozentsatz auf der Grundlage der zum 1.1.2008 bestehenden Verhältnisse einmalig berechnet wird und auch bei späterem Wechsel in eine andere Altersstufe unverändert bleibt.